「禮學新論」叢書／楊華 主編

中國禮學研究概覽

楊華 等 著

国家出版基金项目
NATIONAL PUBLICATION FOUNDATION

武漢大學出版社
WUHAN UNIVERSITY PRESS

本叢書爲國家社會科學基金重大項目“中國傳統禮儀文化通史研究”（18ZDA021）階段性成果

《中國禮學研究概覽》

＊ 撰稿者名單 ＊

第一章　楊　華
第二章　薛夢瀟
第三章　范雲飛
第四章　張小虎
第五章　王　謙
　　　　陸燕南
　　　　朱旭文
第六章　張若旭
第七章　古宏韜
第八章　陳嘉煌
第九章　田成浩
第十章　工藤卓司
第十一章　鄭伊凡

前　言

禮學有狹義和廣義之分。狹義的禮學，當爲“三禮”文獻之學，以“三禮”文本研究爲主；而廣義的禮學，則近乎一種文化史研究。

禮學就是文化史之學，前賢早有高論。目前最爲稱引者，爲錢玄所論：“其範圍之廣，與今日‘文化’之概念相比，或有過之而無不及。是以三禮之學，實即研究上古文化史之學。”①錢氏爲章黄學派一脈，此種寬泛而廣義的定義，可以溯源至章太炎：“禮者，法度之通名，大別則官制、刑法、儀式是也。……闔置善人，慎固封守，一切會歸於禮。其在氓俗，大者務施報，次即尊賢敬耆。”②一切會歸於禮，足見其賅通廣博。

《論語·八佾》載，孔子曾説，“夏禮，吾能言之，杞不足徵也；殷禮，吾能言之，宋不足徵也”。所謂夏禮、殷禮，實即夏文化和商文化。他多次言及“從周”，即周禮之“文”，其實也是指周文化。柳詒徵在《中國文化史》中直接説道：“周之文化，以禮爲淵海，集前古之大成，開後來之政教。”③郭沫若在《十批判書》中，對禮的理解也是如此：“禮，大言之，便是一朝一代的典章制度；小言之，是一族一姓的良風美俗。這是從時代的積累所傳遞下來的人文進化的軌跡。”④

以上是就歷史傳承而言，從中外比較的角度來看，中國之禮亦是中國文化。錢穆在回答西方學者時説：

① 錢玄：《三禮辭典·自序》，江蘇古籍出版社 1998 年版。

② 章太炎：《檢論》卷二《禮隆殺論》，氏著《章太炎全集》(三)，上海人民出版社 1984 年版，第 399~401 頁。

③ 柳詒徵：《中國文化史》，東方出版中心 1988 年版，第 121 頁。

④ 郭沫若：《孔墨的批判》，氏著《郭沫若全集·歷史編　第二卷》，人民出版社 1982 年版，第 96 頁。

在西方語言中没有“禮”的同義詞。它是整個中國人世界裏的一切習俗行爲的準則，標志着中國的特殊性。……然而無論在哪兒，“禮”是一樣的。……中國人之所以成爲民族就因爲“禮”爲全中國人樹立了社會關係準則。當實踐與“禮”不同之時，便要歸咎於當地的風俗或經濟，它們才是被改變的對象。……要瞭解中國文化必須站得更高來看到中國之心。中國的核心思想就是“禮”(The heart and mind of China is the Li)。①

錢穆的採訪者，是西方的漢學家鄧爾麟(Jeery Dennerline)。他對此深有同感：“有一種力量使得‘禮’能被人們所接受，並使多元文化的中國統一起來。”②這也是今天研究明清歷史、研究嶺南或其他周邊地區的學者們，所特别關注的問題意識。在如此廣袤的中華大地，在政治力量和軍事力量有所不逮時，華夏和華夏之外靠何種力量在維繫凝聚？在屢次崩壞之後，又靠何種基因使之不斷重建而保持延續？答案可能正是“禮”，即朝廷的制度建設、集體的行爲約束和個人的道德自律，實際上是一種綿延不輟、無遠弗届的文化。③

禮是認識和理解中國傳統文化的基礎。20 世紀，傳統四部之學轉變爲現代新學術。禮學作爲經學之一，也轉變爲史學重要一支。這種轉變相當自然。司馬遷《史記》設有八書，其首即《禮書》。錢穆説：“首爲《禮書》，禮即中國人會通天地萬物與人類和合爲一之一種具體表現。……故不通禮，無以明中國之文化，亦無以治中國史。”④史書與禮書的同源同轄，劉知幾在《史通·書志》篇中有精彩論述。柳詒徵《國史要義》歸納道，我國古代有五史(太史、小史、内史、外史、御史)，其職掌包括執禮、掌法、授時、典藏、策命、正名、書事、考察八事，這八類事務“歸納於一，則曰禮”。换言之，上古史官之職掌，均在於禮，二者具有天然聯繫。柳氏“以禮釋史”，在 20 世紀非常鮮

① 鄧爾麟(Jeery Dennerline)：《錢穆與七房橋世界》，藍樺譯，社會科學文獻出版社 1998 年版，第 8~9 頁。Jeery Dennerline：*Qian Mu and the World of Seven Mansions*. New Haven and London：Yale University Press，1989，p. 10.

② 鄧爾麟(Jeery Dennerline)：《錢穆與七房橋世界》，藍樺譯，社會科學文獻出版社 1998 年版，第 10 頁。

③ 參拙作《中國何以成爲“禮儀之邦”》，《江漢論壇》2020 年第 1 期；《“禮崩樂壞”新論：兼論中華禮樂傳統的連續性》，《社會科學輯刊》2020 年第 1 輯。均收入拙著《古禮再研》，商務印書館 2021 年版。

④ 錢穆：《現代中國學術論衡·略論中國史學》，生活·讀書·新知三聯書店 2001 年版，第 134 頁。

明："吾國以禮爲核心之史，則凡英雄、宗教、物質、社會依時代之演變者，一切皆有以御之，而歸之於人之理性，非苟然爲史已也。"①

然而，哪些信息應當納入本書編撰範圍，頗費周章。現代人文科學，以史學爲基石。其範圍之廣，人所共知。禮學範圍之廣也是如此。廣義的禮學，除了作爲制度史的禮典之外，尚有禮義、禮儀、禮法、禮俗、禮教、禮樂等多個分支。它涉及文獻學、歷史學、考古學、哲學、文學、法學、人類學、民族學、民俗學、音樂學等多個學科。如果以二級學科計，則更不知凡幾。謂之"跨學科"，實不爲過。我們認爲，凡與"禮"相關，上言所涉及者，皆應編入此册，以便後來從事者有一索驥之圖。於是，本册所收録論著，難免與其他學科有所重複。草蛇灰線，在所祈焉。

收録文獻之時代斷限，亦當考慮。禮起於何時，歷來非無争議。按照杜佑《通典》的説法，"自伏羲以來，五禮始彰；堯舜之時，五禮咸備"：

> 伏羲以儷皮爲禮，作瑟以爲樂，可爲嘉禮；神農播種，始諸飲食，致敬鬼神，禬爲田祭，可爲吉禮；黄帝與蚩尤戰於涿鹿，可爲軍禮；九牧倡教，可爲賓禮；《易》稱古者葬於中野，可爲凶禮。②

今天，考古學已經證明，中國傳統禮制可上溯至新石器時代，説明唐人並非腐儒。以祖先崇拜爲主的禮儀制度，正是中國文明起源的核心動力之一；中國文明探源工程，正是於黄帝和堯舜禹傳説中尋找線索。"三禮"文獻所載的歷史信息，被考古發掘證實得越來越多。此前認爲禮類文獻晚出並歸於漢代的説法，已大多爲學界所摒棄。以今日考古研究視之，此前《周禮》俱不可信的局面亦大爲改觀。

傳統禮制的下限，一般以爲在晚清民國。西禮東漸，古制崩解。王爾敏則言之更詳，認爲巨變發生在抗戰時期："經西化俄化，舊制始不中用。現時充分西化禮制，其通行俱爲抗戰以後之事。……近代西力衝擊，民國以來多從西俗，抗戰以後更全盤西化。且中外交往頻繁，自不能不捨己就彼，以便溝通。世界混一，中外一家，勢所流趨，禮亦從之。"③故本書的問題關注和文獻收

---

① 柳詒徵：《國史要義·史原》，商務印書館2011年版，第6、11頁。

② 杜佑：《通典》卷四一《禮一》，王文錦等點校，中華書局1988年版，第1119～1123頁。

③ 王爾敏：《明清時代庶民文化生活》，嶽麓書社2002年版，第176頁。

録，均以民國爲限。

本書的緣起，是2018年啓動的國家社會科學基金重大項目“中國傳統禮儀文化通史研究”（18ZDA021）。此前，博士和碩士研究生協助我作了比較詳細的學術史梳理。隨着研究的進展，越來越覺得，有必要進行更大範圍的清理，以方便課題内外的研究者。現在呈現出來的，也是該項目的階段性成果之一。爲了節省篇幅，書中一律採用簡稱，敬祈諒解。感謝各章的編著者，感謝雖未參與寫作但曾經提供信息的要二峰、覃力維等人，感謝薛夢瀟、朱旭文、范雲飛、古宏韜四位協助統理稿件，感謝責任編輯李程女史！

此類工作知易行難，遠非想象中那麽容易。限於學力和時間，書中難免錯誤。禮制信息浩瀚無涯，我們的收録必然也會掛一漏萬。敬請讀者批評指正！

楊　華

2021年3月於武漢大學中國傳統文化研究中心

目　録

第一章　通史和通論

在中國傳統學術體系中，禮學研究是經學研究的重要組成部分，最爲“顯學”，歷代通儒莫不精通於此。20 世紀初，經學廢除，禮學研究失去學科歸屬。新文化運動以來，禮儀制度被視爲封建社會的上層建築和意識形態，成爲落後甚至反動的東西，禮制研究也隨之衰落。禮學研究被解構而分屬文、史、哲等不同的學科體系，幾成“絶學”。20 世紀上半葉，有不少學者從歷史、哲學角度對之做過專精研究；20 世紀下半葉，大陸地區相關研究鳳毛麟角，而在中國臺、港地區和日本等海外學術界卻有不少論著。最近 20 年來，隨着中國國力增長，學術繁榮，禮學研究論著漸多，頗有復興之勢。

本書將對禮學問題分時段、按專題加以綜述，以方便學者進一步展開研究。

第一節　禮學史研究學術回顧

關於此問題，已有不少學者作過相關梳理。已經出版的專著，有王鍔《三禮研究論著提要》、①　彭林《三禮研究入門》、②　周何《六十年來之禮學》、③　彭林《禮學研究五十年》、④　郭齊勇《中國大陸地區近五年來(1993—1997)的儒學研究》、⑤　惠吉興《近年禮學研究綜述》、⑥　林慶彰《近二十年臺灣研究“三禮”

① 王鍔:《三禮研究論著概要》，甘肅教育出版社 2001 年版，2007 年修訂版。

② 彭林:《三禮研究入門》，復旦大學出版社 2012 年版。

③ 周何:《六十年來之禮學》,《六十年來之國學》，臺灣中正書局 1972 年版。

④ 彭林:《禮學研究五十年》，(日本)《中國史學》第十卷，2000 年。

⑤ 郭齊勇:《儒家思想在現代東亞：中國大陸與臺灣篇》，臺灣“中研院”中國文哲研究所籌備處 2000 年版，第 59~122 頁。

⑥ 惠吉興:《近年禮學研究綜述》,《河北學刊》2000 年第 2 期；《人大複印報刊資料・中國哲學史》2000 年第 5 期轉載。

成果之分析》、① 曹建墩《近代以來禮制起源研究的回顧與展望》、② 劉豐《百年來〈周禮〉研究的回顧》、③ 丁鼎等《新中國(大陸地區)三禮學研究綜述》、④ 曾軍《百年禮學話轉型》、⑤ 趙滿海《20世紀禮學之嬗變及其對當代社會治理的啓示》、⑥ 潘斌《二十世紀中國三禮學史》、⑦ 工藤卓司《近百年來日本學者〈三禮〉之研究》⑧，等等。

專題性和斷代性的研究綜述更多，如常建華等《新時期中國社會史研究概述》、⑨ 梁容若《中國喪葬制度之回顧與前瞻》、⑩ 力量《周代昭穆制度研究綜述》、⑪ 張煥君和刁小龍《武威漢簡〈儀禮〉研究四十年綜述》、⑫ 劉豐《二十世紀先秦、秦漢禮學研究綜述》、⑬ 梁滿倉《魏晉南北朝"四禮"研究百年回顧與展望》、⑭ 郭善兵《二十世紀八十年代以來魏晉南北朝時期婚喪禮俗研究概述》、⑮

---

① 林慶彰：《近二十年臺灣研究"三禮"成果之分析》，浙江大學古籍研究所編：《禮學與中國傳統文化——慶祝沈文倬先生九十華誕國際學術研討會論文集》，中華書局2006年版。

② 曹建墩：《近代以來禮制起源研究的回顧與展望》，《平頂山學院學報》2005年第6期。

③ 劉豐：《百年來〈周禮〉研究的回顧》，《湖南科技學院學報》2006年第2期。

④ 丁鼎、馬金亮：《新中國(大陸地區)三禮學研究綜述》，《齊魯文化研究》2012年卷，齊魯書社2012年版。

⑤ 曾軍：《百年禮學話轉型》，《人文論叢》2013年卷，中國社會科學出版社2013年版。

⑥ 趙滿海：《20世紀禮學之嬗變及其對當代社會治理的啓示》，沈巋、彭林、丁鼎主編：《傳統禮治與當代軟法》，北京大學出版社2017年版。

⑦ 潘斌：《二十世紀中國三禮學史》，南京大學出版社2016年版。

⑧ 工藤卓司：《近百年來日本學者〈三禮〉之研究》，臺灣萬卷樓圖書股份有限公司2016年版。

⑨ 常建華等：《新時期中國社會史研究概述》，天津古籍出版社2009年版。

⑩ 梁容若：《中國喪葬制度之回顧與前瞻》，《北京師範大學學報》1982年第5期。

⑪ 力量：《周代昭穆制度研究綜述》，《中國史研究動態》1992年第8期。

⑫ 張煥君、刁小龍：《武威漢簡〈儀禮〉研究四十年綜述》，《中國史研究動態》2005年第5期。

⑬ 劉豐：《二十世紀先秦、秦漢禮學研究綜述》，《社會史研究通訊》2002年第5期。

⑭ 梁滿倉：《魏晉南北朝"四禮"研究百年回顧與展望》，中國魏晉南北朝史學會、武漢大學中國三至九世紀研究所編：《魏晉南北朝史研究：回顧與探索——中國魏晉南北朝史學會第九屆年會論文集》，湖北教育出版社2009年版，第146~156頁。

⑮ 郭善兵：《二十世紀八十年代以來魏晉南北朝時期婚喪禮俗研究概述》，《貴州文史叢刊》2001年第4期。

湯勤福《百年來大陸遼宋西夏金禮制研究綜述（1911—2013 年）》、① 肖永明和殷慧《朱熹禮學研究綜述》、② 楊英《改革開放 40 年以來的先秦禮學與禮制研究》《改革開放四十年來的中古禮學和禮制研究》《近四十年來宋元明清朱子〈家禮〉、鄉約及民間家禮文獻研究》《改革開放 40 年來的宋元明禮學研究》、③ 楊華《英美學者的禮制研究》、④ 鄭伊凡《英文漢學界的禮學研究綜述》⑤，等等。

筆者目力未及者，恐尚有多種，兹不贅述，將在隨後章節中漸次詳列。以上工作，均是本書展開分述的基礎。

第二節　禮學研究課題

迄今爲止，關於中國傳統禮文化的研究，國家、教育部和各省級的人文社會科學研究管理部門，已予以充分重視，設置了很多課題。

一、國家社科基金課題

截至 2018 年，與此相關者計約 270 項。涉及各個時代、各個側面，無法詳述，僅將其中重大招標類課題列示如下："中國經學史"（姜廣輝，2010）、"中國禮制變遷及其現代價值研究"（湯勤福，2012）、"《儀禮》復原與當代日常禮儀重建研究"（彭林，2014）、"中國傳統家訓文獻資料整理與優秀家風研究"（陳延斌，2014）、"四書學與中國思想傳統研究"（陳少明，2015）、"《詩經》與禮制研究"（邵炳軍，2016）、"傳統禮樂文明與當代文化建設研究"（劉

① 湯勤福：《百年來大陸遼宋西夏金禮制研究綜述（1911—2013 年）》，《華髮集》，上海三聯書店 2020 年版。

② 肖永明、殷慧：《朱熹禮學研究綜述》，《朱子學刊》第二十輯，黄山書社 2010 年版。

③ 楊英：《改革開放 40 年以來的先秦禮學與禮制研究》，《古代文明》2019 年第 3 期；《改革開放四十年來的中古禮學和禮制研究》，《文史哲》2020 年第 5 期；《近四十年來宋元明清朱子〈家禮〉、鄉約及民間家禮文獻研究》，《孔子研究》2019 年第 5 期；《改革開放 40 年來的宋元明禮學研究》，《齊魯學刊》2020 年第 2 期。

④ 楊華：《英美學者的禮制研究》，《光明日報》，2000 年 11 月 17 日。

⑤ 鄭伊凡：《英文漢學界的禮學研究綜述》，《人文論叢》2020 年第 1 輯，武漢大學出版社 2020 年版。

成紀，2017）、“先秦樂學文獻整理與研究”（楊合林，2017）、“中國古代音樂文學通史”（孫尚勇，2017）、“多卷本《中國古代陵寢制度史》”（韓國河，2017）、“中國禮樂美學對傳統制度文明的創構研究”（劉彦順，2017）、“中國禮儀文化通史研究”（楊華，2018），等等。後又有新課題立項，如“中國禮教思想史（多卷本）”（殷慧，2020）等。

二、教育部社科基金課題

截至 2018 年，與此相關者約 115 項。其中，部分重大攻關課題和教育部重點研究基地重大課題涉及禮制問題，例如，“出土簡帛與中國古代禮制研究”（楊華，2005）、“中國古代喪葬：從晉制到唐制的考古學研究”（齊東方，2007）、“漢魏六朝的信仰與社會生活”（張榮明，2008）、“先秦日常社會生活研究”（朱彦民，2011）、“現代中國的日常生活”（張思，2011）、“禮樂文化與中國審美文化研究”（周怡、張義賓，2011）、“中國古代禮學文獻整理與研究”（陳戍國，2013）、“中國傳統禮學文獻專題研究”（賈海生，2013）、“中古時期喪葬的觀念風俗與禮儀制度”（齊東方、沈睿文，2013）、“民國日常生活研究”（李金錚，2013）、“中華民族傳統習俗、儀式中的道德資源”（鄭富興，2013）、“魏晉南北朝日常生活”（孫立群，2014）、“明清時期的禮儀變革與鄉村社會”（劉永華，2015）、“民間日用類書與中國古代禮制研究”（楊華，2015）、“《政和五禮新儀》整理與編撰研究”（李俊芳，2015），等等。

隨着學術的進展，以上二類課題均已有較大程度增加，限於資料，恕未遍計。

三、《中華禮藏》項目

由浙江大學古籍研究所、禮學研究中心主持的《中華禮藏》（王雲路、賈海生、關長龍等負責），是國內外首次以禮學文獻集成爲宗旨的超大型文獻整理項目。計劃對海内外現存全部傳統禮學文獻進行搜集、整理、校勘和研究，建構中華禮學文庫，然後分類出版，預計文獻文本總文字將達 1.4 億左右，計劃用 8～10 年完成。

該叢書將歷史上遺留下來的全部傳統禮學文獻析分爲三大總類：一是作爲源頭的禮學原典和歷代研究禮學的論著；二是基於對禮儀結構的觀察而針對某一方面進行研究的文獻；三是基於對儀式典禮的規模、等級、性質的考察而撰作的文獻。全部叢書分爲九大類，即禮經類、禮論類、禮器類、禮樂類、禮數類、禮制類、禮俗類、家禮類、方外類。整體《中華禮藏》因類設卷，卷内再酌分子目，子目内的文獻依時代順序分册纂輯。

截至 2020 年，《中華禮藏》已累計由浙江大學出版社出版 21 册；交付出版社在編成果 8 册，另有 22 種書稿在整理編纂過程中。待全部出版完畢，《中華禮藏(精華編)》50 册的階段性目標即可達成。同期建設禮學文獻資料庫 450 餘萬字，累計完成 1000 餘萬字。

以上資料信息並不全面，省市級相關課題更多，兹不贅列。總體而言，這些課題涉及文學、歷史、哲學、文獻學、藝術學、法學、宗教學、人類學、社會學等多個學科，説明傳統禮樂文明内容豐富，必須多學科協同攻關，進行綜合研究，方能形成全面認識。

第三節　禮學研究著述

中國古代就有撰寫前代禮儀通史的習慣，除了歷代正史的《禮儀志》(或《禮志》《禮樂志》)以外，唐代杜佑《通典》、宋元之際馬端臨《文獻通考》，以及歷代政書政典(如“十通”)，都對前代各朝禮制有系統梳理。清人禮學成就最高，秦蕙田《五禮通考》、黄以周《禮書通故》，均是集大成的巨著。秦、黄二書均大致以五禮分類進行考證，還算不上貫通時代的整體通史。

一、通史和通論

20 世紀，陳戍國完成了首部中國禮制通史的著述。其獨著六卷本《中國禮制史》,① 研究時段從先秦迄及明清，内容涵蓋朝聘、婚冠、喪祭、養老、軍禮與輿服等幾乎全部古代禮制，堪稱巨帙。吴麗娱主編《禮與中國古代社會》,② 也是一部涵蓋各個斷代的禮儀通史，分爲先秦、秦漢魏晉南北朝、隋唐五代宋元、明清四卷，每卷並不局限於五禮分類，而是分專題叙述，着重討論禮制與當時政治、社會的關係。綜觀上述兩部通史，陳氏獨著《中國禮制史》，風格統一，論述完備，以《周禮》“五禮”爲目，但主要關注朝廷禮制，較少思想闡釋。吴氏主編《禮與中國古代社會》，也以王朝禮制爲關注點，更多借鑒社會思想史的理路，在闡釋方面較陳著推進一步，然成於衆手，編次内容

---

① 陳戍國:《中國禮制史》，湖南教育出版社 1991—2002 年版。
② 吴麗娱主編:《禮與中國古代社會》，中國社會科學出版社 2016 年版。

與風格難免不一。

如果從廣義範圍來理解禮學或禮文化，還有一些多卷本著作，也應納入視野。例如，陳高華和徐吉軍主編《中國風俗通史》(12 卷本)、① 張國剛主編《中國家庭史》(5 卷本)、② 李伯森主編《中國殯葬史》(8 卷本)、③ 黄枝連《天朝禮治體系研究》(3 卷本)、④ 姜廣輝主編《中國經學思想史》(4 卷本)⑤。陳戍國等著《中國禮文學史》(4 卷本)，⑥ 梳理文學中的禮制信息，探討文學與禮制的關係。分側面叙述中國禮儀制度的，有彭林主編的《中國禮儀傳承叢書》，包括《中國禮儀要義》(彭林)、《中國的祭禮》(曹建墩)、《中國的喪禮》(姚永輝)、《中國的射禮》(顧濤)、《中國的樂舞》(顧遷)等。⑦ 還有一些即將出版的多卷本禮學通史大著，例如丁鼎主編《三禮學通史》、湯勤福主編《中華禮制變遷史》、常建華主編《中國宗族通史》，等等。

有些單本著作，通論禮制而不局限於某個時段或某個專題，具有相當重要的學術價值。有李安宅《〈儀禮〉與〈禮記〉之社會學的研究》、⑧ 鄧子琴《中國禮俗學綱要》、⑨ 何聯奎《中國禮俗研究》、⑩ 喬繼堂《中國人生禮俗大全》、⑪ 鄒昌林《中國古禮研究》和《中國禮文化》、⑫ 鍾敬文《中國禮儀全書》、⑬ 錢玄《三禮通論》、⑭ 謝謙《中國古代宗教與禮樂文化》、⑮ 周何《古禮今談》、⑯ 楊

---

① 陳高華、徐吉軍主編：《中國風俗通史》，上海文藝出版社 2001—2012 年版。

② 張國剛主編：《中國家庭史》，廣東人民出版社 2007 年版。

③ 李伯森主編：《中國殯葬史》，社會科學文獻出版社 2017 年版。

④ 黄枝連：《天朝禮治體系研究》，中國人民大學出版社 1992—1995 年版。

⑤ 姜廣輝主編：《中國經學思想史》，中國社會科學出版社 2003—2010 年版。

⑥ 陳戍國等：《中國禮文學史》，湖南大學出版社 2012—2015 年版。

⑦ 彭林主編：《中國禮儀傳承叢書》，南京大學出版社 2014 年版。

⑧ 李安宅：《〈儀禮〉與〈禮記〉之社會學的研究》，商務印書館 1931 年版；上海人民出版社 2005 年重印版。

⑨ 鄧子琴：《中國禮俗學綱要》，中國文化社 1947 年版。

⑩ 何聯奎：《中國禮俗研究》，臺灣"中華書局"1973 年版。

⑪ 喬繼堂：《中國人生禮俗大全》，天津人民出版社 1990 年版。

⑫ 鄒昌林：《中國古禮研究》，臺灣文津出版社 1992 年版；《中國禮文化》，社會科學文獻出版社 2000 年版。

⑬ 鍾敬文：《中國禮儀全書》，安徽科學技術出版社 1995 年版。

⑭ 錢玄：《三禮通論》，南京師範大學出版社 1996 年版。

⑮ 謝謙：《中國古代宗教與禮樂文化》，四川人民出版社 1996 年版。

⑯ 周何：《古禮今談》，廈門外圖臺灣書店有限公司 1997 年版。

志剛《中國禮儀制度研究》、① 郭偉川《儒家禮治與中國學術》、② 費成康《中國家族傳統禮儀》、③ 彭林《中國古代禮儀文明》和《中華傳統禮儀概要》及《三禮研究入門》、④ 葉國良《禮制與風俗》、⑤ 常建華《新時期中國社會史學》、⑥ 陸益龍《中國歷代家禮》、⑦ 曾亦《拜禮研究》⑧，等等。

二、禮學專史

有些著述，雖不一定冠以禮學之名，但其内容無疑皆是禮學中的某一側面，對於研究古禮，亦大有參考價值。由於此類著述是跨越斷代的專題通史，亦臚陳於下。

關於喪葬禮制，有徐吉軍《中國喪葬禮俗》和《中國喪葬史》、⑨ 陸建松《魂歸何處：中國古代喪葬文化》、⑩ 鄭曉江《中國殯葬文化》、⑪ 丁淩華《中國喪服制度史》、⑫ 林素英《喪服制度的文化意義》、⑬ 楊寬《中國古代陵寢制度史研究》、⑭ 劉慶柱《古代都城與帝陵考古學研究》、⑮ 王夫子《殯葬文化學》、⑯ 方光華《俎豆馨香——中國祭祀禮俗探索》、⑰ 王計生《事死如生：喪葬倫理與中國文化》、⑱ 魯西奇《中國古代買地券研究》⑲，等等。

---

① 楊志剛：《中國禮儀制度研究》，華東師範大學出版社 2001 年版。

② 郭偉川：《儒家禮治與中國學術》，北京圖書館出版社 2002 年版。

③ 費成康：《中國家族傳統禮儀》，上海社會科學院出版社 2003 年版。

④ 彭林：《中國古代禮儀文明》，中華書局 2004 年版；《中華傳統禮儀概要》，高等教育出版社 2006 年版；《三禮研究入門》，復旦大學出版社 2012 年版。

⑤ 葉國良：《禮制與風俗》，復旦大學出版社 2012 年版。

⑥ 常建華：《新時期中國社會史學》，天津人民出版社 2018 年版。

⑦ 陸益龍：《中國歷代家禮》，北京圖書館出版社 1998 年版。

⑧ 曾亦：《拜禮研究》，上海古籍出版社 2020 年版。

⑨ 徐吉軍、賀雲翺：《中國喪葬禮俗》，浙江人民出版社 1991 年版。徐吉軍：《中國喪葬史》，江西高校出版社 1998 年版；武漢大學出版社 2012 年版。

⑩ 陸建松：《魂歸何處：中國古代喪葬文化》，四川人民出版社 1999 年版。

⑪ 鄭曉江：《中國殯葬文化》，上海文化出版社 2012 年版。

⑫ 丁淩華：《中國喪服制度史》，上海人民出版社 2000 年版。

⑬ 林素英：《喪服制度的文化意義》，臺灣文津出版社 2000 年版。

⑭ 楊寬：《中國古代陵寢制度史研究》，上海人民出版社 2003 年版。

⑮ 劉慶柱：《古代都城與帝陵考古學研究》，科學出版社 2000 年版。

⑯ 王夫子：《殯葬文化學》，湖南人民出版社 2007 年版。

⑰ 方光華：《俎豆馨香——中國祭祀禮俗探索》，山西人民教育出版社 2000 年版。

⑱ 王計生：《事死如生：喪葬倫理與中國文化》，百家出版社 2002 年版。

⑲ 魯西奇：《中國古代買地券研究》，廈門大學出版社 2014 年版。

關於祭祀禮制，有詹鄞鑫《神靈與祭祀——中國傳統宗教綜論》、[①] 劉曄原和鄭惠堅《中國古代的祭祀》、[②] 林素英《古代祭禮中之政教觀》、[③] 郭善兵《中國古代帝王宗廟禮制研究》[④]，等等。

關於宗族禮制，有馮爾康《中國宗族社會》、[⑤] 費成康《中國的家法族規》、[⑥] 常建華《中華文化通志・宗族志》、[⑦] 井上徹《中國的宗族與國家禮制：從宗法主義角度所作的分析》、[⑧] 錢杭《宗族的傳統建構與現代轉型》、[⑨] 王鶴鳴《中國家譜通論》和《中國祠堂通論》、[⑩] 倉修良《譜牒學通論》[⑪]，等等。

關於婚禮，有吕思勉《中國婚姻制度小史》、[⑫] 陳顧遠《中國古代婚姻史》、[⑬] 史鳳儀《中國古代婚姻與家庭》、[⑭] 顧鳴塘《中國歷代婚姻與家庭》、[⑮] 馬之驌《中國的婚俗》、[⑯] 岳慶平《中華文化通志・婚姻志》[⑰]，等等。

關於古代習俗，有柳詒徵《中國禮俗史發凡》、[⑱] 張紫晨《中國民俗學史》、[⑲] 喬繼堂《中國歲時禮俗》、[⑳] 蕭放《歲時：傳統中國民衆的時間生活》、[㉑]

---

① 詹鄞鑫：《神靈與祭祀——中國傳統宗教綜論》，江蘇古籍出版社 1992 年版。

② 劉曄原、鄭惠堅：《中國古代的祭祀》，商務印書館 1996 年版。

③ 林素英：《古代祭禮中之政教觀》，臺灣文津出版社 1997 年版。

④ 郭善兵：《中國古代帝王宗廟禮制研究》，人民出版社 2007 年版。

⑤ 馮爾康：《中國宗族社會》，浙江人民出版社 1994 年版。

⑥ 費成康：《中國的家法族規》，上海社會科學院出版社 1998 年版。

⑦ 常建華：《中華文化通志・宗族志》，上海人民出版社 1998 年版。

⑧ 井上徹：《中國的宗族與國家禮制：從宗法主義角度所作的分析》，錢杭譯，上海書店出版社 2008 年版。

⑨ 錢杭：《宗族的傳統建構與現代轉型》，上海人民出版社 2011 年版。

⑩ 王鶴鳴：《中國家譜通論》，上海古籍出版社 2010 年版；《中國祠堂通論》，上海古籍出版社 2013 年版。

⑪ 倉修良：《譜牒學通論》，華東師範大學出版社 2017 年版。

⑫ 吕思勉：《中國婚姻制度小史》，中山書局 1929 年版。

⑬ 陳顧遠：《中國古代婚姻史》，上海商務印書館 1936 年版。

⑭ 史鳳儀：《中國古代婚姻與家庭》，湖北人民出版社 1987 年版。

⑮ 顧鳴塘：《中國歷代婚姻與家庭》，商務印書館 1996 年版。

⑯ 馬之驌：《中國的婚俗》，嶽麓書社 1988 年版。

⑰ 岳慶平：《中華文化通志・婚姻志》，上海人民出版社 1999 年版。

⑱ 柳詒徵：《中國禮俗史發凡》，《原學》第一卷第一期，1947 年。

⑲ 張紫晨：《中國民俗學史》，吉林文史出版社 1993 年版。

⑳ 喬繼堂：《中國歲時禮俗》，天津人民出版社 1991 年版。

㉑ 蕭放：《歲時：傳統中國民衆的時間生活》，中華書局 2002 年版。

常建華《歲時節日裏的中國》①，等等。

關於冕服制度，有閻步克《服周之冕》、② 沈從文《中國古代服飾研究》、③ 沈從文和王孖《中國服飾史》、④ 周錫保《中國古代服飾史》、⑤ 黄能馥《中國服飾通史》⑥，等等。

關於禮樂和樂教，有楊蔭瀏《中國古代音樂史稿》、⑦ 張蕙慧《中國古代樂教思想論集》、⑧ 項陽《以樂觀禮》⑨等。由曹本治主編的四卷六本《中國傳統民間儀式音樂研究》，是"中國傳統民間儀式音樂研究計劃"的成果彙集，收集了大量第一手田野資料，殊爲寶貴。⑩

關於禮學思想，有王啓發《禮學思想體系探源》《意義的生成與實現：〈禮記〉哲學思想》、⑪ 蔡尚思《中國禮教思想史》、⑫ 林素英《禮學思想與應用》⑬，等等。

特別值得一提的是，在臺灣大學中文系，1965 年由孔德成、台静農領導曾永義、章景明、沈其麗、吳宏一、吳達芸、施隆民、張光裕、鄭良樹等十餘位中文系、考古系研究生，成立了"儀禮復原實驗小組"，採用考古學、古器物學、民族學等方法，分别按照儀節、服飾、器物、宫室、車馬、民俗六個專題研究上古禮制，進行《儀禮》的復原工作。其成果作爲年報陸續發表，後於 1971 年由臺灣"中華書局"刊印成"《儀禮》復原叢刊"，包括鄭良樹《儀禮宫室考》《儀禮士喪禮墓葬研究》、曾永義《儀禮車馬考》《儀禮樂器考》、陳瑞庚《士昏禮服飾考》、張光裕《儀禮士昏禮、士相見禮之禮儀節研究》、章景明《先秦

---

① 常建華：《歲時節日裏的中國》，中華書局 2006 年版。

② 閻步克：《服周之冕》，中華書局 2009 年版。

③ 沈從文：《中國古代服飾研究》，香港商務印書館 1981 年版。

④ 沈從文、王孖：《中國服飾史》，中信出版社 2018 年版。

⑤ 周錫保：《中國古代服飾史》，中國戲劇出版社 1984 年版。

⑥ 黄能馥編著：《中國服飾通史》，中國紡織出版社 2007 年版。

⑦ 楊蔭瀏：《中國古代音樂史稿》，人民音樂出版社 1981 年版。

⑧ 張蕙慧：《中國古代樂教思想論集》，臺灣文津出版社 1991 年版。

⑨ 項陽：《以樂觀禮》，北京時代華文書局 2015 年版。

⑩ 曹本治主編：《中國傳統民間儀式音樂研究》西北卷、西南卷，雲南人民出版社 2003 年版；華東卷、華南卷，上海音樂學院出版社 2007 年版。

⑪ 王啓發：《禮學思想體系探源》，中州古籍出版社 2005 年版；《意義的生成與實現：〈禮記〉哲學思想》，商務印書館 2005 年版。

⑫ 蔡尚思：《中國禮教思想史》，上海古籍出版社 2006 年版。

⑬ 林素英：《禮學思想與應用》，臺灣萬卷樓圖書股份有限公司 2003 年版。

喪服制度考》、吳達芸《儀禮特牲少牢有司徹祭品研究》、沈其麗《儀禮士喪禮器物研究》、施隆民《鄉射禮儀節簡釋》、吳宏一《鄉飲酒禮儀節簡釋》、黄啓方《儀禮特牲饋食禮儀節研究》等 6 册 12 種，總計約 50 萬字。1969 年，孔德成領導拍攝了復原《儀禮 · 士昏禮》的黑白電影。2000 年，孔德成弟子葉國良又將其改制成 3D 彩色動畫電影。進入 21 世紀之後，由彭林領導的小組，也利用高科技和真人演員相結合的方式，進行了《儀禮》的電影復原工作。這些工作，與歷代禮學家的研究决然不同，越來越直觀、逼真，爲後來學者的《儀禮》復原和進一步研究提供了實景基礎。

三、"三禮"文獻整理和研究

"三禮"(加上《大戴禮記》，常謂之"四禮")文獻，是一切禮學研究的基礎。自清代學術之後，近三十年來，禮學研究由冷轉熱，漸漸形成一個點校整理的高峰。陳戍國、王文錦、楊天宇、彭林、吕友仁、趙伯雄、王輝、黄懷信、龔抗雲、方向東、王鍔、汪少華、林素英、鄧國光、許子濱等學者，都做過"三禮"文獻的校勘和整理工作。限於篇幅，兹不展開。

其中，作爲"三禮"研究最基礎的核心文獻，《十三經注疏》的整理本主要有上海古籍黄侃經文句讀本、北大簡體横排標點本、臺灣新文豐標點本和上海古籍出版社整理本、浙江大學出版社《中華禮藏》本，等等。①

在上述"十三經"標點本之外，"三禮"各經均有其重要的整理本。例如，胡培翬《儀禮正義》，在《儀禮》注疏方面成就極高，有江蘇古籍出版社段熙仲點校本、北大《儒藏》整理本。②《禮記正義》，除了有北大《儒藏》本、上海古籍出版社點校本、浙大出版社《禮藏》本之外，③ 還出版了兩種重要的清人注本，即朱彬《禮記訓纂》和孫希旦《禮記集解》④。孫詒讓《周禮正義》，是公認的《周禮》集大成之作，出版有中華書局王文錦點校本、汪少華整理本和北大《儒藏》整理本。⑤ 中華書局所出"清人十三經注疏"系列，在推動經學復興的

① 阮元校刻：《十三經注疏》，上海古籍出版社 1990 年版；北京大學出版社 1999 年版；臺灣新文豐出版股份有限公司 2001 年版；上海古籍出版社 2008 年版。

② 胡培翬：《儀禮正義》，段熙仲點校，江蘇古籍出版社 1993 年版；張文等點校，北京大學出版社 2017 年版。

③ 鄭玄注，孔穎達疏：《禮記正義》，吕友仁等點校，北京大學出版社 2016 年版；吕友仁等點校，上海古籍出版社 2008 年版；郜同麟點校，浙江大學出版社 2019 年版。

④ 朱彬：《禮記訓纂》，饒欽農點校，中華書局 1996 年版。孫希旦：《禮記集解》，沈嘯寰、王星賢點校，中華書局 1989 年版。

⑤ 孫詒讓：《周禮正義》，王文錦等點校，中華書局 1987 年版；汪少華整理，中華書局 2015 年版；喬秀岩等點校，北京大學出版社 2019 年版。

同時，也對禮學研究之興盛起到重要的基礎作用。

另外，隨着古籍整理工作的進展，清人最重要的兩部禮學通論性著作，也得以點校出版。一是秦蕙田《五禮通考》。該書卷帙浩大，達268卷；資料豐贍，將清代之前的經史子集四部文獻中涉及禮學的内容，均剪裁析出，按時代先後排列。此書編著時，隊伍集中了清代康乾時期諸多禮學大師，故而見解新穎精當。該書由方向東、王鍔的點校出版，共20册。① 二是黄以周《禮書通故》。該書是禮學名家黄以周詮釋古禮的集成之作，全書百卷，體大思精，將二千多年來的諸多禮學争論詳加辨析，折中至當。該書有中華書局王文錦點校本及北大《儒藏》整理本，共5册。②另外，清代的程瑶田、淩廷堪、劉師培等人都是禮學專家，分别有全集或選集出版，其著作包含有禮學專論，也得以整理面世。

還有一些學者，分别專精於某類禮學文獻，出版有禮學文獻研究專著。例如，蔡介民《禮記通論》、③ 吴承仕《三禮名物》、④ 陳夢家《武威漢簡》、⑤ 張元夫《禮記述聞》、⑥ 王關仕《儀禮漢簡本考證》、⑦ 任銘善《禮記目録後案》、⑧ 彭林《〈周禮〉主體思想與成書年代研究》、⑨ 林素英《古代生命禮儀中的生死觀：以〈禮記〉爲主的現代詮釋》、⑩ 謝貴安《大戴禮研究》、⑪ 丁鼎《〈儀禮·喪服〉考論》、⑫ 楊天宇《鄭玄三禮注研究》、⑬ 王鍔《〈禮記〉成書考》、⑭ 吕友仁《〈禮記〉研究四題》、⑮ 顧春峰和汪少華《〈周禮正義〉點校考訂》、⑯ 鄧聲國

---

① 秦蕙田:《五禮通考》，方向東、王鍔點校，中華書局2020年版。

② 黄以周:《禮書通故》，王文錦點校，中華書局2007年版；王文錦、馬清源、喬秀岩點校，北京大學出版社2016年版。

③ 蔡介民:《禮記通論》，《學術叢書》，中國大百科全書出版社1986年版。

④ 吴承仕:《三禮名物》，臺北藝文印書館1975年版。

⑤ 陳夢家:《武威漢簡》，文物出版社1964年版。

⑥ 張元夫:《禮記述聞》，臺灣"商務印書館"1974年版。

⑦ 王關仕:《儀禮漢簡本考證》，臺灣學生書局1975年版。

⑧ 任銘善:《禮記目録後案》，齊魯書社1982年版。

⑨ 彭林:《〈周禮〉主體思想與成書年代研究》，中國社會科學出版社1991年版。

⑩ 林素英:《古代生命禮儀中的生死觀：以〈禮記〉爲主的現代詮釋》，臺灣文津出版社1997年版。

⑪ 謝貴安:《大戴禮研究》，武漢出版社1991年版。

⑫ 丁鼎:《〈儀禮·喪服〉考論》，社會科學文獻出版社2003年版。

⑬ 楊天宇:《鄭玄三禮注研究》，天津人民出版社2007年版。

⑭ 王鍔:《〈禮記〉成書考》，中華書局2007年版。

⑮ 吕友仁:《〈禮記〉研究四題》，中華書局2014年版。

⑯ 顧春峰、汪少華:《〈周禮正義〉點校考訂》，中華書局2017年版。

《儀禮文獻學》《清代〈儀禮〉學史》、① 徐淵《〈儀禮・喪服〉服叙變除圖釋》,② 等等。

四、工具書和論文集

錢玄《三禮名物通釋》和《三禮辭典》、③ 胡樸安《中華全國風俗志》、④ 瞿宣穎《中國社會史料叢鈔》、⑤ 尚秉和《歷代社會風俗事物考》⑥,是本領域使用頻率最高的一些參考工具書。

另外,一些論文集中收集了不限於某一時段的通論性文章,也值得注意。例如,陳其泰等編《二十世紀中國禮學研究論集》、⑦ 浙江大學古籍研究所編《禮學與中國傳統文化——慶祝沈文倬先生九十華誕國際學術研討會論文集》、⑧ 湯勤福主編《中國禮制變遷及其現代價值研究》(共 4 卷)、⑨ 潘斌主編《經學・禮學與中國社會》、⑩ 沈巋等主編《傳統禮治與當代軟法》⑪等。個人論文集,有楊寬著《古史新探》、⑫ 沈文倬著《蓟闇文存》和《宗周禮樂文明考論》、⑬ 高崇文著《古禮足徵——禮制文化的考古學研究》、⑭ 賈海生著《周代

① 鄧聲國:《儀禮文獻學》,江西人民出版社 2017 年版;《清代〈儀禮〉學史》,人民出版社 2020 年版。

② 徐淵:《〈儀禮・喪服〉服叙變除圖釋》,中華書局 2017 年版。

③ 錢玄:《三禮名物通釋》,江蘇古籍出版社 1987 年版;《三禮辭典》,江蘇古籍出版社 1998 年版。

④ 胡樸安:《中華全國風俗志》,河北人民出版社 1986 年版。

⑤ 瞿宣穎:《中國社會史料叢鈔》,上海書店出版社 1985 年版。

⑥ 尚秉和:《歷代社會風俗事物考》,江蘇古籍出版社 2002 年版。

⑦ 陳其泰等編:《二十世紀中國禮學研究論集》,學苑出版社 1998 年版。

⑧ 浙江大學古籍研究所編:《禮學與中國傳統文化——慶祝沈文倬先生九十華誕國際學術研討會論文集》,中華書局 2006 版。

⑨ 湯勤福主編:《中國禮制變遷及其現代價值研究》東南卷,上海三聯書店 2015 年版;東北卷,上海三聯書店 2016 年版;西北卷,上海三聯書店 2017 年版;西南卷,上海三聯書店 2018 年版。

⑩ 潘斌主編:《經學・禮學與中國社會》,南京大學出版社 2020 年版。

⑪ 沈巋、彭林、丁鼎主編:《傳統禮治與當代軟法》,北京大學出版社 2017 年版。

⑫ 楊寬:《古史新探》,中華書局 1965 年版。

⑬ 沈文倬:《蓟闇文存》,商務印書館 2006 年版;《宗周禮樂文明考論》,杭州大學出版社 1999 年版。

⑭ 高崇文:《古禮足徵——禮制文化的考古學研究》,上海古籍出版社 2015 年版。

禮樂文明實證》、① 楊華著《新出簡帛與禮制研究》《古禮新研》《古禮再研》、② 楊志剛《中國古代禮學論集》③等。在這些論文集中，一些名家對禮學問題有極爲精闢的通論，例如，黄侃《禮學略説》、④ 姜亮夫《釋禮》、⑤ 錢玄《儀禮向位解》，等等，均值得參考。

---

① 賈海生：《周代禮樂文明實證》，中華書局 2010 年版。

② 楊華：《新出簡帛與禮制研究》，臺灣古籍出版公司 2007 年版；《古禮新研》，商務印書館 2012 年版；《古禮再研》，商務印書館 2021 年版。

③ 楊志剛：《中國古代禮學論集》，復旦大學出版社 2021 年版。

④ 黄侃：《禮學略説》，氏著《黄侃論學雜著》，中華書局 1964 年版，第 444～481 頁。

⑤ 姜亮夫：《釋禮》，吕叔湘等：《語言文字學術論文集——慶祝王力先生學術活動五十週年》，知識出版社 1989 年版，第 147～150 頁。

第二章　先秦秦漢時期禮學研究

禮樂文化的生成，是中華文明史的里程碑。它濫觴於石器時代，初現於商周時期，歷經周公和幾代周人的制作，臻於成熟，又在王道陵夷的春秋戰國走向崩壞。秦漢新建帝國，與周世異制，但仍採摭周禮，因時制宜，成就王朝禮樂範式。漢晉以降迄於明清，禮制幾度損益，禮學漸趨繁榮，禮法互爲表裏，禮樂相須而行。探本溯源，中國傳統時代的禮文化，終歸屬於周禮餘脈。

自漢代始，關於“禮”的研究長盛不衰，對“禮”的認識也越發多元。近年來，很多優秀學者都有意總結禮樂研究的豐厚成果。例如，最近楊英撰文回顧改革開放 40 年以來先秦禮學和禮制研究狀況，① 撮其綱要，義理精審。下文擬參考已有述評，按禮學、禮制、禮俗、禮義、禮法和禮樂的分類，綜述先秦、秦漢禮文化研究論著。

第一節　“三禮”文獻研究

《儀禮》《禮記》《周禮》是三部重要的早期儒家典籍，是禮文化研究的基礎文獻。“三禮”内容涵蓋天子至庶人禮樂兵刑、冠婚喪祭、服飾器物等一切人生細節。

“三禮”之學，最初在經學範疇内展開，伴隨儒術獨尊而興。西漢時期，《儀禮》十七篇初名“禮”或“士禮”，爲學官所立，自高堂生以來傳習不絶。此外，西漢時還發現了《禮古經》五十六篇，遂有今古文之别。漢代研究《儀禮》的著作有戴德《喪服變除》、鄭眾《鄭氏婚禮》、馬融《喪服經傳》、何休《冠禮約制》及鄭玄《儀禮注》等。其中，惟鄭《注》傳世，他書皆佚。

漢末，王莽又立《周官》博士。《周禮》只有古文經，但有“故書”“今書”之

① 楊英：《改革開放 40 年以來的先秦禮學與禮制研究》，《古代文明》2019 年第 3 期。

分，即舊校本、新校本之别。《周禮》的國家經典身份，雖與王莽政權一同曇花一現，然而東漢時期研究者甚衆。例如，杜子春《周官注》、張衡《周官訓詁》、班固《周禮班氏義》、馬融《周官傳》、衛宏《周禮解詁》等。鄭興、鄭衆、賈逵也皆撰有同名著作《周官解詁》。後鄭玄著《周禮注》出，全面箋釋《周禮》，成就最高，他書遂廢。

《禮記》在漢代有大小戴之分。馬融《禮記注》、盧植《禮記解詁》、高誘《禮記注》、蔡邕《月令章句》與鄭玄《禮記注》等，是東漢《禮記》經學研究的重要成就。至唐代，《小戴禮記》躋身“五經”之一，正式確立國家法定經典地位。

回顧有漢一代，禮學乃至經學研究的最高成就當屬鄭玄。他遍注群經，並存今古文，使兩漢家法無不可考，故皮錫瑞謂“經學至鄭君一變”。① 鄭玄尤長於禮學。他打通今古，兼注三書，還撰寫《三禮目録》。鄭注之後遂有“三禮”之名。“禮是鄭學”，鄭玄無疑是禮學研究的大宗。

不同於漢唐學者重名物、尚淳樸的學風，宋代禮學突破古義，重在研究義理。朱熹是繼鄭玄之後，又一位對禮學研究影響深遠的學者。他提出“道生理，理即禮也”，宋元明清時期禮學以朱熹爲宗。聶崇義《新定三禮圖》(《三禮圖集注》)問世，也展現了一種禮經讀法；不過，依經繪圖難免臆斷。② 此外，兩宋時期還出現了李如圭《儀禮集釋》、王與之《周禮訂義》、衛湜《禮記集説》等禮學研究著作。

清代“三禮”研究最爲鼎盛，不僅論著數量遠超前代，而且品質突出，在經文考釋、音義注疏、名物考證、文獻辨僞諸方面均超越前人。萬斯大《周官辨非》、惠士奇《禮説》、方苞《周官辨》《周官集注》《周官析疑》等，開啓《周禮》作者辨僞的風氣。乾嘉時期，開“三禮”館，編修《三禮義疏》，“取漢唐宋元以來注疏詮解精研詳訂，發其義藴，編輯成書”(《清實録・高宗實録》)，按照正義、辨正、通論、餘論、存疑、存異、總論七類，劃撥各家注疏，别附按語，自成新的體例。官修之外，孫希旦《禮記集解》、朱彬《禮記訓纂》、淩廷堪《禮經釋例》亦是乾嘉禮學的代表性成果。晚清道咸之後，孫詒讓《周禮正義》、黄以周《禮書通故》、林昌彝《三禮通釋》、沈家本《周官書名考》、劉師培《周禮古注集疏》等論著，基本承襲乾嘉學風。總之，清代“三禮”研究的主

---

① 皮錫瑞：《經學歷史》，中華書局2004年版，第101頁。

② 陳芳妹：《宋古器物學的興起與宋仿古銅器》，《“國立”臺灣大學美術史研究集刊》2001年第10期。馮茜：《聶崇義〈新定三禮圖〉的禮學特性》，葉純芳、喬秀岩編：《朱熹禮學基本問題研究》，中華書局2015年版，第431~448頁。

流仍屬經學範疇，就經解經，史學研究意義尚不充足。同時由於學風重考據而輕義理，基本未對"三禮"文獻的思想體系、禮制演變等問題作出全域性的觀察。

進入20世紀，"三禮"研究面對的老問題依然存在，但研究方法逐漸突破經學樊籬。例如，《周禮》是否周公所作？這是一個古老的經學議題。然而，錢穆開創性地指出，經學問題亦即史學問題。他1932年發表《周官著作時代考》，① 基於史學立場，運用歷史實證與文獻考證之法，否定周公作《周禮》之説，認爲《周禮》成書於戰國晚世。同年，郭沫若發表《周官質疑》，對照金文披露的卿事寮、大祝、司工等職官，同樣得出《周禮》成書時代當爲戰國後期的結論。郭沫若與錢穆運用文獻考證與金文資料，是20世紀以來研究《周禮》的主要方法，兩篇文章都具有典範意義。② 稍早於錢著，1930年，人類學家李安宅對《禮記》和《儀禮》的考察，同樣具有方法論上的重大價值。《〈儀禮〉與〈禮記〉之社會學的研究》採用社會學的眼光，將兩部禮經看做已有的社會產物，分析它們在哪些方面影響了其他社會現象。至於這項社會產品成於何代、出自誰手，不是李著要旨。③ 全書不過五萬字，卻開闢了全新的"三禮"研究領域。

1949—1978年，"三禮"研究緩慢發展，專著出版較少，議題也顯單一，但方法與資料仍有更新。楊向奎《〈周禮〉的内容分析及其成書時代》將《周禮》反映的社會經濟、政治制度與學術思想，置於思想史脈絡之中，由此判定其成書時間大致在戰國中期前後。④ 楊向奎開創性地採取以思想斷時代的研究思路，被徐復觀、彭林、金春峰所繼承，儘管他們的結論並不一致。⑤ 這一時期，甘肅武威漢簡《儀禮》出土，又爲《儀禮》研究帶來新的學術生長點。《武威漢簡》録《儀禮》9卷，釋文、校記由陳夢家撰寫，其研究是開創性的。此後迄

---

① 錢穆：《兩漢經學今古文平議》，商務印書館2001年版，第319~493頁。

② 劉豐：《百年來〈周禮〉研究的回顧》，《湖南科技學院學報》2006年第2期。

③ 李安宅：《〈儀禮〉與〈禮記〉之社會學的研究》，上海人民出版社2005年版，第1頁。

④ 楊向奎：《〈周禮〉的内容分析及其成書時代》，《山東大學學報》1954年第4期。

⑤ 徐復觀：《〈周官〉成立之時代及其思想性格》，臺灣學生書局1980年版；彭林：《〈周禮〉主體思想與成書年代研究》，中國社會科學出版社1991年版；金春峰：《周官之成書及其反映的文化與時代新考》，臺灣東大圖書股份有限公司1993年版；金春峰：《〈周官〉成書的時代再論》，《傳統中國研究集刊》第8輯，上海人民出版社2011年版，第18~28頁。

今，陳邦懷《讀武威漢簡》補陳夢家校記之不備，沈文倬《〈禮〉漢簡異文釋》等篇又修正了陳氏校記之誤，顧濤又在諸家校釋基礎上斠補五十條。①

1979 年以後，禮書的成書時間雖仍受學界關注，但研究者已不滿足於就事論事地斷代。顧頡剛《“周公制禮”的傳説和〈周官〉一書的出現》是一篇典型的有歷史觀照的論文。② 他考證《周禮》與《管子》關係密切，認爲前者可能成書於戰國時代的齊國或别國的法家，與周公和儒家没有關係。相較於前人，顧頡剛此文的貢獻，更在於從宏觀的歷史背景考察《周禮》反映的時代特徵。劉起釪對錢穆、顧頡剛之説作了修補，認爲《周禮》成書有較長過程，時間跨度是春秋至漢代。③ 沈文倬《略論禮典的實行和〈儀禮〉書本的撰作》，則對《儀禮》中《士喪禮》《既夕禮》《士虞禮》《喪服》四篇的成書年代作了考訂。這一時期，學者們還利用郭店楚簡和上博簡考證《禮記》成書時間。例如，廖名春《郭店楚簡儒家著作考》、姜廣輝《郭店楚簡與〈子思子〉》等，④ 均是這方面的優秀成果。

近三十年，通識性與綜論性的“三禮”研究著作紛紛出版。錢玄《三禮辭典》與《三禮通論》是通論性著作的代表。⑤ 前者收録三禮文獻與《大戴禮記》中有關典章、制度、名物專用術語五千條，釋義準確，旁徵博引，兼顧考古發現，配有插圖一百七十餘幅，書後還附有分類索引及歷代三禮研究重要著作書目。《三禮通論》與清人黄以周《禮書通故》一脈相承，分“禮書編”“名物編”“制度編”“禮儀編”，要而不繁，一目了然，既是查閱方便的工具書，也是深

---

① 陳邦懷：《讀武威漢簡》，《考古》1965 年第 11 期。沈文倬：《〈禮〉漢簡異文釋》(一)—(四)，《文史》第 33~36 輯，中華書局 1990—1992 年版；《漢簡〈士相見禮〉今古文雜錯並用説》，《杭州大學學報》1984 年增刊。關於武威漢簡《儀禮》的研究綜述，參看張焕君、刁小龍：《武威漢簡〈儀禮〉研究四十年綜述》，《中國史研究動態》2005 年第 5 期；顧濤：《武威漢簡〈儀禮〉諸家校釋斠補》，《傳統中國研究集刊》第 7 輯，上海人民出版社 2010 年版，第 74~85 頁。

② 顧頡剛：《“周公制禮”的傳説和〈周官〉一書的出現》，《文史》第 6 輯，中華書局 1979 年版，第 1~40 頁。

③ 劉起釪：《〈周禮〉真僞之争及其書寫成的真實依據》，氏著《古史續辨》，中國社會科學出版社 1991 年版，第 619~653 頁。

④ 廖名春：《郭店楚簡儒家著作考》，《孔子研究》1998 年第 3 期。姜廣輝：《郭店楚簡與〈子思子〉》，《哲學研究》1998 年第 7 期。另參看沈頌金：《國内郭店楚墓竹簡研究綜述》，《中國史研究動態》2000 年第 9 期。

⑤ 錢玄：《三禮辭典》，江蘇古籍出版社 1993 年版；《三禮通論》，南京師範大學出版社 1996 年版。

入淺出的學術力作。沈文倬《菿闇文存》既包含禮書撰作年代、《禮經》傳授譜系考論，也探討《儀禮》漢簡異文及先秦喪葬禮制。① 該書彙集作者六十多年來的禮學研究成果，是綜論性成果的代表。王鍔《三禮研究論著提要》，② 上編收録漢代至 21 世紀初歷代學者研究"三禮"的專著提要，下編收録 1900—2004 年國内外研究"三禮"的論文提要，惠及學林。潘斌《二十世紀中國三禮學史》上編爲個案研究，概括俞樾、皮錫瑞以至陳戍國、彭林等學者的"三禮"研究；下編爲專題研究，探討"三禮"的成書、制度思想、禮注版本等問題，並關注出土文獻對"三禮"研究的影響。③ 耿素麗、胡月平選編的"民國期刊資料分類彙編"之《三禮研究》，④ 按"周禮類""儀禮類""禮記類"，收録了劉師培、陳漢章、錢穆、蒙文通、顧頡剛等近代學者的禮學研究文章，將分散各處或不易尋見的三禮論著分門别類歸集一處，爲研究者提供了極大便利。

"三禮"點校與譯注工作也在這一階段鋪開。彭林對此貢獻頗多，點校了《周禮注疏》《儀禮注疏》與淩廷堪的《禮經釋例》等。⑤ 李景林《儀禮譯著》、彭林《儀禮全譯》，以及王文錦《禮記譯解》等白話譯注本，⑥ 在新舊世紀之交相繼出版。此後，楊天宇的"三禮"《譯注》、黄懷信《大戴禮記彙校集注》、王夢鷗《禮記今注今譯》，以及楊華、李志剛合作完成的《儀禮集釋》校點，⑦ 繼續推進禮書校注工作。浙江大學古籍研究所整理的《中華禮藏》，擬點校先秦至晚清的三千種禮學典籍，部分工作已完成並出版。值得一提的是，古書今譯之外，禮書英譯亦屬一種譯注工作。早在 19 世紀末，英國漢學家理雅各就着手翻譯《禮記》。這也是目前最好的英文譯本，儘管不可避免地帶有局限性。最近，楊華不僅指出理雅各英譯底本選譯、文化傾向、譯文歧義三方面的問題，而且意識到，今人在經典外譯時，將面臨古文獻訓練與外語訓練不對稱所帶來

---

① 沈文倬：《菿闇文存》，商務印書館 2006 年版。

② 王鍔：《三禮研究論著提要》，甘肅教育出版社 2001 年版。

③ 潘斌：《二十世紀中國三禮學史》，南京大學出版社 2016 年版。

④ 耿素麗、胡月平選編：《三禮研究》，國家圖書館出版社 2009 年版。

⑤ 彭林點校：《周禮注疏》，海南文化出版公司 1997 年版；《儀禮注疏》，北京大學出版社 1999 年版；《禮經釋例》，臺灣"中研院"中國文哲研究所 2002 年版。

⑥ 李景林：《儀禮譯著》，吉林文史出版社 1995 年版。彭林：《儀禮全譯》，貴州人民出版社 1997 年版。王文錦：《禮記譯解》，中華書局 2001 年版。

⑦ 楊天宇：《周禮譯注》《儀禮譯注》《禮記譯注》，上海古籍出版社 2004 年版。黄懷信：《大戴禮記彙校集注》，三秦出版社 2005 年版。王夢鷗：《禮記今注今譯》，新世界出版社 2011 年版。李如圭：《儀禮集釋》，楊華、李志剛校點，北京大學出版社 2018 年版。

的語義混亂等問題。①

文獻版本研究方面，王鍔連續發表《〈三禮〉研究文獻概述》《〈儀禮〉白文經版本考辨》《漢代的〈儀禮〉研究》《戰國楚簡的發現和〈禮記〉研究的反思》《東漢以來〈禮記〉的流傳》等系列論文。② 這些研究對三禮文獻在漢代以後的流傳情况及版本刊刻問題作了深入考辨，同時也注意出土禮學文獻的價值，從而反思“三禮”研究存在的問題，探討“三禮”研究現狀及其在中國傳統文化中的地位。喬秀岩的版本學研究特别細緻，貢獻了《〈儀禮〉單疏版本説》《〈禮記〉版本雜識》《禮學第一要籍　孤本天下求偶》《嘉定南康軍刊本〈儀禮經傳通解〉之補修情况》等成果。③

如前述，鄭玄在“三禮”研究上貢獻卓著，當代學者也對鄭氏禮學展開大量研究。王利器《鄭康成年譜》在翔實的史料基礎上，從世系、年譜、祠墓、著述、弟子、軼聞、評論、祀典等方面，全面介紹鄭玄其人及論著，細緻考察鄭玄禮學的學術源流與思想基礎。④ 張舜徽《鄭玄訓詁學發微》《鄭學叢著》是較早關注鄭玄禮學的專著，⑤ 從訓詁學、古文獻學角度厘清鄭學脈絡，揭示其禮學研究範式。楊天宇發表的《論鄭玄〈三禮注〉》《鄭玄〈三禮注〉中的漢史資料》《略論“禮是鄭學”》等系列論文，以及近年來第一部專門研究“三禮”注的著作《鄭玄三禮注研究》，⑥ 分析了孔穎達之所以稱“禮是鄭學”的原因，對“三

① 楊華：《理雅各〈禮記〉翻譯的局限——兼論中國經典外譯問題》，《國際漢學》2020年第2期。

② 王鍔：《〈三禮〉研究文獻概述》，《圖書與情報》1997年第3期；《〈儀禮〉白文經版本考辨》，《古籍整理研究學刊》1998年第1期；《漢代的〈儀禮〉研究》，《西北師大學報》(社會科學版)2000年第5期；《戰國楚簡的發現和〈禮記〉研究的反思》，《圖書與情報》2006年第3期；《東漢以來〈禮記〉的流傳(上)》，《井岡山大學學報》(社會科學版)2010年第5期；《東漢以來〈禮記〉的流傳(下)》，《井岡山大學學報》(社會科學版)2010年第6期。

③ 喬秀岩：《〈儀禮〉單疏版本説》，《文史》第50輯，中華書局2000年版，第39~56頁；《〈禮記〉版本雜識》，《北京大學學報》(哲學社會科學版)2006年第5期；《禮學第一要籍　孤本天下求偶》，《北京大學學報》(哲學社會科學版)2012年第1期；《嘉定南康軍刊本〈儀禮經傳通解〉之補修情况》，《中國典籍與文化》2013年第2期。

④ 王利器：《鄭康成年譜》，齊魯書社1983年版。

⑤ 張舜徽：《鄭玄訓詁學發微》，《華中師院學報》(哲學社會科學版)1981年第3期；《鄭學叢著》，齊魯書社1984年版。

⑥ 楊天宇：《論鄭玄〈三禮注〉》，《文史》第21輯，中華書局1983年版，第21~42頁；《鄭玄〈三禮注〉中的漢史資料》，《河南大學學報》(社會科學版)1982年第4期；《略論“禮是鄭學”》，《齊魯學刊》2002年第3期；《鄭玄三禮注研究》，天津人民出版社2007年版。

禮”文獻的作者及成書年代、流傳、篇次、內容及其價值等聚訟不決的問題，或申述或辯駁，創獲頗多。後浪澎湃，華喆《禮是鄭學：漢唐間經典詮釋變遷史論稿》近期出版，引起廣泛好評。① 該著圍繞鄭玄學説及後世學者對鄭玄的質疑、批評、調整和回歸，通過理解鄭玄來理解經學史，並在終章探討了鄭學在宋學與清學中的位置，以及“禮是鄭學”的當代意義。除鄭玄禮學之外，漢代禮學家劉歆、馬融等也是學者考察的對象。林存陽、丁鼎、郭海濤等學者論文，皆有所論及。②

1959 年出土於甘肅武威磨嘴子漢墓的竹簡本《儀禮》，共 469 枚，有 27298 字，這是目前所見最早的《儀禮》文本。出土後，陳夢家、沈文倬等學者都作過研究。張焕君、刁小龍著《武威漢簡〈儀禮〉整理與研究》，③ 對之進行了系統整理，對各家説法均進行彙校集釋，成爲目前公認最好的武威漢簡集釋本。

綜上，以“三禮”爲核心的禮學研究已有二千年學術史。近現代開始，這一研究已不局限於經學範疇，研究涉及面日廣。名物典章、文獻版本、思想學説均有相關成果問世，視角與方法呈現多樣化特徵，不少學術公案也有重大突破。

第二節 禮制研究

禮制和儀式的確立，使禮文落實到人的行爲。從中我們可以觀察禮書的構想如何被損益、揚棄。因此，禮制向來是研究的重中之重。王朝禮制初具規模的東漢，衛宏《漢舊儀》、應劭《漢官儀》、蔡質《漢官典職儀式選用》、丁孚《漢儀》等官制儀式著作，就已相繼問世。④

---

① 華喆：《禮是鄭學：漢唐間經典詮釋變遷史論稿》，生活·讀書·新知三聯書店 2018 年版。

② 林存陽：《西漢禮學論略》，《聊城大學學報》（社會科學版）2003 年第 5 期。丁鼎：《劉歆的〈周禮〉學及其在兩漢之際的傳承譜系》，《湖南大學學報》（社會科學版）2016 年第 5 期。梁曉峰：《漢魏〈周禮〉學研究》，山東師範大學碩士學位論文，2016 年。郭海濤：《馬融經學研究》，西北大學碩士學位論文，2017 年。許結：《論東漢周禮學興起的文化問題》，《古典文獻研究》第 11 輯，鳳凰出版社 2008 年版，第 43~65 頁。

③ 張焕君、刁小龍：《武威漢簡〈儀禮〉整理與研究》，武漢大學出版社 2009 年版。

④ 孫星衍等輯：《漢官六種》，中華書局 1990 年版。

近三十年，通史性的禮制研究已有成熟的著作問世。陳戍國《中國禮制史》六卷本(湖南教育出版社 1991—2002 年版)，研究時段從先秦延伸至明清，内容涵蓋朝聘、婚冠、喪祭、養老、軍禮與輿服等幾乎全部古代禮制。2016 年，吳麗娱主編的《禮與中國古代社會》全四卷出版(中國社會科學出版社出版)。各卷按時代分章，集結相關領域專家，以問題爲導向，各部分以專題突出特點與重點，發揮作者所長。

具體到某一禮制的研究，成果更是不勝枚舉。下文擬按“五禮”分類，選擇有代表性的研究加以述評。

一、吉禮

禮中五經，莫重於祭。祭祀是吉禮最重要的部分。祭祀對象大致分爲天神、地祇和人鬼。祭祀種類包含四時四至、圜丘、方丘、臘祭、社稷、宗廟、明堂、先農先蠶等。

祭祀也分規格、層級。南北郊、社稷、明堂、太廟祭祀屬於國家祭祀。李零《秦漢禮儀中的宗教》、甘懷真《西漢郊祀禮的成立》、王柏中《神靈世界：秩序的構建與儀式的象徵》、楊英《祈望和諧——周秦兩漢王朝祭禮的演進及其規律》、楊華《秦漢帝國的神權統一——出土簡帛與〈封禪書〉〈郊祀志〉的對比考察》，以及近年出版的田天《秦漢國家祭祀史稿》等論著從不同角度切入，俯瞰先秦秦漢的國家祭祀制度的生成。① 隨着出土文獻的不斷豐富，祭祀對象、頻率、場所等細節，越來越清晰地顯露出來。“祭祀”與“禱祠”的性質、祠先農信仰、秦漢祠令等，引起學者關注的興趣。②

---

① 李零：《秦漢禮儀中的宗教》，氏著《中國方術續考》，中華書局 2006 年版，第 100~141 頁。甘懷真：《西漢郊祀禮的成立》，氏著《皇權、禮儀與經典詮釋：中國古代政治史研究》，華東師範大學出版社 2008 年版，第 26~58 頁。王柏中：《神靈世界：秩序的構建與儀式的象徵》，民族出版社 2005 年版。楊英：《祈望和諧——周秦兩漢王朝祭禮的演進及其規律》，商務印書館 2009 年版。楊華：《秦漢帝國的神權統一——出土簡帛與〈封禪書〉〈郊祀志〉的對比考察》，《歷史研究》2011 年第 5 期。田天：《秦漢國家祭祀史稿》，生活・讀書・新知三聯書店 2015 年版。

② 彭浩：《讀里耶“祠先農”簡》，《出土文獻研究》第 8 輯，上海古籍出版社 2007 年版，第 18~24 頁。曹旅寧：《里耶秦簡〈祠律〉考述》，《史學月刊》2008 年第 8 期。史志龍：《秦“祠先農”簡再探》，《簡帛》第 5 輯，上海古籍出版社 2010 年版，第 77~90 頁。楊華：《出土簡牘所見“祭祀”與“禱祠”》，《四川大學學報》(哲學社會科學版)2018 年第 2 期。楊勇：《嶽麓秦簡〈祠令〉與秦代官祀》，《簡帛》第 21 輯，上海古籍出版社 2020 年版。范雲飛：《秦漢祠祀律令研究》，武漢大學碩士學位論文，2017 年。

日本學者關於早期國家祭祀的研究也有長期積累。例如，金子修一《中國古代皇帝祭祀的研究》中特别討論了漢代郊禮與宗廟制度。① 渡邉信一郎《中國古代的王權與天下秩序》論述了漢代"古典國制"整備的進程與歷史意義。② 目黑杏子撰寫了以《王莽"元始儀"の構造——前漢末における郊祀の変化》爲代表的多篇關於西漢末年國家郊祀改革的論文。③ 佐川英治近年來也十分關注漢魏國家禮制，專著《中國古代都城の設計と思想》檢視了漢唐之間都城設計起點由宗廟向南郊、圜丘遷移的過程。④

2016 年，考古人員首次發掘陝西雍山血池秦漢祭祀遺址。血池遺址是與古文獻記載吻合的時代最早、規模最大、持續時間最長，且功能結構趨於完整的性質明確的國家大型"祭天臺"。數年來，對血池遺址及其周邊區域的考古調查與發掘工作取得了重大收穫。有學者推測，血池遺址很可能與秦漢時期雍"五畤"有關。⑤ 這一考古發現及其推進，將對研究秦漢國家祭祀產生重大影響，我們應持續關注。

國家祭祀成立之前的貴族禮儀活動，學界也已有充分討論。陳夢家《古文字中之商周祭祀》從甲骨、金文中梳理祖先祭祀活動，比較商周時期的天神觀念。⑥ 劉源《商周祭祖禮研究》同樣運用古文字材料，對比商周時期祖先祭祀的類型、儀式及其反映出的祖先觀念。⑦ 郭守信《周代祭祀初論》、詹鄞鑫《神靈與祭祀——中國傳統宗教綜論》、張鶴泉《周代祭祀研究》等，⑧ 綜合考察了

---

① 金子修一：《中國古代皇帝祭祀の研究》，(日本)岩波書店 2001 年版。

② 渡邉信一郎：《中國古代的王權與天下秩序》，徐沖譯，中華書局 2008 年版。

③ 目黑杏子：《王莽"元始儀"の構造——前漢末における郊祀の変化》，(日本)《洛北史學》第 8 號，2006 年。

④ 佐川英治：《中國古代都城の設計と思想》，(日本)勉誠出版社 2016 年版。

⑤ 田亞岐：《血池遺址考古發現與秦人祭祀文化的認知》，《光明日報》文史哲週刊版，2019 年 1 月 7 日，第 14 版；辛怡華：《血池遺址與雍地五畤及相關問題》，《湖南省博物館館刊》第 14 輯，嶽麓書社 2018 年版，第 19~25 頁；楊曙明：《雍山血池遺址與秦漢祭畤考》，《秦漢研究 2020》，西北大學出版社 2020 年版，第 144~149 頁。

⑥ 陳夢家：《古文字中之商周祭祀》，《燕京學報》第 19 期，1936 年；收入氏著《陳夢家學術論文集》，中華書局 2017 年版。其中還收録《祖廟與神主之起源》《高禖郊社祖廟通考》等多篇關於祭祀的論文。

⑦ 劉源：《商周祭祖禮研究》，商務印書館 2004 年版。

⑧ 郭守信：《周代祭祀初論》，《中國史研究》1986 年第 2 期。詹鄞鑫：《神靈與祭祀——中國傳統宗教綜論》，江蘇古籍出版社 1992 年版。張鶴泉：《周代祭祀研究》，臺灣文津出版社 1993 年版。

先秦祭祀種類、宗廟制度由來、供獻制度與祭服、犧牲。

現有成果還對祭禮中的儀節展開探討。楊華《先秦血祭禮儀研究》按照廟祭、郊祀和地祭三部分研究先秦祭禮中的用血儀式。同氏《"五祀"祭禱與楚漢文化的繼承》通過比照出土簡帛與傳世禮書，復原"五祀"的名稱和順序在歷史流變中產生的變異，並對已有經學觀點證是證非，證明古代貴族按照等級祭禱家居之神的説法是錯誤的，至少大夫以上的貴族應當恒祭"五祀"，並無等級之别，鄭玄關於《禮記・祭法》爲周禮、"五祀"爲商禮的經注並不可靠。①

禮制研究的推動往往從解决經學懸疑、禮學歧説入手。陳筱芳《周代廟制異議》耙梳《禮記》《公羊傳》《穀梁傳》對周代廟制的不同記載。② 寧鎮疆《鄭玄、王肅郊祀立説再審視》、楊華《論〈開元禮〉對鄭玄和王肅禮學的擇從》都是從鄭、王的禮學争論出發，重新檢視二者的經學邏輯，並觀察禮學研究與現實制度之間的距離。③ 祭祀禮研究中争議最大最多者莫過於明堂問題。近代以來，周漢明堂的形制復原、制度演變及宇宙論思想，始終是學者熱衷的主題。王國維、劉師培、藤川正數等碩學名家都先後加入討論。20 世紀中後期，西安大土門遺址與洛陽南郊禮制建築遺址得到考古發掘，兩漢明堂的復原及"周人明堂"的形制推測，再度成爲熱點。楊鴻勛、王世仁、汪寧生、劉瑞等考古學者也紛紛提出方案。④ 這些成果的價值，不在於徹底結束禮學争論，而是借助新材料，採用跨學科的研究方法，賦予古老的經學問題以新的觀察視角和研究出口。美國學者羅泰(Lothar von Falkenhausen)的《宗子維城：從考古材料的角度看公元前 1000 至前 250 年的中國社會》近年在内地出版，便是此中成功之作。⑤

---

① 楊華：《先秦血祭禮儀研究》《"五祀"祭禱與楚漢文化的繼承》，收入氏著《古禮新研》，商務印書館 2012 年版，第 87～114、379～401 頁。

② 陳筱芳：《周代廟制異議》，《史學集刊》2010 年第 5 期。

③ 寧鎮疆：《鄭玄、王肅郊祀立説再審視》，《歷史研究》2014 年第 5 期。楊華：《論〈開元禮〉對鄭玄和王肅禮學的擇從》，《中國史研究》2003 年第 1 期。

④ 王國維：《明堂廟寢通考》，《觀堂集林》，中華書局 1959 年版，第 123～144 頁。藤川正數：《明堂について》，《漢代における禮學の研究》，(日本)風間書房 1985 年版。汪寧生：《釋明堂》，《文物》1989 年第 9 期。楊鴻勛：《破解"周人明堂"的千古之謎》，《楊鴻勛建築考古學論文集》，清華大學出版社 2008 年版，第 158～163 頁。劉瑞：《漢長安城的朝向、軸線與南郊禮制建築》，中國社會科學出版社 2011 年版。

⑤ 羅泰(Lothar von Falkenhausen)：《宗子維城：從考古材料的角度看公元前 1000 至前 250 年的中國社會》，吳長青等譯，王藝等審校，上海古籍出版社 2017 年版。

二、凶禮

凶禮主要指喪葬禮儀，包括訃奏、吊問、賵賻、喪服、祥禫、改葬等。童書業《春秋史》、楊志剛《中國禮儀制度研究》、彭林《中國古代禮儀文明》等通論性著作都有一定篇幅討論早期中國的凶禮。① 專著有李玉潔《先秦喪葬制度》、徐吉軍等《中國喪葬禮俗》、李如森《漢代喪葬禮俗》等。②

喪禮研究中一次著名的學術争論，發生在陳公柔與沈文倬之間。1956 年陳公柔在《考古學報》上發表論文《士喪禮、既夕禮中所記載的喪葬制度》，③ 考察《儀禮》篇次與《士喪禮》《既夕禮》内容結構，利用戰國墓葬所出隨葬器物資料，對照《儀禮》所載喪葬制度，發現絶大部分地下實物與禮書記載完全吻合。兩年後，沈文倬《對"士喪禮、既夕禮中所記載的喪葬制度"幾點意見》發表於《考古學報》1958 年第 2 期，針對墓主葬法、茵的性質、奠器是否送入壙内及"葬於北方"的本義，向陳説提出商榷。④ 這場争論無疑是禮制研究學術史上一次精彩對話。

喪禮是從死亡到埋葬、成服的過程，包含小殮、啓殯、入壙、虞祭一系列環節。高崇文《試論先秦兩漢喪葬禮俗的演變》利用江陵馬山 M1、長沙馬王堆 M1 等戰國秦漢墓葬揭示裝殮、啓殯、埋葬禮俗的演變，以及由廟祭到墓祭所引起的陵寢制度變革。⑤ 楊華《襚・賵・遣——簡牘所見楚地助喪禮制研究》關注的是吊喪和助喪環節，⑥ 文章對楚地出土的遣策、賵書進行排列，在剥離二者的基礎上，將楚地喪葬簡牘與禮經的文本記載進行復原。同樣圍繞遣策，田天注意到西漢遣策中的"偶人簡"與同時期流行的"告地策"類文獻有直接關係。她還提取馬王堆 M1、M3 的遣策信息，嘗試復原兩座漢墓遣策書寫、編連

---

① 童書業：《春秋史(修訂本)》，中華書局 2006 年版。楊志剛：《中國禮儀制度研究》，華東師範大學出版社 2001 年版。彭林：《中國古代禮儀文明》，中華書局 2004 年版。

② 李玉潔：《先秦喪葬制度》，中州古籍出版社 1991 年版。徐吉軍、賀雲翺：《中國喪葬禮俗》，浙江人民出版社 1991 年版。李如森：《漢代喪葬禮俗》，瀋陽出版社 2003 年版。

③ 陳公柔：《士喪禮、既夕禮中所記載的喪葬制度》，《考古學報》1956 年第 4 期。

④ 沈文倬：《對"士喪禮、既夕禮中所記載的喪葬制度"幾點意見》，《考古學報》1958 年第 2 期。

⑤ 高崇文：《試論先秦兩漢喪葬禮俗的演變》，《考古學報》2006 年第 4 期。

⑥ 楊華：《襚・賵・遣——簡牘所見楚地助喪禮制研究》，《學術月刊》2003 年第 9 期。

與使用過程，進而重建遣策與喪葬流程的動態關係。① 張鶴泉分別探討了皇帝喪禮中的吊祭、皇帝對臣僚的吊祭形式與私人喪葬活動中的吊祭。② 李志剛《以神爲賓——商周喪祭禮制中人神關係的新考察》發現殯禮與"轉吉"之後的賓祭、延尸等儀節均體現出"以神爲賓"的觀念，進而指出商周時期的人神關係並不如後世理解的那樣疏遠。③

戰國至秦漢是一個歷史大變革時期。秦漢之際的喪禮研討原先史料不足，湖北雲夢睡虎地漢墓《葬律》公佈後，情况有所好轉。彭浩據簡報提供的圖版對照竹簡釋文，就其中部分字詞作扼要解釋，並對《葬律》的淵源、制定等問題作初步探討。這一工作爲《葬律》所揭喪葬制度的研究奠定了基礎。之後比較有代表性的成果是高崇文《論漢簡〈葬律〉中的祭奠之禮》。④ 論文指出，睡虎地漢簡《葬律》應是據漢初政治經濟形勢及倡導薄葬的思想而制定的，既承先秦禮制，又有所損益。目前《葬律》的出土材料還没有完全公佈。

服喪是喪禮中持續時間最長的一大環節。丁鼎《〈儀禮・喪服〉考論》將微觀的文獻研究與宏觀的社會制度相結合，⑤ 不僅在文獻學層面上系統綜合地研究《喪服》，而且深入挖掘其中所蘊含的宗法制度、倫理觀念。丁鼎又與彭林圍繞喪服絰帶的規格展開商榷。賈海生的長文《制服與作器——喪服與禮器飾群黨、别親疏相互對應的綜合考察》，研究的是服制與作器義務，是全面探討親疏不同人倫關係的力作。賈氏又注意到郭店竹簡《六德》所言服制、服術不同於傳世禮書記載。⑥ 吳飛《五服圖與古代中國的親屬制度》則通過對比雞籠圖、宗枝圖，從喪服制度的計算方式中，思考中國親屬制度的特點。吳飛近期又撰文討論三年喪或起源於東夷之俗，被納入周人原有喪服體制後，形成了斬衰三年、齊衰三年、齊衰期之間等級嚴整的喪服等差。⑦

---

① 田天：《西漢遣策"偶人簡"研究》，《文物》2019 年第 6 期；《馬王堆漢墓的遣策與喪葬禮》，《文史》2020 年第 1 輯。

② 張鶴泉：《東漢喪葬吊祭考》，《古代文明》2009 年第 4 期。

③ 李志剛：《以神爲賓——商周喪祭禮制中人神關係的新考察》，《史學月刊》2014 年第 4 期。

④ 高崇文：《論漢簡〈葬律〉中的祭奠之禮》，《文物》2011 年第 5 期。

⑤ 丁鼎：《〈儀禮・喪服〉考論》，社會科學文獻出版社 2003 年版；《喪服絰帶規格考略——兼與彭林先生商榷》，《社會科學戰線》2006 年第 6 期。

⑥ 賈海生：《制服與作器——喪服與禮器飾群黨、别親疏相互對應的綜合考察》，《考古學報》2010 年第 3 期；《郭店竹簡〈六德〉所言喪服制度》，《傳統中國研究集刊》第 9、10 合輯，上海人民出版社 2012 年版，第 142～147 頁。

⑦ 吳飛：《五服圖與古代中國的親屬制度》，《中國社會科學》2014 年第 12 期；《三年喪起源考論》，《文史》2020 年第 3 輯。

服制關係可以通過喪服圖展現。馬王堆《喪服圖》是迄今發現年代最早、最完整的有關中國傳統喪服制度的古代文物。繼曹學群《馬王堆漢墓〈喪服圖〉簡論》之後，胡平生先後發表《馬王堆帛書〈喪制圖〉所記喪服制度考論》《馬王堆漢墓帛書喪服圖再考》，對《喪服圖》題記文字進行斷讀，影響很大。① 程少軒《馬王堆漢墓〈喪服圖〉新探》繼而提出了復原《喪服圖》的方案。② 來國龍對上述諸説均持異議，發表於《早期中國》(*Early China*)的論文《馬王堆喪服圖考》(The Diagram of the Mourning System from Mawangdui)重新進行題記斷讀和圖表復原。③

喪葬禮儀的籌備施行必然涉及喪葬用器，棺飾、殉葬車馬、奠器等喪葬用品中也蘊含着先秦兩漢喪禮的大量信息。高崇文《淺談楚墓中的棺束》整理了大量楚墓中棺外被捆束的現象，在棺束的形式、結構與用途等方面提供了很多新認識。④ 時隔十數年，江奇豔《戰國時期楚國喪禮中的棺束與棺飾》再度探討棺束與棺飾問題，⑤ 在考察棺束質料、形式和捆縛方法的基礎上，着重分析棺束的功能，指出自漢代鄭玄以來學者放大了棺束的功能。關於漢代諸侯王墓的車馬殉葬制度，高崇文與鄭灤明、孫波也有過一番争論。1992 年，高崇文將諸侯王墓中的三輛馬車定性爲魂車，而鄭、孫二位對此提出質疑，2008 年高氏撰文回應，重新審視遣車的性質及殯車、柩車、蜃車的用途。⑥ 同樣關於隨葬器物，楊華發表的《"大行"與"行器"——關於上古喪葬禮制的一個新考察》指出歷代文獻關於"行"與"大行"的解釋不足爲訓，青銅器中有相當一部分自銘爲"行器"者，功能可與《儀禮·既夕禮》中的記載互相印證，絶不限於征行、燕行等。文章提出，"行器"也可視爲隨葬的"遣器"，"行器"自銘出現的

① 曹學群:《馬王堆漢墓〈喪服圖〉簡論》,《湖南考古輯刊》第 6 集，嶽麓書社 1994 年版，第 225~229 頁。胡平生:《馬王堆帛書〈喪制圖〉所記喪服制度考論》,《胡平生簡牘文物論稿》，中西書局 2012 年版，第 284~287 頁。

② 程少軒:《馬王堆漢墓〈喪服圖〉新探》,《出土文獻與古文字研究》第 6 輯，上海古籍出版社 2015 年版，第 621~632 頁。

③ Guolong Lai: The Diagram of the Mourning System from Mawangdui. *Early China*, 2003 (28), pp. 43~99.

④ 高崇文:《淺談楚墓中的棺束》,《中原文物》1990 年第 1 期。

⑤ 江奇豔:《戰國時期楚國喪禮中的棺束與棺飾》,《考古》2004 年第 6 期。

⑥ 高崇文:《西漢諸侯王墓車馬殉葬制度探討》,《文物》1992 年第 2 期。鄭灤明:《西漢諸侯王墓所見的車馬殉葬制度》,《考古》2002 年第 1 期。孫波:《西漢諸侯王墓的發現和研究》,《漢代考古與漢文化國際學術研討會論文集》，齊魯書社 206 年版，第 194~214 頁。高崇文:《再論西漢諸侯王墓車馬殉葬制度》,《考古》2008 年第 11 期。

高峰期正是春秋時期，與《儀禮》所反映的禮儀制度在時間上大致可以契合。①最近，田天在第一届"出土文獻與中國古代史"青年工作坊宣讀論文《衣不如故——漢晉隨葬衣物與衣物記録研究》，結合考古資料，聚焦於隨葬衣物。

在藝術史領域，喪葬禮儀也是熱門話題。巫鴻《禮儀中的美術——馬王堆再思》回應謝柏柯（Jerome Silbergeld）1983 年的論文（*Early China* 8），提出全新的認識，不再僅僅將馬王堆帛畫作爲一件獨立的"藝術品"，而視之爲整個墓葬的一部分，墓葬也不是現成的建築，而是喪葬禮儀過程中的産物。巫鴻後來出版的《黄泉下的美術》再一次强調了這種研究視角。如前所揭，柩車與魂車是喪葬禮制中常見隨葬物。巫鴻從藝術史的角度探討漢代墓葬中的車馬圖像，揭示這類圖像具有表現真實的禮儀事件和表現虚構的死後時空的雙重功能。②

來國龍的著作《發掘來世——早期中國的宗教考古》英文版於 2015 年由美國華盛頓大學出版社出版。該著作利用近四十年來的考古發掘材料，復原了先秦秦漢時期中國人死後世界的圖像，即冥界想像。它將中西方考古學、藝術史、宗教史、人類學、簡牘學、文字學等的研究理論和最新成果進行了跨學科的綜合，是近年在先秦喪禮研究方面富於創見的新成果。③

三、賓禮

上古賓禮包含朝聘、會盟與册命等内容。楊寬《古史新探》、沈文倬《宗周禮樂文明考論》、楊向奎《宗周社會與禮樂文明》、陳戍國《中國禮制史》、楊志剛《中國禮儀制度研究》等禮制著作都論及賓禮。相關專著有：徐傑令《春秋邦交研究》、李無未《周代朝聘制度研究》、陳彦輝《春秋辭令研究》、董芬芬《春秋辭令文體研究》等。④

---

① 楊華：《"大行"與"行器"——關於上古喪葬禮制的一個新考察》，《湖南大學學報》（社會科學版）2018 年第 2 期。

② 巫鴻：《黄泉下的美術》，生活・讀書・新知三聯書店 2010 年版；《禮儀中的美術——馬王堆再思》《從哪裏來？到哪裏去？——漢代喪葬藝術中的"柩車"與"魂車"》，氏著《禮儀中的美術》，生活・讀書・新知三聯書店 2005 年版，第 101～122、260～273 頁。

③ Guolong Lai：*Excavating the Afterlife*：*The Archaeology of Early Chinese Religion*. Seattle：University of Washington Press，2015.

④ 徐傑令：《春秋邦交研究》，中國社會科學出版社 2004 年版。李無未：《周代朝聘制度研究》，吉林人民出版社 2005 年版。陳彦輝：《春秋辭令研究》，中華書局 2006 年版。董芬芬：《春秋辭令文體研究》，上海古籍出版社 2012 年版。

研究賓禮的論文也爲數眾多。

關於朝聘，郜積意注意到《公羊》與《左傳》在時朝年限以及湯沐之邑與朝宿之邑等問題上都有明顯的分歧，繼而探討漢代今古文經學不同的禮制觀。①陳智勇考察了朝聘中車馬服飾、太廟告祖、宴飲與用玉的文化内涵。② 黎虎的《殷代外交制度初探》《周代的交聘使者及使團》《周代交聘禮中的“禮尚往來”原則》《周代交聘禮中的對等性原則》等文章是研究聘禮的重要成果，③ 文章從報禮、報幣、交聘主體與接待禮節等方面探討聘禮原則，並從制度、思維與文化等角度思考這些原則產生的原因。此外，鄭春生、徐傑令、陳彦輝等人的論文，④ 分别論述了《左傳》《國語》所載朝聘事件與活躍於邦交政治舞臺上的使者。以上成果集中於春秋時期的聘禮，戰國聘禮的研究較少，李無未《戰國時期朝聘制度的破壞》是其代表，文章認爲聘問在戰國已有名無實。⑤

除利用傳世文獻外，金文材料也歷來受學者重視。陳夢家《西周銅器斷代》、唐蘭《西周青銅器銘文分代史徵》在考釋銘文過程中，也論及西周聘禮。⑥ 王龍正《匍鴨銅盉與頫聘禮》《匍盉銘文補釋並再論頫聘禮》兩文，⑦ 在補釋匍盉銘文基礎上，對照《儀禮》《周禮》全面討論先秦頫聘禮。霸伯盂銘文是目前所見最爲完整的關於西周聘禮的第一手史料。黄益飛發表於《考古學報》的《霸伯盂銘文與西周朝聘禮——兼論穆王制禮》一文，對銘文中有分歧的重要文字與銘文所見朝聘儀節深入探討，結論認爲《儀禮・聘禮》所記禮制的最終形成或不早於穆王時期，但相關禮制的起源發展可追溯到殷商時期。⑧

---

① 郜積意：《漢代〈春秋〉學中的朝聘禮之争》，《福州大學學報》2003 年第 2 期。

② 陳智勇：《論先秦時期朝聘儀節的文化特徵》，《湖北社會科學》2005 年第 5 期。

③ 黎虎：《殷代外交制度初探》，《歷史研究》1988 年第 5 期；《周代的交聘使者及使團》，《史學集刊》2008 年第 4 期；《周代交聘禮中的“禮尚往來”原則》，《文史哲》2009 年第 3 期；《周代交聘禮中的對等性原則》，《史學集刊》2010 年第 2 期。

④ 鄭春生：《朝聘禮制管窺》，《上海師範大學學報》(哲學社會科學版) 1991 年第 3 期。徐傑令：《春秋聘問考》，《北方論叢》2003 年第 1 期。陳彦輝：《試論春秋行人的知識結構》，《吉林師範大學學報》2003 年第 2 期。

⑤ 李無未：《戰國時期朝聘制度的破壞》，《社會科學戰綫》2001 年第 4 期。

⑥ 陳夢家：《西周銅器斷代》，中華書局 2004 年版。唐蘭：《西周青銅器銘文分代史徵》，中華書局 1986 年版。

⑦ 王龍正：《匍鴨銅盉與頫聘禮》，《文物》1998 年第 4 期；《匍盉銘文補釋並再論頫聘禮》，《考古學報》2007 年第 4 期。

⑧ 黄益飛：《霸伯盂銘文與西周朝聘禮——兼論穆王制禮》，《考古學報》2018 年第 1 期。

關於盟會，專著較少。吕静《春秋時期盟誓研究》是對春秋時期盟誓進行系統而深入研究的首出之作。① 全書在“神靈崇拜下的社會秩序再構建”的分析框架下，從探討盟誓的概念入手，全面梳理有關春秋時期盟誓的各種文獻以及考古材料，漸次研究盟誓中宗教性與政治性的各種複雜關係以及其中所反映的社會變動，對早期盟誓的起源、形態，對春秋盟誓的儀式、載書等也有細緻的研究。徐連城《春秋初年“盟”的探討》是較早揭示盟會本質的研究。② 侯馬盟書、温縣盟書出土後，陳夢家《東周盟誓與出土載書》、馮時《侯馬盟書與温縣盟書》先後作過討論。③ 張全民歸納了盟會在政治、經濟、軍事和文化上的作用。④ 張二國、莫金山詳細介紹盟會歷史源流及在春秋戰國時期的演變。⑤ 吴承學從文學角度論述盟誓文中關於神權與强權、蒙昧與理智、誠信與猜疑的諸種意識。⑥ 雒有倉的文章以成、康前後爲界，分三個階段討論盟誓習俗與宗法秩序、部族融合之間的關係。⑦ 吳柱《關於春秋盟誓禮儀若干問題之研究》考察了“讀書”與歃血儀節，同氏《先秦盟誓的信任機制及其演變》則用八個階段描繪展現先秦盟誓信任機制的演變軌跡。⑧

册命制度中，天子對諸侯、“外臣”的册賞也屬於賓禮範疇。20 世紀 50 年代，陳夢家在《考古學報》上發表《西周銅器斷代》系列論文，其中有《西周册命制度》一文。這是以金文爲據，探討册命等政治制度的最早研究。陳漢平《西周册命制度研究》與張亞初、劉雨《西周金文官制研究》，⑨ 也以金文爲核心材料，論述册命制度。尹稚寧由䚄簋銘文窺探西周册命禮儀的變化，李俊芳考察

---

① 吕静：《春秋時期盟誓研究》，上海古籍出版社 2007 年版。

② 徐連城：《春秋初年“盟”的探討》，《文史哲》1957 年第 11 期。

③ 陳夢家：《東周盟誓與出土載書》，《考古》1966 年第 5 期。馮時：《侯馬盟書與温縣盟書》，《考古與文物》1987 年第 2 期。

④ 張全民：《試論春秋會盟的歷史作用》，《吉林大學社會科學學報》1994 年第 6 期。

⑤ 張二國：《先秦時期的會盟問題》，《史學集刊》1995 年第 1 期；莫金山：《春秋列國盟會之演變》，《史學月刊》1996 年第 1 期。

⑥ 吴承學：《先秦盟誓及其文化意蘊》，《文學評論》2001 年第 1 期。

⑦ 雒有倉：《論西周的盟誓制度》，《考古與文物》2007 年第 2 期；《論商周時代盟誓習俗的發展與演變》，《陝西師範大學學報》2007 年第 4 期。

⑧ 吳柱：《關於春秋盟誓禮儀若干問題之研究》，《中國史研究》2015 年第 4 期；《先秦盟誓的信任機制及其演變》，《史學月刊》2016 年第 11 期。

⑨ 陳漢平：《西周册命制度研究》，學林出版社 1986 年版。張亞初、劉雨：《西周金文官制研究》，中華書局 1986 年版。

了漢代册命諸侯王的禮儀。①

四、軍禮

軍禮是戰爭前、戰爭過程中及戰爭結束後舉行的一系列禮儀。由於史料有限，軍禮研究相對於吉凶賓嘉四禮要少。20 世紀前期，學者對軍禮的研究形式以筆記爲主，吕思勉《讀史劄記》、顧頡剛《史料雜識》等，開始注意採用金文與民俗學材料以補傳世文獻之不足。80 年代以前，李亞農、楊寬、陳槃對軍禮中的田獵、祭祀等問題作過深入探討。② 陳夢家發表於《考古學報》的《西周銅器斷代(四)》一文，則用《逸周書・世俘》解釋小盂鼎銘文所載獻俘禮的儀節。③ 80 年代以後，高智群《獻俘禮研究》、郭旭東《殷墟甲骨文所見的商代軍禮》等論著逐漸出現，④ 軍禮研究方開始打破沉寂。

戰爭中的軍禮分爲許多不同的儀節。現有成果中，既有關於戰爭儀節的總體性研究，也有對具體儀節的細部考察。高木智見《關於春秋時代的軍禮》以《左傳》中的材料來分析春秋時期的軍禮，提煉出當時軍禮中的核心元素——祖先崇拜及對等意識，很有啓發性；但所用材料只有《左傳》，討論範圍限於春秋，對於此前軍禮的形態和之後軍禮的衰微皆不曾論及，留下了許多研究空白。⑤ 黄樸民的系列論文，⑥ 從不同的角度對春秋戰國間戰爭變化的現象、原因及觀念作了考察，所論雖非全部針對軍禮，但仍值得重視。任慧峰《先秦軍禮研究》是軍禮專題研究著作，⑦ 不僅嘗試解決各種軍禮儀節中存在的種種問

---

① 尹稚寧：《由親簋銘文窺探西周册命禮儀的變化》，《中原文物》2007 年第 6 期。李俊芳：《漢代册命諸侯王禮儀研究》，《中國史研究》2010 年第 2 期。

② 李亞農：《"大蒐"解》，《學術月刊》1957 年第 1 期。陳槃：《古社會田狩與祭祀之關係》，臺灣《"中研院"歷史語言研究所集刊》第 36 本(上)，1965 年。

③ 陳夢家：《西周銅器斷代(四)》，《考古學報》1956 年第 2 期。

④ 高智群：《獻俘禮研究》，《文史》第 36 輯，中華書局 1992 年版，第 11~26 頁。郭旭東：《商代征戰時的祭祖與遷廟制度》，《殷都學刊》1988 年第 2 期；《殷墟甲骨文所見的商代軍禮》，《中國史研究》2010 年第 2 期。

⑤ 高木智見：《關於春秋時代的軍禮》，劉俊文主編：《日本中青年學者論中國史(上古秦漢卷)》，上海古籍出版社 1995 年版，第 131~169 頁。

⑥ 黄樸民：《春秋時期列國軍權下移現象考析》，《求是學刊》1996 年第 1 期；《孫子"伐交"本義考》，李國章、趙昌平主編：《中華文史論叢》第 69 輯，上海古籍出版社 2002 年版，第 234~241 頁；《從"以禮爲固"到"兵以詐立"——對春秋時期戰爭觀念與作戰方式的考察》，《學術月刊》2003 年第 12 期；《"古司馬兵法"本事索隱》，《文史》2004 年第 2 輯。

⑦ 任慧峰：《先秦軍禮研究》，商務印書館 2015 年版。

題，而且還通過對軍禮的探討窺見其背後所反映的思想信仰與歷史變遷。

清華簡《耆夜》公佈後，學者們對軍禮中的飲至禮産生興趣並展開了熱烈討論。所謂飲至禮，是古代王侯征伐盟會返回後，在宗廟舉行的告至活動。其中包括整旅、愷樂、獻俘、獻馘、大賞等儀節，《左傳》多處提及，《詩經》的《泮水》《六月》或與之有關，金文中《虢季子白盤》《小盂鼎》也與之有關，清華簡《耆夜》更是典型。清華簡《耆夜》提到戰歸後周公等人在宗廟中獻酒賦詩，其中的“東堂之客”與禮位可以産生聯繫，周公賦詩飲酒可以與春秋的宴會賦詩産生聯繫，所賦之詩可與《詩經·唐風·蟋蟀》對讀，而“耆”則可與《尚書》中武王滅商的“西伯勘黎”的“黎”相聯繫，所以，馬楠、陳致、丁進、伏俊璉和冷江山、田旭東、劉光勝等學者都對此篇、此禮有專門討論。① 在陳致主編的《簡帛·經典·古史》中，李零、陳偉、鄧佩玲等學者集中討論了該篇内涵。② 馬智全《飲至禮輯考》、牛清波《清華簡〈耆夜〉研究述論》是兩篇集中的綜述文章。③

關於軍禮中的不同儀節，研究程度有深有淺。例如“致師”環節，清人秦蕙田《五禮通考》、顧棟高《春秋大事年表》將其歸入軍禮，但有著録而無分析。至吕思勉《讀史劄記》才對致師的含義、源流等問題進行仔細研究。其後，王太閣、韓維志又探討了致師的内涵、實行方式。④ 軍禮中的“射禮”研究成果相對豐富，成就也非常突出。楊寬《“射禮”新探》較早運用出土材料和人類學的方法對鄉射禮和大射禮的性質、作用及起源開展研究。劉雨《西周金文中的射禮》用金文材料證明西周祭祀前有射禽之禮，説明射禮分水陸兩種；此外，還對傳

---

① 馬楠：《清華簡〈耆夜〉禮制小札》，《清華大學學報》(哲學社會科學版)2009年第5期。陳致：《清華簡所見古飲至禮及〈耆夜〉中古佚詩試解》，《出土文獻》第一輯，中西書局2010年版。丁進：《清華簡〈耆夜〉篇禮制問題述惑》，《學術月刊》2011年第6期。伏俊璉、冷江山：《清華簡〈耆夜〉與西周的飲至典禮》，《西北師大學報》(社會科學版)2011年第1期。田旭東：《清華簡〈耆夜〉中的禮制實踐》，《考古與文物》2012年第1期。劉光勝：《清華簡〈耆夜〉禮制解疑》，《陝西師範大學學報》(哲學社會科學版)2015年第5期。

② 陳致主編：《簡帛·經典·古史》，上海古籍出版社2013年版。陳偉《也説清華竹書〈耆夜〉中的“夜爵”》、李零《西伯勘黎的再認識——讀清華簡〈耆夜〉篇》、鄧佩玲《讀清華簡〈耆夜〉所見古佚詩小識》等文都發表在此集中。

③ 馬智全：《飲至禮輯考》，《簡牘學研究》第五輯，甘肅人民出版社2014年版。牛清波：《清華簡〈耆夜〉研究述論》，《文藝評論》2017年第1期。

④ 王太閣：《致師，獨特的上古挑戰方式》，《殷都學刊》1991年第1期。韓維志：《古代“致師”小考》，《古籍整理研究學刊》2001年第1期。

統説法中射禮舉行的季節、地點與參加人員作出糾正，爲射禮研究提出了新的問題導向。① 進入21世紀，胡新生《西周時期三類不同性質的射禮及其演變》又將西周的射禮細分爲祭前射禽、軍事訓練性質的習射及禮射三種，並反對將射禮視作軍禮。② 日本學者小南一郎《射の儀禮化をめぐって——その二つの階段》，從宗教的角度重新考慮射禮的性質，總體上與楊寬的觀點並不衝突。③ 宋鎮豪從甲骨文及商代銅器銘文中尋找射禮的源頭，指出西周的射禮實源自商朝。④ 難得的是，此文雖有不少推論，但都建立在對甲骨文理解的基礎上，極見功力。經過學者們的努力，射禮研究取得了很大進展，但在射禮中的澤宮、射宮、射禮與射牲、射禮的軍禮性質等方面，還有可待解決的問題。

軍旗是軍禮中最重要的禮器，學者在傳統説法的基礎上，結合出土文物對其進一步研究。楊英傑《先秦旗幟考釋》述及軍旗，以出土材料證明《周禮·司常》"九旗"的一些問題。⑤ 揚之水《幡與牙旗》結合出土文物對幡與牙旗的形制、功用及流變作了精闢的考證。⑥ 李家浩《包山楚簡的旌旆及其他》對包山楚簡遣策中的旌、旆作了研究，有許多發明。⑦ 林巳奈夫《中國先秦時代の旗》對出土文物中旗幟的圖像作了盡可能的搜集，對旗幟的形制作了極詳細的討論，證明了九旗的存在。⑧ 相關成果，在任慧峰《先秦旌旆考》中均有所反映。⑨

軍禮研究中最受關注的是戰争中的祭祀與種種特殊儀節。這些誠然是軍禮的主要内容，但先秦軍禮並不是單獨的存在，而是與其他禮樂緊密相聯。軍禮由盛而衰，不可避免會發生轉變，如射禮的興盛、軍儺的出現，都與軍禮有關。從這些禮樂形式中可以窺見軍禮與其他禮儀的交叉互動。對此作進一步研究，將有助於揭示先秦禮樂文明的更多内涵。

---

① 楊寬：《"射禮"新探》，氏著《古史新探》，中華書局1965年版，第310~337頁。劉雨：《西周金文中的射禮》，《考古》1986年第12期。

② 胡新生：《西周時期三類不同性質的射禮及其演變》，《文史哲》2003年第1期。

③ 小南一郎：《射の儀禮化をめぐって——その二つの階段》，小南一郎編：《中國古代禮制研究》，(日本)京都大學人文科學研究所1995年版。

④ 宋鎮豪：《從新出甲骨金文考述晚商射禮》，《中國歷史文獻》2006年第1期。

⑤ 楊英傑：《先秦旗幟考釋》，《文物》1986年第2期。

⑥ 揚之水：《幡與牙旗》，《中國歷史文物》2002年第1期。

⑦ 李家浩：《包山楚簡的旌旆及其他》，氏著《著名中年語言學家自選集·李家浩卷》，安徽教育出版社2002年版，第258~271頁。

⑧ 林巳奈夫：《中國先秦時代の旗》，(日本)《史林》第49卷第2號，1966年。

⑨ 任慧峰：《先秦旌旆考》，《中華文史論叢》2010年第2期。

五、嘉禮

冠禮、婚禮、鄉射禮是上古嘉禮的主要組成部分。

1. 冠禮

冠禮是跨入成年人行列的青年男女冠笄禮制。資料缺乏，研究難度也較大，古代學者涉足者似不多。新中國成立後二三十年間，似只有楊寬《"冠禮"新探》對冠禮的起源與功能意義有獨到而又深刻的闡述。①

從20世紀70年代末期開始，冠禮引起學界重視。許木柱、伊力奇、楊天宇、周絢隆、彭林、白華等人的冠禮研究論文相繼發表。② 韓高年等另闢蹊徑，從文學角度觀察樂歌的抒情性和誦辭的叙事性。③ 焦傑運用哲學研究方法，指出笄禮對女性的意義遠不能與冠禮對男性的意義相比。④ 戴龐海《先秦冠禮研究》和葉國良等著《漢族成年禮及其相關問題研究》，是該領域的集成之作。⑤

2. 婚禮

關於婚禮的探討長盛不衰。陳顧遠《中國古代婚姻史》是對婦女婚姻作重點研究的早期著作，圍繞古代的妾制、中國女子對婚姻問題的態度、離婚制度、多妻制的起源、七出與再嫁等問題進行了探討。⑥ 其他專著如吕思勉《中國婚姻制度小史》、史鳳儀《中國古代婚姻與家庭》、顧鳴塘《中國歷代婚姻與家庭》、馬之驌《中國的婚俗》、岳慶平《中華文化通志・婚姻志》等，⑦ 既縱向

---

① 楊寬：《"冠禮"新探》，《中華文史論叢》第1輯，上海古籍出版社1962年版。

② 許木柱：《男性成年禮的功能探討》，《民族社會學報》1977年第15期。伊力奇：《成人禮的來源、類型和意義》，《中央民族學院學報》1986年第3期。楊天宇：《士冠禮新注》，《古籍整理》1991年第2、4期。周絢隆：《中國古代的冠禮》，《民俗研究》1994年第1期。彭林：《士冠禮的禮法和禮義》，《陝西歷史博物館館刊》第2輯，三秦出版社1995年版，第5~12頁。白華：《古代冠禮簡論》，《甘肅社會科學》2003年第6期。

③ 韓高年、鄧國均：《周初冠禮儀式樂歌及儀式誦辭考論》，《西北師大學報》(社會科學版)2011年第6期。

④ 焦傑：《試論先秦冠禮和笄禮的象徵意義》，《南開學報》(哲學社會科學版)2011年第4期。

⑤ 戴龐海：《先秦冠禮研究》，中州古籍出版社2006年。葉國良等：《漢族成年禮及其相關問題研究》，臺灣大安出版社2004年版。

⑥ 陳顧遠：《中國古代婚姻史》，上海商務印書館1936年版。

⑦ 吕思勉：《中國婚姻制度小史》，中山書局1929年版。史鳳儀：《中國古代婚姻與家庭》，湖北人民出版社1987年版。顧鳴塘：《中國歷代婚姻與家庭》，商務印書館1996年版。馬之驌：《中國的婚俗》，嶽麓書社1988年版。岳慶平：《中華文化通志・婚姻志》，上海人民出版社1999年版。

對我國歷代婚俗作了系統的論述，又橫向對各地婚俗作了全面的考察。

論文更是數量繁多。周國榮、李衡眉、魏哲銘、崔明德等，都從不同角度對先秦的婚制、婚俗進行了有益的探討。① 張彦修《西周春秋一夫一妻制婚姻的時代特徵》、李衡眉《試論戰國時代婚姻禮俗的特徵》等，則是關於先秦時期婚姻特徵的研究。② 關於婚姻禮儀，張彦修對西周春秋實際社會生活中流行、實施的婚姻禮儀及其社會功能作了分析。③ 此外，王玉波的《中國婚禮的産生與演變》、翟婉華《試論中國古代的婚姻六禮及其實質》，以及楊軍《周代婚制中的周人舊俗》等，④ 都論及婚禮"六禮"。

與婚禮相關的立后、娶妻禮儀也有衆多學者討論。例如，毛佩琦《中國后妃制度述論》、宋傑《漢代后妃"就館"與"外舍産子"風俗》、朱子彦《帝國九重天——中國後宫制度變遷》、鐮田重雄《漢代の後宮》、藤川正數《漢代における后妃の身上について——禮學的考察を中心に》、保科季子《天子の好逑——漢代の儒教的皇后論》等，⑤ 都建樹頗多。

3. 射禮

射禮屬"六藝"之一，是上古禮制史、文化史、社會史和政治史研究中的重要内容。兩周射禮種類較多，先秦文獻典籍有不少記載，但内容簡略，許多

---

① 周國榮：《媵婚制述論》，《蘇州大學學報》(哲學社會科學版)1985年第1期。李衡眉：《論周代的"同姓不婚"禮俗》，《齊魯學刊》1988年第5期；《周代社會母系色彩濃重原因考——兼論周人氏族的雙重相繼關係》，《中國史研究》1991年第3期。魏哲銘：《論周人"同姓不婚"制》，《西北大學學報》(哲學社會科學版)2000年第2期。崔明德：《先秦政治婚姻初探》，《文史哲》2002年第3期。

② 張彦修：《西周春秋一夫一妻制婚姻的時代特徵》，《河南師範大學學報》(哲學社會科學版)1990年第2期。李衡眉：《試論戰國時代婚姻禮俗的特徵》，《魯東大學學報》(哲學社會科學版)1991年第2期。

③ 張彦修：《論西周春秋的婚姻禮儀及其社會功能》，《河南師範大學學報》(哲學社會科學版)1991年第2期。

④ 王玉波：《中國婚禮的産生與演變》，《歷史研究》1990年第4期。翟婉華：《試論中國古代的婚姻六禮及其實質》，《蘭州學刊》1991年第2期。楊軍：《周代婚制中的周人舊俗》，《史學集刊》2000年第1期。

⑤ 毛佩琦：《中國后妃制度述論》，《中國人民大學學報》1990年第6期。宋傑：《漢代后妃"就館"與"外舍産子"風俗》，《歷史研究》2009年第6期。朱子彦：《帝國九重天——中國後宫制度變遷》，中國人民大學出版社2006年版。鐮田重雄：《漢代の後宮》，(日本)《史潮》第10卷第1號，1940年。藤川正數：《漢代における后妃の身上について——禮學的考察を中心に》，(日本)《東方學》第67輯，1984年。保科季子：《天子の好逑——漢代の儒教的皇后論》，(日本)《東洋史研究》第61卷第2號，2002年。

問題難知其詳。雖然這些問題自漢代以來就爲經史學家所關注，但都是單純的文獻考據，且看法不一，載述各異。近代以來，射禮金文不斷發現，考古學也提供了不少新資料，隨着金文射禮文辭和射禮實物的被認識，有關兩周射禮的一些問題也逐漸清晰起來。

20 世紀 60 年代以前，郭紹虞《中國體育史》就專列《周代射侯之制度》一章。① 陳夢家《射與郊》對古代學校的起源和西周學制的射廬、辟雍作了十分詳盡的論證，② 認爲序起源於陸射，辟雍起源於水射。首篇專門研究射禮的論文，是楊寬《"射禮"新探》。該文充分運用文獻和金文資料，對西周、春秋時代貴族所舉行的射禮的性質、目的及起源進行了探討，具有開拓之功。

西周時期射禮最爲盛行，史料豐富，這一階段射禮研究的成果也最多。其中，對西周射禮金文的考釋是主要方面，唐蘭、劉雨、彭裕商等都有專文探討。系統研究兩周射禮的發展變化過程，是射禮研究題中應有之義，但這方面的研究還較薄弱。目前所能見到的有關這方面的研究，僅有日本學者小南一郎的《射の儀禮化をめぐって——その二つの階段》。該文以辟雍禮儀爲中心，考察了射的儀禮化過程；還有近年出版的袁俊傑《兩周射禮研究》，③ 對殷商、西周、春秋、戰國射禮及相關問題作了一次深入考察，包括對文獻、甲骨文、金文、考古、民族志中有關商周射禮的資料作了全面的搜集、甄別與梳理，並對殷商、西周、春秋、戰國射禮發展演變的歷史原因與社會背景、兩周射禮所反映的社會等級結構和社會制度的變革，進行了細緻探討。

射禮中，射魚禮是一個頗受爭議的問題。自 20 世紀 40 年代陳槃首倡春秋"公矢魚於棠"爲射魚禮後，學者多贊同其説。80 年代以來，學界出現了肯定與否定兩説並存的局面。楊伯峻、劉雨、小南一郎等學者多從殷周金文作進一步肯定性論證。楊希牧等持否定説者多從字詞訓詁文獻考據上予以反駁。

從射禮衍生出來的投壺禮，也受到學者的關注。吳曾德《漢代畫像石》結合南陽漢投壺畫像石，對《禮記》等文獻所記投壺禮的舉行場所、器物用樂、禮數制度、尊卑等級和禮節内容作了精詳論述，並據《左傳》和《史記·滑稽列傳》等記載，認爲投壺遊戲出現的時間最遲在春秋末。④ 郭賢坤則對山東長島

---

① 郭紹虞：《中國體育史》，上海商務印書館 1919 年版。
② 陳夢家：《射與郊》，《清華學報》第 13 卷第 1 期，1941 年。
③ 袁俊傑：《兩周射禮研究》，科學出版社 2013 年版。
④ 吳曾德：《漢代畫像石》，文物出版社 1984 年版。

出土的人物畫像紋提梁壺上的投壺畫像所反映的戰國投壺禮作了精彩解析。① 李小成從《禮記》文本、歷代文獻、出土文物方面加以實證，考察投壺禮的性質、應用範圍、競投規則及所用器具的發展變化，從而揭示了中國禮樂文化的强大生命力。②

現有研究證實了商周射禮的客觀存在，基本説明了西周射禮的大致情况，也指出了西周射禮與當時社會政治之間的密切關係。薄弱之處在於，對兩周射禮的具體問題研究得還不夠細緻。如射禮與祭祀、饗禮、燕禮、鄉飲酒禮的關係如何？西周金文反映的射禮有哪些種類？行射方式和具體儀節如何？東周禮書所記射禮與西周、春秋時期的具體情況相比有哪些差異？這些問題尚待進一步考論。

最後值得一提的是，先秦秦漢時期正是區域文化異彩紛呈的歷史階段。張聞捷《周代用鼎制度疏證》分别研究了中原與楚國用鼎制度，從考古材料出發，揭示《儀禮》中有關用鼎制度的記載主要參考的是中原的禮制實踐，與南方楚國無涉。③ 楊華等撰著的《楚國禮儀制度研究》則站在南土楚國的立場，運用傳統禮學的方法，格外重視出土文獻和考古實物的禮制信息，按冠、婚、喪、祭、賓、軍、燕饗考察楚地禮制，復原楚人的禮制活動。④ 以上兩部論著將中原禮制與其他區域禮文化進行對比，這是全面觀察上古禮制的應有視野。

第三節　禮俗研究

《風俗通義》的作者、東漢應劭説："俗者，含血之類，像之而生，故言語歌謳異聲，鼓舞動作殊形，或直或邪，或善或淫也。聖人作而均齊之，咸歸於正；聖人廢，則還其本俗。"⑤上古以來，所謂"俗"，往往是民間的、質樸的、良莠不齊的；與"俗"相對，是聖人制作的精緻整齊的"禮"。因此，中國歷代朝廷和精英都有辨風正俗的理想和移風易俗的行爲。在禮文化的框架中，上層禮制部分來自基層民俗，而貴族禮制下移也會導致庶民習俗的變遷。禮俗互相

① 郭賢坤：《刻紋提梁壺與戰國時代的投壺禮》，《體育文史》1995 年第 3 期。
② 李小成：《投壺考》，《江漢論壇》2005 年第 4 期。
③ 張聞捷：《周代用鼎制度疏證》，《考古學報》2012 年第 2 期。
④ 楊華等：《楚國禮儀制度研究》，湖北教育出版社 2012 年版。
⑤ 應劭撰，王利器校注：《風俗通義校注》，中華書局 2010 年版，第 8 頁。

成就，欲全方位考察“禮”，自然無法忽視“俗”。

禮俗研究的論文並不多見，但專著尚有幾部值得稱述者。楊樹達《漢代婚喪禮俗考》時代較早,① 雖不曾面面俱到通論中國禮俗，但詳盡搜集漢代婚喪史例，在學術史上具有承前啓後的作用。鄧子琴《中國禮俗學綱要》是率先通論傳統禮俗的專著。緒論概述禮俗起源、禮俗在中國文化中的價值、中西禮俗比較及禮俗變遷；正文分述冠婚喪祭等六禮之要義。總體上，鄧著更偏重於禮儀研究。同氏《中國風俗史》則着眼於風俗歷史事實的研究，將風俗禮制的變遷放在社會政治變動的具體情境當中考察，描述風俗也不局限於歷史文獻和民俗文獻，還多處引用文學作品。② 常金倉《周代禮俗研究》介紹了禮俗的概念和理論，詳細分析周代禮俗，解構禮樂文化，是研究上古禮俗的重要著作。③ 張紫晨《中國民俗學史》勾勒了先秦到近現代的民俗思想和理論的脈絡，試圖將“三禮”中的民俗内容抽出來，將俗的部分給予特别的重視。④ 晁福林《先秦民俗史》則以歷史學和考古學的資料爲骨架，輔以民族學、人類學的資料，描述先秦風俗。⑤ 彭衛、楊振紅撰寫的《中國風俗通史》秦漢卷，是中國風俗史研究具有代表性的著作,⑥ 内容覆蓋上古衣食住行、婚喪衛生多個方面，其中關於出行禮俗、婚姻禮俗與喪葬風俗的論述，很有啓發性。尚秉和《歷代社會風俗事物考》則從器物層面研究禮俗，考證禮物、民俗生活行爲等。⑦ 近十年，商代禮俗也進入學者討論範圍。宋鎮豪《商代社會生活與禮俗》結合甲骨文資料，對商代的居住禮俗、建築營造儀式、器用名物制度、婚喪廟祭、農業等方面作了研究。⑧

以上，禮俗研究已積累了一些成果，但正如楊英指出的，通論性著作佔多數，深厚專精之書較少見；而“禮俗”概念本是 20 世紀舶來品，如何在時代、内涵上與概念較明確的“禮制”相對接，仍有待繼續探索。此外，“俗”研究也與人類學、民族學、社會學及宗教學相關涉，史學研究者如何借助這些社會科

---

① 楊樹達:《漢代婚喪禮俗考》，商務印書館 1933 年版。

② 鄧子琴:《中國禮俗學綱要》，中國文化社 1947 年版;《中國風俗史》，巴蜀書社 1988 年版。

③ 常金倉:《周代禮俗研究》，文津出版社 1993 年版。

④ 張紫晨:《中國民俗學史》，吉林文史出版社 1993 年版。

⑤ 晁福林:《先秦民俗史》，上海人民出版社 2001 年版。

⑥ 陳高華、徐吉軍主編，彭衛、楊振紅著:《中國風俗通史·秦漢卷》，上海文藝出版社 2002 年版。

⑦ 尚秉和:《歷代社會風俗事物考》，江蘇古籍出版社 2002 年版。

⑧ 宋鎮豪:《商代社會生活與禮俗》，中國社會科學出版社 2010 年版。

學理論與田野調查報告，實現禮俗研究的突破，也是未來可以思考的方向。

第四節 禮義、禮論研究

按王國維《釋禮》之説，禮作爲一套語言符號，可追溯至殷墟甲骨卜辭與西周金文。然而，不同時代、不同學派的學者對禮這個語言符號賦予了不同意義，創發形成各種禮論。

禮的觀點肇始於先秦，禮義、禮論研究的重點也集中於這一時段。綜合研究方面，勾承益的《先秦禮學》討論了先秦諸子著作所反映的禮學思想。① 劉豐《先秦禮學思想與社會的整合》揭示禮作爲王者的大經大法，核心在於它對人的内在控制和對社會的外在控制。② 鄒昌林《中國禮文化》探討古禮的起源、結構、功能與價值，從而回答"中國文化爲什麼以禮爲基礎"的問題。③ 陸建華《先秦諸子禮學研究》將先秦諸子置於先秦時期廣闊的歷史和文化背景之下，論述諸子禮學思想的内容及異同，梳理先秦禮學思想的發展脈絡。④ 張焕君《制禮作樂：先秦儒家禮學的形成與特徵》從周公制禮作樂説起，考察儒家禮學形成完整體系並成爲傳統中國價值核心的過程。⑤

禮是儒家學説的核心觀念之一。儒家在東周時期禮樂淪爲虛文的歷史背景下，内向人心、性情，探尋禮義所在，賦予禮樂以内在的精神，使禮重新具有生命力。曹建墩認爲，先秦儒家對禮義的探尋，一則是從歷史縱向探尋三代禮樂一以貫之的文化精神，一則從禮之質文關係探究禮樂的根本依據，賦予禮以内在的德性意義。⑥ 以孔子、孟子、荀子爲代表的先秦儒家都熱衷於論述禮義，但各人的側重點有所不同。商國君宏觀地梳理了孔、孟、荀禮學的旨趣及演變過程。湯勤認爲，孔子將周禮的神秘性轉化爲世俗性，同時孔子主張以禮的統一爲背景構築社會統一的文化基礎。⑦ 以上研究都注意到，孔子禮學的一

---

① 勾承益：《先秦禮學》，巴蜀書社 2002 年版。

② 劉豐：《先秦禮學思想與社會的整合》，中國人民大學出版社 2003 年版。

③ 鄒昌林：《中國禮文化》，社會科學文獻出版社 2000 年版。

④ 陸建華：《先秦諸子禮學研究》，人民出版社 2008 年版。

⑤ 張焕君：《制禮作樂：先秦儒家禮學的形成與特徵》，中國社會科學出版社 2010 年版。

⑥ 曹建墩：《從禮制到禮學——先秦儒家禮義的探尋》，《河北學刊》2015 年第 2 期。

⑦ 商國君：《先秦禮學的歷史軌跡》，《天津師大學報》(社會科學版) 1994 年第 4 期。湯勤：《孔子禮學探析》，《復旦學報》(社會科學版) 1999 年第 2 期。

大特徵，是突出“仁”在禮中的核心主導作用，强調仁是禮的精神實質。

孔門後人的禮學精神也得到研究。子思的禮學思想，因郭店楚簡的發現而得到了更多研究。彭林結合傳世與出土文獻，勾稽子思學派的禮學思想體系。① 儒學傳承者孟子一生致力於辨禮義，爲先秦禮學注入新内容。梅珍生《論孟子的禮學思想》指出“敬”是孟子禮學的根本精神，被賦予了人性尊嚴，敬不是單向性的義務，而是上下之間共同遵守的準則。夏當英和陸建華、王燕則着重分析孟子禮學對宗法等級的維護，認爲孟子從人性之維證明禮之於人的内在性，從而爲禮的存在尋找根據。②

先秦禮學研究中最受關注的是荀子禮學，論文數量之多遠超孔孟禮學研究。李亮子、梅珍生、何石彬、宋志明和許寧等學者指出，荀子將禮的内容置於天人、父子、君臣三對關係之上，完成了儒家克己復禮的内在邏輯演化，使儒家禮學思想成爲一個更完善的體系。③ 張奇偉《荀子禮學思想簡論》從禮學之本體根源論、禮學之人本文化論與禮學之社會政治論等多個視角，闡述荀子禮學的理論内涵。④ 同年發表的陸建華《荀子禮學之價值論》指出荀子從政治、人生、本體三條路徑出發，論證禮是先王之道、諸侯治國之道與人生之道等思想價值。⑤ 趙法生《荀子禮學新論》比較荀氏禮學與孔子禮學，在論述荀子禮學的本質與現實作用的同時，闡明從孔子到荀子禮論内涵發生重大變化的原因在於天人觀、國家觀與人性論的演變。⑥ 姜廣輝文章專闢一節對比孔、孟、荀的禮學觀念。吳信英借由郭店楚簡、上博簡等新出材料，分别論述孔子、子思與孟子在禮學内向化進程中的貢獻。劉豐認爲，戰國時期子夏學派提出“無體之禮”，不僅是儒家禮學思想從孔子、子夏過渡到荀子的一個重要思想環節，

---

① 彭林：《始者近情　終者近義——子思學派對禮的理論詮釋》，《中國史研究》2001年第3期。

② 梅珍生：《論孟子的禮學思想》，《湖南大學學報》(社會科學版)2003年第2期。夏當英、陸建華：《孟子之禮學》，《社會科學戰線》2006年第2期。王燕：《孟子對孔子禮學思想的發展及其影響》，河南大學碩士學位論文，2013年。

③ 李亮子：《荀子的禮學思想與社會歷史觀》，《史學史研究》1999年第2期。梅珍生：《論荀子禮學的深度結構》，《江漢論壇》2004年第8期。何石彬：《性與天道：荀子禮學的形上學依據》，《河南學刊》2005年第5期。宋志明、許寧：《論荀子禮學的規範訴求》，《江西社會科學》2006年第1期。

④ 張奇偉：《荀子禮學思想簡論》，《中國哲學史》2002年第2期。

⑤ 陸建華：《荀子禮學之價值論》，《學術月刊》2002年第7期。

⑥ 趙法生：《荀子禮學新論》，《中國哲學史》2015年第3期。

而且影響到戰國至漢代的禮學發展路徑。①

值得注意的是甘懷真的研究和孟慶楠近期發表的論文。甘懷真《先秦禮觀念再探》將觀察的重點禮作爲語言符號，文章認爲隨着時間推移，各種不同卻相關的思想要素不斷匯入“禮”，其整體意義也不斷地被改變。孔子的專業在於重建禮儀與神聖領域的聯繫，至《左傳》成書的戰國中期，儒家開始高舉禮治對抗法家。② 孟慶楠選取“三年喪”這一具體的考察對象，分別闡釋《儀禮》《禮記》《荀子》對君父角色及二者關係的多元思路。③ 除以上論著之外，荀子禮學思想也是近幾年碩、博士學位論文的熱門選題。初步統計，僅最近五年以“荀子禮學”爲題的學位論文就逾四十篇。

先秦、秦漢時期探討禮義的不唯儒家。老、莊、韓非思想中的禮義思想，也受到學者關注。例如，梅珍生、張松輝認爲老子反對的是禮的形式，而非禮的內容，其思想與禮學之間有深刻的一致性。④ 梅珍生、張娜等人認爲，表面上莊子質疑世俗之禮的合法性，但在禮的深層結構層面上，莊子肯定了禮的秩序意識。⑤ 戰國末期的韓非是法家思想的集大成者，但其對禮的認識同樣非常深刻。江貽隆、陸建華即指出韓非借用禮的等級性維護君臣尊卑。⑥

不難看出，上揭論著絕大多數是中國哲學領域的研究，史學方向的思考並不成熟。此外，重複性研究較多，近五年來似未出現精深、全面的重量級論著。

第五節 禮法研究

禮、法關係是上古史領域長期探討的話題。學者普遍認同，先秦時期的

① 姜廣輝：《先秦禮學綜論》，《社會科學戰線》2017 年第 10 期。吳信英：《先秦儒家禮學“內向化”的三次轉向》，《中國哲學史》2017 年第 3 期。劉豐：《“無體之禮”：先秦禮學思想的發展與轉向》，《東南大學學報》(哲學社會科學版)2018 年第 2 期。

② 甘懷真：《先秦禮觀念再探》，氏著《皇權、禮儀與經典詮釋：中國古代政治史研究》，華東師範大學出版社 2008 年版，第 3~25 頁。

③ 孟慶楠：《三年之喪中的君、父之義——以早期儒家禮學爲中心》，《哲學研究》2017 年第 11 期。

④ 梅珍生：《論老子的禮學思想》，《江漢論壇》2003 年第 9 期。張松輝：《論老子禮學思想》，《中國哲學史》2005 年第 2 期。

⑤ 梅珍生：《論禮樂制度的社會性與客觀性——以莊子禮學觀爲中心》，《江漢論壇》2005 年第 9 期。張娜：《〈莊子〉禮學思想探究》，西北大學碩士學位論文，2016 年。

⑥ 江貽隆、陸建華：《韓非之禮學》，《江漢論壇》2006 年第 1 期。

“禮”孕育誕生出“法”，甚至禮本身就是古代的法，所謂“禮樂刑政，其極之一”。禮法研究的史料依據，主要來自先秦諸子學説及秦漢正史中的《刑法志》。律令文獻大量出土後，又成爲研究禮法關係的新鮮史料。

1904 年，梁啓超《中國法理學發達史論》（收入《飲冰室合集》文集第 5 册）就多次援引《曲禮》《王制》《禮運》等篇，論述中國古代法的起因、先秦儒家的法之觀念，並首次使用“禮治”與“禮治主義”的概念，表述先秦儒家的治國理念。吴于廑的學位論文《士與古代封建制度之解體 封建中國的王權和法律》指出，中國傳統時代早期用來標記法律和禮儀的“禮”具有雙重含義，即“禮”是指導統治者治理國家的根本大法、不朽的原則與理想秩序，但禮作爲“規範法”，與作爲“懲處法”的“刑”概念並不重合。①

早期禮法研究最具代表性的著作，是瞿同祖的《中國法律與中國社會》。②該書考察中國古代法律的基本精神和特質，探討禮與法、德與刑、以禮入法等問題，揭示中國法律的主要特徵表現在階級概念與家族主義上，此二者又恰是儒家意識形態的核心，也是中國古代法律着重維護的制度和社會秩序。瞿著的過人之處在於，研究視野並不局限在儒家已處獨尊地位之後的儒家思想與法律的關係上，而是在更長時段的動態歷史過程中展開觀察，從而提出“中國法律的儒家化”命題。

20 世紀六七十年代，金景芳撰寫《論禮治與法治》一文，③ 按奴隸社會、奴隸社會向封建社會轉變時期、封建社會三個階段，討論不同歷史時期的禮法二者的性質、内容。這是儒法鬥争歷史背景下的代表性文章。

禮法關係也是哲學和法學領域探討的主要問題之一。比較成熟的論著有梁治平《尋求自然秩序中的和諧：中國傳統法律文化研究》一書。④ 該書考察了刑法律、禮法文化、道德的法律化和法律的道德化等問題。近兩年，梁治平又發表長文《“禮法”探原》，⑤ 由“禮法”一詞在古代經籍中的基本用法入手，梳理禮與法二者之間的淵源與流變。不同於前揭吴于廑禮、刑有别的觀點，俞榮根《儒家法思想通論》認爲，周代不存在禮與刑兩個互相並列的法律系統，法

① 吴于廑：《士與古代封建制度之解體 封建中國的王權和法律》，武漢大學出版社 2012 年版。

② 瞿同祖：《中國法律與中國社會》，商務印書館 1947 年版。

③ 金景芳：《論禮治與法治》，《吉林大學社會科學學報》1978 年第 2 期。

④ 梁治平：《尋求自然秩序中的和諧：中國傳統法律文化研究》，上海人民出版社 1991 年版。

⑤ 梁治平：《“禮法”探原》，《清華法學》2015 年第 1 期。

悉歸於禮是禮治時代的特徵，要辨别作爲法律規範的禮與作爲道德規範的禮，一般要由失禮之後是否入刑來決定。① 馬小紅《禮與法：法的歷史連接》對近代以來有關中國傳統法研究的方法與視角進行反思，界定了“古代法”與“傳統法”的概念。基於此，作者提出了中國傳統法的結構是“禮”與“法”(古代法)的共同體。②

作爲儒家學説的集大成者，同時作爲法家代表人物的先師，荀子的禮治思想及其淵源是禮法關係研究的一大焦點。湯一介、丁鼎和王聰、白奚等學者的論文則梳理了禮法合治思想的生成發展脈絡：奠基於春秋戰國時期以孔子爲代表的儒家學派，後經戰國末期荀子推闡，影響進一步擴大；漢武帝獨尊儒術之後，禮法合治思想正式成爲治國方略。③ 除荀子之外，管子、墨子等學派的禮法思想也受到關注。例如，王啓發《禮學思想體系探源》用四章篇幅討論禮的外在化與法的規範性、先秦諸子關於禮法的認識，以及《禮記・月令》與《禮記・王制》中的古代自然法、國家法。侯磊將《管子》代表的“齊法家”與商鞅、韓非代表的“晉法家”相對比，從人性論基礎、治理方式和道統觀三個角度入手，認爲《管子》所言“禮”以教爲本的意義不突出，與先秦儒家的“禮”有本質差别。④

郭店、上博簡牘等出土文獻的公佈，也促動了該議題的推進。然而，近三十年來突破之作似乎很少。楊振紅《從出土秦漢律看中國古代的“禮”“法”觀念及其法律表現——中國古代法律之儒家化説商兑》稱得上一篇力作。⑤ 此文討論的仍然是“法律儒家化”的老問題，但在回瞰20世紀禮法研究學術史的基礎上，將出土秦漢律令與傳世文獻比較，發現秦漢律的基本框架、原則在商鞅變法時即已確立，内容包含社會等級秩序和家庭倫理秩序兩方面。因此，秦漢律所藴含的家族主義和等級觀念並非法律儒家化的結果，禮和法從來不是對立關

① 俞榮根：《儒家法思想通論》，廣西人民出版社1998年版。

② 馬小紅：《禮與法：法的歷史連接》，北京大學出版社2004年版。

③ 湯一介：《論儒家的“禮法合治”》，《北京大學學報》(哲學社會科學版)2012年第3期。丁鼎、王聰：《中國古代的“禮法合治”思想及其當代價值》，《孔子研究》2015年第5期。白奚：《從郭店儒家簡看荀子禮法互補治國理論的思想淵源》，《中原文化研究》2017年第3期。

④ 王啓發：《禮學思想體系探源》，中州古籍出版社2005年版。侯磊：《〈管子〉中“禮法並用”的再探討》，《管子學刊》2007年第4期。

⑤ 楊振紅：《從出土秦漢律看中國古代的“禮”“法”觀念及其法律表現——中國古代法律之儒家化説商兑》，《中國史研究》2010年第4期。

係，對立的是儒法兩家的社會主張。文章同時指出，百家合流後形成的"新儒家"，對漢武帝以後的法律雖然影響頗巨，但從根本上説，這種影響只是在法律之上緣飾儒術而已，自秦以來中國古代法律所表現的禮，其實是李悝、商鞅創制的不同於西周舊禮的"新禮"。

1991 年，甘肅省敦煌懸泉置遺址之泥牆上發現一篇墨書《使者和中所督察詔書四時月令五十條》以及大量簡牘、文書。① 這些《月令詔條》是西漢平帝元始五年(5 年)五月，以太皇太后(即王莽之姑、成帝之母)名義頒佈的，共 101 行、50 條。經學者研究，此即《漢書·王莽傳》中元始五年"又增法五十條"的詔條。原文書於泥牆，即居延漢簡所謂書於"鄉亭市里高顯處"之"扁書"或"大扁書"的實物。其内容可與《禮記·月令》對照，對於文獻學和古代禮制研究，具有重要學術價值。此前胡平生等學者已做過研究，黄人二《敦煌懸泉置〈四時月令詔條〉整理與研究》,② 綜彙前人成果，提出新見，創獲極多。

第六節　禮樂研究

禮樂制度是先秦歷史文化的核心内容。"大樂與天地同和，大禮與天地同節"，故王者功成作樂，治定制禮。文史學界歷來偏重禮的研究，對樂的考察相對薄弱。音樂史、樂舞文化方面的研究，主要由藝術專業的學者承擔，側重於樂舞的起源與發展、樂器樂律、舞姿舞容、歌唱技法等方面。20 世紀初以來，葉伯和、楊蔭瀏、王克芬、孫景琛等名家的音樂史、舞蹈史著作，就已相繼出版。③ 而音樂史研究者也意識到，專業音樂教育中"以樂觀禮"不可或缺。④

上古時期禮樂相須以爲用，"禮非樂不行，樂非禮不舉"。研討上古樂舞

---

① 中國文物研究所、甘肅省文物考古研究所：《敦煌懸泉月令詔條》，中華書局 2001 年版。

② 黄人二：《敦煌懸泉置〈四時月令詔條〉整理與研究》，武漢大學出版社 2010 年版。

③ 葉伯和：《中國音樂史》(上卷)，昌福公司 1922 年版；《中國音樂史》(下卷)，《新四川日刊副刊》合訂本第 25 卷，1929 年。楊蔭瀏：《中國古代音樂史稿》，人民音樂出版社 1981 年版。王克芬：《中國古代舞蹈史話》，人民音樂出版社 1980 年版；《中國舞蹈發展史》，上海人民出版社 1989 年版。孫景琛：《中國舞蹈史》，文化藝術出版社 1983 年版。

④ 項陽：《中國音樂教育史研究中禮樂文化缺失的思考》，《中國音樂》2012 年第 1 期。

音律歌詩，有必要與禮制研究相結合，考察樂制的政治、教化、禮典功能。這方面研究成果屈指可數。開創性研究有王國維的《釋樂次》《周〈大武〉樂章考》《説〈勺〉舞〈大象〉舞》《説〈商頌〉》《説〈周頌〉》《漢以後所傳周樂考》等，均收入《觀堂集林・藝林二》。王國維周代音樂的研究，内容包含音樂儀式、樂舞、樂章三部分，通過對記録周代禮樂制度的歷史文獻整理排比，將周代音樂置於禮樂制度的框架内研究，從音樂的角度表達他對周代文化功能的認識。王國維還對商周樂器銘文進行研究，將樂器視爲禮器，在古樂器著録、銘文音韻及文字考釋方面成就突出。①

王國維之後，顧頡剛、魏建功、張天廬等人就《詩經》樂歌的演唱方式是否重章複沓這一問題展開激烈争論。同樣是與《詩經》有關，陰法魯、高亨圍繞《大武》歌詞在《詩》中的散佈情况各抒己見。這些研究已觸及雅樂俗樂對禮制的影響、《詩》樂分離對禮制的衝擊等問題，但對於禮樂的結合過程、禮和樂作爲制度共同影響社會生活原因及表現，未有深入研究。其後，隨着出土樂器的不斷增加，學者們將新出土的樂器與中國古代音樂史結合起來，開拓出音樂考古這一新的研究領域，李純一、黄翔鵬、王子初、李幼平、羅泰（Lothar Von Falkenhausen）等學者，在這一領域均有較大的貢獻。

楊華《先秦禮樂文化》注意到以往樂制研究的不足，以樂爲線索，研究禮和政，分析樂舞的禮典化和神秘化，樂與禮的"自爲"和"人爲"結合過程，樂舞、樂器、樂《詩》自身演進發展對禮制的影響，以及禮樂制度的具體結構與文化氛圍中的社會，最終由此揭示中國古代文化的東方特性。② 該著採用大量古文字和考古資料，參照民俗學、文化人類學和藝術史的方法、成果，以樂舞爲重點，將禮和樂緊密結合起來，很有新意，填補了學術空白。此外，青年學者付林鵬也以兩周秦漢樂政爲主要研究方向，發表、出版系列成果，③ 值得關注。

遺憾的是，此後學界並未湧現更多更好的禮樂研究的論著，直到渡邉信一郎《中國古代の樂制と國家》出版。④ 該書第一部分考察《郊祀歌》的祭祀空間、

---

① 王國維：《觀堂集林（外二種）》卷二《藝林二》，河北教育出版社 2001 年版，第 46～71 頁。

② 楊華：《先秦禮樂文化》，湖北教育出版社 1997 年版。

③ 付林鵬：《兩周樂官的文化職能與文學活動》，中國社會科學出版社 2016 年版；《〈周頌・有瞽〉與周初樂制改革》，《古代文明》2013 年第 1 期；《〈禮記・月令〉與先秦樂政》，彭林主編：《中國經學》第 14 輯，廣西師範大學出版社 2014 年版，第 51～66 頁；《〈樂緯〉與漢代儒家樂政論的學理架構》，《哲學研究》2019 年第 8 期；《周代的文化認同與文學交流——以音樂製作、語言傳譯爲中心》，《中國社會科學》2020 年第 5 期；等等。

④ 渡邉信一郎：《中國古代の樂制と國家》，（日本）文理閣 2013 年版。

《安世房中歌》與西漢宗廟樂舞、西漢樂制改革與民間音樂。不同於以往的音樂史研究，渡邊的著作由樂制探索背後的政治意義，從而補充了他“天下型國家”的討論。

樂制研究的推進，得益於商周秦漢墓葬考古發現。方建軍根據殷墟婦好墓、花園莊 M54、三門峽虢國墓地 M2001 等商周墓葬所出樂器分析得出，器主無一不是社會貴族階層，而樂人與樂器則是貴族施行禮樂的私有工具和財產。① 常懷穎的研究不落窠臼，從學界少有人關注的鐘鎛組合關係入手觀察禮制。文章結論認爲，從編鐘使用者的等級看，經歷了從高到低不斷下降的過程，這一過程似也可視作西周的形成確立到逐漸崩壞的過程。同氏《論商周之際鐃鐘隨葬》在喪葬禮制的框架下，討論小鐃與甬鐘的編列制度。② 閆浩的論文揭示先秦禮樂的發展與商代編鐃的成熟使用密切相關，以編鐃爲代表的商代樂器與以編鐘爲代表的周代樂器組合之間有明顯的發展演進關係。③ 1978年，曾侯乙墓發掘以來，很多學者從周代禮樂制度的視角考察墓葬形制及出土樂器。黄敬剛考察了編鐘、編磬的樂懸制度，劉玉堂、張碩則提到，編鐘作爲晚周雅樂制度的核心，地位更加凸顯，而樂懸制度、禮樂制度的傳承綫索亦更顯清晰。④ 郭家廟曾國墓地在樂器考古方面也取得重大突破。考古領隊方勤撰文詳細介紹了墓葬中發現的迄今時代最早的琴瑟組合、“鈴形器”、編鐘與編磬等音樂文物，指出郭家廟音樂考古豐富和完善了從西周到戰國早期音樂文物的序列。清華簡《子儀》記載了秦穆公送歸子儀的典禮，這也是出土文獻第一次記載外交場合中的唱和儀式。何家興的論文探討了《子儀》中的賦歌秦樂，從文本疏證入手，結合考古發現，印證春秋時秦樂的發達與禮樂制度的完備。⑤ 山東濟南的洛莊漢墓第 14 號祭祀陪葬坑是一個樂器坑，出土樂器達 149 件，填補了漢代音樂考古發掘史的空白。王子初指出洛莊漢墓大批禮樂器的出土，可能意味着漢初統治者也曾試圖開展過以樂懸制度爲形式的制禮作樂。⑥

① 方建軍：《商周禮樂制度中的樂器器主及演奏者》，《音樂研究》2006 年第 2 期。

② 常懷穎：《西周鐘鎛組合與器主身份、等級研究》，《考古與文物》2010 年第 2 期；《論商周之際鐃鐘隨葬》，《江漢考古》2014 年第 1 期。

③ 閆浩：《商代編鐃與先秦禮樂的肇始》，《中原文物》2016 年第 5 期。

④ 黄敬剛：《從曾侯乙編鐘看古代曲懸與軒懸制度》，《黄鐘》2009 年第 2 期。劉玉堂、張碩：《文化史視野下的曾侯乙編鐘》，《武漢大學學報》(人文科學版)2011 年第 2 期。

⑤ 何家興：《從清華簡〈子儀〉談春秋秦樂》，《中國文學研究》2018 年第 2 期。

⑥ 王子初：《洛莊漢墓出土樂器述略》，《中國歷史文物》2002 年第 4 期。

最近，張聞捷綜合分析郭家廟、淅川下寺 M1、洛莊漢墓等周漢墓葬所出樂器，推測漢代編鐘的使用並未遵循統一的制度規範，説明漢室用樂存在不同的禮制淵源，但漢代樂鐘的樂懸方式證明漢儒仍是通曉周代樂懸制度並付諸禮制實踐的，只不過漢人對於隨葬樂鐘和宗廟禮樂有不同的處理原則。①

中國南部的早期墓葬中也出土了規模較大的樂器組合。孔義龍、曾美英注意到南越國宫廷按天子用樂規範來設置樂器分類。② 李莉揭示南越王墓、廣西羅泊灣漢墓音樂文物都展示出不同的樂器組合模式，既有吸收中原禮樂發展而來的青銅禮樂，也有土著民的銅鼓祭禮樂器。從中可以看出南越國王侯宫廷的禮樂既有對中原文化的吸收，也有立足於駱越民族自身的音樂特徵。③ 王子初的論文則囊括南越王墓、洛莊漢墓與大雲山漢墓，在分析三王墓編鐘音律的基礎上，指出漢初曾建立較爲嚴密的樂懸制度，説明漢初朝廷可能一度推行過禮樂制度。④ 以上成果，或爲南部地區音樂文物的個案討論，或綜合考察同一時期中原與南部墓葬樂器。這是一個很有意義且有待深入的研究領域，禮制研究者和史學工作者應當對此加以更多關注。這將是探討華夏邊緣與文明中心之間的禮樂文化交流的重要視窗。

小　結

先秦秦漢的古禮研究，必須將出土材料與"三禮"文獻記載結合起來，進行對證考察。早年著名的成功範例，是郭沫若《中國古代社會研究》《金文叢考》(尤其是《周官質疑》)、⑤ 陳夢家《殷墟卜辭綜述》、⑥ 楊寬《古史新探》⑦等。近年來比較成功而富於特色的論著，除了上述沈文倬《宗周禮樂文明》《蒭

① 張聞捷:《漢代樂鐘編列制度初考》,《文物》2018 年第 3 期。

② 孔義龍、曾美英:《從西漢南越王墓音樂器物看南越國宫廷禮樂的興衰》,《交響》2010 年第 1 期。

③ 李莉:《從樂器的形制與組合看南越禮樂》,《藝術探索》2017 年第 6 期;《從羅泊灣漢墓音樂文物看南越國禮樂》,《民族藝術》2018 年第 2 期。

④ 王子初:《西漢三王墓編鐘音律分析(上)》,《中國音樂》2017 年第 1 期。

⑤ 郭沫若:《中國古代社會研究》,《郭沫若全集·歷史編　第一卷》, 人民出版社 1992 年版;《金文叢考》,《郭沫若全集·考古編　第五卷》, 科學出版社 2002 年版。

⑥ 陳夢家:《殷墟卜辭綜述》, 中華書局 1988 年版。

⑦ 楊寬:《古史新探》, 中華書局 1965 年版。

閣文存》之外，是宋鎮豪《夏商社會生活史》《商代社會生活與禮俗》、① 高崇文《古禮足徵——禮制文化的考古學研究》、② 賈海生《周代禮樂文明實證》、楊華《新出簡帛與禮制研究》《古禮新研》③等。郭沫若、陳夢家、楊寬、沈文倬等人，都利用出土甲骨、金文研究上古禮制，而郭沫若、楊寬尤其長於馬克思主義理論，並將其與禮制信息進行了很好的結合。高崇文則沿着陳公柔等人的路線，將考古發掘與禮制問題作了成功的互證。近年來，宋鎮豪利用甲骨文、賈海生利用金文、楊華利用簡帛文字研究先秦秦漢禮制，均具有相當特色。

先秦、秦漢禮文化研究成果涵蓋禮學、禮制、禮俗、禮義、禮法與禮樂六個層面。每一層面，本章按照論著發表的時間先後予以介紹，由此觀察不同時代的研究特色和關注重點。顯然，近代以來最突出的風氣流轉，在於禮文化研究經歷了"出經入史"的脱胎换骨。學術積累百年，廣義的禮學研究已漸成學術熱點：一是話題多元，除了禮經成書年代、文獻版本、經義考釋這類老問題之外，禮制與政治的融合、禮與法之間的博弈、禮制與風俗的互動，也都成爲學者關心的新問題。二是材料豐富，出土文獻與考古資料的不斷公佈，直接影響禮學研究的風向。諸如先秦禮學思想、禮書流傳情況、上古樂制等問題，都借新史料出現而形成全新認知。三是後繼有人，很多青年學者進入禮學研究領域。他們的好奇心、觀察力、吸收並創造新理論的速度，以及良好的外語水準，使禮學研究別開生面，古老的中國傳統學術焕然成爲國際顯學。

禮學研究的品質和成果數量，都較 20 世紀初明顯提升。然而，在一些領域存在重複性研究堆積的現象，先秦禮義、禮論研究方面尤其明顯。再者，概念厘定也有待更多努力。例如，禮與俗的交會點、分界線在何處？這是上古禮俗研究必須明確的問題。此外，禮學研究需要更多實質性的學科交叉。現今禮學研究已貫通經史，充分利用考古成果也早已成爲學者共識。隨着跨學科交流日趨頻繁，未來研究還需要人類學、社會學等多學科助力，而對其他社會科學的借鑒，不應止步於幾篇經典名作的引注或幾個概念、理論的生硬套用。

---

① 宋鎮豪：《夏商社會生活史》，中國社會科學出版社 2005 年版；《商代社會生活與禮俗》，中國社會科學出版社 2010 年版。

② 高崇文：《古禮足徵——禮制文化的考古學研究》，上海古籍出版社 2015 年版。

③ 楊華：《新出簡帛與禮制研究》，臺灣古籍出版公司 2007 年版；《古禮新研》，商務印書館 2012 年版。

第三章 魏晉隋唐時期禮學研究

在古代中國，開國建制、制禮作樂是一代王朝最爲宏偉的事業，屬於各項制度的重中之重，禮學、禮制、禮俗、禮法、禮典也歷來受到儒家士大夫學者的重視。但20世紀以來，在現代學術分工體系之下，禮學這個專門之學失去了其原有的經學土壤，成了現代學科系統中的“遊魂”，禮制也被壓縮進制度史中的一個小角落，長期以來未得到應有的重視。所幸近年來禮學、禮制史又重新進入學者的視野，成了被熱烈討論的話題，相關研究論著也日益增多。

中國古代的禮文化和禮制建設有兩次高峰，第一次高峰發源於西周時期的“制禮作樂”，爰及戰國秦漢，最終形成了《周禮》《儀禮》《禮記》三部經典，奠定了中國二千多年來禮文化和禮制建設的根基。然而秦漢以來，周禮陵遲，國家所行禮制多不符合禮經、禮義。西漢中晚期匡衡、韋玄成等儒家官僚開始倡導禮制改革，至新莽、東漢而發起了一場轟轟烈烈的儒家禮制復古運動。

第二次高峰即隋唐時期，在總結魏晉南北朝各種禮制實踐的經驗和禮經學的學術成果的基礎上，最終形成了《大唐開元禮》(簡稱《開元禮》)這部巨典，從此漢唐之間數百年的禮文化和禮制建設逐漸定型，並被宋元明清各朝繼承，一直持續到20世紀初期。

中國傳統之禮，從第一座高峰邁向第二座高峰的過程，其間經歷了各種變動，這些禮學、禮制的變動與政治、文化、經學、思想都有着密切的聯繫，其中魏晉南北朝隋唐禮文化的問題尤其複雜，學者已對其進行了廣泛而深入的研究，我們有必要略作總結，以便爲進一步的工作提供參考。

關於魏晉南北朝禮文化，早在2007年，梁滿倉就對百年來魏晉南北朝的“四禮”，也就是禮學、禮制、禮俗、禮行作出總結。根據其文，從20世紀初到該文發表時，中外學者關於魏晉南北朝之禮學的論著、論文有58部(篇)；關於禮俗的一般性著作20部，又引用郭善兵對20世紀80年代以來魏晉南北朝婚喪禮俗的總結，其中專著二十餘部，論文八十餘篇；關於禮制的論著有32部(篇)；禮行研究則較少。關於魏晉南北朝“四禮”的論著、論文共兩百餘部(篇)，梁滿倉認爲禮制研究稍顯薄弱。① 隨着中國學界學術的繁榮，關於魏晋南北朝禮文化的研究成果呈幾何級增長。僅就數量來説，從 2007 年至今短短十餘年的時間，新增的論文、論著數量已不輸於此前百餘年的積累，而且這一迅猛增長的勢頭仍在保持。

另外，房珊珊對 20 世紀 80 年代至 21 世紀初的魏晋南北朝禮文化研究進行過綜述，分爲禮制研究、禮俗研究、禮制名物研究、禮法關係四部分内容。② 其文較早且比較簡略。蔡静、張俊英把近三十年(約 1988—2018 年)之魏晋南北朝禮俗分爲禮制與風俗研究、禮制禮儀立法等方面的研究、社會風俗研究三個方面進行介紹。③ 楊英總結了 2019 年魏晋南北朝史研究，關於禮制研究，她總結了郭永吉等人的論述，認爲這方面還有待範式的積累，有十分廣闊的研究空間。④

關於隋唐禮文化研究，朱溢曾梳理過隋唐禮制史的研究現狀，他總結出三種常見的研究方法：首先是政治史的研究路徑，以陳寅恪《隋唐制度淵源略論稿》爲代表；其次是制度史的研究路徑，以西嶋定生、金子修一等人爲代表；最後是思想史的研究路徑，這是朱溢比較寄予希望的一個領域。⑤ 劉豐總結近年來的禮學研究，認爲主要有三種進路，第一是經學史(包括經學思想史)進路，包括名物制度訓詁研究、禮學思想研究、"三禮"文獻研究；第二是禮制史研究；第三是在禮制史研究的基礎之上，結合社會史、政治史、思想史、文化史、宗教史、文物考古等，形成一種對禮的綜合研究。⑥

另外，楊英對改革開放四十年來中古時期禮學、禮制研究作出了比較全面的綜述。她對中國臺灣學者及日本、西方學者的開創性研究，以及大陸學者前二十年對中古禮制史研究在概念、視角、方法上的探索作出評述。她認爲禮制

---

① 梁滿倉：《魏晋南北朝"四禮"研究百年回顧與展望》，中國魏晋南北朝史學會、武漢大學中國三至九世紀研究所編：《魏晋南北朝史研究：回顧與探索——中國魏晋南北朝史學會第九届年會論文集》，湖北教育出版社 2009 年版，第 146~156 頁。

② 房珊珊：《近 20 年來魏晋南北朝時期禮文化研究綜述》，《魯東大學學報》(哲學社會科學版)2006 年第 4 期。

③ 蔡静、張俊英：《近三十年來魏晋南北朝禮制與風俗研究綜述》，《六盤水師範學院學報》2018 年第 5 期。

④ 楊英：《突破與類聚：2019 年魏晋南北朝史研究綜覽》，《許昌學院學報》2020 年第 4 期。

⑤ 朱溢：《隋唐禮制史研究的回顧與思考》，《史林》2011 年第 5 期。

⑥ 劉豐：《近年來禮學研究的新進展及幾點思考》，《中國社會科學報》，2018 年 1 月 2 日，第 2 版。

可分爲國家層面的廟堂禮典和社會層面的鄉里禮秩，並重點介紹了中古禮學義疏、中古廟堂典禮、中古禮制下移及鄉里禮秩等三方面的研究。關於中古禮學、禮制研究的現狀，她認爲目前這方面的研究雖然快速發展，但相比於唐人禮經注疏登峰造極的水準，目前研究只能説剛剛起步。這一評價是非常精準的。她期待未來的禮制史研究能與制度史、經濟史、社會史等其他專史研究相得益彰。①

至於日本學界關於中國禮制史的研究，金子修一總結爲三種進路：第一，"在理解中國獨特的君主制度——皇帝制度的基礎上，通過禮制來進行皇權的根源和思想特徵的分析"，比如西嶋定生、尾形勇，金子修一本人的研究應該也屬於這一範疇。第二，"從日本古代史的關係出發，考慮中國古代禮制的形態"，主要關注中國禮制對日本古代史的影響。第三，"從東亞——這個宏觀的視角再探討中國的禮制對日本所産生的影響"，比如西嶋定生、山尾幸久、栗原朋信等人的研究。② 根據金子修一的總結，日本學者研究中國禮制史，主要還是關注禮制與皇帝制度、皇帝權力等相關的問題。另一個主要的研究領域，就是中國禮制對日本的影響，以及中國禮制促進日本國家形成、天皇制度成立等問題。

目前尚無對魏晉南北朝隋唐禮文化研究進行全面綜述的文章，以下擬從禮學研究、禮制研究、禮俗研究、禮法研究、禮典研究等方面來呈現這個領域的研究概貌。早期(尤其是 20 世紀)的學術成果，上述諸文已有比較精當的概括，本書就詳於近而略於前，以期對今後的深入探索提供幫助。

第一節 "三禮"文獻研究

如前所述，廣義的禮學研究，包括"三禮"經學、禮學思想、禮儀研究等多個側面。兩漢禮學由經師傳授，家法謹嚴。漢末以來，新經學的思潮風起雲湧，以"荆州學派"爲代表的各種潮流逐漸衝擊兩漢官學。鄭玄括囊大典、網羅衆家，建立了一套完備嚴密的禮學體系。王肅亦精研禮學，所論多與鄭玄不同。魏晉以來，鄭玄、王肅之争成了中古禮學史的重要線索。除了鄭王之争，

---

① 楊英：《改革開放四十年來的中古禮學和禮制研究》，《文史哲》2020 年第 5 期。

② 金子修一：《關於魏晉到隋唐的郊祀、宗廟制度》，劉俊文主編：《日本中青年學者論中國史(六朝隋唐卷)》，上海古籍出版社 1995 年版，第 337~338 頁。

南北學術分流也是中古禮學史的另一條線索。至隋唐統一帝國建立，學術也隨之融合、統一。唐初孔穎達主持修撰《禮記正義》，賈公彦撰《周禮注疏》《儀禮注疏》，融合南北，影響甚爲深遠。這是魏晉南北朝隋唐禮學發展的大致脈絡。

學界關於中古時期“三禮”類文獻的個别考據研究比較豐富，本節限於篇幅，不能一一介紹，只就中古“三禮”經學、禮學思想之主要脈絡等方面的重要研究略作綜述。

一、禮學書籍的輯佚與考證

關於禮學書籍的輯佚與考證。六朝隋唐“三禮”經學書籍大多亡佚，清人嚴可均、馬國翰等人多有輯佚。① 柯金虎對於魏晉南北朝一些重要禮家的著述亦有輯考。② 雖有眾多輯佚成果，但相比於這一時代的禮學書籍之總量，仍爲九牛一毛。若要瞭解其全貌，主要依賴各種官私目録、史志目録。姚振宗對《隋書・經籍志》中的經部禮類書籍考證較詳，頗多真知灼見。③ 其中見於《日本國見在書目録》的，孫猛亦有考證。④ 王鍔彙集了各種目録，對魏晉南北朝隋唐禮學書籍之著録情況搜羅最爲完備。⑤ 彭林所編“三禮研究論著要目”供初學入門使用。⑥ 工藤卓司編有日本學者近百年關於“三禮”學之論著目録。⑦

二、禮學思想研究

關於魏晉南北朝隋唐禮學思想的研究。余英時指出魏晉禮學的核心精神是“情”，最重要的原則就是“變通”“緣情制禮”。不過東晉初年之人已經對“以

---

① 嚴可均輯：《全上古三代秦漢三國六朝文》，中華書局 1958 年版。馬國翰輯：《玉函山房輯佚書》經編“儀禮”類、“通禮”類，廣陵書社 2004 年版。前人輯佚成果具體見孫啓治、陳建華：《中國古佚書輯本目録解題》，上海古籍出版社 2017 年版。

② 柯金虎：《魏晉南北朝禮學書考佚》，臺灣政治大學博士學位論文，1984 年。

③ 姚振宗撰，劉克東、董建國、尹承整理：《隋書經籍志考證》，《二十五史藝文經籍志考補萃編(第十五卷)》，清華大學出版社 2014 年版。

④ 孫猛：《日本國見在書目録詳考(上)》，上海古籍出版社 2015 年版。

⑤ 王鍔：《三禮研究論著提要》，甘肅人民出版社 2001 年版。

⑥ 彭林：《三禮研究入門》，復旦大學出版社 2012 年版，第 127~255 頁。

⑦ 工藤卓司：《近百年來日本學者〈三禮〉之研究》，臺灣萬卷樓圖書股份有限公司 2016 年版，第 275~361 頁。

情壞法”“任情破法”的流弊有所反思。神矢法子考察了兩晉禮議中“違禮審議”這種特殊情況。所謂“違禮審議”，就是針對士人(官人)違背儒教家禮(或其他禮儀)的情況進行審議、從而影響到當事人之清議鄉品乃至仕宦的禮議。作者重點分析了王式爲出母服喪議、庾純不歸養父母議、李含爲秦王葬訖除喪議這些重要且精彩的違禮審議，從而得出晉朝有所謂“嚴禮主義”的觀念。作者指出漢代以來“原情定罪”的傳統到了晉代雖然仍有繼續，但是以卞壼爲代表的“嚴禮主義”的立場開始更多地被採用。① 我們認爲，從原情定罪到嚴禮主義，背後的原因其實是皇權的加强、皇帝對士大夫家族的控制愈發嚴切。鄒遠志也認爲因爲玄學的影響，兩晉禮學具備玄學之品格，但東晉以來之禮學也轉向了務實之學。② 陸建華和夏當英、樂勝奎等人論述過六朝禮學興盛的原因。③ 劉豐研究過魏晉南北朝時期的禮學思想之發展演變，④ 侯旭東對此時的禮樂教化亦有論述⑤。仲畑信考察過王弼的禮學思想。⑥

另外，喬秀岩考察過《禮記子本疏義》《禮記正義》等中古禮學義疏文獻，從科段法等義疏撰述方法入手，論證中古義疏逐漸固化的過程。⑦ 華喆延續了喬秀岩的理路，以鄭玄禮學爲中心研究漢唐間經典詮釋中鄭學的影響及發展。他認爲鄭玄之前的兩漢經學與現實政治關係緊密，鄭玄則是不考慮現實政治與禮制實踐的純粹學者，他以《周禮》爲框架，以“三禮”爲根基，貫通群經，建立了一套完整詳密且高度理論化、理想化的經學體系，這是體系化經學的開始。鄭玄之後，魏晉學者以王肅爲首掀起了一場反鄭玄的風潮，但實際上王肅是站在鄭玄體系之内對鄭學進行貼近現實的改造，使得鄭學更切於實用。魏晉學者爲了將經學比附現實，往往有許多奇思妙想，經學再度混亂。南北朝義疏

① 神矢法子：《晉時代における違禮審議：その嚴禮主義的性格》，(日本)《東洋學報：東洋文庫和紀要》第 67 卷第 3、4 號，1986 年。

② 鄒遠志：《經典與社會的互動：兩晉禮學議題研究》，湖南大學博士學位論文，2010 年，第 14~16 頁。

③ 陸建華、夏當英：《南北朝禮學盛因探析》，《孔子研究》2000 年第 3 期。樂勝奎：《六朝禮學的繁榮及其原因》，《光明日報》，2005 年 9 月 27 日，第 7 版。

④ 劉豐：《魏晉南北朝時期禮學思想的發展與轉向》，湯勤福主編：《中國禮制變遷及其現代價值研究(東北卷)》，上海三聯書店 2016 年版，第 106~127 頁。

⑤ 侯旭東：《魏晉南北朝時期禮樂教化述論》，張金龍主編：《黎虎教授古稀紀念中國古代史論叢》，世界知識出版社 2006 年版，第 453~469 頁。

⑥ 仲畑信：《王弼の禮解釋について》，小南一郎等編：《中國の禮制と禮學》，(日本)朋友書店 2001 年版，第 443~468 頁。

⑦ 喬秀岩：《義疏學衰亡史論》，生活・讀書・新知三聯書店 2017 年版。

學興起，鄭玄從解經者變成了被解釋的對象。義疏學重視體系化，以皇侃爲突出代表，經學又進入一個體系化時期。北朝隋時期，以二劉爲代表的經學家開始採用理性主義、文獻主義的解經思路，義疏學衰亡，經學再度混亂。中唐以後啖助、趙匡等人更重視經文之“大義”，開啓宋以後之學風。①

中古禮學思想的一大轉捩點爲隋唐之際。島一研究《禮記正義》與唐初禮制撰定之間的關係，認爲唐初禮學思想中，一派認爲禮即人情，以唐太宗、魏徵、岑文本爲代表；一派强調禮經文本的權威性，以孔穎達爲代表。② 兩派的分歧延續到了高宗、武后、玄宗年間的父在爲母服三年喪議、《孝經》注疏等相關問題。基於此，島一把唐朝前半期的經學分爲新舊兩派，舊派以《五經正義》爲代表，强調經典文本與漢魏以來的經學家法；新派以魏徵《類禮》爲代表，認爲經典文本殘缺失次，可以再加改定，强調人情。唐朝前半期的新派經學啓發了中唐以後啖助、趙匡、陸淳等人的“新《春秋》學”。③ 吳麗娱認爲王通《續六經》與唐初魏徵“改撰《禮記》”、亦即編撰《類禮》，在學術精神上一脈相承，都是反對繁瑣的章句義疏之舊經學，開拓了實踐經典之終極理念、追求經典之本初意義的新經學。這一禮學思想的轉變呼應了隋唐統一大帝國對新的經學與意識形態的需要。經典和經典意識的變化，背後是士族社會向皇權獨尊社會的轉變。④ 另外，劉詠溱、李洛旻對賈公彦之《周禮注疏》《儀禮注疏》有專著進行全面論述。⑤

中唐以後到唐宋之際是禮學思想的另一轉變時期。馮茜接續喬秀岩、華喆對漢唐之間禮學思想的研究理路，認爲在隋唐之際義疏學衰落之後，唐宋之際禮學轉型分爲三個階段，首先是中晚唐至唐末，以杜佑《通典》爲代表的制度

---

① 華喆：《禮是鄭學：漢唐間經典詮釋變遷史論稿》，生活・讀書・新知三聯書店2018年版。

② 島一：《貞觀年間の禮の修定と〈禮記正義〉》(上)，(日本)《學林》第26號，1997年。島一：《貞觀年間の禮の修定と〈禮記正義〉》(下)，(日本)《立命館文學》第549號，1997年。

③ 島一：《母の爲の三年の喪——玄宗〈孝經〉注の背景》《〈孝經〉注疏とその周邊》《張柬之・王元感の三年喪禮説とその周邊》，氏著《唐代思想史論集》，(日本)中國藝文研究會2013年版，第61~126頁。

④ 吳麗娱：《從王通〈續六經〉到貞觀、開元的改撰〈禮記〉——隋唐之際經典意識的變化》，《中華文史論叢》2017年第3期。

⑤ 劉詠溱：《周禮賈疏引唐制集證》，林慶彰主編：《民國時期經學叢書》第三輯第30册，臺灣文聽閣圖書有限公司2009年版。李洛旻：《賈公彦〈儀禮疏〉研究》，臺灣萬卷樓圖書股份有限公司2017年版。

禮學與啖、趙、陸等人追求禮義的禮學開始萌芽；其次是五代至北宋仁宗慶曆時期，杜佑“通禮”思想影響此時的國家禮典編纂，真宗前禮制延續晚唐五代，真宗後期到仁宗朝，則有從“法唐”向“法祖宗”的轉變；最後是仁宗慶曆時期到哲宗元祐初，在“追法三代”的旗幟下，宋代禮學基本形態真正形成。馮茜體系的邏輯起點比較純粹，把漢唐禮學簡化爲鄭玄禮學，再進一步簡化爲喬秀岩所説的“文本本位”的禮學，難免忽略了漢唐禮學各種複雜的面向。另外，馮茜所選取的分析對象，比如趙匡《禘説》、杜佑《通典》、王涇《大唐郊祀録》(簡稱《郊祀録》)、聶崇義《三禮圖》、陳祥道《禮書》，以及陸佃、張載、吕大臨、二程、朱熹等人的著作，都是大學者的經典著作，是一種“選精集萃”、連點畫線式的研究。其研究涉及三個層次，第一，義疏等傳統經學，第二，禮制、禮議、禮典等禮制史的範疇，第三，關於“禮義”的理學、哲學，兼包經學、史學、哲學等領域而以個人構建之禮學思想發展線索。①

三、禮家研究

對於六朝時期的一些重要禮學專家或禮學家族，學者也有專門研究，今以研究對象的時代順序略加分述。

鄭玄雖生當漢末，但討論魏晋南北朝隋唐禮學，鄭玄絶對是一座繞不過的高峰。學者對鄭玄禮學研究最多，討論最爲深入。李雲光歸納了鄭玄注釋“三禮”的凡例。② 楊天宇歸納鄭玄注“三禮”之條例，包括校《儀禮》兼採今古文、校《周禮》以今書爲底本而參之以故書、校《禮記》不從或本異文，以及“三禮”注中的“讀爲”“讀曰”“讀如”“讀若”“當爲”“聲之誤”“字之誤”等例。③

關於鄭玄的禮學體系，曹元弼早已指出其“本《周禮》以提其綱”④，後世學者又進一步將此觀點加以細化。史應勇認爲鄭玄注“三禮”以《周禮》爲主導來調和《儀禮》《禮記》的矛盾，具有按周公構建的藍圖而“致太平”的想法，並羅列鄭玄衆多禮説以論證這一點。⑤ 刁小龍從“《周禮》爲鄭玄學術之本”“《周禮》爲經義之宗”“《周禮》鄭注之理念邏輯”等方面論證鄭玄“遵奉《周禮》、推

---

① 馮茜：《唐宋之際禮學思想的轉型》，生活・讀書・新知三聯書店 2020 年版。

② 李雲光：《三禮鄭氏學發凡》，華東師範大學出版社 2012 年版。

③ 楊天宇：《鄭玄三禮注研究》，天津人民出版社 2007 年版。

④ 曹元弼：《禮經校釋》卷一，《續修四庫全書》經部禮類第 94 册。

⑤ 史應勇：《鄭玄通學及鄭王之争研究》，巴蜀書社 2007 年版，第 165 ~ 174、198 ~ 212 頁。

崇《周禮》爲一切禮制、經義之總綱、圭臬，以之爲聖人周公致太平所創周代禮制盛典”的禮學體系。① 羅健蔚認爲鄭玄把《周禮》擡升爲“經禮”，《儀禮》則挪移到從屬地位，以《周禮》統攝其他“二禮”，對於《禮記》中與《周禮》《儀禮》相合的部分，鄭玄取以構建其周禮體系，對於《禮記》中與“二禮”不相合的部分，鄭玄則將其判定爲不同時代或不同地域的禮制。剔除“三禮”中“非周禮”的材料後，對於其餘分歧，鄭玄認爲是“周禮”在不同面向上的書寫，並以“互注”“互證”之法疏通之。鄭玄還用推致禮例之法會通禮文，用讖緯來組織“三禮”在天地神祇與相關祀典等體系上的秩序。②

關於鄭玄的學術特色，池田秀三認爲鄭玄禮學的特質一言以蔽之就是“體系性”，也就是以《周禮》爲經禮、統合“三禮”的有機統一體，乃至於將五經全體統合到這一體系中。鄭玄的基本風格是使用古文家的文本、今文家的經説。鄭玄禮學體系並非現實指向性的，而是理念優先的産物，鄭玄從未涉足現實政治。對於鄭玄來説，禮是用來明確區分尊卑等差的制度。③ 喬秀岩關於鄭玄禮學的一些基本觀點深受池田秀三的影響，他揭舉“鄭學第一原理”，論證鄭玄“結構取義”的解經方法，對鄭玄學術特點乃至整個中古禮學研究都有啓發。④ 史應勇則站在與池田秀三、喬秀岩針鋒相對的位置，他秉持朱維錚“經學是中世紀的政治統治學説”的理念，更强調經學的實踐性與現實指向特點，認爲鄭玄禮學並非“純學術”，也有歷史依據和現實針對性，具有其政治意義。⑤ 史應勇認爲鄭玄“通學”的特點繼承兩漢學風，深層原因則是王朝的政治需要；鄭玄所做的並非純學術，他一生都與現實政治緊密相關；鄭玄篤信讖緯。⑥ 針對喬秀岩認爲鄭玄緊貼文本、建構體系的“結構主義”才是真正的經學的觀點，史應勇認爲雖然自東漢馬融以來，經學家已有“純學術”的傾向，但喬秀岩所

---

① 刁小龍：《鄭玄禮學及其時代》，清華大學博士學位論文，2008 年；《鄭玄禮學二題》，《書目季刊》2011 年第 1 期。

② 羅健蔚：《鄭玄會通三〈禮〉研究》，臺灣大學博士學位論文，2015 年。關於鄭玄的“推致”之法，又見羅健蔚：《從鄭玄〈三禮注〉論“推致”之法》，臺灣《漢學研究》2019 年第 2 期。

③ 池田秀三：《鄭學の特質》，渡邉義浩編：《兩漢における易と三禮》，（日本）汲古書院 2006 年版，第 287~305 頁。

④ 喬秀岩：《鄭學第一原理》，喬秀岩、葉純芳：《學術史讀書記》，生活·讀書·新知三聯書店 2019 年版，第 105~134 頁。

⑤ 史應勇：《鄭玄禮學的“非學術”意義》，《江南大學學報》2002 年第 2 期。

⑥ 史應勇：《鄭玄經學三論》，《四川大學學報》（哲學社會科學版）2004 年第 3 期。

謂的"結構主義"難免流爲"本本主義"，不應只以此作爲真正的經學，實際上鄭玄的禮學體系並非没有實踐性，其許多禮説都在魏晉南北朝得以實踐。① 池田秀三、喬秀岩與朱維錚、史應勇對鄭學理解的差異，不得不説前者對鄭玄的認識不乏理想化構建，後者則不離中國古代經學與政治緊密相關這一基本點展開論述。

談到鄭玄禮學，就不得不説鄭玄、王肅禮學之分歧。史應勇詳細比勘了鄭玄、王肅的《周易注》《尚書注》《毛詩注》《喪服經傳注》《禮記注》《論語注》，以及兩人在喪禮、廟制等各種禮説的區别，從漢魏之際學術思想轉型的角度分析鄭王之别，認爲鄭玄主要是總結，王肅秉承荆州學派"訓詁舉大義"的風格，主要是開新。② 喬秀岩對鄭、王禮説之異同有極爲精當的概括，他認爲鄭玄經學有儘量細分的特點，不考慮現實，只考慮理論體系之嚴密完整，王肅則考慮現實執行之難易，往往合併鄭玄之所分。鄭玄的思維緊貼文本，王肅則從現實出發，更注重禮説的可實踐性及合理合情性。③ 值得注意的是，喬秀岩雖然表面上對鄭、王之學不分軒輊，認爲其各有所長，但實際上他認爲只有鄭玄緊貼文本的禮學體系建構才是真正的經學，而王肅指向實踐的經説則非真經學，還是不免袒鄭。寧鎮疆聚焦於郊丘分合這一問題，認爲鄭玄主張郊丘分立，這是其學術底線和邏輯起點，但鄭玄過於相信《周禮》和緯書，導致他對《禮記・郊特牲》等其他文獻的解釋多有未愜之處。王肅主張郊丘合一，則廣泛依據各種經子史傳文獻，又上承東漢古文家諸儒，立説更爲合理。寧鎮疆由此反思一般認爲的王肅僞造《孔子家語》説。④ 劉豐認爲王肅經學以"三禮"學爲主體，鄭王禮學之争整體上屬於經學内部問題，應該跳出傳統的政治史解釋方式，從學術本身發展流變的角度去理解。王肅禮學重人情，與魏晉禮學思想的主題一致。王肅經學具有義理化的特徵，源自荆州學派的影響。王肅禮學是禮學義理化的一個重要環節。⑤ 梁滿倉認爲王肅受荆州、揚州兩個地區學風的影響，其經學思想有求真、恢復儒聖地位、現實主義的特點。鄭學與王學是互補互争、矛盾共存的關係。⑥

---

① 史應勇：《再論鄭玄經學——兼與喬秀岩先生商榷》，《中國哲學史》2020年第5期。

② 史應勇：《鄭玄通學及鄭王之争研究》，巴蜀書社2007年版，第231～389頁。

③ 喬秀岩：《論鄭王禮説異同》，喬秀岩、葉純芳：《學術史讀書記》，生活・讀書・新知三聯書店2019年版，第40～61頁；又見古橋紀宏撰，喬秀岩删要：《魏晉禮制與經學》，《儒家典籍與思想研究》第二輯，北京大學出版社2010年版，第254～295頁。

④ 寧鎮疆：《鄭玄、王肅郊祀立説再審視》，《歷史研究》2014年第5期。

⑤ 劉豐：《王肅的三〈禮〉學與"鄭王之争"》，《中國哲學史》2014年第4期。

⑥ 梁滿倉：《論王肅的經學思想》，《船山學刊》2019年第1期。

針對魏晉南北朝隋唐時期其他禮家的專題研究則略顯薄弱。魏晉以來，三教合流，一些高僧同時也是禮學專家。張焕君認爲東晉沙門慧遠兼通道、儒、釋三教，對於禮學、玄學皆有造詣，這體現了佛教中國化過程中向儒家理論的靠近。① 柯金虎考察了賀循的若干禮學議題，認爲其禮説於魏晉名家中最爲精審，其禮學體系自成一家，維護禮學的政教功能，對後世深有影響。② 楊華考察了兩漢以禮學傳家的慶氏家族及其後嗣賀氏家族，考得慶(賀)氏傳禮可考者約十六代人，慶(賀)氏禮學的特點是經、義結合，以禮儀實踐爲主。賀氏禮家在歷朝歷代都參與禮制建設，以制禮作樂爲己任。慶(賀)氏禮學順應時勢，歷七百餘年傳承不輟。③ 張帥從禮經學、禮儀學兩個角度研究庾蔚之禮學，認爲庾氏禮經學宗鄭卻不唯鄭，重視禮例、禮義研究；庾氏又將釋經之法運用到禮儀實踐，以例制禮、以義制禮，又能照顧現實需求。④ 范雲飛認爲南齊禮學大家王儉的禮學具有“故事學”的特色，這一禮學風格繼承自其家學，是南渡僑人高門的普遍特點。⑤ 對於齊梁之際的重要禮家何佟之，顧濤分析了他的禮學修養、對於齊梁《五禮儀注》之修撰的主導作用、廬江何氏家族的禮學積成，指出經學的精神在於經世致用，研究六朝經學不能只關注狹義的經傳注疏，更應關注禮家議禮、制禮的活動，爲六朝禮學研究指示了一個有待開拓的廣闊領域。⑥ 崔靈恩是南北朝後半期的禮學大家，焦桂美認爲崔靈恩治經宗鄭玄，帶有明顯的北學傾向，促進了南北經學的融合。⑦ 另外，焦桂美《南北朝經學史》對南北朝時期比較重要的經學家皆有專門研究。⑧ 吳羽考察晚唐禮家韋彤及其《五禮精義》，認爲韋彤繼承了啖助、趙匡鄙薄章句、直探經書義理的新學風，這一學術取徑爲宋代禮學所繼承，强調中晚唐禮學與宋代禮學的

① 張焕君：《慧遠與東晉禮學》，《五臺山研究》2014 年第 3 期。

② 柯金虎：《賀循及其禮學》，《玄奘人文學報》2004 年第 3 期。

③ 楊華：《慶氏禮學述論》，《人文論叢》2017 年第 1 輯，武漢大學出版社 2017 年版，第 164~179 頁。

④ 張帥：《庾蔚之禮學研究》，虞萬里主編：《經學文獻研究集刊》第 18 輯，上海書店出版社 2017 年版，第 37~51 頁。

⑤ 范雲飛：《南朝禮制因革中的王儉“故事學”》，《中國典籍與文化》2020 年第 2 期。關於王儉之禮學，還有洲脇武志：《王儉の禮學——穆妃の葬喪儀禮への對應を中心に》，日本六朝學術學會第 23 回大會論文，日本二松舍大學，2019 年 6 月 15 日。

⑥ 顧濤：《重新發掘六朝禮學——論何佟之的經學地位》，袁行霈主編：《國學研究》第 39 卷，北京大學出版社 2017 年版，第 237~264 頁。

⑦ 焦桂美：《崔靈恩的經學成就及其經學史意義》，《管子學刊》2007 年第 4 期。

⑧ 焦桂美：《南北朝經學史》，上海古籍出版社 2009 年版。

延續性。① 除了上述專題研究之外，各種經學史著作亦或多或少涉及魏晉南北朝隋唐之禮家及其禮學，此處不贅。

四、禮書的點校整理

魏晉南北朝時期的禮書大多亡佚，存世者以“三禮”鄭注及唐人義疏爲主。孔穎達《禮記正義》爲唐初《五經正義》之一，地位與水準都比較高。該書有李學勤主編《十三經注疏》簡體、横排、標點本三册；② 臺灣地區有《十三經注疏》分段標點本，田博元點校《禮記正義》三册；③ 上海古籍出版社《十三經注疏》整理本系列，《禮記正義》三册，由吕友仁整理；④ 北大《儒藏》精華編之《禮記正義》由吕友仁校點，刁小龍通審；⑤ 浙江大學古籍研究所《中華禮藏·禮經卷·禮記之屬》的《禮記正義》三册，由郜同麟點校。⑥ 另外，王鍔主持編纂《禮記注疏長編》，於《禮記正義》每段經、注、疏之下附上衛湜、吳澄、陳澔、納喇性德、郝敬、方苞、江永、甘汝來、杭世駿、孫希旦、王引之、朱彬、郭嵩燾等諸家之説，逾千萬言，其中第一部《曲禮注疏長編》三十卷已出版。⑦ 對於《禮記》鄭注，王鍔以宋本《纂圖互注禮記》爲底本，以衆本《禮記釋文》爲對校本，以衆本《禮記正義》爲參校本，並參考多種其他校勘成果，著成《禮記鄭注彙校》二册。⑧

賈公彦《周禮注疏》也有多種整理本。李學勤主編《十三經注疏》簡體、横排、標點本有《周禮注疏》二册；⑨ 臺灣《十三經注疏》分段標點本《周禮注疏》

---

① 吳羽：《今佚唐代韋彤〈五禮精義〉的學術特點及其影響——兼論中晚唐禮學新趨向對宋代禮儀的影響》，《魏晉南北朝隋唐史資料》第25輯，武漢大學出版社2009年版，第148～168頁。

② 孔穎達：《禮記正義》，龔抗雲整理，王文錦審定，北京大學出版社1999年版。

③ 鄭玄注，孔穎達正義：《禮記正義》，田博元點校，臺灣新文豐出版股份有限公司2001年版。

④ 鄭玄注，孔穎達正義：《禮記正義》，吕友仁整理，上海古籍出版社2008年版。

⑤ 孔穎達：《禮記正義》，吕友仁校點，刁小龍通審，《儒藏》(精華編·五〇、五一、五二)，北京大學出版社2016年版。

⑥ 鄭玄注，孔穎達疏：《禮記正義》，郜同麟點校，浙江大學出版社2019年版。

⑦ 王鍔主編：《曲禮注疏長編》，廣陵書社2018年版。

⑧ 王鍔彙校：《禮記鄭注彙校》，中華書局2020年版。

⑨ 鄭玄注，賈公彦疏：《周禮注疏》，趙伯雄整理，王文錦審定，北京大學出版社1999年版。

二册，邱德修點校；① 上海古籍出版社《十三經注疏》整理本系列，《周禮注疏》三册，由彭林整理；② 浙江大學古籍研究所《中華禮藏·禮經卷·周禮之屬》前二册爲《周禮注疏》，由金少華點校③。

賈公彦《儀禮注疏》的整理本有：李學勤主編《十三經注疏》簡體、横排、標點本有《儀禮注疏》二册；④ 臺灣《十三經注疏》分段標點本《儀禮注疏》二册，由邱德修點校；⑤ 上海古籍出版社《十三經注疏》整理本系列《儀禮注疏》三册，由王輝點校；⑥ 臺灣“中研院”中國文哲研究所點校出版清代盧文弨《儀禮注疏詳校》；⑦ 浙江大學古籍研究所《中華禮藏·禮經卷·儀禮之屬》第一册、第二册爲武威漢簡本《儀禮》及《儀禮注疏》，由張焕君、賈海生點校⑧。北京大學《儒藏》精華編之《儀禮注疏》由彭林點校。⑨

魏晉南北朝隋唐時期存世的禮典較少，其中最著者當推《大唐開元禮》、王涇《大唐郊祀録》。日本汲古書院以大木文庫所藏《洪氏唐石經館叢書》本爲底本影印出版《大唐開元禮》《大唐郊祀録》，附有池田温的解題，最初於 1972 年出版。⑩ 民族出版社有翻印本。⑪ 浙江大學古籍研究所《中華禮藏·禮制卷·總制之屬》第一册爲《大唐開元禮》，周佳、祖慧點校。⑫

---

① 鄭玄注，賈公彦疏：《周禮注疏》，邱德修點校，臺灣新文豐出版股份有限公司 2001 年版。

② 鄭玄注，賈公彦疏：《周禮注疏》，彭林整理，上海古籍出版社 2010 年版。

③ 鄭玄注，賈公彦疏：《周禮注疏》，金少華點校，浙江大學出版社 2017 年版。

④ 鄭玄注，賈公彦疏：《儀禮注疏》，彭林整理，王文錦審定，北京大學出版社 1999 年版。

⑤ 鄭玄注，賈公彦疏：《儀禮注疏》，邱德修點校，臺灣新文豐出版股份有限公司 2001 年版。

⑥ 鄭玄注，賈公彦疏：《儀禮注疏》，王輝點校，上海古籍出版社 2008 年版。

⑦ 盧文弨：《儀禮注疏詳校》，陳東輝、彭喜雙點校，林慶彰校定，臺灣“中研院”中國文哲研究所 2012 年。

⑧ 鄭玄注，賈公彦疏：《儀禮注疏》，張焕君、賈海生點校，浙江大學出版社 2017 年版。

⑨ 鄭玄注，賈公彦疏：《儀禮注疏》，彭林點校，《儒藏》(精華編·四二、四三)，北京大學出版社 2017 年版。

⑩ 蕭嵩等撰，池田温編：《大唐開元禮(附大唐郊祀録)》，(日本)汲古書院 2004 年版。

⑪ 蕭嵩等：《大唐開元禮(附大唐郊祀録)》，民族出版社 2000 年版。

⑫ 《大唐開元禮》，周佳、祖慧點校，浙江大學出版社 2016 年版。

第二節　禮制研究

一、禮制史研究的幾種進路

目前關於魏晉南北朝隋唐禮文化的研究論著中，有關禮制史的研究數量最巨，遠遠超過其他版塊。究其原因，在於禮制史的史料比較豐富、系統，歷代正史的《封禪書》《郊祀志》《祭祀志》《禮志》《禮儀志》以及《通典》《唐會要》《文獻通考》等政書類文獻爲禮制史研究提供了可觀的資料。禮制史類著作有楊志剛的通史研究，① 近年又有顧濤融彙、總括漢唐之間的禮制史材料，加以編年、分類而形成的《漢唐禮制因革譜》②。該書既有對漢唐禮制史料以及漢唐禮制因革大勢的宏觀把握，又有對這一時代禮制史上大小事件的編年考訂與理據追索；既是研究專著，也可作爲工具書使用。另外還有中國學者陳戍國、③ 任爽、④ 吳麗娱、⑤ 梁滿倉、⑥ 金子修一、⑦ 王美華⑧等學者，對魏晉南北朝隋唐禮制作出通代或斷代的研究。學者對中古禮制變遷作出了全面的梳理，爲我們研究中古禮制史打下了良好的基礎。關於禮制史的研究進路，朱溢已經總結過政治史、制度史、思想史等路徑。我們在此基礎上再進一步細分爲五類：第一，制度本位的禮制史研究，第二，政治本位的禮制史研究，第三，經學本

---

① 楊志剛：《中國禮儀制度研究》，華東師範大學出版社 2001 年版。

② 顧濤：《漢唐禮制因革譜》，上海書店 2018 年版。

③ 陳戍國：《中國禮制史·魏晉南北朝卷》，湖南教育出版社 1995 年版；《中國禮制史·隋唐五代卷》，湖南教育出版社 1998 年版。

④ 任爽：《唐代禮制論略》，《史學集刊》1998 年第 4 期；《唐代禮制研究》，東北師範大學出版社 1999 年版。

⑤ 吳麗娱主編：《禮與中國古代社會（秦漢魏晉南北朝卷）》第二章“魏晉南北朝章”（梁滿倉、袁寶龍撰），中國社會科學出版社 2016 年版，第 192～370 頁；《禮與中國古代社會（隋唐五代宋元卷）》第一章上“隋唐五代章（上）”（吳麗娱撰）、第一章下“隋唐五代章（下）”（雷聞撰），中國社會科學出版社 2016 年版，第 1～185 頁。

⑥ 梁滿倉：《魏晉南北朝五禮制度考論》，社會科學文獻出版社 2009 年版；《論魏晉南北朝時期的五禮制度化》，《中國史研究》2011 年第 4 期。

⑦ 金子修一：《古代中國與皇帝祭祀》，肖聖中、吳思思、王曹傑譯，復旦大學出版社 2017 年版；《古代中國皇帝祭祀研究》，徐璐、張子如譯，西北大學出版社 2018 年版。

⑧ 王美華：《唐宋禮制研究》，東北師範大學博士學位論文，2004 年。

位的禮制研究，第四，經學與制度的互動研究，第五，禮議研究，以期對禮制史的各種研究進路、研究方法有更深入的瞭解。

1. 制度本位的禮制史研究

中古禮制研究的内涵與外延都非常複雜，既可以集中於禮儀制度的具體儀節，也可以向外拓展到與“禮”平行的其他概念（比如禮與法、禮與俗、禮與情，等等）。所謂制度本位的禮制史研究，指的是把禮制當做各種制度門類之一，作專門的制度史研究。關於“禮制”本身，除了前揭陳戍國等人對中古禮儀制度有過通盤梳理之外，也有許多學者專注於禮制中的某些專門領域，作更爲細緻深入的考察，比如郭善兵的宗廟禮制研究、① 張一兵的明堂禮制研究、② 徐迎花的郊祀制度研究③，等等。禮制史中的專題、專類式的專史分析，此處不再贅舉。

禮制史是經學、史學交叉而成的學術領域，具有極爲悠久的研究傳統。然而正因爲其交叉屬性，所以古代關於禮制史的著作，或者屬於經學，或者屬於史學。且傳統經學學術以經學注疏爲核心，與禮制相關的經學著作，亦多萃於對“三禮”中之禮典儀節、禮器禮容之考證與分析，至於秦漢以後的禮制，則經學學者較少措意。或偶有涉及，亦多從正史、《通典》之中所載的漢唐之間的禮典、禮議中擷取若干枝節，以爲自己經學觀點的佐證。在傳統的目録中，經學領域的禮制研究著作往往歸於經部禮類的“三禮總義”“通禮”等類别中。

中國傳統史學的實用功能比較突出，史學領域的禮制研究亦是如此，比如杜佑《通典》等政書，系統梳理了從上古三代到唐代開元年間的禮制因革，可謂一部全面系統的禮制史，而《通典》撰述之旨，是指導現實行政、制度設計等，帶有比較强的現實指向性和目的性。以《通典》爲代表的“十通”以及唐以來的禮典、政書、儀注莫不如此。傳統史學領域的禮制研究著作，在古典目録中主要歸入史部的政書、儀注等類别。

至清代，經學考證、史學考證漸趨繁盛，學者多將經學、史學結合起來，關注秦漢以後歷代實行之禮制，由此産生許多考證精審、頗有意義的禮制史著作，比如萬斯同《廟制圖考》，除了禮經所載的三代廟制，還涉及秦漢以後，《四庫全書總目》稱其“統會經史，折中廟制”，“於是上溯秦、漢，下迄元、

① 郭善兵：《中國古代帝王宗廟禮制研究》，人民出版社 2007 年版。

② 張一兵：《明堂制度研究》，中華書局 2005 年版；《明堂制度源流考》，人民出版社 2007 年版。

③ 徐迎花：《漢魏至南北朝時期郊祀制度研究》，黑龍江人民出版社 2009 年版。

明，凡廟制沿革，悉爲之圖。以附於經圖之後，而綴以説。其用功頗勤，其義例亦頗明晰，視明季本之書較爲賅備”。“通貫古今，有條有理，不可謂非通經之學也。”①徐乾學《讀禮通考》彙總“三禮”以及歷代有關喪禮之文獻加以條辨整理。秦蕙田受其啓發，又將範圍擴大至喪禮之外的五禮，編爲《五禮通考》，《四庫全書總目》贊曰：“考證經史，元元本本，具有經緯，非剽竊餖飣、掛一漏萬者可比。”②另外，黄以周《禮書通故》也是清代禮制史著作的傑出代表。這些經典著作爲現代學術中的禮制史研究打下了堅實的基礎，確立了較高的起點。不過因爲時代的局限，清代學者考辨歷代禮制，往往歸之於禮經，折中於鄭、王，具有比較明顯的價值傾向。

現代學術中的禮制史研究的基本範式，可以陳戍國的《中國禮制史》系列專著爲比較典型的代表。陳戍國對“禮”“禮制”“禮制學”等概念都作了明晰的定義。其“禮制學”所謂的“禮”，主要繼承沈文倬之觀點，指狹義的禮，包括禮物、禮儀、禮意三方面内容。所謂禮物，即“體現差别的器物”；禮儀即“使用這禮物的儀容動作”；禮意即“由禮物和禮儀所表達的實實在在、明明白白（但並不都是淺薄的人一望而知）的内容、旨趣或目的”。③ 陳戍國認爲“禮”既不是道德範疇，也不同於典章制度，而是對現實生活的緣飾，最終還是要落實到禮物與禮儀上。禮制史就是歷代之禮因革的歷史，而“禮制學”就是關於禮制因革的學問，是史學的分支。④

陳戍國所代表的禮制史研究範式，對“禮制”進行了清晰界劃，禮制史相當於制度史的一個特殊門類，大概與官制史、田制史、兵制史等屬於同一層次。這種研究範式把禮制視作一種結構性的框架，研究目標就是探究此結構性框架的具體構成，及此結構在歷史中的變化（也就是禮制因革）。這種研究所關注者爲結構本身，對人、事等非結構性因素的關注略顯不足，經學之於結構的浸潤積漸，也非其核心要點，所以還有很多進行開拓的可能性。

2. 政治本位的禮制史研究

除了制度本位的禮制史研究，從政治切入也是非常重要的方面。近年來的中古史研究，傳統作爲“主流”的政治、經濟、軍事研究逐漸淡出，而“非主流”的女性、動物、醫療、天文曆法、禮儀祭祀則受到越來越多的關注。從表

---

① 永瑢等：《四庫全書總目》卷八二《史部政書類》，中華書局 1965 年版，第 708 頁。
② 永瑢等：《四庫全書總目》卷二二《經部禮類》，中華書局 1965 年版，第 179 頁。
③ 陳戍國：《中國禮制史·先秦卷》，湖南教育出版社 2001 年版，第 7~8 頁。
④ 陳戍國：《中國禮制史·先秦卷》，湖南教育出版社 2001 年版，第 60~63 頁。

面來看，似乎呈現出中心淡出、邊緣突出的局面。但實際上，這種研究並不是要“逃離政治史”，而是要“回歸政治史”。學者們雖然從不同角度切入，但其根本關懷，還是政治、制度、經濟、軍事等傳統領域的問題，而非“邊緣”本身。具體到禮制史，從政治切入一般有三種路徑，分别是事件取向、結構取向、文化取向。

先説事件取向、結構取向的區别。仇鹿鳴曾以近年來孫正軍、吕博、夏婧關於“二王三恪”的三篇論文爲例(詳下)，説明“事件”與“結構”之别：“較早孫正軍、吕博兩文雖持論各有異同，但都嘗試在北朝至中唐，勾勒這一制度流變的連續線索，乃至嘗試與‘關隴集團’等既存的分析框架相呼應，而夏婧僅考索柳懷素這一小人物的生平與命運，並無理論關懷。”①指出孫正軍、吕博的研究指向“結構”，而夏婧則指向“事件”，借由這個問題，可以達成“事件”對“結構”的反問，由此論證其走出“結構”、回歸“事件”的學術構想。禮制史中還可以找到不少指向政治結構、指向政治事件兩種不同取向的研究路徑。以較少有人措意的北齊廟制爲例，趙永磊認爲北齊天統改制之後，孝昭帝所定三祖(高歡、高澄、高洋)變爲齊後主所定三祖(高謐、高歡、高湛)，反映了北齊皇位繼承制從兄終弟及制轉爲父死子繼制的變化。這是一種結構取向的研究。② 而胡勝源則認爲魏收爲報故主高洋之恩，故定其廟號爲高祖，以比擬北魏高祖孝文帝，從而營造“有孝文風”的孝静帝的正當性。③ 這是一種事件取向的研究。

除了事件取向、結構取向之外，還有文化取向的禮制史研究。簡而言之，事件取向大概相當於政治史，結構取向爲制度史，文化取向爲政治文化研究。政治史、制度史、政治文化這三者，大概爲當今學界針對中國古代上層階級之統治進行研究的三個主要領域。當然，學術研究本來没有、也不應該有這麼明確的畛域，實際上進行如此斬截的劃分，也是不現實的，我們僅僅爲了叙述方便而懸設這一系列概念而已。接下來大致按照地域與時代的線索，分别叙述中國大陸、日本、中國港臺、歐美學界關於政治取向的禮制史研究的概況。爲免繁冗，每個地域、時代僅舉少數代表性研究範例。

---

① 仇鹿鳴：《事件、過程與政治文化——近年來中古政治史研究的評述與思考》，《學術月刊》2019 年第 10 期。

② 趙永磊：《神主序列與皇位傳承：北齊太祖二祧廟的構建》，《學術月刊》2018 年第 1 期。

③ 胡勝源：《“齊元”之争與“高祖”更易：高歡、高洋歷史地位的改换》，臺灣《漢學研究》2020 年第 2 期。

先說中國大陸學界。近年來政治本位的禮制史研究，以閻步克對冕服制度的研究爲比較典型的代表。作者明確指出其基本思路之一，就是“從服飾看權力”，也就是“考察等級服飾是如何包裹權力與利益的”。① 作者深入剖析了禮經中所載冕服制度，繼而梳理冕服制度從漢魏到宋明的發展演變。基於此，作者提煉出了中國禮制史的兩條線索：第一，宗經與復古，也就是“古禮復興運動”與“禮制浪漫主義”；第二，尊君與實用，也就是帝國品位結構與官僚理性主義。這兩條線索交織互動、此消彼長，但總的來說，還是後者越來越强勢，中國古代禮制整體上向理性化與世俗化靠近。因爲冕服制度具有明確的等級分層結構，故而作者將其與官、爵體系聯繫考察，以佐證從“爵本位”到“官本位”的變動。可見作者把冕服等禮制當成象徵符號，通過解碼這些符號，以求得背後的權力關係與品位結構。

值得一提的是，閻步克自承其《服周之冕》的研究方法，接續周一良“從禮儀志考察官制”的思路。兩者的出發點雖然類似，但最終目標卻相差甚大。中古官階品秩與輿服制度掛鈎，兩者具有同構性，周一良借助《禮儀志》所載百官輿服制度來考補《百官志》，最終還是歸結於官制這一項“制度”。② 閻步克雖然也是借考察冕服制度之流變來考察官階品秩，但最終目標是要論證古禮演變之“宗經”“復古”與“尊君”“實用”這兩條主線，歸結於政治文化。可以說，周一良以制度爲本位，閻步克則是以政治結構爲本位，這是閻步克在周一良基礎之上的一大跳躍。

吳麗娱認爲用鄭王之争等經學家法來解釋禮儀變動存在頗多問題，於是取而代之，用政治鬥争來解釋。以唐高宗朝的禮法編纂與武周革命之研究爲例，她認爲“禮儀是政治的晴雨表”，禮法運作是政治鬥争的手段，禮典、格的編纂，都是被敵對雙方當做武器來運用的。禮儀、禮典微小的改變，背後都可能有着政治局勢的風雲突變。高宗朝歷次禮儀之變，背後是支持武則天、反對武則天兩個政治集團的權力博弈。③ 政治事件體現爲禮儀之變，禮儀之變可以用政治事件來解釋。用政治鬥争來解釋禮儀變動，有其合理性，也比用抽象的經學家法之争來解釋更爲直接切近，其在禮制史研究範式上的意義，就是用“過

---

① 閻步克：《服周之冕——〈周禮〉六冕禮制的興衰變異》，中華書局 2009 年版，第 5 頁。

② 周一良：《從禮儀志考察官制》，氏著《魏晉南北朝史論集續編》，北京大學出版社 1991 年版，第 125~133 頁。

③ 吳麗娱：《試析唐高宗朝的禮法編纂與武周革命》，《文史》2016 年第 1 輯。

程—事件”分析取代“結構—制度”分析，把具體的禮制變動跟具體的政治事件結合起來，體現了禮制史研究的“事件史”取向。羅新也認爲“政治儀式是政治權力的一種表達”，並由此研究北魏皇帝的即位儀式。① 當然，並非所有的禮制變遷都跟具體的政治鬥爭、政治事件有關，許多禮制變動確實是經學家法之争導致的，有些則跟國家整體制度的設計、國家性質的轉變密切相關，也有些純粹是偶然因素所致。另外，以政治鬥争解釋禮制之變，只是禮制史的取徑之一，如果只從政治史看禮制史，則其經學史、學術史的内涵很容易被忽略。

再説日本學界。日本學者受其“國制史”等研究的影響，往往把禮制看做一套符號系統，即權力秩序的外在表現。此種研究的目的，即解碼禮制符號，以求得其背後更爲“根本”的社會秩序、權力結構、權力集團、權力變動。换言之，並不是以禮學、禮制本身爲目的，而是以權力、政治分析爲目的。此種進路最爲流行，影響也最爲深遠。其代表人物，則有西嶋定生從秦漢爵制、皇帝即位禮儀、宗廟禮制等切入而研究皇帝權力及帝國體制。② 繼之有尾形勇從秦漢時代君臣稱謂禮儀、“家人之禮”、“殊禮”等角度辨析學界通常使用的“家産制國家”“家族國家”等概念，探究中國古代帝國的性質及君臣權力結構。③ 金子修一專注於漢唐之間的“皇帝祭祀”，包括郊祀、宗廟、即位禮儀等各種與皇帝有關的禮制，進而探究皇帝權力的起源及性質，及其在漢唐之間的變化。④ 其他日本學者也多有從禮制的角度出發來研究皇帝制度及國家權力結構的，比如渡邉信一郎從元會禮儀出發，⑤ 小島毅從郊祀制度出發，⑥ 阿部幸信

① 羅新：《黑氈上的北魏皇帝》，海豚出版社 2014 年版，第 1 頁。

② 西嶋定生：《漢代における即位儀禮——とくに帝位繼承のばあいについて》，《中國古代國家と東アジア世界》，（日本）東京大學出版會 1983 年版，第 93～114 頁；《中國古代帝國的形成與結構——二十等爵制研究》，武尚清譯，中華書局 2004 年版；《秦漢帝國：中國古代帝國之興亡》，顧珊珊譯，社會科學文獻出版社 2017 年版。

③ 尾形勇：《中國古代的“家”與國家》，張鶴泉譯，中華書局 2009 年版。

④ 金子修一：《古代中國皇帝祭祀研究》，徐璐、張子如譯，西北大學出版社 2018 年版；《古代中國與皇帝祭祀》，肖聖中、吴思思、王曹傑譯，復旦大學出版社 2017 年版。

⑤ 渡邉信一郎：《元會的建構——中國古代帝國的朝政與禮儀》，溝口雄三、小島毅編：《中國的思維世界》，孫歌等譯，江蘇人民出版社 2008 年版，第 363～409 頁。

⑥ 小島毅：《郊祀制度の變遷》，（日本）《東洋文化研究所紀要》第 108 號，1989 年；《天子と皇帝——中華帝國の祭祀體系》，松原正毅編：《王權の位相》，（日本）弘文堂 1991 年版。

從中古時期的綬制出發,① 松浦千春從皇帝即位禮儀、國家祭祀等角度出發,② 對中古時期的皇帝制度、權力結構都有深入的研究。

把禮制當成一套具有象徵意義的符號系統，研究者的目的並不是符號本身，而是符號所象徵的意義。所以此類研究往往是通過郊祀、宗廟、輿服、綬制、喪服、即位禮儀、元會禮儀、君臣稱謂等禮制“符號”來探究其背後的國家形態、社會秩序、權力結構、君臣關係、公私觀念，往往可以透過禮制看出背後更深層的勝義，給人很多啓發。

近幾十年來，中國港臺學界的禮制史研究整體上受到日本漢學界的影響較大，也往往從天下秩序、國家結構的角度看禮制變動，其中成就較大、影響較廣的是甘懷真。甘懷真從禮制符號、經典詮釋研究唐代以前皇帝制度中的權力關係，他認爲禮制並不僅僅是反映政治權力的一套符號系統，或者表達權力關係的工具，或者説權力關係的裝飾品，禮儀本身就是權力。或者説，權力必須借由禮儀符號來展示自身。他把禮儀活動看做一個符號系統，符號背後是權力關係，尤其是人際間的權力關係。甘懷真把經典詮釋看做一種“政治論述”，把儒家的經典詮釋活動看做一系列實現其政治鬥争的過程。總之，其禮制、經典詮釋研究的核心觀照是皇帝制度、權力關係。這仍是一種政治史進路的禮制史研究。③

歐美漢學界較少關心中國禮制史的問題，但相關研究並非完全没有。其最早、最系統的專著，當推魏侯瑋(Howard J. Wechsler)《玉帛之奠：唐王朝正統化過程中的儀禮與象徵》對唐代禮制的研究。該書有三個理論基礎，分别是馬克斯·韋伯(Max Weber)關於“正統性”的理念，戴維·伊斯頓(David Easton)政治支持(support)的學説，以及阿米泰·埃奇奥尼(Amitai Etzion)關於服從結構的觀念(compliance structures)。在作者看來，伊斯頓關於“普遍支持”的觀念，以及埃奇奥尼關於“標準式服從”的觀念，都與國家對“尊”“敬”的掌控及禮儀有關，這兩個觀念從而發生了聯繫。而這兩個觀念之間更爲深層的聯繫，

---

① 阿部幸信:《漢晉間綬制的變遷》，余欣主編:《中古時代的禮儀、宗教與制度》，上海古籍出版社 2012 年版，第 224~249 頁。

② 松浦千春:《唐代後半期の即位禮儀について》，(日本)《一関工業高等專門學校研究紀要》第 28 號，1993 年；《漢より唐に帝位繼承と皇太子——謁廟の禮を中心に》，(日本)《歷史》第 80 號，1993 年；《玄宗朝國家祭祀と王權のシンポリズム》，(日本)《古代文化》第 49 卷第 1 號，1997 年。

③ 甘懷真:《皇權、禮儀與經典詮釋：中國古代政治史研究》，華東師範大學出版社 2008 年版。

則就是韋伯所謂的“正統性”。該書還有三個核心概念，分别是正統(legitimacy)、禮(ritual)、象(symbol)。作者認爲從中國早期開始，正統、禮、象這三者就密不可分，並採取中西結合的方式，先介紹現代西方社會科學對這些概念的研究狀況，然後再與中國傳統觀念中的相關論説進行對比。基於這三個理論和三個核心概念，作者對唐代早期的祥瑞、即位、郊天、宗廟、帝陵、巡狩、封禪、明堂、月令等禮儀作了系統介紹與分析。總而言之，該書所着力論述的一個觀點，即初唐禮制系統和内容表明了一種“天下爲公”的公共觀念，而與以往的“天下爲家”觀念有所區别。① 但其所以證明此觀點的諸多例證，比如從宗廟到郊天的轉變、漢唐之間封禪性質的變化、“政治祖先”以及“政治家族”的凸顯，都不過是禮典功能的分化與轉移，並不足以證成作者的想法，細節上也有一定疏漏。雖然從“正統性”、公私觀念的角度研究禮制，在今日已不新鮮，但此書大輅椎輪，功不可没。且其將西方社會科學的一些概念與理論同中國禮制史進行“格義”，亦體現了美國漢學界的鮮明特色。

綜上所述，從事件角度切入，往往將禮制變動看做政治風雲、權力鬥争的晴雨表。從結構角度切入，往往認爲禮制是反映國家秩序、權力結構的一套外在的符號體系。就其所謂結構而言，有超級宏觀層面的，比如天下秩序、所謂“國制”，以日本、中國臺灣學者居多；也有中層的社會階層、政治集團，以中國大陸學者居多。從文化角度切入，認爲禮制反映了古代國家的意識形態、公私觀念，爲王朝正統性服務，以魏侯瑋、閻步克等人爲代表。

總的來説，政治本位的禮制史研究成果非常豐碩，研究非常深入。這一類研究大致有事件、結構、文化等不同的切入角度，其優點非常明顯，就是目光不僅僅局限於禮制本身，而是把禮制之變動、結構、文化分别與政治事件、政治結構、政治文化結合起來，借禮制以窺權力鬥争、國家秩序、意識形態之變，使得禮制史研究不再局限於上下進退、周旋揖讓、禮器禮容的儀節器物層面，大大拓展了研究的深度與廣度。在這種研究範式下，禮制與政治的脈搏息息相關，是政治事件、政治結構、政治文化的表像。由表及裏，自外而内，是這類研究的共通預設。

不過此種方法也存在一定問題。喬秀岩曾以東晉初年刁協、賀循關於廟制的争論，有過十分簡略卻相當深刻的檢討：“當今史學家討論禮制，意欲在禮制主張的背後探索經學思想、政治立場等因素，以能夠發明其政治史意義爲高

① Howard J. Wechsler: *Offerings of Jade and Silk*: *Ritual and Symbol in the Legitimation of the T'ang Dynasty*. New Haven: Yale University Press, 1985.

明。但假設當事人没有這方面的考慮，拿古人上綱上線，有何意義？筆者謹以刁協爲例，指出有些禮議恐怕與理論、政治背景毫無關係。本人認爲在評論歷史意義之前，有不少分析文本的工作可以做。”①不得不承認，這種研究存在一個根本的問題：即禮制只是表面的一套符號體系，背後的權力關係才是最終目的，這樣一來，政治才是核心，禮制只是緣飾。② 政治本位的禮制史研究就無法發掘出“禮”“禮制”本身所藴含的豐富的勝義，也無法重點發掘禮制與經學的關係(禮制之所以異於其他制度，就在於禮制有着豐厚的經學基礎)。

周善策也認爲當前的禮制史研究偏重於政治力的主導，禮儀實踐受觀念、目的之指導，也就是先有想法、再產生做法，儀式變動反映了高層的政治鬥争和權力格局的變化。但是這種研究方法存在問題，他質疑概念或政治力量是否真的能夠主導禮儀的變革，而是認爲儀式本身具有複雜系統和演變脈絡，並不純粹是由政治力影響的。以唐代前半期的封禪、郊祀、宗廟、明堂等祭祀爲例，以往認爲是皇帝權力的集中導致這些吉禮儀式的變化，周善策認爲這其實是倒果爲因的做法，皇權的提升並非此一變遷的原因，而是其產物。儀式與權力，二者交互作用，互相影響。③ 相比於權力單向作用於儀式的思維方式，這種思路當然更具解釋力，也更貼近歷史實情。除了權力之外，經學學術、思想觀念也都是影響因素，這些也不得不分别考慮。僅從政治這一個角度來觀察禮制史，難免囿於一偏，未爲通方之見。從喬秀岩、周善策對政治本位的禮制史研究的反思，又引申出一條經學本位的禮制史研究之路。

3. 經學本位的禮制史研究

如果採用最爲單純的視角，可以把禮制當做衆多制度中的一個特殊門類，這種視角的研究即所謂制度本位的禮制史。但禮制的變遷又與政治息息相關，着力探尋禮制背後的政治意義，此即政治本位的禮制史研究。誠如上文所言，

---

① 喬秀岩：《如何理解晉代廟制争議》，香港《能仁學報》2014—2015 年度第 13 期。又，此篇文章收入《學術史讀書記》時有較大幅度的删改，上引文字變成：“當今史學家討論禮制，意欲在禮制主張的背後探索經學思想、政治立場等因素，以能夠發明其政治史意義爲高明。但假設當事人没有這方面考慮，拿古人上綱上線，有何意義？”(喬秀岩、葉純芳：《學術史讀書記》，生活·讀書·新知三聯書店 2019 年版，第 171 頁)這段表述更爲圓融，但 2015 年最初發表的版本，則態度更爲顯豁明快，故本書引用其原初版本。

② 比如仇鹿鳴就指出，在事件史的觀照下，禮制問題難免被視爲邊緣環節，甚至可謂“緣飾性的制度”。仇鹿鳴：《事件、過程與政治文化——近年來中古政治史研究的評述與思考》，《學術月刊》2019 年第 10 期。

③ 周善策：《封禪禮與唐代前半期吉禮的變革》，《歷史研究》2015 年第 6 期。

過於看重禮制背後的政治内涵，也存在不少問題。有别於其他制度門類，禮制有着豐厚的經學背景。衆經之中，以“三禮”篇幅最爲浩博，儀節最爲煩難，其他經典中也多有關於禮制的内容。中國歷史上各個時代的禮制實踐，都與經學的發展密不可分。如果把禮制史看做經學家法、經義理論之實踐的歷史，這種研究路徑可稱爲經學本位的禮制史研究。

舉例而言，如果説魏侯瑋《玉帛之奠：唐王朝正統化過程中的儀禮與象徵》體現了美國漢學界的社會科學特色，那麽麥大維《唐代中國的國家與學者》則更爲重視從經學史、思想史的角度研究禮制史，體現了歐洲漢學界嚴謹札實的學風。其書重點討論唐代儒學的發展歷程，分爲三個階段：第一階段是奠基時期，從高祖到太宗朝；第二階段是從高宗即位（649 年）到安史之亂爆發（755 年）；第三階段是從安史之亂（755 年）到唐朝滅亡。分期既定，作者從各個方面加以論證，其中第四章專門討論唐朝的國家禮制。麥大維認爲安史亂後唐朝國家禮制趨向於傳統，主要表現就是 8 世紀末 9 世紀初關於禮學有很多復古和改良的表述（這集中表現在關於禮制問題的議論中）。另外，麥大維把對唐朝國家禮制之演變的論述置於全體的經學、思想變化的大背景之下，考慮到了 8 世紀末 9 世紀初的儒學變動。其書尤其重點討論了杜佑、柳宗元的禮學批判思想，從思想史的角度説明禮制的變動，比較全面而且深刻。①

隨着經學史、禮制史研究逐漸轉向深入，經學領域的重要成果也對禮制史産生了深入影響。漢唐之間經學的一大關鍵，即所謂鄭玄、王肅之争。鄭、王之争亦對禮制實踐、禮典編纂産生全面影響。比如楊華曾考察作爲漢唐之間國家禮典之集大成者《大唐開元禮》中關於廟數、郊祀、喪服、婚齡等方面的規定，分析其中鄭義、王義的比重，發現鄭學在《大唐開元禮》中並不佔據主導地位，王學反而略佔優勢。究其原因，乃在於唐朝制禮遵循的原則是考取鄭、王，兼採南、北，經過唐初到盛唐時期八十餘年的制禮，《大唐開元禮》已經是一個南北宗彙、鄭王雜糅的産物，鄭學自然不再居於主導地位，而王肅禮學因其實用性，影響力更大一些。這是以鄭、王禮學之别來分析經學家法對國家禮典之影響的代表。②

近年來對鄭、王經學之别分析得最爲深入，並據此考察漢唐禮制變遷的學者，當推喬秀岩爲代表。他對鄭王之别的論述已見上文，此處不贅。喬氏又據

---

① 麥大維：《唐代中國的國家與學者》，張達志、蔡明瓊譯，中國社會科學出版社 2019 年版。

② 楊華：《論〈開元禮〉對鄭玄和王肅禮學的擇從》，《中國史研究》2003 年第 1 期。

其鄭、王禮説異同論來解釋魏晉時期的禮制争論。他認爲漢魏以來國家多有議禮之舉，然各家議論，多不出鄭、王藩籬，鄭玄代表理想化的傾向，王肅代表現實化的傾向，歷朝學者折中於二家而已。並以魏晉時代的郊祀、社稷等禮制爲例，分析其中鄭、王禮説的因素，最後得出"鄭王不優不劣論"。值得注意的是，喬秀岩把晉朝禮議與經説發展對比，認爲朝堂議禮以實踐爲目的，而非以經學理論體系爲主，故禮議多巧説，"爲便實踐，不斷調整經説，説愈巧愈失經典本義"。這是站在理想經學理論的立場而對禮議的判斷，下文將進行評述。① 華喆基本繼承了喬秀岩的經學史框架，詳見上文。對於針對現實禮制的議論，華喆跟喬秀岩一樣，都認爲是背離體系化經學的"巧説"。②

概言之，喬秀岩、華喆的一系列成果是近年來經學史、禮制史研究轉向深入的突出代表，在學界也引起了很大反響，史應勇對喬秀岩的批評詳見上文。另外，把漢魏以後之禮議用鄭王之争來概括，也未必全面。魏晉以訖隋唐，學者議禮，變化萬端，或參證經史，或折中周漢，或緣於人情，或本乎義斷，本不囿於鄭王，其間的複雜面貌，恐怕還需要更爲微觀的分析作爲基礎。魏晉議禮確實有許多"巧説"，然而巧説何以發生，巧説何以巧，也值得我們研究，從中也能窺見更爲真實、更具有實踐傾向的經學。

實際上早有學者反思經學視域下的禮制史研究。比如周善策就曾批評了用鄭玄、王肅經學家法之分野與彼此之間的消長變化來解釋唐代前半期禮制變動的思路。③ 吴麗娛也反對用鄭、王學術派别之争、經學家法之争來解釋《貞觀禮》《顯慶禮》之區别以及高宗朝數次禮儀變動。不管是從初唐的經學流派來看，還是從政治派别來看，此時已經没有了鄭、王家法之争的學術史和政治基礎，故而《貞觀禮》《顯慶禮》的區别不應該簡單地歸結爲鄭玄、王肅學派之争。④ 以此來解釋魏晉以後的禮制變化，也確實有將問題簡單化之嫌。以經學家法、經義理論的變動解釋禮制史演變，確實能抉出禮制背後的經義原理，不過任何方法都不是萬能的，若執一端以概其餘，總會難免牽强過當之弊。

所謂經學本位的禮制史研究，一般的前提預設是認爲經學義理、鄭王之争

---

① 古橋紀宏撰，喬秀岩删要：《魏晉禮制與經學》，《儒家典籍與思想研究》第二輯，北京大學出版社 2010 年版，第 254~295 頁。

② 華喆：《禮是鄭學：漢唐間經典詮釋變遷史論稿》，生活・讀書・新知三聯書店 2018 年版，第 273 頁。

③ 周善策：《國家禮儀與權力結構：試論唐朝前半期陵廟禮之發展》，《歷史研究》2010 年第 5 期。

④ 吴麗娛：《試析唐高宗朝的禮法編纂與武周革命》，《文史》2016 年第 1 輯。

是形而上的原理，而禮制史則是經學原理的具體的實踐，從具體的禮制史可以逆推抽象的經義原理。這個預設或隱或顯，或多或少，都存在於經學研究者的心中。然而禮制史並不完全是絶對意義上的經義原理在歷史制度上的投射，禮制實踐本身也有自己的經義邏輯，也有豐富的經學内涵，不僅僅是經學原理在歷史上的投影。换言之，從經學原理到禮制實踐，並非單向的施動關係，而是雙向的互動關係，禮制實踐中所發展的經義也在不斷地“反哺”經學理論體系。禮制史是經學與制度進行互動的場域，意識到了這一點，自然不會覺得禮制實踐只是經學原理的形而下的投射，這就引出了經學與禮制之互動的研究路徑。

4. 經學與禮制的互動研究

禮制的發展變化與經學學術密不可分，而經學之於禮制的積漸滲潤作用，此即我們所謂經學與禮制的互動。關於 20 世紀以來禮制與經學的交叉研究，狩野直喜曾發表《禮經與漢制》之演講，1939 年刊登於《東方學報》;① 同年，勞榦的《禮經制度與漢代宫室》亦刊登於北京大學《國學季刊》。這兩種同爲中日學界經學與制度交叉研究的傑出代表，後者可用“夷經爲史”概括之，上承王應麟《漢制考》的學術傳統，從經注中提煉史料，以研究漢代制度。② 狩野直喜所代表的，則是禮制與經學的深入互動，關注點爲經學學術對國家禮典、禮儀故事所造成的積漸浸潤的影響。狩野氏認爲，漢初的制度基本繼承秦制，比如天地宗廟等諸多禮制都承秦而來，與禮經所載相差甚大。西漢中晚期以來，經過匡衡、貢禹、韋玄成等人的努力，經學中的禮制理想逐漸在漢朝得以落實，漢制也革秦之弊，逐漸回復禮經所載之制。自狩野之後，研究西漢中晚期以來的“古禮復興運動”，一直是經學與禮制之互動研究的重要問題。

狩野、勞榦之後，20 世紀在經學與制度之交叉研究領域最有典範意義的，當屬陳寅恪、錢穆兩人。陳寅恪《隋唐制度淵源略論稿》有一半篇幅論述中古禮制。朱溢認爲陳寅恪主要關注制禮士大夫的活動，而非禮制本身,③ 因其特重相關人物的活動，所以定爲“政治史路徑”。魏斌認爲陳氏此書思考方式的一個特點，就是對人類思想和文化過程的關心，表面討論的是禮制，實際關心的是制度背後的思想和文化。④ 顧濤亦認爲:“關注歷代典章制度和物質、精

---

① 狩野直喜:《〈禮經〉與漢制》，氏著《中國學文藪》，周先民譯，中華書局 2011 年版，第 125~146 頁。

② 勞榦:《禮經制度與漢代宫室》，西南聯合大學 1940 年版。

③ 朱溢:《隋唐禮制史研究的回顧和思考》,《史林》2011 年第 5 期。

④ 魏斌:《思想的圜丘》,《讀書》2017 年第 12 期。

神生活，並試圖從其流變中抉發精神觀念，成爲陳先生各項研究之思想依託。”①亦可見陳氏之學術旨趣，乃在於典章制度因革變遷背後的思想學術、精神世界。

總而言之，陳氏此書並不僅僅是一部“政治史”進路的禮制史研究著作，他確立了一種“制度”研究的範式：所謂“制度”並非抽象之物，而是與具體的人或事關係密不可分。制度背後還有更爲深厚的思想、學術、文化背景，而思想、學術、文化又繫於“人”，中古時代的“人”則與地域、家族相關。故不可脱離人物、學術、地域、家族這些維度而談所謂“制度”。其後有景蜀慧研究王粲之家世學術及其對漢魏之際朝儀禮制的影響，② 童嶺研究晉朝司馬氏帝室與晉初禮制之關係，③ 顧濤以何佟之爲例，認爲研究六朝禮學不能局限於殘缺不全的禮經注疏，更要關注大量的議禮材料。禮學不僅僅是禮經學，也體現在議禮、制禮等活動中。④ 這些方法上的探討，更加豐富了經學與制度之交叉研究的各種可能性。不過自陳寅恪以後，此種研究進路並未得到應有的重視，中古時期士人家族及家學、地域等因素對於國家禮制建設的意義，漢唐之間各種制度傳統的交流融合，如今尚有許多空白。比如漢唐之間“周禮”與“漢制”之間的張力，“經義”與“故事”之間的消長，魏晉南北朝諸高門士族對於禮制的影響，目前研究尚不充分。

錢穆則推崇“活經學”，他認爲純粹的經學注疏之學，乃是“死經學”，“通經致用”之學才是“活經學”。而“活經學”的典型代表，一者爲兩漢儒家官僚士大夫通經爲治的傳統，一者爲唐朝之治，《貞觀政要》《通典》即可爲證。錢穆認爲不能只就經學而講經學，也要從史學講經學。⑤ 也就是説，要跳脱具體的經文注疏的狹窄研究，去研究經學在歷史中的實踐。禮制與經學密不可分，禮制史就是經學在歷史中實踐的過程。錢穆“活經學”之説，爲經學與制度之交叉研究確立了一種宗旨與方法。

---

① 顧濤：《漢唐禮制因革譜》卷一《叙説》，上海書店 2018 年版，第 5 頁。

② 景蜀慧：《王粲典定朝儀與其家世學術背景考述》，《四川大學學報》（哲學社會科學版）2003 年第 4 期。

③ 童嶺：《晉初禮制與司馬氏帝室——〈大晉龍興皇帝三臨辟雍碑〉勝義蠡測》，《學術月刊》2013 年第 10 期。

④ 顧濤：《陳寅恪“續命河汾”之經史學脈》，《中國文化研究》2012 年冬之卷；《重新發掘六朝禮學——論何佟之的經學地位》，袁行霈主編：《國學研究》第 39 卷，北京大學出版社 2017 年版，第 237~264 頁。

⑤ 錢穆：《講堂遺録・素書樓經學大要三十二講》，九州出版社 2011 年版。

陳、錢二人之後，禮制與經學的交叉研究陷入了長久的沉默，一直到近年來才重新爆發，並湧現出一批優秀的研究成果。最近的相關研究主要集中在禮制與經學之互動的具體問題上，作窄而深的研究。比如吴麗娱、張書豪、劉凱、末永高康等人，都是從具體問題着手，在禮制與經學的大框架之下，作專精探討。① 閻步克、喬秀岩、顧濤等人則從方法論的角度作了闡述，於今後的研究更有啓發意義，尤其值得注意。閻步克以歷代冕服制度爲例，研究中國禮制史中的"宗經""復古"與"尊君""實用"等不同制禮傾向，以及禮制史上的歷次"古禮復興運動"。上文已有詳細論述，此不贅。

禮制與經學的交叉研究雖已有不少成果，但有明確的方法論之自覺的卻並不多。錢穆説"活經學"，閻步克説"古禮復興運動"，喬秀岩批評"以能夠發明其政治史意義爲高明"的禮制史研究，顧濤提出"重新發掘六朝禮學"，這些皆在方法上甚有啓發。進行禮制與經學之交叉研究，主動建立方法論，方法論的自覺，還是很有必要的。

5. 禮議研究

禮議研究是目前較少受學者關注、但實際上需要嘗試探索的領域。楊英指出，魏晉南北朝的禮制研究"禮學作爲禮制的工具被運用，在考察時涉獵甚淺，所用資料也局限在正史的《禮》志及某些傳世文獻上，這些都符合禮制研究起步不久的狀况"，"廟堂禮典文本的撰作對'議禮'過程的運用細節考察尚淺"，② 非常精準地指出了當前禮制史研究中，僅以禮學作爲禮制研究的工具，而未能深入禮學之腠理，且未能關注禮典撰作的議禮過程。基於此，我們將特别强調禮議研究的意義。

關於禮議研究，可分爲兩類。其一是禮議之形式、制度的研究，包括廷議、集議等制度及其運作過程，尚書案奏之流程與文書格式等；其一是内容研究，即探究禮議中經史理據與議論邏輯。

---

① 吴麗娱：《皇帝"私"禮與國家公制："開元後禮"的分期及流變》，《中國社會科學》2014 年第 4 期；《從經學的折衷到禮制的折衷——由〈開元禮〉五方帝問題所想到的》，《文史》2017 年第 4 輯。張書豪：《從奏議到經義——西漢晚期廟數之争析論》，臺灣《政大中文學報》2011 年第 15 期。劉凱：《從"南耕"到"東耕"："宗周舊制"與"漢家故事"窺管——以周唐間天子/皇帝耤田方位變化爲視角》，《中國史研究》2014 年第 3 期。末永高康：《前漢廟制論議と〈禮記〉祭法篇》，（日本）《東洋史研究》第 76 卷第 3 號，2018 年。

② 楊英：《改革開放四十年來的中古禮學和禮制研究》，《文史哲》2020 年第 5 期。

先説形式研究。學者對秦漢朝廷議事制度措意較多;① 關於魏晉南北朝的禮議制度，有日本學者野田俊昭、② 金子修一、③ 中村圭爾、④ 渡邉信一郎⑤等人的研究；唐代議事制度方面，有謝元魯關於唐代中央決策過程、葉煒關於集議的研究⑥。綜合這些學者的工作，我們對漢唐之間的議禮程式及相關制度已略知其大概，包括漢唐之間朝廷議論的類别、意義、發生的場所，以及東晉南朝尚書省所主持的議論的程式、尚書案奏的文書格式，而漢唐之間大部分禮議都是尚書省召集、主持並裁斷、上奏的。由此反觀漢唐禮議，就能對其制度過程有更爲清晰的認知。

再説内容研究。如上文所述，中古禮議資料十分豐富，既是歷史研究的寶貴史料，也是經學研究不可或缺的資源，所以自古以來的經史之學，從來不缺乏利用禮議這種資料進行研究的案例。但嚴格地説，把“禮議”作爲一種史學分析對象進行系統研究，目前所見相關專著尚少，而且並未形成廣爲接受的研究範式。除了單篇論文之外，關於魏晉南北朝隋唐禮議研究的學位論文、專書似乎只有鄒遠志、陳燕梅兩部(篇)。

鄒遠志研究兩晉的“禮學議題”，泛指兩晉禮家關於禮經、禮制、禮論、禮俗的各種議論，而不局限於朝堂之上的集議。兩晉禮學議題相當於當時的“學術熱點”，能反映出當時君臣所關心的問題。作爲兩晉時代一種突出的文化現象，作者認爲議禮與玄學有着緊密聯繫，可以説兩晉禮學在學術取向上具備了玄學的品格，另外，兩晉議禮之興盛，也與當時的亂世背景，以及門閥制、

---

① 秦濤:《律令時代的“議事以制”: 漢代集議制研究》，中國法制出版社 2018 年版。李學銘:《東漢中央集議制度之探討》，氏著《東漢史事述論叢稿》，臺灣萬卷樓圖書股份有限公司 2013 年版，第 193~272 頁。關於秦漢議事制度的研究綜述，具體見秦濤之書。

② 野田俊昭:《東晉南朝における天子の支配權力と尚書省》，(日本)《九州大學東洋史論集》第 5 卷，1977 年。

③ 金子修一:《南朝期の上奏文の一形態について——〈宋書〉禮儀志を史料として》，(日本)《東洋文化》第 60 卷，1980 年。

④ 中村圭爾:《南朝における議について——宋・齊代を中心に》，(日本)《人文研究》第 40 卷第 10 號，1988 年;《南朝國家論》，樺山紘一編:《岩波講座世界歷史 9——中華の分裂と再生: 3~13 世紀》，(日本)岩波書店 1999 年版，第 205~225 頁。

⑤ 渡邉信一郎:《天空の玉座——中國古代帝國の朝政と儀禮》，(日本)柏書房 1996 年版，第 18~104 頁。

⑥ 謝元魯:《唐代中央政權決策研究》，臺灣文津出版社 1992 年版，第 53~127 頁。葉煒:《唐代集議述論》，王晴佳、李隆國主編:《斷裂與轉型: 帝國之後的歐亞歷史和史學》，上海古籍出版社 2017 年版，第 165~189 頁。

九品中正制、納禮入律等制度相關。基於這種認識，作者對兩晉有關宗法的爲人後議、兄弟爲後議、異姓爲後議、旁支天子尊本親議、絶小宗以後大宗議、庶出天子崇生母議，有關宗廟的兄弟昭穆同異議、四府君神主遷毀議、司馬睦立禰廟議，有關喪服的三年喪除服在何月議、爲嫁繼母服議、改葬服議、無服之殤議，關於婚禮的賀婚議、婚禮用樂議、同姓不婚議，等等，都作了分析。在對兩晉宗法、宗廟、喪服、婚禮諸議進行辨析之後，作者認爲兩晉禮家既重視經典闡釋，也重視現實社會，這種經典與社會互動的議禮方式，不同於漢代禮學注重對禮經的訓詁考證，更能體現“禮，時爲大”的現實理性精神。總的來看，鄒遠志的研究介於經典闡釋與社會風俗之間，着眼於經典與社會的互動，相比於其對晉人禮議中的經義溯源與經學分析，可以説更偏向於社會史研究。①

另外，陳燕梅研究六朝官方吉禮祀議及其施行之源流，這是目前所見唯一一部以中古禮議爲主要研究對象之一的專著。② 該書叙述了郊祀、社稷、宗廟之禮的經傳記載，及其在六朝時代的施行情況，基本涵蓋了“吉禮”的主體内容兼及其他禮制問題。不過該書還存在一些不足。比如，該書的核心理路就是認爲先秦經子文獻中關於各種禮制的記載分歧錯出，因爲各地各派之禮制及思想淵源不同，不必强求統一。今人的優勢，就是可以借助甲骨文、金文、簡帛等出土材料，並輔之以人類學、社會學的方法，確定先秦經子文獻的本義，以此評判鄭玄、王肅等後世經師之正誤，再以此評判六朝禮制實行情況之高下優劣。以禘祫爲例，鄭玄認爲“禘”“祫”是不同的兩種祭祀，王肅認爲“禘”“祫”是一祭之二名。作者結合甲骨卜辭、西周金文、《春秋》三傳中的相關材料，認爲“禘”源自殷商“帝”祭，“祫”即合祭。以此來評判鄭、王優劣，是王而非鄭，又進而觀察六朝禘祫禮制對鄭、王的擇從。問題在於，鄭玄、王肅等人所作的是經學研究，而非歷史研究。經學研究求善，而非求真；歷史研究求真，而非求善。經學研究就是要牽合經傳，彌縫異文，提出體系。借助出土文獻和人類學、社會學方法以求得經傳本意，以此結果去評判鄭、王之優劣和六朝禮制施行之高下，無疑是不可以的。經史互動，不代表經史不分。六朝禮制施行的背景，是兩漢、鄭、王以來的經義經況，而非先秦禮制之實況。如果按照作者所言，“從歷史源流審視六朝官方祭祀議論與實際實行情況”，這並不能達成“看出經、史之間的距離”的目的。

---

① 鄒遠志：《經典與社會的互動：兩晉禮學議題研究》，湖南大學博士學位論文，2010年。

② 陳燕梅：《六朝官方吉禮祀議及施行之源流考》，臺灣學生書局2018年版。

另外，該書雖名曰“官方吉禮祀議”，但論述重點在“施行之源流”，對於禮議涉及甚少。該書一般是先考察先秦經子文獻之本義，再考察漢魏經師之理論，之後叙述六朝禮制之施行情況，只在最後略提及各家議論之觀點，且甚少分析議論的邏輯過程。只有第五章論及郊祀、社稷、宗廟之外的其他禮制問題時，才叙述了六朝時代的幾種禮議，以介紹各家觀點和禮制施行情況爲主，並未分析禮議的取證與推理。總體看來，該書以禮制爲主，綴之以禮議，並未把禮議作爲史學分析對象。總而言之，陳燕梅此書以“議”爲名，以“制”爲實，從歷史的角度探討郊祀、社稷、宗廟等吉禮的源流，先追溯其先秦之“源”，再考察其六朝之“流”，以六朝禮制的施行狀况爲重點，可以認爲是制度因革的研究，而非經學與制度互動的研究，更難説是以禮議爲中心的研究。可見中古禮議研究，仍是亟待開拓的領域。

二、吉禮

《大唐開元禮》據《周禮》“五禮”之説，將禮制分爲吉、嘉、賓、軍、凶五類，其中“吉禮”包含甚廣，舉凡郊祀、宗廟、明堂、社稷、祭孔、巡狩、封禪等儀節皆屬之。吉禮儀節既多，内涵又富，故受到的關注也最多，相關研究甚爲豐富。有些學者用“國家祭祀”指代吉禮，目前這個概念在使用上並不統一。

關於這一時期的吉禮的綜合研究，金子修一以皇帝制度與皇帝權力爲核心關注點，考察了漢唐之間與皇帝密切相關的郊祀、宗廟、即位等禮制，尤其關注皇帝親祭問題。金子修一發現唐代皇帝祭祀祝文中“皇帝(天子)臣某”“皇帝(天子)某”“皇帝(天子)”的自稱分别與大祀、中祀、小祀對應，由此引出皇帝與天地、神靈、萬民的關係，以及皇帝權力性質的問題。金子修一認爲從東漢至唐的宗廟祭祀基本没有變化，但到唐爲止的郊祀逐步被强化。關於皇帝親祭，他認爲郊廟禮制經過兩漢的變化之後，在東漢初期整體大綱確立起來，但東漢皇帝親祭没有規律性記載，東晉南朝郊廟實行皇帝親祭制，相比於宗廟，南郊更受重視，二年一郊制是爲了保證皇帝親祭的常規化而實行的改革。北魏道武帝爲了對抗東晉南朝，引入郊廟祭祀，西郊親祭，南郊則有司攝事；孝文帝廢除西郊，親祭郊廟。到了隋唐，比起有司攝事，皇帝親祭次數很少。從唐前半期中間開始，親祭是爲了提高參加人的權威。唐玄宗創立了以太清宫—太廟—南郊爲順序逐日舉行的“系列親祭”，並在唐後半期成爲慣例。從整體上看，唐代基本没有宗廟正祭的皇帝親祭，唐代祭祀是以南郊祭天爲中心展開的。另外，唐代郊廟親祭作爲公共性的慶典的意義更爲重大。結合對漢唐皇帝即位制度的研究(詳見“嘉禮”部分)，金子修一認爲與皇帝有關的祭祀是連接皇帝與官僚、民衆的一個手段，據此可以窺探皇帝權力的來源及其性質。①

章群考察了唐代祠祭（包括宗廟與家廟、天地與諸神）的沿革演變及其經學依據，所論屬於吉禮的範圍，所用的方法是傳統的制度沿革考證方法。他詳細列出了唐代宗廟沿革、品官廟數、大臣家廟例、祠祭異動、主要項目祠祭次數，以及唐代天地諸神祠祭記事、關於各種祠祭的議論等，頗便參考。②

朱溢考察了唐至北宋的吉禮變遷，包括三祀制、郊祀、廟祀、釋奠四個方面，後三個方面的研究將在後文介紹。關於三祀制，朱溢認爲以大祀、中祀、小祀爲諸種祭祀分類始於隋代，但更多停留在觀念層面，尚未完全落實。唐至北宋，越來越多的吉禮祭祀被納入大、中、小三祀的體系，吉禮與其他禮的邊界也被調整，五禮體系更加完善，一個新的國家神靈體系也被建構出來。關於唐至北宋吉禮變遷的宏觀特點，朱溢認爲這一時期吉禮邊界相對明確，吉禮發展具有連續性，在長時段上“宋承唐制”可以成立。朱溢認爲中國禮制史上吉禮有兩次重大變遷，第一次是西晉五禮制度的建立，第二次是唐及北宋時期，唐玄宗以後各種道教色彩的禮儀逐漸成爲吉禮，充斥吉禮體系的邊緣，在吉禮體系的中心，各種禮儀爭論逐漸跳出鄭玄、王肅的框架。③ 接下來重點介紹有關郊祀、宗廟、封禪、明堂、釋奠等重大禮儀的相關研究。

1. 郊祀

郊祀爲天地之祭，漢武帝祭天於甘泉，祭地於汾陰，所爲與禮經不合，西漢中晚期逐漸據禮經而立郊祀。鄭玄認爲南、北郊之外復有圜丘、方澤，是爲“郊丘分立”説，曹魏明帝遵用之；王肅認爲南郊與圜丘不分，北郊與方澤不分，是爲“郊丘合一”説，兩晉南朝遵用之。這是中古時期郊祀變遷的大概。

學界關於魏晉南北朝隋唐時期郊祀的研究，可以分爲以下幾個方面：第一，關於中古時期郊祀遺址的考古學研究。社科院考古所、馮承澤和楊鴻勛、錢國祥對漢魏洛陽故城南郊遺址作過研究；④ 劉宗意、段智鈞對南京六朝郊祀

---

① 金子修一：《古代中國與皇帝祭祀》，肖聖中、吴思思、王曹傑譯，復旦大學出版社 2017 年版；《古代中國皇帝祭祀研究》，徐璐、張子如譯，西北大學出版社 2018 年版。

② 章群：《唐代祠祭論稿》，學海出版社 1996 年版。

③ 朱溢：《事邦國之神祇：唐至北宋吉禮變遷研究》，上海古籍出版社 2014 年版，第 41～85、322～328 頁。

④ 中國社會科學院考古研究所編：《漢魏洛陽故城南郊禮制建築遺址：1962—1992 年考古發掘報告》，文物出版社 2010 年版。馮承澤、楊鴻勛：《洛陽漢魏故城圓形建築遺址初探》，《考古》1990 年第 3 期。錢國祥：《漢魏洛陽故城圓形建築遺址殿名考辨》，《中原文物》1998 年第 1 期。

遺址作過初步探查;① 趙永磊探究過隋唐圜丘之形制;② 王仲殊考察過唐代長安城圜丘對日本交野圜丘之影響③。

第二，關於中古時期郊祀禮儀之源流、變遷的通貫研究。比如小島毅、甘懷真、馮茜等人。④ 金子修一認爲漢唐之間的郊祀禮在確認皇帝統治合法性方面的重要性逐漸超過宗廟，這是可信的。但認爲從東漢到隋唐之間的宗廟禮儀無甚變化，則稍嫌過當。⑤ 徐迎花從“體”與“制”、“大傳統”與“小傳統”的視角考察漢魏六朝郊祀中禮經與禮制的互動，把兩漢三國稱爲皇帝郊祀制度的“萌芽階段”，兩晉爲“發展階段”，南北朝爲隋唐郊祀奠定基礎；認爲漢魏六朝郊祀發展的緣由有社會現實的需要、帝王意志的主導、儒學發展所致；認爲漢魏六朝郊祀有皇帝專斷、具有鮮明等級差別、神權依附於政權、多元性等特點。⑥ 閆寧將魏晉南朝郊祀禮的變化視爲鄭學、王學、故事之間的多方角力，置於其中的政治因素不能説完全没有，但不是主要的，歷次有關郊祀的争論基本都在學術探討的範疇之内。這一看法接近喬秀岩，主要從學術理路而非政治權力來解釋禮儀的變化及相關争論。⑦

第三，關於中古郊祀禮儀的斷代考察、專題研究。比如錢國盈考察了三國時代之郊祀禮及其與政治文化、正統性之關係，解釋了魏、吳不行郊祀的原因。⑧ 另外還有王懷成、韓旭關於孫吳郊祀之考察,⑨ 楊英、張鶴泉關於魏晉

---

① 劉宗意:《南京六朝“北郊壇”尋蹤》,《江蘇地方誌》1999 年第 4 期。段智鈞:《南朝郊祀祭壇制度與尺度初探》，王貴祥主編:《中國建築史論彙刊》第 7 輯，中國建築工業出版社 2013 年版。

② 趙永磊:《隋唐圜丘三壝形制及燎壇方位探微》,《考古》2017 年第 10 期。

③ 王仲殊:《論唐長安城圜丘對日本交野圜丘的影響》,《考古》2004 年第 10 期。

④ 小島毅:《郊祀制度の變遷》,(日本)《東洋文化研究所紀要》第 108 號，1989 年。甘懷真:《中國中古郊祀禮的源流與特質》，余欣主編:《中古時代的禮儀、宗教與制度》，上海古籍出版社 2012 年版，第 3~18 頁。馮茜:《漢至宋的郊祀變遷與楊復的郊祀論》，葉純芳、喬秀岩編:《朱熹禮學基本問題研究》，中華書局 2015 年版，第 481~517 頁。

⑤ 金子修一:《關於魏晉到隋唐的郊祀、宗廟制度》，劉俊文主編:《日本中青年學者論中國史(六朝隋唐卷)》，上海古籍出版社 1995 年版，第 337~376 頁。

⑥ 徐迎花:《漢魏至南北朝時期郊祀制度研究》，黑龍江人民出版社 2009 年版。

⑦ 閆寧:《魏晉及南朝郊祀沿革之經學背景探微》，氏著《古代禮學禮制文獻研究叢稿》，商務印書館 2018 年版，第 111~127 頁。

⑧ 錢國盈:《三國時期的祭天禮儀》，臺灣《嘉南學報》2008 年第 34 期。

⑨ 王懷成:《孫權郊祀小考》,《中華文化論壇》2013 年第 4 期。韓旭:《孫吳嘉禾元年郊祀考》,《安陽師範學院學報》2017 年第 3 期。

郊祀之研究①；關於北魏之郊祀，學者往往從鮮卑祭天舊俗、北魏西郊祭天、從西郊到南郊的轉變、儒家經學對北朝郊祀制度的影響等方面着手展開研究，其中尤以康樂《從西郊到南郊——國家祭典與北魏政治》一書最爲突出，他認爲北魏孝文帝改革的本質是"漢化"，所要革除的對象是"北亞文化傳統"，主要手段是祭典改革，主要目的是建成漢族王朝式的家産制國家；② 趙永磊從南、北政權争奪正統的角度研究北魏即位、郊祀禮制變化，道武帝天興年間援據鄭玄郊丘分立之説，以與東晉郊丘合一之制相區别。孝文帝又進一步完全以鄭玄禮説改定郊祀，廢除西郊，確立華夏郊天禮的獨尊地位。③ 江川式部認爲唐代郊祀三獻儀節的變化表面上好像是國家公禮向皇家私禮轉變，實際上皇帝所行之儀節也應被納入國家禮儀中。④ 另外，楊英之於劉宋郊禮、蓋金偉之於唐代郊祀、韓春平之於敦煌金山國郊祀，皆有專題研究。⑤

第四，關於中古郊祀禮儀中的具體儀節、祭祀對象之變遷的考察，並進而探究其背後的意義。比如朱溢認爲唐至北宋時期，關於郊祀的争論從郊丘分合之争轉變爲天地分合之争。武周以來、中晚唐、五代實行皇帝親郊的天地合祭，並在北宋初年制度化。但天地合祭在北宋受到批評，北宋末年確立天地分祭。但南宋又恢復天地合祭，天地分合祭祀成爲宋明郊祀争議的焦點。⑥ 吴麗娱對於《大唐開元禮》中五方帝作出考察(見"禮典研究")。徐知誼認爲《大唐

---

① 楊英：《魏晉郊祀和祭祖禮考》，《北大史學》2003年第9輯。張鶴泉：《兩晉郊祀禮試探》，《古代文明》2014年第1期。

② 康樂：《從西郊到南郊——國家祭典與北魏政治》，臺灣稻禾出版社1995年版。劉惠琴：《北朝郊祀、宗廟制度的儒學化》，《西北大學學報》(哲學社會科學版)2000年第1期。楊永俊：《論拓跋鮮卑的西郊祭天》，《民族研究》2002年第2期。趙敏黜、楊釗：《鮮卑族的崇山與祭天》，《赤峰學院學報》(漢文哲學社會科學版)2016年第12期。潘慧瓊：《〈周禮〉與北魏孝文帝的祭祀制度改革》，《齊齊哈爾大學學報》(哲學社會科學版)2017年第2期。

③ 趙永磊：《争膺天命：北魏華夏天神祭祀考論》，《歷史研究》2020年第4期。

④ 江川式部：《唐朝祭祀における三獻》，(日本)《駿台史學》第129號，2006年。

⑤ 楊英：《劉宋郊禮簡考》，中國魏晉南北朝史學會、武漢大學中國三至九世紀研究所編：《魏晉南北朝史研究：回顧與探索——中國魏晉南北朝史學會第九屆年會論文集》，湖北教育出版社2009年版，第397~403頁。蓋金偉：《唐代郊祀制度初論》，《新疆師範大學學報》(哲學社會科學版)1998年第3期。韓春平：《敦煌金山國郊祀蠡測》，《敦煌學輯刊》2015年第3期。

⑥ 朱溢：《從郊丘之争到天地分合之争——唐至北宋時期郊祀主神位的變化》，臺灣《漢學研究》2009年第2期；《唐至北宋時期的皇帝親郊》，臺灣《政治大學歷史學報》2010年第34期。

開元禮》郊祀中的“進熟”儀節中從祀群官以皇帝爲媒介與“天”共食交流，象徵君臣上下協力，呈現了皇帝權力與統治秩序的面貌。① 牛敬飛認爲鄭玄“六天”説在魏晉南朝郊祀、明堂之五精帝祭祀中發揮影響，漢唐之間的祭天禮從神秘主義悄然向理性主義過渡。②

第五，關於郊祀禮所反映的儒、道宗教因素之消長。比如吳麗娱關注唐代玄宗朝以來郊祀中的道教化以及神仙崇拜問題，進而認爲在原有的儒家主導的“國家公制”之外發展出了一套道教主導的“皇帝私禮”系統，這就從儒道消長深入到了公私之辨、家國之辨，爲中古郊祀研究開闢了新的路徑。③

從“禮儀空間”或“宗教空間”的角度來研究漢唐郊祀以及其他大型典禮，近年來也頗多成果。姜伯勤曾對唐代敦煌城市的禮儀空間作過論述，④ 妹尾達彦從皇帝禮儀入手，對隋唐長安城的禮儀空間研究頗有影響⑤。近年來最有分量的研究，當屬佐川英治從禮制史、思想史的角度對中國古代都城設計所作的研究，他考察了中國古代都城中的重要禮儀場所，比如宗廟、圜丘、宫殿、禁苑等位置關係，研究後漢以降都城“左祖右社”格局的成立過程，揭示中國古代都城“從祖到天”以及從“内發外向”到“外發内向”等重要轉變的發生，對今後的禮制史研究很有啓發意義。⑥ 魏斌對此亦有評述。⑦ 近年來從“空間”角度所進行的中古禮制、宗教的相關研究，可見孫英剛主編的《神聖空間：中古宗教中的空間因素》一書。⑧ 從“禮儀空間”的角度來作禮制史研究，目前還處於嘗試探索的階段，今後仍有很大的拓展空間。

---

① 徐知誼：《唐前期(618—705)的君臣關係：以〈大唐開元禮〉郊祀禮中的“進熟”儀式爲線索》，臺灣《政大史粹》2013 年第 25 期。

② 牛敬飛：《經學與禮制的互動：論五精帝在魏晉南朝郊祀、明堂之發展》，《文史》2017 年第 4 輯；《論魏晉南北朝北郊神位之演變》，《學術月刊》2017 年第 1 期。

③ 吳麗娱：《漢唐盛世的郊祀比較：試析唐玄宗朝國家祭祀中的道教化和神仙崇拜問題》，《中國社會科學院院報》，2004 年 9 月 14 日，第 3 版；《皇帝“私”禮與國家“公”制：“開元後禮”的分期及流變》，《中國社會科學》2014 年第 4 期。

④ 姜伯勤：《唐敦煌城市的禮儀空間》，《文史》第 55 輯，中華書局 2001 年版。

⑤ 妹尾達彦：《唐長安城的禮儀空間——以皇帝禮儀的舞臺爲中心》，溝口雄三、小島毅編：《中國的思維世界》，孫歌等譯，江蘇人民出版社 2008 年版，第 466~498 頁。

⑥ 佐川英治：《中國古代都城の設計と思想——圜丘祭祀の歷史的展開》，(日本)勉誠出版社 2016 年版。

⑦ 魏斌：《思想的圜丘》，《讀書》2017 年第 12 期。

⑧ 孫英剛主編：《神聖空間：中古宗教中的空間因素》，復旦大學出版社 2014 年版。

2. 宗廟

古代祭祀大典，常以“郊廟”並稱，“郊”即以天地爲對象的郊祀之祭，“廟”即以祖先爲對象的宗廟之祭。天地與祖先是王朝正統性的兩個來源，也是最爲重要的祭祀對象。關於宗廟制度，經典所載不一，《禮記・王制》説：“天子七廟，三昭三穆，與太祖之廟而七。”《祭法》説“王立七廟”，有四親廟、祖考廟、二祧。西漢廟制不依禮經，諸帝各廟別立，有京廟、陵廟、原廟、郡國廟等，種類龐雜，數量衆多。漢元帝以後韋玄成、匡衡、劉歆等人始據經典而改定廟制。鄭玄認爲天子七廟，其中太祖廟一，祧廟二，親廟四，禘、祫有別，三年一祫，五年一禘，五年而再殷祭；王肅認爲天子廟數不定，其中太祖廟一，其他祖宗之廟不限，親廟六，禘、祫無別，五年而再殷祭。魏晉至隋唐的廟制或取鄭，或取王，或折中兩者，或因時制宜，變化多端，内涵複雜，相關研究亦比較深入，在整個中古禮制史領域是比較有特色、有創見的一個版塊。

關於中古廟制，郭善兵作了整體研究，内容比較全面。他考察了三國兩晉南北朝皇帝宗廟制度、隋唐皇帝宗廟制度，對曹魏廟制的變化及其理據、兩晉廟制採用王肅學説及其變化、晉朝宗廟禘祫制度、十六國及北朝廟制的“漢化”過程、隋煬帝廟制改革、唐朝宗廟禘祫制度、唐朝宗廟中的“太祖”與“始祖”之争、唐朝廟數變化、東都洛陽太廟之興廢等重要問題皆有比較詳細的考述。① 喬秀岩批判了探究廟制變化背後的經學思想、政治史内涵的研究方法，認爲許多禮議只不過是因循守舊的禮官與追求經義理想的經學家之間的辯論，對中古廟制研究頗有廓清之功。② 高明士對秦漢至隋唐之廟制作過梳理，重點關注皇家宗廟與皇帝制度之關係、治統與道統之關係、禮法關係等問題。③ 關於兩晉廟制，鄒遠志考察晉代宗廟神主遷毀禮的相關議論，認爲晉代禮家俱有

---

① 郭善兵：《中國古代帝王宗廟禮制研究》，人民出版社 2007 年版。

② 喬秀岩：《如何理解近代廟制争議》，香港《能仁學報》2014—2015 年度第 13 期。

③ 高明士：《隋唐廟學制度的成立與道統的關係》，《臺灣大學歷史學系學報》1982 年第 7 期；《從廟制看治統與道統的關係》，《中國傳統政治與教育》，臺灣文津出版社 2003 年版，第 215~258 頁；《治統廟制と道統廟制の消長——秦漢より隋唐までの中心として》，西嶋定生博士追悼論文集編集委員會編：《東アジア史の展開と日本：西嶋定生博士追悼論文集》，(日本)山川出版社 2000 年版；《皇帝制度下的廟制系統——以秦漢至隋唐作爲考察中心》，《臺灣大學文史哲學報》1993 年第 40 期；《禮法意義下的宗廟——以中國中古爲主》，高明士編：《東亞傳統家禮、教育與國法(一)：家族、家禮與教育》，華東師範大學出版社 2008 年版，第 17~71 頁。

實用理性的精神。① 閆寧復原了東晉廟制争論中刁協、賀循、華恒、温嶠等人的廟制方案。② 郝兆豐考察了宋孝武帝劉駿將其父劉義隆之廟號定爲“太祖”這一特殊行爲的原因，認爲這是劉駿出於對自己帝位之正統性焦慮而採取的政治權力運作。③

中古廟制研究中，北朝廟制亦是非常重要的一環。王柏中、史穎、董春龍對金子修一的北朝廟制研究作出反思，認爲北魏前期廟制比較混亂，有“都宫别殿制”宗廟、宫中之廟、女祖廟、别廟等。孝文帝改革廟制之後，舊的廟制仍未完全革除。孝文帝還改革了宗廟祭祀方式，設置了禘祫之祭，但北魏宗廟禮還是有自己的特色。④ 王銘考察了北魏孝文帝改定“太祖”廟號、太武帝廟號升格的問題，北魏太武帝拓跋燾之廟號從“世宗”升爲“世祖”，意味着其在北魏王朝政統譜系中從“有德”向“有功”的轉變。⑤ 趙永磊從“塑造正統”的角度考察北魏擺脱鮮卑祭祖舊俗、根據禮經建立太廟制度的過程。他認爲北魏廟制有從胡漢雜糅向華夏制度的轉變，在經學依據上，則從兼採鄭王到全遵鄭學。⑥ 張帥認爲北魏前期廟制兼具祖先崇拜與國家禮制兩套系統，孝文帝則儘量壓縮其中神靈崇拜的成分，倡明廟制的國家化，這是北魏漢化的成果之一。⑦ 關於北齊廟制中太祖廟號之變動，趙永磊、⑧ 胡勝源⑨作過研究，見

① 鄒遠志：《論兩晉天子宗廟遷毁議題》，《北方論叢》2009 年第 6 期。

② 閆寧：《東晉廟制理論及其經學背景》，氏著《古代禮學禮制文獻研究叢稿》，商務印書館 2018 年版，第 128～141 頁。

③ 郝兆豐：《正統的訴求與建構——對劉宋文帝“太祖”廟號的考察》，《北京社會科學》2017 年第 8 期。

④ 王柏中、史穎、董春龍：《北魏國家宗廟祭祀制度考述》，殷憲主編：《北朝史研究：中國魏晉南北朝史國際學術研討會論文集》，商務印書館 2004 年版，第 303～314 頁。

⑤ 王銘：《北魏前期太廟考——以孝文帝“改廟號詔”爲中心》，《清華史苑》2007 年第 2 輯；《〈魏書〉孝文帝太和十五年改易廟號詔考訂》，《中國史研究》2009 年第 1 期；《“正統”與“政統”：拓跋魏“太祖”廟號改易及其歷史書寫》，《中華文史論叢》2011 年第 2 期；《北魏太武帝廟號升格問題考議》，《中國史研究》2016 年第 1 期。

⑥ 趙永磊：《塑造正統：北魏太廟制度的構建》，《歷史研究》2017 年第 6 期；《神主序列與皇位傳承：北齊太祖二祧廟的構建》，《學術月刊》2018 年第 1 期。

⑦ 張帥：《拓跋氏前期廟制中的神靈崇拜與國家禮制——兼論孝文廟制的歷史定位》，《山西大學學報》(哲學社會科學版)2018 年第 2 期。

⑧ 趙永磊：《神主序列與皇位傳承：北齊太祖二祧廟的構建》，《學術月刊》2018 年第 1 期。

⑨ 胡勝源：《“齊元”之争與“高祖”更易：高歡、高洋歷史地位的改换》，臺灣《漢學研究》2020 年第 2 期。

前文“政治本位的禮制史研究”相關内容。另外，柏貴喜、樓勁、姜望來、徐旭晟關於北朝廟制亦有專篇討論。①

關於唐代的宗廟禮制，魏侯瑋(Howard J. Wechsler)認爲太子加冠須謁廟，可見祖先之於帝國權力正統性的重要性，只不過相比於漢朝，皇帝即位禮中的謁廟變得不必須了。魏侯瑋從“正統”理論出發，把宗廟祖先稱爲唐朝統治者的“血緣祖先”(lineal ancestors)，把先代帝王稱爲其“政治祖先”(political ancestors)。初唐對先代帝王(“政治祖先”)的尊崇，是把自己置於一系列英雄祖先的最後一環，從而表明天下不是一家之天下，而是歷代帝王的“公天下”。通過祭祀先代帝王，從而獲得一種“廣泛支持”(diffuse support)。也就是説，初唐統治者祭祀先代帝王、二王之後，表達了一種“天下爲公”的觀念，從而證明王朝的“正統”性質。②

中古廟制中的禘祫之祭無疑居於最核心的位置，而鄭玄禘論無論是被肯定還是被否定，都是中古禘祫禮的理論基礎。關於鄭玄禘論的具體内容及在歷史上的施行過程，吴承仕、錢玄早有研究。③ 陳贇認爲在鄭玄禘論中，天被區分爲昊天、上帝、五帝三個層次，分别對應圜丘、郊祀、明堂三種典禮。在家天下的架構下，這三者成爲昭示帝王神聖家族從感生到受命之正當性的典禮。④在祭祖之禘與祭天之禘兩方面，陳贇認爲鄭玄通過“王者禘其祖之所自出”的經義將兩者連接起來，這就是鄭玄禘論“以祖配天”的機理，連接祖與天的關鍵就是感生帝。⑤ 相比於老一輩學者所關注的鄭玄禘論的内容與施行，新一代年輕學者更關注鄭玄採掇經義以構造禘祫的智力活動過程。馬清源認爲鄭玄構造禘祫的過程中“走出《公羊》”而擴展材料。⑥ 高瑞傑比較何休與鄭玄的禘祫

---

① 柏貴喜：《從宗廟祭祀制度看北朝禮制建設》，《中南民族大學學報》(人文社會科學版)2003年第6期。樓勁：《道武帝所立廟制與拓跋氏早期世系》，《文史》2006年第4輯。姜望來：《祖宗與正統：北齊宗廟變遷與帝位傳承》，《首都師範大學學報》2015年第1期。徐旭晟：《北魏孝文帝時期禘祫之議與北朝禮學發展》，《甘肅社會科學》2015年第2期。

② Howard J. Wechsler：*Offerings of Jade and Silk*：*Ritual and Symbol in the Legitimation of the T'ang Dynasty*. New Haven：Yale University Press，1985.

③ 吴承仕：《鄭氏禘祫義》，《國學論衡》第4期上卷，1934年。錢玄：《鄭玄〈魯禮禘祫志〉辨》，氏著《三禮通論》，南京師範大學出版社1996年版，第470~485頁。

④ 陳贇：《鄭玄“六天”説與禘禮的類型及其天道論的依據》，《陝西師範大學學報》(哲學社會科學版)2016年第2期。

⑤ 陳贇：《“以祖配天”與鄭玄禘論的機理》，《學術月刊》2016年第6期。

⑥ 馬清源：《構造禘祫——論鄭玄之推論依據及特點》，陳明、朱漢民編：《原道》第29輯，新星出版社2016年版，第186~200頁。

理論，認爲何休禘祫義從《春秋》經傳内部推致義例，更重視《春秋》及《公羊傳》本身體系的自洽性，而鄭玄禘祫義則立足《公羊》，貫通群經，有效地處理了群經經義的差異。①

在中古廟制中，“太祖虚位”亦是頗爲重要的一個問題。魏晉至隋唐多遵循“天子七廟”之制，太祖廟之下有三昭三穆。一般情況下，開國之君或者始封君是“太祖”，但各朝建立之初，爲了湊足七廟的排場，往往會在“太祖”之上再追尊幾代先祖，共建六世宗廟，太祖居於昭穆之位，是謂“太祖虚位”。此後隨着世代迭遷，太祖逐漸上升，最終居東向主位，是謂“太祖正位”。關於廟制中“太祖虚位”的問題，東晉有過三次大討論，唐朝亦有三次大討論，相關争辯一直延續到五代、北宋。關於兩晉“太祖虚位”的問題，梁滿倉、郭善兵有過論辯。② 但主要的研究集中於唐代，户崎哲彦研究過唐代太廟制度以及有關“太祖虚位”的三次禘祫論争，他認爲皇家宗廟有作爲皇帝私親之廟的“私廟”與作爲國家正式禮儀場合的“公廟”雙重性質，把唐代禘祫論争中的觀點總結爲“太祖派”“高祖派”“獻祖派”三派，各派對於公、私的傾向各有不同，並據此提出士人集團對於“績效國家觀”態度之變化。③ 朱溢把目光從唐代放寬到宋代，通貫起來考察此時太廟禘祫中的“太祖虚位”等相關問題，認爲唐宋時代的廟數與郊祀之争已經掙脱了鄭玄、王肅禮學的影響，國家禮制進入了新階段。太祖以上的祖先、女性祖先晚唐以來參與禘祫合食的程度越來越深，漢魏禮家對儒家經典的解釋已經無法左右晚唐宋代禘祫禮儀的調整。④ 與“太祖虚位”問題相關的，還有中古廟制中“始祖”“太祖”等稱號的内涵，李衡眉早有文章辨析“始祖”稱呼，認爲廟制中本無“始祖”之稱，鄭玄體系中的“始祖”等同於“太祖”。⑤ 華喆從經學學術、實際廟制出發，反駁李衡眉之説，辨

---

① 高瑞傑：《鄭玄宗廟禘祫義考辨——以何休禘祫義爲參照》，虞萬里主編：《經學文獻研究集刊》第20輯，上海書店出版社2018年版，第163~200頁。

② 梁滿倉：《魏晉南北朝皇家宗廟制度述論》，《中國史研究》2008年第2期。郭善兵：《魏晉南北朝皇家宗廟禮制若干問題考辨——兼與梁滿倉先生商榷》，《中國史研究》2015年第2期。

③ 户崎哲彦：《唐代にわける太廟制度の變遷》，（日本）《彦根論叢》第262、263號，1989年；《唐代にわける禘祫論争とその意義》，（日本）《東方學》第80卷，1990年。

④ 朱溢：《唐宋時期太廟廟數的變遷》，《中華文史論叢》2010年第2期；《唐至北宋時期的太廟禘祫禮儀》，《復旦學報》（社會科學版）2012年第1期。

⑤ 李衡眉：《歷代昭穆制度中“始祖”稱呼之誤厘正》，《求是學刊》1995年第3期；《昭穆制度研究》，齊魯書社1996年版，第253~265頁。

“始祖”“太祖”之别，考證了鄭學體系中“始祖”“太祖”各自的含義。① 馮茜區别了禮制意義上的“太祖”（宗廟禘祫中居於東向正位之祖）及作爲廟號的“太祖”，並考察禮制意義上的“太祖”在唐代郊廟中地位之凸顯，廟制儀節中的儒學色彩得到彰顯，儒學復興得以見之於制度層面。② 關於中古廟制中的“太祖虚位”問題以及“太祖”“始祖”之稱號，涉及整個太廟體系的結構，其背後則有更爲複雜的政治、經學學術、思想觀念背景，是借以考察中古禮制變遷之内在邏輯的良好案例。因爲史料主要集中於唐宋，所以相關討論也多以唐宋爲重點。但這些問題大多肇端於魏晉，魏晉士人對此也有過多次禮議，材料雖然有限，然内涵則極爲豐富，唐人議論，多不出魏晉藩籬，有待今後作更深入的發掘。

以上所論皆爲皇帝宗廟，魏晉南北朝隋唐時期的宗廟禮制還應包括士族的家廟。章群考證了唐代大臣家廟制度及其分佈，認爲家廟不足以反映家庭之情况；藩將立家廟，是變部落爲家室；方鎮割據，立廟非同虚擬諸侯；家廟在京師，有質子的意味。③ 甘懷真非常全面地考察了唐代家廟禮制。他認爲六朝隋唐貴族的家廟是宣示身份的象徵，晉以後依據官品對照封建等級的公、卿、大夫、士，分等級立廟，不過東漢到唐朝的一般士大夫家庭並不單獨立廟，而是於廳堂祭祖、禰。唐代制度規定皇帝可立九廟；二品以上相當於公，可立五廟；三品到五品相當於大夫，可立三廟；六品以下到庶人祭祖、禰於寢。甘懷真又考證了唐代家廟的建築樣式與祭儀，唐代家廟無神主，意在强調以皇權爲頂點的祭祀秩序。唐代家廟制度顯示唐代的官僚制度有濃厚的貴族色彩。不過，唐代有家廟的士族家庭畢竟是少數，能延續數代的家廟更是特例。因爲唐代無法産生與國始終的貴族，所以家廟禘祫禮流於文字遊戲。從“禮治”的角度來説，皇帝用家廟制度把官人私家生活納入國家管轄的公共領域，用“嚴禮”的名義使官人私人性的生活也不自由，顯示出皇權的優越性。④ 趙旭認爲唐代家廟制度確立於貞觀年間，經過開元年間的調整而完善起來，家廟規格按照子孫職事官品級而定，因爲種種原因，唐代家廟制度最終衰微。因官方家廟制度的缺陷，導致了中唐後期及宋代影堂祭祖形式的興起。相比於家廟，影堂

① 華喆：《中古廟制“始祖”問題再探》，《文史》2015 年第 3 輯。

② 馮茜：《中晚唐郊廟禮制新變中的儒學色彩——禮制意義上的“太祖”在唐代郊廟中的出現及其地位的凸顯》，《文史》2014 年第 3 輯。

③ 章群：《唐代祠祭論稿》，學海出版社 1996 年版，第 37~64 頁。

④ 甘懷真：《唐代家廟禮制研究》，臺灣“商務印書館”1991 年版。

祭祖更簡便易行，符合當時社會情況，但祭祀祖先影像的做法遭到後儒反對，朱熹力倡神主祭祀。唐宋家廟、影堂、祠堂體現了宗法觀念。從家廟到影堂、祠堂，是禮制不斷下移的過程。①

3. 封禪

在古代禮制體系中，若論一代大典之盛，則莫過於封禪。先秦封禪異説甚多，秦始皇封禪泰山，開帝王封禪之先河，此後漢武繼踵，不用儒生之説，而以己意定封禪儀節。光武帝亦曾封禪，其儀注奠定了中國古代封禪禮的基本範式。此後直到唐高宗、武則天、唐玄宗才又重啓封禪大典。其中高宗、玄宗封泰山，武則天封嵩山。中古禮制領域有關封禪的研究，也主要集中於唐代這三次。劉影論唐代封禪之變革，② 方百壽分析《開元禮》中的封禪儀節以及唐代封禪的功能和意義③。張敏、王耀祖討論了高宗封禪，④ 李琰認爲唐高宗封禪以武后亞獻，背後的主導者實爲高宗，目的是回攏權力⑤。唐明貴、喬鳳岐、何磊、何平立、仝晰綱和張敏分析武周封禪嵩山。⑥ 以上這些關於唐代各次封禪的專題研究，多採用政治史的進路，從封禪看其背後的權力關係及政治變動。雷聞、陳金鳳和汪超等人則從宗教與文化的角度分析高宗、玄宗封禪與道教的關係。⑦ 周善策反思了思想觀念、政治權力所主導的禮制變遷研究，他以唐朝前半期之封禪及其他吉禮變遷爲例，説明了儀式變遷並非權力單方面所能決定，而應將其看做一種權力與文化體系同時重建的過程。皇權的加强並非這

---

① 趙旭：《唐宋時期私家祖考祭祀禮制考論》，《中國史研究》2008 年第 3 期。

② 劉影：《論唐代封禪的變革》，《復旦學報》（社會科學版）1998 年第 4 期。

③ 方百壽：《唐代封禪的功能及意義》，《泰安師專學報》2001 年第 1 期；《人類學視野下的〈大唐開元禮〉封禪儀式分析》，《甘肅社會科學》2002 年第 1 期。

④ 張敏、王耀祖：《唐高宗封禪探微》，《淮北師範大學學報》（哲學社會科學版）2012 年第 1 期。

⑤ 李琰：《唐高宗乾封封禪與其權力回攏——以武則天降禪亞獻爲例》，《北京社會科學》2015 年第 6 期。

⑥ 唐明貴：《武則天封禪嵩山論略》，《山東科技大學學報》（社會科學版）2004 年第 3 期。喬鳳岐：《武則天封禪嵩山略論》，《淮北煤炭師範學院學報》（哲學社會科學版）2009 年第 3 期。何磊：《武則天選擇嵩山封禪原因初探》，《雲南師範大學學報》2003 年第 5 期。何平立：《武周"革唐之命"與封禪禮》，《學術界》2004 年第 6 期。仝晰綱、張敏：《嵩山封禪與"武周革命"》，《聊城大學學報》（社會科學版）2015 年第 5 期。

⑦ 雷聞：《唐代道教與國家禮儀——以高宗封禪活動爲中心》，《中華文史論叢》2001 年第 4 期。陳金鳳、汪超：《唐玄宗泰山封禪與道教之關係》，《北京聯合大學學報》（人文社會科學版）2014 年第 1 期。

一變遷的原因，而是其産物。① 顧濤從國家法的角度考察封禪禮的經學依據，由此把握中國古代禮治模式的機理和特質。他認爲漢唐皇帝封禪禮因爲帶有帝王祈求長生不老的私心，國家法的色彩已經淡化，這一禮制史上的現象可稱爲“禮儀的蟬蜕化”。②

4. 明堂

明堂是中國古代理想禮制中帝王行禮之所。明堂並不僅僅是一座建築物，還是儒家禮治、禮教精神的具象化。在中古時代，明堂更是王朝權力合法性的象徵符號，是制禮作樂活動的重要項目。但明堂的名實與源流極爲複雜，漢唐之間的經學家關於明堂之名實大概有兩種觀點：第一，認爲明堂與辟雍、太室、清廟等禮儀場所異名而同實，以蔡邕、王肅爲代表；第二，認爲明堂與太廟名實皆異，不可混淆，以鄭玄、袁準爲代表。漢唐各朝關於明堂的禮議也頗爲豐富複雜。根據胡耀飛的整理，從 1949 年到 2015 年關於明堂的專著有 5 部，學位論文 18 篇，論文數量更多，其中僅關於魏晉南北朝隋唐明堂的就有 38 篇(尚有遺漏)，由此可見明堂問題之複雜。③

張一兵著有明堂制度的通史，關於魏晉南北朝隋唐時代的明堂制度，其認爲西晉明堂繼承漢魏，東晉是否有明堂無法定論。劉宋大明四年始建明堂，並考證其位置與形制，南齊明堂繼承劉宋，梁武帝則改宋齊舊制，陳朝沿用梁朝明堂。北魏平城有明堂，並施行明堂禮，遷都洛陽後是否有明堂則有争議。北周未建明堂。隋朝明堂禮議很深入，但未及建造明堂。唐初即有明堂議，但到高宗、武則天時期才開始營造明堂，張一兵詳細考證了其位置與形制。玄宗以後，明堂制度衰落。④

北魏平城明堂遺址於 1995 年在大同被發現，由此成爲中古明堂研究的一個熱點。早在考古報告發表之前，就有學者推測北魏平城明堂的位置。⑤ 1995

---

① 周善策：《封禪禮與唐代前半期吉禮的變革》，《歷史研究》2015 年第 6 期。

② 顧濤：《封禪禮的經學意旨》，《文史哲》2019 年第 3 期。

③ 胡耀飛：《中國古代明堂禮制研究目録初編》，《乾陵文化研究(2019)》，三秦出版社 2019 年版，第 340~346 頁。

④ 張一兵：《明堂制度源流考》，人民出版社 2007 年版，第 137~213 頁。另外，張一兵《明堂制度研究》(中華書局 2005 年版)對魏晉南北朝隋唐的明堂形制、明堂禮儀式亦有涉及。

⑤ 李海、侯峻梅、張蘭英：《北魏平城明堂初步研究》，《科學技術與辯證法》1995 年第 5 期。

年，該遺址被發現、發掘。北魏平城明堂位於都城南郊，四周環水爲辟雍。①王銀田認爲北魏平城的明堂、辟雍爲同一處，明堂石料來自雲岡石窟，辟雍水源來自渾水，從明堂可見北魏孝文帝對漢文化的高度認同。② 趙一德介紹了關於北魏平城明堂的文獻記載和考古發現。③ 王世仁認爲北魏平城明堂主要依據東漢洛陽明堂制度，創造出明堂、辟雍、靈臺合一的新形制，並對其進行推測復原。④ 張春、韓生存考證了北魏平城明堂的籌備與建設過程。⑤ 詹宏娘、朱向東對北魏平城明堂進行復原，認爲其在吸收漢文化的基礎上，具有一定的北方民族特色。⑥

關於南朝明堂，目前尚無大規模的考古發現。2006 年考古調查發現南京中山南路東側三山街道有“大明五年明堂壁”銘文的磚，佐證了劉宋孝武帝建設明堂等一系列禮儀活動。賀雲翱、路侃認爲這次發現印證了南朝明堂位於建康城宮城及都城以南的東南（“丙巳之地”）、都城中軸線以東、秦淮河北岸的觀點。⑦

中古明堂研究的另一熱點是武則天洛陽明堂。首先是關於武氏明堂的考古學研究。唐東都武則天明堂遺址 1986 年發掘於洛陽市中州路與定鼎路相交的東北角，位於唐洛陽城中軸線上，新殿形制推測爲八角樓。⑧ 余扶危、李德方認爲中科院考古所洛陽唐城隊所發掘的八角形建築基址並非武氏明堂，其南邊的一號殿基才是。⑨ 辛德勇認爲所謂明堂遺址在方位、形制上都與文獻所載武

---

① 王銀田、曹臣明、韓生存：《山西大同市北魏平城明堂遺址 1995 年的發掘》，《考古》2001 年第 3 期。

② 王銀田：《北魏平城明堂遺址研究》，《中國史研究》2000 年第 1 期。

③ 趙一德：《北魏平城明堂》，山西人民出版社 2007 年版。

④ 王世仁：《北魏平城明堂形制考略》，王貴祥主編：《中國建築史論彙刊》第 2 輯，清華大學出版社 2009 版。

⑤ 張春、韓生存：《北魏平城明堂營建初探》，《山西大同大學學報》（社會科學版）2019 年第 6 期。張春：《北魏平城明堂建設時間初探》，《文物世界》2020 年第 3 期。

⑥ 詹宏娘、朱向東：《北魏平城明堂復原設計研究》，《華中建築》2020 年第 7 期。

⑦ 賀雲翱、路侃：《南京發現南朝“明堂”磚及其學術意義初探》，《東南文化》2006 年第 4 期。

⑧ 中國社會科學院考古研究所洛陽唐城隊：《唐東都武則天明堂遺址發掘簡報》，《考古》1988 年第 3 期。

⑨ 余扶危、李德方：《唐東都武則天明堂遺址探索》，中國古都學會編：《中國古都研究（第 5、6 合輯）——中國古都學會第五、六届年會論文集》，北京古籍出版社 1993 年版，第 86~94 頁。

則天明堂不合，他認爲這應該是“天堂”遺址。① 王岩對上述兩種質疑作出了回應。② 楊鴻勛介紹了洛陽武氏明堂的遺址概況，並復原了其形制，認爲武氏明堂貫徹了武則天的個人意志。③ 韓建華認爲之所以洛陽八角形建築基址與文獻所載武氏明堂上圓下方不同，是因爲武則天繼承高宗遺願，且復周禮之古。武氏明堂完善了洛陽的首都禮儀空間，是具有紀念碑性的建築。④ 王貴祥對唐總章二年明堂構想、武氏明堂進行復原。⑤

關於武則天明堂的歷史研究，學者多從政治史、宗教史的角度切入。金子修一總結了日本學者關於武氏明堂的研究，認爲在强調其佛教性之外，更應看到明堂在武后奪權過程中發揮重要作用，明堂不僅是武周政權的象徵，還發揮着正殿的作用。⑥ 邵治國跳出禮儀和考古的範圍，認爲武則天建造明堂是爲了實現她革命建周稱帝的政治目的，帶有强烈而特殊的政治色彩。⑦ 證聖元年(695 年)武則天明堂毁於大火，孫英剛認爲這是對武則天政權合法性的一個巨大打擊，雖然採用彌勒下生信仰來解釋，以及把災異作了祥瑞化處理，還是無法消解明堂大火帶來的巨大震動。此事之後，武則天有意淡化佛教的意識形態，開始回歸中華傳統。⑧ 吕博認爲武則天建造明堂以來的洛陽城具有紀念碑性質，洛水將洛陽城分割爲北岸的神聖空間與南岸的世俗空間，北岸一系列高大的建築、佛像拔地而起，對於城内官民來説相當於展示意識形態與正統性的國家劇場。武則天明堂從儒家佈政之宫轉變爲佛教彌勒所造之化城、道教之仙宫以及轉輪王的七寶臺，武則天也從太后轉變爲聖母神皇、聖神皇

---

① 辛德勇:《唐東都“武則天明堂”遺址質疑》,《中國歷史地理論叢》1989 年第 3 期。

② 王岩:《關於唐東都武則天明堂遺址的幾個問題》,《考古》1993 年第 10 期。

③ 楊鴻勛:《明堂泛論——明堂的考古學研究》,《營造》第 1 輯《第一届中國建築史學國際研討會論文選輯》，北京出版社、文津出版社 2001 年版，第 79~90 頁。

④ 韓建華:《東都洛陽武則天明堂初探》,《中原文物》2019 年第 6 期。

⑤ 王貴祥:《唐總章二年詔建明堂方案的原狀研究》，賈珺主編:《建築史》第 22 輯，清華大學出版社 2006 年版，第 34~57 頁;《唐洛陽宫武氏明堂的建構性復原研究》，王貴祥主編:《中國建築史論彙刊》第 4 輯，清華大學出版社 2011 年版，第 369~455 頁。

⑥ 金子修一:《古代中國與皇帝祭祀》第八章“則天武后時期明堂的政治作用”，肖聖中、吳思思、王曹傑譯，復旦大學出版社 2017 年版，第 189~214 頁。

⑦ 邵治國:《武則天明堂政治和明堂大火考》,《唐都學刊》2005 年第 2 期。

⑧ 孫英剛:《佛教與陰陽災異：武則天明堂大火背後的信仰及政争》,《人文雜誌》2013 年第 12 期。

帝、轉輪王等。① 武則天明堂中置有七寶，孫英剛認爲武氏以此表明自己佛教轉輪王的身份，而這個身份是彌勒降生的先行者。實際上，轉輪王七寶的圖像廣泛存在於中古時代的長安、洛陽、鄴城、敦煌等地，武則天利用佛教宣揚自己的統治合法性，這是當時的佛教世界使用轉輪王來解釋王權潮流中的一環。②

除了實際建成的、有考古證據的明堂之外，魏晉南北朝還有大量未及實施的明堂構想，以及關於明堂形制的各種爭論，也就是所謂明堂禮議。從明堂禮議中更能看出當時的明堂思想、經學觀念以及經學與政治的關係。南澤良彦對南北朝隋唐時期明堂禮議、明堂制度所見的明堂思想有過系統研究。關於南朝明堂，他認爲西晉明堂用王肅説，祭祀昊天上帝，而非五方帝。東晉無明堂，劉宋孝武帝大明年間始建明堂，用鄭玄説，帶有讖緯的色彩，祭祀五方帝，也就是五行之神。南齊因之。梁武帝改造了明堂"人神雜糅"的局面，聽朔與享帝之所分開，配饗之祖位於東側小室，西面以配帝。大殿祭祀五方上帝，小殿祭祀五官之神。陳朝因之。劉宋謝莊所作《明堂歌》中的五方上帝操縱最爲尖端的天文儀器，仿佛能吏，反映了南朝士人的明堂觀。明堂一方面立足經學傳統，一方面反映其時代的科學知識和社會常識。關於北朝隋唐明堂，他認爲北魏孝文帝時修建平城明堂，採用漢儒之説，明堂、靈臺、辟雍三位一體，又採用鄭玄之説祭祀五方上帝，加上李沖的巧思。平城明堂也排列祖先神主、序昭穆而祭之，此用漢儒之説，不過明堂以上帝爲主，太廟以祖先爲主，還是有所區別的。另外，明堂還是舉行養老禮的地方。遷都洛陽之後，袁翻認爲明堂應爲五室而非九室，明堂、靈臺、辟雍應該分立，而非合一。袁翻通過批評裴頠"一屋之論"而彰顯北朝明堂的正統性。遷洛以後，北魏知識人一般認同五室明堂。北齊定爲五室，北周定爲九室，但都未實際建立。隋朝牛弘認爲明堂應該"五室九階，上圓下方，四阿重屋，四旁兩門"。牛弘熟悉經典和實際行禮過程。宇文愷則尊重經典，批評鄭玄，主要從工程學的角度設計明堂，同時注重外形之華美。牛弘是文科官人的代表，宇文愷是理科官人的代表。兩人都講求經典，都認爲儀注是僅次於經典的可靠依據，這反映了隋朝的學風。唐朝《開元禮》追認高宗時期《貞觀禮》《顯慶禮》二者兼用之狀況以及武則天明堂的既成事實。總而言之，南朝明堂論採用裴頠的"一屋之論"，相當於將此前的

---

① 吕博：《明堂建設與武周的皇帝像——從"聖母神皇"到"轉輪王"》，《世界宗教研究》2015 年第 1 期。

② 孫英剛：《武則天的七寶——佛教轉輪王的圖像、符號及其政治内涵》，《世界宗教研究》2015 年第 2 期。

明堂論推倒重來；北朝則出於强調正統性的需要，盡可能網羅關於明堂的一切知識，賦予了明堂過剩的中國傳統性象徵。北朝明堂堅持上圓下方，南朝則通達得多。隋唐明堂觀主要繼承北朝，隋朝明堂議在經學之外特重儀注，唐朝承之，由此可見隋唐學術的特點。①

關於隋朝明堂禮議，以宇文愷之明堂議最爲重要。楊鴻勛從建築學的角度復原了宇文愷所設計的明堂，認爲宇文愷明堂不同於兩漢，變結構面積爲使用面積，改善内庭採光，爲其後的武則天明堂所繼承，在漢唐明堂中具有承前啓後的意義。② 關於唐初明堂禮議，吕博認爲其中的關鍵是五室、九室之争，分别對應鄭玄的"六天"説和王肅的"一天"説。貞觀諸臣主要支持"六天"説與五室明堂，而永徽年間則以"一天"説與九室明堂爲主。明堂禮議的背後，是新生官僚集團逐漸取代關隴舊貴族的過程。唐初明堂禮議可以看做新舊官僚、新舊觀念的博弈。③ 吳麗娛繼而梳理唐高宗、武則天時期明堂禮的變化，認爲高宗時期的明堂禮經歷了從背離武德、貞觀禮所採用的鄭玄"六天"説、五帝説到恢復感生帝、五方帝、神州祭祀的過程，兩個階段分别以《顯慶禮》和《儀鳳格》爲宗旨，主旨精神是折中調和。武則天時期的明堂禮雖保留五方帝，但更突出昊天上帝的唯一性，以皇權爲主導。④

5. 釋奠

以先聖先師爲祭祀對象的學校祭祀與上述郊祀、宗廟、封禪、明堂等大祀一道，在古代中國持續舉行了二千餘年，在今日中國(乃至整個東亞世界)各地仍在舉行，且日漸呈現復興之勢。與其他天地、祖宗等祭祀不同，釋奠禮在唐朝以後隨着文廟而推向全國，就祭祀規模來説，是其他祭典無法相比的，這也是當今世界各地祭孔禮之復興的歷史基礎。隨着傳統文化以及儒學的復興，

---

① 南澤良彦的明堂思想研究主要見於南澤良彦：《中國明堂思想研究——王朝をささえるコスモロジー》，(日本)岩波書店 2018 年版。其書主要觀點又見於南澤良彦：《南朝明堂研究》，彭林主編：《中國經學》第 8 輯，廣西師範大學出版社 2011 年版，第 127~149 頁；《北朝隋唐明堂研究》，彭林主編：《中國經學》第 11 輯，廣西師範大學出版社 2013 年版，第 97~130 頁。

② 楊鴻勛：《宇文愷承前啓後的明堂方案——宇文愷一千四百周年忌辰紀念》，《文物》2012 年第 12 期。

③ 吕博：《唐初明堂設計理念的變化》，《魏晉南北朝隋唐史資料》第 37 輯，上海古籍出版社 2018 年版，第 115~130 頁。

④ 吳麗娛：《關於唐代明堂禮的一些問題》，《魏晉南北朝隋唐史資料》第 40 輯，上海古籍出版社 2019 年版，第 163~187 頁。

目前祭孔禮在實踐與學術研究兩個層面都頗爲興盛。釋奠(或作"舍奠")在禮經中名義不一，一般認爲是在學校中祭祀先聖先師的禮儀(因爲古代學校祭祀不能簡單地等同於"祭孔"，所以本小節以"釋奠"爲名)。另外還有釋菜(或作"舍菜")禮。學校祭祀與學校制度密不可分，近年出現不少研究，高明士對隋唐時代的東亞文化圈教育制度與學禮有多部專著，① 黄清敏、② 韓鳳山、③ 高慧斌、④ 蓋金偉、⑤ 董喜寧⑥等人都以漢唐之間的學校制度、學禮或孔廟祭祀爲題撰寫博士學位論文。釋奠禮儀在學宫、孔廟中舉行，所以關於孔廟的研究也與此相關。孔祥林、孔喆詳盡考察了世界各地的孔子廟，關於中國魏晉南北朝隋唐時期孔子廟之發展沿革，亦在其研究範圍之内。⑦ 沈暘從建築學的角度研究中國古代城市中的孔廟。他把兩漢、曹魏、西晉稱爲祭孔於太學時期，東晉南北朝爲立廟於學時期，並重點分析了唐代長安國子監孔廟以及地方郡邑孔廟的分佈。⑧ 郭永吉的新著研究了漢至隋皇帝與皇太子的經學教育禮制，⑨ 楊英認爲該書未區分作爲展演(performance)的禮典與其他行爲，對先秦禮經中的學禮缺乏瞭解，未能點出唐朝學禮在禮制史上的創新之處⑩。

關於魏晉南北朝時期的釋奠禮儀，高明士認爲後漢、曹魏釋奠禮在辟雍舉行，西晉以後釋奠之地從辟雍移於太學，這是自古以來"學禮"的一大變化。東晉在國子學創立孔廟，出現"廟學"制度，也是自古以來的一大變化。入晉

---

① 高明士:《東亞教育圈形成史論》，上海古籍出版社 2003 年版;《中國中古教育史論》，臺灣聯經出版事業公司 1999 年版;《中國教育史》，臺灣大學出版中心 2004 年版;《中國中古的教育與學禮》，臺灣大學出版中心 2005 年版;《東亞教育史研究的回顧與展望》，臺灣大學出版中心 2005 年版;《東亞傳統家禮、教育與國法(一):家族、家禮與教育》，華東師範大學出版社 2008 年版;《東亞傳統教育與學禮學規》，華東師範大學出版社 2008 年版。

② 黄清敏:《魏晉南北朝教育制度述論》，福建師範大學博士學位論文，2003 年。

③ 韓鳳山:《唐宋官學制度研究》，東北師範大學博士學位論文，2003 年。

④ 高慧斌:《南朝學制研究》，吉林大學博士學位論文，2005 年。

⑤ 蓋金偉:《漢唐官學學禮研究》，華東師範大學博士學位論文，2007 年。

⑥ 董喜寧:《孔廟祭祀研究》，湖南大學博士學位論文，2011 年;中國社會科學出版社 2014 年版。

⑦ 孔祥林、孔喆:《世界孔子廟研究》(上、下)，中央編譯出版社 2011 年版。

⑧ 沈暘:《東方儒光——中國古代城市孔廟研究》，東南大學出版社 2015 年版。

⑨ 郭永吉:《帝王學禮——自漢至隋皇帝與皇太子經學教育禮制研究》，臺灣大學出版中心 2019 年版。

⑩ 楊英:《突破與類聚:2019 年度魏晉南北朝史研究綜覽》，《許昌學院學報》2020 年第 4 期。

以後，學校禮儀(釋奠、天子視學)與辟雍禮儀截然有别，學禮脱離宗教禮儀，與政治結合。南北朝釋奠禮除陳以外都在國子學，説明國子學地位高於太學。後漢以周、孔爲聖師，曹魏齊王芳以來以孔、顔爲聖師，一直到隋朝都是如此。① 古勝隆一考察魏晉南北朝時期之釋奠禮與義疏學之關係。② 孔祥林指出京師國學文廟始建於東晉太元九年，地方國立學校文廟開始於北齊，孔氏家廟始建於東晉太元十一年。③ 又指出魏晉是釋奠禮的重要發展期，南朝是另一個發展期，北朝很少舉行釋奠禮，隋朝統一南北之釋奠制度，唐朝是孔子廟的大發展時期，也是釋奠禮的定型時期。④ 常會營指出曹魏正始年間釋奠禮停祀周公，專祭孔子於辟雍，以顔回配享，此後六朝釋奠都只祭孔子，孔子基本取代周公，在國家釋奠禮中居於獨尊地位。⑤ 吳昊、李昕升指出兩晉釋奠禮一般由太子主持，在太學舉行，延續了曹魏釋奠禮祭祀孔子以顔回配享的傳統。⑥ 夏志剛指出南朝釋奠禮豐富詳備，釋奠與講經結合，由帝王、太子在京師舉行；北朝釋奠禮前簡後詳，並從中央向地方推廣。⑦

關於北朝釋奠禮，王文東指出北朝統治者通過講學之禮、釋奠之禮、束脩之禮來尊師興學。⑧ 劉軍認爲北朝釋奠禮可分爲官辦、民辦，又可分爲定期舉行、隨機舉行，又可分爲孔廟釋奠、學宫釋奠，還考察了北朝釋奠禮的祭祀對象、祭物、冠服、樂舞、儀式，指出北朝釋奠禮還伴隨講讀活動，有推行文教、傳承禮制的作用。⑨ 程蘇東從正統性的角度考察了南、北朝政權把孔廟從曲阜闕里移祀到雙方京師的現象，異地立廟使得孔廟從“家廟”蜕變爲“國廟”，

---

① 高明士：《東亞教育圈形成史論》，上海古籍出版社 2003 年版，第 52~68 頁。

② 古勝隆一：《釋奠禮と義疏學》，小南一郎等編：《中國の禮制と禮學》，(日本)朋友書店 2001 年版，第 469~504 頁；《中國中古の學術》，(日本)研文出版 2006 年版；《論魏晉南北朝之釋奠》，余欣主編：《中古時代的禮儀、宗教與制度》，上海古籍出版社 2012 年版，第 165~178 頁。

③ 孔祥林：《孔子廟創建時間考》，《孔子研究》2007 年第 6 期。

④ 孔祥林：《釋奠禮的發展》，《孔廟國子監論叢(2014 年)》，中國社會科學出版社 2014 年版，第 3~17 頁。

⑤ 常會營：《魏晉南北朝國家祭孔釋奠考略》，《第七屆世界儒學大會學術論文集》，文化藝術出版社 2016 年版，第 626~633 頁。

⑥ 吳昊、李昕升：《兩晉釋奠禮述論》，《長江師範學院學報》2018 年第 4 期。

⑦ 夏志剛：《南北朝釋奠推行模式比較》，《閱江學刊》2013 年第 3 期。

⑧ 王文東：《論北朝鮮卑貴族的尊師興學之禮》，《中央民族大學學報》(哲學社會科學版)2002 年第 3 期。

⑨ 劉軍：《北朝釋奠禮考論》，《史學月刊》2012 年第 1 期。

爲唐初孔廟走出闕里、構築中國古代城市空間奠定了基礎。① 另外，郭炳潔指出漢魏六朝釋奠禮中“師”的地位從“師者不臣”到“師者亦臣”，表明皇帝集權的强化、儒學主導地位的喪失。②

關於隋唐釋奠禮，高明士指出隋唐廟學制度確立了孔子的聖人地位，將抽象的道統化爲有形的表徵。周公歸王者之統，孔子歸聖者之統，由此在法制上確定了治統與道統之分。隋唐廟學確立了從祀制度，將道統説擬人化、具體化。隋唐學校中建置孔廟，居於最尊之位，並確立了孔廟的祭祀規格。隋唐學禮的特質是：學禮唯行釋奠之禮，禮儀輒由皇太子主持；釋奠後進行講經、論難；以孔子爲先聖、以顏子爲先師、從祀制度奠立。③ 蓋金偉、孫鈺華認爲釋奠禮之所以在唐代最終定型，是唐代統治集團借助孔子以及一整套釋奠、文廟、學校制度構建唐代文化權威的結果。④ 另外，蓋金偉指出唐代中央官學釋奠禮的價值在於文化政策的體現，而非實際的知識傳授，地方州縣學的釋奠禮則大多有名無實，這説明唐代地方官學教育並不發達，實際承擔教育任務的是私學。⑤ 王洪軍、李淑芳把唐代釋奠禮分爲曲阜孔廟祭祀和學廟釋奠兩類。唐代孔廟祭祀把單純的學官祭孔與國家政權結合起來，建立從祀制度，制定祭孔樂章，推動孔廟雅樂體系形成，這些都是唐代對孔廟禮制的建設作用。⑥ 朱溢認爲釋奠禮的功能從魏晉南北朝的證明太子、幼年皇帝知識與人格的養成轉向爲儒家學術傳統的儀式化呈現，到晚唐基本轉型完成。白雪松認爲《大唐開元禮》釋奠禮儀節有承前啓後的作用。⑦ 張玉亭認爲唐玄宗時期的釋奠禮趨於擴大化和固定化，祭祀規格提升，祭祀人員群體擴大。⑧ 王美華認爲隨着唐宋廟

---

① 程蘇東：《北魏經學制度三論》，《清華大學學報》（哲學社會科學版）2020 年第 6 期。

② 郭炳潔：《從釋奠禮的演變看漢魏六朝“師”政治地位的變化》，《學術交流》2011 年第 7 期。

③ 高明士：《隋唐廟學制度的成立與道統的關係》，《臺灣大學歷史學系學報》1982 年第 7 期；《東亞教育圈形成史論》，上海古籍出版社 2003 年版，第 78~108 頁。

④ 蓋金偉、孫鈺華：《論“釋奠禮”與唐代文化權威的構建》，《新疆大學學報》（哲學社會科學版）2007 年第 1 期。

⑤ 蓋金偉：《論“釋奠禮”與唐代學校教育》，《新疆師範大學學報》（哲學社會科學版）2007 年第 4 期。

⑥ 王洪軍、李淑芳：《唐代尊祀孔子研究——祭孔祀奠禮樂研究》，王志民主編：《齊魯文化研究》第 6 輯，山東文藝出版社 2007 年版，第 219~229 頁。

⑦ 白雪松：《淺談〈大唐開元禮〉中的釋奠禮》，《理論界》2011 年第 3 期。

⑧ 張玉亭：《唐玄宗朝釋奠禮的特點及其成因》，蘇州博物館編：《蘇州文博論叢》第 9 輯，文物出版社 2018 年版，第 122~126 頁。

學體制的推行，釋奠禮逐漸行於州縣地方，其中的儒學道統、官方禮儀教化觀念也廣泛傳播於基層社會民眾中間，是唐宋禮制下行之一例，其間有唐末學廢廟存而釋奠不斷、北宋初徒事廟釋奠而無學、北宋中期即廟建學等曲折階段。① 至於安史亂後的唐代釋奠禮，張宏斌指出天寶以後學校廢墮，中央的釋奠禮多廢而不行，地方文廟承擔起教育、教化的任務，撐持唐朝後期的文化版圖。② 另外，關於釋奠禮在五禮體系中的歸屬問題，朱溢指出魏晉以來釋奠禮在吉禮與嘉禮之間徘徊，更偏向於嘉禮，唐代釋奠禮確定屬於吉禮。③

以上所舉郊祀、宗廟、封禪等禮儀，皆是朝廷大典，儀節最爲隆重，過程最爲複雜，地位最爲重要，所能反映的政治、學術、思想内涵也最爲豐富，所以相關研究也最爲集中。除此之外的其他吉禮儀節，因爲有關論著較少，所以在此兼而論之。

6. 其他

在籍田、先蠶等禮儀上，新城理惠根據《大唐開元禮》復原唐代的先蠶儀節，並探討唐代先蠶禮儀與皇后之關係、國家禮儀和養蠶等問題。④ 劉凱分析兩周至唐代籍田禮中皇帝籍田之方位從“東耕”到“南耕”的變化，進而梳理出“宗周舊制”與“漢家故事”這兩條中古禮制史的内在線索，是近年來頗有創見的研究，其意義已經超過了籍田禮本身。⑤ 另外，吳健康考察了漢晉之間經典與禮制之中“祀井”與“祀行”的争論，晉朝以祀井爲國家禮典，隋唐則據禮經，以祀行爲國家禮典。⑥

關於山川祭祀，多田狷介、好並隆司、吉川忠夫從政治、宗教等角度進行

① 王美華：《廟學體制的構建、推行與唐宋地方的釋奠禮儀》，《社會科學》2014 年第 4 期。

② 張宏斌：《“建國重道，莫先於學”——安史亂後學校的墮敗與地方廟學的興起》，《世界宗教研究》2015 年第 6 期。

③ 朱溢：《唐代孔廟釋奠禮儀新探——以其功能和類别歸屬的討論爲中心》，《史學月刊》2011 年第 1 期。

④ 新城理惠：《先蠶儀禮と唐代の皇后》，(日本)《史論》第 46 號，1993 年；《唐代先蠶禮の復元——〈大唐開元禮〉先蠶條譯注を中心に》，(日本)《史峰》第 7 號，1994 年；《絹と皇后——中國の國家儀禮和養蠶》，網野善彦編：《岩波講座天皇と王權を考える》第 3 卷《生産と流通》，(日本)岩波書店 2002 年版，第 141~162 頁。

⑤ 劉凱：《從“南耕”到“東耕”：“宗周舊制”與“漢家故事”窺管——以周唐間天子/皇帝耤田方位變化爲視角》，《中國史研究》2014 年第 3 期。

⑥ 吳健康：《漢晉間祀井考》，彭林主編：《中國經學》第 26 輯，廣西師範大學出版社 2020 年版，第 43~56 頁。

了研究。① 雷聞研究唐代的五嶽真君、灊山等信仰與“國家祭祀”之關係，討論“國家祭祀”的神祠色彩，並進而探討國家層面之祭祀與地方祠祀的關係、地方祠祀的分層體制、國家有關地方祠祀之政策。② 朱溢討論過唐代官方的山川信仰、山川封爵現象，並從唐宋“大祀”“中祀”“小祀”之分類討論古代吉禮之通例。③ 針對漢唐之間山嶽祭祀的場所，朱溢指出山嶽祭祀分爲所在地的嶽廟(或嶽祠)以及京城。漢代山嶽是郊祀天地時的從祀神，在魏晉南北朝大分裂時期，南北政權爲了爭奪政權正統性，把山嶽作爲郊祀中重要的從祀神，象徵意義更大，同時表達對山嶽所在地的領土訴求。南朝用王肅説，山嶽從祀北郊；北朝用鄭玄説，山嶽從祀方丘。南北朝後期到隋唐，祭祀山嶽的場所更多，山嶽崇拜突破地域限制，成爲全國性的信仰。④ 牛敬飛研究了從先秦到明清的五嶽祭祀之通史。其中關於魏晉南北朝隋唐之五嶽祭祀，在秦漢時代五嶽祭祀成立之後，牛敬飛認爲五胡十六國之山川祭祀與北亞民族的山川信仰、“依山立國”觀念有關；北魏特重北嶽恒山祭祀，從平城到恒山有所謂恒山直道(定州大道)，北魏的五嶽祭祀與對河北地區的控制有關，對華山的祭祀則與關中方向的進取有關；周隋五嶽祭祀的顯著變化是從一禱三祠變爲一歲兩祠，在五郊迎氣日祭祀五嶽；漢代以霍山(天柱山)爲南嶽，周隋則根據經義改定漢制，以衡山爲南嶽，這體現了經典與漢制之間的調適；隋代還確立五鎮山，創制以嶽瀆爲首的祈雨制度，設置嶽鎮官員；關於北朝禮制與經學的磨合，牛敬飛認爲其循經復禮時有照搬經文的機械主義特色；唐代朝廷爲嶽瀆賜

① 多田狷介:《魏晉政權と山川の祭祀》，(日本)《日本女子大學紀要(文學部)》第22卷，1972年。好並隆司:《中國古代にわける山川神祭祀の變貌》，(日本)《岡山大學法文部學術紀要》第38卷(史學篇)，1977年。吉川忠夫:《五嶽の祭祀》，市川浩編:《現代哲學の冒険 15》，(日本)岩波書店1991年版。

② 雷聞:《祈雨與唐代社會研究》，袁行霈主編:《國學研究》第8卷，北京大學出版社2001年版，第245~289頁；《五嶽真君祠與唐代國家祭祀》，榮新江主編:《唐代宗教信仰與社會》，上海辭書出版社2003年版，第35~83頁；《論隋唐國家祭祀的神祠色彩》，臺灣《漢學研究》2003年第2期；《唐代地方祠祀的分層與運作——以生祠與城隍神爲中心》，《歷史研究》2004年第2期；《唐代灊山的信仰世界——以石刻材料爲中心》，《敦煌學》第27輯，臺灣樂學書局2008年版，第223~238頁；《唐宋時期地方祠祀政策的變化——兼論“祀典”與“淫祠”概念的落實》，榮新江主編:《唐研究》第11卷，北京大學出版社2005年版，第269~294頁。

③ 朱溢:《論唐代的山川封爵現象——兼論唐代的官方山川崇拜》，臺灣《新史學》2007年第4期；《唐至北宋時期的大祀、中祀和小祀》，臺灣《“清華”學報》2009年第2期。

④ 朱溢:《漢唐間官方山嶽祭祀的變遷——以祭祀場所的考察爲中心》，臺灣《東吳歷史學報》2006年第15期。

額爵，五嶽祀典下行民間；玄宗時代遣使致祭嶽瀆；唐朝官員忌諱私禱西嶽華山；唐代重嵩、華二嶽，宋代則重衡嶽；出於道教的影響，唐代開始在五嶽設置五嶽真君祠。①

關於其他各項祭祀的研究比較分散，不再一一列舉。

三、凶禮

中古禮制史研究中，有關凶禮的論著主要集中在喪禮、喪服這兩個方面。

關於喪禮，邱衍文、石見清裕對《大唐開元禮》中的喪禮儀節有過辨析。②吳麗娛《終極之典——中古喪葬制度研究》是關於唐代喪禮的扛鼎之作，内容十分豐富，涉及唐代皇族喪禮的儀節考辨、敦煌書儀所見的喪禮習俗、唐代《喪葬令》及其所反映的禮令關係、唐代贈官制度等各個方面，爲今後的唐代喪禮研究指示了許多路徑。③ 高二旺《魏晉南北朝喪禮與社會》則是近年來關於中古喪禮的又一部内容豐富的著作，涉及喪禮儀節、喪禮等級、喪服制度、居喪制度等方面，最後探討魏晉南北朝時期喪禮與社會調節、喪禮與社會的相互影響。④ 關於服喪期間的居喪之禮，張焕君認爲儒家制定喪服變除，是爲了使孝子情文相稱。因魏晉玄學、重情之風的影響，魏晉士人居喪期間遂多縱情違禮之舉，已與儒家本意産生乖離，由此導致經典的重新詮釋。⑤ 中古時代因爲社會動蕩，許多人客死他鄉，不得返鄉安葬，於是一種特殊的葬俗"招魂葬"得以流行。張焕君認爲東晉時期朝廷爲了維護儒家正禮而禁止招魂葬，但這一做法在民間並未絶跡，反而在隋唐獲得合法地位，反映了經典與社會之間的互動與調適。⑥ 章管煒考察了杜預關於皇帝"諒闇心喪"之制的經説在兩晉南北朝被接受與批判的過程，認爲其反映了經學、禮制與政治時宜的互動。⑦

---

① 牛敬飛：《古代五嶽祭祀演變考論》，中華書局2020年版。

② 邱衍文：《唐開元禮中喪禮之研究》，郁氏印書及講學基金會1984年版。石見清裕：《唐代凶禮の構造——〈大唐開元禮〉官僚喪葬儀禮を中心に》，福井文雅博士古稀・退職記念論集刊行會編：《アジア文化の思想と儀禮：福井文雅博士古稀記念論集》，（日本）春秋社2005年版。

③ 吳麗娛：《終極之典——中古喪葬制度研究》，中華書局2012年版。

④ 高二旺：《魏晉南北朝喪禮與社會》，上海古籍出版社2017年版。

⑤ 張焕君：《從居喪之禮的變化看魏晉時期孝道觀的調適》，《史學集刊》2011年第6期。

⑥ 張焕君：《從中古時期招魂葬的廢興看儒家經典與社會的互動》，《清華大學學報》（哲學社會科學版）2012年第3期。

⑦ 章管煒：《試論兩晉南北朝皇家公除心喪禮的經學詮釋》，虞萬里主編：《經學文獻研究集刊》第13輯，上海書店出版社2015年版，第128～152頁。

歐陽豔華考察了喪禮“稱情而立文”原則在魏晉六朝的發展，及其對此時哀吊文辭的影響。①

衆所周知，六朝禮學發達，其中喪服學尤其發達。究其原因，第一，當時士族需要辨别親疏遠近，而喪服學跟五服親屬有直接的關係，有助於維持士大夫門第；第二，牟潤孫認爲，六朝士人愛好談辯析理，而講論喪服“可以推例，可以論名分，可以講比例，爲經學上論辯佳題”，極爲精深細微，是很好的談辯對象。② 早在20世紀中期，日本學者藤川正數就對魏晉時代喪服中的三年喪、改葬之服、父卒爲改嫁之繼母服、無服之殤、從母服、舅服、嫡孫承祖之服、前母服、異姓養子之服、諒闇心喪之制、尊降與厭降之制等問題作出研究。③ 丁凌華研究喪服制度之通史，其中涉及魏晉南北朝隋唐時代的問題有魏晉喪服學之熱潮興起、服叙審議制度、心喪問題、唐代服叙制度變化、魏晉南北朝律令之“準五服制罪”原則的確立、《唐律疏議》中的“準五服制罪”原則、魏晉南北朝隋唐時期的守喪制度，等等。④ 張焕君對魏晉南北朝時期喪服學中的重要議題，比如三年之喪、心喪制度、尊降與厭降、出繼與養子、名服與加服、前母與二嫡等問題進行研究，認爲貫穿這一時代之喪服争論的線索是“親親”與“尊尊”的緊張、“情”與“禮”的衝突，魏晉南北朝喪服争論的前提是重情，但禮也是必不可少的限制性背景，最終目的是“以情制服，以禮裁之”，以達到“情禮兼得”。⑤ 史睿從倫理的角度，亦對魏晉喪服之争有過探討。⑥ 鄧聲國考察了東晉蔡謨、孔倫、葛洪的喪服詮釋，認爲這些詮釋同異紛呈，是兩漢三國西晉經學的深化和拓展。⑦

一些重要的喪服議題往往能吸引歷代禮學家紛紛發表意見，由此形成了卷帙浩繁的喪服禮議。中古喪服議題中，鄭玄、王肅的三年喪喪期之争無疑是最

① 歐陽豔華：《稱情而立文：兩晉六朝禮文與哀弔文辭的制禮準則研究》，彭林主編：《中國經學》第26輯，廣西師範大學出版社2020年版，第57~69頁。

② 牟潤孫：《論魏晉以來崇尚談辯及其影響》，氏著《注史齋叢稿（增訂本）》，中華書局2009年版，第185頁。

③ 藤川正數：《魏晉時代にわける喪服禮の研究》，（日本）敬文社1960年版。

④ 丁凌華：《中國喪服制度史》，上海人民出版社2000年版。

⑤ 張焕君：《情禮交融：喪服制度與魏晉南北朝社會》，商務印書館2020年版。

⑥ 史睿：《魏晉士人的倫理困境與喪服之争》，湯勤福主編：《中國禮制變遷及其現代價值研究（東南卷）》，上海三聯書店2015年版，第83~98頁。

⑦ 鄧聲國：《東晉時期〈喪服〉詮釋略論》，虞萬里主編：《經學文獻研究集刊》第23輯，上海書店出版社2020年版，第70~77頁。

爲關鍵、影響最爲深遠的一個問題。王肅認爲三年喪二十五月，鄭玄則認爲二十七月，兩晉皇族遵王義，士族則往往從鄭，南朝以後，皇族、士族皆以鄭義爲準。張焕君認爲王肅三年喪説繼承先秦經説與兩漢的實際實踐情況，鄭玄三年喪説則追求理論上的合理性，堅持情文相稱。兩晉南北朝時期，從民間到朝廷都遵鄭，是爲了延長喪期、表達哀戚之心。① 另外，張焕君還考察了喪服中非常重要的"尊降""厭降"概念及其在魏晉南北朝的變化，認爲情感因素與親親觀念開始凸顯，以情制服、以情釋禮被越來越多人接受，此時的喪服禮制呈現出新陳相因的特色。②

由於魏晉南北朝政權分立、社會動蕩、戰亂頻仍，士族在喪服實踐中遇到了許多禮經所未有的新問題，由此引發了大量深有禮意的討論，體現了這一時期喪服學的水準。魏晉時代有所謂前母服議，産生於晉初王昌是否要爲其父王毖之前妻服喪，當時官僚學者或以爲應服，或以爲不應服，或折中前兩種觀點。關於前母服議，張梅認爲王昌前母服議折射了禮法與現實、政治、情理的衝突，東晉南朝屢有前母服議，説明禮法走入困境，儒學衰微。③ 張焕君認爲前母服的關鍵在於其與禮經中的"禮不二嫡"之義的矛盾，西晉禮家圍繞這一問題的辯難體現了禮制與人情的調適、經典與社會的互動。④ 吴飛考察了西晉王昌前母服議從晉到清歷代學者的討論，古今學者的争論可以總結爲不二嫡之經學觀念與緣情制禮之間的交織互動。晉人對禮經之理解並不準確，然而禮意恰當，清人則苛求禮學本義，同時也能面對現實中的各種情況。⑤

魏晉以來喪服學中的另一重要議題是嫂叔是否有服。嫂叔無服，明確見於《禮記》，《儀禮·喪服》中也没有嫂叔服之明文。但因爲漢魏之際玄學重"情"觀念的影響、士族家庭結構的變化，嫂叔服也引起了數次討論，唐代將嫂叔有

---

① 張焕君：《從鄭玄、王肅的喪期之争看經典與社會的互動》，《清華大學學報》（哲學社會科學版）2006年第6期。

② 張焕君：《對抗與妥協：尊降、厭降在魏晉南北朝的嬗變》，彭林主編：《中國經學》第14輯，廣西師範大學出版社2014年版，第129~155頁。

③ 張梅：《從〈王昌前母服議〉看西晉儒家禮法的困境》，《廣西師範大學學報》（哲學社會科學版）2013年第3期。

④ 張焕君：《禮制與人情的調適——以魏晉時期前母的服喪問題爲中心》，《山西師大學報》（社會科學版）2011年第1期。

⑤ 吴飛：《王昌前母服議》（上、下），https://mp.weixin.qq.com/s/a0qW32K7g5V1PdLye_bZ6Q，https://mp.weixin.qq.com/s/qnDcwBLYZPWXnBKNTgIM7g，"燕園禮學"微信公眾平臺，2019年4月25日，最後查閲時間：2021年1月7日。

服確定爲國家禮典。但一直到清代，學者仍爲之辯難不已。李衡眉從人類學的角度把嫂叔無服的喪服原則解釋爲周人爲了鞏固父權制、掃除母權制殘餘所作出的努力。① 李檬梳理歸納了清代學者對嫂叔服問題的爭論，最後服膺於胡培翬之説，但對於魏晉南北朝嫂叔服的爭議，作者顯然並不熟悉。② 張焕君認爲嫂叔服體現了情與禮的衝突，世家大族爲了維護門風、嚴男女之防，在關係世族門風、胡漢關係、皇權正統的問題上，“禮”往往會壓倒“情”。③ 李寧聚焦於唐初貞觀年間確定嫂叔小功服的過程，認爲這一變革的原因有國家積極推動禮制建設、家庭制度的因素、婦女地位的提高、緣情制禮的原則等。④

唐代有“父在爲母服三年喪議”。高宗上元元年(674 年)，則天武后請父在爲母服三年喪。據《儀禮》，若父親先死，母親後死，則子可爲母服三年之喪；若母親死時，父親尚在世，則厭於父之尊，子只可爲母服周年之喪。關於這一系列禮議，學者亦多有研究。日本學者島一認爲武則天繼承了太宗、魏徵等人脱離經典、“緣情制禮”的觀念，爲母服三年喪，即意味着天有二日，土有李氏、武氏二王，尊有李氏、武氏二上。待李氏(高宗)死後，就只剩武氏一尊，從而啓武周革命之端。⑤ 又認爲開元初年田再思、盧履冰的爭論體現了兩種不同的“孝”的觀念，並將此次禮議與隨後的《孝經注疏》聯繫起來考察。⑥ 陳戍國認爲武曌提出的父在爲母服三年喪議“既是對傳統喪服一項重要制度的挑戰，也是這位女政治家要求提高婦女地位的呼籲，此種呼籲亦未始不可以視爲女皇登基之前的輿論準備”，但此議本身“合情(母子之情)合理(崇報之理)，並且仍然維護了服不二斬之制”。⑦ 任爽對高宗、玄宗朝母服之議作了詳盡敘述，認爲武則天的提議是唐代母服調整的繼續，但古禮的影響未易遽

① 李衡眉：《“嫂叔無服”新論》，《齊魯學刊》1990 年第 5 期。

② 李檬：《“嫂叔無服”簡梳》，《北京大學研究生學志》2013 年第 3、4 期。

③ 張焕君：《親情與門風：從嫂叔關係看魏晉時期的女性、家族與文化認同》，《婦女研究論叢》2018 年第 1 期。

④ 李寧：《唐初嫂叔服制變革研究》，曲阜師範大學碩士學位論文，2020 年。

⑤ 島一：《貞觀年間の禮の修定と〈禮記正義〉》(下)，(日本)《立命館文學》第 549 號，1997 年。

⑥ 島一：《母の爲の三年の喪——玄宗〈孝經〉注の背景》，氏著《唐代思想史論集》，(日本)中國藝文研究會 2013 年版，第 61～82 頁；《〈孝經〉注疏とその周邊》，氏著《唐代思想史論集》，(日本)中國藝文研究會 2013 年版，第 83～106 頁。

⑦ 陳戍國：《中國禮制史・隋唐五代卷》，湖南教育出版社 1998 年版，第 181～182 頁。

除。① 趙瀾叙述了唐代四次主要的喪服改制，整體上用禮制與“人情”的妥協來解釋唐代喪服的變化。其中武則天所立之議，則從其爲了提高自己的政治權力來解釋。② 趙瀾又從“宗法”與“人情”的關係來解釋唐代包括武則天父在爲母服三年議在内的關於母服的議論。③ 李晶瑩認爲武則天的喪服改制反映了唐代女性社會地位的提升。④ 王美華指出，調整母族服紀制度是整個唐宋時期喪服變動的基本趨勢。⑤ 閆蘇蘇討論武則天父在爲母服三年議，認爲這是她的一次政治試探，是“母尊”向“父尊”的第一次大挑戰並獲得成功。至於玄宗朝對此的繼續討論，則用“宗法”與“人情”的張力來解釋。⑥

因爲中古時代的喪服議題非常繁多且複雜，我們不再一一列舉。總結上述不難看出，魏晉至隋唐喪服禮議非常興盛，其中蘊含了中古時代經典詮釋與社會習俗、士族門風與政權合法性、情與禮、禮與法的緊張與互動關係。這些禮議中的推理與辯難方法，還跟此時的禮學思想、經典觀念有關。在議論禮制難題時，應該把什麼作爲準據，經典正文、先儒注釋、自然人情、現實因素、國家權力，何者優先？這是當時禮家需要考慮的問題，也爲我們留下了廣闊的研究空間。

四、賓禮

《周禮·春官·大宗伯》説“以賓禮親邦國”，其中賓禮主要有朝、宗、覲、遇、會、同、問、視八種。魏晉南北朝隋唐時代的賓禮頗受學者關注，因爲賓禮不僅是一種禮儀，還跟外交、國際關係有關，賓禮研究也必然會涉及古代歐亞世界各政權之間的交往。但古代經典以及《大唐開元禮》中所記載的賓禮儀節，反映的是一種建中立極、四夷來朝的中原中心觀的天下體系，從中原到四夷，呈同心圓式向外擴散，距離越遠，文明程度越低，政治地位也越低，在禮儀中的位勢當然也越低。這是建立在傳統儒家天下觀基礎上的理想禮儀。但實

---

① 任爽：《唐代禮制研究》，東北師範大學出版社 1999 年版，第 133~145 頁。

② 趙瀾：《唐代喪服改制述論》，《福建師範大學學報》（哲學社會科學版）2000 年第 1 期。

③ 趙瀾：《唐代喪服制度建設對婦女家庭身份地位的構建》，杜文玉主編：《唐史論叢》第 8 輯，三秦出版社 2006 年版，第 29~58 頁。

④ 李晶瑩：《從唐代喪服改制看婦女社會地位的提高》，《首都師範大學學報》（社會科學版）2004 年增刊。

⑤ 王美華：《唐宋禮制研究》，東北師範大學博士學位論文，2004 年，第 199 頁。

⑥ 閆蘇蘇：《武則天的服叙制度變革》，《濮陽職業技術學院學報》2018 年第 1 期。

際上歐亞世界各政權的關係則隨時而變，頗爲複雜，並不完全符合中國古人所構想的朝貢體系。這樣説來，賓禮研究也由此浮現兩種取向：第一種，重視古典及《大唐開元禮》所構建的賓禮朝貢秩序，認爲當時的國際秩序大體與之符合，雖有出入，但不是主流；第二種，承認中古賓禮的虛名化，認爲應該在“賓禮之外”探討當時的國際關係。

南北朝之間交聘頻繁，從賓禮出發研究當時的南北關係，是一個很好的切入點，史睿對此有基礎研究。① 隋唐帝國建立之後，與周邊民族、國家共同構成了一個地域龐大、文化多元、交流頻繁的國際秩序，隋唐王朝與周邊民族、國家進行國際交流，都屬於禮制中“賓禮”的範疇，對隋唐賓禮的研究也相對充分。石見清裕、金子修一等人從使節謁見儀式、國書授予儀式等賓禮考察當時的中外關係，進而探究隋唐時期的國際秩序。② 另外，中央官員上事，地方節度使入朝，也構成了一種賓主關係，可以用賓禮的視角來看待，吳麗娱在這些方面也作出了探索。③ 楊陽考察了唐代賓禮的制訂過程、具體形態及社會作用。④ 李麗豔考察了《大唐開元禮》中賓禮的具體内容、執行情況及特點。⑤ 朱溢認爲賓禮的實施對像是對皇帝來説“不純臣”或完全不臣之人。魏晉以來的大朝會一般屬於賓禮。隨着北朝後期、隋朝中央政權對地方州郡控制的加强，大朝會禮儀從賓禮轉變爲嘉禮。北宋末年《政和五禮新儀》逆潮流而動，把大朝會重新納入賓禮，南宋又把大朝會劃入嘉禮，並延續到明代。⑥ 關於唐宋賓禮的禮儀空間，朱溢認爲這與皇帝日常政務的禮儀空間有關。另外，唐代賓禮儀節的差别主要體現在藩主與藩使之間，不同政權的藩使則差别不大。但北宋爲了適應當時的國際局勢，根據周邊國家的强弱來制定不同的朝

---

① 史睿：《南北朝交聘記的基礎研究》，湯勤福主編：《中國禮制變遷及其現代價值研究(東北卷)》，上海三聯書店 2016 年版，第 128~143 頁。

② 石見清裕：《唐代外國使の皇帝謁見儀式復原》，(日本)《史滴》第 12 號，1991 年；《唐の國書授與儀禮について》，(日本)《東洋史研究》第 57 卷第 2 號，1998 年。金子修一：《中國皇帝與周邊諸國的秩序》，溝口雄三、小島毅編：《中國的思維世界》，孫歌等譯，江蘇人民出版社 2008 年版，第 441~465 頁。

③ 吳麗娱：《試論唐後期中央長官的上事之儀——以尚書僕射的上事爲中心》，《中國社會科學院歷史研究所學刊》第 3 集，商務印書館 2004 年版，第 263~291 頁。

④ 楊陽：《唐代賓禮研究》，陝西師範大學碩士學位論文，2014 年。

⑤ 李麗豔：《唐代賓禮研究——以〈大唐開元禮〉爲研究視角》，遼寧大學碩士學位論文，2015 年。

⑥ 朱溢：《中古中國賓禮的構造及其演進——從〈政和五禮新儀〉的賓禮制定談起》，《中華文史論叢》2015 年第 2 期。

聘儀節。① 張哲僥認爲《通典・賓禮》所反映的杜佑的對外意識是儘量減少與九州之外夷狄的互動。②

相比於賓禮儀節，有些學者更重視唐代亞洲國際關係的實態。王貞平認爲唐代"賓禮"具有"制度"和"頂層設計"雙重性質。在國内接待外國使節的環境中，賓禮確實是制度；但進入國際社會，賓禮僅僅是一種表達中國中心的世界秩序觀，是頂層設計。唐代賓禮不能如實反映當時的國際關係，中國有自己所構想的朝貢(册封)體系，其他各國也各有自發産生的"權力中心論"，他們對中國賓禮採取實用主義的態度，導致中國賓禮從"名實相符"變爲"名實乖離"。所謂册封(朝貢)體制，只存在於禮儀場合，與國際關係的實態並不對偶。實際的國際關係是開放、多元、動態的"國際網絡"。王貞平提出唐代賓禮的"虚名化"，也就是禮儀的外在形式與固有的政治含義脱節、分離的現象。另外，相比於賓禮儀式中通過空間、時間、文書所傳遞的外交信息，王貞平更重視口頭的信息傳遞。③ 李丹婕在王貞平賓禮虚名化、去政治化命題的基礎上，認爲禮典所規定的賓禮儀節由於因循傳統而具有滯後性，並不能客觀反映當時的國際秩序。反倒是"賓禮之外"的聯姻、文書、名號、行禮等外交符號爲隋唐時代歐亞各國所共用，並經常使用在各種外交場合中。隋唐帝國的君臣也受到歐亞其他政權的影響，在對外關係中熟練使用這些"夷禮"。④

有學者從賓禮的角度研究隋唐中國與當時其他國家的外交問題。關於隋唐與倭國的關係，高明士認爲南朝時期倭國是有貢有封之藩臣，隋唐時期則變成有貢無封之外臣，因爲6世紀倭國自立自强的意識凸顯，隋唐與倭國的關係反復且緊張，這一系列事件推遲了倭國律令國家的建設。⑤ 關於唐朝與新羅之間的賓禮實踐，拜根興認爲唐朝使者到新羅進行外交活動，基本按照《大唐開元禮》的相關規定舉行對藩國的賓禮儀式，新羅君臣也有義務、樂於接受這些儀式。當然，因爲複雜的實際情況，這些儀式的執行或繁或簡，甚至未能執行。⑥

賓禮中的"二王三恪"之禮，也就是對前朝帝王後裔的禮遇，是比較特殊

---

① 朱溢：《唐至北宋時期賓禮的禮儀空間》，臺灣《成大歷史學報》第47號，2014年。

② 張哲僥：《〈通典・賓禮〉所見的唐代對外意識》，臺灣《史原》2015年復刊第6期。

③ 王貞平：《唐代賓禮研究——亞洲視域的外交信息傳遞》，中西書局2017年版。

④ 李丹婕：《賓禮之外：比較視野下的隋唐外交文化》，《讀書》2019年第2期。

⑤ 高明士：《隋唐使臣赴倭及其禮儀問題》，臺灣《臺大歷史學報》第23期，1999年。

⑥ 拜根興：《唐朝的賓禮儀式及其實施考論——以與新羅的交往爲中心》，張伯偉編：《域外漢籍研究集刊》第12輯，中華書局2015年版，第15~29頁。

的項目。前揭仇鹿鳴已經對近年來孫正軍、吕博、夏婧關於唐代“二王三恪”的研究略作總結，認爲其中有從“結構”研究到“事件”研究的取徑變化。我們再對相關研究作一簡述。前文提到魏侯瑋把唐朝所禮遇的“二王三恪”稱爲唐朝皇室的“政治祖先”，以此表明自己家族統治的合法性。謝元魯認爲隋唐時代的二王三恪是政治花瓶、政治工具，主要參與各種禮典，有鞏固統治、穩定政局的作用。隋唐時期的前代帝王後裔是一種特殊貴族，隨着隋唐貴族社會的消亡，這種特殊貴族也變得官僚化、平民化。① 孫正軍指出唐代“二王三恪”六次改易，其中三次都與武周革命有關，背後有切實的政治意識在驅動，反映了周唐革命曖昧模糊、曲折反復的過程。② 相比於孫正軍從武周革命前後具體的政治歷程來解釋三次“二王三恪”之變，吕博則從更爲長程的視角來考察這一問題。他認爲唐代歷次“二王三恪”之變是歷史的“表相”，其“本相”則是唐代關隴、關東、南方三個士人群體的力量消長變化，不同群體有着自己的德運觀和正統觀。隨着貴族社會的終結，地域集團之間的界限趨於消泯，“二王三恪”與德運之争不再反映在制度上。③ 夏婧考察了柳懷素墓誌所載其子柳該在永昌元年武則天改立“二王三恪”事件中如何申請成爲姬周之後的過程，認爲武周時期的史料在李唐復政後遭到刻意删削，導致諸多重大事件的原委不得而明。④ 另外，謝翀也説明了南朝所立“二王三恪”的一些特點。⑤

可見關於中古賓禮的研究主要集中於唐朝，魏晉南北朝賓禮則成果較少，這固然是由於唐朝賓禮有《大唐開元禮》《通典》等資料，但魏晉南北朝與周邊政權的交往、南北之間的交聘也非常頻繁，若從賓禮的視角進行研究，當有不少創獲。另外，禮儀中的賓禮研究與外交史、國際關係史的研究結合，也是一個值得期待的方向。

五、軍禮

軍禮，即與軍事、體育有關的禮儀，包括親征、軍祭、田獵、大射和鄉射

① 謝元魯：《隋唐五代的特殊貴族——“二王三恪”》，《中國史研究》1994年第2期。

② 孫正軍：《二王三恪所見周唐革命》，《中國史研究》2012年第4期。

③ 吕博：《唐代德運之争與正統問題——以“二王三恪”爲線索》，《中國史研究》2012年第4期。

④ 夏婧：《柳懷素墓誌所見武周改立“二王三恪”史事考》，《中國史研究》2017年第1期。

⑤ 謝翀：《南朝時期“二王三恪”考論》，《鄭州航空工業管理學院學報》(社會科學版)2017年第2期。

等儀節。中古禮制史領域有關軍禮的研究相對薄弱。關於魏晉南北朝隋唐軍禮的研究大致可分爲兩類，第一，關於軍禮的一般研究；第二，關於軍禮中某一項目的研究。

先説第一類。梁滿倉討論過魏晉南北朝時期的講武活動。① 關於軍禮用樂，梁滿倉認爲鼓吹在魏晉南北朝時期被納入軍禮之中並制度化，其成熟與發展基本與五禮制度化同步。軍禮鼓吹制度化提高了武人地位，對將領有激勵作用。② 關於軍法軍令，梁滿倉認爲魏晉南北朝時期的軍法包括戰時軍令、平時軍令、特殊軍令、軍容部伍法令，軍法也是軍禮的組成部分。③ 高明士考察了隋煬帝、唐代宗親征高麗行爲中所見的隋唐皇帝親征之禮的類於上帝、宜於太社、造於祖廟以及禡祭、軷祭、山川、路祭等儀節及其意義。④ 丸橋充拓研究了魏晉南北朝隋唐時代"五禮"體系中"軍禮"的確立過程。⑤ 關於軍禮出征儀式中的告天、告廟、告社之禮，丸橋充拓認爲三者起源不同，在西漢後期到東漢時期儒家的國家構想得以實現的過程中，三種告禮被整合爲一個整體，並經北魏、北齊延續到唐代。⑥ 就唐宋軍禮的實踐來説，丸橋充拓認爲唐前期與宋前期是兩大高峰期。唐後期及北宋，田獵禮向宗廟貢獻獵物的儀式變得空洞化，重心轉爲君臣間的二次性互酬關係。唐至北宋的講武禮也有類似的變化，個別性的君臣互酬取代了禮儀原本的内涵。從府兵制到募兵制的轉變，導致軍禮的空殼化。⑦ 李蓉把隋唐軍事征伐禮儀分爲出師前禮儀、出師禮儀、征戰禮儀、凱旋慶功禮儀、喪葬吊恤禮儀五類，又細分爲禷天禮、宜社禮、告廟禮、軷祭、命將禮、勞遣、誓師、祭牙纛、祭告所過山川、禡於所征之地、遣使勞軍將、宣露布、告功獻俘、飲至策勛、遣送陣亡將士屍體回鄉、殯葬等小項目。嚴格來説，李蓉所説軍事征伐禮儀並未包含軍禮的全部内容，其中喪葬吊

---

① 梁滿倉：《論魏晉南北朝時期的講武》，榮新江主編：《唐研究》第 13 卷，北京大學出版社 2007 年版，第 31~62 頁。

② 梁滿倉：《魏晉南北朝軍禮鼓吹芻議》，《中國史研究》2006 年第 3 期。

③ 梁滿倉：《魏晉南北朝軍法實踐及其禮制歸屬》，《人文雜誌》2007 年第 4 期。

④ 高明士：《從軍禮論隋唐皇帝親征》，《隋唐遼宋金元史論叢》第 8 輯，上海古籍出版社 2018 年版，第 9~43 頁。

⑤ 丸橋充拓：《唐代軍事財政與禮制》第九章"魏晉南北朝隋唐時期軍事禮制確立過程的概況"，張樺譯，西北大學出版社 2018 年版，第 205~217 頁。

⑥ 丸橋充拓：《唐代軍事財政與禮制》第十章"中國古代的戰争與出征儀式——從《禮記・王制》到《大唐開元禮》"，張樺譯，西北大學出版社 2018 年版，第 218~239 頁。

⑦ 丸橋充拓：《唐代軍事財政與禮制》第十二章"唐宋變革期的軍禮與秩序"，張樺譯，西北大學出版社 2018 年版，第 263~292 頁。

恤禮儀屬於凶禮而非軍禮。不過其書以《大唐開元禮》爲基礎、廣泛搜集隋唐相關史料，對隋唐軍事征伐禮儀的考察比較詳細全面。①

再説第二類。關於獻俘禮，王博認爲禮儀反映權力，軍事權力尤爲緊要，研究軍禮對解明皇帝、天地諸神、將軍之間三位一體的相互關係有重要意義。針對唐代的獻俘禮，王博認爲可分爲“對神”的太廟、太社獻俘禮與“對人”的皇帝御樓受俘儀式。前者又分爲皇帝親征的太廟造禮以及制遣大將出征的太社、太廟告禮，其間儀式與意義都有所差别。針對皇帝的獻俘儀式則在唐代中後期以來佔據主導地位，並爲五代十國、宋代所延續，成爲宋代禮典中軍禮的核心内容。② 畢祥來考察了唐代獻俘禮的發展變化，認爲唐代除了獻俘於太廟、太社之外，還新增了皇帝門樓受俘、獻俘於陵、獻俘於太清宫等形式。唐代獻俘禮在因循古禮的基礎上，越來越以現世皇帝爲中心，體現了唐朝皇權的加强。③

關於射禮，王博指出周隋之間的射禮一般被歸入嘉禮，而受北周、北齊影響，隋唐遂把射禮納入軍禮。北宋前期受《大唐開元禮》影響較大，仍以射禮屬軍禮；北宋後期則以射禮屬嘉禮。唐前期射禮主要爲大射禮，玄宗朝起，大射禮逐漸没落，宋代的宴射禮則盛極一時。④ 丸橋充拓也强調了漢唐射禮由嘉禮變爲軍禮的現象，他認爲射禮有軍事與非軍事的兩面性，魏晋南北朝以來射禮的非軍事色彩愈加濃厚，《大唐開元禮》繼承北齊禮制，以射禮屬軍禮。⑤

關於田獵禮，顔逸凡考察了唐代田獵禮的經學依據、制度淵源、分期、作用。⑥ 關於田獵禮中的三驅儀式，陳業新分析了田獵禮、講武禮在漢唐之間的分合及三驅儀式的歸屬變化，認爲從先秦至唐，“三驅”的含義從車徒三次前驅及表演變爲三度驅禽，三驅的性質也從“教人戰”演繹爲“王仁好生”

---

① 李蓉：《隋唐軍事征伐禮儀》，國防工業出版社 2015 年版。

② 王博：《“獻俘禮”から見た唐・宋軍禮の變容》，(日本)《史滴》第 34 號，2012 年；《唐代軍禮にわける“獻俘禮”の基本構造》，(日本)《史觀》第 167 號，2012 年。又見《唐代獻俘禮的構造與皇帝權力》，王建岐譯，《陝西歷史博物館館刊》第 21 輯，三秦出版社 2014 年版，第 306~317 頁。

③ 畢祥來：《唐代獻俘禮研究》，遼寧大學碩士學位論文，2016 年。

④ 王博：《唐宋射禮的性質及其變遷——以唐宋射禮爲中心》，杜文玉主編：《唐史論叢》第 19 輯，三秦出版社 2014 年版，第 98~118 頁。

⑤ 丸橋充拓：《唐代軍事財政與禮制》第十一章“中國射禮的形成過程——從《儀禮・鄉射》《儀禮・大射》到《大唐開元禮》”，張樺譯，西北大學出版社 2018 年版，第 240~262 頁。

⑥ 顔逸凡：《唐代皇帝田獵研究》，上海師範大學碩士學位論文，2016 年。

的天子仁德。①

總的來看，關於魏晉南北朝隋唐軍禮研究的成果並不算多，許多軍禮項目、儀節的演變及其與政治體系、國家結構、皇帝權力的關係，仍然有待研究。

六、嘉禮

五禮體系中的"嘉禮"包括冠禮、婚禮、即位、朝賀、册命、封賞等儀節，相關研究比較薄弱。關於婚禮，學者主要關注六朝隋唐婚宦與士族之關係，比如史睿討論過唐代士族婚姻禮法的特點與源流。② 至於皇家婚禮，吳麗娛討論過朝賀皇后之儀，③ 又通過對《宋書·禮志》皇帝婚禮"迎"字的校勘，發現兩晉皇帝婚禮採用《左傳》及杜預之注，批判《公羊》的帝王親迎之説，表明了中古時代皇權的提升④。童嶺從經學與制度之互動的角度入手，分析漢晉時期兩次有關"皇后敬父禮"的討論，鄭玄認爲應該折中君權與父權，邴原則堅持尊重父權的絶對性。東晉穆帝時期，這一争議再次上演，因爲門閥政治的影響，鄭玄學説獲得勝利。⑤

中日學者很早就對中國古代皇帝即位禮儀産生興趣，相關研究較多。甚至可以説，中國禮制史的研究範式，就是在對即位禮的研究過程中建立起來的。西方學者針對歐洲中世紀國王的加冕禮多有研究，這些研究對中日學者的中國古代皇帝即位禮不無啓發。西嶋定生很早就從漢代皇帝的即位儀節分析帝位繼承情況，由此探討皇帝權力的來源，他認爲漢代皇帝即位禮有天子即位、皇帝即位兩個階段，在西漢中期從宗廟即位變爲柩前即位，有從神秘禮儀向公共的任命禮儀的轉變過程。⑥ 從此即位禮儀受到學者的關注，相關研究比其他嘉禮儀節要多。金子修一對日本學界關於漢唐皇帝即位禮儀研究有精當的綜述，此

---

① 陳業新：《"成禮三驅"：漢唐時期"三驅"禮衍變述論——以蒐狩禮的建設爲線索》，《社會科學》2017年第3期。

② 史睿：《出土文獻所見唐代士族婚姻禮法的特點與源流——兼談婚姻禮法與士族興衰》，余欣主編：《中古時代的禮儀、宗教與制度》，上海古籍出版社2012年版，第85~108頁。

③ 吳麗娛：《朝賀皇后：〈大唐開元禮〉中的則天舊儀》，《文史》2006年第1輯。

④ 吳麗娛：《從〈宋書·禮志〉"迎"字校勘看中古帝王婚儀的變更》，彭林主編：《中國經學》第15輯，廣西師範大學出版社2015年版，第109~128頁。

⑤ 童嶺：《"皇后敬父禮"之鄭玄、邴原駁議考——以漢伏皇后、晉褚太后爲例的經學研究》，《文史》2017年第2輯。

⑥ 西嶋定生：《漢代における即位儀禮——とくに帝位繼承のばあいについて》，《中國古代國家と東アジア世界》，（日本）東京大學出版會1983年版，第93~114頁。

處不贅。① 金子修一分析過即位禮中的謁廟儀節，由此論證在漢代以來從宗廟即位到柩前即位的過程中，宗廟地位下降。曹魏以來太極殿即出現，唐朝採用魏晉南朝的太極殿柩前即位儀式。② 東漢册書(策書)逐漸用於即位禮。魏晉南朝即位禮以授受璽綬爲核心，謁廟功能不斷減弱；北魏即位禮也以授受璽綬爲核心，同時認可册書；北齊北周即位禮强調以遺詔確認皇太子帝位合法性。唐代即位禮首先在大明宮太極殿宣遺詔，再在先帝柩前授受册書，即位禮中任命儀式這一環節被推到臺前。漢唐之間的皇帝即位禮從神秘到公開，可以看出皇帝與臣下、地方的關係。③ 羅新考察了北朝皇帝即位禮中的内亞因素，認爲“舉氈立汗”這一即位儀式是内亞草原民族中一項頑强且悠久的傳統，而北魏皇帝採用這一儀式，可見内亞傳統的連續性與獨特性。④

中古時代的鄉飲酒禮主要行於地方，是國家與社會互動的一個節點。關於鄉飲酒禮，游自勇考察了鄉飲酒禮在漢唐之間的發展，他認爲鄉飲酒禮在漢唐之間地位不斷提升，東漢鄉飲酒禮行於地方，西晉皇帝親自舉行鄉飲酒禮，隋朝被納入《學令》，中央、地方並行且固定化。唐高宗、武則天以後，“進賢能”的功能蓋過了對社會等級秩序的强調，通過貢舉而使鄉飲酒禮普遍行於地方。開元之際，鄉飲酒禮與正齒位禮分離，只行於地方，並被載入《大唐開元禮》，完成禮制化。⑤ 高明士將隋唐鄉飲酒禮納入學禮的範疇加以考察，指出隋唐學校舉行的鄉飲酒禮是地方向中央貢士的禮儀。鄉飲酒禮古義有四，隋唐只保留正齒禮、貢士禮這兩項。隋朝以生徒(舉人)爲主體，唐朝以貢人(鄉貢)爲主體。隋唐鄉飲酒禮中的養老禮有名無實。唐代鄉飲酒禮、養老禮流於形式，可能跟唐代推廣廟學、舉行釋奠禮、擠佔了鄉飲酒禮的禮義和資源有關。⑥ 王美華指出鄉飲酒禮有“賓賢能”和“尚齒”兩方面的意涵，唐初以來的鄉飲酒禮兩者兼具，同名異實，其中賓貢的意義更爲凸顯，並在《大唐開元禮》中明確了“鄉飲酒”與“正齒位”的分離。北宋時期，賓貢儀式被鹿鳴宴取

---

① 金子修一：《中國古代皇帝祭祀研究》第八章“中國古代即位禮儀與郊祀、宗廟祭祀”，徐璐、張子如譯，西北大學出版社 2018 年版，第 311~408 頁。

② 金子修一：《古代中國與皇帝祭祀》，肖聖中、吳思思、王曹傑譯，復旦大學出版社 2017 年版，第 147~167 頁。

③ 金子修一：《中國古代皇帝祭祀研究》第八章“中國古代即位禮儀與郊祀、宗廟祭祀”，徐璐、張子如譯，西北大學出版社 2018 年版，第 311~314 頁。

④ 羅新：《黑氈上的北魏皇帝》，海豚出版社 2014 年版。

⑤ 游自勇：《漢唐時期“鄉飲酒”禮制化考論》，臺灣《漢學研究》2004 年第 2 期。

⑥ 高明士：《論隋唐學禮中的鄉飲酒禮》，《玄奘人文學報》2006 年第 6 期。

代，鄉飲酒禮則更專注於“尊德尚齒”、整合社會秩序的意涵。① 另外，宋代因士大夫階層的崛起，地方官更積極地推動、參與鄉飲酒禮。從唐到宋，鄉飲酒禮的部分主導權“下移”到地方士人群體，尊老尚齒的倫理觀念深入基層社會。② 針對王美華關於唐代地方鄉飲酒禮執行情況的過低估計，游自勇反駁説，唐代鄉飲酒禮具有尊賢尚齒的功能，成爲地方精英的聚會，對整頓地方秩序作用重大。安史之亂後，鄉飲酒禮成爲重建地方秩序的措施之一，在兩京、東南地區普遍施行，唐末五代才衰微。③

以上關於鄉飲酒禮的考察主要集中於唐代，《晉辟雍碑》記載西晉的鄉飲酒禮行於京師的辟雍，由皇帝主持。《儀禮》鄉飲酒禮爲士禮，西晉武帝的做法甚爲不合禮。童嶺指出，晉武帝司馬炎雖然是皇帝，但格外强調自己的“士族(貴族)”身份，他這樣做是爲了取得門閥大士族的支持，爲下一代帝王(司馬衷)大力拉攏士族。④ 另外，關於鄉飲酒禮中的“僎”(“遵者”)之位，楊華認爲《儀禮》中僎可有可無，唐代的鹿鳴宴、正齒位禮都未見僎。北宋出於復興古禮的理想而設立僎位，朱熹對僎之席位的固定化和制度化起到了重要作用，此後元明清之鄉飲酒禮都設有僎。清乾隆八年仍以“復古”爲名，取消鄉飲酒禮之僎位，這體現了中國禮學史上復古與再復古(或反復古)的波浪式流變。⑤

關於朝會禮，渡邊信一郎綜合研究了漢唐時代的朝會禮儀，認爲朝會分爲朝儀、會儀兩個環節，漢代朝儀中，群臣通過委贄禮不斷確認群臣關係，皇帝則在會儀中通過賜物、饗宴回贈百官。西晉《咸寧注》明確了朝儀、會儀的區分。漢代朝會中有各郡國的計吏參加，隋代則爲朝集使參加。唐代又把各藩國使者納入元會儀，元會中的各地方朝集使與各藩國使者與皇帝的關係，體現了唐帝國的天下結構。⑥ 王春陽總結了從西漢到西晉的元會禮儀發展過程，認爲

---

① 王美華：《唐宋時期鄉飲酒禮演變探析》，《中國史研究》2011 年第 2 期。

② 王美華：《鄉飲酒禮與唐宋地方社會》，《社會科學輯刊》2010 年第 4 期。

③ 游自勇：《唐代鄉飲酒禮與地方社會》，《首都師範大學學報》(社會科學版) 2015 年第 2 期。

④ 童嶺：《晉初禮制與司馬氏帝室——〈大晉龍興皇帝三臨辟雍碑〉勝義蠡測》，《學術月刊》2013 年第 10 期。

⑤ 楊華：《僎的“復古”與鄉飲酒禮流變》，彭林主編：《中國經學》第 22 輯，廣西師範大學出版社 2018 年版，第 11~20 頁。

⑥ 渡邊信一郎：《天空の玉座——中國古代帝國の朝政と儀禮》，(日本) 柏書房 1996 年版。又見於渡邊信一郎：《元會的建構——中國古代帝國的朝政與禮儀》，溝口雄三、小島毅編：《中國的思維世界》，孫歌等譯，江蘇人民出版社 2008 年版，第 363~409 頁。

西晉元會儀包括晨賀、晝會兩部分，儀式都以皇帝爲中心。元會各個環節皆奏樂，且奏樂進一步雅化。元會儀具有確立帝王權威、調和君臣關係的内涵。①關於唐代的朝會禮，金子修一考察了唐朝前半期朝會禮的實行情況，認爲武周一朝未舉行正月元日的朝賀，長安二年正月舉行的朝賀具有恢復唐朝政治體制、鞏固中宗地位的作用。② 金子修一、小澤勇司系統考察了唐代後半期元日朝賀之禮與唐朝冬至朝賀之禮的舉行情況，認爲冬至朝賀重要性低於元日朝賀，到玄宗朝爲止的唐朝前半期，朝賀與皇帝親祭具有相關性，德宗朝及以後，皇帝親祭與朝賀失去了連續性，這意味着元日朝賀在唐朝地位的下降，原因是安史之亂後，朝集使制度被破壞。朝賀禮儀具有顯示中央與地方、外國的關係，有助於王朝中央集權，但懿宗朝以後，唐代的朝賀禮儀幾乎不再有意義。與唐朝後半期元日朝賀禮儀之衰退相對，以南郊爲中心的系列皇帝親祭受到重視。③

關於養老禮，吴麗娱系統考察了從兩漢到唐宋養老禮的發展，並下及宋以後，乃至明清。關於魏晉南北朝隋唐養老禮，她認爲在兩晉門閥制興起的歷史背景下，皇帝對士族的優禮在日常朝儀中體現，養老禮則被淡化。南朝皇權伸張，刻意壓制高門士族，所以養老禮基本消失。北朝則相反，北魏孝文帝推崇儒家典禮，以勛貴舊族和儒學大臣擔任三老五更，並在地方推廣養老禮。北周則結合關隴本位政策，在養老禮中對軍功集團和貴族領袖致以特殊禮遇。唐朝養老禮以皇帝爲中心，宋及以後的養老禮更突顯了皇帝的獨尊，養老禮也最終於清朝被廢除。④ 北魏孝文帝養老禮是中古禮制史上比較突出的事件。邵正坤、王忠考察了孝文帝拜三老五更、行鄉飲酒禮、賜几杖安車三個方面的養老禮，認爲這有籠絡漢族士民、教化鮮卑部落的作用。⑤ 其他有關元服、册命、封賞之禮的研究較少，此處從略。

以上，我們梳理了中古時期“五禮”體系之吉、嘉、軍、賓、凶等相關研

---

① 王春陽：《論西晉元會禮的建構與用樂的雅化》，《社會科學戰線》2016年第8期。

② 金子修一：《唐代長安的朝賀之禮》，杜文玉主編：《唐史論叢》第11輯，三秦出版社2009年版，第129~138頁。

③ 金子修一、小澤勇司：《唐代後半期的朝賀之禮》，杜文玉主編：《唐史論叢》第12輯，三秦出版社2010年版，第1~28頁。

④ 吴麗娱：《論中古養老禮儀式的繼承與興衰——兼析上古賓禮之遺存廢棄與皇帝的禮儀地位》，《文史》2013年第4輯。

⑤ 邵正坤、王忠：《北魏時期的尊老養老禮儀》，《忻州師範學院學報》2014年第4期。

究，可以總結出兩個特點：第一，五禮禮制研究，每一類都有不同的側重點，比如吉禮研究中，學者比較關注郊祀、宗廟、封禪等禮儀所反映的權力結構、社會秩序、國家形態等問題；嘉禮中以皇帝即位禮的研究最爲突出，學者主要關注帝位繼承所反映的皇帝權力之來源問題；賓禮研究主要關注儀節背後的國際秩序、中央與地方的關係；軍禮研究相對薄弱，但也能從中看出皇帝權力的性質；凶禮研究主要關注喪禮、喪服與社會的關係。第二，吉禮研究一家獨大，論著甚多，也更加深入，其他四禮則相對薄弱，尤其是嘉、軍、賓等研究，目前還處於初步探索的階段，尚無完備的研究框架和範式。凶禮研究雖稍多，但相比於六朝隋唐時期發達的喪服學和大量的喪禮、喪服文獻，目前的研究仍然不夠充分。在今後的中古禮制史研究中，除了繼續推進吉禮研究之外，更須開拓其他四禮研究的領域。

第三節　禮俗研究

“禮制”和“禮俗”不同，前者更偏重於上層社會，屬於國家層面；後者更偏重於下層社會，屬於民眾層面。禮制一般有朝廷頒佈的禮典、儀注之規範，有嚴格的等級制度和固定的時間地點；而禮俗一般並無典制依據，往往是民間習俗相傳，即使有文獻依據，也往往是一些通俗日用的禮書、書儀。但這兩者又不能完全分開，往往有重合乃至衝突的部分。“禮”“俗”二者有密切的聯繫，“禮”可以下降、普及民間，成爲“俗”；“俗”也可以經過規範化，上升爲國家之“禮”。我們概述魏晉南北朝隋唐時期的禮俗研究，既要與前面的“禮制”有所區別，但又不能跟通常所謂的“民俗”等同起來。本節所説“禮俗”，主要關注“禮”與“俗”二者的結合部分，即禮制與民俗之間的交流互動，從中挑選若干研究熱點略加述論。另外，20 世紀以來誕生了大量關於魏晉南北朝隋唐時期的風俗史、民俗史方面的研究，詳見梁滿倉、蔡静和張俊英的綜述，本節從略。①

傳世禮儀文獻主要是關於上層禮制的記載，民間禮俗記録則甚少，而且零散不成系統。所幸敦煌文書中保存了大量的民間禮俗、書儀類的文獻，爲學者

---

① 梁滿倉：《魏晉南北朝“四禮”研究百年回顧與展望》，中國魏晉南北朝史學會、武漢大學中國三至九世紀研究所編：《魏晉南北朝史研究：回顧與探索——中國魏晉南北朝史學會第九届年會論文集》，湖北教育出版社 2009 年版，第 146 ~ 156 頁。蔡静、張俊英：《近三十年來魏晉南北朝禮制與風俗研究綜述》，《六盤水師範學院學報》2018 年第 5 期。

們研究中古禮俗提供了豐富的資料。這一時期禮俗研究的熱點之一是唐代書儀。周一良界定了書儀的概念與源流，把唐代書儀分爲三種：第一種以十二月爲綱來安排，第二種就是所謂吉凶書儀，第三種涉及各方面公私事務。周一良、趙和平曾根據敦煌書儀研究唐代的婚喪禮俗，並最早對敦煌書儀作了基礎研究。① 此後，姜伯勤把敦煌書儀跟《大唐開元禮》等國家禮制文獻結合起來研究唐禮的變遷脈絡，② 史睿根據敦煌書儀研究東晉南朝的禮俗③。吳麗娛借助敦煌文書中的書儀材料，詳細考察了朋友書儀、吉凶書儀、表狀箋啓書儀等多種書儀的分類、格式與淵源，並從書儀出發，探討了書儀的應用、與社會各階層的關係、與官民婚喪禮俗的關係，以及敦煌民間的喪服制度，等等。吳麗娛把唐代書儀分爲前後兩期，前期繼承魏晉南北朝，以吉凶書儀爲主體，反映世家大族的家庭禮法，同時也有唐代用平趨輕的發展傾向；後期開啓宋以來的近世社會，以表狀箋啓書儀爲主體，禮的中心被轉移到地方官場，俗禮取代朝廷正禮，整個社會不斷官僚化、平民化。④

禮俗研究的熱點之二是唐宋地方祠祀。高明士據敦煌文書探討敦煌地方的官方祭祀，⑤ 姜伯勤據之研究中古時期西北地方政權的一些禮儀活動，比如沙洲之儺禮、高昌國之祭天禮儀與敦煌祆祀，及其與王朝祭禮之關係⑥。雷聞把"國家祭祀"定義爲由各級政府主持的一切祭祀活動，既包括郊祀、宗廟等皇帝祭祀，也包括地方政府的祭祀活動，其研究更關注後者，認爲它們反映了國家意識形態的下限。在禮典所規定的祭祀之外，其研究更關注禮典之外、但實際上被實踐的祭祀。雷聞試圖將國家祭祀與宗教信仰貫通起來，他指出隋唐國

① 周一良：《敦煌寫本書儀所見的唐代婚喪禮俗》，《文物》1985 年第 7 期。周一良、趙和平：《唐五代書儀研究》，中國社會科學出版社 1995 年版。

② 姜伯勤：《敦煌藝術宗教與禮樂文明》，中國社會科學出版社 1996 年版。

③ 史睿：《敦煌吉凶書儀與東晉南朝禮俗》，郝春文主編：《敦煌文獻論集——紀念敦煌藏經洞發現一百週年國際學術研討會論文集》，遼寧人民出版社 2001 年版，第 394~421 頁。

④ 吳麗娛：《唐禮摭遺——中古書儀研究》，商務印書館 2002 年版；《禮俗之間——敦煌書儀散論》，浙江大學出版社 2015 年版。

⑤ 高明士：《唐代敦煌官方的祭祀禮儀——以 P. 2130 號爲中心》，敦煌研究院編：《1994 年敦煌學國際研討會文集 · 宗教文史卷》上，甘肅民族出版社 2000 年版，第 35~74 頁。

⑥ 姜伯勤：《沙洲儺禮考》《高昌胡天祭祀與敦煌祆祀——兼論其與王朝祭禮的關係》，氏著《敦煌藝術宗教與禮樂文明》，中國社會科學出版社 1996 年版，第 459~476、477~508 頁。

家祭祀雖然經歷了儒家化和禮制化的洗禮，但仍然帶有濃厚的神祠色彩，又探討了道教、佛教這些制度性宗教與國家祭祀的互動關係。雷聞認爲對“祀典”和“淫祠”的判斷，反映了國家祭祀與各種地方祭祀的互動關係，涉及中央與地方權力的分配格局。隨着隋唐國家對各種地方祠祀以及佛、道二教的消化與整合，皇權向神界擴張，人神關係得以調整，這反映了中央集權的深化。在舉行國家祭祀的儀式場合中，往往有“民衆的在場”，地方政府舉行的各種祭祀活動是具有教化性和社會整合功能的公共行爲。① 楊俊峰以通觀唐、宋的視角，在唐宋時代南方地域所佔比重不斷上升的歷史背景下，考察唐宋國家與南方祀神風俗的互動。他認爲唐宋國家開始大幅涉入各地的祠祀信仰，表現之一是宋代開始建立地方祠祀的具體規範，另一表現是唐宋國家開始大量以賜封手段與各地祠祀信仰建立直接聯繫。宋代以後朝廷和士大夫開始借重地方祠祀傳播政治意識形態。這背後都與南方力量的崛起有關。唐宋國家逐步關注地方祠祀，是國家不斷介入地方的產物，國家與地方相互影響。作者由此反思以往把國家等同於中央朝廷的單線思維，把“國家”的内涵擴充爲朝廷、地方官府、官僚階層等不同層次。② 另外，牛敬飛在討論唐宋時代的五嶽祭祀時也對唐宋祀典下行問題作出研究，指出唐代在賦予地方祭祀合法性時，依據禮經、通過機械列舉的方式擴大祀典，具有教條主義色彩，宋代則通過普加額爵的方式將地方祠祀納入祀典，具有實用主義色彩。③

除了上述這些根據出土文獻、碑刻資料以及傳世材料對唐代書儀、地方祠祀作出的研究之外，也有學者關注民衆的日常禮俗。谷川道雄從日常禮儀出發，研究六朝士族之家禮；④ 張文昌在研究唐宋國家禮典的基礎上進而涉及民間私禮之編纂與行用⑤。關於唐代婚禮，楊爲剛認爲書儀代替禮經和經典，爲社會各階層所使用，敦煌唐代婚禮書儀表達了婚姻功利化、情欲化的取向。隨着唐代禮制與文學的下移，中下級官僚文人成爲婚禮文書、婚禮文學的創作者，使得婚禮文學表現出新的時代特徵，是中古時期從貴族社會到官僚社會、

---

① 雷聞：《郊廟之外：隋唐國家祭祀與宗教》，生活·讀書·新知三聯書店 2009 年版。

② 楊俊峰：《唐宋之間的國家與祠祀——以國家和南方祀神之風互動爲焦點》，上海古籍出版社 2019 年版。

③ 牛敬飛：《古代五嶽祭祀演變考論》，中華書局 2020 年版。

④ 谷川道雄：《六朝士族與家禮——以日常禮儀爲中心》，高明士編：《東亞傳統家禮、教育與國法(一)：家族、家禮與教育》，華東師範大學出版社 2008 年版，第 3~16 頁。

⑤ 張文昌：《制禮以教天下——唐宋禮書與國家社會》，臺灣大學出版中心 2012 年版。

從貴族文學到官僚文學變革的一個縮影。①

這些研究有個共同點，就是關注禮文化在上層與下層之間的交會融合，從國家到社會、從士族到庶人、從規範的國家禮典到雜糅的民間信仰、從儒家儀式到佛道儀軌，這是中古禮俗發展的基本規律。當然，這些規律並未完全固化，在某些情況下也是可逆的，有些民間的、私人性質的習俗、信仰也可以進入國家層面，被規範化爲朝廷禮典。比如北朝在建立禮制的過程中，就糅入部分鮮卑舊俗。唐代諸帝也把一些佛教、道教的儀軌設置成國家禮制，比如武則天所置之明堂，玄宗所設之太清宫、九成宫祭祀等，就融合了許多佛道儀軌和信仰内容。在今後的中古禮俗研究中，上層禮儀與下層風俗、國家制度與私人信仰之間的互動，尚有許多待開拓的空間。另外，囿於資料的限制，關於禮俗的研究主要集中於唐代，我們對於魏晉南北朝的地方祠祀、日常禮俗仍所知甚少(近年有劉凱對三國至北魏太和年間西門豹在政府與民衆眼中的形象轉變研究②)，這不得不説是很大的缺憾。

第四節　禮法研究

"禮法關係"是中國古代思想史、政治史研究中的一個永恒母題，歷來討論不斷。自商鞅變法至秦漢帝國的建立，中國古代帝國構建了一套行之有效的律令體系，並且逐漸傳播到日本、朝鮮、越南等地區，成了東亞文化圈各國共同的制度遺産。自秦漢律令至《唐律疏議》，古代中國發展出了一套完備自足的法律體系，學者稱之爲"中華法系"。但"中華法系"從誕生到成熟的各個階段，都與"禮"有着密不可分的關係。叔孫通定朝儀，爲《傍章》十八篇，與律令同藏於理官。出土秦漢律令中有許多關於家庭倫理的"禮"之範疇的内容，據最新出土的秦漢簡牘可知，秦漢律令中有《葬律》《祠律》《朝律》《祠令》等禮儀條文。曹魏删定漢律，晉初制定律典、令典，代表中國古代法系的一次大變革，從此許多關於朝儀典章、典禮儀注、車服鹵簿等"禮"的内容被規定在令典中，成了律令體系中的一部分。此後律令格式、禮典儀注兩者交織融合，密

① 楊爲剛：《禮制與情欲：唐代婚禮的儀式書寫與文學表達》，《中華文史論叢》2020年第3期。

② 劉凱：《賢臣·神人與異化的神明：西門豹鄴地成神的軌跡及其異化》，《東嶽論叢》2019年第7期。

不可分，一直持續到清朝滅亡。可以説漢晉時代奠定了中國律令體系與禮典體系交流互動的基本格局。

在中古禮文化研究領域中，有關禮法關係的研究大致可分爲三類：第一，“禮治”與“法治”之關係的研究；第二，具體的律令篇章與禮典儀注之關係的研究；第三，“律令體系”與“禮儀體系”之關係的研究。

先説第一類，所謂“禮治”“法治”云者，乃是中國古代兩種不同的政治傳統，一剛一柔，一猛一寬，兩者相濟，共同構成了中國古代二千餘年的政治史。陳顧遠探究中國古代之禮法關係，很早就提出“法律禮教化”的論點，並認爲中國古代之“禮”即爲廣義之“法”。禮有所失，即入乎刑，則“禮”比所謂律令的含括範圍更廣。① 瞿同祖研究中國古代之法系，提出魏晉以來“法律儒家化”的命題，已經成爲中國古代法制史研究中的重要論斷。② 關於法律儒家化，魏晉律令“準五服以制罪”是重要原則。李毅婷考察了西晉“五屬”到“五服”的變化，認爲這表明親屬觀念由重自然血緣親情關係轉爲重親族内部的親疏、尊卑等級秩序，這是禮儀刑律化進程的表現。③ 高明士研究中國古代的“法文化”，梳理出了從“禮刑合一”到“禮主刑輔”的發展線索。④ 梁滿倉認爲漢末三國時期禮法初步結合，魏晉以及北朝北魏孝文帝以後，禮法緊密結合，具體表現爲禮制執行的剛性化、刑事案件中的禮法結合、不因禮廢法等。⑤ 關於北魏禮法，古勝隆一延續李書吉“禮的法制化”思路，認爲這一傾向自晉朝以後，北魏以“違制律”將其明確下來。孝文帝通過“違制律”對官員的婚喪禮儀進行管制，其對官品的整備等一系列政策，也可認爲是在這一貫的政策基礎上進行的。⑥ 至於“禮”與“法”交織、衝突最明顯的領域，則是中國古代的復仇問題。李隆獻、梁滿倉等人都從禮法入手，對復仇觀有過專題研究。⑦

---

① 陳顧遠：《中國法制史概要》，商務印書館 2011 年版。

② 瞿同祖：《中國法律與中國社會》，中華書局 2003 年版。

③ 李毅婷：《從五屬到五服——“準五服以制罪”與漢晉之際宗法觀念的變遷》，彭林主編：《中國經學》第 17 輯，廣西師範大學出版社 2015 年版，第 143~160 頁。

④ 高明士：《中國中古禮律綜論——法文化的定型》，商務印書館 2017 年版。

⑤ 梁滿倉：《論魏晉南北朝“禮”與“法”的結合》，《求是學刊》2016 年第 6 期。

⑥ 古勝隆一：《禮から法へ——北魏における禮の法制化について》，冨谷至編：《東アジアにおける儀禮と刑罰》，日本學術振興會 2011 年版，第 57~68 頁。

⑦ 李隆獻：《復仇觀的省察與詮釋》，臺灣大學出版中心 2012 年版。梁滿倉：《從魏晉南北朝復仇現象看“禮”對“法”的影響》，湯勤福主編：《中國禮制變遷及其現代價值研究(東南卷)》，上海三聯書店 2015 年版，第 68~82 頁。

第二類，即律令篇章與禮典儀注之關係的研究，此類研究更注重文本分析，比上述“禮”“法”文化研究更爲具體，近年來有頗多成果，比如漢魏晉的“故事”雖不同於律令，但也是某種“案例法”，具有法律的效力，與禮儀又有着密切的關係。吕麗討論過漢魏晉禮儀立法與“禮儀”故事的關係,① 楊英討論兩漢“故事”中所包藏的古禮，又下至魏晉，考察漢晉之間禮典和律典的分流，以及西晉以後律典、令典的成立,② 是近年來頗值得注意的研究。榮新江從文獻學的角度考察敦煌吐魯番寫本中的唐律與唐禮。③ 關於俄藏敦煌寫本《唐令》殘卷(дх. 3558)，榮新江、史睿推斷爲顯慶二年七月以後的《永徽祠令》，應該是出於某種目的的抄本。④ 李錦繡認爲該殘卷内容爲主客式、祠令，祠令爲《格式律令事類》祠部卷的一小部分。關於唐代禮、令關係，李錦繡認爲隨着唐初《貞觀禮》《顯慶禮》的編纂，禮、令分工，祠令簡化，祠令的部分内容由禮典記載，禮典也有約束力。禮、令明確分工又互相補充。⑤ 榮新江、史睿將其結論修訂爲此殘卷的性質當爲顯慶年間的令式彙編，禮、令分化當早於武德年間。⑥ 史睿從《顯慶禮》出發，探究唐代禮典與法典之關係。⑦ 吴麗娛主要關注唐代與禮儀有關的令典，比如根據《天聖令》復原唐代《喪葬令》，以此來看律令法典中的禮儀規範。⑧ 雷聞對吐魯番文書中的唐代《禮部式》作

① 吕麗：《漢魏晉的禮儀立法與禮儀“故事”》，《法制與社會發展》2003 年第 3 期。

② 楊英：《兩漢行政“故事”中的古禮孑遺考》，《田餘慶先生九十華誕頌壽論文集》，中華書局 2014 年版，第 120~147 頁；《中古禮典、律典分流與西晉〈新禮〉的撰作》，《社會科學戰線》2017 年第 8 期。

③ 榮新江：《唐寫本中の〈唐律〉〈唐禮〉及びその他》，森部豐譯，(日本)《東洋學報：東洋文庫和文紀要》第 85 卷第 2 號，2003 年。

④ 榮新江、史睿：《俄藏敦煌寫本〈唐令〉殘卷(дх. 3558)考釋》，《敦煌學輯刊》1999 年第 1 期。

⑤ 李錦繡：《俄藏 дх. 3558 唐〈格式律令事類·祠部〉殘卷試考》，《文史》2002 年第 3 輯。

⑥ 榮新江、史睿：《俄藏 дх. 3558 唐代令式殘卷再研究》，季羨林、饒宗頤主編：《敦煌吐魯番研究》第 9 卷，中華書局 2006 年版，第 143~168 頁。

⑦ 史睿：《〈顯慶禮〉所見唐代禮典與法典的關係》，高田時雄主編：《唐代宗教文化與制度》，(日本)京都大學人文科學研究所 2007 年版。

⑧ 吴麗娛：《從〈天聖令〉對唐令的修改看唐宋制度之變遷——〈喪葬令〉研讀筆記三篇》，榮新江主編：《唐研究》第 12 卷，北京大學出版社 2006 年版，第 123~202 頁；《唐朝的〈喪葬令〉與喪葬禮》，《燕京學報》2008 年新 25 期；《以法統禮：〈大唐開元禮〉的序例通則——以〈開元禮·序例〉中的令式制敕爲中心》，《中國古代法律文獻研究》第 4 集，法律出版社 2010 年版，第 181~206 頁。

過考察。① 在整個東亞文化圈的領域，池田温曾對比考察過唐朝、日本《喪葬令》之關係。②

第三類，“律令體系”與“禮儀體系”之關係的研究。此類不同於上述“禮治”“法治”之政治思想的抽象對比，而是從實際的禮典儀注、律令格式出發，研究禮、法兩個規範體系的具體關係。池田温討論過在中國禮法影響之下而建立起來的日本律令制，並對比中日兩國律令制的區别。③ 渡邉信一郎研究過中國古代的“律令法”和禮的秩序。④ 李書吉對北朝禮制法系作過專題研究。⑤ 雖然近年來有越來越多的學者開始嘗試這種研究方法，但目前還没形成可觀的氣候，在這個領域仍有很大的拓展空間。

總而言之，從具體的律令、禮典篇章出發，進行嚴格的文本分析，進而探討禮制與法制的交融互動，這是禮法關係領域近年來興起的新勢力。此新勢力之所以能發展起來，主要得益於秦漢簡牘、敦煌吐魯番文書等新材料的發現，相關研究遂從抽象轉向具體，從理論轉向實證，從思想轉向文本。在禮典、律令文本的研究基礎之上，再進而探討中國古代律令體系與禮儀體系的深層關係，這是禮法關係研究的内在理路。

第五節　禮典研究

所謂“禮典”，包括各朝各代所撰述的禮典、儀注等各類禮儀文獻。《儀禮》即是先秦士大夫等階層各種禮儀的禮典儀注。漢初叔孫通所定禮儀與律令雜處，尚未獨立出來，大概隨時撰述，因事制宜。東漢曹褒作《漢禮》，未行用。魏晉之際，律令體系發生變動，相對固定化的律典、令典開始出現。與此同時，國家制定的完備的禮典也出現了。晉禮由荀顗主持制定，摯虞删定之，奠定了兩晉宋齊的禮典基礎。至南朝梁，何佟之、徐勉等人主持修訂《五禮儀注》，不同於前朝的因循故事，而是依準經義以定制，成爲一代大典，是梁陳

---

① 雷聞：《吐魯番新出土唐開元〈禮部式〉殘卷考釋》，《文物》2007 年第 2 期。

② 池田温：《唐・日喪葬令の一考察——條文排列の相異を中心として》，(日本)《法制史研究》第 45 號，1997 年。

③ 池田温：《中國禮法と日本律令制》，(日本)東方書店 1992 年版。

④ 渡邉信一郎：《中華帝國・律令法・禮的秩序》，川北稔、鈴木正幸編：《歷史學と現在：シンポジウム》，(日本)柏書房 1995 年版。

⑤ 李書吉：《北朝禮制法系研究》，人民出版社 2002 年版。

新制的奠基之作，並影響隋唐禮制甚深。隋及唐初以來亦屢撰禮典，最終定型爲《大唐開元禮》這部巨典，形成了中國古代禮文化的一座高峰，並影響及於宋元明清一千餘年。這是中古禮典撰述的概況。

中古時期的禮典儀注雖然數量龐大，但絶大多數已經亡佚，魏晉南北朝之各代禮典、各禮儀注，今無一完整保存下來。柯金虎遍考魏晉南北朝禮學佚書，其中有些就是禮典。① 閆寧從儀注學、故事學與禮官系統的角度探討中古禮制的建設，最稱力作。②

魏晉時代的一大歷史變動，就是禮典、律典、令典的成文化與體系化，小林聰把西晉之後的中古國家稱爲“禮典・律令國家”。③ 而魏晉之際禮典編撰的重要特點，無疑就是採用“五禮”的框架，梁滿倉認爲漢末三國是五禮體系的孕育期，魏晉之際到蕭梁之前(北朝至北魏末)是五禮體系的發育期，蕭梁至隋是五禮體系的基本成熟期。④ 湯勤福從秦漢魏晉之長時段變化考察了魏晉之際五禮制度誕生的歷史背景及其條件。⑤ 楊英認爲西晉《新禮》終結了漢魏以來律令、故事、官儀混雜的局面，開啓了中古時期系統化禮典之撰作，並加入了儒家的内涵，從内容到體系實現了對“漢魏故事”的徹底革新。⑥ 任慧峰、范雲飛認爲六朝禮典之制定離不開世家大族的支持，儀注之學主要存在於家門。⑦ 朱洪斌考察了兩晉制禮之人的家世淵源，認爲兩晉士族希望將儒家名教觀念通過禮典、法律的形式加以推廣。⑧

《新禮》之後的東晉、南朝前半期雖然没有修撰成文禮典，但禮制改革仍在不斷進行，其中宋孝武帝劉駿最熱衷於制禮作樂。户川貴行考察了劉駿建設明堂、製造五輅、南巡等一系列禮儀舉措，以及東晉南朝整備國家禮儀、改定

---

① 柯金虎：《魏晉南北朝禮學書考佚》，臺灣政治大學博士學位論文，1984 年。

② 閆寧：《中古禮制建設概論：儀注學、故事學與禮官系統》，臺灣花木蘭文化出版社 2016 年版。

③ 小林聰：《泰始禮制から天監禮制へ》，(日本)《唐代史研究(“儀禮と帝権”2004 年度夏期シンポジウム特集)》第 8 號，2005 年，第 26~38 頁。

④ 梁滿倉：《魏晉南北朝五禮制度考論》，社會科學文獻出版社 2009 年版；《論魏晉南北朝時期的五禮制度化》，《中國史研究》2011 年第 4 期。

⑤ 湯勤福：《秦晉之間：五禮制度的誕生研究》，《學術月刊》2019 年第 1 期。

⑥ 楊英：《中古禮典、律典分流與西晉〈新禮〉的撰作》，《社會科學戰線》2017 年第 8 期。

⑦ 任慧峰、范雲飛：《六朝禮學與家族之關係再探》，《孔子研究》2016 年第 3 期。

⑧ 朱洪斌：《兩晉士族制禮考》，中國社會科學院歷史研究所馬克思主義史學理論與史學史研究室編：《理論與史學》第 3 輯，中國社會科學出版社 2017 年版，第 140~157 頁。

郊廟之禮、編定郊廟雅樂等行動。他認爲，東晉南朝有從洛陽中心的天下觀到建康中心的天下觀的轉變過程。元嘉二十七年(450年)宋文帝北伐失敗，恢復中原幾無可能，南朝君臣開始放棄恢復，建立立足江南的天下觀。孝武帝大明三年(459年)以揚州六郡爲"王畿"，就是對建康中心天下觀的制度化。與之相配，上述一系列禮儀改制都是與以揚州爲王畿的聯動政策。户川認爲，東晉成立百五十年之後的宋孝武帝時期，中原文化已經多數喪失、遺忘，新的國家禮儀體現了江南的地方特殊性。南朝雅樂也帶有濃厚的立足於江南的制度、思想的特徵。由此反駁陳寅恪的"淵源論"。① 不過我們認爲劉宋時期以揚州爲"王畿"有非常具體的歷史背景和政治用意，户川用天下觀之轉變來解釋這些歷史事件，難免有過當之嫌。

北魏禮制建設的一系列成果同樣具有禮典意義。關於北朝禮制主要有兩種認識：一種强調其内亞因素，比如前揭羅新對北魏皇帝即位禮中的内亞"舉氈立汗"傳統的揭示；一種强調其中的《周禮》等華夏文化因素。樓勁對北魏天興年間"開國建制"的研究屬於後者，他提出"儒家化北支傳統"的概念，亦即根據儒家經典進行大幅度改制，以解決現實問題，標榜正統，尤其是依託《周禮》進行改制。樓勁認爲北魏開國之初的文明程度已經足夠支撑其設計制作典章文物，使拓跋代國向中原魏朝轉變。北魏遷都平城之前及之後都有一系列開國建制活動，天興元年(398年)的各項建制滲透着儒經所載王者典則的影響，處處突出"開國"特性，貫徹《周禮》"惟王建國，辨方正位，體國經野，設官分職，以爲民極"這個聖王開國建制的總綱。總之，北魏開國建制不管是内容還是精神都貫徹《周禮》，"是中國史上一本書影響一個時代的重要個案，是魏晉以來政治與制度儒家化進程在北朝的進一步發展，也是北族有關創制傳統的形成標志及其一系列周官改制運動的明確起點"②。另外，楊英對北魏儀注作過考證。③

繼晉朝《新禮》之後，中古時代禮典撰作的第二個高峰當推梁朝《五禮儀注》。小林聰認爲西晉《泰始律令》與《新禮》是律典、禮典的首次體系化、成文化，梁武帝《天監律令》與《五禮儀注》的完成，是另一個劃時代的成就。小林承認梁朝對南齊的繼承，但更强調梁武帝的創制。通過考察梁武帝對吉禮、輿服等制度的改革，小林認爲天監改革傾注了梁武帝個人的意志與禮學知識。相

① 户川貴行:《東晉南朝における傳統の創造》,(日本)汲古書院2015年版。

② 樓勁:《北魏開國史探》,中國社會科學出版社2017年版。

③ 楊英:《北魏儀注考》,《中國社會科學院歷史研究所學刊》第9集，商務印書館2015年版，第157~186頁。

比於西晉禮制機械地回歸"周制"，梁朝禮制繼承了成熟的禮制議論，洗練地構築了以天子爲頂點的禮制秩序。① 小林還認爲梁武帝、朱異繼承了王儉、何佟之等人質文遞變的觀念，在梁朝禮制中，從南郊到北郊到明堂再到宗廟，體現了從質到文的演變順序。② 閆寧詳細考證了《五禮儀注》的修撰始末及其參與者，强調《五禮儀注》中梁朝禮制的獨特性、齊梁禮制的差異性，以及梁末《五禮儀注》的散亡，導致其成果未能有效地融入隋唐禮制之中。③ 顧濤研究何佟之對於梁朝《五禮儀注》撰述的貢獻及廬江何氏家學。④

隋代有《開皇禮》《仁壽禮》《江都集禮》等禮書，今皆不傳。高明士把隋代制禮作樂分爲隋文帝代周、平陳以及隋煬帝三個階段。第一階段繼承北齊之制，間接沿襲漢、魏，由牛弘、辛彦之撰成《開皇禮》。平陳之後，兼採南朝雅樂，此前則以北周樂爲主。仁壽年間動員魏周系、北齊系、南朝系的學者官員修撰《仁壽禮》，但仍以北齊禮爲主，兼採南北儀注。隋朝制禮作樂顯示遵循漢魏之舊的文化認同，這是隋朝平定南方、完成統一的重要動力。隋煬帝《江都集禮》雖繼承南朝傳統，但源頭仍是漢魏之舊。⑤ 渡邉信一郎從中國古典國制之重構的角度考察了隋朝樂制改革的過程，認爲隋朝以漢魏以來的華夏音樂爲中心，納入周邊的外國樂，編成象徵"天下大同"的樂制。從後漢到隋，經過三百餘年的曲折迂回，被稱爲"元始故事"、亦即"漢魏故事"的中國古典國制經過再構築，統合了北亞、南亞、中亞諸民族之音樂的樂制得以成立。隋朝的樂制改革始於開皇二年，開皇十四年初步成立，通過煬帝大業初年的改革而得以完成。⑥

至於隋代的《江都集禮》，雖然並非禮典，而是歷代禮議合集，但對於從魏晉南朝到隋唐之禮典撰作具有承前啓後的意義。高明士、史睿、吳羽等人對

① 小林聰：《泰始禮制から天監禮制へ》，（日本）《唐代史研究（"儀禮と帝權"2004年度夏期シンポジウム特集）》第8號，2005年，第26~38頁。

② 小林聰：《梁の武帝による禮制改革の特質——天監年間における國家祭祀の改革を中心に》，（日本）《集刊東洋學》第93號，2005年。

③ 閆寧：《齊梁〈五禮儀注〉修撰考》，氏著《古代禮學禮制文獻研究叢稿》，商務印書館2018年版，第177~217頁。

④ 顧濤：《重新發掘六朝禮學——論何佟之的經學地位》，袁行霈主編：《國學研究》第39卷，北京大學出版社2017年版，第237~264頁。

⑤ 高明士：《中國中古禮律綜論：法文化的定型》，商務印書館2017年版，第223~285頁。

⑥ 渡邉信一郎：《中國古代の楽制と國家：日本雅楽の源流》，（日本）文理閣2013年版。

其内容、性質、撰作年代等各方面皆有考察。① 白石將人的論述最爲全面，認爲《江都集禮》是在何承天《禮論》等南朝禮書的基礎上修撰而成的，繼承了東晉南朝的禮學傳統，並將這一傳統融入隋唐禮典中。②

中古禮典中，唐朝《開元禮》堪稱集大成之作。在《開元禮》之前，唐初還有《貞觀禮》《顯慶禮》兩部禮典。高明士從唐初立國政策的角度考察《貞觀禮》的成立過程，根據武德、貞觀禮、令佚文，他認爲貞觀較武德更接近開皇，但修正了開皇，樹立李唐超越漢魏、直追周制的立國政策。③ 吳麗娛認爲《貞觀禮》在隋朝《開皇禮》的基礎上修成，以因循爲主，帶有北朝色彩。但相比於《開皇禮》，《貞觀禮》有二十九條修改，以周禮的精神爲原則定其取捨，折中漢魏儀制，兼吸取南朝禮制，同時注重實用性，這使得《貞觀禮》具有繼往開來的特色。在觀點上與高明士認爲《貞觀禮》"超越漢魏、直追周制"有相通之處。④ 關於《顯慶禮》，吳麗娛認爲永徽初年禮典律令的修撰完全掌握在以長孫無忌爲首的貞觀舊臣或"關隴集團"手中，此時所修之禮與《貞觀禮》一脈相承。顯慶元年之後，《顯慶禮》的實際主持修撰者是許敬宗和李義府，兩人都是武氏之黨。政局的變化，導致《顯慶禮》前後矛盾。從六天説改爲一天説，强調皇帝獨尊，皇權壓倒一切。同時加重皇后禮儀。⑤ 吳麗娛還以政治鬥争解讀各部禮典、法典的撰作，認爲《顯慶禮》推翻和批判《貞觀禮》的背景是貞觀顧命舊臣的貶逐和覆滅，龍朔修格是貫徹武則天的意志和擴張其權力的産物，而《儀鳳格》"後本"則反映了宰相領導的傳統派和朝臣對武則天的反對。⑥

---

① 高明士：《中國中古禮律綜論：法文化的定型》，商務印書館 2017 年版，第 272~273 頁。史睿：《北周後期至唐初禮制的變遷與學術文化的統一》，榮新江主編：《唐研究》第 3 卷，北京大學出版社 1997 年版，第 165~184 頁。吳羽：《今佚唐〈開元禮義鑒〉的學術淵源與影響》，《魏晉南北朝隋唐史資料》第 26 輯，武漢大學文科學報編輯部 2010 年版，第 196~197 頁。

② 白石將人：《〈江都集禮〉與隋代的制禮》，趙晶主編：《中國古代法律文獻研究》第 13 輯，社會科學文獻出版社 2019 年版，第 138~156 頁。

③ 高明士：《中國中古禮律綜論：法文化的定型》，商務印書館 2017 年版，第 286~334 頁。

④ 吳麗娛：《關於〈貞觀禮〉的一些問題——以所增"二十九條"爲中心》，《中國史研究》2008 年第 2 期。

⑤ 吳麗娛：《〈顯慶禮〉與武則天》，杜文玉主編：《唐史論叢》第 10 輯，三秦出版社 2008 年版，第 1~16 頁。

⑥ 吳麗娛：《試析唐高宗朝的禮法編纂與武周革命》，《文史》2016 年第 1 輯。

關於《開元禮》的研究較多。池田温對《大唐開元禮》有過解題。① 趙瀾對《開元禮》之制定及其對國家禮制建設的作用有過研究。② 楊華從學術對禮制之影響的角度，分析《開元禮》對鄭玄、王肅二人禮説之擇從。③ 劉安志討論過《開元禮》的性質及其行用問題，認爲唐人視《開元禮》等同於經，《開元禮》是對漢魏以來禮制的全面總結，並非具體的儀注，而是禮的一般性原則規定。④ 吴麗娱以唐初"改撰《禮記》"的思想爲切入點，研究《開元禮》之思想背景和撰述緣起，並進而論及唐代禮制的轉型。⑤ 吴麗娱還認爲《開元禮》是《貞觀禮》與《顯慶禮》的折中。在討論經學與禮制的關係時，吴麗娱認爲禮制可以看做經學在當代的實踐，經學變革永遠走在禮制前面，並且與禮制變革彼此交融。⑥ 張文昌對《開元禮》之編纂過程、具體儀節有過詳密的考察，並進而論述其對唐朝國家禮制建設、社會秩序之整合的作用。⑦

《開元禮》之後，唐代又陸續出現了一些别的禮典。關於《郊祀録》，張文昌認爲王涇《郊祀録》之撰作主要由於唐德宗對郊廟禮儀的關注，記載了唐德宗朝的郊廟禮儀。《郊祀録》以"因革"體例展現當朝禮制的合禮性。從《開元禮》到《郊祀録》，預示着禮典編纂的典範從"當代性"與"完整性"向"沿革性"與"修正性"轉變。⑧ 馮茜認爲《郊祀録》是私撰禮書，而非官修禮典。《郊祀録》的因革體例表明王涇等中晚唐人强調王朝制禮的主體性與禮制的當代性，

---

① 池田温解題：《大唐開元禮》(影印洪氏刊本)，(日本)汲古書院 1972 年版。

② 趙瀾：《〈大唐開元禮〉初探——論唐代禮制的演化歷程》，《復旦學報》(社會科學版)1994 年第 5 期；《略論開元禮的制定與封建禮制的完備化》，《福建教育學院學報》2002 年第 1 期。

③ 楊華：《論〈開元禮〉對鄭玄和王肅禮學的擇從》，《中國史研究》2003 年第 1 期。

④ 劉安志：《關於〈大唐開元禮〉的性質及行用問題》，《中國史研究》2005 年第 3 期。

⑤ 吴麗娱：《營造盛典：大唐開元禮的撰作緣起》，《中國史研究》2005 年第 3 期；《改撰〈禮記〉：〈大唐開元禮〉的創作更新》，浙江大學古籍研究所編：《禮學與中國傳統文化——慶祝沈文倬先生九十華誕國際學術研討會論文集》，中華書局 2006 年版，第 270~287 頁；《從唐代禮書的修訂方式看禮的型制變遷》，湯勤福主編：《中國禮制變遷及其現代價值研究(東北卷)》，上海三聯書店 2016 年版，第 144~169 頁。

⑥ 吴麗娱：《從經學的折衷到禮制的折衷——由〈開元禮〉五方帝問題所想到的》，《文史》2017 年第 4 輯。

⑦ 張文昌：《唐代禮典的編纂與傳承——以〈大唐開元禮〉爲中心》，臺灣花木蘭文化出版社 2008 年版；《制禮以教天下——唐宋禮書與國家社會》，臺灣大學出版中心 2012 年版。

⑧ 張文昌：《唐德宗重建禮制秩序與〈大唐郊祀録〉的編纂》，臺灣《興大歷史學報》2007 年第 19 期。

核心思想是"因革損益"，由此産生了回歸《開元禮》與逐漸背離《開元禮》的深刻矛盾。① 吴麗娱把《開元禮》之後的唐朝禮典稱爲"開元後禮"，並考察其變化過程：建中、貞元初主要是繼承、回歸《開元禮》，貞元後到元和中則更多地納入新制。唐代通過制敕而變更《開元禮》。另外，禮典中道教因素以及皇帝私人和家族性質的私禮也被逐步納入國家禮典中，形成了國家公制與皇帝私禮共存的局面。② 因《開元禮》之撰成，後世禮家又撰述了一系列相關禮書，比如《開元禮義鑒》。吴羽把禮書分爲"三禮"注疏之書、儀注之書、禮議之書三類，認爲《開元禮義鑒》屬於禮議之書，内容爲訓解注釋《開元禮》中的疑難問題，繼承了摯虞《决疑注》、何承天《禮論》、隋朝《江都集禮》的禮學傳統。③ 吴羽還考察了晚唐王彦威《元和曲臺新禮》以及宋代《中興禮書》，認爲安史亂後，唐宋禮書之編纂有專業化、案牘化的傾向。④

除了《開元禮》之外，《通典》中有一半内容都與禮儀有關，也是中古時期的一部重要禮典。鄧國光從經學角度看《通典》，揭示《通典》的經學本質，認爲《通典》是"經世經學"的典範，杜佑以經學經世，《通典》取義於《洪範》八政，以立皇極、樹王道爲心。⑤ 甘懷真從思想的角度探討中國古代的制禮觀念，並研究《通典》所反映的"周禮國家觀"。⑥ 馮茜認爲杜佑《通典·禮典》重新熔鑄禮經學與禮制傳統，爲當代禮制奠立秩序。杜佑以禮制傳統爲本，統合經學與禮制傳統，把經學、禮學還原爲史事、制度，體現一種"通禮"的精神。這種精神上承劉炫、劉焯對義疏學的反動，下啓中晚唐兩宋禮學思想的新變。⑦

---

① 馮茜：《唐宋之際禮學思想的轉型》第一章第三節"中晚唐禮書編纂中的禮學"，生活·讀書·新知三聯書店 2020 年版，第 88~109 頁。

② 吴麗娱：《皇帝"私"禮與國家"公"制："開元後禮"的分期及流變》，《中國社會科學》2014 年第 4 期。

③ 吴羽：《今佚唐〈開元禮義鑒〉的學術淵源與影響》，《魏晉南北朝隋唐史資料》第 26 輯，武漢大學文科學報編輯部 2010 年版，第 187~202 頁。

④ 吴羽：《論中晚唐國家禮書編撰的新動向對宋代的影響——以〈元和曲臺新禮〉、〈中興禮書〉爲中心》，《學術研究》2008 年第 6 期。

⑤ 鄧國光：《杜佑〈通典〉的經學本質》，氏著《經學義理》，上海古籍出版社 2011 年版，第 425~443 頁。

⑥ 甘懷真：《中國古代的周禮國家觀與〈通典〉》，黄寬重主編：《基調與變奏：七至二十世紀的中國》，臺灣政治大學等 2008 年版。

⑦ 馮茜：《唐宋之際禮學思想的轉型》第一章第二節"杜佑《通典》與'通禮'傳統"，生活·讀書·新知三聯書店 2020 年版，第 74~87 頁。

綜合來看中古禮典研究之概況，《開元禮》資料完備，内容豐富，相關研究比較充分；但魏晉南北朝的禮典儀注幾乎没有保存下來，所以學者不甚措意，這是很遺憾的。如果不探明魏晉南北朝之禮典儀注發展脈絡以及中古時期禮典撰述的思想背景，就不能深入理解唐代禮典。另外，學界對作爲禮典的《通典》之關注也不夠，這是今後需要加强的方面。

小　　結

綜上所述，魏晉南北朝隋唐時期的禮文化具有鮮明的特點：

第一，魏晉以來的禮學非常發達，清代學者趙翼説"六朝人最重三《禮》之學"①，沈垚説"六朝人禮學極精"②，是極有見地的評價。一般認爲魏晉名士風流，生活放蕩，不拘禮法。但與此同時，"三禮"、喪服之學也非常發達，乃是因爲中古社會以士族高門爲基礎，而士族最重禮法，"三禮"經學、禮儀實踐主要保留在士族家門之内，以家學、家禮的方式傳承不絶，這是中古禮學、禮儀實踐的一個重要特點。

第二，中古禮制變動頻繁，制度與經學的互動非常密切。漢制不同於周禮，而中古禮制則在漢制的基礎上不斷向周禮回歸，呈現出周禮與漢制、經義與故事、理想與現實、經學與制度交織互動、水乳交融的局面。整個中古禮制史，也就是經學學者參考經義、着眼現實、發揮經學詮釋之創造力以滲透於制度的過程。中古時期的經學並不是没有現實關懷的書齋學術，而是面向制度建設的活的學問，魏晉南北朝時期經學詮釋之發達，經義世界之豐富，經學思想之活潑，都是因爲學術面向現實制度、禮學作用於禮制建設。而這種經學的活潑局面，進入隋唐以後就逐漸固化，經學對於制度的作用力也不如魏晉南北朝時期。這是中古禮制史的一條線索。

第三，中古時期禮法交融逐漸深入，禮法關係頗爲複雜。魏晉以來，"法律儒家化"的程度不斷加深，禮儀中的五服制度等元素逐漸融入律令體系中，構成其基本框架。在司法實踐中，"情"與"禮"也成了判案過程中必須考慮的重要原則，"緣情制禮""緣情制法"的觀念深入人心，"法治"中逐漸糅入了

---

① 趙翼撰，王樹民校正：《廿二史劄記校正(訂補本)》，中華書局 1984 年版，第 440 頁。

② 沈垚：《落颿樓文集》卷八《與張淵甫》，民國吳興叢書本。

“禮治”的内核。各朝律典、令典與禮典、儀注在撰述過程中也相互影響，令典中有專門的禮儀規範，而朝廷所定之禮典、儀注也在一定程度上具有法律的效力。中古時期的禮法關係奠定了整個中國文化中禮文化與法文化的基本格局。

第四，禮儀文獻大量湧現。中古“三禮”之學、尤其是喪服之學比較興盛，禮經注疏、辯難答問類的禮議書籍數量頗多。另外，各種朝廷典禮也大多具有相應的儀注，這也是一類頗爲重要的禮儀文獻；除此之外，士族私家也屢有家禮儀注之撰述。中古各朝熱衷於編撰大型禮典，自西晉《新禮》開始，梁朝撰制了規模宏大的《五禮儀注》，隋朝有《開皇禮》，唐朝則有《貞觀禮》《顯慶禮》《開元禮》，遞相祖述，粲然可觀。中古禮儀文獻雖大多亡佚，但根據現存的史料，仍然可以在中古禮文化研究領域大有作爲。

關於魏晉南北朝隋唐禮文化即廣義禮學的研究，近年來呈現出非常繁榮的局面，各個方面都湧現出大量成果。許多外緣因素造成這一繁榮局面。從消極的方面來説，隨着中古史研究的内卷化，傳統領域的政治、經濟、軍事、制度等方面的研究已經相當飽和，學者們紛紛逃離“中心”，向中古史的“邊緣”領域進軍，於是這一期時期的天文、曆法、醫藥、禮制等研究受到越來越多的重視。從積極的方面來説，20 世紀(尤其是後半葉)以來興起的新文化史研究的影響波及中國古代史領域，學者們有意識地跳出傳統的研究領域和視角，轉而從日常、底層、女性、儀式的視角來看待過去，從而導致日常生活史、性别史、動物文化史、醫藥史、儀式等方面研究的興起。當然，不管有多少外緣因素的助力，魏晉南北朝隋唐時代禮文化研究的興盛還有其内在動力，這就是“禮”作爲中國文化的核心，具有深刻的内涵、廣泛的影響、無窮的研究空間。若要探明中國文化的精神、魏晉南北朝隋唐時代歷史演變的主要動力，“禮”是無論如何也繞不過的。

本章所展示的魏晉南北朝隋唐禮文化研究表明，這一時段的“禮”與其他各方面聯繫緊密，具有互動、滲透、融合的特點。禮與經學思想、與政治權力、與國家體制、與法律制度、與民間風俗、與典章制度之間，都有着複雜的互動關係，在互動中彼此滲透、交融，乃至於合爲一體，難以分别。比如禮與法、禮與俗，在很多情况下都難分彼此，研究法制史、風俗史，當然也繞不開禮文化。

雖然魏晉南北朝隋唐禮文化的研究已經積累了相當多成果，但仍然有比較大的開拓空間，甚至在一些看似“題無剩義”的領域，如果轉變視角，就會别有天地。

首先，在禮學研究上，學者往往集中關注大禮學家以及比較完整的禮學著作，比如鄭玄、王肅、"三禮"注疏等。對於在魏晉到隋唐時代之治禮、制禮、議禮非常重要的禮學家，因爲没有成書存世，所以得到的關注比較少。但《通典》以及歷代正史中保留了大量中古時代許多禮家的禮議，這也是亟待開拓的資源。《通典・禮典》羅列了漢唐之間的重要禮家名録：

按秦蕩滅遺文，自漢興以來，收而存之，朝有典制可酌而求者：漢有叔孫通、高堂生、徐生、賈誼、河間獻王、董仲舒、蕭奮、孟卿、后蒼、聞人通漢、夏侯敬、劉向、戴德、戴聖、慶普、劉歆。後漢有曹充、曹褒、鄭興、鄭衆、賈逵、許慎、杜子春、馬融、鄭玄、衛宏、何休、盧植、蔡邕。魏有王粲、衛覬、高堂隆、蔣濟、王肅、秦静、劉表、劉紹、盧毓、陳群、魚豢、王沈。蜀有譙周、蔣琬、孟光、許慈。吴則宋敏、丁孚。晉有鄭沖、荀顗、陳壽、孫盛、羊祜、杜元凱、衛瓘、庾峻、袁準、賀循、任愷、陳銓、孔備、劉逵、摯虞、束晳、傅咸、鄒湛、蔡謨、孔衍、庾亮、范宣、范汪、徐邈、范寧、刁協、荀崧、卞壼、葛洪、王彪之、司馬彪、干寶、徐廣、謝沈、王裒、何琦、虞喜、應貞。宋有徐羡之、傅亮、臧燾、徐廣、裴松之、何承天、顔延之、雷次宗、徐爰、庾蔚之、崔凱、孔智。齊有王儉、何戢、田僧紹、劉瓛、王逡[之]。梁有司馬褧、陸璉、沈約、周捨、明山賓、裴子野、徐勉、顧協、朱異、嚴植之、賀瑒、崔靈恩、皇侃、何佟之、陶弘景、司馬憲、丘季彬。陳有謝嶠、孔奂。後魏有高允、高閭、王肅。北齊有熊安生、陽休之、元循伯。後周有蘇綽、盧辯、宇文弼。隋有牛弘、辛彦之、許善心。皇唐有孔穎達、褚亮、虞世南、陸德明、令狐德棻、朱子奢、顔師古、房玄齡、魏徵、許敬宗、楊師道、賈公彦、杜正倫、李義府、李友益、劉祥道、郝處俊、許圉師、韋琨、范履冰、裴守真、陸遵楷、史玄道、孔志約、蕭楚材、孫自覺、王方慶、賀紀、賈大隱、韋萬石、賀敳、韋叔夏、祝欽明、許子儒、沈伯儀、元萬頃、劉承慶、郭山惲、辟閭仁諝、唐紹、張星、王嵒、張説、徐堅、李鋭、施敬本、王仲丘、張統師、權無二、孔玄義、賈曾、李行偉、韓抱素、盧履冰、田再思、馮宗、陳貞節、賀知章、元行沖、韋縚等。或歷代傳習，或因時制作，粗舉其名氏，列於此注焉。①

---

① 杜佑:《通典》卷四一《禮一》，王文錦等點校，中華書局 1988 年版，第 1122~1123 頁。

上述每位禮家都有不少禮議保存在《通典》以及正史中，若能對此作出比較深入的分析，或許可以跳出用鄭學、王學或者南學、北學這種簡單的二分法來理解魏晉南北朝隋唐之禮學、禮制演變的窠臼，啓發更多新知，定能把這一時期禮文化的研究推上一個新階段。

其次，就禮制研究來説，目前雖然尚未形成可供複製的研究範式，但禮制史研究的主流是從儀式看權力，從禮儀結構看權力結構。禮制與其他制度的不同之處在於它以“三禮”等古代經典爲依託，具有極爲雄厚的經學學術背景，在彰顯政權合法性、國家正統性方面作用重大。除了用政治、權力解釋禮制變化之外，如果能探索其中的經學内涵，用經學内部的邏輯解釋一些禮制變化，從政治、經學等不同路徑進入禮制史，這些路徑並行而不悖，當會爲禮制史帶來更加深入且全面的認識。

最後，目前的禮文化研究主要集中於頂端學者的禮學研究、國家層面的禮制、禮典、禮法研究，對於民間的禮儀實踐，因爲缺乏材料，學者措意較少。雖然魏晉南北朝隋唐時代的史料較少，新史料尤其少，但如果能儘量從漢晉簡牘、敦煌遺書中發掘民間的冠、婚、喪、祭等禮俗，以及國家禮典在地方社會的推行，從“自上而下”的視角轉爲“自下而上”的視角，也許會有不少創獲。

總而言之，開拓眼界，轉换視角，開發資料，魏晉南北朝隋唐禮文化研究的繁榮局面目前看來不僅會持續下去，還可能有重大突破，甚至形成一些學術範式，突破禮文化的範疇，影響及於中古史研究、經學研究的其他領域。

第四章 兩宋時期禮學研究

兩宋的禮文化研究，經過數代學者的努力，已然頗爲可觀。尤其是改革開放以來，該領域的研究更是取得了前所未有的進展，學者們從多學科、多角度展開討論，涉及經學、理學、制度史、文化史、法律史、文獻學、民俗學等多種學科和方法，成績斐然。湯勤福《百年來大陸兩宋禮制研究綜述(1911—2013年)》和楊英《改革開放四十年來的中古禮學和禮制研究》兩文，已對兩宋禮文化的研究現狀有較爲全面的討論。① 二文對禮制文獻整理與研究，兩宋禮樂制度沿革、變遷和禮典修撰，宋代禮制如郊祀、封禪、太廟、濮議等，宋代家族祭祀、家廟問題，地方教化，禮制與禮俗關係，淫祀研究，等等，已有相當細緻的梳理。尤其是湯勤福著《華髮集》，② 除了對中國古代禮制有通觀性的研究(如禮制源流、禮制與民族關係、禮制與現代社會、月令問題等)之外，宋代禮制諸問題是其關注的重點，如《太常因革禮》、《宋史・禮制》、朱熹家禮等問題，佛教禮儀等問題都有涉及。近年來，楊志剛、張文昌、惠吉興、王美華、劉豐、潘斌、朱溢、吾妻重二等學者，對兩宋時期禮文化研究都有貢獻。

以下分門别類地對兩宋禮文化研究進行梳理與總結。

第一節 "三禮"文獻研究

宋代的"三禮"經學研究，已經在一定程度上掙脱了漢唐注疏的束縛，不

---

① 湯勤福：《百年來大陸兩宋禮制研究綜述(1911—2013年)》，《歷史文獻研究》(總35輯)，華東師範大學出版社2015年。楊英：《改革開放四十年來的中古禮學和禮制研究》，《文史哲》2020年第5期。

② 湯勤福：《華髮集》，上海三聯書店2020年版。

僅打破疏不破注的經學條律，並且對許多舊説提出了新的觀點和看法。對宋人三禮經學的研究，大多從此方向入手，取得了比較豐碩的成果。

對宋人“三禮”研究的綜合性討論，錢玄《三禮通論》有“宋元明禮學”一節，以朱熹《儀禮經傳通解》、聶崇義《新定三禮圖》、李如圭《儀禮集釋》和《儀禮釋宫》作爲宋人“三禮”研究的代表性著作；同時認爲，宋人釋“三禮”，有不依鄭注者，亦有打破鄭注者。① 目前，《儀禮經傳通解》《新定三禮圖》《儀禮集釋》這三部書，在大陸地區均已有整理本出版。②

王鍔《三禮研究論著提要》對歷代《儀禮》《周禮》《禮記》及通論“三禮”的論著和論文進行了彙編和介紹，其中收録許多宋人著作，對我們瞭解宋人“三禮”研究頗有搜羅之功。同時，該書亦對《儀禮》《禮記》《周禮》的版本刊刻問題進行了非常詳細的辯證。③ 楊天宇的《儀禮譯注》《禮記譯注》《周禮譯注》三部譯注著作，在“前言”中論及“三禮”學術史時，亦對宋代的“三禮”文獻研究有簡單的介紹。④ 劉豐《北宋禮學研究》是對北宋一代禮學情況的概述，該書不僅從整體上討論了北宋“三禮”學的情況，同時也分别從學術與政治以及學術史的角度對王安石《周官新義》作了深入分析。該書還討論了北宋禮學與理學的互動、禮制與思想的交融等問題。⑤ 潘斌《宋代“三禮”詮釋研究》則對宋人的“三禮”類著作、詮釋體例、“三禮”詮釋與宋代理學的關係、“三禮”詮釋與宋儒修身齊家的關係、“三禮”詮釋與治國理政的關係等問題作了系統的討論。⑥ 可以説是目前爲止對宋代“三禮”學研究的最爲全面的著作。除了禮學類的專著，許多宋代經學史的著作亦對宋人的“三禮”研究有部分的討論，比如吳國武的《兩宋經學學術編年》一書，在“前言”部分對宋人的周禮學、禮記學和儀禮學有綜合性的論述，正文部分則細緻考證了宋人“三禮”著作的著述情況及作者資料。⑦

---

① 錢玄：《三禮通論》，南京師範大學出版社 1996 年版，第 61~63 頁。

② 朱熹：《儀禮經傳通解》，朱傑人、嚴佐之、劉永翔主編：《朱子全書》第二至五册，王貽樑點校，上海古籍出版社、安徽教育出版社 2002 年版。聶崇義：《新定三禮圖》，丁鼎校點，清華大學出版社 2006 年版。李如圭：《儀禮集釋》，楊華、李志剛校點，北京大學出版社 2018 年版。

③ 王鍔：《三禮研究論著提要》，甘肅教育出版社 2001 年版。

④ 楊天宇：《儀禮譯注》《周禮譯注》《禮記譯注》，上海古籍出版社 2004 年版。

⑤ 劉豐：《北宋禮學研究》，中國社會科學出版社 2016 年版。

⑥ 潘斌：《宋代“三禮”詮釋研究》，人民出版社 2018 年版。

⑦ 吳國武：《兩宋經學學術編年》，鳳凰出版社 2015 年版。

一、《儀禮》學研究

《儀禮》雖素稱難治，但宋人的《儀禮》經學研究，仍取得了很大的成就，其中以朱熹、黄榦、楊復等人編撰的《儀禮經傳通解》《儀禮經傳通解續》、李如圭《儀禮集釋》、魏了翁《儀禮要義》等論著爲代表。學界對宋人《儀禮》學的研究，主要集中在對上述幾種著作的考證上，不僅對其撰作、版本流傳進行討論，也對其解經方式及影響進行了深入探討。

楊世文、李國玲《宋儒對儀禮的注解與辨疑》是對宋代《儀禮》學的概括性討論，該文認爲宋儒在文獻考辨方面的成就主要在於兩點：一是否定《儀禮》爲周公所作的傳統説法，二是《儀禮》可能有後人附益的内容。①

肖永明、殷慧《朱熹禮學研究綜述》一文有專節討論《儀禮經傳通解》的研究綜述。該文認爲，對《儀禮經傳通解》的研究大體經歷了一個從討論編纂起源及其體例到深入研究其内容和特點的過程。② 此説得當。我們在該文的基礎上對《儀禮經傳通解》一書的研究成果進行梳理。

白壽彝早在 1936 年便撰《〈儀禮經傳通解〉考證》一文，對該書的篇章構成、成書過程、該書的助理編輯者、該書未完成的部分以及版本刊刻，等等，都進行了較爲詳細的考證。③ 代表了民國時《儀禮經傳通解》研究的最高水準。新中國成立以後，大陸學者對該書的研究不多，海外學者有相關著述。臺灣的戴君仁著有《朱子儀禮經傳通解與修門人及修書年歲考》及《書朱子儀禮經傳通解後》兩文，對朱熹編修過程和該書的旨意分别作了細緻的考證。④ 日本山上春平著有《朱子的禮學——〈儀禮經傳通解〉研究序説》和《朱子的〈家禮〉和〈儀禮經傳通解〉》，對該書編撰體例上的先後之不同作了考證。⑤ 八九十年代以

---

① 楊世文、李國玲：《宋儒對儀禮的注解與辨疑》，《四川大學學報》（哲學社會科學版）2004 年第 4 期。

② 肖永明、殷慧：《朱熹禮學研究綜述》，《朱子學刊》第二十輯，黄山書社 2000 年版。

③ 白壽彝：《白壽彝文集・朱熹撰述叢考》，河南大學出版社 2008 年版，第 40～69 頁。

④ 戴君仁：《朱子儀禮經傳通解與修門人及修書年歲考》，臺灣《文史哲學報》第 16 期，後收入氏著《梅園論學集》，臺灣開明書店 1970 年版；《書朱子儀禮經傳通解後》，臺灣《孔孟學報》第 14 期，後收入氏著《梅園論學集》，臺灣開明書店 1970 年版。

⑤ 山上春平：《朱子的禮學——〈儀禮經傳通解〉研究序説》，（日本）《人文學報》第 41 卷，1976 年，第 41 頁；《朱子的〈家禮〉和〈儀禮經傳通解〉》，（日本）《東方學報》第 54 卷，1982 年。

後，大陸《儀禮經傳通解》的研究大量湧現。不僅在思想史和經學史專著中有所論及，同時也出現了一些專門性的論著和論文。

在《朱子全書》中，由王貽樑對《儀禮經傳通解》進行了整理與點校。王貽樑在《朱子全書·儀禮經傳通解》的《校點説明》中對該書的成書、版本、整理本的版本依據等作了説明。① 李紅《朱熹〈儀禮經傳通解〉語音研究》一書專門從語音學角度對該書進行了研究。② 王志陽《〈儀禮經傳通解〉研究》一書是綜合研究《儀禮經傳通解》的專著，該書對朱熹的《儀禮經傳通解》以及黄榦、楊復的《儀禮經傳通解續》的編撰過程進行了細緻考證，探討了其間的傳承及發展衍變。③ 曾文娟《傳統與創新：多維視野下的傳統禮學研究新成果——評王志陽〈儀禮經傳通解研究〉》一文對該書進行了評介，認爲該書融合了新舊多種學術方法。④

近年來亦陸續湧現出不少研究《儀禮經傳通解》的學位論文。臺灣政治大學張經科碩士學位論文《〈儀禮經傳通解〉之家禮研究》,⑤ 韓國高麗大學宋在倫的碩士學位論文《朱熹禮學思想的形成：〈家禮〉〈小學〉〈儀禮經傳通解〉的階段性發展》⑥均從不同角度涉及了對《儀禮經傳通解》的研究。林革華碩士學位論文《朱熹〈儀禮經傳通解〉“編纂”研究》專門探討了該書的編纂過程。⑦ 臺灣孫致文博士學位論文《朱熹〈儀禮經傳通解〉研究》認爲該書在編撰體例與理念、解經意旨上，對後世影響巨大，同時該書還具有相當的學術史價值，是討論“漢、宋”和“禮、理”兩組學術概念争辯的最佳材料。⑧ 錢螢科的碩士學位論文《〈儀禮經傳通解·喪禮〉整理方法研究》則專門對黄榦續修的《儀禮經傳通解》中“喪禮”部分的編撰進行了討論。⑨ 李少鵬的博士學位論文《〈儀禮經傳通

---

① 王貽樑的點校説明，見前述《朱子全書》第 2 册。該書已出版修訂版，上海古籍出版社 2010 年版，第 1~10 頁。

② 李紅：《朱熹〈儀禮經傳通解〉語音研究》，廈門大學出版社 2011 年版。

③ 王志陽：《〈儀禮經傳通解〉研究》，社會科學文獻出版社 2018 年版。

④ 曾文娟：《傳統與創新：多維視野下的傳統禮學研究新成果——評王志陽〈儀禮經傳通解研究〉》，《安康學院學報》2020 年第 3 期。

⑤ 張經科：《〈儀禮經傳通解〉之家禮研究》，臺灣政治大學碩士學位論文，1989 年。

⑥ 宋在倫：《朱熹禮學思想的形成：〈家禮〉〈小學〉〈儀禮經傳通解〉的階段性發展》，(韓國)高麗大學碩士學位論文，1999 年。

⑦ 林革華：《朱熹〈儀禮經傳通解〉“編纂”研究》，吉林大學碩士學位論文，2000 年。

⑧ 孫致文：《朱熹〈儀禮經傳通解〉研究》，臺灣“中央大學”博士學位論文，2003 年。

⑨ 錢螢科：《〈儀禮經傳通解·喪禮〉整理方法研究》，華東師範大學碩士學位論文，2010 年。

解〉研究》，對朱熹的禮學實踐，《儀禮經傳通解》的撰刻與流傳、解經方式、《儀禮經傳通解》與清代考據學的關係以及該書的影響和不足等作了論述。①

論文方面，對《儀禮經傳通解》的研究更加豐富，可按其研究方向進行歸類。首先是對該書編撰緣由、編撰人員、編撰體例以及版本的研究。殷慧有數篇論文對該問題進行了探討。其《朱熹編撰〈儀禮經傳通解〉的緣由探析》一文認爲，促使朱熹編修此書的主要原因有兩點：一是學術層面，反映了其對宋代禮學研究的反思和糾偏；二是現實層面，朱熹在禮制論争中受挫以後進行了學術反思。② 殷慧、肖永明《朱熹編撰〈儀禮經傳通解〉的過程與挑戰》認爲余正父與朱熹的禮學討論，刺激了朱熹的禮學思考，客觀上促進了《儀禮經傳通解》一書的編撰。③《論朱熹〈儀禮經傳通解〉的特點》一文則對該書的編修過程進行了梳理。④ 葉純芳《影印宋刊元明遞修本〈儀禮經傳通解〉正續編編後記》一文，對該書存世的版本進行了細緻的梳理。⑤ 潘斌《朱子〈儀禮經傳通解〉的編纂緣由和學術影響》一文則認爲，該書的編纂起因主要是對王安石新政中文化政策的回應，且該書對後學者的禮書編纂産生了重要的影響。⑥ 李少鵬、孫赫男《〈儀禮經傳通解〉版本考略》一文是李少鵬博士學位論文的部分内容，對該書"寶祐刊本"的問題進行了探討。⑦ 王志陽《〈儀禮經傳通解〉編撰緣起新論》一文認爲，"朱子編撰《儀禮經傳通解》的内在動力源自下學上達的工夫，而學術根源則是遠承二程切問近思的治學方法，直接觸發的原因則是宋代忽略禮學的學術偏差"⑧。杜以恒《〈儀禮經傳通解〉分節探析》一文認爲朱熹在分節

---

① 李少鵬：《〈儀禮經傳通解〉研究》，吉林大學博士學位論文，2017 年。

② 按：該論文屬於作者博士學位論文的部分内容。殷慧：《朱熹編撰〈儀禮經傳通解〉的緣由探析》，姜廣輝主編：《中國哲學》第 26 輯《經學今詮五編》，遼寧教育出版社 2010 年版，第 306~333 頁。

③ 殷慧、肖永明：《朱熹編撰〈儀禮經傳通解〉的過程與挑戰》，(韓國)《哲學論叢》2011 年。

④ 殷慧：《論朱熹〈儀禮經傳通解〉的特點》，陳來編：《哲學與時代：朱子學國際學術研討會論文集》，華東師範大學出版社 2012 年版，第 131~142 頁。

⑤ 葉純芳：《影印宋刊元明遞修本〈儀禮經傳通解〉正續編編後記》，《版本目録學研究》第 3 輯，國家圖書館出版社 2012 年版，第 59~84 頁。

⑥ 潘斌：《朱子〈儀禮經傳通解〉的編纂緣由和學術影響》，《四川師範大學學報》(社會科學版)2015 年第 3 期。

⑦ 李少鵬、孫赫男：《〈儀禮經傳通解〉版本考略》，《古籍整理學刊》2016 年第 5 期。

⑧ 王志陽：《〈儀禮經傳通解〉編撰緣起新論》，《朱子學刊》第二十九輯，黄山書社 2018 年版。

上總體繼承賈公彦，但又根據經義進行了若干重大的修改，樹立了《儀禮》分節的經典範式。① 李少鵬《朝鮮刊〈儀禮經傳通解〉的版本及流佈》則對朝鮮刊印的《儀禮經傳通解》及其在後世的流傳進行了梳理。②

其次是對《儀禮經傳通解》一書旨意、價值、意義和影響的研究。王啓發《朱熹〈儀禮經傳通解〉的編纂及其禮學價值》認爲，《通解》有很高的禮學價值。③ 殷慧《宋代儒學重建中的朱熹〈儀禮〉學》將朱熹編撰《通解》置於儒學重建的背景之下，認爲朱熹試圖通過《通解》的編修來重振《儀禮》學，並消除《禮記》學的種種弊端。④ 王志陽的《〈儀禮經傳通解〉朱子按語研究》一文對其解經方式進行了討論，⑤ 其《論〈儀禮經傳通解〉對後世禮書編撰的影響》則肯定了該書對後世禮書編撰的巨大影響⑥。《論黄榦禮學典籍的編撰思想》一文亦是對朱熹後學黄榦《通解續》編撰思想的研究。⑦ 馮兵的《“盡數拆洗”與“萬世規矩準繩”——朱熹的禮學著述及其歷史影響論析》一文認爲該書對宋以後的禮經學研究有着較大程度的借鑒意義，並對儒學與社會政治互動聯繫以及强化學者的經世思想有着推動作用。⑧ 李少鵬《慶元以後朱熹學風轉變探析——以〈儀禮經傳通解〉爲視角》一文則以《儀禮經傳通解》一書的編纂爲例，認爲朱熹在慶元以後學風向漢儒之學轉變，並認爲“這些新的學術風氣已開清儒考據之先河，當屬在傳統語境下性理學遭遇理論困境之後的必然發展方向”⑨。

此外，束景南《朱子大傳》對朱熹及其門人編撰《儀禮經傳通解》的過程有

---

① 杜以恒：《〈儀禮經傳通解〉分節探析》，《孔子研究》2020 年第 5 期。

② 李少鵬：《朝鮮刊〈儀禮經傳通解〉的版本及流佈》，《圖書館雜誌》2020 年第 6 期。

③ 王啓發：《朱熹〈儀禮經傳通解〉的編纂及其禮學價值》，王俊義主編：《炎黄文化研究》第 3 輯，大象出版社 2006 年版，第 118~132 頁。

④ 殷慧：《宋代儒學重建中的朱熹〈儀禮〉學》，《湖南大學學報》(社會科學版) 2011 年第 6 期。

⑤ 王志陽：《〈儀禮經傳通解〉朱子按語研究》，《甘肅社會科學》2014 年第 6 期。

⑥ 王志陽：《論〈儀禮經傳通解〉對後世禮書編撰的影響》，《天中學刊》2017 年第 1 期。

⑦ 王志陽：《論黄榦禮學典籍的編撰思想》，《閩江學院學報》2016 年第 6 期。

⑧ 馮兵：《“盡數拆洗”與“萬世規矩準繩”——朱熹的禮學著述及其歷史影響論析》，《人文雜誌》2016 年第 8 期。

⑨ 李少鵬：《慶元以後朱熹學風轉變探析——以〈儀禮經傳通解〉爲視角》，《孔子研究》2018 年第 6 期。

詳細考證。① 蔡芳鹿《朱熹經學與中國經學》一書對該書有專門的討論。② 陳國代《文獻家朱熹：朱熹著述活動及其著作版本考察》一書中，對該書編撰的緣由、過程及參與編撰人員、版本等問題進行了梳理。③

2010年以後，藏於静嘉堂文庫的楊復續修的《儀禮經傳通解》"祭禮"部分問世，引發了學界的熱烈探討，與此相關的數篇研究論文，集中收録於葉純芳、喬秀岩主編的《朱熹禮學基本問題研究》一書中，是目前可見的關於朱熹《儀禮經傳通解》及黄榦、楊復續編相關研究的代表著作。④ 而楊復再修《儀禮經傳通解續卷祭禮》，在臺灣地區也已整理出版。⑤

宋儒其他注解《儀禮》的著作，學界亦有研究。彭林《張淳〈儀禮識誤〉校勘成就略論》一文較早地討論了張淳《儀禮識誤》一書在校勘經注上的成就。⑥ 鄧聲國《李如圭〈儀禮集釋〉的解經特色》和《李如圭〈儀禮集釋〉申注特色探析——李如圭禮學研究之解經學考察(二)》兩篇文章對《集釋》的解經及申注的特點作了系統而全面的考察。⑦ 李志剛《〈儀禮集釋〉的版本價值與注釋特點》則對該書保存古本信息上的價值以及注釋特點進行了討論。⑧ 潘斌《李如圭之〈儀禮〉學》對李氏的解經體例以及解經特色進行了剖析。⑨ 宋燕的博士學位論文《李如圭〈儀禮集釋〉研究》是目前可見的對李如圭其人及其著作最全面的綜合性研究。⑩

魏了翁《儀禮要義》的研究方面。張荷群《魏了翁與〈九經要義〉》對魏了翁的生平以及《九經要義》的編纂和版本流傳作了考證。⑪ 王曉慶《〈九經要義〉考

---

① 束景南：《朱子大傳》，復旦大學出版社2016年版，第818~823頁。

② 蔡芳鹿：《朱熹經學與中國經學》，人民出版社2004年版。

③ 陳國代：《文獻家朱熹：朱熹著述活動及其著作版本考察》，北京師範大學出版社2015年版，第142~161頁。

④ 葉純芳、喬秀岩主編：《朱熹禮學基本問題研究》，中華書局2015年版。

⑤ 楊復：《儀禮經傳通解續卷祭禮》(三册)，林慶彰校訂，葉純芳、橋本秀美點校，臺灣"中研院"中國文哲研究所2011年版。

⑥ 彭林：《張淳〈儀禮識誤〉校勘成就略論》，《北京圖書館館刊》1996年第3期。

⑦ 鄧聲國：《李如圭〈儀禮集釋〉的解經特色》，《江西社會科學》2010年第11期；《李如圭〈儀禮集釋〉申注特色探析——李如圭禮學研究之解經學考察(二)，《井岡山大學學報》(社會科學版)2011年第1期。

⑧ 李志剛：《〈儀禮集釋〉的版本價值與注釋特點》，《泰山學院學報》2015年第5期。

⑨ 潘斌：《李如圭之〈儀禮〉學》，《儒藏論壇》第十輯，四川大學出版社2016年版。

⑩ 宋燕：《李如圭〈儀禮集釋〉研究》，鄭州大學博士學位論文，2013年。

⑪ 張荷群：《魏了翁與〈九經要義〉》，《四川大學學報》(哲學社會科學版)2004年第1期。

略》一文則對其體例和内容進行了考辨，認爲魏了翁重考據的目的在於探究義理。① 張素梅《〈儀禮要義〉版本考述》則對國家圖書館藏的版刻本及嚴元照精抄本作了討論，認爲此二者版本價值很高。②

二、《禮記》學研究

宋人的《禮記》學研究，以潘斌用力最深，所得成果亦最爲豐富。潘斌《張載〈禮記〉學述論》一文對張載的《禮記》學著述及其流傳有所考證，同時認爲張載在闡釋《禮記》時常懷疑經文和舊注，同時張載亦借助於對《禮記》的解釋而闡發其哲學思想。③ 潘斌《宋代〈禮記〉學文獻綜述》一文，認爲宋代《禮記》學文獻，可分爲論説類和考據義理兩大類。④《朱熹〈禮記〉學述論》一文中，介紹了朱熹對《禮記》作者和成書的論述，同時對朱熹改易《禮記》，尤其是列爲四書之二的《大學》和《中庸》的篇章改動作了考證。⑤ 潘斌《王安石〈禮記〉學探論》一文認爲，王安石在注解《禮記》時，常常打破鄭注和孔疏的舊説，以自己主觀的判斷來把握聖人的言外大意，同時，王安石在注解《禮記》時所使用的“先王”一詞反映了他對周公和周禮的尊崇。⑥

這些論文的很多内容，被納入潘斌博士學位論文《宋代〈禮記〉學研究》，形成更爲完整的論述體系。論文分爲緒論、個案研究和專題研究三個部分。緒論部分對宋人《禮記》研究的概況及價值進行了系統的概述。個案研究部分則對宋代各個學者的《禮記》研究從版本、成書、結構、義理等方面進行了細緻的梳理和評述。專題研究部分則認爲，宋儒研究《禮記》時，不僅疑經，同時也疑注。對宋儒對《禮記》的詮釋，也反映了宋人的理想人格與政治理想。⑦ 可以説是目前所見的研究宋代《禮記》學最爲全面和詳盡的成果。該博士論文的部分内容，後以論文的形式發表出來，如《衛湜

---

① 王曉慶：《〈九經要義〉考略》，《文史博覽（理論）》2011 年第 9 期。

② 張素梅：《〈儀禮要義〉版本考述》，《蘭臺世界》2015 年第 20 期。

③ 潘斌：《張載〈禮記〉學述論》，宋義霞主編：《張載關學與東亞文明研究》，陝西人民出版社 2008 年版，第 133～142 頁。

④ 潘斌：《宋代〈禮記〉學文獻綜述》，《古籍整理研究學刊》2008 年第 6 期。

⑤ 潘斌：《朱熹〈禮記〉學述論》，《宋代文化研究》第 15 輯，四川大學出版社 2008 年版，第 583～594 頁。

⑥ 潘斌：《王安石〈禮記〉學探論》，《社會科學輯刊》2008 年第 1 期。

⑦ 潘斌：《宋代〈禮記〉學研究》，四川大學博士學位論文，2009 年。

〈禮記集説〉探論》①。該博士學位論文於 2011 年由吉林人民出版社出版，並引起了學界的重視，有學者對該書的價值進行了評價，如劉平中《宋代〈禮記〉學研究的新拓展——〈宋代禮記學研究〉評介》和楊玲《〈宋代禮記學研究〉評介》兩文對其學術價值進行了肯定。② 在此之後，潘斌又陸續發表了幾篇相關論文，對其宋人的《禮記》學研究作了進一步的補充和豐富。其《王安石佚書〈禮記發明〉輯考》一文對王安石佚書《禮記發明》進行了輯佚和考證。③《王安石新學派的〈禮記〉研究》則闡述了新學學者在解經時打破"注不破經""疏不破注"的經學成規，並且常通過解經來表達自己的思想。④ 除此之外，苑學政博士學位論文《朱子〈禮記〉學研究》對朱熹《禮記》之學也有系統討論，對《禮記》的地位與價值，朱子大體持《儀禮》爲經、《禮記》爲傳的觀點，但同時也認爲《禮記》中有許多内容並非解《儀禮》之作，具有其獨特的價值。同時，《禮記》中一些禮學觀點也爲朱子改造古禮提供了理論依據。⑤

瞿林江碩士學位論文《魏了翁〈禮記要義〉研究》，對宋刻本《禮記要義》的流傳和校勘價值進行了討論。⑥ 其後作者發表《魏了翁〈禮記要義〉發覆》及《論宋刻本〈禮記要義〉的版本性質及其校勘價值》兩文，對宋刻本《禮記要義》進行了進一步的討論。⑦

宋代版本的《禮記》價值近年來越發受到重視，學界亦從版本學和文獻學的角度對宋刻本《禮記》及宋人《禮記》著作進行了一些討論，如陳杏珍《宋嚴州刻本〈禮記集説〉》對該刻本的流傳情況及價值進行了討論。⑧ 王鍔《宋本〈纂圖互注禮記〉二十卷平議》和《宋本〈纂圖互注禮記〉二十卷的流傳和文獻學價值》

---

① 潘斌：《衛湜〈禮記集説〉探論》，《儒藏論壇》第六輯，四川文藝出版社 2012 年版，第 33~67 頁。

② 劉平中：《宋代〈禮記〉學研究的新拓展——〈宋代禮記學研究〉評介》，《社會科學研究》2012 年第 4 期。楊玲：《〈宋代禮記學研究〉評介》，《中國史研究動態》2013 年第 1 期。

③ 潘斌：《王安石佚書〈禮記發明〉輯考》，《古代文明》2010 年第 2 期。

④ 潘斌、楊玲：《王安石新學派的〈禮記〉研究》，《孔子學刊》第三輯，上海古籍出版社 2012 年版。

⑤ 苑學政：《朱子〈禮記〉學研究》，華東師範大學博士學位論文，2018 年。

⑥ 瞿林江：《魏了翁〈禮記要義〉研究》，南京師範大學碩士學位論文，2012 年。

⑦ 瞿林江：《魏了翁〈禮記要義〉發覆》，《廣西職業技術學院學報》2013 年第 1 期；《論宋刻本〈禮記要義〉的版本性質及其校勘價值》，《文津學志》第六輯，國家圖書館出版社 2013 年版。

⑧ 陳杏珍：《宋嚴州刻本〈禮記集説〉》，《故宮博物院院刊》1999 年第 4 期。

兩篇論文對宋刻本《纂圖互注禮記》的流傳和價值等方面作了探討。① 井超《阮元校勘〈禮記注疏〉引〈禮記集説〉版本考異》一文則指出，阮元校勘《禮記注疏》，以《禮記集説》爲重要的參校本，但其所據版本爲清代通志堂本，該本從兩種抄本而來，又經顧湄等校勘，文字已發生變化，校勘價值無法與宋本相比。②

三、《周禮》學研究

宋人重《周禮》。王安石變法中，撰《三經新義》作爲經學教材，其中禮經採《周官》而不用《儀禮》《禮記》，故而有學者認爲“宋人輕《禮記》、《儀禮》而最重《周禮》”③。學界關於宋代的《周禮》學研究，主要從以下幾個方面展開。

首先是對宋代《周禮》學及《周禮》學文獻進行整體歸納和梳理的研究。王鍔《三禮研究論著提要》録宋代《周禮》文獻 106 種。夏微《宋代周禮學文獻概況及特點》《宋代周禮學文獻述論》兩文統計可考見的宋代《周禮》文獻 120 種左右，其中 22 種流傳至今；同時文章還對宋人的《周禮》研究特點有所闡釋。④

姚瀛艇《宋儒關於〈周禮〉的争議》一文較早地系統梳理了宋人圍繞《周禮》一書是僞作還是周公之書的争論。⑤ 惠吉興《宋代學者對〈周禮〉的争論》梳理了宋人關於《周禮》真僞問題的不同觀點。⑥ 李國玲、楊世文《從〈周禮〉一書略説宋代周禮學》認爲《周禮》一書以熙豐變法爲契機，引發了宋人的學術論争，且論争滲入了濃厚的政治色彩。⑦ 李秋芳《宋代〈考工記〉研究》一文系統地梳理和探討了宋代對《考工記》的研究成果及疏解特點。⑧ 劉豐《北宋禮學研究》

① 王鍔：《宋本〈纂圖互注禮記〉二十卷平議》，《圖書與情報》2007 年第 6 期；《宋本〈纂圖互注禮記〉二十卷的流傳和文獻學價值》，《傳統中國研究集刊》第 7 輯，上海人民出版社 2010 年版，第 278~296 頁。

② 井超：《阮元校勘〈禮記注疏〉引〈禮記集説〉版本考異》，《古籍整理研究學刊》2018 年第 3 期。

③ 劉子健：《中國轉向内在：兩宋之際的文化内向》，江蘇人民出版社 2002 年版，第 25 頁。

④ 夏微：《宋代周禮學文獻概況及特點》，《宋文化研究》第 15 輯，四川大學出版社 2008 年版，第 574~582 頁；《宋代周禮學文獻述論》，《史學集刊》2008 年第 4 期。

⑤ 姚瀛艇：《宋儒關於〈周禮〉的争議》，《史學月刊》1982 年第 3 期。

⑥ 惠吉興：《宋代學者對〈周禮〉的争論》，《管子學刊》2001 年第 4 期。

⑦ 李國玲、楊世文：《從〈周禮〉一書略説宋代周禮學》，《四川圖書館學報》2005 年第 3 期。

⑧ 李秋芳：《宋代〈考工記〉研究》，《巢湖學院學報》2010 年第 2 期。

一書中專闢"《周禮》與北宋儒學的發展"一章，以《周禮》爲對象，探討了北宋儒學的發展及其特色。①

以上數篇論文，對我們瞭解宋人的《周禮》學概況及大體特徵有很好的索引作用。

其次是對宋人《周禮》著述的具體研究。宋代的《周禮》著述，以王安石《周官新義》影響最大，學界對此書的討論主要從兩方面出發。

第一，對《周官新義》的修撰、流傳、輯佚的研究。王安石的《周官新義》本二十二卷，至清代修《四庫全書》，只存十六卷，其餘部分已經亡佚。程元敏《三經新義輯考彙評》一書對王安石《三經新義》進行了輯佚與考證。其中《周官新義》亡佚的部分，亦多有搜羅。② 是目前可見《周官新義》最全的輯本。張濤《王安石〈周禮新義〉佚文補輯》一文在程書的基礎上又輯出佚文 25 條。③ 劉坤太《王安石〈周官新義〉淺識》則從《周官新義》的修撰背景、特色及流傳等方面進行了討論。④

第二，對《周官新義》的注經特色、思想及其影響的研究，學者們多從學術和政治兩個維度來進行討論。日本學者土田健次郎《制度與人：王安石對〈周禮〉的解釋》一文認爲，王安石解《周禮》，一方面很少引用他説，另一方面在解釋字義上常常引用其個人著作《字説》一書，這反映了王安石統一經説的企圖。這種解經方式的背後，亦包含了王安石的政治意圖。⑤ 包弼德《王安石與〈周禮〉》將王安石對《周禮》的詮釋置於政治和學術兩種語境之下：一是作爲新建立的國家學校系統和考試系統所創設的課程的一部分；二是從唐至北宋經書的詮釋發生了重大轉變。論文以此爲出發點，詳細地考證了王安石注解《周禮》理路和背後的原因，認爲"新政時期各種政策作爲一個一致的整體而彼此適應，禮和法令清楚詳盡地説明了事物應該怎樣運作，怎樣創造出精緻的典範"⑥。潘斌《王安石〈周禮〉詮釋的新義》一文認爲，王安石在解《周禮》時的

---

① 劉豐：《北宋禮學研究》，中國社會科學出版社 2016 年版，第 93～211 頁。

② 程元敏：《三經新義輯考彙評》上，華東師範大學出版社 2011 年版。

③ 張濤：《王安石〈周禮新義〉佚文補輯》，姜錫東主編：《宋史研究論叢》第 13 輯，河北大學出版社 2012 年版，第 479～495 頁。

④ 劉坤太：《王安石〈周官新義〉淺識》，《河南大學學報》(社會科學版) 1985 年第 4 期。

⑤ 土田健次郎：《制度與人：王安石對〈周禮〉的解釋》，《國際宋代文化研討會論文集》，四川大學出版社 1991 年版，第 213～218 頁。

⑥ 包弼德：《王安石與〈周禮〉》，方笑一譯，《歷史文獻研究》2014 年第 1 期。

“新”，一方面有對《周禮》文字和經義進行重新解釋的學術意義，另一方面也有借助《周禮》爲變法尋求理論根據的現實政治意義。① 劉豐《北宋禮學研究》一書第三章“政治與學術之間：王安石的《周官新義》”，與包弼德和潘斌兩文一樣，亦從政治和學術兩個維度，對王安石《周官新義》作了全面而深入的探討。同時該書第四章“《周官新義》與宋代的《周禮》學”則論述了《周官新義》對宋代《周禮》學的深遠影響。② 范嶸碩士學位論文《王安石〈周官新義〉政治倫理思想研究》對該書的政治倫理思想進行了系統的討論。③

四、禮圖學研究

禮圖學向來是“三禮”經學的重要分支。“三禮”素稱難治，多因“三禮”中的各種器物、輿服、宫室等名物制度以及儀程方位繁瑣難明，借助禮圖能夠更加直觀地呈現出來。禮圖學肇始於東漢鄭玄，其後阮諶、夏侯伏朗、梁正、張鎰等人皆著有《三禮圖》，隋朝開皇時禮部亦修撰《三禮圖》。宋人聶崇義便根據這傳世的六種《三禮圖》舊書，比勘考證，撰成《新定三禮圖》，是宋代禮圖學的代表作。同時，宋代亦有其他禮圖著作問世，比如楊復著有《儀禮圖》，楊甲所著《六經圖》中有《周禮圖》和《禮記圖》兩種等。以上幾種，是宋人禮圖著作的代表。

王鍔《三禮研究論著提要》中收録有宋人禮圖著作。張富祥《宋代文獻學研究》第八章“圖譜學”中有一節專論宋代的禮圖文獻。④ 賈靳《中國古代〈儀禮〉圖譜學綜述研究》也對宋代《儀禮》圖譜學的發展衍變有詳細的論述。⑤ 李小成《三禮圖籍考》對宋人的“三禮”圖典籍有所考證。⑥ 以上是對宋代禮圖學文獻的系統梳理。目前喬輝的《歷代三禮圖文獻考索》已經出版，對歷代此類文獻有系統梳理。⑦

對宋代禮圖著作的具體研究，學界也從不同方面展開。

---

① 潘斌：《王安石〈周禮〉詮釋的新義》，《唐都學刊》2016 年第 6 期。

② 劉豐：《北宋禮學研究》，中國社會科學出版社 2016 年版，第 212~354 頁。

③ 范嶸：《王安石〈周官新義〉政治倫理思想研究》，山西大學碩士學位論文，2017 年。

④ 張富祥：《宋代文獻學研究》，上海古籍出版社 2006 年版，第 511~519 頁。

⑤ 賈靳：《中國古代〈儀禮〉圖譜學綜述研究》，《吉林工程師範學院學報》2011 年第 10 期。

⑥ 李小成：《三禮圖籍考》，《唐都學刊》2012 年第 1 期。

⑦ 喬輝：《歷代三禮圖文獻考索》，中華書局 2020 年版。

首先是對聶崇義《新定三禮圖》的文本整理，如前所述，丁鼎點校並注解了《新定三禮圖》，不僅有校勘和句讀，也有内容注解，是目前可見的最佳整理本。丁鼎、程紅《“衡”、“軛”考略——〈新定三禮圖〉校讀劄記》一文指出聶崇義《新定三禮圖》中將衡、軛兩者視爲同一對象是不對的，二者有别。① 該文亦是丁鼎校注《新定三禮圖》的成果之一。該書出版後，喬輝陸續寫了三篇文章，對其中的點校問題進行討論。② 同時亦有相關評介文章發表，張磊《古籍整理的新成果，禮學研究的新收穫——評丁鼎先生校釋的〈新定三禮圖〉》一文對該整理本的得失作了評價，肯定了整理本的價值。③ 王鍔《宋聶崇義〈新定三禮圖〉的價值和整理——兼評丁鼎先生整理的〈新定三禮圖〉》一文不僅介紹了《新定三禮圖》的内容和價值，同時也對丁鼎整理本給予了高度評價。④ 郭善兵《中國古代禮學研究的新成果——評丁鼎教授校釋的〈新定三禮圖〉》一文也對該書的優點及價值作了評述。⑤

其次對《新定三禮圖》的編撰、體例、内容的研究。喬輝、駱瑞鶴《聶崇義〈三禮圖集注〉指瑕四則》從現代史學研究方法的角度出發，認爲聶書未能結合金石材料，並通過考古出土實物考證聶書中的四處失當之處。⑥ 喬輝《聶崇義〈三禮圖〉編撰體例考索》一文認爲該書集“集注”體和“左書右圖”體於一體，成爲宋以後禮圖撰作的範式。⑦ 王寧玲《〈儀禮·士喪禮〉“重鬲”簡議——兼論〈新定三禮圖〉釋義》指出聶書將重和重鬲混爲一物，其實二者有别。⑧ 石炯

① 丁鼎、程紅：《“衡”、“軛”考略——〈新定三禮圖〉校讀劄記》，《古籍整理研究學刊》2005 年第 4 期。

② 喬輝：《〈新定三禮圖〉點校商榷(一)》，《江海學刊》2006 年第 1 期；《〈新定三禮圖〉點校商榷(二)》，《江海學刊》2006 年第 2 期；《〈新定三禮圖〉點校商榷(三)》，《江海學刊》2006 年第 3 期。

③ 張磊：《古籍整理的新成果，禮學研究的新收穫——評丁鼎先生校釋的〈新定三禮圖〉》，《魯東大學學報》(哲學社會科學版)2007 年第 4 期。

④ 王鍔：《宋聶崇義〈新定三禮圖〉的價值和整理——兼評丁鼎先生整理的〈新定三禮圖〉》，《孔子研究》2008 年第 2 期。

⑤ 郭善兵：《中國古代禮學研究的新成果——評丁鼎教授校釋的〈新定三禮圖〉》，周國林編：《歷史文獻研究》第 26 輯，華中師範大學出版社 2007 年版，第 366~376 頁。

⑥ 喬輝、駱瑞鶴：《聶崇義〈三禮圖集注〉指瑕四則》，《廣西社會科學》2014 年第 7 期。

⑦ 喬輝：《聶崇義〈三禮圖〉編撰體例考索》，《貴州大學學報》(社會科學版)2015 年第 5 期。

⑧ 王寧玲：《〈儀禮·士喪禮〉“重鬲”簡議——兼論〈新定三禮圖〉釋義》，《南京師範大學學報》2016 年第 4 期。

《聶崇義的〈三禮圖集注〉及相關問題》對聶書的大體内容及後世評價作了簡單梳理。① 但該文章未圍繞一個具體問題展開，僅僅是作介紹性的論述。臺灣學者金中樞《宋代的經學當代化初探——聶崇義的三禮圖學》對聶氏的“三禮”圖學進行了評價與討論。② 馮茜《論聶崇義〈新訂三禮圖〉的禮學特性》一文指出該書過去被斥責爲“臆説”“漏略”的地方，恰恰是其禮學特性的展現。聶書用禮圖表現禮説的方法與實踐，對禮圖的發展意義重大。③

學界對楊復的《儀禮圖》研究不多。王志陽《論楊復〈儀禮圖〉與張惠言〈儀禮圖〉之關係》認爲以楊復《儀禮圖》爲代表的朱子學派的禮圖學對清代張惠言《儀禮圖》有重要影響，但二者亦有區别。前者重解經，後者重實用性。④ 楊傑《論清代官修〈禮節圖〉對楊復〈儀禮圖〉之發展與變革》一文考察了清代官修《禮節圖》對楊復《儀禮圖》的發展與變革。⑤ 喬輝《楊復〈儀禮圖〉考索》一文認爲楊復《儀禮圖》在體例方面有篳路藍縷之功，其内容大多立説有理，但亦間有失當之處。⑥

關於楊甲的《六經圖》中《周禮圖》和《禮記圖》的研究，喬輝《楊甲〈六經圖〉之禮圖考論》結合傳世與出土文獻，對兩種禮圖進行了考證，指出了其中的得失之處。⑦ 吴長庚有《六經圖碑本研究》一書，對楊書有注解。⑧

總體而言，宋人的禮學研究雖不如清代成果斐然、影響深巨，但是仍有其特色，亦有影響深遠的禮學著作問世。宋代理學光芒太盛，相較之下，宋代經學，尤其是宋代禮經學並未獲得足夠的關注。與此同時，宋人解經好駁斥經注舊説，往往妄自解經，流於臆斷，這也是其經學不受重視的原因之一。但從另一方面來看，正因爲宋人不囿於舊説，所以其禮經研究往往有新的創獲，比如朱熹的《儀禮經傳通解》，便是宋人禮經研究的代表著作，影響深遠。現代學

---

① 石炯：《聶崇義的〈三禮圖集注〉及相關問題》，《新美術》2015 年第 1 期。

② 金中樞：《宋代的經學當代化初探——聶崇義的三禮圖學》，臺灣《成大歷史學報》第 10 號，1983 年。

③ 馮茜：《論聶崇義〈新訂三禮圖〉的禮學特性》，臺灣《儒學研究論叢》第 5 輯，2012 年。

④ 王志陽：《論楊復〈儀禮圖〉與張惠言〈儀禮圖〉之關係》，《中南大學學報》(社會科學版)2015 年第 2 期。

⑤ 楊傑：《論清代官修〈禮節圖〉對楊復〈儀禮圖〉之發展與變革》，《古籍整理研究學刊》2018 年第 5 期。

⑥ 喬輝：《楊復〈儀禮圖〉考索》，《古籍整理研究學刊》2019 年第 5 期。

⑦ 喬輝：《楊甲〈六經圖〉之禮圖考論》，《南京師範大學文學院學報》2016 年第 3 期。

⑧ 吴長庚：《六經圖碑本研究》，江西人民出版社 2017 年版。

界對宋人的“三禮”經學研究，雖然已經取得了較爲豐富的成果，但在對宋人《儀禮》《周禮》和禮圖學的系統研究上，仍有更進一步的空間。

第二節 五禮制度及禮典修纂研究

關於宋代五禮制度及禮典修纂的研究，學界已經取得了豐碩的成果。許多學者對宋代禮制及相關研究進行了綜合評述。如前所述，湯勤福《百年來大陸兩宋禮制研究綜述(1911—2013 年)》一文有系統總結，李瑗月《宋代賓禮研究概述》對宋代賓禮的研究現狀作了概況性的介紹①。朱溢在《事邦國之神：唐至北宋吉禮變遷研究・導論》中，對 20 世紀 90 年代以來的唐宋禮制研究的進展作了歸納和概括，尤其對日本學者的相關研究有系統的梳理。② 以上幾種研究綜述，對於整體把握宋代禮制研究情況作用頗大。

對宋代五禮制度的綜合性研究，目前已有部分論著和論文。陳戍國《中國禮制史・遼宋金夏卷》對宋代皇帝登基與册封諸王諸臣之禮、祭禮、喪葬禮、軍禮、外交禮、巡幸宴饗朝會之禮、藉田躬桑與養老尊師及相見之禮、冠昏禮等進行了較爲簡單的考察。③ 楊逸博士學位論文《宋代四禮研究》未按照漢唐時流行的“吉軍嘉賓凶”五禮的分類，而用了宋代流行開來的“冠婚喪祭”四禮作爲分類方法，對宋代的冠、婚、喪、祭四類禮儀制度進行了考證。④ 王美華博士學位論文《唐宋禮制研究》則細緻地梳理了唐和宋吉、軍、嘉、賓、凶五禮制度及其沿革情況。⑤ 除了以上幾種綜合性研究論著外，學界還有許多對宋代某類禮制的專門研究，下文分門别類地作介紹。

一、吉禮

1. 郊祀、明堂制度

對宋代郊祀制度的研究，學界已經有了一定的成果。楊倩描《宋代郊祀

---

① 李瑗月：《宋代賓禮研究概述》，《長安學刊》2011 年第 4 期。

② 朱溢：《事邦國之神：唐至北宋吉禮變遷研究》，上海古籍出版社 2014 年版，第 16~34 頁。

③ 陳戍國：《中國禮制史・遼宋金夏卷》，湖南教育出版社 2001 年版。

④ 楊逸：《宋代四禮研究》，浙江大學博士學位論文，2016 年。

⑤ 王美華：《唐宋禮制研究》，東北師範大學博士學位論文，2004 年。

制度初探》一文較早地對宋代的郊祀制度進行了探析，認爲“其形式以唐代爲骨架而兼摭前代的某些禮儀，内容則沿襲五代；常祀地位下降，親祀地位上升。在親祀制度中，原作爲主要内容的宗教活動，如祭天地等僅作爲一種形式存在，而原作爲宗教活動的政治附加，如赦免等卻成爲主要内容”①。孫繼輝碩士學位論文《尊君與禮制：北宋元豐南郊祭祀禮制改革考論》對北宋元豐南郊祭天禮儀改革的起因、背景、具體内容以及對後世的影響，都有系統的論述。② 江雲的碩士學位論文《北宋郊祀研究》系統地考證了北宋一朝南郊祭天禮儀的制定和變革。論文將北宋郊祀制度的發展過程分爲三個階段：北宋初期是郊祀制度的制定時期，統治者企圖通過郊祀制度的建構來鞏固其統治；北宋中期則在祖宗之法的約束下因循宋初的郊祀制度；北宋後期則試圖通過恢復儒家經典中天地分祭的做法，鞏固民眾對北宋王朝正統性的認可。③ 袁菊花的碩士學位論文《北宋南郊郊祀制度變革研究》一文認爲，北宋時期的南郊郊祀制度，逐漸成爲統治者政治統治和强化皇權的工具。④

宋人對郊祀制度中天地分祭與合祭的争論，亦是學界討論的熱點。自唐始，郊祀中逐漸以天地合祭，到北宋初期，天地合祭逐漸制度化，成爲定制。然而若據儒家經典，天地理當分祭。由於禮制實踐與儒家經典之間的出入，在北宋後期的禮制改革中，郊祀制度中的天地合祭問題便引發了宋廷諸臣的大討論，諸儒圍繞天地祭祀應當是分祀還是合祀的問題展開了辯論，經宋神宗、宋哲宗、宋徽宗三朝的辯論和禮儀制作，最終廢除了天地合祭而確立了天地分祭制度。日本學者較早對該問題進行了研究，山内弘一的《北宋時代の郊祀》和小島毅《郊祀制度の變遷》是這方面的代表作。⑤ 近年來大陸學者對該問題亦多有討論。朱溢《事邦國之神祇：唐至北宋吉禮變遷研究》第三章“郊祀禮儀”，對宋代郊祀制度中天地分合祭祀的問題以及皇帝親郊禮儀有系統的討論，他認爲，唐至北宋時期，實則見證了帝制時代郊祀禮儀的争論焦點從郊丘之争到天地分合之争的轉移。北宋天地分祭雖有違經典記載，但是出於禮儀實踐層面的考量，仍有大臣支持天地合祭的舊制。“他們認爲，‘齋居遠、儀衛繁、用度

① 楊倩描：《宋代郊祀制度初探》，《世界宗教研究》1988 年第 4 期。

② 孫繼輝：《尊君與禮制：北宋元豐南郊祭祀禮制改革考論》，河南大學碩士學位論文，2012 年。

③ 江雲：《北宋郊祀研究》，河北大學碩士學位論文，2016 年。

④ 袁菊花：《北宋南郊郊祀制度變革研究》，延安大學碩士學位論文，2018 年。

⑤ 山内弘一：《北宋時代の郊祀》，（日本）《史學雜誌》第 92 編第 1 號，1985 年。小島毅：《郊祀制度の變遷》，（日本）《東洋文化研究所紀要》第 108 號，1989 年。

廣、賜予多’之類的問題阻礙了皇帝在南郊親祭之外再實行方丘親祭的可能，因而建言暫且採取天地合祭這一權宜之計，等到將來條件具備時，再實行天地分祭的皇帝親郊制度。”①江雲碩士學位論文中亦有討論。丁建軍、江雲《復古與革新的錯位：對北宋天地分祭與合祭之争的再探討》一文討論了宋代天地分祭與合祭論争背後的禮制、學術以及政治之争，認爲北宋的天地分祭與合祭之所以反復不止，不僅僅在於儒家經典記載與理解上的出入，還因爲該問題與北宋中後期的黨争糾結在了一起。②

對宋代明堂制度的研究亦有了一定的成果。張一兵的《明堂制度研究》一書對宋代的明堂祭祀儀式有簡單的考證。③ 楊高凡的博士學位論文《宋代明堂禮制研究》是系統研究宋代明堂制度的成果。論文指出從宋仁宗末年開始，宋代三歲一親郊的制度固定並完善下來。宋代明堂禮在實踐過程中有三次大的争論，分别確定了嚴父配天、祖宗並配以及祖宗加考父並配的制度。同時宋代的明堂大禮中也會施行赦宥、賞賜制度。論文還分析了宋代明堂禮制興盛的原因及其影響。④ 楊高凡另有《宋代歷次明堂大禮考》一文發表，是其博士學位論文的一部分。⑤

對宋代郊祀和明堂制度中其他側面的研究，亦有一定的成果。如吳錚强、杜正貞《北宋南郊神位變革與玉皇祀典的構建》一文則借景德二年南郊神位變革一事，討論北宋道教挑戰儒教國家祀典正統地位並以失敗而告終一事，認爲這是宋朝重建政治文化過程中多元化取向的表現。⑥劉園園《宋太祖最後一次南郊探析》一文對宋太祖最後一次南郊祭祀進行了考證。⑦ 同時也有從經濟史角度對宋代郊祀花費進行研究的，如江雲《對北宋郊祀費用的探討》對郊祀禮儀

---

① 朱溢：《事邦國之神祇：唐至北宋吉禮變遷研究》，上海古籍出版社 2014 年版，第 86~162 頁。

② 丁建軍、江雲：《復古與革新的錯位：對北宋天地分祭與合祭之争的再探討》，《文史哲》2017 年第 5 期。

③ 張一兵：《明堂制度研究》，中華書局 2005 年版，第 455~458 頁。

④ 楊高凡：《宋代明堂禮制研究》，河南大學博士學位論文，2011 年。

⑤ 楊高凡：《宋代歷次明堂大禮考》，《華北水利水電學院學報》(社會科學版) 2011 年第 2 期。

⑥ 吳錚强、杜正貞：《北宋南郊神位變革與玉皇祀典的構建》，《歷史研究》2011 年第 5 期。

⑦ 劉園園：《宋太祖最後一次南郊探析》，《内蒙古農業大學學報》(社會科學版) 2010 年第 6 期。

的開銷作了討論。① 另外，楊高凡《宋代金雞肆赦制度研究》，亦對南郊祭天和明堂祭天中的金雞肆赦制度有所研究。②

宋代實行皇帝親郊制度，即皇帝每三年一次，或於南郊或於明堂之内祭天。對這種制度的研究，朱溢及楊高凡論著和論文中均有討論。朱溢有《唐至北宋時期的皇帝親郊》一文發表，是其論著中的部分内容，文章認爲，北宋時期皇帝親郊制度中非祭祀性因素的增多是唐宋親郊制度的顯著變化。"每逢皇帝親郊，地方官府和蕃夷都會前來助祭。親郊大赦儀式化，赦文的内容更趨豐富，不但包括各種赦免和賞賜，還成爲立法的重要形式。臣下還通過多種儀式向皇帝進賀親郊成功舉行。這些非祭祀性因素的凸顯，意味着皇帝親郊比以前承載了更多的功能，它不僅僅用來確認和强化天子與神靈的關係，還成爲展現人間秩序的舞臺。"③楊高凡有《宋代祭天禮中三歲一親郊制探析》一文發表，亦是其博士學位論文的部分内容，該文認爲宋朝的三歲一親郊制度開始實施於宋真宗朝，形成定制於宋仁宗明道年間，完善於嘉祐末年。④

2. 太廟、家廟、孔廟、武廟等祭祀及相關制度

太廟即帝王的祖廟，太廟祭祖和郊祀祭天一起，成爲帝制時代的兩種最高等級的祭祀禮儀，因此學界對宋代太廟的研究也相當重視。

日本學者山内弘一是較早系統討論宋代太廟禮制的學者，他的《北宋時代の太廟》一文對北宋時期太廟構造、祭祀儀式流程、皇帝位元元次及其變遷、后妃祠廟等問題進行了深入的研究。⑤ 郝宇變碩士學位論文《北宋宗廟祭祀制度研究》討論了北宋宗廟的禘祫大祭、時享、薦新、臨時性祭告以及皇帝親享等問題，認爲北宋的宗廟制度繼承了漢唐舊制，並根據社會現實而不斷有所調整。⑥ 朱溢《唐宋時期太廟廟數的變遷》一文對唐宋太廟廟數變遷歷史進行了考察，認爲唐宋時期的太廟突破了鄭玄、王肅之争，傳統的七廟禮制遭到了破壞，他認爲，"結合這一時期郊祀禮儀的争論焦點從郊丘之争轉向天地分合之争，國家祭祀的兩大支柱都擺脱了鄭王禮學之争的支配性影響，這象徵着國家

---

① 江雲：《對北宋郊祀費用的探討》，《唐山師範學院學報》2015 年第 4 期。

② 楊高凡：《宋代金雞肆赦制度研究》，《焦作師範高等專科學校學報》2011 年第 2 期。

③ 朱溢：《唐至北宋時期的皇帝親郊》，臺灣《政治大學歷史學報》2010 年第 34 期。

④ 楊高凡：《宋代祭天禮中三歲一親郊制探析》，《求是學刊》2011 年第 6 期。

⑤ 山内弘一：《北宋時代の太廟》，(日本)《上智史學》第 35 號，1990 年。

⑥ 郝宇變：《北宋宗廟祭祀制度研究》，西北大學碩士學位論文 2007 年。

禮制進入了一個新的時代"①。氏著《事邦國之神祇：唐至北宋吉禮變遷研究》第三章"太廟祭祀"對唐至北宋時期太廟廟數的變遷、太廟祭祀中私家因素的凸顯以及禘祫大祭都有深入的討論。② 朱溢的考察，無疑拓寬和加深了宋代太廟制度的研究，指出了宋代太廟制度真正的突破之處。

北宋太廟制度其他方面的研究，學界也從不同的方面有所展開。張煥君《宋代太廟中的始祖之争——以紹熙五年爲中心》一文中對兩宋太廟中始祖人選的争論有系統梳理，指出自熙寧五年，宋太廟中以僖祖爲始祖，直到紹熙五年，宋太祖才恢復其始祖地位。③ 學界對宋代宗廟昭穆制度以及宋儒有關太廟的昭穆制度争論皆有所討論。李衡眉《宋代宗廟中的昭穆制度問題》對宋代太廟中太祖和太宗二兄弟的昭穆位次有所辨析，認爲何洵等人"昭爲常昭，穆爲常穆"的觀點爲正。④ 華喆《父子彝倫：北宋元豐昭穆之議再評價》一文對北宋元豐昭穆之議雙方觀點在學理和實踐上的得失進行了辨析，他認爲張璪、何洵、朱熹等人的觀點在學理上雖然嚴密，但在禮制實踐上會出現問題；而陸佃雖在學理上有所偏差，但卻不失爲理論層面與實踐層面的折中之論。⑤ 對宋代太廟配享的問題，亦有部分研究成果，如淩鬱之《南宋高廟配享之争考實》一文對關於宋高宗趙構太廟配享人選相關争論作了辨析。⑥ 龍坡濤《宋神宗太廟功臣配享變動述論》對宋神宗太廟功臣配享的變動情況進行了分析。⑦ 龍坡濤另一篇《史官誤筆與歷史書寫：司馬光配享帝王太廟探微》亦作了相關討論，作者認爲，《宋史・高宗紀》中將罷王安石而恢復富弼配享的故例誤記成了罷王安石而代之以司馬光配享一事，並非偶然，應該與南宋初期尊崇元祐而抑豐熙的政治傾向密切相關。⑧

---

① 朱溢：《唐宋時期太廟廟數的變遷》，《中華文史論叢》2010 年第 2 期。

② 朱溢：《事邦國之神祇：唐至北宋吉禮變遷研究》，上海古籍出版社 2014 年版，第 163～264 頁。

③ 張煥君：《宋代太廟中的始祖之争——以紹熙五年爲中心》，《中國文化研究》2006 年第 2 期。

④ 李衡眉：《宋代宗廟中的昭穆制度問題》，《河南大學學報》(社會科學版) 1994 年第 4 期。

⑤ 華喆：《父子彝倫：北宋元豐昭穆之議再評價》，《中國哲學史》2017 年第 3 期。

⑥ 淩鬱之：《南宋高廟配享之争考實》，《蘇州鐵道師範學院學報》(社會科學版) 2001 年第 4 期。

⑦ 龍坡濤：《宋神宗太廟功臣配享變動述論》，《商丘師範學院學報》2014 年第 8 期。

⑧ 龍坡濤：《史官誤筆與歷史書寫：司馬光配享帝王太廟探微》，《北京社會科學》2018 年第 4 期。

宋代的家廟與皇家太廟相對，指的是高級官僚或有地位身份家族的私家宗廟。宋代家廟制度的研究方面，楊建宏《宋代家廟制度文本與運作考論》對宋代分别於慶曆元年、皇祐二年和大觀四年三次舉行的關於家廟制度的討論作了梳理，指出後兩次討論制定出了可行的文本，政府由此進行過實際的操作。① 日本學者吾妻重二《宋代の家廟と祖先祭祀》對宋代的家廟設施和祭祖方式作了探討。② 趙旭《唐宋時期私家祖考祭祀禮制考論》一文認爲，從家廟到影堂再到祠堂，是宋代私家祖考祭祀禮制的演變，同時也是禮制在官方的認同下不斷下移的過程，他認爲這背後反映了唐宋時期傳統宗法制度以及宗子制的轉變。③ 劉雅萍的碩士學位論文《宋代家廟制度與祭祖禮法研究》對宋代的家廟祭祀制度以及影堂祭祖作了梳理。④ 劉雅萍《唐宋影堂與祭祖文化研究》一文認爲到了宋代，影堂逐漸爲普通民衆所接受，成爲一種民間祭祀祖先的場所，承擔着家族祭祀、教育等諸多功能。⑤

對宋代孔廟祭祀制度的研究相對較爲豐富。黄進興對此有較爲系統的研究，其《權力與信仰：孔廟祭祀制度的形成》一文，對孔廟祭祀制度的形成有系統的梳理；其《學術與信仰：論孔廟從祀制與儒家道統意識》，則從學術與禮制的互動層面，對孔廟從祀制度及儒家道統思想的演變作了詳細的考論。⑥ 黄進興《皇帝、儒生與孔廟》中亦收録了《皇帝、儒生與孔廟》《聖賢與聖徒：孔廟的宗教性格》兩篇演講論文，亦對宋代的孔廟祭祀制度有所涉及。⑦ 董喜寧的《孔廟祭祀研究》是綜合研究孔廟祭祀的專著，對孔廟祭祀中的主祭及配從制度進行了系統考證，同時對孔廟祭祀的禮器、禮樂以及釋奠程式都有考察，其中亦涉及宋代部分。⑧ 朱溢的《事邦國之神祇：唐至北宋吉禮變遷研究》第

---

① 楊建宏：《宋代家廟制度文本與運作考論》，《求索》2005 年第 11 期。

② 吾妻重二：《宋代の家廟と祖先祭祀》，小南一郎等編：《中國の禮制と禮學》，(日本)朋友書店 2001 年版，第 505~575 頁。

③ 趙旭：《唐宋時期私家祖考祭祀禮制考論》，《中國史研究》2008 年第 3 期。

④ 劉雅萍：《宋代家廟制度與祭祖禮法研究》，北京師範大學碩士學位論文，2006 年。

⑤ 劉雅萍：《唐宋影堂與祭祖文化研究》，《雲南社會科學》2010 年第 4 期。

⑥ 黄進興：《權力與信仰：孔廟祭祀制度的形成》，臺灣《大陸雜誌》1993 年第 5 期；收入《聖賢與聖徒》，北京大學出版社 2005 年版。黄進興：《學術與信仰：論孔廟從祀制與儒家道統意識》，臺灣《新史學》1994 年第 2 期；收入《優入聖域：權力、信仰與正當性》，中華書局 2010 年版。

⑦ 黄進興：《皇帝、儒生與孔廟》，生活·讀書·新知三聯書店 2014 年版。

⑧ 董喜寧：《孔廟祭祀研究》，中國社會科學出版社 2014 年版。

五章“釋奠禮儀”中，專門論述孔廟釋奠禮在北宋的情況，對北宋時期孔廟釋奠禮儀在地方社會的深入展開作了討論，同時也從儒學的角度對北宋後期孔廟神位的變化作了考論。① 張哲碩士學位論文《孔廟祭祀的歷史演變》亦有涉及宋代孔廟祭祀的内容。②

關於宋代孔廟制度中配從制度的研究。朱鴻林《孔廟從祀與鄉約》中有《儒者從祀孔廟的學術與政治問題》一文，對宋代的孔廟配享和從祀制度有所討論。③ 張健《從祀配享之議：南宋政治與思想視野下的蘇學地位》以蘇軾進入孔廟從祀爲例，動態地考察了學術、政治與禮制三者間的互動關係。④ 除了論著和期刊論文，亦多有學位論文討論此問題。房偉的碩士學位論文《文廟祀典及其社會功用：以從祀賢儒爲中心的考察》對中國古代釋奠禮、文廟祀典以及文廟配從制度的發展衍變有論述，其中便涉及兩宋時期的内容。⑤ 喬峰碩士學位論文《唐宋時期孔廟從祀制度研究》是對唐宋孔廟配享、從祀制度的綜合討論。⑥ 李非碩士學位論文《宋代孔廟從祀賢儒研究》認爲孔廟從祀制度是主流學術思想和政治形勢變遷雙重作用的結果。⑦

關於宋代孔廟釋奠禮的研究。彭林《祭祀萬世師表：釋奠禮》一文，對釋奠禮的形成與發展、祭祀内容以及祭祀孔子的意義等方面作了介紹。⑧ 王美華《廟學體制的構建、推行與唐宋地方的釋奠禮儀》將唐宋時期地方釋奠禮儀與當時廟學的變遷相結合進行考察，認爲隨着廟學體制的建構和全面推行，釋奠儀逐漸遵行於州縣地方，其所代表的儒學道統、官方禮儀教化觀念也開始廣泛傳播於基層社會民眾中間。⑨ 陳東《釋奠制度與孔子崇拜》和孔祥林《釋奠禮的

---

① 朱溢：《事邦國之神祇：唐至北宋吉禮變遷研究》，上海古籍出版社 2014 年版，第 265～303 頁。

② 張哲：《孔廟祭祀的歷史演變》，上海戲劇學院碩士學位論文，2013 年。

③ 朱鴻林：《孔廟從祀與鄉約》，讀書・生活・新知三聯書店 2015 年版，第 1～23 頁。

④ 張健：《從祀配享之議：南宋政治與思想視野下的蘇學地位》，《北京大學學報》(哲學社會科學版)2018 年第 2 期。

⑤ 房偉：《文廟祀典及其社會功用：以從祀賢儒爲中心的考察》，曲阜師範大學碩士學位論文，2010 年。

⑥ 喬峰：《唐宋時期孔廟從祀制度研究》，山西師範大學碩士學位論文，2014 年。

⑦ 李非：《宋代孔廟從祀賢儒研究》，東北師範大學碩士學位論文，2015 年。

⑧ 彭林：《祭祀萬世師表：釋奠禮》，《文史知識》2003 年第 10 期。

⑨ 王美華：《廟學體制的構建、推行與唐宋地方的釋奠禮儀》，《社會科學》2014 年第 4 期。

發展》亦對釋奠禮的歷史作了梳理。① 生雲龍《中古古代書院學禮研究》對宋代書院學禮中的祭孔禮有所討論。② 劉豔碩士學位論文《釋奠禮及其社會功能》對中國古代釋奠禮的形成及發展有較爲系統的討論，其中亦有涉及宋代釋奠禮的部分。③ 除此之外，與宋代釋奠禮相關的研究上，高震碩士學位論文《宋代孔廟釋奠詩文研究》則主要以宋代文人圍繞釋奠禮而創作的詩文爲對象，考察了釋奠詩文與釋奠禮之間的關係。④

對孔廟建築空間的研究，彭蓉著有《中國孔廟建築與環境》一書，其核心在於對孔廟的建築學考察，同時對孔廟在宋代的發展也有部分論述。⑤

除了對宋代文廟的研究，學界亦對宋代武廟有專門的討論。黄進興《武廟的崛起與衰微(七迄十四世紀)：一個政治文化的考察》一文，對武廟的建立、興盛到衰亡有系統的梳理，認爲武廟衰亡背後的主要原因，是唐以來重文輕武觀念的盛行和君尊臣卑的現實。⑥ 陳峰、胡文寧的《宋代武成王廟與朝政關係初探》一文認爲，較之唐代，宋代武成王廟的禮儀，尤其是配祀和從祀的人選發生多次變化，這與當時朝政和意識形態的變化密不可分。⑦ 胡文寧的另一篇論文《禮制與政治：宋代武成王廟中管仲陪祀地位探析》對宋朝管仲在武成王廟中陪祀地位上升背後的政治背景有考證。⑧ 朱溢《事邦國之神祇：唐至北宋吉禮變遷研究》有“武廟釋奠禮儀”一章，討論了武廟和武廟釋奠禮儀從建立到廢除的歷史及其政治、學術背景。⑨

---

① 陳東：《釋奠制度與孔子崇拜》，《國際儒學研究》第 15 輯，九州出版社 2007 年版，第 261~278 頁。孔祥林：《釋奠禮的發展》，《孔廟國子監論叢(2014 年)》，中國社會科學出版社 2014 年版，第 3~17 頁。

② 生雲龍：《中古古代書院學禮研究》，清華大學出版社 2014 年版。

③ 劉豔：《釋奠禮及其社會功能》，天津大學碩士學位論文，2017 年。

④ 高震：《宋代孔廟釋奠詩文研究》，西北師範大學碩士學位論文，2015 年。

⑤ 彭蓉：《中國孔廟建築與環境》，中州古籍出版社 2011 年版，第 14~16 頁。

⑥ 黄進興：《武廟的崛起與衰微(七迄十四世紀)：一個政治文化的考察》，周質平、Willard J. Peterson 主編：《國史浮海開新録——余英時教授榮退論文集》，臺灣聯經出版事業公司 2002 年版，第 249~282 頁。

⑦ 陳峰、胡文寧：《宋代武成王廟與朝政關係初探》，《中國史研究》2012 年第 2 期。

⑧ 胡文寧：《禮制與政治：宋代武成王廟中管仲陪祀地位探析》，《社會經濟科學》2013 年第 2 期。

⑨ 朱溢：《事邦國之神祇：唐至北宋吉禮變遷研究》，上海古籍出版社 2014 年版，第 304~321 頁。

3. 封禪、汾陰后土祭祀、五嶽祭祀

宋真宗時，曾展開長達十多年的東封西祀的運動，即向東至泰山舉行封禪儀式，並於曲阜祭孔，向西則至汾陰祭祀后土。對這段時期内大規模的祭祀活動的研究，學界也從不同的方面展開。

宋真宗大規模的東封西祀活動，大建道觀，勞民傷財，歷來受到史學家的嚴厲批評，而對於宋真宗上演天書降臨、東封西祀鬧劇的根本原因，學界也有不同的觀點，主要有以下幾種。

第一，"滌恥"説，即宋真宗東封西祀目的在於洗滌澶淵之盟的恥辱。仝晰綱、遲少麗《宋真宗東封西祀淺論》一文認爲，宋真宗東封西祀的原因有三：一是北部邊防安定，但宋真宗又恥於澶淵之盟，在厭戰好功心理的驅動下展開了大規模東封西祀的活動；二是國内矛盾重重，宋真宗欲以封祀活動來粉飾太平；三是大臣爲取寵鞏位，興風作浪。① 葛劍雄《十一世紀初的天書封禪運動》對宋真宗此次封禪的歷史背景和政治博弈有細緻的考證，亦主滌恥説。② 湯其領《滌恥封禪與北宋道教的興盛》一文認爲宋真宗企圖借興盛道教粉飾太平，洗滌恥辱，以達到緩和社會矛盾，鞏固趙氏政權統治的目的。③ 宫磊的碩士學位論文《宋真宗封禪探究》是對此次封禪活動的全面研究，論文對宋真宗封禪的緣起、儀式程式以及政治、文化影響作了較爲系統的梳理，在宋真宗封禪的意圖上，亦持類似觀點。④ 王德忠《王旦與天書封禪及其時代特徵》一文亦持此觀點，並認爲此次封禪活動是北宋統治集團由開拓進取轉向保守的標志，並且産生了廣泛的消極影響。⑤

第二，"鞏固趙宋政權合法性、合理性和權威性"説。何立平《宋真宗"東封西祀"略論》一文認爲該運動的目的不僅在於證明趙宋政權的合法性、合理性和權威性，也是禮治社會整合和調適統治階級統治秩序、强化意識形態和建構精神信仰的一場思想運動。⑥ 閆化川碩士學位論文《論宋真宗時期的"東封

---

① 仝晰綱、遲少麗：《宋真宗東封西祀淺論》，《山東師大學報》（社會科學版）1994年第6期。

② 葛劍雄：《十一世紀初的天書封禪運動》，《讀書》1995年第11期。

③ 湯其領：《滌恥封禪與北宋道教的興盛》，《河南大學學報》（社會科學版）1995年第3期。

④ 宫磊：《宋真宗封禪探究》，山東師範大學碩士學位論文，2007年。

⑤ 王德忠：《王旦與天書封禪及其時代特徵》，《東北師大學報》（哲學社會科學版）2008年第4期。

⑥ 何平立：《宋真宗"東封西祀"略論》，《學術月刊》2005年第2期。

西祀”》認爲宋真宗用此“神道設教”的方式來重塑政權和君王權威。① 路育松《從天書封祀看宋真宗時期的忠節文化建設》認爲此次封禪大典背後，是宋真宗企圖利用當時仍具影響的神道文化，爲加强忠節文化建設所實行的一個舉措，具有濃厚的政治意圖。② 姚媛媛《從宋真宗西祀汾陰看北宋汾陰后土祠地位》一文討論了此次祭祀後汾陰后土地位的上升，其在北宋末年已經正式進入國家中祀行列。③ 姚媛媛碩士學位論文《宋真宗西祀汾陰研究》是對宋真宗西祀汾陰后土的綜合性研究，對宋真宗於汾陰祭祀后土的背景、準備、儀式過程及其影響，都有所論述。其論點綜合了滌恥説和加强趙宋政權合法性、合理性和權威性兩説。④

第三，“解決自身統治危機”説。湯勤福《宋真宗“封禪滌恥”説質疑——試論真宗朝統治危機與天書降臨、東封西祀之關係》一文認爲宋真宗封祀的目的，既非滌恥，亦非加强趙宋政權合法性、合理性和權威性，而是爲了解決自身的統治危機。他認爲，“從太宗爲傳位己子開始，宋政府統治便隱伏着危機，真宗繼位後，危機並未解除，而是隨着真宗諸子去世及澶淵和盟訂立而加深。爲解決這一危機，真宗與王欽若等人策劃了這一場天書降臨、東封西祀、冒稱聖祖鬧劇”⑤。

以上三種説法基本上是目前學界佔據主流的觀點，當然，亦有學者兼而持之。總之，學界對該問題的討論比較充分，亦比較深入。

宋代的五嶽祭祀，學界也有零散研究。牛敬飛博士學位論文《五嶽祭祀演變考論》是對中國古代五嶽祭祀的綜合性研究之作。作者指出，宋代總立五嶽觀以統攝五嶽帝王與五嶽真君，道教與五嶽正禮充分融合。同時，唐宋五嶽祭祀有兩大特點，一是五嶽加爵與祀典下行發生聯繫，二是道教涉入五嶽祭祀。⑥ 該論文是目前五嶽祭祀研究領域最爲全面深入的論著，現已出版。⑦ 劉

---

① 閆化川：《論宋真宗時期的“東封西祀”》，山東大學碩士學位論文，2008 年。

② 路育松：《從天書封祀看宋真宗時期的忠節文化建設》，《清華大學學報》(哲學社會科學版)2008 年第 6 期。

③ 姚媛媛：《從宋真宗西祀汾陰看北宋汾陰后土祠地位》，《運城學院學報》2016 年第 2 期。

④ 姚媛媛：《宋真宗西祀汾陰研究》，西北大學碩士學位論文，2017 年。

⑤ 湯勤福：《宋真宗“封禪滌恥”説質疑——試論真宗朝統治危機與天書降臨、東封西祀之關係》，《河北大學學報》(哲學社會科學版)2019 年第 2 期。

⑥ 牛敬飛：《五嶽祭祀演變考論》，清華大學學位論文，2012 年。

⑦ 牛敬飛：《古代五嶽祭祀演變考論》，中華書局 2020 年版。

興順《論道教五嶽神與國家祭祀五嶽神的首次完整交融——以北宋五嶽觀爲中心》認爲，北宋宋真宗時期，作爲道教信仰的五嶽神和以儒教爲基礎的國家祭祀五嶽神首次合二爲一，儒道兩教的五嶽神首次真正完整融合，由此討論了宋人的五嶽神信仰。① 謝一峰《天下與國家：試論南宋初年五嶽祀典雙軌體制的形成》對南宋初年五嶽祀典雙軌體制的形成過程及背後的政治文化背景作了考證。②

宋代東嶽泰山祭祀與信仰的研究，劉雲軍博士學位論文《兩宋時期東嶽祭祀與信仰》對兩宋官方和民間的東嶽祭祀、泰山封禪和東嶽廟修建以及宋人的東嶽神信仰都有系統的研究，③ 是目前可見的對宋代東嶽信仰與祭祀最爲全面深入的研究成果。劉興順《泰山國家級祭祀史》系統地考證了從先秦到清代泰山祭祀的禮儀制度，其中便有對北宋和南宋東嶽泰山祭祀的研究。④

宋代中嶽祭祀的研究，林巧薇《試論嵩山中嶽廟與宋以後國家祭祀禮制的關係》對宋代嵩山中嶽廟的設立與祭祀有所探討，指出宋以後的各朝中，中嶽祭祀基本上享有歲時祭祀的常祭禮儀和因事隨祀的禮儀。⑤

宋代西嶽祭祀的研究，劉縉《北宋華山信仰初探》一文指出了宋代西嶽華山在國家祭祀與政治生活中的不可替代性，同時，在社會信仰層面，華山褪去了隋唐時期的神秘色彩，與世俗社會需求的聯繫更加緊密。⑥

二、凶禮

對宋代凶禮的研究，主要集中在喪葬和喪服上面，成果較多。

著作方面，徐吉軍的《中國喪葬史》是對中國喪葬史的系統梳理。該書第七章“宋元時期的喪葬”對宋元時期的喪葬觀念、宋代火葬盛行及其原因、宋代厚葬盛行以及宋代的相墓術等進行了考察。⑦ 吴麗娱《終極之典：中古喪葬

---

① 劉興順：《論道教五嶽神與國家祭祀五嶽神的首次完整交融——以北宋五嶽觀爲中心》，《泰山學院學報》2015 年第 2 期。

② 謝一峰：《天下與國家：試論南宋初年五嶽祀典雙軌體制的形成》，《史林》2015 年第 1 期。

③ 劉雲軍：《兩宋時期東嶽祭祀與信仰》，北京師範大學博士學位論文，2008 年。

④ 劉興順：《泰山國家級祭祀史》，山東人民出版社 2017 年版，第 156~238 頁。

⑤ 林巧薇：《試論嵩山中嶽廟與宋以後國家祭祀禮制的關係》，《世界宗教文化》2017 年第 3 期。

⑥ 劉縉：《北宋華山信仰初探》，《中原文化研究》2017 年第 1 期。

⑦ 徐吉軍：《中國喪葬史》，武漢大學出版社 2012 年版，第 398~438 頁。

制度研究》一書，對唐宋時代的皇帝喪葬禮制進行了深入研究，部分涉及了宋代的情況。其中對皇帝喪葬禮、皇帝喪葬的組織機構和凶禮慰哀、喪葬禮令中的一些問題進行了動態考察。在對皇帝喪葬禮的研究上，作者分別考察了喪葬儀式中初喪和成殯、服喪和啓殯、送葬和祔廟等三個階段。並指出，皇帝在三年喪的問題上，一方面遵從承襲漢唐制度的以日易月的“權制”，另一方面皇帝及其家族私下則實行三年心喪，由此，國禮與家禮——國家制度與皇帝個人家族喪禮的雙重意義於是在兩種喪制中得以分別體現並最終統一，而皇帝的個人意志和權力也因此不斷被顯示和强調，這是中古喪葬和喪服在皇權至上的社會中發生的最大變化之一。在皇帝喪葬機構組織問題上，作者考察了唐宋時期山陵五使的形成和制度化。在凶禮慰哀問題上，作者指出，喪禮中不斷出現的大臣奉慰儀，對其中的君臣關係作了新的詮釋，這種儀式愈來愈走向程式化而喪失了其原本的感情因素，這根本上體現出中古皇帝制度之下政治生活一切圍繞皇帝運轉的特殊意義。① 魯西奇《中國古代買地券研究》第四章“宋元買地券叢考”對出土的宋代買地券有詳盡的考證。② 徐吉軍《中國殯葬史・宋代》(第五卷)亦對宋代的殯葬禮儀進行了系統的討論。③

論文方面。葉春芳對北宋皇帝喪葬禮儀多系列文章發表，其《北宋皇帝葬禮探考》上、下兩篇文章對北宋時皇帝葬禮的葬期、山陵役夫、虞祭、廟制等問題進行了詳細的考證；④ 其《北宋與唐朝皇帝喪葬禮儀的關係及其對南宋的影響》比較了北宋和唐朝皇帝喪葬禮儀，認爲不能簡單地概況爲“宋承唐制”，南宋喪葬禮儀的變化表現在以淺埋待遷代替了正式埋葬，同時宗教對喪葬禮儀的影響更大；⑤ 其《北宋皇帝喪葬禮儀的性質及其對北宋社會的影響》則討論了北宋皇帝喪葬禮儀對當時政治、經濟、文化等諸多方面的影響⑥。韓悦碩士學位論文《宋代喪葬典禮考述》對宋代禮儀文本中所記載的宋代喪葬典禮儀

---

① 吳麗娯：《終極之典：中古喪葬制度研究》，中華書局 2012 年版。

② 魯西奇：《中國古代買地券研究》，廈門大學出版社 2014 年版，第 260~577 頁。

③ 李伯森主編，徐吉軍著：《中國殯葬史・宋代》(第五卷)，社會科學文獻出版社 2017 年版。

④ 葉春芳：《北宋皇帝葬禮探考(上)》，《深圳大學學報》(人文社會科學版) 1993 年第 4 期；《北宋皇帝葬禮探考(下)》，《深圳大學學報》(人文社會科學版) 1994 年第 2 期。

⑤ 葉春芳：《北宋與唐朝皇帝喪葬禮儀的關係及其對南宋的影響》，《深圳大學學報》(人文社會科學版) 1994 年第 4 期。

⑥ 葉春芳：《北宋皇帝喪葬禮儀的性質及其對北宋社會的影響》，《深圳大學學報》(人文社會科學版) 1995 年第 3 期。

式流程進行了較爲詳盡的梳理與考證。① 肖紅兵博士《宋代官員卒葬制度研究：以哀榮和飾終爲中心》對宋代官員從病卒到葬畢整個期間的禮制進行了討論。②

對喪葬禮制中一些儀節的研究，學界亦從多角度展開。鄧小南《略談宋代的堂祭》研究了宋代出殯之前的堂祭制度。③ 吳麗娱《唐宋時代的詔葬與敕葬》一文介紹了唐宋時期《喪葬令》中規定的詔葬與敕葬制度。④ 她的另一篇文章《葬禮的炫耀———關於天聖〈喪葬令〉的啓迪》對舉哀成服的問題進行了討論。⑤ 陳静《唐宋殯葬制度：優良傳嬗與現代指向》一文認爲中國的殯葬制度從唐至於宋代，主要殯葬制度的由繁至簡、重視殯葬的民生意義及火葬的流行等三個方面有着顯著的改變。⑥ 史繼剛的《宋代助葬制度述略》中討論了宋代政府對無力下葬之人的助葬制度，也被稱爲漏澤園制度，並對這一制度存在的弊病作了分析。⑦ 吳政佐《宋代喪葬救助研究》亦是從該角度談論了宋代政府對無力下葬人群的助葬制度。⑧ 穆旋碩士學位論文《宋夏喪葬文書比較研究》對宋代的喪葬文書進行了較爲系統的整理，並對其文化内涵作了討論。⑨ 王銘《輦輿與威儀：唐宋葬禮車輿儀制的等級性與世俗化》對喪葬車輿制度在唐宋成爲民間喪葬禮炫耀經濟實力的工具，這是宋代厚葬之風形成的主要原因之一。⑩ 丁建軍《宋朝丁憂制度與政治鬥争——以“李定匿喪”與“史嵩之起復事件”爲例》對宋代的“丁憂制度”有所探討，文章認爲，由於一些官員貪慕權力，因此出現一些違背丁憂制度的行爲，比如匿喪，並因此成爲政治鬥争中的把

① 韓悦：《宋代喪葬典禮考述》，浙江大學碩士學位論文，2012 年。

② 肖紅兵：《宋代官員卒葬制度研究：以哀榮和飾終爲中心》，華東師範大學博士學位論文，2014 年。

③ 鄧小南：《略談宋代的堂祭》，《史學月刊》1990 年第 4 期。

④ 吳麗娱：《唐宋時代的詔葬與敕葬》，《中國社會科學院院報》，2016 年 11 月 28 日，第 3 版。

⑤ 吳麗娱：《葬禮的炫耀———關於天聖〈喪葬令〉的啓迪》，《文史知識》2007 年第 3 期。

⑥ 陳静：《唐宋殯葬制度：優良傳嬗與現代指向》，《甘肅社會科學》2014 年第 1 期。

⑦ 史繼剛：《宋代助葬制度述略》，《青海師範大學學報》(哲學社會科學版) 1994 年第 3 期。

⑧ 吳政佐：《宋代喪葬救助研究》，陝西師範大學碩士學位論文，2015 年。

⑨ 穆旋：《宋夏喪葬文書比較研究》，寧夏大學碩士學位論文，2015 年。

⑩ 王銘：《輦輿與威儀：唐宋葬禮車輿儀制的等級性與世俗化》，《民俗研究》2013 年第 5 期。

柄，這種現象直接導致丁憂制度成爲宋朝黨争的利器。①

除了喪葬儀式之外，喪禮中的喪服制度向來是禮學研究的重心。學界對宋代喪服制度的研究，也取得了不少成果。丁淩華《中國喪服制度史》是對中國喪服制度史的通論，其中也對宋代的喪服和服叙制度有討論。② 郭瀟博碩士學位論文《唐宋五服制度變革研究》對唐宋的五服制度及變革發展作了梳理，認爲宋代時期，五服制度開始由貴族化轉向庶民化，禮儀規範的對象從貴族轉向庶民。③ 郝怡碩士學位論文《宋代帝室中兄終弟及及服制研究》對宋代帝王室家中，兄長死後，弟弟爲兄長的喪服制度及服制原則都有討論。④ 徐爽《宋初婦爲舅姑服制的變革》一文指出，宋初婦爲舅姑服喪三年，這一變革始於宋太祖詔令，並被採入《開寶通禮》。文章認爲，宋初統一服制的首部禮典《開寶通禮》，其服制之源並不只是盛唐之禮，最終的定制是根據宋初現狀情勢對唐禮及五代禮選擇和調整的結果。⑤

除此之外，由於唐宋時期有關喪葬的律令的頒佈施行，學界大多從禮與法的角度來討論五服制度的變動，這些論文和論著，在後文“禮法研究”一節中再作説明。

三、賓禮

關於宋代賓禮的研究，學界已經嘗試從整體和局部兩個層面展開。對宋代賓禮的制定的整體研究，朱溢發表了一系列論文進行討論，其《北宋賓禮的建立及其變遷——以禮儀制定原則的討論爲重點》認爲，北宋時賓禮的制定原則發生了重大變化，蕃使來朝禮儀不再統一制定，而是重在對不同周邊政權進行差别對待；⑥ 其《唐至北宋時期賓禮的禮儀空間》亦討論了唐至北宋時期的賓禮的變遷；⑦ 其《中古中國賓禮的構造及其演進——從〈政和五禮新儀〉的賓禮

---

① 丁建軍：《宋朝丁憂制度與政治鬥争——以“李定匿喪”與“史嵩之起復事件”爲例》，《保定學院學報》2013 年第 6 期。

② 丁淩華：《中國喪服制度史》，上海人民出版社 2000 年版。

③ 郭瀟博：《唐宋五服制度變革研究》，廣西師範大學碩士學位論文，2011 年。

④ 郝怡：《宋代帝室中兄終弟及及服制研究》，山西師範大學碩士學位論文，2014 年。

⑤ 徐爽：《宋初婦爲舅姑服制的變革》，《民俗研究》2017 年第 5 期。

⑥ 朱溢：《北宋賓禮的建立及其變遷——以禮儀制定原則的討論爲重點》，《學術月刊》2014 年第 4 期。

⑦ 朱溢：《唐至北宋時期賓禮的禮儀空間》，臺灣《成大歷史學報》第 47 號，2014 年。

制定談起》認爲，中國古代賓禮的内涵大致穩定，只不過在不同的歷史情境下，賓禮的具體對象不同而已①。

除此之外，學界對宋代賓禮的研究，多集中在北宋、南宋和遼、金、西夏、高麗等的外交聘問禮儀上。

對宋和遼之間的交聘禮儀，有如下幾種研究。黄鳳岐《遼宋交聘及其有關制度》對宋遼交聘使節的名稱和官員的選擇、官位、使命都有詳細考證。② 曹顯征的博士學位論文《遼宋交聘制度研究》是對宋遼兩國交聘制度的系統考證。該論文認爲遼宋交聘制度可分爲兩個方面，一爲出使系統，二爲接待、禮賓系統，並着重從第二個方面作了討論。其後作者又發表《遼宋實現首次交聘之背景分析》和《遼宋交聘制度的初步確立》等文章，認爲遼宋在公元 974 年實現首次交聘後，即初步創制了互遣正旦國信使和生辰國信使等交聘禮儀制度。同時對其背景作了考證，③ 這是其博士學位論文的一部分。賈玉英《宋遼交聘制度論略》對宋遼交聘制度的建立、内容及制度作用都作了考證。④ 賈玉英另一篇論文《有關宋遼交聘中泛使概念的幾點辨析》對傳統有關泛使概念的幾種觀點作了辨析，認爲泛使指的是國信使中與常使不同的、往來不常的一種特别使節。⑤ 王凱碩士學位論文《宋使使遼儀研究》對宋朝的使者出使到遼國進行外交聘問時的各種禮儀有考證。⑥ 劉興亮《遼代的御容及遼宋間御容交聘活動考述》討論了宋遼圍繞御容制度所進行的交聘活動。⑦ 張鵬《宋遼交聘中的"走出去"與"軟實力"——以宋遼交聘中的禮物往還爲中心》一文從宋遼交聘禮物出發，對兩個外交禮物所承載的政治與文化意義作了探討。⑧ 郭雪松《由澶淵之盟看宋遼交聘制度》認爲澶淵之盟是兩個交聘制度的轉折，澶淵之盟後，兩國

---

① 朱溢：《中古中國賓禮的構造及其演進——從〈政和五禮新儀〉的賓禮制定談起》，《中華文史論叢》2015 年第 2 期。

② 黄鳳岐：《遼宋交聘及其有關制度》，《社會科學輯刊》1985 年第 2 期。

③ 曹顯征：《遼宋實現首次交聘之背景分析》，《北方文物》2006 年第 1 期；《遼宋交聘制度的初步確立》，《遼寧工程技術大學學報》（社會科學版）2008 年第 4 期。

④ 賈玉英：《宋遼交聘制度論略》，《中州學刊》2005 年第 6 期。

⑤ 賈玉英：《有關宋遼交聘中泛使概念的幾點辨析》，《中國史研究》2006 年第 2 期。

⑥ 王凱：《宋使使遼儀研究》，吉林大學碩士學位論文，2012 年。

⑦ 劉興亮：《遼代的御容及遼宋間御容交聘活動考述》，《青海社會科學》2012 年第 1 期。

⑧ 張鵬：《宋遼交聘中的"走出去"與"軟實力"——以宋遼交聘中的禮物往還爲中心》，《美術研究》2013 年第 2 期。

交聘制度由無定制發展出較爲完備的制度。①

宋金之間的交聘禮儀，學界亦頗有關注。趙永春《關於宋金交聘“國書”的鬥争》討論了宋金兩國圍繞交聘禮儀展開的鬥争。② 李輝博士學位論文《宋金交聘制度研究(1127—1234)》對南宋和金的聘使制度都有細緻的考證。③ 之後又有兩篇關於宋金交聘制度的碩士學位論文，周立志《南宋與金交聘研究》對紹興二十二年體制與宋金交聘制度以及宋金交聘費用作了考證，但論文多是從政治史、經濟史角度進行研究，對禮制涉及不多。④ 王大鵬碩士學位論文《宋金交聘禮儀研究》則對雙方交聘禮的確立、宋金交聘禮中的接待禮儀以及交聘禮物等問題作了系統的梳理。⑤

宋與西夏、高麗等之間的交聘禮，學界也有涉及。顧吉辰《宋—西夏交聘考》對宋與西夏交聘禮儀中使節名稱、使副選擇、使副官位、兩國君后的相互稱謂、國書格式、禮物名色、儀式流程等進行了詳細的梳理。⑥ 孫建民、顧宏義《宋朝高麗交聘考》則討論了宋與高麗的歷次交聘活動以及相關問題。⑦

四、軍禮

宋代的軍禮研究，也有了一定的成果。陳峰、劉縉的《北宋講武禮初探》一文認爲，北宋講武禮最初發揮着炫耀國威、激勵軍功的作用，但是隨着宋代崇文抑武國策的影響，講武禮逐漸走向形式化和邊緣化。⑧ 劉縉《南宋講武禮的動態考察》對南宋時期講武禮的復興和衰亡作了考察。⑨ 尹承《北宋講武禮新探》一文認爲，北宋繼承了唐代的講武禮，但其只在宋初三朝舉行過數次，宋初的講武禮有戰争前奏和武力威懾的意義，但是在澶淵之盟後，爲不破壞和

---

① 郭雪松：《由澶淵之盟看宋遼交聘制度》，《遼金歷史與考古》第 5 輯，遼寧教育出版社 2014 年版。

② 趙永春：《關於宋金交聘“國書”的鬥争》，《北方文物》1992 年第 2 期。

③ 李輝：《宋金交聘制度研究(1127—1234)》，復旦大學博士學位論文，2005 年。

④ 周立志：《南宋與金交聘研究》，河北大學碩士學位論文，2010 年。

⑤ 王大鵬：《宋金交聘禮儀研究》，遼寧大學碩士學位論文，2013 年。

⑥ 顧吉辰：《宋—西夏交聘考》，《固原師專學報》(社會科學版)1986 年第 3 期。

⑦ 孫建民、顧宏義：《宋朝高麗交聘考》，《信陽師範學院學報》(哲學社會科學版)1997 年第 1 期。

⑧ 陳峰、劉縉：《北宋講武禮初探》，《清華大學學報》(哲學社會科學版)2007 年第 5 期。

⑨ 劉縉：《南宋講武禮的動態考察》，《殷都學刊》2009 年第 2 期。

局而不再舉行講武禮。① 劉春碩士學位論文《北宋軍禮研究》認爲，北宋初期，宋太祖、宋太宗兩朝致力於統一南北，軍事得到了關注，因而軍禮亦受重視，講武禮、田獵禮、受降禮、獻俘禮皆頗受關注。宋真宗時，各種軍禮得以制度化。北宋後期，由於國力衰弱，軍禮不復受重視。②

對宋代各種征伐禮儀的討論，柏寧會碩士學位論文《北宋征伐禮研究》對北宋時期的征伐禮儀作了系統的研究，並對征伐禮的實踐及演變、征伐禮的内涵都有所討論，論文認爲，北宋初期的征伐禮受到高度重視，各種制度趨於完善，但北宋中期則流於形式，鮮少舉行。北宋後期統治者重新舉行征伐禮，欲提高軍隊戰鬥力，挽救政治危機，但最終以失敗告終。③

對宋代軍禮中的獻俘禮，學界也有一定的關注。鄒賀《宋代獻俘禮淵源遞變述考》認爲宋代的獻俘禮繼承了唐和五代的制度，到南宋時，獻俘禮已經在實際上被棄而不用了。④ 學位論文方面，楊計國碩士學位論文《宋初的俘虜政策研究》亦有專章討論宋初的獻俘禮。⑤ 張紅的碩士學位論文《北宋獻俘禮研究》對北宋各朝的獻俘禮以及北宋一代獻俘禮的演變及原因有系統考證。⑥

對宋代田獵禮的研究，孫方圓的《北宋廢止皇帝“田獵”之禮考述》對北宋皇帝田獵禮的廢除原因有深入的探討，認爲廢除的關鍵是北宋時期的士大夫群體對田獵禮的批判。⑦

五、嘉禮

嘉禮主要包括婚禮、冠禮、鄉飲酒禮、大朝會等禮儀。以下分別討論學界對這幾種嘉禮的研究。

對宋代冠禮的研究比較少，除前文所列綜合性的論著外，可見的有范帥《淺析宋代皇子的賜名、冠禮與出閣制度》一文，對宋代皇子的冠禮制度有討論。⑧

---

① 尹承：《北宋講武禮新探》，《中國史研究》2017 年第 1 期。

② 劉春：《北宋軍禮研究》，遼寧大學碩士學位論文，2020 年。

③ 柏寧會：《北宋征伐禮研究》，西北大學碩士學位論文，2013 年。

④ 鄒賀：《宋代獻俘禮淵源遞變述考》，《延安大學學報》(社會科學版)2013 年第 6 期。

⑤ 楊計國：《宋初的俘虜政策研究》，河南大學碩士學位論文，2010 年。

⑥ 張紅：《北宋獻俘禮研究》，遼寧大學碩士學位論文，2016 年。

⑦ 孫方圓：《北宋廢止皇帝“田獵”之禮考述》，《中國史研究》2014 年第 1 期。

⑧ 范帥：《淺析宋代皇子的賜名、冠禮與出閣制度》，《鄭州輕工業學院學報》(社會科學版)2015 年第 1 期。

對宋代婚禮的研究，學界從不同角度展開。張志雲《宋代嘉禮内容演變探析》對宋代嘉禮中升婚禮於冠禮之前、朝會列於賓禮、册命諸王大臣移入軍禮、增加宴飲禮和賑膰禮等禮制的變化進行了考證，並對編撰者的編撰意圖有所論述。① 吕友仁、王立軍《宋代婚禮概述》對宋代婚禮的儀式流程有較爲系統的梳理和考證。② 李月瑗碩士學位論文《宋代婚禮禮制研究》對宋代各階層的婚禮禮制，婚禮背後的政治内涵以及宋代的經濟、民俗因素對婚禮的影響有所討論。③ 侯虎虎《唐宋婚制的演變及其流弊》一文認爲唐宋時期政府將婚姻作爲維護統治秩序和社會秩序的重要環節，以立法的形式對婚姻實行一系列的保護和限制政策。④ 和溪《宋代婚禮親迎禮初探》一文則認爲，宋代婚禮中的親迎禮在遵循古禮的同時，更加注重儀式的隆重與喜慶，在維護儒家禮制的基礎上，逐漸吸納民間風俗，開始向世俗化轉變。⑤ 何建琴《從〈士昏禮〉看宋代婚儀式演變》一文認爲宋代的婚禮儀式對古禮有所改革，對禮俗亦多有吸收。⑥

對宋代鄉飲酒禮的研究亦有一定成果。申萬里《宋元鄉飲酒禮考》對宋代鄉飲酒禮成爲地方儒學的社會文化活動作了考證。⑦ 王美華《鄉飲酒禮與唐宋地方社會》認爲由唐至宋，在朝廷、地方官和地方士人群體三者的合力推動下，鄉飲酒禮才逐漸在地方社會中推行開來。⑧ 該文後收入氏著《禮制下移與唐宋社會變遷》。⑨ 王美華《唐宋時期鄉飲酒禮演變探析》一文認爲，唐宋時期鄉飲酒禮中的“賓貢”職能在鄉飲酒禮中一度相當突出，但隨後“賓貢”逐步轉化成與科舉制配套的“鹿鳴宴”，而傳統的鄉飲酒禮則縮小爲以“尊賢尚齒”爲主旨的基層社會儀式。⑩

鄉飲酒禮中“僎”與“遵”的經學問題引起學界關注。楊華於 2017 年發表了《從鄉飲酒禮到千叟宴》上、下兩篇，用通俗的語言梳理了中國古代的鄉飲酒

---

① 張志雲：《宋代嘉禮内容演變探析》，《中國典籍與文化》2018 年第 1 期。

② 吕友仁、王立軍：《宋代婚禮概述》，《殷都學刊》1991 年第 4 期。

③ 李月瑗：《宋代婚禮禮制研究》，西北大學碩士學位論文，2012 年。

④ 侯虎虎：《唐宋婚制的演變及其流弊》，《延安教育學院學報》2001 年第 1 期。

⑤ 和溪：《宋代婚禮親迎禮初探》，《科教導刊》2013 年第 18 期。

⑥ 何建琴：《從〈士昏禮〉看宋代婚儀式演變》，《四川省幹部函授學院學報》2019 年第 4 期。

⑦ 申萬里：《宋元鄉飲酒禮考》，《史學月刊》2005 年第 2 期。

⑧ 王美華：《鄉飲酒禮與唐宋地方社會》，《社會科學輯刊》2010 年第 4 期。

⑨ 王美華：《禮制下移與唐宋社會變遷》，中國社會科學出版社 2015 年版，第 159～177 頁。

⑩ 王美華：《唐宋時期鄉飲酒禮演變探析》，《中國史研究》2011 年第 2 期。

禮，在此過程中他發現“僎”和“遵”的身份變化問題。① 此後，他發表《僎的“復古”與鄉飲酒禮流變》一文，從“僎”的存廢及地位升降角度討論了中國古代鄉飲酒禮的流變。文章認爲，宋代開始强調僎位，並將其制度化、法理化，這是由於宋人制禮打着復古的旗號，以爲唐人之禮不合上古禮制。後清人廢棄宋人的僎位，亦是以其不合上古禮制爲由。這種復古與再復古(或反復古)的波浪式流變，或許是中國禮學史乃至整個經學史的重要規律之一。② 他後又發表《朱熹與宋代的鄉飲酒禮變革——兼論禮典設計對地方官僚政治的回應》，認爲朱熹對於南宋慶元年間的鄉飲酒禮改革起到重要作用。朱熹批評糾正了紹興禮式的多處不合古禮之處，並重新確定了賓、主、僎、介的座位和秩序。他將“僎”或“遵者”的角色進一步制度化、固定化，並將早先規定的“僎”的身份即“州以通判，縣以丞或簿”，改爲“州以倅，縣以丞或簿”。這一簡易、從時、通變、實用的禮制改定，反映了宋代地方按察官的制度變遷，是南宋添差、奏辟之類冗官增加以後，在禮典設計上的一個制度性反映。閻步克《鄉飲酒上的僎與遵》一文對該經學問題進行了梳理，並系統討論該經學問題如何影響到宋明清王朝的飲酒禮儀注和制度。他指出，“遵”見於《鄉飲酒禮》和《鄉射禮》，“僎”則見於《鄉飲酒義》，經疏多以此二者爲一事，學者多以通假關係解之。但是孰爲本字則有異説。此異説就影響到鄉飲酒禮圖的擇取，或以輔主人者爲“遵”，或以輔主人者爲“僎”。南宋以後，“介僎”模式逐漸制度化，宋明清皆如此。但作者僅對該學術問題及制度變革作了梳理，並未下結論。③

對宋代大朝會禮儀的研究則不多見。④ 姜錫東、史泠歌《北宋大朝會考論——兼論“宋承前代”》對北宋大朝會的日期、次數、暫停原因以及賀而不朝等制度都作了系統的梳理，認爲北宋一朝大朝會禮儀在國家政治生活中相當重要，同時其儀式繼承了前代的制度。⑤ 賈鴻源《北宋天聖五年冬至朝賀章獻太

① 楊華：《從鄉飲酒禮到千叟宴》(上、下)，《武漢文史資料》2017 年第 9、10 期。

② 楊華：《僎的“復古”與鄉飲酒禮流變》，彭林主編：《中國經學》第 22 輯，廣西師範大學出版社 2018 年版，第 11~20 頁。

③ 閻步克：《鄉飲酒上的僎與遵》，《中華文史論叢》2018 年第 4 期。

④ 大朝會禮在唐及北宋初期屬嘉禮，至北宋徽宗時制定《政和五禮新儀》，方才納入賓禮的範疇，《宋史・禮儀志》亦沿襲這一分類。但是學界在研究宋代朝會禮時，一般仍將其歸入嘉禮的範疇進行討論，比如王美華《唐宋禮制研究》和賈鴻源《北宋天聖五年冬至朝賀章獻太后禮的構建》均是如此，本章爲方便論述計，仍將大朝會禮歸入嘉禮一類中進行討論。

⑤ 姜錫東、史泠歌：《北宋大朝會考論——兼論“宋承前代”》，《河北學刊》2011 年第 5 期。

后禮的構建》對北宋嘉禮大朝會儀式中的冬至百官朝賀皇太后的儀節作了考證，對北宋時期朝賀皇后禮儀的建構和變遷有細緻的梳理。①

六、禮典和修禮機構研究

關於宋代禮典修纂的史料，湯勤福、王志躍的《宋史禮志辯證》具有極大學術價值。由於《宋史》成書倉猝，其史料來源混亂，所以，其《禮志》雖然内容極多，但錯謬也甚多，常爲後代詬病，不敢輕易使用。該書逐條辨析《宋史・禮志》的史料來源、辨析其史料剪裁得失，糾正某些錯誤，使得該志書的使用更爲穩妥，也爲復原兩宋時期的禮典制作及其流變情況作了基礎性的文獻工作。

1. 禮典研究

宋朝建立後，面對五代以來禮制崩壞的局面，在大量繼承先代禮制的同時，也展開了多次制作禮典的運動，先後頒行了《開寶通禮》《禮閣新編》《太常因革禮》《朝會儀注》《政和五禮新儀》《中興禮書》等禮典，學界對此亦有一定的研究。目前，《政和五禮新儀》已作爲《中華禮藏・禮制卷・總制之屬》第三册、四册，整理出版。②

楊建宏《禮制背後的政治訴求解讀——以北宋官方禮書制作爲中心》認爲北宋前期的禮制的政治訴求就是確立北宋王朝政治合法性，中期在於防範女主專權，後期則在於貫徹神宗以來的政治改革路線，同時規範失範的社會秩序。③ 張文昌《制禮以教天下：唐宋禮書與國家社會》一書第三章“宋代國家禮典之修撰”對宋代的《開寶通禮》《太常因革禮》《政和五禮新儀》和《中興禮書》等禮典進行了考證。④ 惠吉興《宋代禮學研究》第四章第一節“宋代官修禮典”對以上六部禮典的修撰情況亦有較爲詳細的考證。⑤ 除了論著之外，亦有多種期刊論文從不同角度對宋代官修禮典作了討論。

對《開寶通禮》的研究上，張文昌《〈大周通禮〉與〈開寶通禮〉内容與體例

---

① 賈鴻源：《北宋天聖五年冬至朝賀章獻太后禮的構建》，《中國典籍與文化》2018年第1期。

② 鄭居中等：《政和五禮新儀》，汪瀟晨點校，浙江大學出版社2017年版。

③ 楊建宏：《禮制背後的政治訴求解讀——以北宋官方禮書制作爲中心》，《船山學刊》2009年第1期。

④ 張文昌：《制禮以教天下：唐宋禮書與國家社會》，臺灣大學出版中心2012年版，第133~228頁。

⑤ 惠興吉：《宋代禮學研究》，河北大學出版社2011年版，第90~95頁。

試探——以“通禮”爲切入點》一文認爲北宋建國後修《開寶通禮》，爲求速成，故直取《開元禮》爲藍本，並綴以北宋新制而編成，但仍用前朝“通禮”之名。故兩部《通禮》間有其延續與斷裂之處。① 樓勁《關於〈開寶通禮〉若干問題的考察》對《開寶通禮》的成書、體例、材料來源以及實施情况都有詳細的考證，文章認爲，在宋初的禮制體系中，《開寶通禮》儘管仍是其重要組成部分，卻已失去了以往禮典那種充當禮制領域根本大法的地位。禮典地位的跌落，對於宋代禮制的發展，乃至於對整部中國禮制史都是有重大意義的事件。② 同時，樓勁亦於《宋初三朝的禮例與禮制形態的變遷》一文指出，與當時禮典地位跌落形成對照的是，“例”在禮事領域中的盛行。“例”的出現頻度最高，説它構成了宋初三朝禮制和禮事活動的基礎，當不爲過。樓勁兩文均收録入吳麗娱主編《禮與中國古代社會(隋唐五代宋元卷)》中。③

對《太常因革禮》的研究，王美華《〈太常因革禮〉與北宋中期的禮書編纂》認爲《太常因革禮》開創了“因革禮的禮書編纂體例”，對當時及後世的禮書修撰有深遠影響。④張志雲《“告哀”列入〈太常因革禮·廢禮〉質疑》認爲將北宋前期尤其是宋仁宗時期仍舉行的“告哀”禮列入《太常因革禮·廢禮》中並不合適。⑤ 尹承的博士學位論文《〈太常因革禮〉研究》是對該禮典的系統研究與考證，對《太常因革禮》的修撰、收録範圍、内容以及佚篇重要制度復原都作了討論。⑥ 尹承後發表《從〈太常因革禮·廟議〉后妃祔廟問題看北宋的禮制運行》一文，文章從后妃祔廟問題出發，指出“禮經原則與舊制邊緣之間雖有緊張關係，但也構成了禮制運行的空間，而這一空間正是由包括皇帝本人在内的北宋朝廷共同維護的”⑦。謝桃坊《蘇洵與〈太常因革禮〉的修纂》一文梳理了蘇

---

① 張文昌：《〈大周通禮〉與〈開寶通禮〉内容與體例試探——以“通禮”爲切入點》，臺灣《早期中國史研究》第 2 卷第 2 期，2010 年。

② 樓勁：《關於〈開寶通禮〉若干問題的考察》，《中國社會科學院歷史研究所學刊》第 4 集，商務印書館 2007 年版，第 411~437 頁。

③ 吳麗娱主編：《禮與中國古代社會(隋唐五代宋元卷)》，中國社會科學出版社 2016 年版，第 231~321 頁。

④ 王美華：《〈太常因革禮〉與北宋中期的禮書編纂》，《古籍整理研究學刊》2014 年第 1 期。

⑤ 張志雲：《“告哀”列入〈太常因革禮·廢禮〉質疑》，《延安大學學報》(社會科學版)2017 年第 3 期。

⑥ 尹承：《〈太常因革禮〉研究》，山東大學博士學位論文，2015 年。

⑦ 尹承：《從〈太常因革禮·廟議〉后妃祔廟問題看北宋的禮制運行》，《泰山學院學報》2019 年第 6 期。

洵在編纂《太常因革禮》中所起到的作用以及該書所反映的蘇洵史書之體的意圖。①

吳羽《〈政和五禮新儀〉編撰考論》對該禮典的編撰過程有詳細的考證，認爲該禮典不僅體現了宋徽宗整頓禮制的決心和當時的學術取向，也體現出北宋晚期的禮學知識結構較之唐代有了重大變化，同時也標志着宋代國家禮儀的正式成熟。② 柏晶晶、王風《〈政和五禮新儀〉探析》一文對該禮典的修撰、推行和局限及其歷史意義都作了討論。③ 李俊芳的《回向"三代"——以宋徽宗朝〈政和五禮新儀〉制定爲中心》認爲該禮典的制作，包含了時人回向三代的理念和訴求。④

對《中興禮書》的研究，吳羽《論中晚唐國家禮書編撰的新動向對宋代的影響——以〈元和曲臺新禮〉、〈中興禮書〉爲中心》認爲唐代《元和曲臺新禮》的修撰標志着國家禮書編撰者的職業化和國家禮書的案牘化，這種動向，對宋代禮書修撰産生了深遠影響，《中興禮書》的修撰即是這種影響的具體表現。⑤ 史廣超《〈中興禮書〉及〈續編〉版本考述》一文對《中興禮書》及其續編現存五個抄本的源流作了細緻考證。⑥ 李軍《徐松〈中興禮書〉及〈中興禮書續編〉論略——南宋國家典禮及禮書編纂的珍貴資料》對清代學者徐松從《永樂大典》中輯録的《中興禮書》和《中興禮書續編》作了考證和研究。⑦

2. 修禮機構研究

目前對宋代修禮機構的研究並不多。張文昌《制禮以教天下：唐宋禮書與國家社會》第四章第四節"兩宋的禮典修撰機制：兼論兩宋禮儀使的職能"對宋代的修禮機構及禮官有系統的考證和梳理。⑧ 王風《宋代修禮機構》認爲皇帝

---

① 謝桃坊：《蘇洵與〈太常因革禮〉的修纂》，《文史雜誌》2020年第2期。

② 吳羽：《〈政和五禮新儀〉編撰考論》，《學術研究》2013年第6期。

③ 柏晶晶、王風：《〈政和五禮新儀〉探析》，《重慶交通大學學報》(社科版)2013年第6期。

④ 李俊芳：《回向"三代"——以宋徽宗朝〈政和五禮新儀〉制定爲中心》，《保定學院學報》2018年第3期。

⑤ 吳羽：《論中晚唐國家禮書編撰的新動向對宋代的影響——以〈元和曲臺新禮〉、〈中興禮書〉爲中心》，《學術研究》2008年第6期。

⑥ 史廣超：《〈中興禮書〉及〈續編〉版本考述》，《圖書館雜誌》2013年第5期。

⑦ 李軍：《徐松〈中興禮書〉及〈中興禮書續編〉論略——南宋國家典禮及禮書編纂的珍貴資料》，《遼東學院學報》(社會科學版)2016年第1期。

⑧ 張文昌：《制禮以教天下：唐宋禮書與國家社會》，臺灣大學出版中心2012年版，第278~294頁。

通過設置修禮機構，將個人意志貫徹到禮書的修撰當中，以此來達到强化皇權的目的。① 劉奕碩士學位論文《北宋禮部若干問題研究》以禮書的修撰爲例，提到元豐改制以前的禮儀院和太常禮院分割了禮部作爲禮儀機構的基本職能。② 張志雲、湯勤福《北宋太常禮院及禮儀院探究》對北宋太常禮院和禮儀院的設立情况、存留時間、具體的職能以及歷史地位作了比較分析，認爲二者儘管存在重疊的事務，但互不統攝。③ 李俊芳《北宋議禮局考述》對宋徽宗時編撰《政和五禮新儀》前後議禮局的設置、變動以及最終撤銷進行了考證。④

總而言之，當前學界對兩宋時期的五禮制度及禮典研究已經從多個方面及角度展開。但由於五禮制度内容所含甚廣，目前學界的研究大多數仍聚焦於少數争議較大、影響較大的論題上，對其他側面的研究似嫌不足。

第三節　禮論、禮義研究

對宋代禮學的思想史和文化史研究，學界已從多方面展開，主要包括宋代的禮制下移及其影響，唐宋禮制關係，宋代禮制與佛、道等宗教的關係，宋代禮學與理學的關係，宋儒禮學思想的研究，等等。以下分别討論。

一、禮制下移及唐宋禮制關係

唐宋時期，官方禮制逐漸下移至地方社會與庶民日常生活當中，這一下移過程雖發端甚早，但在宋代卻呈現出空前的深度與廣度。禮制下移對中國傳統社會的影響甚深，國家與個人、中央與地方的關係愈發緊密，政府機構對民間的控制力亦得以强化。因而宋代禮制下移的歷史現像是學界關注的重點。楊英在《改革開放四十年來的中古禮學和禮制研究》一文中對宋代的禮制下移研究成果作了相當全面的綜述，可資參考。⑤

對宋代禮制下移及其影響的研究，王美華《官方禮制的庶民化傾向與唐宋禮制下移》一文認爲，儘管就唐宋時期而言，官方禮制尚不能真正下達於庶民

① 王颪：《宋代修禮機構》，《河北科技師範學院學報》(社會科學版)2013 年第 1 期。
② 劉奕：《北宋禮部若干問題研究》，河南大學碩士學位論文，2014 年。
③ 張志雲、湯勤福：《北宋太常禮院及禮儀院探究》，《求是學刊》2016 年第 3 期。
④ 李俊芳：《北宋議禮局考述》，《廣西社會科學》2018 年第 3 期。
⑤ 楊英：《改革開放四十年來的中古禮學和禮制研究》，《文史哲》2020 年第 5 期。

層面，規範和約束庶民之家的生活實際，但是官方開始關注針對庶民的禮文儀制的修訂和推行，反映出官方禮制正逐步下移於庶民社會層面；① 其《地方官社會教化實踐與唐宋時期的禮制下移》一文指出，唐宋時期正是通過地方官社會教化活動的不斷推進，官方禮文儀制逐漸由文本付諸實踐，由朝廷下移至民間，逐步擴大對社會的影響②。這些文章的内容，後被陸續收録進其著作《禮制下移與唐宋社會變遷》一書中，該書就官方禮儀制度與規定對下層社會的深刻影響作了系統的考證。

同時，學界也試圖從其他側面來討論禮制下移問題。如宋代的禮俗受到禮制下移的深刻影響，學者多以禮俗爲對象來討論該問題。楊志剛《宋代禮俗與文化略論》一文指出，宋代形成了皇帝和宗室、品官、庶人三大等級，最爲直接的原因是門閥士族退出歷史舞臺，而庶人社會地位提升。因而宋代是一個禮下庶人的時代。③ 范熒《試論宋代社會中的禮俗矛盾》亦從庶人社會地位提升角度出發，認爲這導致宋代出現了平等的思潮，市民階層中的主體工商業者在思想上更爲開放，因而不甘於傳統禮制的束縛，所以出現了越來越多越禮逾制的現象，但另一方面，禮制的基本原則又得到重申與强化，二者之間的矛盾便日益尖鋭。文章從宋代經濟形態、社會組織形式和價值規範系統三個方面分析了禮俗矛盾背後的深層原因，同時也指出這種矛盾亦有其積極意義。④

又如私家廟祀的興起亦是禮制下移的一種反映，趙旭《唐宋時期私家祖考祭祀禮制考》一文對唐宋家廟制度的變遷有非常詳細的考證，文章認爲，唐代的家廟制度日漸顯出頹勢，北宋前期亦如此，北宋中後期，家廟制度才得以重建，立廟的官階亦較唐代大爲寬鬆，涵蓋了所有的官員。然自北宋末年至南宋時期，賜建家廟的殊榮又爲權奸、勢要所獨佔。於是便出現了以影堂祭祀祖考的方法。⑤ 又如喪葬禮制方面，王銘《中古以降喪葬禮制的下移：以方相、魌頭使用等級爲例》一文分析了中古以後喪葬禮中使用方相和魌頭官階平級劃分

---

① 王美華：《官方禮制的庶民化傾向與唐宋禮制下移》，《濟南大學學報》(社會科學版)2006 年第 1 期。

② 王美華：《地方官社會教化實踐與唐宋時期的禮制下移》，《遼寧大學學報》(哲學社會科學版)2010 年第 3 期。

③ 楊志剛：《宋代禮俗與文化略論》，祝瑞開編：《宋明思想和中華文明》，學林出版社 1995 年版，第 182～192 頁。

④ 范熒：《試論宋代社會中的禮俗矛盾》，《民俗研究》1996 年第 2 期。

⑤ 趙旭：《唐宋時期私家祖考祭祀禮制考》，《中國史研究》2008 年第 3 期。

的變化，由此可以看出唐宋以後禮制下移的現象。①

對唐宋禮制關係的考察，學界既有持宋承唐制的觀點，同時也有對"宋承唐制"之説的反思。樓勁《宋初禮制沿革及其與唐制的關係——兼論"宋承唐制"説之興》認爲嚴格上來講，應當是宋初循用了五代相沿革的唐制，宋制與唐制的關係，並非簡單的宋承唐制所能概括，而是根據形勢和需要來對唐制進行的取鑒、選擇、重組和改造。② 此文後收録入吳麗娛主編《禮與中國古代社會(隋唐五代宋元卷)》。③ 姜錫東、史泠歌《北宋大朝會考論——兼論"宋承前代"》則以北宋大朝會禮制爲例，指出"宋承前代之制"的説法是嚴謹的，同時此"前代之制"不能狹隘地理解爲唐《開元禮》，應該包括唐、五代制度在内。總的來講，宋制與唐制的關係，與周和商的關係頗爲類似，宋初固然有對唐制的採擷，但並非全盤接受，其間既有禮制的沿革，也有禮制的創新。同時，宋制不僅有承唐制的内容，也承襲五代之制的内容。

二、禮與佛、道的互動

宋代官方禮制受到道教和佛教的諸多影響，禮制與道教和佛教的互動關係亦頗爲引人注目。日本學者山内弘一《北宋國家與玉皇——以新禮恭謝天地爲中心》一文對恭謝天地禮儀和景靈宫祭祀的研究表明，這兩種禮儀分别是受道教影響而産生的祭天和祭祖禮。④ 山内弘一《北宋時代的神御殿和景靈宫》則是對景靈宫祭祀的系統討論。⑤ 山内弘一的研究，將道教與國家禮制的互動影響帶入了宋代禮制研究的視野中。王志躍《宋代國家、禮制與道教的互動考論》探討了道教對國家禮制的影響，認爲國家、禮制與道教的互動關係爲：一是國家禮制吸納道教，二是國家多方扶持道教，三是道教參與國家禮制。⑥

---

① 王銘：《中古以降喪葬禮制的下移：以方相、魌頭使用等級爲例》，《社會·經濟·觀念史視野中的古代中國——國際青年學術會議暨第二屆清華青年史學論壇論文集(中)》，2010年，第100~122頁。

② 樓勁：《宋初禮制沿革及其與唐制的關係——兼論"宋承唐制"説之興》，《中國史研究》2008年第2期。

③ 吳麗娛主編：《禮與中國古代社會(隋唐五代宋元卷)》，中國社會科學出版社2016年版，第186~230頁。

④ 山内弘一：《北宋の國家と玉皇——新禮恭謝天地を中心に》，(日本)《東方學》第62卷，1981年。

⑤ 山内弘一：《北宋時代の神御殿と景靈宫》，(日本)《東方學》第70卷，1985年。

⑥ 王文先後發表在《殷都學刊》2011年第2期、《西南大學學報》(社會科學版)2012年第4期和《世界宗教文化》2012年第3期。

汪聖鐸《宋朝禮與佛教》一文認爲宋代禮法中有相當一部分内容帶有佛教色彩。① 張文昌《論唐宋禮典中的佛教與民俗因素及其影響》一文以國忌行香爲例，對宋代禮典中的佛教因素有所探討。此文後收入其著作《制禮以教天下——唐宋禮書與國家社會》。② 王志躍《宋代國家、禮制與佛教的互動考論》就國家禮制對佛教的吸納以及佛教因素參與國家五禮制度進行了考證，認爲國家、禮制與佛教的互動關係主要表現在國家禮制吸納佛教和佛教參與國家禮制上。同時佛教與國家禮制之間亦存在衝突和矛盾，比如佛教火葬習俗對儒家禮制和封建統治秩序的强力衝擊。③ 吴羽《宋代太一宫及其禮儀——兼論十神太一信仰與晚唐至宋的政治、社會變遷》認爲宋代太一宫將十神太一納入國家祭祀體系時對其進行了道教化，也正是因此，十神太一才進入了道教的神祇系統。④

三、以禮入理

宋代理學大盛，理學作爲有宋一代哲學思想的概稱，自然與宋代學術的方方面面發生着關係，禮與理的融合即其中之一。對宋人以禮入理和禮理融合思想的研究，亦頗受學界的關注。殷慧對此問題有較多研究，她主持了 2012 年國家社科基金項目《宋代禮學與理學研究》，⑤ 並撰寫一系列的相關論文。其中，《宋儒以理釋禮的思想歷程及其困境》一文認爲，“理學家以理釋禮的思想成果一方面凸顯了天道、人性以及社會秩序之間的關係，爲禮義的發揮奠定了新的哲學基礎；另一方面也面臨着天理與傳統禮儀、現實禮制之間的緊張關係，禮理之間的溝通仍然困難重重”⑥；《從〈五經〉到〈四書〉——以宋代禮理的突破與融合爲中心》一文認爲，宋代經典由《五經》爲核心轉向《四書》表現了禮、理的轉化與融合。朱熹認爲禮有兩重性，一方面禮的本質中藴含着天理、

---

① 汪聖鐸：《宋朝禮與佛教》，《學術月刊》1990 年第 5 期；後收入氏著《宋代社會生活研究》，人民出版社 2007 年版，第 19~34 頁。

② 張文昌：《論唐宋禮典中的佛教與民俗因素及其影響》，杜文玉主編：《唐史論叢》第 10 輯，三秦出版社 2008 年版，第 17~39 頁；後收入氏著《制禮以教天下——唐宋禮書與國家社會》，臺灣大學出版中心 2012 年版，第 317~331 頁。

③ 王志躍：《宋代國家、禮制與佛教的互動考論》，《廣西社會科學》2011 年第 8 期。

④ 吴羽：《宋代太一宫及其禮儀——兼論十神太一信仰與晚唐至宋的政治、社會變遷》，《中國史研究》2011 年第 3 期。

⑤ 朱子學會編：《朱子學年鑒(2011—2012 年)》，廈門大學出版社 2013 年版，第 256~257 頁。

⑥ 殷慧、田浩：《宋儒以理釋禮的思想歷程及其困境》，《中國哲學史》2013 年第 2 期。

義理，另一方面，禮是制度、節文、儀則，從而將禮理相結合，哲學與實踐相結合；①《朱熹禮理融合的經典詮釋——以〈大學章句〉中“格物致知”爲例》一文認爲，自朱熹將《大學》作爲《四書》之首，使得其成爲禮、理融合的經學詮釋典範，文章討論了禮理融合與連接的方式，認爲大學格物的基礎是小學功夫，由此將禮與理連接起來，此外文章還討論了禮理融合的實踐性②。除此之外，殷慧還發表其他相關論文，其《天理與人文的統一——朱熹論禮、理關係》認爲，朱熹禮學思想的最大特色在於：既重視高明的形上學理論建構，又强調下學工夫的踐履；③ 其《宋代禮、理融合視野下的〈中庸〉詮釋》一文認爲，“程朱的《中庸》詮釋繼承性與創新性並重，既有沿襲以往重視社會秩序、節制情欲的一面，又拓展出重視個人修養工夫的一面，强調禮樂刑政與道德性命的融會貫通。程朱並非捨禮言理，而是强調禮與理的有機統一”④，亦是從禮理關係角度出發進行探討。除此之外，劉豐《北宋禮學研究》一書第五章“禮學與理學的互動”對該問題有細緻的考證。⑤

何俊《由禮轉理抑或以禮合理：唐宋思想轉型的一個視角》一文認爲宋學的兩派代表荆公新學與程朱理學雖然有分歧，但是在言禮而求理、將社會秩序建立在理性與人文的根基上的基本精神是一致的。⑥ 彭衛民《禮理一體：朱熹與〈三禮〉的對話》（上、下）對朱子“天理之節文、人事之儀則”的禮理一體思想有討論。⑦ 姜波的碩士學位論文《以理釋禮——朱熹禮、理關係研究》對朱熹以禮釋理思想的淵源、具體内容及其影響作了較爲詳細的考證。⑧ 姜波、劉豔的《朱熹“以理釋禮”思想的形上依據》從本體和性理兩個層面出發，討論了朱熹對禮在理論基礎上的建構。⑨ 他們的另一篇論文《朱熹禮、理關係研究》

---

① 殷慧：《從〈五經〉到〈四書〉——以宋代禮理的突破與融合爲中心》，《中國哲學史》2014 年第 2 期。

② 殷慧：《朱熹禮理融合的經典詮釋——以〈大學章句〉中“格物致知”爲例》，《朱子學刊》第二十六輯，黄山書社 2016 年版。

③ 殷慧：《天理與人文的統一——朱熹論禮、理關係》，《中國哲學史》2011 年第 4 期。

④ 殷慧：《宋代禮、理融合視野下的〈中庸〉詮釋》，《哲學研究》2018 年第 5 期。

⑤ 劉豐：《北宋禮學研究》，中國社會科學出版社 2016 年版，第 355~528 頁。

⑥ 何俊：《由禮轉理抑或以禮合理：唐宋思想轉型的一個視角》，《北京大學學報》（哲學社會科學版）2007 年第 6 期。

⑦ 彭衛民：《禮理一體：朱熹與〈三禮〉的對話》（上、下），《社會科學論壇》2016 年第 11、12 期。

⑧ 姜波：《以理釋禮——朱熹禮、理關係研究》，安徽大學碩士學位論文，2011 年。

⑨ 姜波、劉豔：《朱熹“以理釋禮”思想的形上依據》，《齊魯師範學院學報》2011 年第 4 期。

一文認爲朱熹“禮者，天理之節文、人事之儀則”不僅爲禮找到了形而上的依據，同時也能夠體現禮的經實價值，是對二者關係的精當完備的解釋。① 許慧敏碩士學位論文《朱子“禮即理”思想研究》對該思想産生的淵源、本體和德性依據以及該思想的主要命題分别作了討論。②

魏濤《張載禮理關係問題辨正》一文認爲，張載試圖從禮理貫通、以禮合理的思路重構儒家禮學，對朱熹等道學家們産生了深刻影響。③ 朱廣龍博士學位論文《從“援理入禮”到“以禮化俗”——黄榦禮學的生活化特徵》亦對禮學的理學化有所考證。④

四、宋儒禮學思想研究

宋禮學研究的大家，有司馬光、王安石、張載、程頤、朱熹等人，學界對宋儒禮學思想的研究，也多集中在對以上幾位學者禮學思想的研究之上。

劉豐在《北宋禮學研究》中對二程、張載、吕大臨及葉時的禮學思想都有討論，⑤ 是目前可見相對較爲系統的著作，但對朱熹、王安石、司馬光等學者的禮學思想則未作討論。對二程禮學思想進行集中討論的是王啓發的《程顥程頤的禮學思想論述》。⑥

北宋理學家張載特重“三禮”，其禮學成績斐然，影響亦相當深遠，對張載禮學思想的研究相當豐富。韓國裴相賢《張載禮學思想考》對張載禮學思想有深入考論。⑦ 楊建宏《論張載的禮學思想及其實踐》認爲張載將禮從形而下之器，發展爲形而上之道，並積極推進禮的實踐。⑧ 林樂昌《張載禮學論綱》認爲張載禮學由兩套系統構成：一套是關於禮的基本觀念和禮學結構功能的學

---

① 姜波、劉豔：《朱熹禮、理關係研究》，《齊魯師範學院學報》2014 年第 5 期。

② 許慧敏：《朱子“禮即理”思想研究》，西北師範大學碩士學位論文，2016 年。

③ 魏濤：《張載禮理關係問題辨正》，《鄭州輕工業學院學報》(社會科學版)2012 年第 6 期。

④ 朱廣龍：《從“援理入禮”到“以禮化俗”——黄榦禮學的生活化特徵》，浙江大學博士學位論文，2016 年。

⑤ 劉豐：《北宋禮學研究》，中國社會科學出版社 2016 年版，第 415~528 頁。

⑥ 王啓發：《程顥程頤的禮學思想論述》，《中國社會科學院歷史研究所學刊》第 5 集，商務印書館 2008 年版。

⑦ 裴相賢：《張載禮學思想考》，葛榮晉、趙馥潔、趙吉惠主編：《張載關學與實學》，西安地圖出版社 2000 年版，第 118~125 頁。

⑧ 楊建宏：《論張載的禮學思想及其實踐》，《湖南大學學報》(社會科學版)2006 年第 2 期。

理系統，一套是突出禮在教學過程中的作用和意義的實踐系統。① 楊永亮、鞏君慧《試論張載的禮學思想》認爲“以禮爲教”和“精思力踐”是其將傳統禮學思想向實學方向轉化的主要方式。② 魏濤《上下交貫、内外相合——張載禮學思想體系新論》認爲張載以天亦即太虚爲形上根源的禮不是静態的，而是貫穿其整個哲學思想體系之中，體現了上下交貫、内外相合的特點。③ 常慧敏《論張載的禮學思想》從禮的學理、踐行和意義等方面對張載禮學思想作了討論。④ 潘斌的《張載禮學思想探論》對張載解禮經、張載以“三禮”經典詮釋和闡發其理學思想有詳細的考證。⑤ 劉永青《張載禮學的闡釋理路》認爲張載首先從宇宙本體的角度爲禮在理論上尋找依據，其次以《周禮》爲本進行禮學闡釋和建構，同時也强調内外兼修的踐禮方式，最後主張以禮爲教，從理論層面到實踐層面作了系統討論。⑥ 張潤洙《張載禮學思想的三個維度及其意義》一文從政治之法制、社會之典禮、倫理之禮三個角度對張載的禮學思想作了分析。在政治之法制層面，張載主張分封制與宗法制，亦主張實行井田制，其思想具有原則主義和理想主義的復古性，但同時也有解決社會現實矛盾的實踐態度。社會典禮層面，張載則特重《儀禮》，强調古禮。倫理之禮層面，張載認爲禮是明性復理之關鍵，因此他推崇行禮、得禮、重禮。⑦

對司馬光禮學思想的研究，王立軍《試論司馬光禮學思想的基本特徵》認爲“重視家禮”和“折中古今”是司馬光禮學思想的典型特色；⑧ 其《司馬光禮學思想初探》則進一步認爲司馬光的禮學思想特徵主要有三點：一是强調以禮治國，重視禮的社會作用，二是重視民間家禮，强化宗族觀念，三是兼顧古禮俗禮，緩步革新禮制⑨。

對王安石禮學思想的研究，曹清華《王安石禮學思想述略》一文認爲，王

---

① 林樂昌：《張載禮學論綱》，《哲學研究》2007 年第 12 期。

② 楊永亮、鞏君慧：《試論張載的禮學思想》，《西藏民族學院學報》（哲學社會科學版）2008 年第 2 期。

③ 魏濤：《上下交貫、内外相合——張載禮學思想體系新論》，《船山學刊》2010 年第 3 期。

④ 常慧敏：《論張載的禮學思想》，《寶雞文理學院學報》（社會科學版）2014 年第 4 期。

⑤ 潘斌：《張載禮學思想探論》，《社會科學研究》2015 年第 6 期。

⑥ 劉永青：《張載禮學的闡釋理路》，《甘肅社會科學》2015 年第 1 期。

⑦ 張潤洙：《張載禮學思想的三個維度及其意義》，《唐都學刊》2020 年第 6 期。

⑧ 王立軍：《試論司馬光禮學思想的基本特徵》，《唐都學刊》2001 年第 3 期。

⑨ 王立軍：《司馬光禮學思想初探》，《中州學刊》2002 年第 2 期。

安石的禮觀可以概括爲禮始於天而成於人，聖人順人之性情而爲之立制，目的是導人向善，從而達到治國平天下的目的。① 欒文華《李覯和王安石的禮學思想比較》對兩人的禮學思想進行了比較研究。②

對吕大臨、吕大鈞禮學思想的研究，鄭豔碩士學位論文《藍田吕氏禮學思想及鄉村實踐研究》對藍田吕氏吕大忠、吕大鈞、吕大臨等人的禮學思想作了系統的梳理。③ 王亞楠碩士論文《吕大臨禮學思想研究》亦對吕大臨禮學思想的内涵和特徵作了全面考論。④ 姜波《吕大臨禮學思想初探》對吕大臨禮學思想淵源及體系有深入的探討。⑤ 曹慧燕《吕大鈞禮學實踐研究》對張載弟子吕大鈞將禮學思想與實踐相結合作了探討。⑥

對朱熹禮學思想的研究亦頗豐。王啓發有《朱熹禮學及相關問題》。⑦ 殷慧的博士學位論文《朱熹禮學思想研究》是對朱熹禮學思想的系統討論，她認爲朱熹禮學思想以《儀禮》爲本經，考證注重義理，强調因時制宜、因地踐履。朱熹的禮學思想充分表現出禮學的雙重功能，既是思想的，也是實踐的。論文還分别討論了朱熹的"三禮"學思想。⑧ 此外，殷慧等也先後發表了一系列論文來討論朱熹禮學思想，如《朱熹的〈周禮〉學思想》《朱熹禮學思想建構的特點及其現代意義》《朱熹禮學思想建設的啓示》《朱熹禮學思想的特點》等，皆與其博士學位論文相關。⑨ 該博士學位論文現已出版。⑩ 王雲雲博士學位論文《朱

---

① 曹清華：《王安石禮學思想述略》，《宋代文化研究》第10輯，四川大學出版社2001年版，第328~338頁。

② 欒文華：《李覯和王安石的禮學思想比較》，《江西社會科學》2007年第11期。

③ 鄭豔：《藍田吕氏禮學思想及鄉村實踐研究》，陝西師範大學碩士學位論文，2007年。

④ 王亞楠：《吕大臨禮學思想研究》，陝西師範大學碩士學位論文，2017年。

⑤ 姜波：《吕大臨禮學思想初探》，《哈爾濱學院學報》2016年第7期。

⑥ 曹慧燕：《吕大鈞禮學實踐研究》，《海南熱帶海洋學院學報》2017年第3期。

⑦ 王啓發：《朱熹禮學及相關問題》，《中國社會科學院歷史研究所學刊》第6集，商務印書館2010年版。

⑧ 殷慧：《朱熹禮學思想研究》，湖南大學博士學位論文，2009年。

⑨ 殷慧、肖永明：《朱熹的〈周禮〉學思想》，《湖南大學學報》(社會科學版)2008年第1期。殷慧：《朱熹禮學思想建構的特點及其現代意義》，陳來、朱傑人主編：《人文與價值——朱子學國際學術研討會暨朱子誕辰880周年紀念會論文集》，華東師範大學出版社2011年，第257~271頁。殷慧、肖永明：《朱熹禮學思想建設的啓示》，《湖南大學學報》(社會科學版)2011年第1期。殷慧、肖永明：《朱熹禮學思想的特點》，《暨南史學》第7輯，廣西師範大學出版社2012年版。

⑩ 殷慧：《禮理雙彰：朱熹禮學思想探微》，中華書局2019年版。

熹禮學思想淵源研究》則從學術與政治的角度討論了朱熹禮學思想的淵源，指出其禮學思想具有維護士大夫政治和儒家思想學説的主旨，他本人則廣泛吸收前人的禮學成果，構建出一套精緻而又務實的禮、理新思想。① 邱振華的碩士學位論文《論朱熹的禮學思想——以工夫論爲視角》等從不同的角度出發，對朱熹的禮學思想作了深入的探討。② 李旭《從"以政立教"到"以教導政"——從經曲之辨看漢、宋的秩序理路嬗變》一文認爲，鄭玄以《周禮》爲禮經，朱熹以《儀禮》爲禮經，鄭學"以政立教"，朱學則"以教導政"，鄭、朱禮學格局相當而理路相反，反映出漢宋儒學建構的理路轉向。③ 曾令巍《禮學思想在朱子學中的意蘊》一文認爲，程朱爲代表的理學家治禮在自覺接續經學研究範式的同時，又注重禮學中的義理内涵，這就使禮學研究呈現出漢學與宋學兼採的學術特徵。④

除此之外，王志陽《論黄榦的禮學思想——以禮例爲考察對象》《論黄榦禮學典籍的編撰思想》亦對朱熹弟子黄榦的禮學及禮學典籍編撰思想進行了探討。⑤

第四節　禮俗研究

一、冠婚喪祭及其他禮俗

關於宋代禮俗的綜合性討論。陳振《宋史》第二十一章"宋代社會生活與宗教"對宋代婚儀與喪俗有簡要論述。⑥《中國文化通史·兩宋卷》第十三章第二節"繁縟複雜的禮俗"對宋代的婚嫁習俗、生育習俗和喪葬習俗作了考證。⑦

---

① 王雲雲：《朱熹禮學思想淵源研究》，西北大學博士學位論文，2013 年。

② 邱振華：《論朱熹的禮學思想——以工夫論爲視角》，吉林大學碩士學位論文，2015 年。

③ 李旭：《從"以政立教"到"以教導政"——從經曲之辨看漢、宋的秩序理路嬗變》，《暨南學報》(哲學社會科學版)2019 年第 10 期。

④ 曾令巍：《禮學思想在朱子學中的意蘊》，《中州學刊》2020 年第 7 期。

⑤ 王志陽：《論黄榦的禮學思想——以禮例爲考察對象》，《社會科學論壇》2017 年第 12 期；《論黄榦禮學典籍的編撰思想》，《閩江學院學報》2017 年第 6 期。

⑥ 陳振：《宋史》，上海人民出版社 2015 年版，第 706~712 頁。

⑦ 鄭師渠總主編，吴懷祺分册主編：《中國文化通史·兩宋卷》，北京師範大學出版社 2008 年版。

《中華文化通志·宋遼夏金元文化志》和鄭師渠主編《中國文化通史》等著作中，對宋代婚喪禮俗亦有部分討論。①

楊建宏博士學位論文《宋代禮制與基層社會控制研究》對宋代民間的喪禮、祭禮和婚禮都有論及；②《論宋代民間喪葬、祭祀禮儀與基層社會控制》一文亦是其博士學位論文的部分内容③。

宋代喪葬相關禮俗的研究，已然取得了較爲豐富的成果。論著方面，陸建松《魂歸何處：中國古代喪葬文化》是對中國古代喪葬禮俗的通史性著作，對宋代的喪葬文化和禮俗亦有論及。④ 徐吉軍、賀雲翱的《中國喪葬禮俗》從民間禮俗的角度對宋代喪葬習俗有所涉論。⑤ 期刊論文方面，游彪《"禮""俗"之際——宋代喪葬禮俗及其特徵》對喪葬禮俗中所反映的官方禮法和民間禮俗之間的關係有所探討，文章認爲，宋代喪葬禮法未必符合民間實際情況，因而民間喪葬之"俗"便成爲庶民約定俗成的慣例，二者存在矛盾，卻也相互協調，共生共存，這是宋代喪葬民俗的總體特徵。⑥

宋代流行厚葬還是薄葬之風，學界尚有争論。徐吉軍《論宋代厚葬》一文反對宋代薄葬之風的觀點，而認爲宋代實際是一個厚葬的社會，並以皇帝的喪葬爲例來進行説明。⑦ 李軍《淺論宋金時期河東喪葬習俗》對宋代河東喪葬習俗有所討論，指出當時出現了爲儒家觀念所不取的火葬習俗以及厚葬之風。⑧ 朱瑞熙在《宋代的喪葬習俗》一文則持不同觀點，該文對宋代喪葬習俗的諸多方面進行了考證，認爲宋代實行薄葬。⑨ 而吳敬在《宋代厚喪薄葬和葬期過長的考古學觀察》一文中則持調和之説，認爲宋代實行的是"厚喪薄葬"。⑩ 吳敬

---

① 葉坦、蔣松岩：《中華文化通志·宋遼夏金元文化志》，上海人民出版社 1998 年版。

② 楊建宏：《宋代禮制與基層社會控制研究》，四川大學博士學位論文，2006 年。

③ 楊建宏：《論宋代民間喪葬、祭祀禮儀與基層社會控制》，《長沙大學學報》2006 年第 4 期。

④ 陸建松：《魂歸何處：中國古代喪葬文化》，四川人民出版社 1999 年版。

⑤ 徐吉軍、賀雲翱：《中國喪葬禮俗》，浙江人民出版社 1991 年版。

⑥ 游彪：《"禮""俗"之際——宋代喪葬禮俗及其特徵》，《雲南社會科學》2005 年第 1 期。

⑦ 徐吉軍：《論宋代厚葬》，《浙江學刊》1992 年第 6 期。

⑧ 李軍：《淺論宋金時期河東喪葬習俗》，《文物世界》2012 年第 3 期。

⑨ 朱瑞熙：《宋代的喪葬習俗》，《學術月刊》1997 年第 2 期。

⑩ 吳敬：《宋代厚喪薄葬和葬期過長的考古學觀察》，《貴州社會科學》2010 年第 8 期。

的另一篇文章《試論宋代的葬期》亦從考古學出發，考證了宋人葬期過長的問題，並認爲葬期過長是宋人的普遍現象。①

對宋代喪葬禮俗其他側面的研究，張邦煒《兩宋時期的喪葬陋俗》對宋代避回煞、看風水、做道場的喪葬陋俗及其流行而不止的原因有討論。② 雷玉華《唐宋喪期考——兼論風水術對唐宋時期喪葬習俗的影響》討論了當時流行的風水術對喪葬習俗中喪期的影響。③ 宋東俠《淺析宋代喪葬明器》一文對宋代葬俗中所常用到的喪葬明器進行了考證。④ 王丹《從宋人筆記小説探看宋代城市喪葬文化的若干新取向》討論了宋人筆記小説中所反映的喪葬禮俗。⑤

同時，學界亦從考古角度討論宋代的喪葬習俗，秦大樹《宋代喪葬習俗的變革及其體現的社會意義》一文對宋代墓葬等級制度、喪葬觀念作了考察，並分析了較之於唐代的變化。⑥ 張合榮《黔北宋墓反映的喪葬心理與習俗》一文認爲，黔北地區受道教影響，體現了人們幻想長壽成仙、延年益壽，並企圖以預造好的墓穴爲自己承災受厄的心理。⑦ 冉萬里《宋代喪葬習俗中佛教因素的考古學觀察》較爲系統地考察了宋代喪葬習俗中的佛教因素。⑧ 趙忠波碩士學位論文《從葬制葬俗變革看社會變遷——四川盆地宋墓的考古學觀察》認爲，四川漢墓所體現的時代變革主要在三個方面：一是喪葬等級由壁壘森嚴到世俗化轉變，二是喪葬重點由葬到喪祭的轉變，三是喪葬目的由重死者向關注生人的轉變。⑨ 崔世平《唐宋墓葬所見"儀魚"與葬俗傳播》一文則對唐宋時期墓葬

---

① 吳敬：《試論宋代的葬期》，《華夏考古》2012 年第 1 期。

② 張邦煒：《兩宋時期的喪葬陋俗》，《四川師範大學學報》(社會科學版)1997 年第 3 期。

③ 雷玉華：《唐宋喪期考——兼論風水術對唐宋時期喪葬習俗的影響》，《四川文物》1999 年第 3 期。

④ 宋東俠：《淺析宋代喪葬明器》，《青海社會科學》2004 年第 6 期。

⑤ 王丹：《從宋人筆記小説探看宋代城市喪葬文化的若干新取向》，《語文學刊》(高教版)2006 年第 11 期。

⑥ 秦大樹：《宋代喪葬習俗的變革及其體現的社會意義》，榮新江主編：《唐研究》第 11 卷，北京大學出版社 2005 年版，第 313~336 頁。

⑦ 張合榮：《黔北宋墓反映的喪葬心理與習俗》，《貴族文史叢刊》1996 年第 6 期。

⑧ 冉萬里：《宋代喪葬習俗中佛教因素的考古學觀察》，《考古與文物》2009 年第 4 期。

⑨ 趙忠波：《從葬制葬俗變革看社會變遷——四川盆地宋墓的考古學觀察》，四川大學碩士學位論文，2007 年。

中的儀魚葬俗有討論，文章指出，唐代以後儀魚主要分佈於南方。① 吳咪碩士學位論文《洛陽宋墓孝行圖的喪葬觀念研究》則對宋代墓葬中的孝行圖壁畫所反映的喪葬習俗和觀念作了探討。② 張崇依《紙錢新探——以唐宋社會禮俗互動的視閾》討論了唐宋時期紙錢由民間葬俗進入國家典禮的過程。③ 莊程恒《信仰、地域與禮俗的交錯：北宋孫四娘子墓隨葬物研究》一文認爲，北宋孫四娘子墓在考察唐宋之際士大夫階層的葬俗方面有典型意義，"一方面，延續南方地區傳統的木質墓葬神煞，在槨室所形成的一個'明堂'框架，成爲容納上述信仰和禮儀訴求的特定空間；另一方面，也採用了北方地區將墓室作爲'永爲供養'的祭祀空間的模式。這既有對禮儀的吸收，又有南北地域之差別和禮儀傳統的交織重疊，從而顯示北宋時期士大夫階層在唐宋之際喪葬禮俗變遷背景下的多元面相"④。

宋代火葬習俗，與儒禮相悖，備受當時和其後的禮學家批評。馬强才、姚永輝《近六十年宋遼西夏金火葬研究綜述與反思》一文，對學界近六十年宋代的火葬研究情況有系統的梳理。⑤ 徐苹芳《宋元時代的火葬》較早地討論了宋代的火葬，認爲當時實行火葬的不止平民，還有官僚地主，這和他們宗教信仰有關。而下層貧民實行火葬，則和當時土地制度有關，人地矛盾突出。文章同時也對考古所見的宋代火葬現象作了論述。⑥ 此後學者們對宋代火葬形成原因，基本上也都從這兩方面進行討論。張邦煒、張敏《兩宋火葬何以蔚然成風》則反對將火葬出現的原因歸結爲佛教，而認爲主要原因在於當時的土地政策，人地矛盾尖锐。⑦ 陳小錦《火葬與社會文明的進化——兼論宋代火葬》認爲火葬是社會文明進化的表現。⑧ 黄新宇《宋代火葬摭談》對宋代火葬的出現

---

① 崔世平：《唐宋墓葬所見"儀魚"與葬俗傳播》，《東南文化》2013 年第 4 期。

② 吳咪：《洛陽宋墓孝行圖的喪葬觀念研究》，西北大學碩士學位論文，2017 年。

③ 張崇依：《紙錢新探——以唐宋社會禮俗互動的視閾》，《西南民族大學學報》(人文社科版)2017 年第 11 期。

④ 莊程恒：《信仰、地域與禮俗的交錯：北宋孫四娘子墓隨葬物研究》，《美術學報》2018 年第 4 期。

⑤ 馬强才、姚永輝：《近六十年宋遼西夏金火葬研究綜述與反思》，《中國史研究動態》2012 年第 1 期。

⑥ 徐苹芳：《宋元時代的火葬》，《文物參考資料》1956 年第 5 期。

⑦ 張邦煒、張敏：《兩宋火葬何以蔚然成風》，《四川師範大學學報》(社會科學版)1995 年第 3 期。

⑧ 陳小錦：《火葬與社會文明的進化——兼論宋代火葬》，《廣西師院學報》(哲學社會科學版)1996 年第 1 期。

和原因有簡單的論述，仍認爲佛教影響、人地矛盾以及火葬的便利性是當時火葬流行的主要原因。① 張宏慧《宋代火葬考論》同樣從宗教和政治、經濟因素討論火葬出現的原因。②

張豔坤碩士學位論文《宋代火葬風俗研究》對宋代火葬風俗興起的原因分析較爲全面。③ 李政的碩士學位論文《兩宋火葬述論》對兩宋火葬興起的原因及影響有系統考證。④ 李政《淺談南宋臨安一帶火葬興起之原因》認爲南宋臨安一帶火葬興起和佛教的影響、人地矛盾以及下層平民貧困等因素有關。⑤ 朱曉琴《禁而不止的兩宋火葬》對兩宋火葬盛行的原因以及統治者對火葬的禁止措施作了説明。⑥

宋代婚禮習俗的研究，已經有了部分成果。劉筝筝《宋夏金時期的婚制婚俗研究》對宋代的婚禮禮俗有專門研究。⑦ 郝美田《北宋東京的婚程禮儀》根據《東京夢華録》的記載對北宋東京的婚俗有研究。⑧ 王文燕、湯奪先《從〈東京夢華録〉看北宋時期的都市婚俗》一文亦與郝文類似。⑨ 劉春迎《試論北宋東京婚俗的幾個特點》認爲北宋東京開封的婚俗呈現婚姻觀念的更新、程式的簡化及婚俗禮儀的變化等特點。⑩ 宋東俠《宋代厚嫁述論》討論了宋代婚禮中的厚嫁現象，認爲商品經濟的高度發達和義利觀念的根本轉變，導致婚姻關係中的門第婚讓位於財婚，這種現象也促成了厚嫁之風。但此種風氣也帶來許多消極影響，如殺嬰尤其是殺女嬰，女子遲嫁乃至終身不嫁等。⑪ 楊麗婷碩士學位論文《〈事林廣記〉宋元婚俗研究》也據《事林廣記》一書的記載，對宋代婚俗有所

---

① 黄新宇:《宋代火葬摭談》,《文獻》2000 年第 4 期。

② 張宏慧:《宋代火葬考論》,《許昌學院學報》2003 年第 6 期。

③ 張豔坤:《宋代火葬風俗研究》，廣西師範大學碩士學位論文，2009 年。

④ 李政:《兩宋火葬述論》，安徽大學碩士學位論文，2010 年。

⑤ 李政:《淺談南宋臨安一帶火葬興起之原因》,《赤峰學院學報》(漢文哲學社會科學版)2010 年第 7 期。

⑥ 朱曉琴:《禁而不止的兩宋火葬》,《隴東學院學報》2011 年第 5 期。

⑦ 劉筝筝:《宋夏金時期的婚制婚俗研究》，西北師範大學碩士學位論文，2009 年。

⑧ 郝美田:《北宋東京的婚程禮儀》,《華夏文化》1999 年第 3 期。

⑨ 王文燕、湯奪先:《從〈東京夢華録〉看北宋時期的都市婚俗》,《青海民族研究》2009 年第 4 期。

⑩ 劉春迎:《試論北宋東京婚俗的幾個特點》,《河南大學學報》(社科版)1997 年第 2 期。

⑪ 宋東俠:《宋代厚嫁述論》,《蘭州大學學報》(社會科學版)2003 年第 2 期。

探討。① 劉同彪《日用類書中所見的宋元明民間婚姻禮俗》對宋元時期日用類書中所記載的婚俗進行了考證。② 鄧莉麗、顧平《金銀飾品與宋代城市婚嫁禮俗》對宋代城市婚嫁禮俗中金銀飾品的大量使用有討論，認爲這與宋代女子首飾的多樣化、重財厚嫁之風以及金銀飾品商品化密不可分。③

隨着近代以來敦煌學的興起，對敦煌出土文獻以及壁畫中所反映的敦煌地區的婚俗和喪葬習俗，學界亦給予了一定的關注。胡翠霞碩士學位論文《百年敦煌婚喪禮俗研究綜述》便對百年來敦煌婚喪禮俗的研究成果作了歸納和總結，對我們瞭解此方面的研究情況有重要意義。④ 但該論文收録的敦煌婚喪禮俗研究成果，大部分研究時段集中在唐代，宋代的有部分論及。郝春文《唐後期五代宋初敦煌僧尼的社會生活》一書中，對宋代敦煌地區僧尼的喪葬禮俗有所涉及。⑤ 楊際平等合著《五—十世紀敦煌的家庭與家族關係》，對敦煌地區的婚姻生活有專門研究。⑥ 陳麗萍亦對敦煌婚俗有一系列的研究，先後發表《敦煌所見婚變現象初探(一)——以女性爲中心的考察》《唐宋時期敦煌地區非正式婚姻子女現象略考》等論文，其博士學位論文《理想、女性、習俗——唐宋時期敦煌地區婚姻家庭生活研究》則更爲系統地對敦煌地區的婚俗作了深入探討，是目前可見的對敦煌地區婚姻習俗及家庭生活研究最爲全面的論著。⑦ 王春花《宋代婚姻中的財禮小考——以敦煌文獻〈鄧家財禮目〉爲中心》一文亦結合敦煌文書，對宋代敦煌地區的財禮風俗及其特點進行了考證。⑧ 石小英《唐五代宋初敦煌婚齡考》，則對當時下層人民的婚嫁年齡晚於政府提倡的現

---

① 楊麗婷：《〈事林廣記〉宋元婚俗研究》，南京藝術學院碩士學位論文，2017 年。

② 劉同彪：《日用類書中所見的宋元明民間婚姻禮俗》，《民間文化論壇》2010 年第 4 期。

③ 鄧莉麗、顧平：《金銀飾品與宋代城市婚嫁禮俗》，《民族藝術》2012 年第 4 期。

④ 胡翠霞：《百年敦煌婚喪禮俗研究綜述》，西北師範大學碩士學位論文，2011 年。

⑤ 郝春文：《唐後期五代宋初敦煌僧尼的社會生活》，中國社會科學出版社 1998 年版。

⑥ 楊際平、郭鋒、張和平：《五—十世紀敦煌的家庭與家族關係》，嶽麓書社 1997 年版。

⑦ 陳麗萍：《敦煌所見婚變現象初探(一)——以女性爲中心的考察》，《敦煌學輯刊》2005 年第 2 期；《唐宋時期敦煌地區非正式婚姻子女現象略考》，《敦煌研究》2006 年第 4 期；《理想、女性、習俗——唐宋時期敦煌地區婚姻家庭生活研究》，首都師範大學博士學位論文，2007 年。

⑧ 王春花：《宋代婚姻中的財禮小考——以敦煌文獻〈鄧家財禮目〉爲中心》，《社科縱橫》2007 年第 8 期。

象作了論述。① 張敏《淺談唐宋時期敦煌地區婚姻禮俗》一文認爲，唐宋時期敦煌地區的婚姻禮俗既保留了中原傳統的婚俗禮儀，同時也相容了西北少數民族的婚俗習慣，形成了獨具特色的婚俗。② 劉再聰《從敦煌〈榮親客目〉文書看唐宋婚俗中的"添箱"習俗》對添箱習俗有考證。③ 楊慧玲的碩士學位論文《唐五代宋初敦煌喪俗研究》，根據敦煌文書、壁畫和考古發掘，對該地區在唐五代和宋初的喪俗儀式流程作了詳盡的考證。④

宋代還有一些其他禮俗，也引起學者關注。周冉冉碩士學位論文《唐宋生日禮俗研究》，對宋代統治階級和民間的生日禮俗作了較爲全面的探討。⑤ 董傑、曹金發《淺談南宋兩浙地區的宴飲禮俗》，對南宋時期兩浙地區的宴飲禮俗流程有梳理。⑥ 吕博《唐宋金雞禮俗漫談》對唐宋時期樹金雞的禮俗作了討論。⑦ 常建華《宋元時期徽州祠廟祭祖的形式及其變化》，對該地區的祭祖禮俗特點及變化趨勢有詳細的考證。⑧

二、民間祠神信仰

宋代政府爲了加强對民間社會的控制和影響，對民間部分有影響力的神祇進行封賜，將其納入國家神靈信仰體系之中。對於宋代民間的祠神信仰，目前學界有較多的專著作了討論。賈二强《唐宋民間信仰》對宋代民間信仰的自然神和人格神作了梳理，同時對宋代民間信仰的觀念基礎有所討論。⑨ 皮慶生《宋代民眾祠神信仰研究》從祠賽社會、祈雨、祠神信仰的傳播等多方面對宋代民眾祠神信仰作了深入的研究。⑩ 美國學者韓森《變遷之神：南宋時

---

① 石小英：《唐五代宋初敦煌婚齡考》，《延安大學學報》(社會科學版) 2004 年第 5 期。

② 張敏：《淺談唐宋時期敦煌地區婚姻禮俗》，《絲綢之路》2013 年第 22 期。

③ 劉再聰：《從敦煌〈榮親客目〉文書看唐宋婚俗中的"添箱"習俗》，《西北師大學報》(社會科學版) 2013 年第 4 期。

④ 楊慧玲：《唐五代宋初敦煌喪俗研究》，西北師範大學碩士學位論文，2003 年。

⑤ 周冉冉：《唐宋生日禮俗研究》，四川大學碩士學位論文，2007 年。

⑥ 董傑、曹金發：《淺談南宋兩浙地區的宴飲禮俗》，《安徽廣播電視大學學報》2008 年第 4 期。

⑦ 吕博：《唐宋金雞禮俗漫談》，《尋根》2008 年第 5 期。

⑧ 常建華：《宋元時期徽州祠廟祭祖的形式及其變化》，《徽學》2000 年卷，安徽大學出版社 2001 年版。

⑨ 賈二强：《唐宋民間信仰》，福建人民出版社 2002 年版。

⑩ 皮慶生：《宋代民眾祠神信仰研究》，上海古籍出版社 2008 年版。

期的民間信仰》一書對該問題作了深入討論，作者認爲，封賜制度的實際效果可能在於使朝廷更關心地方社會，但其初衷卻是爲了控制那些有威靈的神祇。①

除了這些綜合性著作外，學界對宋代民間信仰的考察多集中於某一地域。如吳小紅《宋元時期龍虎山道士對民間信仰的利用和扶持——以貴溪自鳴山神爲例》，討論了宋元時期自鳴山神信仰，此信仰起於貴溪，唐中後期漸盛，宋以後一直受到官方支持，納入祀典正神，南宋尤甚。而龍虎山道士通過對自鳴山神信仰的扶持與利用，不僅提升了龍虎山道教在宋元時期的官方地位，也擴大了其民間影響。② 對宋代民間區域神靈信仰，有部分學位論文以此爲主題作了討論。趙錫成碩士學位論文《宋代成都地區民間祠神信仰研究》分別討論了宋代成都地區民間自然神、鬼靈神和人物神三種信仰，其中以人物神信仰爲主。對民間信仰與國家控制之間的關係，作者指出宋政府對地方民間一些有影響的神靈進行賜封，不僅表明朝廷是祠神信仰合法性的最終來源，也意味着它們對朝廷的信仰準則和相關價值觀的認同，體現了朝廷對地方社會的控制。③王庚碩士學位論文《宋至民國時期陝北民間水神信仰的時空特徵研究》指出，宋代爲加强對地方社會的控制，在祈雨禳災目的驅動下，推行了大規模封賜地方神祇的政策。④

總之，對宋代民間神靈信仰的研究，學界以區域性神靈信仰爲例對其進行探討，這些研究的最終意圖，多着眼於政府官方對區域性民間神靈的封賜以及國家政府對地方社會的掌控上。總的來説，這方面的研究雖取得了一定的進展，但是尚不夠系統。

三、"家禮"研究

唐宋時期，由於傳統禮經中的"士禮"系統過於複雜，因而出現了一些經過簡化和調整的家庭禮儀文本。與面向王侯貴族的官方禮儀文本有別，這些家

① 韓森：《變遷之神：南宋時期的民間信仰》，包偉民譯，浙江人民出版社 1999 年版。

② 吳小紅：《宋元時期龍虎山道士對民間信仰的利用和扶持——以貴溪自鳴山神爲例》，《宗教學研究》2016 年第 1 期。

③ 趙錫成：《宋代成都地區民間祠神信仰研究》，四川師範大學碩士學位論文，2016 年。

④ 王庚：《宋至民國時期陝北民間水神信仰的時空特徵研究》，陝西師範大學碩士學位論文，2016 年。

庭禮儀文本是針對士人和庶民制作而成，因而又被稱爲“士庶通禮”。士庶通禮中影響最大，且完整流傳至今的，有司馬光的《書儀》和朱熹的《家禮》。楊英《改革開放四十年來宋元明清朱子〈家禮〉鄉約及民間家禮文獻研究》一文，對該領域的研究現狀有了非常系統的梳理與評介，可資參考。①

1. 司馬光《書儀》

書儀這種體例的禮書，並非始於宋代，南北朝和隋唐時期，就已經出現了大量的書儀著作。《隋書・經籍志》《舊唐書・經籍志》和《新唐書・藝文志》中都收録了一些南北朝至唐代的書儀著作。敦煌文書殘存了大量的唐代書儀，引起學界廣泛關注，兹不贅言。目前以足本傳世的書儀著作，只有宋代司馬光的《書儀》。

對司馬光《書儀》的研究較少。潘斌《司馬光〈書儀〉的撰作及現代啓示》較爲全面地討論了司馬光《書儀》一書的編撰動機和對當時風俗的取捨，並指出司馬光的《書儀》對後世士庶通禮的編撰産生了深遠影響。② 楊志剛《〈司馬氏書儀〉和〈朱子家禮〉研究》則對兩種士庶通禮的體例和内容作了討論。③ 宋文傑《宗經與從俗：論司馬光家禮的創制原則——以司馬光〈書儀〉爲研究中心》一文認爲，司馬光著《書儀》，一方面既從六經及其他經典中發掘精義，復興儒家禮樂精神，另一方面又秉承以俗合禮，以禮化俗的原則制作家禮。④

2. 朱熹《家禮》

學界對《朱子家禮》(簡稱《家禮》)的研究已從多方面展開。

第一，《朱子家禮》真僞之辨。日本學者吾妻重二《朱熹〈家禮〉實證研究》一書是對《家禮》的系統研究。⑤ 對朱熹《家禮》一書的真僞考辨，陳來《朱子家禮真僞考議》、束景南《朱熹〈家禮〉真僞辨》和楊志剛《論〈朱子家禮〉及其影響》、湯勤福《朱熹〈家禮〉的真僞及對社會的影響》、彭林《朱子作〈家禮〉説考辨》、苑學正《朱子作〈家禮〉説祛疑》、毛國民《〈朱子家禮〉真僞考的歷

---

① 楊英：《改革開放四十年來宋元明清朱子〈家禮〉鄉約及民間家禮文獻研究》，《孔子研究》2019 年第 5 期。

② 潘斌：《司馬光〈書儀〉的撰作及現代啓示》，《唐都學刊》2016 年第 1 期。

③ 楊志剛：《〈司馬氏書儀〉和〈朱子家禮〉研究》，《浙江學刊》1993 年第 1 期。

④ 宋文傑：《宗經與從俗：論司馬光家禮的創制原則——以司馬光〈書儀〉爲研究中心》，《文教資料》2020 年第 7 期。

⑤ 吾妻重二：《朱熹〈家禮〉實證研究》，吴震等譯，華東師範大學出版社 2012 年版。

史回顧與探索》等論文都對《家禮》確係朱熹所作而非僞書進行了辯證。① 彭衛民的《朱子〈家禮〉刊本考》認爲以宋刻爲善，元本、抄本、明本皆從宋本而出。② 大部分學者認爲《家禮》係朱熹親創，也有學者對之持否定意見。

第二，《朱子家禮》内容。楊志剛《〈朱子家禮〉：民間通用禮》對《家禮》的内容作了梳理和介紹。③ 劉豔《朱子〈家禮〉的實質及其特色》認爲宗法制度是其實質和核心，祠堂制度和祭田制度體現出其特色。④ 王志躍《〈宋史・禮志〉與〈朱子家禮〉的不同命運探源》和《〈朱子家禮〉與〈滿洲四禮集〉對比研究》分别將《朱子家禮》和《宋史・禮志》《滿洲四禮集》作對比研究。⑤ 謝遐齡《朱子〈家禮〉初探——宗教性及家規》一文提出《朱子家禮》並非士庶之禮而是"大户人家"適用之禮，肯定了《家禮》對制定當代家規的意義。⑥ 解光宇《朱子〈家禮〉中的祠堂及其意義》一文指出，隨着朱子《家禮》的問世，民間建祠才普及開來，祠堂是神權與族權的統一，對人人各守名分和社會秩序穩定大有意義。⑦ 和溪《朱子〈家禮〉婚服考》對《家禮》中的婚服作了考證。⑧ 和溪此篇論文是其博士學位論文《朱子〈家禮〉冠昏禮研究》的一部分。其博士論文對《家禮》中的冠禮、婚禮及其禮儀空間——祠堂作了較爲全面的研究，並討論了其沿革與影響。⑨

第三，《朱子家禮》的思想。安國樓《朱熹的禮儀觀與〈朱子家禮〉》中提

---

① 陳來：《朱子家禮真僞考議》，《北京大學學報》（哲學社會科學版）1989 年第 3 期。束景南：《朱熹〈家禮〉真僞辨》，氏著《朱熹佚文輯考》，江蘇古籍出版社 1991 年版，第 675~686 頁。楊志剛：《論〈朱子家禮〉及其影響》，《朱子學刊》第六輯，黄山書社 1994 年版。湯勤福：《朱熹〈家禮〉的真僞及對社會的影響》，姜錫東編：《宋史研究論叢》第 11 輯，河北大學出版社 2010 年版，第 536~552 頁。彭林：《朱子作〈家禮〉説考辨》，《文史》2012 年第 3 輯。苑學正：《朱子作〈家禮〉説祛疑》，《中華文史論叢》2018 年第 1 期。毛國民：《〈朱子家禮〉真僞考的歷史回顧與探索》，《現代哲學》2018 年第 1 期。

② 彭衛民：《朱子〈家禮〉刊本考》，《濟南大學學報》（社會科學版）2017 年第 4 期。

③ 楊志剛：《〈朱子家禮〉：民間通用禮》，《傳統文化與現代化》1994 年第 4 期。

④ 劉豔：《朱子〈家禮〉的實質及其特色》，《洛陽師範學院學報》2011 年第 9 期。

⑤ 王志躍：《〈宋史・禮志〉與〈朱子家禮〉的不同命運探源》，《江漢大學學報》（人文科學版）2010 年第 1 期；《〈朱子家禮〉與〈滿洲四禮集〉對比研究》，《歷史教學》2011 年第 9 期。

⑥ 謝遐齡：《朱子〈家禮〉初探——宗教性及家規》，《朱子學刊》第二十八輯，黄山書社 2018 年版。

⑦ 解光宇：《朱子〈家禮〉中的祠堂及其意義》，《朱子學刊》第二十八輯，黄山書社 2018 年版。

⑧ 和溪：《朱子〈家禮〉婚服考》，《集美大學學報》（哲社版）2017 年第 3 期。

⑨ 和溪：《朱子〈家禮〉冠昏禮研究》，華東師範大學博士學位論文，2018 年。

出，朱熹認爲家禮要與時俱進，隨着時代發展、風俗民情的改變而變化。① 史向前《朱子〈家禮〉與道德建設》認爲《家禮》的内容和思想對於今天的道德建設，包括道德教育、道德情感、道德發展、道德繼承和道德規範等方面，仍然有着值得借鑒的意義。② 羅秉祥《儒禮之宗教意涵——以朱子〈家禮〉爲中心》對朱熹編撰《家禮》所表達的宗教情懷有討論。③ 陳彩雲《朱子〈家禮〉中的禁奢思想及對後世的影響》認爲《家禮》批判了當時奢靡的社會風氣，這對後世産生了重要影響。④ 王蓉的碩士學位論文《從〈朱子家禮〉看儒家的家庭倫理觀》以《家禮》爲對象探討了儒家的家庭倫理觀念。⑤ 王蓉、孫晉書《從〈朱子家禮〉看儒家的家庭倫理觀》亦是其碩士學位論文的部分内容。⑥ 高玉娜碩士學位論文《從〈朱子家禮〉看朱熹的孝道主張》亦以《朱子家禮》爲文本對朱熹的孝道思想作了系統考察。⑦ 楊逸《朱熹的鬼神觀及其〈家禮〉實踐》一文認爲：朱熹以陰陽二氣之功用論鬼神、魂魄，否定佛教鬼神之説的理論基礎；以徹底的氣散論解釋死亡，否認輪回主體、空間的存在可能；以氣之强弱、死者怨氣解釋厲鬼現象，批評佛老不安於死、自私自利的生死觀。這種鬼神觀直接反映在其《家禮》的具體儀式當中。⑧ 趙星、宋燕妮《朱子的家庭倫理觀及其當代刑法啓示》認爲《家禮》核心的"孝道文化""修身治國"等家庭倫理觀念在當今社會依然熠熠生輝，具有非常巨大的現實意義與價值。⑨ 何咪碩士學位論文《〈朱子家禮〉倫理思想研究》討論了《家禮》中的倫理思想，認爲《家禮》並非簡單機械地套用"禮"來構建家庭倫理規範，而是本着"禮緣人情而作"的原則，靈巧用禮來促

---

① 安國樓：《朱熹的禮儀觀與〈朱子家禮〉》，《鄭州大學學報》(哲學社會科學版) 2005 年第 1 期。

② 史向前：《朱子〈家禮〉與道德建設》，《合肥學院學報》(社會科學版) 2007 年第 6 期。

③ 羅秉祥：《儒禮之宗教意涵——以朱子〈家禮〉爲中心》，《蘭州大學學報》(社會科學版) 2008 年第 2 期。

④ 陳彩雲：《朱子〈家禮〉中的禁奢思想及對後世的影響》，《孔子研究》2008 年第 4 期。

⑤ 王蓉：《從〈朱子家禮〉看儒家的家庭倫理觀》，遼寧大學碩士學位論文，2011 年。

⑥ 王蓉、孫晉書：《從〈朱子家禮〉看儒家的家庭倫理觀》，《才智》2011 年第 17 期。

⑦ 高玉娜：《從〈朱子家禮〉看朱熹的孝道主張》，安徽大學碩士學位論文 2012 年。

⑧ 楊逸：《朱熹的鬼神觀及其〈家禮〉實踐》，姜錫東主編：《宋史研究論叢》第 18 輯，河北大學出版社 2017 年版。

⑨ 趙星、宋燕妮：《朱子的家庭倫理觀及其當代刑法啓示》，《朱子學研究》2019 年第 2 期。

進家庭倫理規範的發展與繁榮。① 王志俊《試論朱子的禮俗觀——以〈家禮·昏禮〉爲例》一文認爲朱子的禮俗觀念既立足於古禮之基本精神，又切合於人倫日用。② 和溪《朱子〈家禮〉的終極關懷》一文認爲，“在哲學層面，朱子《家禮》禮儀規範的背後隱藏着深刻的終極關懷，指向性與天道。在宗教層面，朱子《家禮》中的喪祭禮分别繼承了儒家禮學‘慎終追遠’與‘報本反始’的精神，最終指向生命的不朽和精神的永存。在人生之道的層面，朱子《家禮》的終極關懷表現在生命延續、道德提高與社會進步等方面”③。

第四，《朱子家禮》對後世的影響。陳瑞《朱熹〈家禮〉與明清徽州宗族以禮治族的實踐》一文指出明清時期徽州社會出現了對朱子及《家禮》極端崇拜的社會風氣。④ 靳慧《一部影響深遠的家庭禮儀著作〈朱子家禮〉》討論了《家禮》在後世影響深遠的原因，根本原因在於冠婚喪祭之禮便於實施，且有官方的推動。⑤ 王志躍《明代〈朱子家禮〉傳播新探》一文討論了明代朱子《家禮》傳播的方式之多和傳播者的階層之廣。⑥ 周曉光、周慧珺《〈家禮〉與明清徽州男子倫理生活定位》一文認爲，明清徽州男子倫理生活以《家禮》爲旨歸，而《家禮》對古代倫理生活的影響體現在禮義和禮儀兩個層面。⑦ 邵鳳麗《朱子〈家禮〉與宋明以來家祭禮儀模式建構》認爲宋明以來的家祭禮儀受《家禮》文本的影響，得到了很大的發展。《家禮》也成爲塑造傳統社會家祭禮儀形態的重要指導文本。⑧ 彭衛民《經典、儀式與地方知識人——明清時期民間喪禮中禮生及其對〈家禮〉的運用》分别討論了作爲喪禮執行範本的《家禮》和作爲地方知識人的禮生在明清時期民間喪禮中所發揮的作用。⑨ 黄興泉《試論〈朱子家禮〉對漳州宗

---

① 何咪：《〈朱子家禮〉倫理思想研究》，貴州大學碩士學位論文，2018年。

② 王志俊：《試論朱子的禮俗觀——以〈家禮·昏禮〉爲例》，《寧波大學學報》(人文科學版)2019年第6期。

③ 和溪：《朱子〈家禮〉的終極關懷》，《哲學動態》2020年第7期。

④ 陳瑞：《朱熹〈家禮〉與明清徽州宗族以禮治族的實踐》，《史學月刊》2007年第3期。

⑤ 靳慧：《一部影響深遠的家庭禮儀著作〈朱子家禮〉》，《蘭臺世界》2011年第10期。

⑥ 王志躍：《明代〈朱子家禮〉傳播新探》，《社會科學戰線》2016年第2期。

⑦ 周曉光、周慧珺：《〈家禮〉與明清徽州男子倫理生活定位》，《北京理工大學學報》(社會科學版)2014年第3期。

⑧ 邵鳳麗：《朱子〈家禮〉與宋明以來家祭禮儀模式建構》，《中原文化研究》2015年第1期。

⑨ 彭衛民：《經典、儀式與地方知識人——明清時期民間喪禮中禮生及其對〈家禮〉的運用》，《社會科學論壇》2015年第7期。

族禮儀的影響——以南靖族譜爲研究中心》以福建漳州爲例，認爲朱子《家禮》對其地民風影響甚深。同時，《家禮》中嚴謹、全面的禮儀規範在漳州宗族社會中卻表現出有所取捨側重、簡繁不一的傾向。① 楊逸《浦江鄭氏家族的〈家禮〉實踐——以家族祭祀活動爲中心》詳細梳理了浦江鄭氏家族依據《家禮》所建立起來的家族祭祀活動的興衰嬗變。② 曾麗蓉《〈朱子家禮〉儀式當代傳承的思考》則不同於上述論文中主要討論朱子《家禮》對宋元明清社會的影響，轉而以當代社會爲研究對象，討論《家禮》對當代社會的影響。③ 和溪《朱子〈家禮〉冠婚制度的沿革及影響》一文對元明以後《家禮》冠、婚二禮的沿革有系統討論，元代的《至元婚禮》、明代官方通行的婚禮以及《大明集禮》中的冠禮等，皆本於《家禮》，清代《御纂性理精義》亦收録其中。這使得朱子的禮學思想真正應用於後代庶民，落實爲一種社會普遍生活方式。④ 徐道彬、楊哲《從〈文公家禮〉到〈茗洲吳氏家典〉——論徽州鄉紳的禮儀實踐》一文認爲，“明代《性理大全》的編纂，將朱子《家禮》納入其中，使得《家禮》原本爲士人之間私相傳授的家族禮書，一變而爲‘官修’的政治經典禮儀，成爲影響明清以後家禮傳播的權威文本，同時也使得明清禮學轉爲通用和世俗化”⑤。

以上論文皆肯定《朱子家禮》對後世的巨大影響，同時亦認爲宋以後社會對朱子《家禮》皆積極吸納與踐行。但亦有學者從反面出發，討論後世社會對《家禮》的抵制。王志躍《推崇與抵制：明代不遵循〈朱子家禮〉現象之探研》一文便討論了明代不遵循《朱子家禮》的現象，其中既有《家禮》自身不足的原因，也有外部如不良風俗、地理位置以及人情、恩義、宗族以及人們認識不同等原因。⑥

第五，《朱子家禮》在周邊東亞國家的傳播及影響。楊志剛、盧仁淑、彭林、高明士、吾妻重二等學者，都曾對《朱子家禮》在朝鮮半島和日本等東亞

---

① 黃興泉：《試論〈朱子家禮〉對漳州宗族禮儀的影響——以南靖族譜爲研究中心》，《閩南師範大學學報》(哲學社會科學版) 2015 年第 2 期。

② 楊逸：《浦江鄭氏家族的〈家禮〉實踐——以家族祭祀活動爲中心》，《文化遺産》2016 年第 6 期。

③ 曾麗蓉：《〈朱子家禮〉儀式當代傳承的思考》，《求索》2016 年第 1 期。

④ 和溪：《朱子〈家禮〉冠婚制度的沿革及影響》，《福建論壇》(人文社會科學版) 2018 年第 3 期。

⑤ 徐道彬、楊哲：《從〈文公家禮〉到〈茗洲吳氏家典〉——論徽州鄉紳的禮儀實踐》，《朱子學研究》第三十三輯，江西教育出版社 2019 年版。

⑥ 王志躍：《推崇與抵制：明代不遵循〈朱子家禮〉現象之探研》，《求是學刊》2013 年第 5 期。

地區的傳播，做過系統研究，相關學術前史非常豐富。①張品端《〈朱子家禮〉與韓國禮學的發展》討論了韓儒對《朱子家禮》的解釋以及《朱子家禮》對韓國禮文化的深遠影響。② 彭衛民碩士學位論文《〈家禮〉朝鮮化與朝鮮王朝的中華觀》對《家禮》在朝鮮的影響有所討論，其後有專書出版。③ 喻小紅、姜波《〈朱子家禮〉在韓國的傳播與影響》認爲《家禮》在韓國受到了政府、學界和民間的廣泛尊崇，具有廣泛的社會影響力。④ 王維先、宫雲維《〈朱子家禮〉對日本近世喪葬禮俗的影響》一文認爲《朱子家禮》對日本近世的影響主要集中在信仰朱子學的士族階層。⑤ 朱人求、和溪《東亞〈朱子家禮〉的承傳與創新》一文討論了《朱子家禮》在朝鮮半島、日本、越南等東亞國家和地區的傳播情況及對東亞國家社會的影響。⑥

第六，司馬光《書儀》和朱子《家禮》的比較研究。安國樓、王志立《司馬光〈書儀〉與〈朱子家禮〉之比較》認爲在儀式環節，後者繼承了前者，但要簡省許多；而在思想性上，兩者都在繼承傳統的同時，與時通變。⑦ 姚永輝《從“偏向經注”到“實用儀注”：〈司馬氏書儀〉與〈家禮〉之比較——兼論兩宋私修士庶儀典的演變》通過對兩書喪儀的比較分析，探討了兩宋時期“儀注體”和“經注體”由合至分的過程。⑧

---

① 楊志剛：《〈朱子家禮〉在韓國的流傳與影響》，《朱子學刊》第八輯，黄山書社1997年版。盧仁淑：《朱子家禮與韓國之禮學》，人民文學出版社2000年版。彭林：《中國古代禮學在朝鮮的播遷》，北京大學出版社2005年版。高明士：《東亞傳統家禮、教育與國法》，華東師範大學出版社2008年版。吾妻重二：《愛敬與遺章：東亞視域中的〈朱子家禮〉》，上海古籍出版社2021年版。

② 張品端：《〈朱子家禮〉與韓國禮學的發展》，《中國社會科學院研究生院學報》2011年第1期。

③ 彭衛民：《〈家禮〉朝鮮化與朝鮮王朝的中華觀》，西南政法大學碩士學位論文，2014年；《朱熹〈家禮〉思想的朝鮮化》，巴蜀書社2019年版。

④ 喻小紅、姜波：《〈朱子家禮〉在韓國的傳播與影響》，《西南科技大學學報》(哲學社會科學版)2016年第1期。

⑤ 王維先、宫雲維：《〈朱子家禮〉對日本近世喪葬禮俗的影響》，《浙江大學學報》(人文社會科學版)2003年第6期。

⑥ 朱人求、和溪：《東亞〈朱子家禮〉的承傳與創新》，《中國社會科學報》，2020年6月9日。

⑦ 安國樓、王志立：《司馬光〈書儀〉與〈朱子家禮〉之比較》，《河南社會科學》2012年第10期。

⑧ 姚永輝：《從“偏向經注”到“實用儀注”：〈司馬氏書儀〉與〈家禮〉之比較——兼論兩宋私修士庶儀典的演變》，《孔子研究》2014年第2期。

3. 其他宋代家禮的研究

對家禮建設與演變的研究，王立軍《宋代民間家禮建設》對宋代民間的家禮建設有考證。① 張文昌博士學位論文《唐宋禮書研究——從公禮到家禮》對唐宋禮書的變革與發展作了系統討論。② 劉欣《宋代“家禮”——文化整合的一個範式》認爲家禮在根本上承認封建主流意識形態，在此前提下，家禮中的一些功能從家族延伸到社會，這使得家禮成爲封建國家控制社會的有力思想武器。③ 翟瑞芳碩士學位論文《宋代家禮的立制與實踐》對宋代家禮立制的背景、具體出現的家禮文本以及其實踐與影響作了綜合討論。④ 林春梅《宋代家禮家訓的研究》對宋代家禮和家訓作了較爲系統的考察。⑤ 何斯琴《宋明士庶禮書述略》認爲朱熹的《家禮》標志着民間四禮的成熟。⑥ 陸敏珍《宋代家禮與儒家日常生活的重構》對以家禮爲象徵的儒家日常生活重構的過程有細緻的梳理。⑦ 王美華《承古、遠古與變古適今：唐宋時期的家禮演變》認爲唐宋家禮的演變經歷了承古、遠古與變古適今三個階段。⑧ 楊華《中國古代的家禮撰作及其當代價值》討論上古和中古時期家禮撰作的緣由，並對宋代出現家禮撰作高潮現象作了深入探討。⑨

第五節　禮法研究

唐宋時期禮法合流已然是大勢所趨，以禮入法和以法入禮，成爲朝廷制作與推行禮儀制度的主要手段。學界對這種現象也從不同的方面展開了研究。

---

① 王立軍：《宋代民間家禮建設》，《河南社會科學》2002 年第 2 期。

② 張文昌：《唐宋禮書研究——從公禮到家禮》，臺灣大學博士學位論文，2006 年。

③ 劉欣：《宋代“家禮”——文化整合的一個範式》，《河南理工大學學報》(社會科學版)2006 年第 4 期。

④ 翟瑞芳：《宋代家禮的立制與實踐》，上海師範大學碩士學位論文，2007 年。

⑤ 林春梅：《宋代家禮家訓的研究》，臺灣花木蘭文化出版社 2010 年版。

⑥ 何斯琴：《宋明士庶禮書述略》，《廣西師範大學學報》(哲學社會科學版)2013 年第 2 期。

⑦ 陸敏珍：《宋代家禮與儒家日常生活的重構》，《文史》2013 年第 4 輯。

⑧ 王美華：《承古、遠古與變古適今：唐宋時期的家禮演變》，《遼寧大學學報》(哲學社會科學版)2013 年第 4 期。

⑨ 楊華：《中國古代的家禮撰作及其當代價值》，《湖南大學學報》(社會科學版)2014 年第 6 期。

王美華《禮法合流與唐宋禮制的推行》一文認爲，唐宋時期，不僅禮以令、式、敕等方式直接成爲國家法制内容，同時國家律令亦强制推行禮的施行，雙方相互融合滲透，① 其博士學位論文《唐宋禮制研究》亦對此有討論。趙旭博士學位論文《法律制度與唐宋社會秩序》也對唐宋法與禮、禮學的關係進行了深入的探討，論及宋代法令的部分，文章認爲《宋刑統》所藴含的傳統禮制不僅没有被拋棄，反而在宋儒、理學的影響下加强和發揚了。②

同時，隨着北宋《天聖令》寫本的發現，學界對其内容有頗多的關注和討論，2008 年 6 月 14—15 日，中國人民大學歷史學院召開"《天聖令》研究——唐宋禮法與社會"學術研討會。③ 其中皮慶生《唐宋時期五服制度入令過程試探——以〈喪葬令〉所附〈喪服年月〉爲中心》一文，從援禮入令的角度出發，認爲將《天聖令·喪葬令》所附的《喪服年月》復原爲唐末《假寧令》後所附《五服制度》更爲妥當。④ 張崇依《〈五服年月敕〉與天聖〈喪葬令〉所附〈喪服年月〉關係考》一文認爲，《天聖令》中的《喪葬令》所附的《五服年月》應該是由《五服年月敕》改寫而成，目的是以令文的形式統一五服制度，並且爲官員提供簡明可行的五服制度操作手册。⑤ 楊逸《家禮與國法之際：宋元五服制度新探》一文認爲，宋元時期，家禮與國法的互動始終是五服法律制度不斷完善的内生動力。經過以禮入法、以法制禮和復歸於法三個階段，五服制度最終進入國家法律之中，國家法律也完成了儒家化的過程。⑥ 亦是從禮法互動的角度進行討論。

第六節　禮樂研究

中國古代的禮儀在實施過程中，樂往往是不可或缺的重要部分，不同階段

① 王美華：《禮法合流與唐宋禮制的推行》，《社會科學輯刊》2008 年第 4 期。

② 趙旭：《法律制度與唐宋社會秩序》，東北師範大學博士學位論文，2006 年。

③ 張雨：《"〈天聖令〉研究——唐宋禮法與社會"學術研討會綜述》，《中國史研究動態》2008 年第 12 期。

④ 皮慶生：《唐宋時期五服制度入令過程試探——以〈喪葬令〉所附〈喪服年月〉爲中心》，榮新江主編：《唐研究》第 14 卷，北京大學出版社 2008 年版，第 381~412 頁。

⑤ 張崇依：《〈五服年月敕〉與天聖〈喪葬令〉所附〈喪服年月〉關係考》，《重慶社會科學》2018 年第 3 期。

⑥ 楊逸：《家禮與國法之際：宋元五服制度新探》，《法律史評論》第 9 卷，法律出版社 2017 年版，第 175~196 頁。

的儀式，需演奏不同的樂曲，故而古代禮樂亦是禮制中相當重要的一個側面，對宋代禮樂的研究目前尚不夠充分，缺乏系統，只有部分期刊論文和學位論文發表。

楊秀成《禮樂相須爲用：北宋吉禮用樂變遷中的禮樂觀念》認爲，吉禮三祀(大祀、中祀、小祀)中體現祭祀等級的環節逐漸增多，在此過程中，北宋時期在用樂上進一步加强了三祀制度中等級化、差異化方面與禮的同步性。① 史廣超《南宋郊廟歌辭作者考》對南宋郊廟禮樂歌辭的作者進行了考證。② 趙惠俊《宋真宗的禮樂活動與慢詞雅化的宫廷契機》指出，北宋初年宫廷音樂機構高度世俗化，不符合國家禮樂需求，借此契機，慢詞進入國家雅樂系統。宋真宗以行政命令的方式要求士大夫參與國家音樂與歌詞創作，按照帝王意志寫作符合規範的頌體慢詞，來自宫廷的詞體雅化契機由此付諸實踐，有力地促成了慢詞重鋪叙、結構精工、辭藻典麗的文體特質。③

對宋代郊祀詩的研究，楊曉靄先後發表《宋代郊廟儀式聲詩的舒遲和雅風格及其形成》《試論禮樂詩歌的多重情境——以宋代郊祀詩爲範例》和《試論唐、宋郊祀聲詩所呈現的時代特質》三篇論文，討論了宋代郊祀禮樂的歌辭及其風格，認爲宋代郊祀樂歌的風格舒遲和雅，具有明顯模仿古樂的特徵。④

學位論文方面。汪洋的碩士學位論文《宋代五禮儀式音樂研究》對宋代吉嘉賓軍凶五禮儀式中用樂的程式以及五禮儀式中用樂的特徵作了詳細的考證。⑤ 羅瓊碩士學位論文《宋代郊廟歌辭研究》從文獻學、音樂學和文學三個角度對宋代郊廟歌辭進行了研究。⑥ 吳偉碩士學位論文《宋代郊廟朝會歌辭用韻研究》則系統考察了宋代郊廟朝會歌辭用韻系統。⑦ 易霜泉碩士學位論文

---

① 楊秀成：《禮樂相須爲用：北宋吉禮用樂變遷中的禮樂觀念》，《音樂藝術》2014年第4期。

② 史廣超：《南宋郊廟歌辭作者考》，《鄭州航空工業管理學院學報》(社會科學版)2011年第2期。

③ 趙惠俊：《宋真宗的禮樂活動與慢詞雅化的宫廷契機》，《文學遺産》2019年第2期。

④ 楊曉靄：《宋代郊廟儀式聲詩的舒遲和雅風格及其形成》，《西北師大學報》(社會科學版)2004年第4期；《試論禮樂詩歌的多重情境——以宋代郊祀詩爲範例》，《西北師大學報》(社會科學版)2011年第3期；《試論唐、宋郊祀聲詩所呈現的時代特質》，《西北師大學報》(社會科學版)2013年第5期。

⑤ 汪洋：《宋代五禮儀式音樂研究》，河南大學碩士學位論文，2005年。

⑥ 羅瓊：《宋代郊廟歌辭研究》，首都師範大學碩士學位論文，2011年。

⑦ 吳偉：《宋代郊廟朝會歌辭用韻研究》，温州大學碩士學位論文，2013年。

《兩宋、遼、金宮廷吉禮用樂研究》對兩宋宫廷中舉行吉禮時的用樂進行了考證，並作了比較研究。①

對孔廟祭祀用樂，學界亦有相關研究，江帆、艾春華《中國歷代孔廟雅樂》一書就對宋代孔廟的樂章、樂名作了考證。②

小　　結

目前學界關於宋代禮學的研究，已經從多方面展開。學者們從經學、哲學、文化史、制度史、思想史、法律史、民俗學等多個層次、多種角度作了探討，無論就廣度還是深度而言，都已然取得相當豐碩的成果。尤其是對宋代禮理關係、禮制下移等重大問題的討論已頗爲深入。但是總體而言，對宋代禮文化的研究較之於唐代，尚存在不足之處，主要有以下幾個方面。

第一，對宋人"三禮"經學的研究，目前學界重視程度並不高。宋人的《禮記》學在潘斌等人的努力下，得到了很好的發展。相較而言，宋人的《儀禮》學和《周禮》學研究則略顯不足。同時，宋代的禮圖學研究亦相對薄弱。學者對宋人"三禮"經學著作的研究，尚多集中在其版本、編纂、體例等角度，對文本内容、禮學思想及其影響等方面的研究略顯不力。

第二，對宋人禮學的研究，多從經學和哲學(理學)角度出發。對禮制本身的研究存在嚴重不足之處。目前學界缺少宋代五禮制度的綜合研究著作，許多關於宋代五禮制度的論述，僅在通史性論著中提及，斷代禮制史的成果尚不夠。

第三，對宋人禮學思想的研究，往往集中在某個特定的禮學家身上，未能形成系統。例如，多偏重於對二程、張載、王安石、司馬光、朱熹等人的禮學思想的探討，忽視了對其他宋代禮家的考察。

① 易霜泉:《兩宋、遼、金宫廷吉禮用樂研究》，上海音樂學院碩士學位論文，2015年。

② 江帆、艾春華:《中國歷代孔廟雅樂》，中國國際廣播出版社 2001 年版，第 19~29 頁。

第五章 遼夏金時期禮學研究

近年來，越來越多的學者開始着眼於遼夏金時期的禮學研究，研究成果亟待整理。目前，已有學者對這一時段的禮學成果作過局部的學術綜述，例如，王凱《關山初度路猶長——20 世紀以降遼朝禮制研究綜述》、① 馬强才和姚永輝《近六十年宋遼西夏金火葬研究綜述與反思》、② 武婷婷《遼、宋、夏、金婚禮服飾及其禮俗内涵研究綜述》、③ 徐潔《金代禮制研究綜述》④，等等。以下，擬在前人綜述的基礎上，從禮制研究、禮經研究、禮俗研究、禮法研究以及禮樂研究等五個方面對遼夏金時期禮學研究進行梳理。

遼由契丹族於 916 年建立政權，西夏由黨項人於 1038 年建立政權，金由女真人於 1115 年建立政權。本章的論述，即依據三個政權的建國時間爲先後順序。

第一節 禮制研究

禮學研究中，禮制是重點，然而當前有關遼夏金時期禮制的研究成果並不能令人滿意。關注史跡的著作對於禮制常常略而不談，⑤ 而在一些制度史著作

---

① 王凱：《關山初度路猶長——20 世紀以降遼朝禮制研究綜述》，《黑龍江民族叢刊》2016 年第 6 期。

② 馬强才、姚永輝：《近六十年宋遼西夏金火葬研究綜述與反思》，《中國史研究動態》2012 年第 1 期。

③ 武婷婷：《遼、宋、夏、金婚禮服飾及其禮俗内涵研究綜述》，《黑龍江史志》2013 年第 3 期。

④ 徐潔：《金代禮制研究綜述》，《通化師範學院學報》2017 年第 11 期。

⑤ 例如，張正明：《契丹史略》，中華書局 1981 年版。李桂芝：《遼金簡史》，福建人民出版社 199 年版。李錫厚、白濱：《遼金西夏史》，上海人民出版社 2003 年版。漆俠主編：《遼宋西夏金代通史·典章制度卷》，人民出版社 2010 年版。

中，禮制内容也不佔據主要地位，常常是稍稍提及，簡短帶過而已①。通史性禮制著作對這一時期禮制的關注依然不足，陳戍國《中國禮制史·宋遼金夏卷》將"遼金"並論，以五禮爲綱，從傳承制度與宗法觀念、祭禮、喪葬、軍儀、外交禮儀、巡幸、朝會、婚禮、尊老、宫室、輿服、音樂等方面對遼、金禮制與禮俗進行了研究。該書將遼、金兩代禮制合而論之，行文中常對比兩代禮制異同，不失爲一大特點，但對兩代禮制本身的建立背景、沿革、作用、影響等缺乏討論。西夏雖單獨成章，但篇幅較短，着重論述了西夏的祭祀、喪葬、尚武習俗和婚姻習俗，等等。② 楊志剛《中國禮儀制度研究》將這一時期的禮制，作爲"多民族禮儀制度並存"節目下的一部分，重在揭示其特徵。書中將遼代禮制的特點概括爲"因俗而治"與"向慕中華"，並探究了金代禮典《金集禮》的成書時間、主要内容等問題，對於各項禮制的具體内容則少有論及，相關細節問題未有深究。③ 湯勤福與楊志剛持相反意見。他在《宋金〈禮志〉比較研究》中對宋、金兩朝《禮志》進行對比，指出金朝絶大多數禮儀與宋朝相近，金代禮制其實是模仿漢制，實行五禮制度。④《中國宗教通史》從宗教角度探究金代郊天、祭地、祭孔禮制，對女真族原有的拜天、祭善、祭江等習俗亦有涉及。⑤

不難看出，遼等政權在通史性禮制著作中處於邊緣地位。原因在於，該類圖書的編撰體例往往將遼、宋、西夏、金等政權並爲一卷或一章，論述時以宋代爲宗，遼、金、西夏等政權的禮制狀況多淪爲陪襯，其論述的詳細、深刻程度與宋代尚不能分庭抗禮，更不用同漢唐等統一的中原王朝比較了。

論文方面，目前很少有學者將遼代禮制作爲一個獨立的選題進行研究。⑥禮制這一在漢唐、明清等時段看似陳舊的課題在遼史研究中仍需要相關著作填

---

① 如武玉環《遼制研究》中與禮制關係緊密的僅有兩章。第二章"選汗大會與遼初政治"重點關注了柴册禮；第十九章"禮樂制度"介紹了遼代五禮的主要類别和樂制，所述十分簡單。武玉環：《遼制研究》，吉林大學出版社 2001 年版，第 17~19、206~212 頁。

② 陳戍國：《中國禮制史·宋遼金夏卷》，湖南教育出版社 2001 年版。

③ 楊志剛：《中國禮儀制度研究》，華東師範大學出版社 2001 年版，第 210~219 頁。

④ 湯勤福：《宋金〈禮志〉比較研究》，《史學集刊》2018 年第 4 期。

⑤ 牟鍾鑒、張踐：《中國宗教通史》，中國社會出版社 2007 年版。

⑥ 早期有一些文章着眼於遼代禮制與中原禮制的關係。如苗潑《試談遼禮及其與唐禮宋禮的關係》指出遼代禮制具有"學唐比宋"的特點[《昭烏達蒙族師專學報》(漢文哲學社會科學版)1989 年第 2 期]；李旭《略論遼金禮制漢化問題》認爲遼金禮制主要是漢禮化的結果(《史學月刊》1992 年第 1 期)。

補空白。可喜的是，目前這方面已有學者着手從事研究。王凱的博士學位論文《遼朝禮制研究》詳細梳理《遼史·禮志》，集中地論述了遼代施行的五禮。此外，該文還指明了遼代各項禮制中的“番漢因素”，分析了不同禮制中的契丹傳統因素與中原禮制因素，並在最後總結了遼朝禮制的成因與特點。①

關於西夏的禮制，目前可見的綜述性研究更少。艾紅玲《西夏禮儀制度考論》按照祭祀之禮、軍禮、朝會禮、婚喪之禮等對西夏的五禮制度進行了簡要介紹，指出西夏人有較爲完整的禮儀制度。②

至於金代，張博泉《金代禮制初論》在梳理金以前歷代禮制發展變化的基礎上詳細論述了金代禮制的結構、特點、地位、作用以及影響。張博泉强調要從中原禮制的發展過程、北方民族入主中原的歷史發展、女真族本身的發展等多個方面看待金代禮制的地位。金朝對唐宋禮制有所繼承，一方面將中原禮制推廣至各民族、各地區，另一方面也將各族禮俗納入中原禮制，豐富了禮制的内涵。③ 張文所述頗具啓發性，爲後來學者探究金代禮制作了較好的鋪墊。安麗春在《試論金代禮制的淵源、特點和歷史作用》一文中從禮制繼承關係視角論述金代禮制的内容，詳細討論金代禮制在郊祀配享、宗廟室次、忌辰奉奠等方面與前代的相異之處，提出金代禮制承前啓後，在女真族封建化及中華民族一體化進程中均起到了一定作用。④ 任文彪的博士學位論文《文獻、典制與政治文化：金朝禮制史研究》在對禮制文獻進行周密考證的基礎上探究金代禮制，注意到了禮制與皇權政治、文化等問題之間的聯繫。⑤ 孫久龍關注金代禮部，論述其制度淵源、機構、職官構成、職官特點、職責等。孫久龍認爲金代禮部參照宋、遼舊制，並融入女真族的民族傳統，形成了較爲獨特的官制，而禮部的建立與發展體現了金代的漢化過程。此外，孫久龍進一步推斷金朝中央官制與禮部類似，承襲了中原王朝官制。⑥ 孫久龍所論較爲豐富，對以往學界

---

① 王凱：《遼朝禮制研究》，吉林大學博士學位論文，2017 年。

② 艾紅玲：《西夏禮儀制度考論》，《寧夏社會科學》2009 年第 1 期。

③ 張博泉：《金代禮制初論》，《北方文物》1988 年第 4 期。

④ 安麗春：《試論金代禮制的淵源、特點和歷史作用》，干志耿、王可賓主編：《遼金史論集》第 8 輯，吉林文史出版社 1994 年版，第 252~264 頁。

⑤ 任文彪：《文獻、典制與政治文化：金朝禮制史研究》，北京大學博士學位論文，2015 年。

⑥ 孫久龍：《金代禮部研究》，吉林大學博士學位論文，2016 年。孫久龍另有論文《金朝禮部官員民族構成初探》，《史學集刊》2016 年第 5 期；《金朝禮部設立考論》，《陝西師範大學學報》（哲學社會科學）2017 年第 5 期。

關注不足的金代禮部研究有所增補。

下文將按吉、凶、軍、賓、嘉五禮的順序回顧學界對禮制的研究。

一、吉禮

(一)遼代

對遼代吉禮進行整體研究的文章有王凱《華風與夷俗：遼朝吉禮初探》一文。文章將吉禮分爲祭祀自然和祭祀祖先兩部分，對遼代吉禮中的“番、漢”因素進行了區别，認爲遼的吉禮是在契丹傳統文化與中原禮儀共同作用之下産生的。① 李哲《契丹祭祀禮俗述論》對吉禮中的很多儀節進行了簡要論述，並對祭祀禮俗的精神内涵進行了總結。② 吉禮研究中，除近年興起的宗廟研究外，③ 柴册禮與祭山儀是其中的兩大熱點問題。

1. 柴册禮

柴册禮是遼代皇帝即位時的一種儀式。討論的重點在於，柴册禮的形成是對契丹舊俗的繼承還是結合了中原文化的産物。陳述《契丹史論證稿》對《遼史》中有關柴册禮的記載提出了質疑，認爲史書記載不符合歷史事實，柴册禮是“大汗推選之遺跡”。④ 王民信《契丹柴册儀與再生儀》對陳文的結論表示認同，並進一步指出，柴册禮雖是皇帝的一種繼位儀式，但後來卻流於形式，舉行的時間、理由都比較隨意。⑤ 以上兩文都認爲柴册禮屬於契丹舊俗，但學界

① 王凱：《華風與夷俗：遼朝吉禮初探》，《史學集刊》2017 年第 1 期。

② 李哲：《契丹祭祀禮俗述論》，《白城師範學院學報》2017 年第 9 期。

③ 早年朱子方、張國慶等學者對於遼代的宗廟制度有所考論，近年來以李月新爲代表的一部分學者則主要關注遼代宗廟的建構問題。相關文章見：朱子方：《遼代契丹統治者宗廟制度》，劉鳳翥等編：《中國民族史研究(四)》，改革出版社 1992 年版，第 49~60 頁；張國慶：《契丹遼帝的造像與祭祖》，《黑龍江民族叢刊》1993 年第 3 期；康建國、李月新：《試論遼朝太祖時期的宗廟制度構建》，《赤峰學院學報》(漢文哲學社會科學版) 2018 年第 12 期；李月新、齊建萍：《試論遼朝太宗時期的宗廟制度》，《遼寧師範大學學報》(社會科學版) 2019 年第 1 期；李月新：《遼朝中後期的宗廟設置述論》，《赤峰學院學報》(漢文哲學社會科學版) 2020 年第 9 期；萬雄飛：《遼代的宗廟與御容殿》，《邊疆考古研究》第 27 輯，科學出版社 2020 年版，第 323~333 頁。此外，也有文章關注宗廟的告廟儀與謁廟儀，見朱丹丹：《遼代告廟儀與謁廟儀探微》，《遼寧工程技術大學學報》(社會科學版) 2016 年第 6 期。

④ 陳述：《契丹史論證稿》，北平研究院史學研究所 1948 年版，第 64~67 頁。

⑤ 王民信：《契丹柴册儀與再生儀》，氏著《契丹史論叢》，學海出版社 1973 年版，第 88~117 頁。

的主流觀點還是認同柴册禮是契丹舊俗和中原文化交融的結果。朱子方《論遼代柴册禮》從時間上梳理了遼代各時期舉行柴册禮的情況，認爲柴册禮在起源上不全是契丹舊俗，而是吸收了中原的傳統禮制。① 舒焚《遼帝的柴册儀》指出《遼史・禮志一》和《燕北録》對柴册儀的記載略有不同，顯示出柴册儀是契丹文化和中原文化有機結合的産物。② 田廣林《契丹禮俗考論》也認爲柴册儀是在本民族文化傳統之上，雜採中原及各地儀注而成，其形式特徵，帶有鮮明的民族性，不宜簡單視之爲中原古禮在北方的移植。③ 近年來，又有一些成果討論了柴册禮舉行的時間地點及其内涵與政治意義，④ 葛華廷《試探遼朝柴册儀之壇及相關的兩個問題》則關注了柴册禮的祭壇問題，認爲與斯基泰人的影響有關⑤。

2. 祭山儀

遼國以祭山爲大禮，學界針對祭山儀的討論多伴隨祭祖、祭天之禮展開。《遼史・禮志》將祭山儀列爲吉儀之首，一般認爲祭山儀祭祀的對象爲木葉山。此外，還有以黑山爲祭祀對象的祭山禮儀，因其屬於“國俗”，故《遼史・禮志》將其列於嘉禮之下的“歲時雜儀”中。以下將兩者均歸於祭山禮之下合論之。

以木葉山爲對象的祭山儀研究中，祭祀原因、内容與祭山禮的形成過程受到了較多學者的關注。⑥ 孫繼民《試論契丹祀木葉山崇黑山》對於祭祀木葉山的原因進行了分析，認爲祭山是爲了祈求祖先的神靈和山神佑助，以求在狩獵中多獲獵物，在戰爭中多打勝仗。⑦ 張松柏《試論契丹祭山及其民族構成》認

---

① 朱子方：《論遼代柴册禮》，《社會科學輯刊》1985 年第 1 期。

② 舒焚：《遼帝的柴册儀》，陳述主編：《遼金史論集》第 4 輯，書目文獻出版社 1989 年版，第 26~41 頁。

③ 田廣林：《契丹禮俗考論》，哈爾濱出版社 1995 年版，第 11~16 頁。轉引自王凱：《關山初度路猶長——20 世紀以降遼朝禮制研究綜述》，《黑龍江民族叢刊》2016 年第 6 期。

④ 陳俊達：《契丹柴册時地考》，《哈爾濱學院學報》2015 年第 1 期。李月新：《契丹柴册禮的儀式構建與精神旨趣》，《赤峰學院學報》(漢文哲學社會科學版)2018 年第 5 期。宋思楠、賈淑榮：《窺探柴册禮政治功能的轉變——以〈遼史〉爲中心》，《長江叢刊》2020 年第 30 期。

⑤ 葛華廷：《試探遼朝柴册儀之壇及相關的兩個問題》，姜錫東主編：《宋史研究論叢》第 23 輯，科學出版社 2018 年版，第 371~385 頁。

⑥ 關於木葉山的具體位置，學界也存在着較大争議，大致有七種意見。參見董建初、董維公：《遼代木葉山研究述論》，《長春師範大學學報》2019 年第 5 期。

⑦ 孫繼民：《試論契丹祀木葉山崇黑山》，《昭烏達蒙族師專學報》(漢文哲學社會科學版)1990 年第 1 期。

爲祭山儀的内容包含了自然崇拜、英雄崇拜、祖先崇拜與圖騰崇拜四個方面。① 張國慶《遼代契丹人祭木葉山考探》則認爲祭祀木葉山的内容有三項:(1)祭祀祖先;(2)祭拜天地神祇及木葉山神;(3)拜謁觀音,② 其結論也得到了董建初等學者的認同③。吕富華、楊福瑞《契丹祭山禮儀考論》認爲遼代的祭山禮經歷了從自然崇拜到政治禮制的歷史演變過程。在遥輦前期的草創階段,祭山儀祭祀過程突出了敬天祀祖和部族同源的特點;在遼朝建國前後的完善時期,祭山儀吸收了中原王朝的禮制内容和形式,主旨是突出君權神授和皇權至上的思想。④ 另外,也有很多成果討論了祭山儀在祭天、祭祖儀式中的作用。⑤

黑山祭祀的研究中,學者對於祭祀原因討論最多。一般皆宗宋人張舜民在《使遼録》中的説法,認爲黑山與泰山信仰相似,人死後魂歸此山。⑥ 孫繼民《試論契丹祀木葉山崇黑山》則在此説的基礎上進一步補充,認爲契丹人祭祀黑山的來源有三:(1)黑山是契丹人靈魂的歸宿地;(2)對黑山神的崇拜源於烏桓人對赤山的崇拜;(3)黑山是遼帝夏捺缽的住蹕之所,是夏季遼國的議政場所。李月新《遼朝的黑山祭祀探析》則指出魂歸黑山與魂歸泰山的觀念並不

① 張松柏:《試論契丹祭山及其民族構成》,張志立、王宏剛主編:《東北亞歷史與文化:慶祝孫進己先生六十誕辰文集》,遼瀋書社 1991 年版,第 407~413 頁。

② 張國慶:《遼代契丹人祭木葉山考探》,《遼寧大學學報》(哲學社會科學版) 1992 年第 2 期。

③ 董建初、董維公:《遼代木葉山研究述論》,《長春師範大學學報》2019 年第 5 期。

④ 吕富華、楊福瑞:《契丹祭山禮儀考論》,《北方文物》2014 年第 3 期。

⑤ 研究祭山儀在祭天儀式中的作用,近年發表了很多成果,例如,張國慶:《遼代契丹貴族的天靈信仰與祭天習俗》,《北方文物》1988 年第 4 期;葛華廷:《契丹族的祭天、尚左與祭東考略》,《北方文物》1999 年第 2 期;徐潔、秦世强:《遼代國家祭禮的草原文化特質探析》,《白城師範學院學報》2012 年第 1 期;鞠賀:《契丹皇帝祭天問題探討》,《遼寧工程技術大學學報》(社會科學版) 2016 年第 3 期;楊釗、趙敏豔:《契丹禮儀中的祭天現象》,《赤峰學院學報》(漢文哲學社會科學版) 2016 年第 11 期。研究祭山儀在祭祖儀式中的作用的論述,如,席岫峰、宋志發:《試析契丹族人的祖先崇拜活動》,《社會科學輯刊》1994 年第 3 期;應文達:《淺談遼代契丹人的祖先崇拜》,《長春教育學院學報》2010 年第 4 期;高科冕:《遼代皇帝祭祀先祖行爲分析》,《北方文物》2017 年第 2 期。

⑥ 如王承禮:《契丹祭黑山的考察》,《社會科學戰線》1990 年第 2 期;張松柏:《試論契丹祭山及其民族構成》,張志立、王宏剛主編:《東北亞歷史與文化:慶祝孫進己先生六十誕辰文集》,遼瀋書社 1991 年版,第 407~413 頁;王曾瑜:《宋遼金代的天地山川鬼神等崇拜》,《雲南社會科學》1997 年第 1 期;李哲:《契丹祭祀禮俗述論》,《白城師範學院學報》2017 年第 9 期。

相同。契丹人魂歸黑山之説承自烏桓人魂歸赤山的信仰，但烏桓人此觀念源於自然崇拜，漢人魂歸泰山的信仰則是受到佛教、道教等文化影響的結果，兩者相去甚遠。① 田廣林《説契丹黑山》另立新説，考諸史事，認爲契丹人崇敬黑山亦因爲黑山與契丹的發祥有關。契丹人在遭到拓跋鮮卑的滅頂打擊後，逃依黑山才得以生存，他們認爲是黑山之神庇護的結果，因此對其禮敬有加。②

（二）西夏

孔德翊等《西夏祭祀初探》《西夏國家祭祀初探》初步分析了西夏的祭祀活動，依次介紹了西夏以祭天、祭祖、祭神、祭佛、祭孔和祭山爲主要内容的國家祭祀活動。孔文指出，在務實和相容原則下，西夏以常祀、代祀、因事專祀等形式對不同神靈進行祭祀，不同祭祀的祭品選擇則有其民族和地域特色。並且，西夏國家祭祀在祭祀禮儀、内容、祭品選擇等方面均有變化，這些變化是黨項民族政權在國家化過程中神權統一和不同文化之間整合的結果。③ 陳瑋《西夏天崇拜研究》一文着眼於西夏的祭天禮，認爲這是確認西夏皇帝天子身份的政治儀式。他分析指出，"天子"一詞有西夏民族的特點，同時也受到了佛教的影響，而天也由此成爲西夏對外政治活動中的最高神明和見證者。④《西夏龍信仰研究》指出龍除了在西夏河西走廊統治區作爲民間信仰存在外，還象徵着保衛帝陵的瑞獸，是西夏皇權在冥界的延伸。作者分析西夏宫廷詩歌中的龍，認爲龍既是皇權象徵，也是佛教的神物。⑤

（三）金代

王曾瑜《宋遼金代的天地山川鬼神等崇拜》，以多神崇拜的視角簡要闡述

---

① 李月新：《遼朝的黑山祭祀探析》，《赤峰學院學報》（漢文哲學社會科學版）2016年第10期。

② 田廣林：《説契丹黑山》，《昭烏達蒙族師專學報》（哲學社會科學版）1985年第1期。

③ 孔德翊、賀亭：《西夏祭祀初探》，《西夏研究》2013年第1期。孔德翊：《西夏國家祭祀初探》，《宗教學研究》2014年第2期。

④ 陳瑋：《西夏天崇拜研究》，杜建録主編：《西夏學》第十四輯，甘肅文化出版社2017年版，第51~60頁。

⑤ 陳瑋：《西夏龍信仰研究》，杜建録主編：《西夏學》第十三輯，甘肅文化出版社2016年版，第201~212頁。

了金代的祭禮，提出金代的祭禮基本沿用宋制，但由於統治範圍有限，對一些山川的祭祀有所變通。金朝統治者作爲少數民族，仍保留一些具有母族特色的祭祀方式；金朝統治下的漢人則承襲原有的多神崇拜。① 王文行文簡略，對金代祭禮的考察不夠深入。徐潔的博士學位論文《金代祭禮研究》系統考證了金代祭禮中的郊天、社稷、宗廟、孔廟等方面，闡述了金代祭禮的建設和沿革，論證了禮部和太常寺的職能。通過對金代祭天禮的考察，徐潔指出楊志剛等人提出的金代未採納漢族祭天禮一説有誤，認爲金代實際上繼承了中原的祭天禮且注重承襲古禮。祭地禮方面，徐潔反對前輩學者金代未有北郊方丘祭地禮的觀點，考證出金代設有北郊禮。徐文論證細緻，對金代祭禮進行制度建設考察之外還注意論述禮制實踐的實際功效，頗有新意。② 此外，徐潔着眼於金代國家祭禮的政治和社會功效，指出金代國家祭禮具有彰顯王朝正統、宣揚君權神授、深化君臣等威、實施禮儀教化、維護禮制秩序等功能。③

一些學者考察金代建築時兼及禮制問題。楊寬在《中國古代都城制度史研究》中結合考古發現對金代太廟、四郊壇的方位和功能進行了初步考證。④ 于德源《北京歷代城坊・宫殿・苑囿》進一步考察了金中都太廟、原廟、孔廟、四郊壇(南郊壇圜丘、北郊壇方丘、朝日壇大明、夕月壇夜明)、太社壇、太稷壇等禮制建築的形制，同時簡單闡述了相關祭祀的時間、流程等。⑤ 劉祚臣《北京的壇廟文化》梳理金人建立壇廟的過程，指出“金人創建了北京城歷史上第一個大型帝都壇廟建築群”⑥。他認爲，這一建築群以太廟爲初建，包含四郊壇、社稷壇、風師壇、雷雨壇、高禖壇、武成王廟、孔廟等。上述學者都提到金代有北郊壇方丘，從側面印證了徐潔“金代設有北郊禮”的觀點。以上出於建築史視角考察的論述重點在於建築本身，對相關禮制、禮儀的探討大多停留在宏觀層面，缺乏細緻而深入的討論。可喜的是，近年來越來越多的學者開始關注金代吉禮的細節問題。下面將從天地祭祀、宗廟祭祀、孔廟祭祀幾個方面分别論述。

1. 祭天禮

李繼昌等立足考古，對金代祭天建築進行了考證。李繼昌《金代朝日大明

---

① 王曾瑜：《宋遼金代的天地山川鬼神等崇拜》，《雲南社會科學》1997 年第 1 期。
② 徐潔：《金代祭禮研究》，吉林大學博士學位論文，2012 年。
③ 徐潔：《金代國家祭禮的政治和社會功效》，《白城師範學院學報》2017 年第 5 期。
④ 楊寬：《中國古代都城制度史研究》，上海古籍出版社 1993 年版。
⑤ 于德源：《北京歷代城坊・宫殿・苑囿》，首都師範大學出版社 1997 年版。
⑥ 劉祚臣：《北京的壇廟文化》，北京出版社 2000 年版，第 14 頁。

壇遺址考》考察金代朝日禮舉行地點朝日壇的具體方位，推測其位於今北京天壇公園祈年殿附近。① 黑龍江省文物考古研究所結合傳世文獻，認爲在黑龍江亞溝劉秀屯發掘的宮殿遺址即金熙宗時新建的用以祭日的宮殿。② 張莉在《遼金元祭天禮》中闡述了金代拜天、郊天儀式的流程，一些論述不知所據，存在一定問題。③ 常曉宇、李秀蓮《阿骨打拜天射柳》對金代拜天射柳之禮的流變過程進行了考證，認爲在金代皇室的主導下，女真人承襲契丹人的射柳祭天習俗逐漸轉變爲拜天射柳的正式禮制。拜天射柳禮制不斷完善，呈現出儀式化、注重尊卑等特徵。④ 徐潔《金代祭禮研究》吸收前輩學者的研究成果，將金代祭天禮總結爲“女真本族特色的拜日禮俗、吸收遼禮的拜天射柳和漢化後的郊天之祭”三部分。⑤ 她着重考察金人郊天之祭，探究其確立和演化過程，並闡釋了奏告禮、郊祀設位、祝册文等具體儀節，考察十分細緻。在《金代郊天禮考論》一文中，徐潔進一步提出金代祭天禮包括繼承女真傳統的拜天禮及吸收中原禮制漢化的郊天禮。二者在淵源、祭祀目的、行禮時間和地點、參與人員、行禮儀節等方面存在本質差異，並非同一禮制。⑥

2. 祭地禮

徐潔探究了金代社稷祭禮的建設過程，對其祭祀對象、配位、祝版、頻率等一一考證，指出金代社稷祭祀具有强化國土觀念及敬報土地神、穀神的意義。⑦ 任文彪對金代社稷之禮進行了再探究，論證了金代社稷祭禮從不定日到定日的轉變。任文彪還關注到金代民間的社稷制度，指出其在唐宋舊制的基礎上加以改良，更加簡便。另一方面，在官方放任之下，金代地方社稷祭祀愈加衰落。⑧ 徐潔、秦世强《金代方丘之祭考述》認爲金代確有方丘祭地之禮，探究了方丘之祭的環節及所用樂曲，對《大金集禮》存在的一些錯誤也予以更正。⑨

---

① 李繼昌：《金代朝日大明壇遺址考》，蘇天鈞主編：《北京考古集成·金元》，北京出版社2000年版，第72頁。

② 李陳奇、趙評春：《黑龍江亞溝劉秀屯發現宋金時宮殿基址》，《中國文物報》，2002年12月27日，第1版。

③ 張莉：《遼金元祭天禮》，《史苑》2004年第4期。

④ 常曉宇、李秀蓮：《阿骨打拜天射柳》，《黑龍江史志》2008年第3期。

⑤ 徐潔：《金代祭禮研究》，吉林大學博士學位論文，2012年，第35頁。

⑥ 徐潔：《金代郊天禮考論》，《北方文物》2020年第4期。

⑦ 徐潔：《金代社稷祭禮考述》，《黑龍江民族叢刊》2012年第1期。

⑧ 任文彪：《金代社稷之禮再探》，《史學月刊》2016年第1期。

⑨ 徐潔、秦世强：《金代方丘之祭考述》，《北方文物》2013年第1期。

長白山祭禮是金代祭地禮的重要組成部分，一些學者有所關注。宋抵《祭山與滿族的長白山祭禮》提出女真族將長白山看做“興王之地”，因此對其年年祭祀。① 苗威在《“長白山”考辨》中對長白山的稱謂進行考辨，認爲到金代“長白山”才成爲山的專有名詞。金代統治者在長白山北地興建廟宇，“每歲降香，命有司春秋二仲擇日致祭”②。陳慧在《長白山崇拜考》中論述了長白山崇拜的演變過程，提出長白山在金代被擬人化，先後被封王、封帝。陳文對金人祭祀長白山的三獻之禮亦有簡單描述。③ 此外，考古界對長白山亦有關注。周長慶《長白山區首次發現大型祭壇群遺址》推測吉林省白山市撫松縣大荒頂子遺址爲東北古代民族祭祀長白山的祭壇。④ 陳景河《大荒頂子古遺址的發現》進一步推測該遺址爲女真族祭天、祭山所用祭壇。⑤ 張璿如《長白山祭壇探源》將考古發現與傳世文獻相對證，考證相對深入。⑥《吉林安圖寶馬城遺址：金代歷史與考古研究的重要發現》《吉林安圖寶馬城揭露金代長白山神廟遺址》等文章認爲吉林安圖寶馬城遺址是金代皇家修建的長白山神廟故址。⑦ 趙俊傑《關於寶馬城性質的初步研究》結合《大金集禮》《金史》等文獻資料，指出寶馬城遺址或爲文獻所載長白山“山北”祭山之處。⑧

3. 宗廟祭祀

金代宗廟祭祀主要由太廟祭祀及原廟祭祀構成，下面分而述之。前文若干通論性論著對金代宗廟祭祀有所涉及，茲不贅述。

徐潔對金代太廟祭祀的相關問題進行了一系列研究。《金上京太廟考述》探究了金上京太廟制度的創立、發展歷程，認爲金代立國之初未設宗廟，至金熙宗始立太廟。熙宗確定了本朝的太廟帝系，實行“七世之廟”禮制，並創設有別於中原的祧遷原則。徐潔指出，太廟制度的建立對後世有教化作用，更加

---

① 宋抵：《祭山與滿族的長白山祭禮》，《黑龍江民族叢刊》1986 年第 12 期。

② 苗威：《“長白山”考辨》，《中國邊疆史地研究》2009 年第 4 期。

③ 陳慧：《長白山崇拜考》，《社會科學戰線》2011 年第 3 期。

④ 周長慶：《長白山區首次發現大型祭壇群遺址》，《吉林日報》，2008 年 7 月 30 日，第 8 版。

⑤ 陳景河：《大荒頂子古遺址的發現》，《吉林日報》，2008 年 8 月 7 日，第 13 版。

⑥ 張璿如：《長白山祭壇探源》，《東北史地》2009 年第 5 期。

⑦ 李政：《吉林安圖寶馬城遺址：金代歷史與考古研究的重要發現》，《中國文物報》，2016 年 10 月 28 日，第 2 版；趙俊傑、常天驕、李恬欣、張宛玉：《吉林安圖寶馬城揭露金代長白山神廟遺址》，《中國文物報》，2018 年 3 月 22 日，第 8 版。

⑧ 趙俊傑：《關於寶馬城性質的初步研究》，《北方文物》2015 年第 3 期。

强了尊祖敬宗、尊君卑臣的宗法觀念。①《金中都太廟之制解讀》認爲金中都太廟一般遵循“同堂異室”的制度，但在特殊情況下也會出現“八世十二室”的變異。此外，金中都制度具有强調“報本尊統”“尊尊”的特點。②《金汴京太廟探微》提出，金代汴京時期的太廟制度已有衰頹之勢，且受限於客觀條件多有變通。汴京時期，皇家太廟祭祀不斷從簡，反映出亡國徵兆。③ 在《金朝皇家宗廟制度考論》中，徐潔、趙永春整合以往研究成果，以時間爲脈絡闡述了金代皇家的宗廟制度，進一步證實金代基本實行“七世之廟”制度。④

關於金代原廟，部分學者因爲錯引訛誤史料，將其與太廟混淆。楊寬《中國古代都城制度史研究》、⑤ 劉祚臣《北京的壇廟文化》、⑥ 張鵬《金代衍慶宮功臣像研究》⑦均有此誤。針對這種情況，徐潔對相關史料進行考辨，指出《金虜圖經》將“衍慶宫”標爲太廟宫名有誤，《大金集禮》《金史・禮志》均以“衍慶宫”爲原廟宫名。金代原廟主要供奉太祖御容(神御)，在規制、祭祀對象、祭祀禮儀等方面都與太廟有異。⑧ 王豔雲《金代御容及奉安制度》闡述了金代御容的材質、形制等，考察金代御容的遷安制度，認爲御容在金代皇室的政治生活中佔有重要地位。⑨

4. 宗族與譜牒

宗族、譜牒研究與宗廟祭祀緊密相關，學界對此有所關注，但目前研究成果相對薄弱。穆鴻利《金源女真姓氏譜及改漢姓之分類與特點》考察金源女真姓氏譜的著録過程，提出其深受唐宋姓氏與譜學的影響。⑩ 楊忠謙《金代女真皇族譜牒文化述論》探究女真譜牒由口耳相傳到文字化的發展過程，認爲女真貴族重視本族譜牒的編撰和傳承。⑪ 女真人一方面希望通過譜牒傳承、世選世婚制度等保持民族舊風，另一方面趨向漢化。這種强烈的民族本位意識常常與

---

① 徐潔:《金上京太廟考述》,《北方文物》2011 年第 1 期。
② 徐潔:《金中都太廟之制解讀》,《學習與探索》2011 年第 1 期。
③ 徐潔:《金汴京太廟探微》,《黑龍江民族叢刊》2011 年第 4 期。
④ 徐潔、趙永春:《金朝皇家宗廟制度考論》,《社會科學戰線》2012 年第 5 期。
⑤ 楊寬:《中國古代都城制度史研究》,上海古籍出版社 1993 年版,第 451 頁。
⑥ 劉祚臣:《北京的壇廟文化》,北京出版社 2000 年版,第 13 頁。
⑦ 張鵬:《金代衍慶宫功臣像研究》,《美術研究》2010 年第 1 期。
⑧ 徐潔:《金代原廟誤識厘正》,《學習與探索》2012 年第 2 期。
⑨ 王豔雲:《金代御容及奉安制度》,《故宫博物院院刊》2008 年第 5 期。
⑩ 穆鴻利:《金源女真姓氏譜及改漢姓之分類與特點》,《滿族研究》2005 年第 4 期。
⑪ 楊忠謙:《金代女真皇族譜牒文化述論》,《中州學刊》2012 年第 3 期。

漢化趨勢發生强烈碰撞。楊忠謙還從文學視角討論金代的譜牒文化。由於戰亂、天災，金代統治下的漢人群體對於譜牒傳承格外看重。金代不少文人記録家族興衰、發展，參與譜牒修撰，使得金代譜牒呈現出文人化、學術化特徵。① 楊忠謙的視角較爲新穎，但未注意區分金代女真族和漢族的譜牒文化，論述略有混亂。

5. 孔廟祭祀

范壽琨《論金代的孔廟建置及其作用》詳細統計了金代孔廟的建置情況，討論了金代孔廟的建立過程，認爲金代有一個從斥孔到尊孔的轉變。范壽琨認爲金代統治者尊孔建廟的行爲有助於金代的封建化，對民族融合亦有促進作用。② 張敏傑、③ 于學斌等④學者亦持相似觀點。張鳴岐《金元之際的廟學考論》對金代廟學發展情況進行梳理，指出廟學是對各級儒學的通稱。金代在中央和地方建廟設學，“有學則有廟，有廟則有學”，在學校旁必建廟祭孔。金代大肆建廟設學的目的在於推行漢法，從而鞏固王朝統治。⑤ 沈暘《地方孔廟的普及與覆蓋：宋・遼・金・元》利用 GIS 技術對宋、遼、金、元地方孔廟的建設情況予以統計分析，方法獨到。⑥ 沈暘提出，金代統治者將建設孔廟推行儒學與武力控制相結合，確保了金代的統治地位。根據 GIS 統計，金朝地方孔廟主要集中在中都、西京一線以南，今山東、山西、河北、河南地區最爲密集。這一統計恰與傳世文獻所載相合，但沈暘並未對這一分佈狀態的成因作出解釋。劉輝《金代的孔廟與廟學述略》從發展脈絡、經費來源、地域分佈三個角度分析金代的孔廟與廟學情況。劉輝將金代孔廟發展分爲三個階段，即太祖、太宗、熙宗、海陵王統治的發展時期；世宗、章宗統治的繁榮時期以及衛紹王、宣宗、哀宗治下的蕭條時期，認爲金代孔廟和廟學的興衰與金代社會發展同步。劉輝還對金代孔廟和廟學建設的經費來源作了考證，提出可以分爲公費修建、公私合資以及個人集資三個類型。其中，個人集資修建的數目最多，而公費修建的數目最少。在地域分佈上，劉輝總結出南多北少、腹地多邊地少的特點。此外，劉輝還注意到金代都城對孔廟和廟學修建的重視，推測或與都

① 楊忠謙：《文學視野下的金代譜牒文化述論》，《民族文學研究》2013 年第 5 期。

② 范壽琨：《論金代的孔廟建置及其作用》，《社會科學輯刊》1993 年第 2 期。

③ 張敏傑：《金代孔廟的修建及其在民族融合中的作用》，《北方論叢》1998 年第 6 期。

④ 于學斌、孫雪坤：《金代孔廟的發展、成因及作用》，《北方論叢》2003 年第 4 期。

⑤ 張鳴岐：《金元之際的廟學考論》，《北京師範大學學報》1996 年第 6 期。

⑥ 沈暘：《地方孔廟的普及與覆蓋：宋・遼・金・元》，《南方建築》2011 年第 4 期。

城的地理位置以及長期受中原文化影響相關。① 以上研究大多着眼於孔廟的建設過程及其教化作用，對孔廟祭祀儀式基本没有論述。徐潔注意到這一點，對金代孔廟的釋奠禮作了初步研究。她在梳理金代釋奠禮確立過程的基礎上，考證了釋奠禮的行禮時間、地點、主持人等。徐潔指出金代釋奠禮多仿照唐制，中央一般在仲春、仲秋上丁日於宣聖廟、國子監舉行儀式，地方則在州郡廟學舉行。除常祀外，不定期間有非常祀。金代孔廟釋奠禮規格較高，具有民族融合、教化民眾等方面的深遠意義。②

綜上所述，前輩學者在金代吉禮研究方面碩果累累，但也存在若干問題。第一，從宏觀視角對金代吉禮進行整體研究的成果有限，缺乏全面而系統的考察。第二，研究比重失衡。學界的關注重心在天地祭禮方面，一些領域諸如宗廟祭祀只有個别學者持續關注。第三，材料使用較爲單一。大多數研究主要使用《金史》《大金集禮》等傳世文獻，忽視對碑刻史料、圖畫史料等史料的利用。目前，《大金集禮》中華書局出版過影印本，③ 另外已作爲《中華禮藏》的一部分，得以整理出版④。近年來，金代考古持續推進，但學界並未有效利用考古成果推進研究。

二、凶禮

1. 遼代

由於石刻、碑志、墓葬等考古資料的發現，學界對遼代喪禮的研究取得了較爲豐富的成果。這些成果可分爲三個方面：喪制、喪儀以及墓制。

喪制研究多倚重墓葬、隨葬品等出土材料展開。劉銘恕《契丹民族喪葬制度之變遷及其特點》論述了契丹民族的固有喪葬制度與漢化以後的喪葬制度，並結合墓葬文物對契丹喪葬制度中的防腐葬、古銅面具、鐵制手袋與屣履、屍床棺槨、佛教火化葬以及抛盞禮等内容進行了考證。⑤ 賈洲傑《契丹喪葬制度研究》從文獻記載和考古材料出發，主要論述了契丹早期以及遼王朝時期的喪葬制度及其獨特的喪葬風俗。⑥ 鄭承燕《遼代貴族喪葬制度研究》一文從墓葬

---

① 劉輝：《金代的孔廟與廟學述略》，《社會科學戰線》2015 年第 12 期。

② 徐潔：《金朝孔廟釋奠禮初探》，《學習與探索》2015 年第 11 期。

③ 張煒等輯：《大金集禮》，中華書局 2017 年版。

④ 張煒等輯：《大金集禮》，任文彪點校，浙江大學出版社 2019 年版。

⑤ 劉銘恕：《契丹民族喪葬制度之變遷及其特點》，《中國文化研究彙刊》第 1 卷，1941 年，第 115~153 頁。

⑥ 賈洲傑：《契丹喪葬制度研究》，《内蒙古大學學報》(哲學社會科學版)1978 年第 2 期。

和喪葬禮俗兩個側面探究遼代貴族的喪葬制度。喪葬禮俗方面較爲系統地論述了遼代帝后、貴族的喪葬儀程式，並分析了遼代喪葬禮俗對唐宋喪葬禮俗的借鑒。①

有關喪儀的研究則多以遼代貴族爲中心。張國慶《遼代喪葬禮俗補遺——皇帝爲臣下遣使治喪》以石刻爲主要史料論證了遼代皇帝爲臣下治喪的程式，並認爲這一現象反映了儒家禮文化已爲遼代各階層人士所接受。② 谷麗芬《碑志所見遼代高官喪葬述略》利用碑志材料，補充了史書中對於高官治喪之禮的缺失。③ 王凱《華風與夷俗：遼朝皇帝喪葬儀相關問題芻議》則聚焦遼代帝王的喪葬儀式，認爲遼代皇帝喪葬儀是兼具中原喪葬禮儀因素和契丹傳統喪葬因素的一種特殊喪葬儀式。④

墓制研究中，遼代墓制的形成、分期是其中的重點。形成方面，李逸友《遼代契丹人墓葬制度概説》認爲遼代契丹人的墓制是在契丹民族傳統葬俗的基礎上，吸取了中原地區漢族中流行的某些葬俗而形成的。⑤ 劉未《遼代契丹墓葬研究》則主要考察了墓葬制度的形成時間，認爲遼代貴族墓葬制度創制於太祖至太宗前期，定型於興宗後期至天祚帝時期；中小型墓葬制度則確立於 11 世紀中晚期至 12 世紀中期，而遼代契丹喪葬的等級制度則定型於 11 世紀中期。⑥ 分期方面，王秋華《遼代墓葬分區與分期的初探》將遼代墓葬分爲兩期：太祖至景宗爲第一期，聖宗、興宗到天祚帝爲第二期；⑦ 李逸友《遼代契丹人墓葬制度概説》則分爲三期：太祖至景宗爲第一期，聖宗、興宗爲第二期，道宗、天祚帝爲第三期；⑧ 董新林《遼代墓葬形制與分期略論》分爲四期：

---

① 鄭承燕：《遼代貴族喪葬制度研究》，南開大學博士學位論文，2012 年。

② 張國慶：《遼代喪葬禮俗補遺——皇帝爲臣下遣使治喪》，《遼寧大學學報》（哲學社會科學版）2008 年第 6 期。

③ 谷麗芬：《碑志所見遼代高官喪葬述略》，《遼金歷史與考古》第 5 輯，遼寧教育出版社 2014 年版，第 312~316 頁。

④ 王凱：《華風與夷俗：遼朝皇帝喪葬儀相關問題芻議》，姜錫東主編：《宋史研究論叢》第 17 輯，河北大學出版社 2015 年版，第 546~560 頁。

⑤ 李逸友：《遼代契丹人墓葬制度概説》，《內蒙古東部區考古學文化研究文集》，海洋出版社 1991 年版，第 80~103 頁。

⑥ 劉未：《遼代契丹墓葬研究》，《考古學報》2009 年第 4 期。

⑦ 王秋華：《遼代墓葬分區與分期的初探》，《遼寧大學學報》（哲學社會科學版）1982 年第 3 期。

⑧ 李逸友：《遼代契丹人墓葬制度概説》，《內蒙古東部區考古學文化研究文集》，海洋出版社 1991 年版，第 80~103 頁。

太祖、太宗爲第一期，世宗、穆宗、景宗爲第二期，聖宗、興宗爲第三期，道宗、天祚帝爲第四期①。此外，帝陵研究中，孫偉祥撰寫的一系列文章對於遼代帝王陵寢的營造、組成、作用、建築構成、佈局等問題進行了論述，② 鄭承燕則對其特點進行了總結與揭示③。此外，還有一些論著針對某一具體的陵墓作出了研究。④

2. 西夏

借助於考古發現，學界對西夏喪禮的研究主要集中在陵寢制度方面。余斌、余雷的《"以形論變"——西夏王陵形制演進探討》通過對比西夏陵園夯土遺存形制的異同，闡述了陵園"模數恒定""型整優進""建法幾何"等特點。⑤ 孟凡人《西夏陵園形制佈局研究》以西夏三號陵陵園爲樣本，研究西夏陵園的形制，指出其佈局主要源於唐陵，相比於宋陵則多出了雙碑亭和月城。此外，三號陵的形制結構不僅與"天圓地方"的設計核心理念有關，也受到了佛教涅槃思想的影響，體現出陵主希望死後往生極樂世界的夙願。⑥ 關於西夏陵墓與唐宋陵寢之間的關係，余軍、潘静等人亦有研究。《西夏王陵對唐宋陵寢制度的繼承與嬗變——以西夏王陵三號陵園爲切入點》一文認爲，西夏王陵對唐宋

---

① 董新林：《遼代墓葬形制與分期略論》，《考古》2004 年第 8 期。

② 孫偉祥：《遼朝皇帝陵寢與奉陵邑佈局問題鈎沉》，姜錫東主編：《宋史研究論叢》第 15 輯，河北大學出版社 2011 年版，第 645 ~ 661 頁；《試論遼朝帝王陵寢作用問題》，《華西語文學刊》2013 年第 1 期；《試論遼朝帝王陵寢的營造》，《内蒙古社會科學》(漢文版) 2013 年第 4 期；《試論遼朝帝王陵寢的建築構成》，《東北亞研究論叢(長師大)》第六輯，東北師範大學出版社 2013 年版，第 229~238 頁；《遼朝帝王陵寢組成問題初探》，《黑龍江民族叢刊》2015 年第 1 期。

③ 鄭承燕：《遼代陵寢制度研究》，《華西語文學刊》2013 年第 1 期；鄭承燕、楊星宇：《遼代帝王陵寢制度特點研究》，《赤峰學院學報》(漢文哲學社會科學版) 2015 年第 2 期。

④ 葛華廷：《遼祖州石室考》，《北方文物》1996 年第 1 期。陸思賢、李迪：《遼代祖州"石房子"考》，《内蒙古師範大學學報》(哲學社會科學版) 2004 年第 2 期。彭善國：《遼慶陵相關問題芻議》，《考古與文物》2008 年第 4 期。劉喜民：《遼祖州石室新考》，《北方文物》2013 年第 1 期。葛華廷：《遼祖州石室形制探源》，《遼金歷史與考古》第 6 輯，遼寧教育出版社 2015 年版，第 52~62 頁。董新林：《遼祖陵陵寢制度初步研究》，《考古學報》2020 年第 3 期。

⑤ 余斌、余雷：《"以形論變"——西夏王陵形制演進探討》，《寧夏社會科學》2019 年第 2 期。

⑥ 孟凡人：《西夏陵園形制佈局研究》，《故宫學刊》第 8 輯，故宫出版社 2012 年版，第 55~95 頁。

陵寢兼收並蓄，借鑒了秦漢以來的陵園風格，又融入了佛教樣式，有其自身特色。西夏陵園不僅參考了北魏佛教、陵廟共建的理念，還糅合了傳統祠廟建築的祭祀功能和佛教寺塔建築的紀念碑性，形成了“陵、廟、寺”一體的陵園風格。由此，中原傳統文化和西夏民族文化在佛教信仰的籠罩下相互交融。① 《西夏王陵與北宋皇陵空間結構的比較》一文則通過對比西夏三號陵與北宋永昭陵，指出西夏王陵的夯土技術和高臺建築的建造技術較爲嫻熟，但總體佈局缺乏邏輯。② 關於西夏王陵的三號陵，岳鍵《西夏三號陵獻殿形制的探討與試復原》一文認爲三號陵很可能是上方下圓、兩重屋檐疊加的木結構宮殿，並在此基礎上嘗試對獻殿進行了初步的復原工作。③ 岳鍵還有另一篇文章《西夏陵相關問題新考》，文中分析了西夏目前已發現的十座帝陵，並從出土文物、殘碑内容等方面入手，認爲六號陵的主人是崇宗乾順。④ 楊浣和王軍輝的《西夏王陵形制綜論》則分析了西夏王陵的選址和特點，指出其背山面水、地勢高亢、趨風避陽，且規模相對較小、結構簡單、葬俗獨特。⑤ 此外，劉毅《遼西夏金陵墓制度的新因素及其影響》一文從陵墓選址、陵墓佈局、碑刻、多室的玄宫之制、陵山之祭等角度，分析了三個政權的陵墓形制，並認爲其對明清的皇陵制度有明顯影響。⑥

除陵寢制度以外，還有部分學者着眼於喪服制度、喪葬文書等方面。李温《西夏喪服制度及其立法》一文通過比對《唐律疏議》和《天盛改舊定律令》，從親屬之間侵害、相盜、犯奸等罪行的處罰入手，指出了西夏對唐宋喪服制度的承襲。⑦ 穆旋等人的《西夏喪葬文書整理研究》，分析了西夏現有的喪葬文書，包括冥契、祭文和發願文，認爲西夏喪葬文化融合了儒家、佛家和道家的多種特點。⑧ 于光建、徐玉萍則單獨分析了冥契（即家屬爲死者在冥界購買陰宅的

---

① 余軍：《西夏王陵對唐宋陵寢制度的繼承與嬗變——以西夏王陵三號陵園爲切入點》，姜錫東主編：《宋史研究論叢》第16輯，河北大學出版社2015年版，第515~569頁。

② 潘静、劉臨安：《西夏王陵與北宋皇陵空間結構的比較》，《文博》2006年第1期。

③ 岳鍵：《西夏三號陵獻殿形制的探討與試復原》，杜建録主編：《西夏學》第十輯《第三届西夏學國際學術論壇暨王静如先生學術思想專輯（下）》，上海古籍出版社2014年版，第310~321頁。

④ 岳鍵：《西夏陵相關問題新考》，《寧夏師範學院學報》2016年第1期。

⑤ 楊浣、王軍輝：《西夏王陵形制綜論》，《西夏研究》2010年第3期。

⑥ 劉毅：《遼西夏金陵墓制度的新因素及其影響》，《南方文物》2015年第3期。

⑦ 李温：《西夏喪服制度及其立法》，《西夏研究》2017年第1期。

⑧ 穆旋等：《西夏喪葬文書整理研究》，《蘭臺世界》2014年第29期。

文書)，認爲其深受道教靈魂不死、長生不老等觀念的影響，同時也反映了西夏人迷信鬼神的風尚。①

3. 金代

目前學界對金代凶禮的研究還比較單薄，這與《金史·禮志》《大金集禮》等文獻對凶禮記載有缺相關，相關研究主要見於一些通論性著作。陳戍國《中國禮制史·宋遼金夏卷》搜集、整理了散見於史料中的金代喪葬禮制，對金代帝后的喪葬之禮、皇室服喪時間及禁忌、臣民喪葬禮俗、喪服制度、墓葬等情況進行了論述。陳戍國認爲，金代喪葬禮制既保留一定的民族特色，又吸收了中原王朝的禮制。② 丁淩華《中國喪服制度史》是一部關於中國喪服制度的系統之作，但對於金代的内容涉及不多。在論述守喪制度時，丁淩華提到金代官吏不必爲父守喪三年，但儒家守喪文化對其仍有一定影響。③ 此外，一些學者關注金代的謚號、謚法問題。汪受寬《謚法研究》論及金代謚法，認爲"金代謚法自太宗完顔晟時成爲制度，皇帝謚號，以多字爲貴"④。苗霖霖《金朝官員謚號考略》結合傳世文獻及碑刻材料，對金代官員謚號進行了考察。⑤ 苗霖霖提出，金朝建國之初並未爲官員賜謚，賜謚始於太宗朝，至世宗、章宗二朝到達頂峰，此後開始衰亡。官員的身份、民族、官品均會影響其獲謚。一般而言，金代官員三品以上者才能獲謚，獲謚者以女真族和漢族居多。金代官員謚號用字基本與生平相和，多用美謚，且以二字謚爲謚號主體。研究此方面的學者雖少，但往往能挖掘考古材料、碑刻材料等新興史料，可爲借鑒。

三、賓禮

1. 遼代

五禮中，遼代賓禮的研究最少，其成果主要體現在聘禮方面。聶崇岐《宋遼交聘考》是較早考察宋遼交聘史實的論著，文中詳細考證了宋遼聘禮的制度與儀節，包括使節名目、使副選擇、國書體制、禮物名色、使節接送、各項儀注等内容，對研究遼代聘問之禮深有裨益。⑥ 其後，黄鳳岐《遼宋交聘及其有

---

① 于光建、徐玉萍：《武威西夏墓出土冥契研究》，《西夏研究》2010 年第 3 期。

② 陳戍國：《中國禮制史·宋遼金夏卷》，湖南教育出版社 2001 年版，第 423~439 頁。

③ 丁淩華：《中國喪服制度史》，上海人民出版社 2000 年版，第 276 頁。

④ 汪受寬：《謚法研究》，上海古籍出版社 1995 年版。

⑤ 苗霖霖：《金朝官員謚號考略》，《滿族研究》2017 年第 2 期。

⑥ 聶崇岐：《宋遼交聘考》，《燕京學報》第 27 期單行本，燕京大學哈佛燕京學社 1930 年版。

關制度》對於宋遼交聘中的使者名稱以及交聘官員選擇、官位、使命、機構等信息也作了考證。① 賈玉英《宋遼交聘制度論略》《有關宋遼交聘中泛使概念的幾點辨析》、② 曹顯征《遼宋交聘制度的初步確立》《遼宋實現首次交聘之背景分析》、③ 郭松雪《由澶淵之盟看宋遼交聘制度》④等文，論述了宋遼交聘制度的確立、演變、使節名稱以及作用職能等內容。此外，蘇丹《遼朝使宋國信使的選任》分析了遼代對於聘使的選任標準。⑤

以上研究雖然均涉及聘問之禮的一些内容，但其關注重點在於宋遼交聘中的史事與人物，宋遼雙方具體的聘問之禮僅爲論述之附庸。聚焦遼代聘問之禮的文章還比較少。劉興亮《遼代的御容及遼宋間御容交聘活動考述》指出交換繪有皇帝、皇后的御容，是遼宋交聘之禮的重要組成部分，對維持遼宋和平意義重大。⑥ 關注宋遼聘問之禮的，有尹承《北宋佚名〈景德四圖・契丹使朝聘圖〉考釋》。文章對於《契丹使朝聘圖》進行了解讀，認爲此圖反映了宋遼景德澶淵之盟後，契丹使至北宋皇宫朝見皇帝的禮儀場景。⑦ 張敬坤《遼、宋交聘中的遼朝宴儀探析》關注遼代接待宋使的宴儀，認爲遼朝對宋使的宴賜，在宴位的空間安排、宴樂樂次的設置以及宴會賦詩等方面，皆與宋朝宴儀有相同之處，説明了遼對於宋代聘問之禮的吸收。⑧ 總體來説，遼代的賓禮目前只是宋遼關係之下一個被邊緣化的問題，未能得到系統性的研究。

2. 西夏

西夏的賓禮相關研究也主要集中於西夏與各國之間的交聘。劉建麗的《略論西夏與金朝的關係》，簡要論述了西夏和金之間關係的數次破裂與恢復，並

① 黄鳳岐：《遼宋交聘及其有關制度》，《社會科學輯刊》1985 年第 2 期。

② 賈玉英：《宋遼交聘制度論略》，《中州學刊》2005 年第 6 期。賈玉英：《有關宋遼交聘中泛使概念的幾點辨析》，《中國史研究》2006 年第 2 期。

③ 曹顯征：《遼宋交聘制度的初步確立》，《遼寧工程技術大學學報》(社會科學版) 2008 年第 4 期。曹顯征：《遼宋實現首次交聘之背景分析》，《北方文物》2006 年第 1 期。

④ 郭松雪：《由澶淵之盟看宋遼交聘制度》，《遼金歷史與考古》第 5 輯，遼寧教育出版社 2014 年版，第 165~169 頁。

⑤ 蘇丹：《遼朝使宋國信使的選任》，《黑龍江史志》2013 年第 12 期。

⑥ 劉興亮：《遼代的御容及遼宋間御容交聘活動考述》，《青海社會科學》2012 年第 1 期。

⑦ 尹承：《北宋佚名〈景德四圖・契丹使朝聘圖〉考釋》，《故宫博物院院刊》2015 年第 1 期。

⑧ 張敬坤：《遼、宋交聘中的遼朝宴儀探析》，《保定學院學報》2019 年第 1 期。

無涉及具體禮儀的部分。① 馬旭俊《金夏交聘禮儀考述》一文首先爬梳了兩國交聘的確立與沿革，指出這一過程都是由金單方面主導的，其原因在於兩國之間的經濟、軍事實力差距。接着，作者從金朝接待使節的機構及各機構的功能、出使的使節需要遵守的行爲規範、接送和接見使節的具體禮儀等角度入手，詳細論述了交聘過程中涉及的禮儀問題，並認爲這可以維護其作爲宗主國的威嚴。② 馬氏此文是目前所見關於西夏賓禮最詳細的研究，收入其博士學位論文《金夏關係研究》。③ 此外，還有一些研究着眼於西夏和宋之間的關係。顧吉辰《宋—西夏交聘考》一文考察了不同情況下雙方使節的稱呼差異，如告哀使、告登位使等。作者還分析了大使和副使的選擇標準及其官位、兩國君后的互相稱謂、國書格式、禮物的樣式以及儀注等，涉及面較廣但不夠詳細和具體。④ 劉喆的《試論北宋、西夏和交趾的聯動關係》論述了三國之間的交往發展史，將其分爲三個階段，並指出了北宋在其中的核心地位。⑤ 楊浣從交聘禮儀入手分析西夏的政治地位，認爲西夏對宋奉行"蕃臣之禮"，對遼、金哀宗之前的金奉行親密的"甥舅之禮"，對哀宗之後的金奉行對等的"敵國之禮"。⑥

3. 金代

對於金代的賓禮研究，也存在類似問題。李無未《中國歷代賓禮》從朝覲、巡狩、遣使、盟會、聘問、邦交、交際等方面對歷代賓禮進行探究，部分主題涉及金代賓禮，但都比較簡略。⑦ 陳戍國《中國禮制史・宋遼金夏卷》闡述了金人的外交方針、政策與相關禮儀，對相關史料逐條分析，論述相對零散。⑧ 王静《中國古代中央客館制度研究》討論了金代中央客館的設置、館内居住人員及其接待管理、設置意義，兼及金代賓禮。王静指出，金代未設鴻臚寺，迎

---

① 劉建麗:《略論西夏與金朝的關係》,《寧夏社會科學》2005 年第 3 期。

② 馬旭俊:《金夏交聘禮儀考述》，杜建録主編:《西夏學》第十六輯，甘肅文化出版社 2018 年版，第 38~49 頁。

③ 馬旭俊:《金夏關係研究》，吉林大學博士學位論文，2017 年。

④ 顧吉辰:《宋—西夏交聘考》,《固原師專學報》(社會科學版)1986 年第 3 期。

⑤ 劉喆:《試論北宋、西夏和交趾的聯動關係》，杜建録主編:《西夏學》第十六輯，甘肅文化出版社 2018 年版，第 61~70 頁。

⑥ 楊浣:《從交聘儀注之争看西夏的政治地位》，杜建録主編:《西夏學》第六輯《首届西夏學國際論壇專號(下)》，上海古籍出版社 2010 年版，第 123~130 頁。

⑦ 李無未:《中國歷代賓禮》，北京圖書館出版社 1998 年版。

⑧ 陳戍國:《中國禮制史・宋遼金夏卷》，湖南教育出版社 2001 年版，第 470~480 頁。

賓、宴使等禮儀事務歸宣徽院掌管。① 金代中央客館在接待他國使節時有嚴格的禮儀制度規定，對來訪使節進行制度化管理。王静的專著雖然未將金代賓禮作爲主要研究對象，但對金代賓禮的描述已較爲細緻。

論文方面，學界對金與其他國家的外交禮儀鬥争有所關注。趙永春針對金宋之間的交聘禮儀鬥争發表了一系列論文。《關於宋金交聘“國書”的鬥争》認爲金、宋在不斷往來的過程中逐步形成一套嚴密的交聘禮制。② 由於交聘禮儀往往能顯示雙方的相對地位，金、宋常常圍繞交聘禮儀展開鬥争。趙永春以交聘國書爲例，將兩國鬥争歸納爲三個階段：金、宋平等階段、宋向金稱臣階段、金宋相約爲叔侄之國階段。趙永春指出，金宋兩國在交聘國書上的鬥争不僅僅是禮儀上的鬥争，其本質是兩國的政治鬥争。《宋金關於“受書禮”的鬥争》與前文觀點基本一致。③ 范家全、吳曉萍《兩宋與遼金外交之比較——以盟約和國書爲中心》通過考察宋與遼、金簽訂盟約的過程及互相的禮儀往來，提出三國在交接禮儀上的差别實際上顯示了三國之間的實質性地位。④ 上述論文的關注重點在金國與其他國家的鬥争與關係上，對於金本身外交禮制的討論不夠深入。李輝在其博士學位論文《宋金交聘制度研究(1127—1234)》中指出金朝的聘使制度基本承襲宋、遼舊制。⑤ 金使出使他國常常進行借官，假稱官職有時高於實際職位，有時低於實際職位。文官間或借武散官之名出使他國。金代出使的借官現象可謂一新發現，但李輝僅僅對這一現象進行描述，並未探求其原因、影響等。可見，多數金代賓禮研究偏重於金對宋的外交禮儀研究，金朝與其他國家交往的外交禮儀研究比較淺薄。此外，目前的金代賓禮研究還停留在現象描述階段，大多研究僅僅是對儀式過程進行梳理，缺乏本質而深入的討論。

四、軍禮

關注遼代軍事的著作對軍禮未給予重視。如王曾瑜《遼金軍制》一書對於

---

① 王静：《中國古代中央客館制度研究》，黑龍江教育出版社 2002 年版。

② 趙永春：《關於宋金交聘“國書”的鬥争》，《北方文物》1992 年第 2 期。

③ 趙永春：《宋金關於“受書禮”的鬥争》，《民族研究》1993 年第 6 期。

④ 范家全、吳曉萍：《兩宋與遼金外交之比較——以盟約和國書爲中心》，《安徽師範大學學報》(人文社會科學版)2008 年第 3 期。

⑤ 李輝：《宋金交聘制度研究(1127—1234)》，復旦大學博士學位論文，2005 年。

遼代軍禮，僅僅提及了其中的占卜、祭祀以及“射鬼箭”之俗，所論十分簡略。① 近年來，武玉環、吕宏偉《遼代軍禮考述》一文比較全面地考察了遼代軍禮的内容。文章對遼代軍禮中的出軍儀式和回師儀式，包括出軍儀、出師告祭禮、射鬼箭、臘儀、車架還京儀、執手禮以及獻捷禮等内容進行了簡明的介紹，認爲遼代軍禮是契丹民族文化與中原傳統文化相結合的産物。② 魏傑、趙智廣《遼代降禮研究》介紹了軍事中投降方的禮儀，並對遼宋降禮的變遷進行了回顧。③ 軍禮研究中，“射鬼箭”儀式受到了較多關注。所謂“射鬼箭”，指的是遼代舉行戰争時將死囚用亂箭射死以祓除不詳的一種儀式，以上著作對於“射鬼箭”均有論及。論文中，黄清連《遼史“射鬼箭”初探——從宗教和法律觀點所作的分析》較早對其進行了研究，④ 近年來又有新成果問世，崔静敏《“射鬼箭”考》對其源流及性質作了進一步的討論，⑤ 楊波《多元民族文化影響下的楊家將故事考察——以契丹射鬼箭儀式與雜劇〈昊天塔〉爲中心》認爲雜劇中楊業死後骨殖被吊在昊天塔尖遭受箭射的“百箭會”情節是對射鬼箭儀式的改造，體現了少數民族文化對漢族文學藝術的影響。⑥ 該文以文學作品討論射鬼箭之禮，較有新意。

截至目前，尚未見到從禮制角度探究西夏和金代軍制的專門性論著。王曾瑜《金朝軍制》論述較爲全面，對樞密院、都元帥府等金代中央軍事機構、金代軍事制度、金代軍區沿革、金代武裝力量體制、金軍編制、金軍軍事裝備等問題均有涉及，或可作爲參考。⑦

五、嘉禮

基於契丹族的民族特色，遼代的嘉禮研究主要集中於對再生儀的討論。再生儀又叫“覆誕禮”，是契丹貴族舉行的一種與生辰有關的禮儀。學界對於再

---

① 王曾瑜：《遼金軍制》，河北大學出版社 2011 年版，第 107～109 頁。

② 武玉環、吕宏偉：《遼代軍禮考述》，《黑龍江民族叢刊》2012 年第 5 期。

③ 魏傑、趙智廣：《遼代降禮研究》，《語文學刊》2012 年第 9 期。

④ 黄清連：《遼史“射鬼箭”初探——從宗教和法律觀點所作的分析》，臺灣《史原》1973 年第 4 期。

⑤ 崔静敏：《“射鬼箭”考》，《赤峰學院學報》(漢文哲學社會科學版) 2019 年第 11 期。

⑥ 楊波：《多元民族文化影響下的楊家將故事考察——以契丹射鬼箭儀式與雜劇〈昊天塔〉爲中心》，《戲曲研究》2018 年第 4 期。

⑦ 王曾瑜：《金朝軍制》，河北大學出版社 2004 年版。

生儀的争論在於其起源和意義，其中歧論尤多。劉銘恕《遼代帝后之再生儀》一文認爲，再生儀的思想和形式與埃及國王死而復活的塞德宴享節近似。① 林瑞翰《契丹民族的再生禮》探討了再生禮的原始意義，認爲是“殺耄君”之俗的演變，② 這一結論也受到王民信的認同③。劉黎明《遼代帝王再生儀的常例與變例》則認爲再生儀既是殺耄君的演變，同時又融入了本命信仰觀念。④ 意義方面，武玉環《契丹族的〈再生儀〉芻議》重點考證了再生儀的舉行時間和舉行者，認爲含有慶賀新主即位和尊重女性的雙重含義。⑤ 朱子方《遼代覆誕禮管窺》認爲遼代再生儀與十二生肖有關，並指出再生禮的意義有六項：慶祝勝利、居喪延期、鎮壓農民起義、祈求戰争勝利、祭神賜福、優禮功勛重臣。⑥ 李月新《遼代再生禮小考》認爲再生儀是在汗國權力更替時出現的禮儀制度，目的是確立權力轉移的合法性，在發展過程中又吸取了漢式禮儀制度，成爲一種帶有祈福、慶祝色彩的慶典活動。⑦ 此外，亦有從其他角度對再生儀進行詮釋的學者。葛華廷《契丹“再生儀”探微》對再生儀中倒植三岐木之俗進行了探索。⑧ 艾蔭範《反屠王：對遼代再生儀的重新解讀》則從人類學的理論出發，認爲遼王朝的再生儀乃是《金枝》中所論的一種反屠王儀式。⑨

目前可見的關於西夏嘉禮的研究較少，金代嘉禮的研究則主要集中在婚制婚俗研究方面。張宏對金代後宫制度進行了初步探究，認爲金代後宫制度動態發展，是金代中央政治制度漢化的必然結果，亦是女真人學習中原禮樂文明的

---

① 劉銘恕：《遼代帝后之再生儀》，《中國文化研究彙刊》第 6 卷，1946 年，第 43~56 頁。

② 林瑞翰：《契丹民族的再生禮》，《宋遼金史研究論集》，臺灣大陸雜誌社 1967 年版，第 104~107 頁。

③ 王民信：《契丹的柴册儀與再生儀》，氏著《契丹史論叢》，臺灣學海出版社 1974 年版，第 88~117 頁。

④ 劉黎明：《遼代帝王再生儀的常例與變例》，《四川大學學報》(哲學社會科學版) 2006 年第 5 期。

⑤ 武玉環：《契丹族的〈再生儀〉芻議》，《史學集刊》1983 年第 2 期。

⑥ 朱子方：《遼代覆誕禮管窺》，陳述主編：《遼金史論集》第 1 輯，上海古籍出版社 1987 年版，第 111~128 頁。

⑦ 李月新：《遼代再生禮小考》，《北方文物》2014 年第 1 期。

⑧ 葛華廷：《契丹“再生儀”探微》，《昭烏達蒙族師專學報》(漢文哲學社會科學版) 1998 年第 3 期。

⑨ 艾蔭範：《反屠王：對遼代再生儀的重新解讀》，《重慶三峽學院學報》2005 年第 4 期。

客觀需要。① 夏宇旭、趙瑋彬《遼金契丹女真婚制婚俗之比較》指出受原始婚俗影響和出於鞏固統治的需要，金代皇帝選后時遵循嚴格的世婚制度，作者注意到，金代中後期出現大規模的族際通婚，對世婚制度造成衝擊。② 李玉君《金代皇族婚姻述論》通過梳理金代君主、公主和普通皇族的婚姻情況，提出金代皇族婚姻有强烈的政治色彩。③ 上述成果均是出於制度角度的考察，對金代婚姻禮儀少有涉及。張宏《金代後宫制度研究》專列一章分析金代後宫的禮儀制度，對后妃禮儀、輿服及鹵簿禮儀、喪葬禮儀等進行了詳密考察，認爲金代後宫禮儀具有融合多民族禮儀的特點。④ 周峰《金代的聖節》對金代八位君主的聖節慶祝儀式進行探究，涉及進酒、祝壽、饋贈、宴饗等禮節，有一定新穎性。⑤ 學界對金代嘉禮的研究以皇室婚制研究爲重心，對朝賀、册命、封賞等其他禮儀的關注不夠。除此之外，學者多着眼於制度方面的問題，對具體禮儀儀式缺乏考察。

綜上可見，遼、西夏、金的五禮研究中，以吉禮、凶禮研究最多。⑥ 並且，除隨文總結的問題之外，金代禮制研究還存在一些不足之處。第一，整體性研究有限。幾部有關金代禮制、禮儀的專著成書時間較早，討論相對不夠深入，一些觀點也有商榷餘地。最新研究成果則比較零散，亟需整理。第二，學界的主要考察對象爲皇家禮制，對地方禮制、禮儀問題的討論相對欠缺。第三，缺乏對禮制問題内部差異性的討論。金是一個多民族國家，但目前研究集中於探究女真禮制情況，對當時金代統治範圍内漢族、契丹族、渤海族、奚族等其他民族的禮制、禮儀狀況考察不夠。另外，學界關於金代禮制的地域和階級差異性研究也十分有限。第四，學界對考古成果的重視不夠，研究中考古材料與傳世文獻對證不足。第五，目前研究多將關注重心放在金代禮制的内容、影響上，對於禮儀制度在現實社會中的實踐問題幾乎没

---

① 張宏：《金代後宫制度初探》，《社會科學戰線》2012 年第 7 期。

② 夏宇旭、趙瑋彬：《遼金契丹女真婚制婚俗之比較》，《吉林師範大學學報》（人文社會科學版）2007 年第 3 期。

③ 李玉君：《金代皇族婚姻述論》，《東北史地》2009 年第 6 期。

④ 張宏：《金代後宫制度研究》，吉林大學博士學位論文，2010 年。

⑤ 周峰：《金代的聖節》，《北方文物》2002 年第 4 期。

⑥ 此外，還有一些禮制問題因不屬五禮研究之内，故没有專門介紹。如李月新考述入閤禮以及諸門的文章。見李月新：《遼朝“入閤禮”考論》，《史學集刊》2016 年第 1 期；《〈遼樂志〉載諸“門”探析》，《赤峰學院學報》（漢文哲學社會科學版）2019 年第 7 期。

有論述。

第二節　禮經研究

相對宋、元兩代，遼、西夏、金有關禮經的研究專著較少，後世學者的相關研究也相對有限。王鍔《三禮研究論著提要》提及金人楊雲翼撰有《周禮辨》一篇，並簡要介紹作者生平及篇目存佚情況。此外，王書對金代禮經刻本情況亦有關注，對《周禮鄭氏注》金刻本的卷數、版式、行款、字體、存佚情況等問題進行了考證。王承略、劉心明主編《二十五史藝文經籍志考補萃編》第二十一卷、二十二卷收録龔顯曾《金藝文志補録》、鄭文焯《金史補藝文志》、孫德謙《金史藝文略》、黄虞稷等《補遼金元藝文志》、金門詔《補三史藝文志》、吳騫《四朝經籍志補》等文獻，對此四朝的禮學目録予以標點、校勘，爲學界進一步瞭解金代典籍卷帙情況提供了較好的文獻依據。① 楊成凱在《金刻本的鑒賞與收藏——古書版本知識》中以《周禮鄭氏注》從宋刻本改判爲金刻本爲例，提醒學界注意金刻本與宋本的密切關係。② 葉純芳、喬秀岩在前人基礎上對該刻本進行了較爲深入的研究，推斷《周禮注》金刻本與婺州本基於同一底本，即宋代監本。③ 霽虹、史野則着眼於金代思想家李純甫，總結和分析其儒學思想，認爲李純甫在《鳴道集説》中雖涉及禮的概念，但論述不甚系統。④ 仝廣秀《金儒李純甫四書學析論——以〈鳴道集説〉爲中心》指出李純甫吸收繼承宋儒思想，對朱熹的四書學有充分瞭解，認爲其四書學一方面體現了金源儒學的獨特性，另一方面促進了宋金儒學思想的整合與發展。⑤

總而言之，囿於史料不足，遼、西夏、金代禮經研究較爲薄弱，且多局限於文本整合、版本研究等範疇，需要學界進一步關注。

---

① 王承略、劉心明主編：《二十五史藝文經籍志考補萃編》（第 21 卷），清華大學出版社 2013 年版；《二十五史藝文經籍志考補萃編》（第 22 卷），清華大學出版社 2014 年版。

② 楊成凱：《金刻本的鑒賞與收藏——古書版本知識》，《紫禁城》2009 年第 2 期。

③ 葉純芳、喬秀岩：《金刻本〈周禮〉商榷——兼論婺州本〈周禮〉》，《版本目録學研究》第 5 輯，北京大學出版社 2014 年版，第 511~529 頁。

④ 霽虹、史野：《李純甫儒學思想初探》，《社會科學戰線》2006 年第 2 期。

⑤ 仝廣秀：《金儒李純甫四書學析論——以〈鳴道集説〉爲中心》，《傳統中國研究集刊》第 22 輯，上海社會科學院出版社 2020 年版，第 76~88 頁。

第三節　禮俗研究

遼代禮俗研究中，對其進行整體概述的論著不在少數。禮俗活動本就是社會史研究者關注的話題之一，社會史專著均在部分章節中探討了遼朝服飾飲食、婚喪嫁娶、祭祀生育、節日遊藝等禮俗問題，然多比較簡略。① 相較而言，風俗史、文化史著作對遼代禮俗的整理分類更爲詳細全面，其闡述也往往更爲細緻深刻。② 條列介紹契丹禮俗的文章也較多，如黄震雲《遼代禮俗》介紹了婦女塗佛妝、重九登高、四月八廟會、喪葬、厭勝和厭魅等二十項風俗，反映出了遼代宮廷和民間的民俗情況。③ 整體性介紹契丹風俗的文章還有不少，例如，宋德金《契丹漢化禮俗述略》、④ 陳永志《契丹風俗述要》、⑤ 張國慶《遼代契丹習俗文化源流考》、⑥ 任崇嶽《契丹社會風俗瑣談》、⑦ 任愛君《契丹社會風俗觀念釋例》、⑧ 張志勇《遼朝建立前契丹族文化與習俗考》、⑨ 王偉

---

① 這類著作有：朱瑞熙：《遼宋西夏金社會生活史》，中國社會科學出版社 1998 年版；張國慶：《遼代社會史研究》，中國社會科學出版社 2006 年版；武玉環：《遼金社會與文化研究》，中國社會科學出版社 2014 年版。

② 這類著作還有不少。柯大課：《中國宋遼金夏習俗史》，人民出版社 1994 年版。馮繼欽等：《契丹族文化史》，黑龍江人民出版社 1994 年版。田廣林：《契丹禮俗考論》，哈爾濱出版社 1995 年版。張國慶、樸中國：《遼代契丹習俗史》，遼寧民族出版社 1997 年版。陳高華、徐吉軍主編，宋德金、史金波著：《中國風俗通史·遼金西夏卷》，上海文藝出版社 2001 年版。鍾敬文主編，游彪、尚衍斌、吳曉亮等著：《中國民俗史·宋遼金元卷》，人民出版社 2008 年版。漆俠主編：《遼宋西夏金代通史·宗教風俗卷》，人民出版社 2010 年版。宋德金：《全彩插圖本中國風俗通史叢書·遼金風俗》，上海文藝出版社 2017 年版。

③ 黄震雲：《遼代禮俗》，《内蒙古社會科學》(文史哲版)1995 年第 2 期。

④ 宋德金：《契丹漢化禮俗述略》，陳述主編：《遼金史論集》第 1 輯，上海古籍出版社 1987 年版，第 129~137 頁。

⑤ 陳永志：《契丹風俗述要》，《昭烏達蒙族師專學報》(漢文哲學社會科學版)1992 年第 3 期。

⑥ 張國慶：《遼代契丹習俗文化源流考》，《學術交流》1994 年第 5 期。

⑦ 任崇嶽：《契丹社會風俗瑣談》，《尋根》2006 年第 3 期。

⑧ 任愛君：《契丹社會風俗觀念釋例》，《遼寧師範大學學報》(社會科學版)2008 年第 5 期。

⑨ 張志勇：《遼朝建立前契丹族文化與習俗考》，《遼寧工程技術大學學報》(社會科學版)2009 年第 4 期。

《契丹族的民俗風情》①等文。

對遼代各式風俗加以專題分類論述的文章很多，有些通過引入新視角、新理論取得了較好的成果。例如，閆薇《從宋人邊疆行記看遼人的生活習俗》通過宋人的邊疆行記對契丹禮俗的描述，指出遼國漢人的習俗出現了契丹化的跡象，而契丹人和奚人則出現了明顯的漢化跡象，形成了“夷夏同風”的獨特景觀。② 周峰《宋使所見契丹人的生活——以行程録和使遼詩爲中心》一文，利用宋使出使遼國的行程記録及詩歌，對遼代的服飾、飲食、居所、車馬等風俗一一進行了討論。③ 楊選娣、趙敏《試論契丹族婦女的社會地位——從其生活習俗談起》從女性主義視角出發，通過分析婦女有關的佛妝習俗、尊母的再生儀禮俗、離婚和再嫁風俗，以及婦女在政治軍事文化中發揮的作用，認爲契丹族婦女的社會地位明顯高於同時代宋朝漢族婦女。④ 張國慶《生態環境對遼代契丹習俗文化的影響》認爲，遼代東北地區獨特的自然地理條件，對契丹人的生活與習俗文化産生了重大影響。⑤ 但是，多數文章僅重在展示遼代各種禮俗的樣貌，對其内涵缺乏深入的考論。

至於金代，學界有關女真族習俗的研究成果相對比較豐富，跟禮儀行爲有關的風俗研究則相對有限。目前所見比較有代表性的是王可賓的《女真國俗》。⑥該書全面介紹女真族嫁娶習俗、喪葬習俗、生禮習俗、命名習俗、繼承習俗、生活習俗、節慶習俗、拜見習俗等禮俗現象，爲學界探究金代禮俗打下了堅實基礎。此外，朱瑞熙和張邦煒的《遼宋西夏金社會生活史》、⑦ 宋德金的《金代女真族俗述論》《金代的社會生活》、⑧ 宋德金和史金波的《中國風俗通

---

① 王偉：《契丹族的民俗風情》，《遼金歷史與考古》第 2 輯，遼寧教育出版社 2010 年版，第 202~206 頁。

② 閆薇：《從宋人邊疆行記看遼人的生活習俗》，《理論學刊》2007 年第 4 期。

③ 周峰：《宋使所見契丹人的生活——以行程録和使遼詩爲中心》，劉正寅等主編：《族際認知——文獻中的他者》，社會科學文獻出版社 2009 年版，第 143~152 頁。

④ 楊選娣、趙敏：《試論契丹族婦女的社會地位——從其生活習俗談起》，《内蒙古師範大學學報》2002 年第 4 期增刊。

⑤ 張國慶：《生態環境對遼代契丹習俗文化的影響》，《文史哲》2003 年第 5 期。

⑥ 王可賓：《女真國俗》，吉林大學出版社 1988 年版。

⑦ 朱瑞熙、張邦煒：《遼宋西夏金社會生活史》，中國社會科學出版社 1998 年版。

⑧ 宋德金：《金代女真族俗述論》，《歷史研究》1982 年第 3 期。宋德金：《金代的社會生活》，陝西人民出版社 1988 年版。

史・遼金西夏卷》①等論著從宏觀角度考察了金代的社會生活習俗，涉及金代禮俗。具體研究方面，下面將兩代禮俗分爲喪葬婚俗、衣冠髮飾、飲食節慶以及射柳活動四部分，依次分述。對於已有的專門性通史，如《中國喪葬史》《中國服飾史》等書中提及的内容，不再單獨陳述。

一、喪葬婚俗

婚喪自古便爲禮俗所重，遼代禮俗以喪俗研究最盛，婚俗則因文獻材料不足而相對較少。

1. 喪葬

喪俗是禮俗研究中的大宗，相關成果最爲豐富。許多論著都綜合不同類别的文獻，對遼代契丹人的喪俗進行了總體性介紹。如張國慶《遼代契丹喪葬文化考述》結合傳世文獻與出土的墓葬、隨葬品、古屍、壁畫等材料，分析了遼人葬式類别和墓室結構的發展演變，對於契丹人處理屍體、穿戴面具網衣等喪俗也進行了論述。② 這類文章多注重闡述契丹人與漢族相異的獨特喪俗，並傾向於揭示漢族喪俗對契丹喪俗的影響。③ 也有學者關注到了契丹喪俗對東北地區漢族人的影響，④ 此類成果目前尚屬少數，很多論述也不夠深刻。

---

① 陳高華、徐吉軍主編，宋德金、史金波著：《中國風俗通史・遼金西夏卷》，上海文藝出版社 2001 年版。

② 張國慶：《遼代契丹喪葬文化考述》，《中央民族大學學報》(哲學社會科學版) 1994 年第 5 期。

③ 張邦煒：《遼、宋、西夏、金時期少數民族的喪葬習俗》，《四川大學學報》(哲學社會科學版) 1997 年第 4 期。彭善國：《遼代契丹貴族喪葬習俗的考古學觀察》，《邊疆考古研究》第 2 輯，科學出版社 2003 年版，第 298～308 頁。陳金梅：《淺談遼代喪葬習俗》，馬寶傑主編：《遼寧省博物館館刊》第 2 輯，遼海出版社 2007 年版，第 241～248 頁。張帆：《試談遼代墓葬的研究和對契丹文化的再認識》，《内蒙古文物考古》2009 年第 1 期。張國慶：《石刻資料中的遼代喪葬習俗分析》，《民俗研究》2009 年第 1 期。鄭承燕：《遼代喪葬禮俗舉要——以遼代石刻資料爲中心》，《内蒙古大學學報》(哲學社會科學版) 2010 年第 1 期。張國慶、王金榮：《遼代遼瀋地區的繪雕藝術、喪葬習俗及其特色——以考古資料爲中心》，《東北史地》2013 年第 1 期。張國慶：《遼代人喪葬觀念芻論——以石刻文字資料爲中心》，《遼金歷史與考古》第 5 輯，遼寧教育出版社 2014 年版，第 184～189 頁。李亭霖、吕昕娱：《遼朝契丹族喪葬習俗研究》，《赤峰學院學報》(漢文哲學社會科學版) 2015 年第 10 期。張懿燚：《遼朝契丹族喪葬習俗探析》，《才智》2016 年第 26 期等。

④ 楊清華：《遼金時期東北漢人的喪葬習俗》，《鞍山社會科學》2002 年第 2 期。

關於西夏的喪俗，周佩鵬的碩士學位論文《甘寧地區西夏貴族、平民葬俗研究》分析了西夏貴族和平民墓葬各自的特點，認爲貴族墓葬以階梯式單室土洞墓爲主，喪葬方式主要爲土葬，平民墓葬以單室磚室及土坑墓爲主，喪葬方式主要爲火葬。作者在文章的第三章還從早期葬俗、社會經濟因素、文化因素等角度分析了上述葬俗的形成原因。① 孫昌盛《略論西夏的墓葬形制和喪葬習俗》一文亦從類似角度入手，認爲磚室墓多是漢人墓，土洞墓室則是黨項人的墓葬。葬俗方面，西夏火葬與土葬並存，火葬的流行和佛教的影響、黨項人的原始葬俗和動亂的社會現實等因素有關。總的來説，西夏的墓葬形制和葬俗是其本民族傳統和唐宋文化相互融合後的結果。② 蔡曉櫻、程愛民等學者則以考古發現的西夏墓葬爲基礎，進一步分析西夏的喪葬方式，包括火葬、土葬、天葬、水葬、塔葬等，由此强調西夏葬俗中的多元文化融合。③ 部分學者則從諸多葬俗中擇選其一進行專門研究。任懷晟、楊浣《西夏天葬初探——以俄藏黑水城唐卡 X-2368 爲中心》一文以俄藏黑水城出土的唐卡 X-2368 爲依據，説明西夏確實存在天葬的喪俗。④ 倪潤安的《西夏墓葬的用木葬俗及其淵源》利用考古發現分析西夏的用木觀念，認爲這一葬俗部分來自宋遼文化，部分則遵循了西夏自己的傳統。⑤ 另外還有一些學者關注西夏的喪俗問題，但大多不出上述研究的範疇，不再贅述。⑥

至於金代，徐吉軍《中國喪葬史》認爲金代的喪葬方式主要分爲火葬、土葬和土火結合葬三種，剺面、燒飯、殉葬等習俗在金代也十分流行。張英《金

① 周佩鵬：《甘寧地區西夏貴族、平民葬俗研究》，西北師範大學碩士學位論文，2020 年。

② 孫昌盛：《略論西夏的墓葬形制和喪葬習俗》，《東南文化》2004 年第 5 期。

③ 蔡曉櫻：《從武威的西夏墓看西夏葬俗》，杜建録主編：《西夏學》第七輯《第二屆西夏學國際論壇專號(上)》，上海古籍出版社 2011 年版，第 252～257 頁；程愛民：《從武威的西夏墓來分析西夏葬俗》，《中國民族博覽》2019 年第 2 期。

④ 任懷晟、楊浣：《西夏天葬初探——以俄藏黑水城唐卡 X-2368 爲中心》，杜建録主編：《西夏學》第十一輯，上海古籍出版社 2015 年版，第 130～137 頁。

⑤ 倪潤安：《西夏墓葬的用木葬俗及其淵源》，《邊疆考古研究》第 11 輯，科學出版社 2012 年版，第 267～290 頁。

⑥ 如崔紅芬：《多元文化對西夏喪葬習俗的影響——以河西地區爲中心》，《西南民族大學學報》(人文社科版)2007 年第 6 期。王偉、馬克華：《從武威西郊林場西夏墓談西夏的主體葬俗——火葬》，《蘭州學刊》2000 年第 4 期。韓小忙：《〈天聖律令〉與西夏喪葬習俗》，《青海民族學院學報》(社會科學版)1998 年第 2 期。楊建新：《論西夏文化》，《西北史地》1999 年第 2 期。

代喪俗考》搜集了大量與金代喪俗相關的文獻、考古資料，考察歸葬、祔葬、合葬等喪俗，梳理喪禮程式，探究墳墓、葬具、隨葬品情況，對金代喪俗作出了較爲全面的總結。① 但張英此文多在羅列史料，論述方面稍顯不足。張邦煒注意到女真葬俗的流變問題，認爲女真入主中原後，喪葬經歷了從土葬到火葬、燒紙代替殉葬、葬具和封樹從無到有的變化。② 王新英立足於金代石刻資料，探究卜葬、停柩、鐫立石刻、族葬等葬俗，豐富了學界對金代喪葬禮俗的認識。③ 值得一提的是，王新英注意到金代喪葬禮俗的内部差異問題，有意識地考察了僧人和官員的葬俗，並將其與普通民眾進行對比。王姝《金代婦女喪葬禮俗考論——以夫婦合葬禮俗爲研究中心》探究了金代婦女的葬俗，認爲皇室婦女、貴族婦女、平民婦女在死後均要與丈夫合葬，但側室一般不能合葬。此外，王姝還關注合葬主持者的身份，指出一般由亡者子孫主持。④

除上述研究外，部分文章重在對喪俗的某些側面予以揭示，其中遼代火葬之俗的形成與佛教對喪俗的影響引起了不少學者的關注，這也是契丹葬俗研究的焦點之一。關於火葬的研究，可參考馬强才、姚永輝《近六十年宋遼西夏金火葬研究綜述與反思》。⑤

較早提出契丹人實行火葬受佛教影響的觀點，是馮家昇《契丹祀天之俗與其宗教神話風俗之關係》。⑥ 對之持反對意見的，以景愛《遼金時代的火葬墓》爲代表。景文分析了遼代的火葬墓，認爲遼金火葬墓首先是在契丹人、女真人中出現，而後才逐漸影響到漢人。契丹人實行火葬與認爲火葬能保佑家族狩獵成功的原始信仰有關。⑦ 楊晶《遼代火葬墓》和《遼代漢人墓葬概述》兩文，也

---

① 張英：《金代喪俗考》，張暢耕主編：《遼金史論集》第 6 輯，社會科學文獻出版社 2001 年版，第 259～291 頁。

② 張邦煒：《遼、宋、西夏、金時期少數民族的喪葬習俗》，《四川大學學報》(哲學社會科學版) 1997 年第 4 期。

③ 王新英：《金代喪葬禮俗舉要——以金代石刻資料爲中心》，景愛主編：《地域性遼金史研究》第 1 輯，中國社會科學出版社 2014 年版，第 210～229 頁。

④ 王姝：《金代婦女喪葬禮俗考論——以夫婦合葬禮俗爲研究中心》，《社會科學戰線》2016 年第 10 期。

⑤ 馬强才、姚永輝：《近六十年宋遼西夏金火葬研究綜述與反思》，《黑龍江史志》2013 年第 3 期。

⑥ 馮家昇：《契丹祀天之俗與其宗教神話風俗之關係》，《史學年報》第 1 卷第 4 期，1932 年。

⑦ 景愛：《遼金時代的火葬墓》，《東北歷史與考古》第 1 輯，文物出版社 1982 年版，第 104～115 頁。

認爲遼代火葬的流行與佛教的關係不大，而是原始葬俗的遺留。① 也有學者兼採兩説，認爲遼人行火葬既是原始葬俗的遺留，也受到佛教傳播影響，如宋德金《遼金文化比較研究》。② 關於佛教對契丹喪俗的影響，有學者通過出土墓葬的形制、隨葬品與壁畫等加以證明，如霍傑娜《遼墓中所見佛教因素》。③ 更多的學者則是從遼墓中出土的真容偶像論證佛教對遼代喪俗的影響，如顔誠《遼代真容偶像葬俗芻議》、④ 張帆《試談宣化遼墓中所見的真容偶像》、⑤ 高晶晶《試論遼代真容偶像葬俗》、⑥ 于博《從真容偶像看佛教對遼代喪葬習俗的影響》⑦等。

也有學者關注某些獨特的喪俗現象。如張國慶、于航《遼代喪葬禮俗：生者爲亡者鐫志刻幢——以遼代石刻爲史料》，關注了遼代的喪俗中生者爲亡者鐫志刻幢的現象，運用石刻材料對志、幢的形制種類、格式名稱以及撰文者身份、寫作風格等内容進行了考察，可補文獻之不足。⑧ 葛華廷《羊與遼代契丹人的葬俗》解讀了契丹人喪禮中羊的作用，認爲契丹罪人“縞素自縛，牽羊望拜”之俗，是送死者魂靈去往遼代契丹人靈魂所歸之所——黑山的靈物。其另文《契丹“焚骨咒”含義淺探》認爲，契丹喪俗中焚骨時禱祝是祈求死去的父母靈魂保佑狩獵者多得猪鹿，而更深層的含義則是反映了契丹先民在生存困難的情況下，以亡故父母的屍體作爲狩獵誘餌的歷史現象。⑨

黄登民、李雲凱、徐鳳媛則系統探究了金代火葬流行的原因，指出除佛教影響外金人頻繁的遷徙、遼代火葬葬俗、非正常死亡等客觀因素都造成了金代

---

① 楊晶：《遼代火葬墓》，陳述主編：《遼金史論集》第 3 輯，書目文獻出版社 1987 年版，第 213~219 頁。楊晶：《遼代漢人墓葬概述》，《文物春秋》1995 年第 2 期。

② 宋德金：《遼金文化比較研究》，《北方論叢》2001 年第 1 期。

③ 霍傑娜：《遼墓中所見佛教因素》，《文物世界》2002 年第 3 期。

④ 顔誠：《遼代真容偶像葬俗芻議》，《文物春秋》2004 年第 3 期。

⑤ 張帆：《試談宣化遼墓中所見的真容偶像》，《中國歷史文物》2005 年第 1 期。

⑥ 高晶晶：《試論遼代真容偶像葬俗》，《文化遺産》2015 年第 2 期。

⑦ 于博：《從真容偶像看佛教對遼代喪葬習俗的影響》，《北方文物》2018 年第 2 期。也有少數學者注意到了道教對遼代喪俗的影響，見韓仁信：《圖木胡柱山遼墓九脊覆屍小帳及遼代葬俗舉隅》，《内蒙古文物考古》1996 年第 1 期。

⑧ 張國慶、于航：《遼代喪葬禮俗：生者爲亡者鐫志刻幢——以遼代石刻爲史料》，《東北史地》2009 年第 1 期。

⑨ 葛華廷：《羊與遼代契丹人的葬俗》，《北方文物》2003 年第 3 期。葛華廷：《契丹“焚骨咒”含義淺探》，《北方文物》2011 年第 3 期。

火葬的風行。① 部分學者基於考古發現，對局部地域的火葬情況進行探究。龐志國發現東北地區的金人會將火燒後的骨灰放入石函中，指出這一葬俗受到佛教影響。② 趙永軍和姜玉珂考察了黑龍江地區的金墓，認爲在此區域土葬、火葬及土火結合葬並存。③ 李偉敏提到北京地區的金代墓葬形制多樣，有磚室墓、磚石混築墓、石槨墓、土壙墓等。他還梳理了從遼至清北京火葬的變化：遼金元火葬流行，明代有所衰減，清初又開始復蘇。④

特别需要關注的是，在論述遼、金兩代喪俗的成果中，有兩大熱點問題：一是契丹族的"燒飯"之俗，二是死後穿戴銅絲網衣和金屬面具的風俗。

"燒飯"指的是焚燒祭祀時所用酒食的習俗，且在遼金元都有保留。較早注意到這一問題的是王國維。王國維《蒙古劄記·燒飯》指出遼金元以至清初都有燒飯之俗，該俗源於烏桓人死後焚燒死者坐騎衣物之習。⑤ 目前學界對燒飯儀式的意義，以及燒飯與其他儀式的關係上存在着很大的争議。其中焦點問題有兩個，一是燒飯是否與殉葬有關；二是燒飯與抛盞是否意義相同。

關於第一個問題，多數學者認爲燒飯與殉葬有關。王國維《蒙古劄記·燒飯》認爲燒飯既包括祭祀之禮也包括殉葬之俗。⑥ 賈敬顔《"燒飯"之俗小議》認爲燒飯之俗爲許多少數民族所共有，殉葬與燒飯是一回事。⑦ 蔡志純《元代"燒飯"之禮研究》亦認爲燒飯與殉葬性質相同。⑧ 曹彦生《北方遊牧民族"燒飯"和"剺面"習俗的傳承》認爲，早期北方遊牧民族的殉葬儀式是燒飯之俗的原始形態，提出燒飯之俗有三個發展階段：烏桓之前爲第一階段，主要儀式是牲殉、牲祭；烏桓至蒙古爲第二階段，儀式上主要焚燒牲骨、亡者衣物、酒

---

① 黄登民、李雲凱、徐鳳媛：《金代女真人火葬墓流行原因初探》，《黑龍江民族叢刊》1995 年第 1 期。

② 龐志國：《略論東北地區金代石函葬》，《黑龍江文物叢刊》1984 年第 4 期。

③ 趙永軍、姜玉珂：《黑龍江地區金墓述略》，《邊疆考古研究》第 6 輯，科學出版社 2007 年版，第 312~328 頁。

④ 李偉敏：《北京地區的火葬墓及相關問題研究》，《考古》2012 年第 5 期。

⑤ 王國維：《蒙古劄記·燒飯》，《觀堂集林》卷十六，中華書局 1959 年版，第 811~813 頁。

⑥ 王國維：《蒙古劄記·燒飯》，《觀堂集林》卷十六，中華書局 1959 年版，第 811~813 頁。

⑦ 賈敬顔：《"燒飯"之俗小議》，《中央民族學院學報》1982 年第 1 期。

⑧ 蔡志純：《元代"燒飯"之禮研究》，《史學月刊》1984 年第 1 期。

食；蒙古以後是第三階段，開始焚燒紙制車馬、器物。① 也有學者認爲燒飯和殉葬無關。陳述《談遼金元“燒飯”之俗》認爲燒飯是祭祀而非殉葬，區别在於祭祀可以多次舉行，而殉葬只在下葬時舉行一次。② 宋德金《“燒飯”瑣議》認爲燒飯與殉葬存在兩個明顯區别，一是殉葬只舉行一次，燒飯可舉行多次；二是兩者所燒的對象不同，燒飯僅焚燒酒食，殉葬焚燒之物還包括死者的鞍馬衣物等。③ 劉浦江《契丹人殉制研究——兼論遼金元“燒飯”之俗》認爲，燒飯與殉葬存在三點不同。在目的上，燒飯是祭祀之禮，殉葬是焚燒死者生前所用之物甚至坐騎或奴婢，是人殉制的特殊形態；在内容上，燒飯所燒者爲祭祀飲食之物，不必是死者生前所有之物，而殉葬焚燒之物皆爲死者生前所用；在時間上，殉葬所行焚燒之禮均在下葬前，燒飯所行焚燒之禮一般在下葬後，前者屬凶禮，後者屬吉禮。④

陳述《談遼金元“燒飯”之俗》認爲，抛盞和燒飯屬於一個事實的兩個名稱，意義均是祭祀。⑤ 其他學者則觀點不同。宋德金《“燒飯”瑣議》認爲抛盞和燒飯不能相混，二者分屬“祭山儀”和“爇節儀”，抛盞目的是祭天，燒飯目的是祭祖。⑥ 那木吉拉《“燒飯”、“抛盞”芻議》認爲燒飯與抛盞雖都爲祭祀活動，但形式不同。燒飯是以焚燒酒食、衣物等來祭祀，而抛盞則是舉行祭祀時將祭物抛灑在地上的一種儀式。⑦ 張軍《契丹覆面、毁器、焚物葬俗小議》從人類學死亡觀念的角度分析，認爲燒飯和抛盞是喪葬儀式中兩種内容不同、文化内涵不同的葬俗，燒飯屬於“焚物”，而抛盞屬於“毁器”。⑧

關於第二個問題，契丹人死後有穿銅絲網衣，帶金屬面具的習俗。學界關於此喪俗争議的焦點是這類隨葬物的産生原因。當前主要有四種看法：(1)契丹固有喪俗説。馬洪路《契丹葬俗中的銅絲網衣及其有關問題》一文，認爲銅絲網衣是遼代契丹人喪葬習俗中特有的覆屍儀物，是嫁到蕭氏家族的皇室女子

① 曹彦生：《北方遊牧民族“燒飯”和“㔘面”習俗的傳承》，《内蒙古大學學報》(哲學社會科學版)1995年第2期。

② 陳述：《談遼金元“燒飯”之俗》，《歷史研究》1980年第5期。

③ 宋德金：《“燒飯”瑣議》，《中國史研究》1983年第2期。

④ 劉浦江：《契丹人殉制研究——兼論遼金元“燒飯”之俗》，《文史》2012年第2輯。

⑤ 陳述：《談遼金元“燒飯”之俗》，《歷史研究》1980年第5期。

⑥ 宋德金：《“燒飯”瑣議》，《中國史研究》1983年第3期。

⑦ 那木吉拉：《“燒飯”、“抛盞”芻議》，《中央民族大學學報》(哲學社會科學版)1994年第6期。

⑧ 張軍：《契丹覆面、毁器、焚物葬俗小議》，《北方文物》2005年第4期。

覆屍所用。① 劉冰《試論遼代葬俗中的金屬面具及相關問題》，認爲該喪俗源於契丹人的樹葬傳統，後成爲一種身份地位的象徵。② 張力、張豔秋《遼代契丹族金屬面具與網絡試析》認爲，該喪俗是薩滿教和再生觀念相結合的産物。③ 張景明、張傑《遼代葬俗中金屬面具與網絡的考古學分析》認爲，該喪俗是契丹族貫穿於早、中、晚三期自成一體的一種特殊葬俗。④（2）佛教影響説。《契丹女屍》一書認爲該喪俗是契丹人信奉薩滿教，同時崇尚佛教的産物。⑤ 杜曉帆與杜承武也基本持這一説法。⑥（3）其他遊牧民族影響説。侯峰《遼代契丹族金屬面具、網絡等葬俗的分析》認爲契丹族金屬面具葬俗，是繼承了東胡族覆面習俗；金屬網絡則是承襲了東北亞遊牧民族的裹屍殮葬習俗。⑦ 蓋山林《契丹面具功能的新認識》認爲面具是北方遊牧民族面具文化的繼續，又是遼代社會流傳的巫儺文化在葬俗上的直接反映。⑧ 吕馨《遼墓出土金屬面具與網絡起源的再探討》則認爲中唐時西域胡人葬俗對此影響最大。⑨（4）漢族影響説。木易《遼墓出土的金屬面具、網絡及相關問題》認爲該喪俗與漢族人“玉衣”的影響有關。⑩ 張鬱、孫建華《從陳國公主墓出土的銀絲網絡金屬面具淺談契丹族葬俗》也持這一觀點。⑪ 陳永志《黄金面具、銅絲網絡與祖州石室》則認爲，金屬面具和銅絲網衣是契丹族固有的“死不墓”習俗與漢文化中的“停

---

① 馬洪路：《契丹葬俗中的銅絲網衣及其有關問題》，《考古》1983 年第 3 期。

② 劉冰：《試論遼代葬俗中的金屬面具及相關問題》，《内蒙古文物考古》1994 年第 1 期。

③ 張力、張豔秋：《遼代契丹族金屬面具與網絡試析》，《内蒙古文物考古》2005 年第 2 期。

④ 張景明、張傑：《遼代葬俗中金屬面具與網絡的考古學分析》，姜錫東主編：《宋史研究論叢》第 26 輯，科學出版社 2020 年版，第 512~521 頁。

⑤ 烏盟文物站、内蒙古文物工作隊編：《契丹女屍》，内蒙古人民出版社 1985 年版，第 89~109 頁。

⑥ 杜曉帆：《契丹族葬俗中的面具、網路與薩滿教的關係——兼與馬洪路同志商榷》，《民族研究》1986 年第 3 期。杜承武：《遼代墓葬出土的銅絲網絡與面具》，陳述主編：《遼金史論集》第 1 輯，上海古籍出版社 1987 年版，第 271~293 頁。

⑦ 侯峰：《遼代契丹族金屬面具、網絡等葬俗的分析》，李逸友、魏堅主編：《内蒙古文物考古文集》第 1 輯，中國大百科全書出版社 1994 年版，第 504~509 頁。

⑧ 蓋山林：《契丹面具功能的新認識》，《北方文物》1995 年第 1 期。

⑨ 吕馨：《遼墓出土金屬面具與網絡起源的再探討》，《南方文物》2012 年第 1 期。

⑩ 木易：《遼墓出土的金屬面具、網絡及相關問題》，《北方文物》1993 年第 1 期。

⑪ 張鬱、孫建華：《從陳國公主墓出土的銀絲網絡金屬面具淺談契丹族葬俗》，魏堅主編：《内蒙古文物考古文集》第 2 輯，中國大百科全書出版社 1997 年版，第 580~583 頁。

屍、守靈、重孝”習俗相結合的産物。①

2. 婚姻

遼代婚俗的研究中心是婚制問題，學界對於各項婚俗的探討只是作爲論述婚制的附庸。朱子方《從出土墓志看遼代社會》依《遼史》《契丹國志》歸納出了契丹人的8項婚制婚俗，並以墓志資料對其中的一些原則加以討論。② 不過，關於契丹族到底是何種婚制，史界約有四種觀點：蔡美彪《契丹的部落組織和國家的産生》一文認爲屬於部落外婚制；③ 向南、楊若薇《論契丹族的婚姻制度》認爲屬於氏族外婚制、部落内婚制；④ 孫進已《契丹的胞族外婚制》認爲屬於胞族外婚制；⑤ 席岫峰《關於契丹婚姻制度的商榷》則認爲屬於兩姓直接交换婚制⑥。需要重視的是，很多研究婚制的文章指出應將婚俗納入婚制的框架内進行解釋，如向南、楊若薇《論契丹族的婚姻制度》即認爲貴族通婚“不限尊卑”“姊亡妹續”“妻後母，報寡嫂”等婚俗，皆是群婚制的遺跡。這種觀點有助於對契丹婚俗的理解。

不重婚制談論婚俗者，有的論述了漢族對於契丹族婚俗的影響，如賈淑榮《10—14世紀北方遊牧民族婚姻習俗的變遷》通過契丹人接受貞潔觀念，王族與后族聯姻的國策被打破，允許與漢人通婚等事實，揭示了漢民族婚姻觀念對北方遊牧民族的影響。⑦ 李蕊怡《遼代契丹女性婚姻問題述論》也從契丹族女性地位的變化論證了漢族對遼代婚俗的影響。⑧ 有的論述了契丹喪俗對漢人的影響，如齊偉《遼代漢人墓志中體現的契丹婚俗特徵》從遼代漢人墓志中反映的甥舅婚、收繼婚、接續婚、婦女再嫁等婚俗出發，論述了遼朝統治下的漢人

---

① 陳永志：《黄金面具、銅絲網絡與祖州石室》，《中國歷史文物》2002年第3期。

② 朱子方：《從出土墓志看遼代社會》，《社會科學輯刊》1979年第2期。

③ 蔡美彪：《契丹的部落組織和國家的産生》，《歷史研究》1964年第5期。

④ 向南、楊若薇：《論契丹族的婚姻制度》，《歷史研究》1980年第5期。

⑤ 孫進已：《契丹的胞族外婚制》，《民族研究》1983年第1期。

⑥ 席岫峰：《關於契丹婚姻制度的商榷》，《歷史研究》1993年第2期。此外探討婚制問題的文章還有很多，如程妮娜：《契丹婚制婚俗探析》，《社會科學戰線》1992年第1期；孟古托力：《契丹族婚姻探討》，《北方文物》1994年第1期；黄莉：《遼代婚姻綜述》，《昭烏達蒙族師專學報》（漢文哲學社會科學版）2003年第3期；島田正郎、何天明：《遼代契丹人的婚姻》，《蒙古學信息》2004年第3期等。

⑦ 賈淑榮：《10—14世紀北方遊牧民族婚姻習俗的變遷》，《北方文物》2014年第1期。

⑧ 李蕊怡：《遼代契丹女性婚姻問題述論》，《山東農業大學學報》（社會科學版）2020年第2期。

受契丹族婚俗影響的現象。① 有的則比較了遼金等北方遊牧民族的婚俗，如夏宇旭、趙瑋彬《遼金契丹女真婚制婚俗之比較》通過分析世婚制、族際通婚、婦女再嫁觀念等婚俗現象，論述了遼金時期契丹女真兩族在婚制婚俗上的共性及其歷史原因。② 還有的偏向探究社會因素對婚俗的塑造作用，如王成國《簡論遼代契丹之婚俗》主要闡述了國家發展、民族關係對契丹傳統婚俗的影響，認爲婚姻習俗作爲一種文化產物，是統治階級用來維護本階級統治的工具。③最後，也有學者關注具體的婚俗細節，如胡天《契丹人的"拜奥"習俗》一文考證了契丹貴族婚嫁中的"拜奥"儀式，認爲主持婚禮的皇家女子坐在室内西南角(奥)接受他人行拜，反映了女性具有較高的社會地位。④

關於西夏的婚姻，邵方有一定研究。《西夏黨項社會的族際婚》一文分析了西夏與漢族、蒙古、吐蕃、契丹等多族的通婚，認爲在西夏國内形成了以黨項族爲主體，多種民族共存的情況。⑤《西夏婚姻制度的特徵——兼論女性在西夏婚姻的地位》一文指出西夏婚姻中姑舅表婚盛行且婦女在婚姻中的地位相比於中原要高一些。這種差别體現在西夏的婦女有一定的主婚權、嫡庶差别不大、未婚生子相對被寬容、内在美更被重視，等等。⑥ 林雅琴《西夏人的婚姻與喪葬》梳理了黨項族的婚姻發展史，指出早期流行的群婚制度在遷入西北之後不斷發生變化。這一變化具體表現在：包辦婚姻和買賣婚姻的普遍；一夫一妻制和一夫多妻制並存；族際婚姻流行；某些喇嘛教派别僧侶的初婚權。⑦ 劉興亮《論西夏皇室婚姻的幾個問題》分析了西夏皇室的通婚對象和婚姻的特點，認爲皇室婚姻中禮制婚俗與原始婚俗並存，婚姻的多元化與等級性並重以及婚姻帶有很强烈的政治色彩。⑧ 可見，西夏的多種文化融合屬性在婚俗中亦有體現。另外還有一些研究關注西夏律令中的婚姻問題，但主旨大多不出文化融合

---

① 齊偉：《遼代漢人墓志中體現的契丹婚俗特徵》，姜錫東主編：《宋史研究論叢》第12輯，河北大學出版社2011年版，第612~620頁。

② 夏宇旭、趙瑋彬：《遼金契丹女真婚制婚俗之比較》，《吉林師範大學學報》(人文社會科學版)2007年第3期。

③ 王成國：《簡論遼代契丹之婚俗》，劉寧、張力主編：《遼金歷史與考古國際學術研討會論文集》，遼寧教育出版社2012年版，第192~196頁。

④ 胡天：《契丹人的"拜奥"習俗》，《社會科學輯刊》1993年第2期。

⑤ 邵方：《西夏黨項社會的族際婚》，《西北民族研究》2004年第3期。

⑥ 邵方：《西夏婚姻制度的特徵——兼論女性在西夏婚姻的地位》，《寧夏社會科學》2003年第5期。

⑦ 林雅琴：《西夏人的婚姻與喪葬》，《寧夏社會科學》2010年第6期。

⑧ 劉興亮：《論西夏皇室婚姻的幾個問題》，《西夏研究》2011年第4期。

這一核心問題。① 除此以外，目前未見更深入的關於西夏婚俗的研究。

至於金代，張邦煒《遼宋西夏金時期少數民族的婚姻制度與習俗》討論了女真族的收繼婚、放偷日、搶掠婚及隸役婚習俗，還比較了金代皇室及普通民眾的婚俗差異，指出皇室一般實行世婚制而民眾的婚戀比較自由。② 劉筝筝對女真族的婚姻形式和習俗進行了長時間的考察，認爲女真在部落初期一般奉行氏族外婚和部落内婚，後來隨着部落勢力的擴大逐漸出現部落外婚現象。建國後，女真人開始族際通婚。劉筝筝對女真人接續婚、隸役婚、搶婚等特殊婚俗亦有關注。③ 李學成、鄭毅、王雁《金代民族交融進程中的女真婚俗變遷》闡述了金代婚姻中訂婚、拜門、納幣、回報、留婦家的幾個環節，還提到金代下層也有先同居後補婚禮的現象。④ 王姝認爲金代婚俗有同姓不婚；禁止繼兄妹通婚；允許族際通婚；允許良賤通婚的特點。⑤ 以上學者對金代婚姻禮俗的爬梳較爲粗獷，對一些細節問題没有進行考證。

也有部分學者對金代婚俗中的細節問題産生興趣。針對金代是否存在“妻後母”的婚俗，一些學者展開討論。鄧榮臻認爲“妻後母”一説缺乏論據，提出“女真族婦女在丈夫死後，只有與他丈夫同出一祖的兄弟們有權把她娶爲妻子”⑥。王叔言反駁鄧榮臻的觀點，認爲《金史》所載“婦女寡居，宗族接續之”中“宗族”並非如鄧榮臻所稱僅指丈夫的同輩兄弟，女真確實存在“妻後母”的婚俗。⑦ 關於“放偷日”婚俗，劉肅勇認爲它破壞了對偶婚制，標志着女真族内父權的發展。⑧

---

① 如韓小忙：《〈天盛律令〉與西夏婚姻制度》，《寧夏大學學報》(哲學社會科學版) 1999 年第 2 期。張永萍：《西夏和唐代婚姻制度的異同研究——以〈唐律〉和西夏〈天盛改舊定新律令〉比較爲中心》，《甘肅農業》2006 年第 7 期。

② 張邦煒：《遼宋西夏金時期少數民族的婚姻制度與習俗》，《社會科學研究》1998 年第 6 期。

③ 劉筝筝：《金代女真的婚姻形式和習俗》，《内蒙古農業大學學報》(社會科學版) 2009 年第 1 期。

④ 李學成、鄭毅、王雁：《金代民族交融進程中的女真婚俗變遷》，《學理論》2014 年第 33 期。

⑤ 王姝：《金代女真婚姻禮俗探源》，《東北史地》2016 年第 4 期。

⑥ 鄧榮臻：《金代女真族“妻後母”説考辨——兼論女真族宗族接續婚》，《北方文物》1990 年第 1 期。

⑦ 王叔言：《女真“妻後母”復議》，《北方文物》1991 年第 2 期。

⑧ 劉肅勇：《“放偷日”與遼女真婚俗》，《社會科學輯刊》1984 年第 6 期；《從“放偷日”習俗看女真族早期婚制與經濟生活》，《滿族研究》2009 年第 1 期。

二、衣冠髮飾

有關遼、宋、夏、金的服飾問題，武婷婷已有《遼、宋、夏、金婚禮服飾及其禮俗内涵研究綜述》一文加以綜述。① 蔡莉也有關於西夏服飾的研究綜述。②

對西夏服飾的關注重點大多在服飾的樣式、藝術特徵等方面，如孫昌盛的《西夏服飾研究》，③ 對服飾文化反而着墨不多。任艾青《論西夏服飾的多元文化因素》一文認爲，西夏服飾在保留自己民族特殊性的基礎之上，吸收了漢族、吐蕃族等民族服飾的特點。④ 魏亞麗、楊浣《西夏襆頭考——兼論西夏文官帽式》分析了西夏文官的官服，指出其基本沿襲了唐宋漢族文官的服裝形制，没有明顯的民族特色。⑤ 尚世東、鄭春生《試論西夏官服制度及其對外來文化因素的整合》一文則較爲全面地分析了西夏官服制度的形成和發展，並認爲這是各民族文化影響的結果。⑥ 可以發現，這些研究的關注點仍然是西夏各民族的文化融合，只是研究問題變成了服飾文化問題。⑦

關於金代服飾，研究重在金代服飾的材質、顔色、形制、紋飾等方面，對服飾背後的禮儀文化内涵探究有限。目前所見的主要有曾慧《民族學視野下的金代女真服飾研究》、⑧ 顧韻芬等《金代女真族服飾文化的整合性發展》《金代女真族服飾文化的涵化》、⑨ 孫瑩瑩《金代服飾文化的涵化和傳承的影響因素》。⑩

---

① 武婷婷：《遼、宋、夏、金婚禮服飾及其禮俗内涵研究綜述》，《黑龍江史志》2013年第3期。

② 蔡莉：《西夏服飾研究綜述》，《西夏研究》2017年第3期。

③ 孫昌盛：《西夏服飾研究》，《民族研究》2001年第6期。

④ 任艾青：《論西夏服飾中的多元文化因素》，《西夏研究》2015年第2期。

⑤ 魏亞麗、楊浣：《西夏襆頭考——兼論西夏文官帽式》，《西夏研究》2015年第2期。

⑥ 尚世東、鄭春生：《試論西夏官服制度及其對外來文化因素的整合》，《寧夏社會科學》2000年第3期。

⑦ 更多研究可以参見徐雯雅：《近三十年西夏服飾研究綜述》，《北方文物》2020年第3期。

⑧ 曾慧：《民族學視野下的金代女真服飾研究》，《滿族研究》2007年第2期。

⑨ 顧韻芬、高岩、李丹：《金代女真族服飾文化的整合性發展》，《紡織學報》2008年第2期。顧韻芬、張姝：《金代女真族服飾文化的涵化》，《紡織學報》2009年第1期。

⑩ 孫瑩瑩：《金代服飾文化的涵化和傳承的影響因素》，《黑龍江史志》2014年第15期。

曾文指出，金代服飾具有鮮明的階級性和等級性，官方對庶人服飾的材質、花紋、形制、佩飾等均有限制。《金代女真族服飾文化的整合性發展》認爲，金朝地域間的服飾文化發展水準不一致，東北南部、西部等繁華地區服飾文化發展較快，東北地區東北部等偏遠地區的服飾基本没有大的變化。《金代女真族服飾文化的涵化》提出女真族入主中原後在服飾上推行漢化，實行輿服制度，服飾由簡至奢，逐漸確立服飾等級觀念。對於這一變化，金代内部出現接受、適應和反對三種態度。孫瑩瑩基本承襲前人觀點。

至於遼代，由於大量契丹墓葬的發現，各種古屍、文物、圖像材料極大促進了其髮式衣冠的研究，相關成果十分豐富。其中，田廣林、張國慶等學者考證全面，著述頗豐。下面以這兩位學者的相關成果爲主，對遼代的衣冠禮俗研究略加叙述。

1. 整體考述

對遼代服飾文化進行整體考述的成果最多。張國慶《遼代契丹服飾考略》考證了契丹人服飾原料的種類與來源，將貴族（如皇帝、皇后及臣僚）的服飾分爲六種：祭服、朝服、公服、常服、田獵服、吊服；平民的衣服按季節分爲裘服和單衣兩種，並總結了契丹服飾的特色。① 田廣林《契丹衣飾禮俗概觀》從宏觀的角度，對契丹衣飾的源流演變等問題作出了分析。② 以上兩文主要根據《遼史》《契丹國志》等文獻材料展開論述，後世的一些論著，取材更爲豐富，分類也更爲細緻。如王青煜《遼代服飾》便十分注重傳世畫作、墓葬文物、壁畫等資料的作用，對於衣飾的分類也更加詳細。③ 李甍《中國北方古代少數民族服飾研究》之《契丹卷》在分類時注重地域、性别特徵，强調南北分治之下遼境内不同民族的服裝差别以及髮式的男女之别。④

---

① 張國慶：《遼代契丹服飾考略》，《學習與探索》1990 年第 4 期。

② 田廣林：《契丹衣飾禮俗概觀》，《昭烏達蒙族師專學報》（漢文哲學社會科學版）1997 年第 2 期。

③ 王青煜：《遼代服飾》，遼寧畫報出版社 2002 年版。

④ 李甍主編：《中國北方古代少數民族服飾研究（3）・契丹卷》，東華大學出版社 2013 年版。除上舉論著外，這類成果還有不少。例如，武玉環：《略論遼代契丹人的衣食住行》，《北方文物》1991 年第 3 期；朱蒢新：《契丹族的禮儀風俗與服飾》，《文史知識》1991 年第 6 期；袁海波：《契丹族的服飾習俗初探》，孫進己、馮永謙、蘇天鈞主編：《中國考古集成・東北卷・遼（一）》，北京出版社 1997 年版，第 472～474 頁；王立華：《契丹衣飾文化特點淵源》，《内蒙古文物考古》1997 年第 1 期；孫佳佳、趙金軼：《契丹服飾文化與社會生活》，《南寧職業技術學院學報》2009 年第 1 期；孫立梅：《遼墓壁畫展現的契丹服飾文化》，《赤峰學院學報》（漢文哲學社會科學版）2011 年第 7 期。

2. 衣飾各部

具體到衣飾的各個部分，田廣林三文考證精詳。《契丹頭衣考略》考證了契丹人的各式頭衣(即帽子)，包括最高規格的金冠、適應苦寒轉徙生活而來的氈冠與皮冠以及平民常服所用的紗冠與巾幘。①《契丹體衣、手衣、足衣研究——契丹衣飾文化研究之三》將各部衣物分類考究，其中上衣分爲交領、圓領和對襟三類，手衣(即手套)分爲拇指單分式與五指單分式兩類，下衣分爲合袴、套褲、裙、蔽膝四類，足衣分爲靴、鞋、襪三類。每類之下又根據不同内容分別説明。②《契丹佩飾考述——契丹衣飾文化研究之四》分帶飾、頭飾與項飾、手臂之飾三目加以考證，文章論述的帶飾包括傳統的碟躞帶和漢式腰帶，頭飾、項飾包括金玉、羽毛、花卉飾品，耳飾以及項鏈、纓絡等物，手臂之飾則包括戴戒指和臂釧。三文分類詳盡，舉證頗多，考證十分全面深入。③張國慶《遼代契丹人的冠帽、鞋靴與佩飾考述》一文對於契丹人的冠帽、鞋靴與佩飾也有考證，與田文相近。④

3. 髮式

髮式方面，契丹人有剃髮之俗，稱爲髡髮。張國慶《遼代契丹人的髡髮習俗考述》認爲契丹人的髡髮習俗來源於烏桓與鮮卑，並結合傳世文獻、畫作與出土古屍論述了契丹男女的髡髮特徵。⑤ 田廣林《契丹髡髮禮俗述略》一文則繪圖多幅對契丹男子、女子以及兒童髡髮的不同類型加以説明，

---

① 田廣林：《契丹頭衣考略》，李逸友、魏堅主編：《内蒙古文物考古文集》第 1 輯，中國大百科全書出版社 1994 年版，第 462~469 頁。

② 田廣林：《契丹體衣、手衣、足衣研究——契丹衣飾文化研究之三》，《昭烏達蒙族師專學報》(漢文哲學社會科學版)1997 年第 4 期。

③ 田廣林：《契丹佩飾考述——契丹衣飾文化研究之四》，《昭烏達蒙族師專學報》(漢文哲學社會科學版)1998 年第 2 期。

④ 張國慶：《遼代契丹人的冠帽、鞋靴與佩飾考述》，《内蒙古社會科學》(文史哲版)1994 年第 4 期。此外，研究遼代服飾各部的文章還有：杜承武：《談契丹小袖圓領衫爲左衽——兼談圓領衫的款式變化和衣衽關係》、徐秉琨：《契丹冠式和北方民族的金冠傳統》、李逸友：《契丹帶式考實》、王則：《遼代出土革帶考》，孫進己、馮永謙、蘇天鈞主編：《中國考古集成・東北卷・遼(一)》，北京出版社 1997 年版，第 451~454、469~471、460~465、455~459 頁。張景明：《遼代冠帶類型和相關問題》，姜錫東主編：《宋史研究論叢》第 10 輯，河北大學出版社 2009 年版，第 350~366 頁。盧昉、王江鵬：《契丹金冠型式研究》，《四川文物》2010 年第 5 期。賈璽增：《遼代金冠》，《紫禁城》2011 年第 11 期。

⑤ 張國慶：《遼代契丹人的髡髮習俗考述》，《民俗研究》1995 年第 1 期。

生動詳盡。①

4. 佛妝

佛妝是遼代女性的一種妝容。王子怡《時新花樣盡塗黄——遼代契丹女性“佛妝”考》一文根據宋代使遼使者對佛妝的記述，從契丹的地理環境、氣候特點、生活方式、崇佛之風等幾個角度，分析考證了佛妝的材料、特點、用途以及和佛教的關係。② 秦博《遼代契丹婦女的“佛妝”》認爲遼代婦女的佛妝是爲保護皮膚的需要而産生的，並從崇佛、薩滿教的影響以及遼代契丹婦女特殊的社會地位等方面分析了這一妝容的成因。③

5. 民族融合

契丹族與漢族服飾文化的融合問題也引起了一部分學者的關注。霍宇紅《論契丹族與漢族服飾文化的融合》認爲考古證據顯示遼中晚期不但契丹服飾局部漢化，還出現遼契丹人着漢服，漢人着契丹服飾的錯綜服飾景觀，反映出契丹族與漢族服飾文化的融合。④ 潘曉暾《由遼墓壁畫看遼代契丹人與漢人服飾的融合》通過比較不同時期遼代墓葬壁畫人物的衣飾，以左右衽混用、袍服開衩、團花裝飾、袍服長度增長以及勾臉鞋等例證説明契丹人的服飾體現出與漢人融合的特徵。⑤

---

① 田廣林:《契丹髡髮禮俗述略》,《北方文物》1998 年第 4 期。此外，對髡髮進行研究的還有：李逸友:《契丹的髡髮習俗——從豪欠營遼墓契丹女屍的髮式談起》,《文物》1983 年第 9 期；曹彦生:《北方遊牧民族的髮式傳承》,《黑龍江民族叢刊》1995 年第 1 期；羅飛:《契丹人的髡髮習俗》,《文史知識》2009 年第 1 期；李甍:《略論遼代契丹髡髮的樣式》,《考古與文物》2011 年第 1 期等。

② 王子怡:《時新花樣盡塗黄——遼代契丹女性“佛妝”考》,《裝飾》2014 年第 3 期。

③ 秦博:《遼代契丹婦女的“佛妝”》,《内蒙古民族大學學報》(社會科學版)2016 年第 2 期。此外，研究佛妝的還有一些，例如，包恩梨:《“佛妝”小考》,《遼金契丹女真史研究》1985 年第 1 期；小羽:《遼代女子的“佛妝”》,《世界宗教文化》1999 年第 1 期；邱靖嘉:《“洗盡鉛華試佛妝”——遼代婦女面飾研究》，劉寧、張力主編:《遼金歷史與考古國際學術研討會論文集》，遼寧教育出版社 2012 年版，第 180~191 頁。

④ 霍宇紅:《論契丹族與漢族服飾文化的融合》,《赤峰學院學報》(漢文哲學社會科學版)2012 年第 6 期。

⑤ 潘曉暾:《由遼墓壁畫看遼代契丹人與漢人服飾的融合》,《東北史地》2015 年第 4 期。此外，關注這一問題的還有張恒:《契丹族與漢族服飾文化融合演變考證》,《蘭臺世界》2015 年第 12 期；李素静:《契丹族與漢族服飾文化的融合探析》,《遺産與保護研究》2017 年第 7 期等。

三、飲食節慶

早期考證遼代食俗的成果主要是依據傳世文獻，對於遼代的飲食進行一些歸納。如張國慶《遼代契丹人飲食考述》，主要以《遼史》等傳世文獻考證了契丹人的食物類型，認爲遼人飲食習俗的形成既承襲於先世民族，又受到了相鄰民族尤其是漢族的影響，也與自然地理環境有關。① 但隨着出土材料的增多，進入 21 世紀以來，對於遼代飲食的考述則更多注重墓葬壁畫、文物的價值。這其中，張景明的成果最值得注意。張景明、馬利清《契丹民族的飲食文化在禮俗中的反映》考察了酒食在婚儀、喪葬儀式、祭祀儀禮中的作用，在材料方面運用了不少出土文物、壁畫。② 由其博士學位論文修訂成書的《中國北方遊牧民族飲食文化研究》，則將契丹族放在北方少數民族的譜系中考察其飲食文化。該書主張構建“飲食民族學”，注重自然環境、經濟類型對於民族飲食習慣的塑造作用，並闡述了飲食文化的社會功能。③ 與楊晨霞合撰的《契丹飲食文化在墓葬壁畫中的反映》，較爲完備地介紹了遼墓壁畫中反映飲食文化的材料，認爲這些壁畫顯示了契丹人以畜牧業爲主的經濟特徵以及對漢民族飲食風俗的吸收。④ 最近的幾篇考述遼代飲食風俗的文章，相比 20 世紀 90 年代，史料類型已豐富不少，尤其注重壁畫材料的運用，但對於遼代飲食習俗成因的研究則推進不大。⑤

論及遼代的節慶禮俗，已有成果往往注重闡釋中原文化對遼代節俗的影

---

① 張國慶：《遼代契丹人飲食考述》，《中國社會經濟史研究》1990 年第 1 期。張國慶：《遼代契丹人的飲酒習俗》，《黑龍江民族叢刊》1990 年第 1 期。陳曉莉：《遼、金、夏代飲食風俗》，《民俗研究》1995 年第 2 期。

② 張景明、馬利清：《契丹民族的飲食文化在禮俗中的反映》，《飲食文化研究》2004 年第 1 期。

③ 張景明：《中國北方遊牧民族飲食文化研究》，文物出版社 2008 年版。

④ 張景明、楊晨霞：《契丹飲食文化在墓葬壁畫中的反映》，《大連大學學報》2007 年第 1 期。

⑤ 吕田：《遼金時期遊牧民族的飲食》，《中國食品》2014 年第 15 期；田曉雷：《遼代飲食結構新探》，《陰山學刊》2015 年第 5 期。王冬冬：《契丹民族飲食習俗探究——以朝陽地區出土的遼代文物爲例》，《遼金歷史與考古》第 9 輯，科學出版社 2018 年版，第 255~266 頁。張思萌：《遼代的飲食文化》，《赤峰學院學報》（漢文哲學社會科學版）2019 年第 9 期。

響，並强調揭示節慶活動中的民族特色。蕭愛民《遼代的重陽節——兼談菊花酒的釀造》指出遼代統治者最早在穆宗時期接受重陽節，聖宗時重陽節被納入禮俗範圍，並制定了重九儀，契丹人在過重陽節時把本民族的遊牧射獵傳統習俗也融入其中。① 葛華廷《中元節與遼朝皇帝的"迎節"、"送節"》，認爲《遼史・禮志》所載的遼朝皇帝的"迎節"和"送節"與當時中原地區中元節祭祀先人之亡靈的習俗是一脈相承的，不僅有祭悼亡故先人以顯孝親的功用，還有宴飲、動樂等娱樂性内容，並非是"迎福""送福"的節日。② 劉鍾《遼朝的端午節》指出遼朝慶祝端午節始於遼太宗統治時期，遼朝的端午節俗是吸收中原地區和其他民族的端午節風俗並按本民族的習俗加以革新而形成的。③ 肖愛民、賈啓紅《遼朝年節芻議》認爲至太宗耶律德光以後，遼朝的歷代皇帝正旦舉行朝賀成了慶祝新年的重要儀式，遼代的年節體現了草原文化和中原文化的交會和融合。④ 此外，李春雷、李榮輝《遼代節日的文化因素分析》論述了遼代的十餘種節日，認爲遼代節日受契丹人的遊牧漁獵文化、薩滿文化和藴含了儒釋道的中原漢文化影響，節慶獨具特色。⑤ 胡曉惠《試論遼代節日朝賀制度的建構》則關注遼代節日中的朝賀制度與朝貢體系的關係，認爲節日朝賀制度是朝貢制度的重要組成部分，在遼朝處理内外關係中發揮着重要作用，並促進着以遼爲中心的東亞朝貢體系的形成。⑥

四、射柳活動

射柳活動是遼代契丹人所喜愛的一種娱樂活動。關於射柳活動的起源以及射柳活動與瑟瑟儀的關係，學界争論頗多。有關射柳活動的起源，約有 5 種觀點：(1)"蹛林"之俗説。認爲射柳來源於古代鮮卑烏桓等民族的"蹛林"之俗，這是目前接受者最多的觀點。這一觀點最初由南宋學者程大昌在

① 蕭愛民：《遼代的重陽節——兼談菊花酒的釀造》，《昭烏達蒙族師專學報》(漢文哲學社會科學版) 1999 年第 5 期。

② 葛華廷：《中元節與遼朝皇帝的"迎節"、"送節"》，《北方文物》2002 年第 4 期。

③ 劉鍾：《遼朝的端午節》，《社會科學論壇》(學術研究卷) 2007 年第 1 期。

④ 肖愛民、賈啓紅：《遼朝年節芻議》，《遼寧工程技術大學學報》(社會科學版) 2008 年第 1 期。

⑤ 李春雷、李榮輝：《遼代節日的文化因素分析》，《地域文化研究》2019 年第 3 期。

⑥ 胡曉惠：《試論遼代節日朝賀制度的建構》，《赤峰學院學報》(漢文哲學社會科學版) 2020 年第 3 期。

《演繁露》中提出，持這一觀點的學者有熊志沖、① 郭康松、② 趙傑、③ 廖雲新④等。(2)巫術説。張强《再論契丹射柳習俗之起源》認爲契丹射柳習俗源自契丹民族的原始巫術，旨在控制雨水等自然現象；⑤ 寧昶英《敬柳觀念的多元性——談滿族的射柳習俗》認爲契丹族射柳是一種制敵祭祖的"黑巫術"，⑥ 王項飛也認同此説⑦。(3)射鵠説。郭治鳳《射柳考》認爲射柳源自先秦文獻中提到的射鵠活動。⑧ (4)生殖崇拜説。程大力《"射柳"爲生殖崇拜遺俗考》認爲射柳之俗源於生殖崇拜。⑨ (5)多源説。徐秉琨《横簇箭與射柳儀》認爲射柳禮儀的來源綜合了三種成分：來源始於烏桓、鮮卑等族的"蹛林"，後受到中原文化影響，增加了藻飾性内容，同時趨於制度化；而其中祈雨和戲樂的内容來自西域"乞寒"即"潑寒胡戲"，這一禮儀最終定型在蘇可汗之世。⑩ 韓丹《"射柳"與生殖崇拜無關》《我國古代東北民族的射柳活動考》將射柳分成中原、東北兩個系統，認爲中原射柳源自楚大夫養由基的"百步穿楊"；而東北射柳源自契丹，爲鮮卑祭儀的繼續。⑪

有關射柳活動與瑟瑟儀的關係，不少學者認爲兩者是一回事，如崔岩勤、⑫ 趙林⑬。還有學者認爲射柳是瑟瑟儀中的一個環節，如張强《再論契丹

---

① 熊志沖：《中國古代射柳運動綜考》，《成都體院學報》1987 年第 3 期。

② 郭康松：《射柳源流考》，《湖北大學學報》(哲學社會科學版) 1994 年第 2 期。郭康松：《〈射柳源流考〉補正》，《湖北大學學報》(哲學社會科學版) 2001 年第 3 期。

③ 趙傑：《論遼朝擊球、射柳之社會本質》，《昭烏達蒙族師專學報》(漢文哲學社會科學版) 1995 年第 4 期。

④ 廖雲新：《中國古代的射柳》，《北京檔案》2011 年第 7 期。

⑤ 張强：《再論契丹射柳習俗之起源》，《蘭臺世界》2014 年第 7 期。

⑥ 寧昶英：《敬柳觀念的多元性——談滿族的射柳習俗》，《内蒙古教育學院學報》1993 年第 1 期。

⑦ 王項飛：《從滿族射柳習俗的源流看民俗社會功能的演變》，《陰山學刊》2006 年第 2 期。

⑧ 郭治鳳：《射柳考》，《文獻》1989 年第 4 期。

⑨ 程大力：《"射柳"爲生殖崇拜遺俗考》，《體育文史》1994 年第 5 期。

⑩ 徐秉琨：《横簇箭與射柳儀》，《社會科學輯刊》1980 年第 4 期。

⑪ 韓丹：《"射柳"與生殖崇拜無關》，《體育文史》1995 年第 4 期；韓丹：《我國古代東北民族的射柳活動考》，《哈爾濱體育學院學報》2004 年第 1 期。

⑫ 崔岩勤：《契丹射柳儀》，《昭烏達蒙族師專學報》(漢文哲學社會科學版) 1994 年第 1 期。

⑬ 趙林：《古代射柳淵源考》，《蘭臺世界》2012 年第 6 期。

射柳習俗之起源》。① 但也有不少學者已經指出，射柳與瑟瑟儀有別。如王承禮《契丹的瑟瑟儀和射柳》，認爲瑟瑟儀是祈雨射柳之儀，因之包括射柳，射柳是瑟瑟儀的内容之一；但單純的射柳則是皇帝巡幸中的一種活動，是一種軍事體育活動，也是臣僚百姓的一種體育娱樂活動，不包括祈雨内容。② 郭康松《射柳源流考》認爲遼代存在兩種不同功用的射柳，"祈雨射柳"和"競技射柳"，瑟瑟禮屬於"祈雨射柳"，是契丹人祈求降雨以解旱情的一種儀式，而競技射柳是一項健身習武的娱樂活動。兩者的根本區别在於它們有着不同的功用，祈雨射柳是爲了娱神，競技射柳則是爲了娱人。③ 姚慶《遼代射柳活動考述》認爲，射柳活動並非瑟瑟儀的唯一表現形式，再生儀、祭山儀、册封、祭祀祖先皆可舉行射柳活動。爲祈雨而舉行瑟瑟儀一定會涉及射柳活動，但舉行射柳活動並非都是瑟瑟儀，也並非所有射柳活動都以祈雨爲目的。④

除上文提到的禮俗外，倪屹、徐潔《金代尊老養老風尚述論》⑤對金代的尊老風尚進行了探究，認爲金人在中原文化影響下經歷從賤老到尊老的轉變。金代尊老對象幾乎涉及各個階層，對於官員予以賜官進爵、給俸贍養等優待，對平民則賜物補官，提供物質救助。此外，在法律、賦役方面，金代對老人亦給予優待，統治者也常常禮敬高年。在統治者的倡導之下，金朝上下形成尊老風尚。⑥

第四節　禮樂研究

一、遼代樂舞

得益於大量出土文物、圖像等材料的發現，遼代禮樂研究近年來成果漸

① 張强：《再論契丹射柳習俗之起源》，《蘭臺世界》2014年第7期。

② 王承禮：《契丹的瑟瑟儀和射柳》，《民族研究》1988年第3期。

③ 郭康松：《射柳源流考》，《湖北大學學報》(哲學社會科學版)1994年第2期。

④ 姚慶：《遼代射柳活動考述》，《寧波大學學報》(人文科學版)2017年第6期。

⑤ 倪屹、徐潔：《金代尊老養老風尚述論》，《白城師範學院學報》2014年第2期。

⑥ 目前金代的禮俗研究仍存在一定不足。首先，大多數研究就禮俗談禮俗，對禮俗背後的禮文化内涵有欠深究。其次，對禮俗的流變問題關注不夠，部分研究對相關問題的論述比較籠統，很少注意其在時間上的變化，結論難免有失準確。第三，研究視野相對單一。研究主要從歷史學視角展開，民俗學、民族學、社會學等方面的研究較少。

多，學者們紛紛以“二重證據法”論述遼代的禮樂風貌。應該説，出土新材料的大量發現與應用是近年來推動遼代禮樂研究的主要動力。

早期研究遼代音樂的論著，其貢獻主要在於對其進行了初步分類。如楊蔭瀏《中國古代音樂史稿》將遼代宫廷音樂分爲了“雅樂”與“燕樂”兩類，指出遼之雅樂得自後晉，所用樂器近唐。遼之燕樂則包括契丹本族的“國樂”，别國的“諸國樂”，唐、後晉宫廷傳入的“大樂”，以及與雜劇、百戲等音樂形式相關的“散樂”。① 張國慶《遼代契丹人音樂文化鈎沉》將遼代音樂分爲國樂、雅樂、大樂、散樂、鼓吹樂、横吹樂六類，並論述了遼代音樂的淵源與特色。② 孫星群《西夏遼金音樂史稿》對遼代音樂的分類更爲詳細，共分爲八類，分别是：伴詩而唱的詩樂，來源於契丹的國樂，得自後晉朝堂的雅樂，源於西域用於朝堂的大樂，源於中原樂府、諧戲與歌舞的散樂，用於朝會等場合的鼓吹樂、横吹樂，與雜劇、百戲相關的戲曲音樂以及佛道等宗教音樂，並介紹了遼代的音樂機構和樂器。③ 後來的遼代音樂研究很多都得益於上述論著的分類框架。遼代音樂的研究，可分爲以下幾個方面：

1.《遼史・樂志》研究

考求遼代音樂，《遼史・樂志》(簡稱《遼樂志》)是最基礎、最重要的文獻，研究雅樂、大樂、諸國樂者，立論往往以《遼樂志》爲主，而研究散樂者，則注重採用出土圖像材料。對《遼樂志》文獻本身的研究，當推王福利爲代表。王福利《從遼金元三史的編纂其樂志的史料來源》《遼金元三史樂志研究》指出《遼樂志》的史料來源有四：一爲本史之《紀》《傳》《志》等；二爲耶律儼《實録》和陳大任《遼史》；三爲《遼朝雜禮》；四爲《契丹國志》等其他史籍。④ 在詳細考辨《樂志》的基礎上，王福利對遼代音樂的研究亦取得了較大成就，如《論遼宫廷音樂對中原王朝音樂文化的繼承與融合》詳細考述了遼代不同音樂形式的内容，並較諸唐宋典章，認爲遼宫廷音樂是對中原王朝音樂文

---

① 楊蔭瀏：《中國古代音樂史稿(上)》，人民音樂出版社 1981 年版，第 404~422 頁。

② 張國慶：《遼代契丹人音樂文化鈎沉》，《晉陽學刊》1992 年第 1 期。黄鳳岐《契丹族的音樂舞蹈藝術探論》對於各個音樂類型的分類與之相似。見黄鳳岐：《契丹族的音樂舞蹈藝術探論》，張暢耕主編：《遼金史論集》第 6 輯，社會科學出版社 2001 年版，第 151~167 頁。

③ 孫星群：《西夏遼金音樂史稿》，中國青年出版社 1998 年版，第 217~247 頁。

④ 王福利：《從遼金元三史的編纂其樂志的史料來源》，《黄鐘》2002 年第 4 期；《遼金元三史樂志研究》，上海音樂學院出版社 2005 年版，第 28~30 頁。

化的繼承與融合。① 後之論者雖結論相似，然論資料之翔實與論述之深刻，則多不能及。②

2. 雅樂研究

雅樂源於周代禮樂之制，是在宫廷朝會等場合使用的音樂。遼之雅樂得自後晉，淵源於唐，因此研究雅樂者，多注重比較遼之雅樂與中原雅樂的關係。劉嵬《通過雅樂分析遼與中原音樂文化的互動交流》認爲，遼代雅樂基本沿襲了唐代中原宫廷雅樂的體制，具有承唐啓宋的特點。③ 張黄沛瑶近年來注重遼代雅樂的研究，《契丹—遼雅樂文化探究》認爲，遼之雅樂在表演機構和樂隊上與唐雅樂一脈相承，樂器選擇與運用上偏向於周雅樂中的代表性樂器，具有復古傾向，體現出回歸周傳統的特徵。④《禮制視角下遼雅樂對周禮樂文化的接衍》一文更加深入地討論了遼代雅樂與周代禮樂的關係，文章認爲遼代雅樂在禮制上接衍了《周禮·春官》的五禮，在樂序上也依照周代禮樂的程式樣態，既借鑒了中原禮制，又兼顧了本民族的情况。⑤《遼代雅樂文化的多線性——關於"以胡入雅"的問題》一文，則着重分析了遼代雅樂的"以胡入雅"現象。以胡入雅指南北朝以來，胡樂大規模運用於祭祀、朝會、宴饗等場合，逐漸成爲雅樂一部分的現象。文章通過分析遼代雅樂凶禮用樂、祭祀不用樂以及興宗改樂等例子，指出遼代雅樂在觀念、制度以及樂曲上皆與中原雅樂有别，依然是"以胡入雅"傳統的延續。此文在承唐啓宋外，爲思考遼代的雅樂傳統提供了另一種思路。⑥ 最近，沈學英《遼代雅樂與禮樂制度探微》也對這一問題進行了論述，認爲遼代雅樂爲中華禮樂文明的組成部分，具有國家象

---

① 王福利：《論遼宫廷音樂對中原王朝音樂文化的繼承與融合》，香港《中國文化研究所學報》第45期，2005年；《遼金元三史樂志研究》，上海音樂學院出版社2005年版，第85~179頁。

② 例如，董藝：《遼、金宫廷雅樂之比較》，《内蒙古藝術》2005年第1期；《論唐代音樂與遼代音樂之關係》，《内蒙古師範大學學報》(哲學社會科學版)2009年第3期。潘江：《遼、金、元宫廷用樂制度之關聯——基於對〈金史·樂志〉〈遼史·樂志〉與〈元史·禮樂志〉的解讀》，《天津音樂學院學報》2019年第2期。

③ 劉嵬：《通過雅樂分析遼與中原音樂文化的互動交流》，《樂府新聲》2016年第1期。

④ 張黄沛瑶：《契丹—遼雅樂文化探究》，《北方音樂》2017年第9期。

⑤ 張黄沛瑶：《禮制視角下遼雅樂對周禮樂文化的接衍》，《大觀(論壇)》2019年第2期。

⑥ 張黄沛瑶：《遼代雅樂文化的多線性——關於"以胡入雅"的問題》，《中國民族博覽》2017年第10期。

徵之意義。①

3. 大樂、國樂、諸國樂、鼓吹樂、横吹樂研究

相比雅樂，論述遼代其他音樂類型的成果相對較少。其中，遼代大樂的研究路徑與雅樂相近，多注重於論述大樂與中原音樂的關聯。張詠春《制度視角下遼、宋、金、元的大樂》討論了遼代雅樂的定位問題，認爲遼代的大樂不是雅樂，也不等同於鼓吹樂。② 王福利《遼大樂及其相關問題》主要從内容、樂器、樂工人數、樂隊組成、樂調、樂聲等方面論述了遼大樂對唐代的繼承情況。③ 沈學英《遼代大樂與禮樂制度探微》認爲遼之大樂承唐而來，具有隋唐"燕樂"之功用。④ 研究國樂、諸國樂者，以王福利《論遼代的國樂及諸國樂》爲代表。文章認爲國樂作爲契丹先祖先王流傳下來的傳統音樂，主要用於宫廷宴飲、祭山儀及宫廷營衛等儀式活動中。諸國樂是指遼下的他民族藩國及其鄰國的樂舞，主要用於曲宴使臣及遼主之頭鵝宴、頭魚宴，乃遼之"燕樂"，並考證了諸國樂中漢樂、渤海樂、回鶻樂、敦煌樂、女真樂及突厥、吐渾、黨項、小蕃、沙陀等諸部樂的不同類型。⑤ 遼代的鼓吹樂和横吹樂多爲軍樂，白光《論遼代軍樂》一文考證了遼代軍樂的創制、陣容及樂器，並與唐宋軍樂進行了簡單的比較。⑥ 潘驍蕊的碩士學位論文《契丹—遼鼓吹樂研究》補充了一些出土與傳世的圖像資料，對遼代的鼓吹樂作了進一步的論述。⑦

4. 散樂研究

與上述音樂類型不同，出土材料成了遼代散樂研究的主要支撑，大量壁畫、畫像石、棺槨圖像的出現爲討論散樂問題提供了新的視角。20 世紀 50 年代到 21 世紀初，内蒙古、河北、山西、遼寧等遼國故地發現了大量的壁畫墓，其中有很多散樂圖。早期的一些文章已注重在文獻考證之外介紹重要的散樂壁畫材料。如邱國斌《遼代散樂考略》介紹了遼代出土的有關散樂的圖像資料，認爲遼之散樂在後晉時傳入，在遼代中早期普及開來。⑧ 沈軍山、李海風《遼

---

① 沈學英：《遼代雅樂與禮樂制度探微》，《中國音樂》2019 年第 2 期。

② 張詠春：《制度視角下遼、宋、金、元的大樂》，《天津音樂學院學報》2005 年第 1 期。

③ 王福利：《遼大樂及其相關問題》，《黄鐘》2005 年第 4 期。

④ 沈學英：《遼代大樂與禮樂制度探微》，《人民音樂》2020 年第 7 期。

⑤ 王福利：《論遼代的國樂及諸國樂》，《中國音樂》2005 年第 1 期。此文後也收入氏著《遼金元三史樂志研究》，上海音樂學院出版社 2005 年版，第 39~54 頁。

⑥ 白光：《論遼代軍樂》，《北方文物》2007 年第 4 期。

⑦ 潘驍蕊：《契丹—遼鼓吹樂研究》，瀋陽音樂學院碩士學位論文，2019 年。

⑧ 邱國斌：《遼代散樂考略》，《内蒙古文物考古》2000 年第 2 期。

音樂之散樂考略》先考證了遼代散樂的具體形式，而後介紹了多批遼墓散樂壁畫。① 這些壁畫材料中，河北宣化壁畫墓發現的散樂圖被學者討論得最多。如鄭紹宗《遼壁畫墓散樂圖之發現與研究》認爲散樂圖中表現的遼代樂部屬於大曲的表現形式，並依據壁畫考證了遼代大曲的演出情況。文中還指出，宣化遼壁畫墓 4 號墓的宴樂圖描繪的，即王安石《出塞》詩中提到的"小契丹"舞。② 梅鵬雲《宣化遼墓樂舞圖像表演内容之探討》對於鄭紹宗的考述持質疑態度，認爲宣化七墓樂舞圖像演奏大曲之説得不到有力的證據支持，根據其樂器配置，其演奏的内容應爲鼓笛曲。③ 趙丹榮、張裕涵《宣化遼金壁畫墓散樂壁畫考論》又詳細討論了宣化遼壁畫墓的墓葬狀況。④ 除墓葬壁畫外，其他文物材料對於研究遼代散樂也很有價值。安曉霞《遼金散樂初探》一文除採用了大量壁畫外，還注意到了磚雕、木雕、石刻、銅鏡、錢幣等圖像材料，借此論述了遼代傳統散樂、宫廷散樂的形式和内容。⑤ 此外，也有學者注重通過散樂圖以及文獻材料解讀散樂的禮儀特質和宗教功能。李清泉《宣化遼墓壁畫散樂圖與備茶圖的禮儀功能》認爲宣化遼墓壁畫中的散樂圖與備茶圖，與民間祠廟中的賽神供盞儀式密切相關，兩種題材共同組成了墓葬中娱悦和祭供死者的禮儀性虚擬空間。⑥ 祝波《遼代散樂與酒禮文化》指出遼人宴飲賓朋往往伴以散樂歌舞音樂，以散樂侑酒，無論是祭祀儀、朝賀儀，還是節日儀式都體現了音樂文化與酒文化的組合。⑦ 祝波又有《論遼代散樂樂舞的酬神功能》一文，從遼墓出土的圖像資料入手，認爲遼代在祭祀人神、地祇以及享宗廟、拜山川等儀式中有用樂舞拜祭的傳統，這種傳統在宫廷和民間都很盛行。⑧

與散樂相近，遼代的舞蹈研究也主要依靠圖像材料推動。除墓葬壁畫、畫像石以及棺槨圖外，現存遼代建築中的圖像、雕塑也受到了學者們的重視。較

① 沈軍山、李海風：《遼音樂之散樂考略》，《文物春秋》2003 年第 6 期。

② 鄭紹宗：《遼壁畫墓散樂圖之發現與研究》，《河北省考古文集》，東方出版社 1998 年版，第 466~472 頁。

③ 梅鵬雲：《宣化遼墓樂舞圖像表演内容之探討》，《文物世界》2013 年第 6 期。

④ 趙丹榮、張裕涵：《宣化遼金壁畫墓散樂壁畫考論》，《中華戲曲》2017 年第 2 期。

⑤ 安曉霞：《遼金散樂初探》，景愛主編：《地域性遼金史研究》第 1 輯，中國社會科學出版社 2014 年版，第 289~321 頁。

⑥ 李清泉：《宣化遼墓壁畫散樂圖與備茶圖的禮儀功能》，《故宫博物院院刊》2005 年第 3 期。

⑦ 祝波：《遼代散樂與酒禮文化》，《貴州大學學報》(藝術版)2011 年第 1 期。

⑧ 祝波：《論遼代散樂樂舞的酬神功能》，《貴州師範學院學報》2011 年第 5 期。

早論述遼代舞蹈的文章是隗芾的《契丹樂舞考》，文章利用傳世文獻、建築浮雕、出土圖像等材料，一一考述了不同形式的契丹舞蹈。① 其後，大量藝術、舞蹈類通史、斷代史編撰出版。這些論著應用更爲豐富的文物、出土材料，對契丹樂舞的産生、發展及其分類作了更爲詳細的闡述。如王克芬《中國舞蹈發展史》、② 巴景侃《遼代樂舞》、③ 李曉峰等《契丹藝術史》、④ 董錫玖《中國舞蹈通史·宋遼西夏金元卷》⑤等。其中，以巴景侃《遼代樂舞》一書對資料的搜集最爲詳盡，論述也較爲深刻。

5. 舞蹈研究

近年來研究遼代舞蹈的一些著作，多以出土墓葬中的圖像材料爲論述中心，顯示了出土材料對於這一研究領域的推動作用。梅鵬雲長期關注遼墓圖像的樂舞圖，並針對此問題撰有多文。《遼墓樂舞圖像研究》對遼代墓葬樂舞圖像的性質進行了探討。⑥《遼墓“禮樂”制度探微》利用遼墓出土的樂舞圖像資料，揭示了遼代禮樂的僭越現象。⑦ 趙愛軍《遼墓壁畫中的樂舞圖》考察了不同遼墓壁畫中的散樂圖和旗鼓圖，討論了遼代樂舞的淵源、壁畫中反映的民族關係以及壁畫的藝術形式。⑧ 最近，劉嵬《宣化下八里遼墓樂舞圖像研究》重新考察了宣化遼墓樂舞圖中的人物構圖與畫工的工作模式，兼及分析了壁畫中的人物形象。⑨

此外，還有一些文章關注舞蹈的地域特徵與宗教功用。張國慶《遼代燕雲地區繪畫與舞蹈藝術特色探論》選取遼代燕雲地區地域文化特色較濃的繪畫與

① 隗芾：《契丹樂舞考》，《社會科學戰線》1989 年第 1 期。其後也有不少文章對於遼代的舞蹈藝術進行了分類論述，如文華：《淺談遼朝契丹族的舞蹈藝術》，《内蒙古大學學報》(人文社會科學版)2006 年第 4 期；楊育：《舞動“鑌鐵”之美——契丹(遼)宫廷樂舞概覽》，《樂府新聲》2011 年第 4 期。

② 王克芬：《中國舞蹈發展史》，上海人民出版社 2004 年版，第 263～272 頁。

③ 巴景侃：《遼代樂舞》，萬卷出版公司 2006 年版，第 57～72 頁。

④ 李曉峰等：《契丹藝術史》，内蒙古人民出版社 2008 年版，第 135～173 頁。

⑤ 劉清弋主編，董錫玖著：《中國舞蹈通史·宋遼西夏金元卷》，上海音樂出版社 2010 年版，第 61～70 頁。

⑥ 梅鵬雲：《遼墓樂舞圖像研究》，《中國考古學會第十二次年會論文集 2009》，文物出版社 2010 年版，第 193～218 頁。

⑦ 梅鵬雲：《遼墓“禮樂”制度探微》，《邊疆考古研究》第 10 輯，科學出版社 2011 年版，第 326～336 頁。

⑧ 趙愛軍：《遼墓壁畫中的樂舞圖》，《内蒙古文物考古》2011 年第 2 期。

⑨ 劉嵬：《宣化下八里遼墓樂舞圖像研究》，《藝術工作》2019 年第 3 期。

舞蹈藝術，並就其特色的呈現形式及形成原因作了初步的探討。① 管琳《遼代薩滿樂舞考略》認爲遼代薩滿教中的祭祀樂舞在祭禮中佔據重要位置，擔負重要職能。②

二、金代樂舞

孫星群《西夏遼金音樂史稿》從詩樂、國樂、雅樂、散樂、樂歌、樂器、音樂機構、金與漢音樂文化的交流等方面對金代音樂進行了較爲全面的研究，認爲金朝統治者一方面把音樂當作享樂工具，一方面也將其作爲加强統治的手段。③ 孫星群所論甚爲細緻，可惜對金樂與禮制的偕配問題鮮有涉及。王福利《遼金元三史樂志研究》闡述了遼金元三代的音樂内容、種類、功能、音樂機構情況，指出金代禮樂制度在很大程度上繼承了唐、宋禮樂制度。④ 王菲菲提出，金朝歌舞兼收並蓄，在發展本民族傳統歌舞的基礎上大量吸收宋朝的歌舞文化，同時吸收渤海國等其他國家的歌舞。金代歌舞一方面“皆習漢風”，其傳統歌舞在另一方面也影響了宋代。⑤ 苗笛、朱牧龍《女真族音樂歷史遺存研究》梳理了金代宮廷用樂、宮廷儀仗樂隊、民間歌舞音樂和民間戲曲音樂的情況，考察兼及上下階層。⑥ 此外，兩人還對女真族的音樂實物遺存進行了整理。

有學者關注金代宮廷用樂情況。董藝討論了遼、金宮廷雅樂的異同，認爲兩國在樂器種類、使用雅樂的場合、對音樂的命名方法等方面存在很多相同之處。但遼受唐雅樂影響很大，因此帶有濃鬱的西域風格。⑦ 潘江指出遼、金、元三朝宮廷用樂具有密切傳承關係，共同體現出“夷漢相融、雅俗雜出”的特色。⑧

樂舞研究方面，王定勇《全真教與金代樂舞》考證了金代樂舞與全真教的關係，强調全真教利用樂舞傳教的方式一方面促進了教義的傳播，一方面豐富

---

① 張國慶：《遼代燕雲地區繪畫與舞蹈藝術特色探論》，《社會科學輯刊》2000 年第 5 期。

② 管琳：《遼代薩滿樂舞考略》，《綏化學院學報》2015 年第 11 期。

③ 孫星群：《西夏遼金音樂史稿》，中國青年出版社 1998 年版。孫星群還有：《金代音樂史稿(上)》，《樂府新聲》1995 年第 2 期；《金代音樂史稿(下)》，《樂府新聲》1995 年第 3 期，論述與《西夏遼金音樂史稿》的金代部分基本一致。

④ 王福利：《遼金元三史樂志研究》，上海音樂學院出版社 2005 年版。

⑤ 王菲菲：《兩宋時期遼、金、西夏的歌舞及其與漢族的交流》，《藝術人生》2009 年第 3 期。

⑥ 苗笛、朱牧龍：《女真族音樂歷史遺存研究》，《黑龍江史志》2013 年第 20 期。

⑦ 董藝：《遼、金宮廷雅樂之比較》，《内蒙古藝術》2005 年第 1 期。

⑧ 潘江：《遼、金、元宮廷用樂制度之關聯——基於對〈金史・樂志〉〈遼史・樂志〉與〈元史・禮樂志〉的解讀》，《天津音樂學院學報》2019 年第 2 期。

了樂舞的内涵。難能可貴的是，王定勇利用文學材料考察金代樂舞情形，做法頗有啓發性。①

樂論研究方面，韓偉認爲金代樂論不同於宋代，崇尚淡雅，受儒家影響較小，因此金人更傾向於音樂的傳情功能而非教化功能。②

就金代禮樂研究而言，選題集中於音樂方面，舞蹈研究十分有限。學者們熱衷於討論金代禮樂和其他國家禮樂的傳承關係，對其異同之處進行分析。相對的，金代本身的禮樂架構及特點研究有所欠缺。再者，對於金代音樂、舞蹈與禮儀制度的偕配問題，學界的討論也比較淺薄。

第五節 禮法研究

對於金代禮法關係，學界研究尚淺。傅百臣《金代法制初探》研究了儒家禮教對金代法律的影響，提出金代法律提倡容隱與避諱，在判決案件時有時採用"經義斷罪"。③ 此外，金代法律規定在父母、祖父母無所養的情況下子孫犯罪可以從輕處罰，體現了儒家的孝悌思想。劉剛提出金代以禮入法，儒家仁愛、美孝悌等思想在金代法律中均有體現。④ 李玉君等從孝、禮、仁三個方面考察金代禮法關係，認爲金朝統治者將孝看做法律建設的基礎，將禮看做秩序依據，同時有意彰顯仁愛。⑤ 楊琳《"崇儒重道"之策下金朝婚姻習慣法的演進與調適》指出在尊儒思想下，金代法律强調德主刑輔、禮法並用，金代婚姻習慣法也表現出尊卑有别、注重倫常、提倡孝道的一面。但楊琳也强調，儒家禮教對金代婚姻習慣法的影響有限，法律中仍然包含舊俗。⑥

目前學界對金代禮法問題的關注不夠，選題集中於法律條文的儒家化方面。禮法在實際案例判決中的應用效果、儒家禮教對基層官吏的影響等問題，少有學者關注。

---

① 王定勇：《全真教與金代樂舞》，《求索》2010 年第 9 期。

② 韓偉：《變而不移：金代樂論思想探析——兼及金樂論與宋樂論之關係》，《貴州師範大學學報》(社會科學版) 2012 年第 5 期。

③ 傅百臣：《金代法制初探》，《史學集刊》1986 年第 4 期。

④ 劉剛：《金代法律中的儒家思想觀念》，《北方文物》2014 年第 2 期。

⑤ 李玉君、何博：《從金朝法制倫理化構建看儒家文化的向心力》，《江漢論壇》2016 年第 3 期。

⑥ 楊琳：《"崇儒重道"之策下金朝婚姻習慣法的演進與調適》，《北方文物》2017 年第 2 期。

小　　結

有遼一代，經學不彰，① 作爲經學研究之下的禮學，也幾無發展，是以鮮有“三禮”注疏之學，恢弘禮義之士。遼代的禮典，有蕭韓家奴、耶律庶實所撰《禮書》三卷，又有金陳大任所撰《遼朝雜禮》等書，今皆不存。② 遼代的禮儀信息，主要見於《遼史》中的《禮志》《樂志》《儀衛志》以及宋葉隆禮所撰的《契丹國志》中，這樣的狀況導致了遼代的禮學研究困難重重。根據上文的梳理，不難看出當前遼代的禮學研究還是取得了較大的成就，尤其表現在禮俗與禮樂方面。

不過，這些研究中依然存在許多問題。對於這些問題，王凱有着比較深刻的觀察。結合其意見，總結如下。第一，相比其他時段，遼代禮文化研究主要集中在禮制、禮俗、禮樂方面，對於禮義、禮法、禮教等方面的研究目前仍存在大量的空白。第二，當前學界對於遼代禮文化的研究缺乏整體性的把握。以禮制研究爲例，目前，少有對遼代禮制進行綜合性研究的專門著作，在缺乏大的禮制框架的情況下，許多禮制問題長期得不到重視，對遼代禮制體系的深刻闡釋則更爲缺乏。第三，由於史料所限，遼代禮文化各部分研究並不均衡。在一些可以依靠出土材料論證的領域，成果十分繁榮，例如喪俗、衣飾、墓制等，但在一些主要依靠傳世文獻來推進的研究工作上，則進展緩慢。究其原因，一方面是因爲相關文獻較少，另外也與學界對這類問題的輕視有關。第四，當前學界雖然對一些焦點問題討論較多，但是很多尚未達成共識，影響了進一步的研究。以網路、面具問題爲例，對於這一喪俗的産生原因，即便有豐富的出土材料可資取用，但目前學界依舊衆説紛紜。因此，對於這些問題，需要有學者對各種觀點細加梳理，指出其中的合理與疏誤之處，逐漸形成初步的共識，如此才能進一步促進相關問題的研究。第五，學界對於遼代禮儀的探討

---

① 此只是相對而言，遼代的經學水準，雖不及中原王朝，但也達至一定程度，這一點許多學者都已指出。見王明蓀：《遼代契丹族群之漢學》，臺灣《史學彙刊》第 21 期，2008 年，第 85～110 頁；張厚齊：《遼代經學試探》，臺灣《經學研究集刊》第 8 期，2010 年；周春健：《遼金元三代的經學發展及其特徵》，《福建論壇》2015 年第 1 期。

② 有關遼代的著述，見王巍：《遼代論著研究》，張暢耕主編：《遼金史論集》第 6 輯，社會科學文獻出版社 2001 年版，第 168～185 頁。有關遼代禮典的編修，見李月新：《遼朝禮典編修鈎沉》，《史志學刊》2018 年第 1 期。

主要關注點在貴族階層，而疏於對平民階層的觀照，這一點在喪禮研究中尤其明顯。第六，很多論著品質不高，存在淺嘗輒止，就事論事之弊，往往只注重一些具體問題，缺乏更爲深入的考辨。①

儘管存在許多問題，但整體上遼代禮文化研究正逐步得到推進。首先，以往較少爲學者注目的一些禮制問題，開始逐步受到重視，出現了一些基於《遼史·禮志》等文獻考察遼代各項禮制的論著，也產生了一批以禮制問題爲研究重心的學者。其次，壁畫、墓葬、石刻、古屍等地下材料的發現，彌補了禮儀文獻不足的問題，極大地推進了禮俗、禮樂等領域的研究。最後，隨着北方民族學和跨學科研究的興起，新的研究視野和研究方法被引入進來，人類學、民族學、宗教學等學科的理論被不斷地運用到禮文化研究中來，產生許多爲學界所重視的優秀成果。遼代禮文化研究，有着光明的未來與遠大的前景。

關於西夏的禮學研究，學界的關注點大多集中在西夏的民族特色及其與契丹、漢、吐蕃等其他民族的交融，試圖將西夏的各種禮制解釋爲民族融合的結果。這一視角一定程度上可以解決一些問題，但同時也限制了研究者的思路，導致當前的研究對制度本身關注不足。

至於金代，學界雖然對金代禮文化的研究取得了一定成果，但也存在遺憾。第一，選題較爲集中。目前來説，學界對金代禮制和禮俗問題的考察較多，其他領域相對欠缺。第二，所用史料比較單一。許多研究基本只使用傳世文獻，對考古材料、石刻材料、圖像材料等關注不夠。傳世文獻的使用也僅限於《金史》《大金國志》《大金集禮》，對詩詞曲等文學材料利用不足。此外，對史料的真實性問題也缺乏考證。金代禮儀研究的主要參考文獻《大金集禮》就存在若干錯誤，已有學者做出校正，但仍有部分研究繼續使用有誤史料。需要注意的是，即使所用史料可信，也要仔細分析其能涵蓋的時間、空間範圍。第三，研究視角單一，且缺乏對禮學理論的運用。一些研究就現象談現象，對背後的禮文化内涵有欠深究。第四，研究對象不夠多元。在民族方面，主要關注女真族和漢族，對金朝統治下的其他民族如契丹族、渤海族、奚族有所忽略。在地域方面，只關注統治的核心地區，對邊地情況考察有限。階層方面，主要關注上層，對普通民衆的關注不夠。身份方面，對僧侶等擁有特殊身份的人有欠考察。第五，對禮儀的内部差異未作區分。部分研究就某個禮文化問題泛泛而談，論述較爲籠統，未曾注意到民族、地域、階級、身份之間的差異。第

① 參考王凱：《關山初度路猶長——20世紀以降遼朝禮制研究綜述》，《黑龍江民族叢刊》2016年第6期。

六，對禮儀流變和實踐情況分析不到位。總而言之，今後尚需要學者繼續開拓新視角，利用新材料，運用新理論，對金代禮文化進行更爲廣泛和深入的研究。

特別需要注意的是，宋、遼、夏、金、吐蕃、蒙元政權之間互相交錯，存在着不少共存的時段，也存在着不少共有的禮俗。僅僅從一國一族的史料中，不可能獲得全面的禮制信息，賓禮和軍禮是如此，其他禮制和習俗也是如此。必須互相觀照、互相發掘，才能全面復原當時的禮文化；相應地，一國一族的禮制史料才能獲得生命力。

第六章　元代禮學研究

元代作爲中國古代禮文化的一個重要時段，其重要地位不遑多論，學界也積累了一些研究成果，劉舫《40年來元代禮制研究述評》對此已作了比較充分的梳理。① 在此基礎上，本章將以禮學定位，對目前元代禮學研究的重要成果進行梳理概括和分類分析，並嘗試探討日後可以深入研究的增長點，希望能爲未來繼續開展相關工作提供資料。

第一節　"三禮"文獻研究

相較於中國古代其他朝代的禮學内容，元代的禮學往往相對較少受到研究者重視，但是並非無人從事專門研究。臺灣學者徐玉梅20世紀80年代末即在其碩士學位論文《元人疑經改經考》中，② 從"疑經改經"角度對元人的經學研究進行考察，其中就提到了元人的禮學研究。作者指出，元人的經學研究特色是遵守宋儒而少有創見，從整個元代觀察，疑改前人之説的元儒多存於宋末元初之時。但葉國良也指出："徐玉梅《元人疑經改經考》、陳恒嵩《明人疑經改經考》未考吴澄對古禮書之主張及可靠著作，以訛傳訛，均誤以《三禮考注》爲吴澄主張疑改《周禮》之具體意見。"③

有幾篇文章談到元代禮學的特色及整體概括。例如，魏慈德《元代之〈禮記〉學》一文臚列了元代禮學著作，認爲元人《禮記》學的特色是"守宋儒之説"

① 劉舫：《40年來元代禮制研究述評》，《中國史研究動態》2019年第2期。

② 徐玉梅：《元人疑經改經考》，臺灣東吴大學碩士學位論文，1988年。

③ 參見葉國良：《禮學研究的諸面向續集》，臺灣"清華大學"出版社2017年版，第140頁。

“爲朱子禮學觀的再現”以及沿襲宋人疑經改經考風氣。① 林存陽在《宋元明時期三禮學舉隅》一文中，梳理了宋元明時段禮經以及禮制變遷，認爲“三禮”學研究在宋元明時期(尤其是元明時期)的弱化，與元代理學官學化、明代陳澔研究定於一尊及明中後期陽明心學興起有關。②

中國臺灣學者劉千惠在元代禮學文獻領域着力較多。其《陳澔〈禮記集説〉之疑經改經探析》一文，從篇章作者、經文錯簡及改易文字、非聖人之意及意有未合四個方面，對陳澔《禮記集説》中疑經改經的問題進行分析。③ 其碩士學位論文《陳澔〈禮記集説〉之研究》，從《禮記集説》的作者生平、編纂和著述體例、思想内容及其對後世影響等方面對元代禮學家陳澔及其《禮記集説》作了全面細緻的分析，切中肯綮。④ 此後，其《陳澔〈禮記集説〉之版本析論》一文，針對《禮記集説》一書三個刊刻版本(十六卷本、三十卷本、十卷本)系統的源流、順序、異同進行分析。⑤

以此爲題的學位論文還有幾篇。蘇成愛碩士學位論文《陳氏〈禮記集説》研究》也對此經學文獻進行研究，只是文章側重於校正該書的文字錯訛。⑥ 之後，戴雅萍碩士學位論文《陳澔〈禮記集説〉平議》對該書的解經方式和特點進行研究，認爲《禮記集説》解經特色是“簡”，並將陳澔《禮記集説》與孫希旦《禮記集解》、朱彬《禮記訓纂》進行對比分析。⑦ 劉亞卓碩士學位論文《陳澔〈禮記集説〉語音研究》則從漢語語音史的角度入手，通過分析陳澔在《禮記集説》中自創的音注，對宋元時期的漢語聲母、韻母和聲調演變進行研究。⑧ 已發表的文章還有曾令巍《陳澔對〈禮記〉的詮釋特色》，認爲陳澔在進行禮學詮釋時，實

---

① 魏慈德:《元代之〈禮記〉學》，彭林主編:《經學研究論文選》，上海書店出版社 2001 年版，第 237~252 頁。

② 林存陽:《宋元明時期三禮學舉隅》，《中國社會科學院歷史研究所學刊》第 4 集，商務印書館 2007 年版，第 511~522 頁。

③ 劉千惠:《陳澔〈禮記集説〉之疑經改經探析》，浙江大學古籍研究所編:《禮學與中國傳統文化——慶祝沈文倬先生九十華誕國際學術研討會論文集》，中華書局 2006 年版，第 258~269 頁。

④ 劉千惠:《陳澔〈禮記集説〉之研究》，臺灣東吴大學碩士學位論文，2007 年。

⑤ 劉千惠:《陳澔〈禮記集説〉之版本析論》，《儒家典籍與思想研究》第二輯，北京大學出版社 2010 年版，第 124~144 頁。

⑥ 蘇成愛:《陳氏〈禮記集説〉研究》，南京師範大學碩士學位論文，2007 年。

⑦ 戴雅萍:《陳澔〈禮記集説〉平議》，南京師範大學碩士學位論文，2012 年。

⑧ 劉亞卓:《陳澔〈禮記集説〉語音研究》，吉林大學碩士學位論文，2016 年。

現了"經學的朱子學化";①《陳澔論先王立教以禮爲重》,認爲陳澔把"道統"問題引入禮學範疇,回應了儒家構建王道政治爲何選擇禮的問題。②

元代禮學家吳澄也深受關注。姜廣輝的《評元代吳澄對〈禮記〉的改編》肯定了吳澄的《禮記纂言》,文章從吳澄《禮記纂言》的分類方式入手進行了分析,認爲《禮記》分類應該注意保持古書原貌,分類有助於對通禮和其他專禮的認識,也對孔子七十子後學派别分類有助益。③ 劉千惠博士學位論文《吳澄三禮學研究》,對吳澄的《禮記纂言》《三禮叙録》《批點考工記》以及《儀禮逸經傳》四部書進行了細緻的文本梳理,對吳澄的生平及其禮學内容、思想進行探析,指出其禮學研究特色,肯定其在禮學史中的地位。④ 她的《吳澄〈三禮考注〉之真僞考辨》一文,將《三禮考注》《三禮纂言》一書從文字表達、注釋内容、内容分類等方面作了比較分析,指出《三禮考注》並非吳澄所作。⑤ 王啓發的《吳澄對〈禮記·王制〉篇的改編及其意義解析》,是目前關於吳澄的最新研究,文章將《禮記·王制》篇原文與吳澄《禮記纂言》改編後的《禮記·王制》篇進行詳細的列表對比,指出吳澄對《禮記·王制》篇所作的調整和改編,及其内在邏輯與合理性,指出吳澄所作改編的意義在於全篇章句内容整體的貫通和邏輯有序。⑥

進入21世紀後,有關元代經學和禮學的研究開始增多,⑦ 其中在經學角度對禮學家敖繼公的研究尤其多。例如,程克雅《敖繼公〈儀禮集説〉駁議鄭注〈儀禮〉之研究》一文,從《儀禮集説》反駁鄭玄注《儀禮》的具體内容入手,條分縷析,指出敖繼公的貢獻在於删除不合經文的鄭注,並補充其他先儒的觀點以及自己的看法。⑧ 孫致文《從文獻學的角度考察敖繼公〈儀禮集説〉與朱熹禮

---

① 曾令巍:《陳澔對〈禮記〉的詮釋特色》,《湖南大學學報》(社會科學版)2017年第2期。

② 曾令巍:《陳澔論先王立教以禮爲重》,《原道》2017年第2期。

③ 姜廣輝:《評元代吳澄對〈禮記〉的改編》,楊晉龍主編:《元代經學國際研討會論文集》,臺灣"中研院"中國文哲研究所籌備處2000年版,第559~578頁。

④ 劉千惠:《吳澄三禮學研究》,臺灣師範大學博士學位論文,2017年。

⑤ 劉千惠:《吳澄〈三禮考注〉之真僞考辨》,臺灣《中國學術年刊》第34期,2012年。

⑥ 王啓發:《吳澄對〈禮記·王制〉篇的改編及其意義解析》,《學海》2020年第3期。

⑦ 楊晉龍主編:《元代經學國際研討會論文集》,臺灣"中研院"中國文哲研究所籌備處2000年版。涂雲清:《蒙元統治下的士人及其經學發展》,臺大出版中心2012年版。

⑧ 程克雅:《敖繼公〈儀禮集説〉駁議鄭注〈儀禮〉之研究》,臺灣《東華人文學報》第2期,2000年。

學的關係》一文，通過將敖繼公的《儀禮集説》與張淳的《儀禮識誤》、朱熹的《儀禮經傳通解》進行參照研究，厘清敖繼公《儀禮集説》與朱子禮學的關係，指出了《儀禮集説》在學術史上的重要價值，對學者重新評估元代經學在學術史上的地位，提供了材料。①

廖明飛對於敖繼公及《儀禮集説》有一系列研究成果。例如，《敖繼公小考》一文考證了元代禮學家敖繼公的生平，特别是推斷出高克恭薦舉敖繼公之年以及敖氏卒年。②《敖繼公〈儀禮集説〉版本小識》一文考察了《儀禮集説》的《通志堂經解》本、《四庫薈要》和《四庫全書》本的底本及校訂情況，指出作爲清代唯一通行版本的《通志堂經解》本在《儀禮集説》版本系譜中的重要地位。③《敖繼公〈儀禮集説〉と朱子〈儀禮經傳通解〉——その繼承と修正》一文，以此書對朱子按語的吸收爲線索，分析敖繼公《儀禮集説》對朱熹的《儀禮經傳通解》的繼承、取捨，指出二者之間的關係。④ 他的博士學位論文《中國近世〈儀禮〉學の研究》，繼續闡釋朱熹的《儀禮經傳通解》與敖繼公的《儀禮集説》，指出它們在中國近世儀禮學學術史上的位置，特别對敖繼公詮釋《儀禮》的方法給予肯定。⑤ 論文考察敖繼公《儀禮集説》各個版本的流傳過程，討論《禮記集説》對鄭玄注、對朱熹《儀禮經傳通解》的引用和解釋，分析了敖繼公的“横讀法”，並介紹了清代禮學家對敖繼公的評價，還談到朝鮮學者韓元震的《儀禮經傳通解補》及朝鮮半島對朱熹《儀禮經傳通解》的接受。

元代的《周禮》研究方面，論著不多。葉國良的《復原古〈周禮〉的發展史》一文將宋代以來有關《周禮》復原的經學論争進行了梳理，在元代部分，針對丘葵的《周禮補亡》和吳澄的《三禮叙録》中有關《周禮》復原的問題進行了分析。⑥ 日本學者小島毅《〈冬官〉未亡説之流行及其意義》，對“《冬官》未亡説”

① 孫致文：《從文獻學的角度考察敖繼公〈儀禮集説〉與朱熹禮學的關係》，臺灣《鵝湖學誌》第 51 期，2013 年。

② 廖明飛：《敖繼公小考》，彭林主編：《中國經學》第 20 輯，廣西師範大學出版社 2017 年版，第 99～114 頁。

③ 廖明飛：《敖繼公〈儀禮集説〉版本小識》，虞萬里主編：《經學文獻研究集刊》第 17 輯，上海書店出版社 2017 年版，第 165～179 頁。

④ 廖明飛：《敖繼公〈儀禮集説〉と朱子〈儀禮經傳通解〉——その繼承と修正》，（日本）《中國思想史研究》第 39 卷，2018 年。

⑤ 廖明飛：《中國近世〈儀禮〉學の研究》，日本京都大學博士學位論文，2018 年。

⑥ 葉國良：《復原古〈周禮〉的發展史》，氏著《禮學研究的諸面向續集》，臺灣“清華大學”出版社 2017 年版，第 134～150 頁。

的宋元説法進行了分析，其中涉及元代學者丘葵對宋人提出的“《冬官》未亡説”的態度，以及宋人此説在元代的影響。①

另外，關於元代的禮圖之學，也有學者措意，成果值得關注。明代禮學家王應電在《周禮圖説·序》中曰：“古稱左圖右書，凡書所不能言者，非圖無以彰其形，圖所不能畫者，亦非書無以盡其意，此古人所以不偏廢也。”②禮圖作爲注釋“三禮”的方法，自漢代起就受到經學家的重視。許雅惠《図籍の間接的流通再論——元代〈三禮図〉を例として》一文以元代的《三禮圖》爲例，探討書籍形制與使用之間的關係。並且指出由於北宋中期金石學研究的興起發展，《三禮圖》所載内容被士大夫廣泛質疑，以致其地位衰落。③ 作者通過整理分析陝西、甘肅等地的元代墓葬中的禮器，再結合《宣和博古圖》《三禮圖》分析得出結論，隨着蒙元入侵，《三禮圖》在北部中國重新復興，成爲士大夫製作禮器時的重要參考資料。喬輝的《韓信同〈三禮圖説〉考論》《韓信同〈三禮圖説〉内容考略》兩篇文章都是對元代韓信同《三禮圖説》具體内容的考訂，肯定了該禮圖在禮學史上的價值。④

關於元代禮經及相關文獻研究，成果不多，21 世紀以來稍有增多。其重點集中在，對三位禮學家(即敖繼公、吴澄與陳澔)的生平及其著作的研究。總體而言，由於元代資料較少，整體成果也較少。

第二節 禮制與禮典研究

元朝建立後，雖然蒙古舊俗以及佛道教對國家禮制有很大影響，但是在國家層面上，總體上還是繼續使用了以儒家的思想爲核心的禮制，這點在《元史·祭祀志》以及當朝官方編訂的禮書中有明確體現：“凡祭祀之事，其書爲《太常集禮》，而《經世大典》之《禮典》篇尤備。参以累朝《實録》與《六條政

---

① 小島毅：《〈冬官〉未亡説之流行及其意義》，楊晉龍主編：《元代經學國際研討會論文集》，臺灣“中研院”中國文哲研究所籌備處 2000 年版，第 539~558 頁。

② 王應電：《周禮圖説·序》，欽定四庫全書版。

③ 許雅惠：《図籍の間接的流通再論——元代〈三禮図〉を例として》(原信太郎アレシャンドレ訳)，《中國伝統社會への視角》，《宋代史研究會研究報告》第十集，(日本)汲古書院 2015 版，第 267~301 頁。

④ 喬輝：《韓信同〈三禮圖説〉考論》，《中華文化論壇》2018 年第 8 期；《韓信同〈三禮圖説〉内容考略》，《人文論叢》2018 年第 1 輯，武漢大學出版社 2018 年版。

類》，序其因革，録其成制，作《祭祀志》。"①雖然元代的禮典大多散佚，影響了相關層面的研究，但是關於《元史·祭祀志》的研究不少：閻寧《〈元史·祭祀志〉校勘記糾誤及獻疑》一文，從文獻學校勘的方法入手，指出了中華書局版《元史·祭祀志》校勘記的幾處錯誤。② 日本學者櫻井智美的《〈元史〉"祭祀志"について》一文分析了《元史·祭祀志》的來源和内容。作者認爲《元史》中《祭祀志》的比重比《宋史》《金史》中的要重，從《宋史》《遼史》《金史》的編撰，到《元史》的編撰中間相差達三十年，因此《元史·祭祀志》的編撰情況可反映出地方祭祀盛行時代背景下的狀態。③ 許繼起《關於〈元史·禮樂志〉的幾個文獻問題》一文，圍繞《元史·禮樂志》文本所存在的資料來源、主修人員等問題進行了考證。④ 首先作者認爲《元史·禮樂志》的資料來源除人所熟知的《經世大典·禮典》之外，《太常集禮》所引卷牘、别本、周馭所藏《儀注》，孔思逮《大元樂書》，明初仍存世的元代藝文典籍中書目等文獻也是其來源。其次作者認爲《元史·禮樂志》是由陶凱主修，宋濂裁定。最後作者肯定了《新元史·樂志》的史料價值，認爲它在内容上對《元史·禮樂志》有補充，且校訂諸多史文錯誤。

劉舫《元代禮制中蒙漢因素的衝突與融合：以經筵爲中心》以經筵入手，詳細分析經筵的内容，比較蒙元統治者對漢族文化的態度以及進行的制禮活動，分析有元一朝蒙漢因素的衝突與融合，認爲元朝統治者對漢族禮制理解有限，元代禮制特性是蒙古本位。⑤ 陳冠偉和陳戍國在 *Modern Chinese Religion I Song-Liao-Jin-Yuan*（960-1368*AD*）一書中，以"國家禮儀"（states rituals）⑥爲名，從宋代的儒教概念入手，分祭天、祭地、祭祖先以及其他重要的人物幾類，將宋金元三個朝代的國家祭祀按時間順序進行了梳理分析。作者的結論是雖然這

---

① 《元史》卷七二《祭祀志一·郊祀上》，中華書局 1976 年版，第 1780 頁。

② 閻寧：《〈元史·祭祀志〉校勘記糾誤及獻疑》，《内蒙古師範大學學報》（哲學社會科學版）2008 年第 2 期。

③ 櫻井智美：《〈元史〉"祭祀志"について》，（日本）《13、14 世紀東アジア史料通信》第 6 號，2006 年。

④ 許繼起：《關於〈元史·禮樂志〉的幾個文獻問題》，《史學史研究》2013 年第 4 期。

⑤ 劉舫：《元代禮制中蒙漢因素的衝突與融合：以經筵爲中心》，《上海大學學報》（社會科學版）2017 年第 3 期。

⑥ 從文中看，這篇文章中的國家禮儀（state rituals）包括祭天（Sacrifices to the Gods of Heaven）、祭地（Sacrifices to Earth Gods）、祭祖先和其他去世的重要人物（Sacrifices to the Ancestors and Other Deceased Persons）。

幾個朝代由不同民族建立，但是祭祀情況基本相同，因此一旦某個少數民族統一了中國大部分地區，它將無法抵抗傳統中國祭祀的影響。①

本節以下對元代國家禮制以及相關禮典研究展開綜述。限於資料，目前所知元代五禮的研究成果，主要集中吉禮部分，其他內容措筆者較少，凶禮部分尤少。

一、吉禮

1. 天地祭祀

郊祀禮儀是吉禮中重要的一項，關於元代郊祀制度的研究，吳麗娛主編、劉曉撰寫的《禮與中國古代社會(隋唐五代宋元卷)》的元代章，② 對元代郊祀、太廟祭祀和原廟制度的確立發展演變進行了深入分析，是目前較新的研究。

除去一些禮制通史的論述，近年來關於元代禮制的代表性研究當屬馬曉林的工作。其博士學位論文《元代國家祭祀研究》，考察了元代郊祀制度的建立過程，尤其是討論了元代郊祀主神位問題。③ 他結合《元史》《太常集禮》的郊祀神位圖，對元代皇帝郊祀的時間、地點、原因、牲品等進行整理，並指出元代郊祀的三點特徵：郊祀制度實行晚、郊祀制度建立過程波折、對待親郊態度不如漢族士人積極。他指出元代郊祀制建立後的特殊情況：只立南郊不立北郊，祭祀時不祭皇地祇，並分析其與蒙古人長生天信仰及武仁授受事件的影響有關。他的另一篇文章《蒙漢文化交會之下的元朝郊祀》指出，元朝郊祀制度以草原、中原兩種文化交會爲背景，在天地分合問題上，元朝郊祀只祭昊天上帝，主要是爲了遷就蒙古人的天神觀念，而元朝皇帝宣揚郊祀的直接動力，則在於郊祀禮樂的皇權合法性象徵作用。④

祭天與郊祀制度密切相關，日本學者今井秀周《モンゴルの祭天儀式——モンゴル帝國から元朝の間について》一文，探討了元朝的祭天儀式："將蒙古祭天的日期、儀式置諸北方民族史中進行考察，讓我們看到，隨着大蒙古國疆域的擴大、他族文化的影響、宗教信仰的變化、統治策略的轉變，從成吉思

---

① John Lagerwey and Pierre Marsone：*Modern Chinese Religion I Song-Liao-Jin-Yuan*(960-1368*AD*). Leiden Boston：Brill，2014，pp. 138-166.

② 吳麗娛主編：《禮與中國古代社會(隋唐五代宋元卷)》，中國社會科學出版社 2016 年版，第 322~416 頁。

③ 馬曉林：《元代國家祭祀研究》，南開大學博士學位論文，2012 年，第 71~97 頁。

④ 馬曉林：《蒙漢文化交會之下的元朝郊祀》，《中國史研究》2019 年第 4 期。

汗建大蒙古國到忽必烈採元爲國號，蒙古的祭天日期、儀式皆發生了變化。……研究頗具啓發。”①阿爾丁夫《從史籍記載看蒙古“拜天之禮”和所拜之“天”》一文認爲，蒙古族的祭天之禮與薩滿族不同，蒙古族所崇拜的“天”以及晚近出現的“長生天”指的是太陽、月亮。②

對蒙古祭天中的主格黎(ǰügeli)現象，學者有不同説法。娜仁格日勒《蒙古族祖先崇拜的固有特徵及其文化藴涵》一書認爲，主格黎(ǰügeli)最先用於祭祖，後來用於祭天，其變化是由於氏族不斷的變化擴大，因而需要一個更廣泛的祭祀對象。學界多數認爲可翻譯爲“以竿懸肉祭天”，村上正二認爲翻譯爲靈廟。主格黎的祭祀對象，學界眾説紛紜，娜仁格日勒歸納有10種之多，但主要是兩派，一是認爲主格黎祭祀對象是天，另一種觀點是，祭祀對象是氏族。娜仁格日勒認爲主格黎最先用於祭祖後祭天。③ 前述馬曉林之文梳理了前人的論述分析後，認爲蒙元帝國的祭天，並不使用以竿懸肉的儀式，而是用灑馬湩儀式替代。而促成蒙古祭天儀式轉變，大蒙古國建立是决定因素，成吉思汗的興起與蒙古對於天信仰觀念發生轉變的時間一致。此外，他從掌祭官和尊祖配天兩個方面，指出了漢族禮儀對蒙古祭祀的影響。

馬曉林《從國都到村社：元代社稷禮制考》一文，指出了元代社稷禮在中國禮制發展史上的重要地位。④ 將元代社稷禮分爲國都、州縣、村社三個層面進行討論，認爲三者之間存在中央與地方、民間與國家的多重互動。元代國都社稷禮的實行情况，體現出草原意識形態阻止了中原禮制在國都實行的特徵，州縣村社社稷禮的實行，在繼承唐宋禮制基礎上又有所發展，具體表現爲：適應元朝尚右風尚的禮儀改動，明確規定了壇壝的方位，採納朱熹禮學中神主尺寸的規定。而基層社稷禮則體現出多元化特徵。

從上文的分析可知，目前對於元代郊祀制度的研究，最深入的是與祭天相關的内容，社稷的内容則相對較少。

---

① 今井秀周：《モンゴルの祭天儀式——モンゴル帝國から元朝の間について》，(日本)《東海女子大學紀要》第26號，2006年。轉引自馬曉林：《元代國家祭祀研究》，南開大學博士學位論文，2012年，第98頁。

② 阿爾丁夫：《從史籍記載看十三世紀蒙古“拜天之禮”和所拜之“天”》，《廣播電視大學學報》(哲學社會科學版)2013年第2期。

③ 娜仁格日勒：《蒙古族祖先崇拜的固有特徵及其文化藴涵》，内蒙古教育出版社2006年版，第167~171頁。

④ 馬曉林：《從國都到村社：元代社稷禮制考》，《史學月刊》2017年第7期。

2. 宗廟祭祀

元代士人劉致曾言:"禮莫大於宗廟。宗廟者天下國家之本,禮樂刑政之所自出也。"元代廟制自有它的特點,早在清代,萬斯同在《廟制圖考》中就指出了元代廟制的特别之處:"宋以前神主率用栗木,元始易黄金","自元以前,廟室皆西上,以次而東,至是始以中爲上"。出於蒙漢文化融合和宣示正統等原因,元朝太廟室次經歷了幾次變化。①

黄時鑒《元代廟制的二元性特徵》一文,指出了元代廟制的兩個重要特徵,即蒙古祭禮和雙重廟號。作者認爲,雙重廟號即喪葬和祭祀體制中太廟、原廟和"奉宫祭管"的守宫制並存:"元帝既是中國王朝的皇帝,又是蒙古汗國的各個藩國的宗主,儘管有的宗藩關係幾乎僅僅是名義上的,但彼此之間的往來仍然長期保持。在這種情況下,採用雙重廟號自有方便之處:蒙古語廟號用於元朝及諸蕃國,也就是以元帝爲宗主的整個蒙古汗國,而漢語廟號則僅僅用於元朝,特别是用於漢文公牘。"此特徵是因其特殊的政治需要使然,反映了元代政治制度的二元特色。② 高榮盛《元代守宫制再議》一文也討論了守宫制,文章分三部分對元代的"守宫制"進行了辨析:廣義守宫制與"班秃營帳"、狹義守宫制與"十一室皇后斡耳朵"(從"十一室皇后斡耳朵"、守宫者、守宫制經濟來源三方面分析)、怯薛與守宫斡耳朵(從怯薛與它的管理機構、"燒飯"祭祀入手,認爲"燒飯"的重要祭祀活動主體是"怯薛","火室"成員即便參加"燒飯"祭祀,行爲也與怯薛分開)。③

而太廟中的漢族文化特徵非常明顯。馬曉林對元代太廟的研究以室次爲核心,他以太廟室次沿革爲中心,以蒙漢文化碰撞、融合及太廟室次變化與現實政治的關係爲兩軸,梳理了元代太廟廟制的建制沿革,認爲從太廟室次沿革,可以看出有元一代受漢法影響越來越深,他認爲蒙漢文化交融碰撞以及現實政治是影響太廟室次的重要因素。④ 對太廟神主的研究也是一個角度,劉迎勝《至元元年初設太廟神主稱謂考》一文對太廟設置的背景進行了考察,利用波

---

① 萬斯同:《廟制圖考》,張壽鏞輯:《四明叢書》,廣陵書社 1981 年版,第 85~88 頁。馬曉林:《元朝太廟演變考——以室次爲中心》,《歷史研究》2013 年第 5 期。

② 黄時鑒:《元代廟制的二元性特徵》,《元史論叢》第五輯,中國社會科學出版社 1993 年版,第 131~135 頁;後收入《黄時鑒文集Ⅰ》,中西書局 2011 年版,第 63~68 頁。

③ 高榮盛:《元代守宫制再議》,《元史論叢》第十四輯,天津古籍出版社 2013 年版,第 1~10 頁。

④ 馬曉林:《元朝太廟演變考——以室次爲中心》,《歷史研究》2013 年第 5 期。

斯文資料考證了元初太廟七室的室系，追溯了蒙古人對先輩、親屬的稱謂，認爲《元史・祭祀志》中所載至元初年對太廟七室神主的親屬稱謂譯自蒙古語。① 劉迎勝另一篇文章《從七室之祀到八室之祀——忽必烈朝太廟祭祀中的蒙漢因素》總結出了太廟祭祀時的排位原則並認爲，從七室到八室順序的變化（特別是八室之中托雷位次的變化），反映出忽必烈對漢文化長幼有序觀念的接受和托雷後裔對帝位轉移合法性的確認，以及對成吉思汗四子共同繼承帝國基業的認可。②

劉曉《元代太廟制度三題》一文梳理了元代太廟建設的三個階段，指出每一階段太廟神主的室次均會發生較大變化，歷經"以西爲上，依次向東""太祖居中，先右後左""太祖居中，左昭右穆三個階段"而這種變化，與當時的政治背景變遷密切相關。③ 在其撰寫的《禮與中國古代社會（隋唐五代宋元卷）》中的元代部分，對太廟的建立以及太廟神主的變遷進行了非常細緻的梳理。④

原廟祭祀也是元代的一種祭祀。原廟是除太廟之外而再行另建的宗廟，它起源於西漢，在唐代發展，宋代時確立，元代時屬於皇室祭祀的一種，元文宗時改稱神御殿，祭祀的形式及内容都帶有明顯的蒙元特色，帶有强烈的佛教和道教色彩。劉曉在《禮與中國古代社會（隋唐五代宋元卷）》中對元代在各地設置的 12 座影堂（神御殿寺）有非常具體的介紹。⑤ 許正弘的《元太禧宗禋院官署建置考論》一文，⑥ 在其碩士學位論文《元代原廟制度初探：以太禧宗禋院

① 劉迎勝：《至元元年初設太廟神主稱謂考》，姚大力、劉迎勝主編：《清華元史》，商務印書館 2011 年版，第 250~282 頁；後收入氏著《蒙元帝國與 13—15 世紀的世界》，生活・讀書・新知三聯書店 2013 年版，第 48~70 頁。

② 排序原則，七室，首要因素是否踐祚，其次是否追封，再次長幼之序；八室，首要因素是否踐祚，其次長幼之序。劉迎勝：《從七室之祀到八室之祀——忽必烈朝太廟祭祀中的蒙漢因素》，《元史論叢》第十二輯，内蒙古教育出版社 2010 年版；後收入氏著《蒙元帝國與 13~15 世紀的世界》，生活・讀書・新知三聯書店 2013 年版，第 71~90 頁。

③ 劉曉：《元代太廟制度三題》，達力札布主編：《中國邊疆民族研究》第七輯，中央民族大學出版社 2013 年版，第 52~69 頁。

④ 吳麗娛主編：《禮與中國古代社會（隋唐五代宋元卷）》，中國社會科學出版社 2016 年版，第 357~381 頁。

⑤ 吳麗娛主編：《禮與中國古代社會（隋唐五代宋元卷）》，中國社會科學出版社 2016 年版，第 382~421 頁。

⑥ 許正弘：《元太禧宗禋院官署建置考論》，臺灣《"清華"學報》2012 年第 3 期。

爲中心》的基礎上，① 對元代原廟祭祀的官署建置進行論述。從三方面（官署興革、職掌事務及人員）對元太禧宗禋院的官署建置過程及意義作出分析，認爲元世宗及元文宗朝是元代原廟發展的關鍵期，但文宗朝的改革並不成功，使得當時雖然在原廟設立專責官署，但其運作成效卻有限。

上述文章，從不同的角度出發對太廟祭祀進行了分析，大大深化了對元代太廟祭祀制度的認識，同時，涉及在太廟中禮制變化原因的分析時，無不强調政治因素的重要性。近年來朱溢提出，太廟具有"公""私"二重屬性的觀點，"太廟祭祀兼具公私兩種屬性，一方面象徵着地位傳承的合法性，另一方面又是皇帝和宗室祭祀祖先的一種方式，相對而言，前者顯得更爲重要"。《唐至北宋時期太廟祭祀中私家因素的成長》一文，在分析唐至北宋太廟祭祀變化時，提到皇帝個人的情感需要，也是導致太廟祭祀出現變化的重要原因。② 但是從此角度入手探討元代禮制的文章，目前未見刊佈。

3. 嶽鎮海瀆祭祀

嶽鎮海瀆是祭祀五嶽、五鎮、四海及四瀆的祭祀。日本學者池内功認爲嶽鎮海瀆祭祀是"首個被蒙元統治者採行建制的漢地傳統國家祀典"③。馬曉林的一系列文章對於瞭解其在元代的發展情況十分重要。《元代嶽鎮海瀆祭祀考述》一文考證了嶽鎮海瀆祭祀在元代的形成過程，分代祀、常祀、因事專祀三種情況考察，列舉了元代舉行此祭祀的地點，分析了祭祀人員，指出了此祭祀在元代中後期出現的問題，認爲該祭祀既是蒙元王朝"治漢地，用漢法"的表現，也是聯繫地方與中央的重要紐帶。其中還特别提到了道教對於該祭祀的推動作用。④ 其《國家祭祀、地方統治與其推動者：論元代嶽鎮海瀆祭祀》一文，主要强調蒙元時期嶽鎮海瀆祭祀在聯繫中央與地方時發揮的重要作用，同時指出儒士與道士對此祭祀的實行發揮的推動作用。⑤ 此外馬曉林在其博士學位論

---

① 許正弘：《元代原廟制度初探：以太禧宗禋院爲中心》，臺灣"清華大學"碩士學位論文，2009 年。

② 朱溢：《唐至北宋時期太廟祭祀中私家因素的成長》，臺灣《臺大歷史學報》第 46 期，2010 年。

③ 池内功：《フビライ朝の祭祀について》，（日本）安藤正士等：《中國史における正統と異端》（二），1991 年，第 55~70 頁。

④ 馬曉林：《元代嶽鎮海瀆祭祀考述》，《中國史研究》2011 年第 4 期。

⑤ 馬曉林：《國家祭祀、地方統治與其推動者：論元代嶽鎮海瀆祭祀》，《西南大學學報》（社會科學版）2011 年第 5 期。

文《元代國家祭祀研究》中，更系統地分析了以上兩篇文章的所涵蓋的内容。① 櫻井智美《元大都的東嶽廟建設與祭祀》一文，對元代北京地區的嶽瀆祭祀作出了研究。該文還利用碑刻墓志等資料，按時間順序考察了元代北京地區建立東嶽廟的原由及始末，闡釋了北京東嶽廟與元代道教正一派之間千絲萬縷的聯繫，認爲東嶽廟的建立、發展與正一派的推動密不可分。② 劉江《元代全真教的嶽瀆代祀》從宗教角度入手，探討道教與國家祭祀之間的關係。文中説明了道教在元代嶽瀆祭祀中的重要地位，指出元代道教祭祀被納入國家祭祀範圍，道教法事代替某些國家祭祀成爲常態。③

4. 三皇祭祀

三皇，一般指伏羲、神農、黄帝。早在 1936 年，顧頡剛就在《三皇考》一文中詳細考述了三皇信仰的起源及從先秦到近代的變遷等内容。④ 近年來也有不少學者從不同角度，對元代的三皇祭祀進行研究。

馬明達《元朝三皇廟學考》一文，對三皇廟學作了一個基本考察，認爲元朝將三皇廟與孔廟相並列實質上是將醫學和儒學相並列，是元朝特有的創制，值得注意。⑤ 薛磊《元代三皇祭祀考述》一文，也認爲三皇廟建置仿照孔廟。他從三皇祭祀、三皇廟制及其所反映出的禮儀之争三個方面進行考述，得出四個結論：從元世祖到元末，三皇祭祀始終受到重視、地方祭祀三皇的經費由中央劃撥，但是建造廟宇的費用則由地方出資，官民共同出力、各地的三皇廟規模建置差異大、元代士人對醫祀三皇廟、元廷祭三皇看法不一，但都主張地方政府修建三皇廟並進行祭祀。⑥

水越知在《元代的祠廟祭祀與江南地域社會——三皇廟與賜額賜號》中指出，三皇祭祀是最能體現元代祠廟政策特色的制度。他通過“醫家祭祀”和“聖人祭祀”兩個不同的取向，分析了三皇祭祀在地域社會的狀態。但是與薛磊的

① 馬曉林：《元代國家祭祀研究》，南開大學博士學位論文，2012 年，第 142～190 頁。

② 櫻井智美：《元大都的東嶽廟建設與祭祀》，《元史論叢》第十三輯，天津古籍出版社 2010 年版，第 20～30 頁。

③ 劉江：《元代全真教的嶽瀆代祀》，《湖南科技學院學報》2012 年第 1 期。

④ 顧頡剛：《顧頡剛古史論文集》(第 3 册)，中華書局 1996 年版，第 1～227 頁。

⑤ 馬明達：《元朝三皇廟學考》，《暨南大學宋元明清史論集》，暨南大學出版社 1997 年版，第 279～294 頁。

⑥ 薛磊：《元代三皇祭祀考述》，《元史論叢》第十三輯，天津古籍出版社 2010 年版，第 212～225 頁。

觀點不同，水越知認爲，江南士大夫對三皇廟反感，而且這成爲阻礙三皇廟在江南地域實施的重要原因。不僅如此，儒家士大夫通過將三皇融入儒教傳統中，以此爲三皇祭祀尋找正統性依據。①

范家偉《元代三皇廟與宋金元醫學發展》一文論述了三皇廟與宋金元醫學發展之間的關係。② 黄進興《武廟的崛起與衰微(7—14 世紀)：一個政治文化的考察》一文認爲，蒙元所創三皇祀典取法孔聖廟祀。③

馬曉林的文章重點探討的是三皇制度與聖宣制度的内在關係，以及其在國家祭祀中的地位。馬曉林認爲，三皇祭祀是元代的創舉，尤其是將三者合爲一廟，天下通祀。④

通過上文可知，三皇祭祀相較於東嶽廟、八思巴制度等研究的成果較多，學者們從不同的角度入手，對三皇祭祀的研究也較爲深入。

5. 祭孔禮制

關於元代祭孔的研究，姚從吾早在 1969 年就發表了《金元之際孔元措與“衍聖公職位”在蒙古新朝的繼續》一文，文章從考證孔元措的身份入手，詳細記述了孔元措的人生經歷(孔元措未入元以前的仕歷、孔元措金亡入元後再爲衍聖公的經過、入元後重要的事跡)並詳細論述了孔元措在元朝的制禮作樂事跡，包括建議收集亡金太常司的禮官與樂工，聘請專家在曲阜設立研究班訓練祭天樂隊，協助修復曲阜闕里與孔林等。文章着重强調了孔元措助成元憲宗時期的郊天大禮一事。作者通過分析這些事跡，闡述了孔元措在金元時期對禮制發展的重大影響，凸顯了其一直被忽視的重要學術地位。⑤

在此領域，儘管黄進興的《優入聖域：權力、信仰與正當性》一書叙述内容並不以元代爲主，但是其中涉及元代祭孔的部分亦值得關注。此書對中國古代孔廟祭祀制度的演變作通盤研究時，在“學術與信仰：論孔廟從祀制與儒

① 水越知：《元代的祠廟祭祀與江南地域社會——三皇廟與賜額賜號》，姜錫東主編：《宋史研究論叢》第 8 輯，河北大學出版社 2007 年版，第 523~549 頁。

② 范家偉：《元代三皇廟與宋金元醫學發展》，臺灣《漢學研究》2016 年第 3 期。

③ 黄進興：《武廟的崛起與衰微(7—14 世紀)：一個政治文化的考察》，氏著《聖賢與聖徒》，北京大學出版社 2005 年版，第 205 頁。

④ 馬曉林：《元代國家祭祀研究》，南開大學博士學位論文，2012 年，第 417~425 頁。

⑤ 姚從吾：《金元之際孔元措與“衍聖公職位”在蒙古新朝的繼續》，《中研院歷史語言研究所集刊論文類編(歷史編・宋遼金元卷 二)》，中華書局 2009 年版，第 1651~1658 頁。

家”這一節中指出了元代孔廟“從祀”的兩大變化：元代董仲舒從祀，這表明元代朱學的巨大影響力；元文宗時改賜孟子爲“亞聖”，顔子爲“復聖”。從此孔孟並稱，這對後世影響深遠。但是相較於作者對秦漢、明清等朝“祭孔”禮的詳細分析，此書對元代“祭孔”禮儀的論述，的確稍顯單薄。①

陳高華《金元二代衍聖公》一文指出，從元世宗到成宗朝，統治者對祭孔並不重視。② 朱鴻林將元代與明代的祀孔典禮進行了對比，也指出元朝並不真誠尊孔，元代統治者並非真正祭孔，禮儀有二重性，認爲“元代的學校釋奠禮儀同時也是尊君禮儀，不像明代屬於單純的尊師禮儀”③。

孔廟是祭孔的廟宇，而廟學則是依附於孔廟，傳授儒家思想的學校。胡務《元代廟學——無法割捨的儒學教育鏈》一書，從歷史比較和地域差異的角度對元代廟學進行了整體考察，對元代建築結構及祭祀以及廟學、學産都進行了分析。④ 是目前爲止對元代廟學研究最爲全面的專著。

申萬里的文章《元代廟學考辨》，則分析了元代廟學的結構、類型，認爲元代繼承了兩宋以來廟學合一的制度，指出了元代廟學制度注重祭祀的特點。⑤ 其另文《元代文廟祭祀初探》，回顧了中國古代文廟祭祀的傳統，認爲元統一中國前文廟祭祀即作爲固定制度在北方實行。文章研究了文廟祭祀在元代的情況，詳細介紹了春秋祭丁、朔望祭祀、殿謁等文廟祭祀形式的舉行情況，並對元代後期文廟祭祀的用樂情況（大成樂）進行了分析，認爲元後期大成樂逐步普及。由此得知，元代儒學教育正式廟學合一。最後，文章還特別分析了元代文廟祭祀受到尊崇的原因。⑥

孔德翊《從黑水城文書看元代宣聖祭祀》一文，利用出土的黑水城文書爲資料，對元代基層孔祀的時間、儀式、祭品、特點進行分析，指出元代宣聖祭

---

① 黃進興：《優入聖域：權力、信仰與正當性》，陝西師範大學出版社 1998 年版，第 299~301 頁。

② 陳高華：《金元二代衍聖公》，氏著《元史研究論稿》，中華書局 1991 年版，第 328~345 頁。

③ 朱鴻林：《國家與禮儀——元明二代祀孔典禮的儀節變化》，《中山大學學報》（社會科學版）1999 年第 5 期。

④ 胡務：《元代廟學——無法割捨的儒學教育鏈》，巴蜀書社 2005 年版。

⑤ 申萬里：《元代廟學考辨》，《内蒙古大學學報》（人文社會科學版）2002 年第 2 期。

⑥ 申萬里：《元代文廟祭祀初探》，《暨南史學》第 3 輯，暨南大學出版社 2004 年版，第 283~304 頁；後收入氏著《教育·士人·社會：元史新探》，商務印書館 2013 年版，第 98~135 頁。

祀時間(每年二月初八、八月初一)、基層孔子祭祀的情况。① 通過該文分析可知元代基層孔子祭祀在保留傳統的同時兼具民族特色。作者認爲:"'支鈔'形式的祭祀費用導致了物價持續上漲,經濟的持續惡化直接衝擊了基層祭孔活動的開展。祭祀經費的短缺……直接弱化了祭祀功能,加速了元朝基層社會的瓦解。"②不過該結論在文中並未展開論證。

釋奠禮,是祭孔子儀式中的一部分,《禮記·文王世子》:"凡學,春官釋奠於其先師,秋冬亦如之。"陳芳妹《十三世紀桂林府學釋奠二圖的新發現》③即是一篇關於宋元時期地方釋奠禮圖的文章,作者將桂林府學的《釋奠位序儀式圖》碑結合《釋奠牲幣器服圖》拓片進行分析,認爲元代儒臣贊同"以禮代刑"並且相信將儀式圖像化後可以産生教化作用,而這兩份圖的重要性在於:它們爲元代儒家教化擴散到帝國西南地區留下證明。④

6. 八思巴帝師祭祀

元代中後期建立起來的八思巴帝師祭祀的相關情况在傳世文獻的記載中寥寥無幾。李勤璞著有《八思巴帝師殿——大元帝國的國家意識形態》是少數介紹八思巴帝師祭祀的專書。⑤ 20世紀80年代,隨着黑水城文書的發現,填補了八思巴帝師祭祀研究的空白。李逸友編著的《黑城出土文書·漢文文書卷》中有八思巴祭祀日期的記載,即四月十五日和十一月廿二日。⑥ 但馬曉林認爲,四月十五日可能是四月十三日的誤寫。⑦ 馬曉林結合黑水城出土的文書及其他傳世文獻分析了八思巴祭祀設立過程,列舉了八思巴祭祀的内容(時間、建築形制),認爲它與宣祀孔子祭祀制度極類似,分析了設立該制度的原因

---

① 主要由官方參與主辦,"錢糧房"依中書省規定撥付祭祀相關費用,費用主要以"鈔"的形式支付,在延祐四年前祭祀費用爲"中統鈔壹錠",之後由於物價原因變爲"中統鈔貳錠"。

② 孔德翊:《從黑水城文書看元代宣聖祭祀》,李進增主編:《寧夏博物館館刊》,陽光出版社2015年版,第94~98頁。

③ 陳芳妹:《青銅器與宋代文化史》,臺大出版中心2016年版,第257~280頁。

④ 不過作者也强調了這兩份資料的特殊性:"……就文物而言,《釋奠牲幣器服圖》和《釋奠位序儀式圖》可能是目前僅存的13世紀中國地方性祭孔禮典的碑面圖像。"參見陳芳妹:《青銅器與宋代文化史》,臺大出版中心2016年版,第274頁。

⑤ 李勤璞:《八思巴帝師殿——大元帝國的國家意識形態》,《蒙藏專題研究叢書(105)》,2000年。轉引自馬曉林:《元代國家祭祀研究》,南開大學博士學位論文,2012年,第425頁。

⑥ 李逸友編著:《黑城出土文書·漢文文書卷》,科學出版社1991年版,第94頁。

⑦ 馬曉林:《元代國家祭祀研究》,南開大學博士學位論文,2012年,第443頁。

(八思巴本人有功績、統治者以此來表現對藏傳佛教的推崇等)以及八思巴祭祀推廣的情況，指出了八思巴帝師殿與蒙古字學的關係(在元文宗時期呈現廟學合一的傾向)，認爲該祭祀反映出元代統治者對國家意識形態的探索。①

7. 真武神祭祀

真武是古代的星宿，也是中國古代道教系統中的一位神祇，在古代多有祭祀，尤以元代爲重，元朝皇室將真武看做其開國的肇基神，真武神廟祀普遍。近年來有學者從不同側重點，對真武神在元代的祭祀開展了研究。曾召南《宋元明皇室崇信真武緣由芻議》一文，分析了宋、元、明三朝皇室崇信真武神的情況，認爲皇室的鼓吹是真武神信仰發展的重要推動力量，並分別指出了三朝推崇真武神信仰的原因，其中元代推崇的原因是將其作爲開國的肇基神。②

周曉薇《宋元明時期真武廟的地域分佈中心及其歷史因素》一文認爲，真武信仰興盛的原因除去官方推崇，還與古人對玄武星宿的崇拜、民眾期望得到護佑的心態有關。③ 文中還指出了宋元明時期三大主要祭祀真武的中心及地方祭祀的情況並分析原因：均州武當山興盛的原因是將其附會爲真武的降生之地，以宋代建康、臨安及明代南京爲中心的江南地區真武信仰興盛，與它們是當時政治文化中心有關(人口多，皇帝提倡)，北京及附近州府真武信仰興盛與元朝政府提倡有關(元統治者入主中原編造真武神相助其統天下的故事，以此造輿論，表明其政權合法)。

8. 大黑天祭祀

大黑天(梵名 mahākāla)是藏傳佛教的護法神，備受蒙古人崇拜，尤其是元朝建立之後——元代建立了大黑天神殿。馬曉林《元代國家祭祀研究》梳理了大黑天信仰自唐代以來的起源傳播變異情況，分析了南宋至元代真武—大黑天故事的版本流傳，比較了各個版本的差異，分析了兩者傳播的情況(上文已述)重新確定了大黑天傳入蒙古的時間，認爲大黑天崇拜在1240年已被蒙古人用於戰場，大黑天傳播時間早於八思巴入元。④

有關元代大黑天祭祀的研究，目前較少，馬曉林的博士學位論文是目前最完整的一篇。此外還有遁甲神的祭祀，馬曉林《元代國家祭祀研究》有過分析。

---

① 馬曉林：《元代國家祭祀研究》，南開大學博士學位論文，2012年，第425～459頁。

② 曾召南：《宋元明皇室崇信真武緣由芻議》，《宗教學研究》1996年第2期。

③ 周曉薇：《宋元明時期真武廟的地域分佈中心及其歷史因素》，《中國歷史地理論叢》2004年第3期。

④ 馬曉林：《元代國家祭祀研究》，南開大學博士學位論文，2012年。

該文將大黑天與真武信仰放在一起論述分析，梳理了13世紀前真武信仰的傳播情況，認爲在蒙古興盛之前，真武信仰在南宋、金、西夏等地皆有傳播。文章還分析了真武—大黑天故事的版本流傳，研究了元朝對真武的尊崇情況，認爲其流傳與武當道士推動、元政府提倡有關。

9. 雩祭

雩祭，屬於吉禮，是求雨的禮儀。中國古代是以農耕爲主的農業社會，風調雨順對民衆生存十分重要，遇到旱災時官方與民間用各種各樣的方法祈求大雨降臨的記録屢見不鮮。有關元代祈雨的内容，陳高華在《中國風俗通史·元代卷》"禳災風俗"一節中有所涉及。①

馬曉林將元朝的祈雨從官方和地方、民間三個方面入手進行了立體分析，是目前關於元代祈雨最詳細的研究。他將官方祈雨分傳統禮法、巫術、基督教士、佛教、道教等五種方式；地方祈雨涉及官員祈雨的治績、禱祀神靈的多元、祈雨方式三方面；民間祈雨重點談論其實例及士人在其中發揮的作用。通過分析元代的祈雨，馬曉林指出："從元代祈雨的具體史實來看，上自朝廷，下至百姓，整個國家都體現出唐宋以來禮制的没落，以及祠神信仰領域實用主義理念的不斷深化。"②

總體而言，關於元代祈雨的研究成果，目前還是較少，若將元代祈雨與魏晉時期少數民族政權祈雨、清代雩祭作對比研究，或可從中窺到古代少數民族政權面對旱災的策略有何異同。此部分日後有望進一步深入研究。

二、賓禮

元代禮制中與賓禮有關的研究，目前"朝貢"最受關注，其他研究成果也極少。高榮盛有專著《元代海外貿易研究》出版，他把中外政府間的物質來往形態分爲三種類型：朝貢貿易、外來禮儀上的相互饋贈、政府間的互市或稱爲"官市"。③ 日本學者向正樹在《元代"朝貢"與南海信息》一文中探討了元代"朝貢"體系的内容及背景，分析了元代的南海政策及其思想，忽必烈時期元朝政府的政策目的是跟南海國家建立持久性貿易關係。④ 作者指出元代"朝

---

① 陳高華、徐吉軍主編，陳高華、史衛民著：《中國風俗通史·元代卷》，上海文藝出版社2001年版，第313~318頁。

② 馬曉林：《元代國家祭祀研究》，南開大學博士學位論文，2012年，第531~562頁。

③ 高榮盛：《元代海外貿易研究》，四川人民出版社1998年版。

④ 向正樹：《元代"朝貢"與南海信息》，《元史論叢》第十輯，中國廣播電視出版社2005年版，第389~406頁。

貢”關係的特徵是統治者特別關注在南海交通網絡上佔有樞要位置的某些地區。因此文中詳細介紹了爪哇、占婆、馬八兒等國朝貢的總體情况。向正樹認可前述高榮盛的觀點，並在此基礎上將元代的朝貢分爲三類：商使貿易型朝貢、外交戰略型朝貢、商人冒充朝貢或者以私人身份來貢。認爲商使貿易型朝貢是以獲得貿易利潤爲主要目的或次要目的，有時承擔一些外交性特别任務；外交戰略型朝貢的有無，大部分源於來貢國家自己的政治戰略和判斷，比如相互競争的南印度、東南亞等國爲了獲取有利的貿易網路上的地位，或者爲了牽制國内政治對手而來貢；商人冒充朝貢或者以私人身份來貢，雖然元代“呈獻”者和其他時代的“貢獻者”（包括商人）有制度上的區别，但這一類型相似於宋代南海大食海商採取的入貢方式。

三、軍禮

有關於軍禮的研究，相較於五禮中其他的研究一向内容較少，元代也不例外，但最近這個現象有了轉變。2020 年出版的周思成著作《規訓、懲罰與征服：蒙元帝國的軍事禮儀與軍事法》一書廣泛運用了波斯語、阿拉伯語等非漢文史料進行分析，不僅是蒙元史領域的重要成果，也是對元代軍禮研究的彌補性研究。指出了元代軍法寓於軍禮的特色，並從軍事禮儀和軍事法的角度，對蒙元軍事制度進行了探討。①

四、嘉禮

元代的嘉禮研究成果不多，加元服、繼位、納后、朝賀、册命、封賞，等等，除去在《中國禮制史·元明清卷》這類的通論性著作中有一些静態的描述外，較少見詳細論述的成果。但是，在鄉飲酒禮方面，申萬里《宋元鄉飲酒禮考》一文是代表性成果。該文以元代與宋代的鄉飲酒禮爲兩軸，考證了兩朝鄉飲酒禮舉行的情况，並指出了兩朝鄉飲酒禮的區别：宋代鄉飲酒禮主要在地方官主持下進行，禮制完備，元代鄉飲酒禮的規模與宋代不同，但自發舉行鄉飲酒禮的情况較多。文章將元代鄉飲酒禮分爲官方、民間儒士、科舉時舉行三類，考證了鄉飲酒禮在元代的實行情况，認爲它是元代激勵儒士自强、自立，維繫儒學發展與傳承的重要因素之一。②

---

① 周思成：《規訓、懲罰與征服：蒙元帝國的軍事禮儀與軍事法》，山西人民出版社 2020 年版。

② 申萬里：《宋元鄉飲酒禮考》，《史學月刊》2005 年第 2 期。

此外，在宴飲禮方面，高榮盛《换盞醉飲與“蒙古式”宴飲禮》，從蒙古自己的文化出發，探討了宴飲禮的内容及重要性。① 袁冀的文章《元代宫廷大宴考》②考察了元代宫廷宴飲的地點、飲食種類、禮儀等内容。王福利《元朝的朝會燕饗制度及其燕饗樂舞》③一文主要利用《元史・禮樂志》歸納元代樂舞的人員、服飾、舞態，等等，從音樂學角度分析了宋舞和蒙古舞的特點。④ 王福利另一篇文章《元代朝儀的制定及其特點》一文考察了元代朝儀制度的特點，指出元代的朝儀制度，雖然有規模，但是不完備，元代朝儀制度品級不分，禮樂部分胡漢混雜使用。⑤ 張楠、賈陳亮《蒙元后妃宴禮探析》一文考察了元代后妃在宴會中的禮儀，展現了蒙元宴禮的内容與特色。⑥

池内功對元代郡縣的社稷、宣聖、三皇、風雨雷師的實行、運轉情況進行考察，認爲其中體現出元朝的“中國王朝化”，另一方面，池内認爲郡縣祭祀是一種教化，用以宣揚元朝“以蒙古人爲中心、各民族配合”的統治秩序。⑦ 屈耀琦《元代亦集乃路的國家祭祀——以黑城出土文書爲中心》也以黑城出土文書資料爲中心，論述亦集乃路地方官方祭祀(社稷祭祀、風雨雷師祭祀、三皇祭祀、宣聖帝師祭祀、八思巴帝師祭祀)的内容、舉行過程與周轉過程，並指出了元代郡縣祭祀的問題：名目側重不一、祭祀用品就地取材、祭祀費用不足與滯後等，豐富了我們對官方、地方祭祀的認識。⑧

---

① 高榮盛：《换盞醉飲與“蒙古式”宴飲禮》，《元史及民族史研究集刊》第十五輯，南方出版社 2002 年版，第 147～155 頁。

② 袁冀：《元代宫廷大宴考》，《蒙古史研究》第 8 輯，内蒙古大學出版社 2005 年版，第 116～132 頁。

③ 王福利：《元朝的朝會燕饗制度及其燕饗樂舞》，項楚主編：《中國俗文化研究》第 3 輯，巴蜀書社 2005 年版，第 183～193 頁。

④ 此段内容，參考了劉舫：《40 年來元代禮制研究述評》，《中國史研究動態》2019 年第 2 期。

⑤ 王福利：《元代朝儀的制定及其特點》，《内蒙古社會科學》(漢文版) 2006 年第 1 期。

⑥ 張楠、賈陳亮：《蒙元后妃宴禮探析》，《内蒙古民族大學學報》(社會科學版) 2012 年第 4 期。

⑦ 池内功：《元朝の郡縣祭祀について》，野口鐵郎編：《中國史における教と國家》，(日本)雄山閣出版 1994 年版，第 155～179 頁。中文版本：《異民族支配與國家祭祀——談元朝郡縣祭祀》，郝時遠、羅賢佑主編：《蒙元史暨民族史論集——紀念翁獨健先生誕辰一百周年》，社會科學文獻出版社 2006 年版，第 149～167 頁。

⑧ 屈耀琦：《元代亦集乃路的國家祭祀——以黑城出土文書爲中心》，寧夏大學碩士學位論文，2011 年。

總體而言，元代的嘉禮研究内容不多，目前研究成果多集中於鄉飲酒禮、朝會禮和宴饗禮。

第三節　禮俗研究

禮下移到民間，便成了習俗，元代的禮俗在一些綜論性的禮學、社會史著作中有所涉及，但都不甚詳盡。

史衛民的《元代社會生活史》將元代的社會習俗文化作了整理，此書特點是論述元代的衣食住行等社會生活。其中，與禮有關的内容很多，涉及蒙古族與漢族的婚姻家庭、皇室的住房與御用品、倫理道德和社會禁約、喪葬習俗等。① 秦新林的《元代社會生活史》分 18 章論述了元代的人口、階級與民族、户籍與户等、村莊與里甲、士人、商人、飲食、服飾、城市與民居、交通、婚喪嫁娶、教育、醫藥與養生、文化娱樂、風俗觀念及宗教。② 兩書都是從社會史角度入手研究，關注的内容多有重合。對其學術價值前人已有評述，可參看。③

陳戍國的《中國禮制史・元明清卷》對元代的禮俗禮制作了通盤性的概括研究，將元代禮制置於整個中國古代禮制的框架中，全書用一章八節篇幅，梳理概括了元代禮俗的内容：元代傳承制度及相關禮儀、祭祀、喪葬禮俗、軍禮蒐狩禮、外交、朝賀與賞賜及巡幸、婚姻禮俗、宫室輿服樂舞習俗及相關制度。但未舉出實例，進行詳細分析論證。④ 楊志剛《中國禮儀制度研究》一書從祭天、祭孔、祭禮、婚姻之禮和喪葬之禮五個部分入手，對元代禮制進行了簡略概括，他認爲元代禮制的特點是"'本俗'與漢禮糅合並用"⑤。作者在"祭天"部分提到兩個問題：元代祭天禮的變化及祭天"分祭"與"合祭"的問題。作者認爲，元代祭天禮從忽必烈到元順宗時期的變化體現出，元朝統治者向漢人傳統禮教逐步靠近。另一方面，元代祭天"分祭"與"合祭"的問題，在當時的

---

① 史衛民：《元代社會生活史》，中國社會科學出版社 1996 年版，第 53～75、117～119、277～341 頁。

② 秦新林：《元代社會生活史》，河南大學出版社 1997 年版。

③ 常建華等編：《新時期中國社會史研究概述》，天津古籍出版社 2009 年版，第 226 頁。

④ 陳戍國：《中國禮制史・元明清卷》，湖南教育出版社 2002 年版，第 1～147 頁。

⑤ 楊志剛：《中國禮儀制度研究》，華東師範大學出版社 2001 年版。

統治者及儒生中間，也産生了不少争議，元代天地分祭對明清時期祭祀禮儀産生了影響。在“祭祖”部分，作者論述到了蒙古族的“燒飯”習俗、太廟祭祀及“割奠”禮，但都未詳細論述。① “祭孔”部分，作者簡單地劃分了孔子在元代祭祀的情況：成吉思汗建孔廟，之後行春秋釋奠禮，成宗時重建宣聖廟，此後尊孔之風愈烈。

以上著作對元代的禮俗内容都有所涉及，豐富了我們對於相關内容的認識，但是不足之處在於：首先，作者們對於元代禮制的來源、時代背景及研究狀况都未進行詳盡論述，對元代禮俗的内容静態描述多於動態分析。其次，在資料選取上並没有及時結合出土材料，對已有的研究成果吸收較少。最後，對於禮制與政治、經濟、文化、宗教之間交錯的關係没有進行深入的探討。這三方面的問題限制了它們的研究價值。

黄時鑒《元代的禮俗》一文對元代的禮俗進行了概括性的論述，結合了一些研究成果及新材料，涉及元代太廟祭祀的特色②，如祭孔，對嶽鎮海瀆、風師、雨師、雷師的祭祀，割奠、燒飯祭禮、廟制，祓災迎福的禮俗(遊皇城、射草狗)，儀制(官服車輿、質孫)，尚白、尚右以及尚九的傳統，風俗禁忌，歲時節序，婚姻與喪葬的禮制，等等。③ 雖只是一篇文章，但是一篇對元代禮俗考察比較全面的文章，對後來學者繼續深入研究元代的禮俗，有很大的借鑒作用。

近年來也出現了從庶民社會的角度分析元代禮俗的專書，比如臺灣學者何淑宜的《香火——江南士人與元明時期祭祖傳統的建構》一書，就運用社會史視角，從“士人祭祖”入手探討了元與明時期的禮俗問題，分析禮制問題與宗族組織的關係。該書以元明時期出版的文集爲主要史料兼用地方志、明清時期刊刻的族譜及筆記作爲論證資料，探討了幾個主要問題：元明時期的士人是如何理解、討論及運用已經逐漸從經典下移爲實用知識的祭禮的，他們討論哪些禮制問題，以及這些問題與16世紀後的合族風氣的關係爲何？士人如何倡行祖先祭禮？祭祖禮與民間習慣之間的競争關係爲何，以及儒禮在當

① 馬曉林：《元代國家祭祀研究》，南開大學博士學位論文，2012年。

② 該文中提及的元朝太廟祭祀特色：第一，祭祀的祝文用蒙古文書寫，由蒙古巫祝宣讀；第二，常饌以外，增加了野豕、鹿、羊、葡萄酒、馬湩以及其他野生禽獸；第三，在太廟作佛事。元帝親享不多，多由巫祝主持。詳見黄時鑒：《元代的禮俗》，《黄時鑒文集Ⅰ》，中西書局2011年版，第88頁。

③ 黄時鑒：《元代的禮俗》，《黄時鑒文集Ⅰ》，中西書局2011年版，第87～101頁。

時擴散程度的問題等。① 何淑宜此書特點是：將禮儀與社會史相結合，以兩者爲中心進行探討；將祖先祭祀放在近世士人文化變遷的脈絡下考察，透過祖先祭祀探討思想觀念與日常生活的交涉。該書的不足之處在於，作者研究的内容主要集中在江南地區，所涉"元人"基本是指元代的士人群體，關於元代非漢族的祭祀禮制實行情況以及元代漢人與非漢人之間禮儀祭祀的交融與衝突問題並未涉及。

將宗族與禮制研究相結合也是近些年的一個研究方向，比如，日本學者井上徹的《中國の宗族と國家の禮制：宗法主義の視點からの分析》一書，從"宗"的本意以及宗族的概念開始，將禮制與宗族聯繫起來分析。② 但遺憾的是此書極少涉及元代的情況。常建華《宋元時期徽州祠廟祭祖的形式及其變化》一文就利用明代族譜和元、明人文集中的宗族文獻，以徽州爲一個區域作個案考察，對宋元時期的祠廟祭祖問題進行了研究。文章指出：宋元時期徽州祭祖特色是祭祖依附或與社祭結合、或與寺觀結合，且墓祠祭祖是祠祭的主要形式。宋元時期祭祖總體特徵的變化趨勢是：祭祖從依附或與地緣性社祭、宗教性寺觀祭祖結合而逐漸分離並走向衰敗，獨立性祠堂祭祖逐漸興起。③

"燒飯禮"，體現了元朝禮與俗的互動轉化過程。燒飯行爲，是指在祭祀時焚燒酒食，有時也焚燒鞍馬、衣服甚至是奴隸，爲遼金蒙元特有的習俗。王國維認爲"燒飯"之語頗費解，《親征録》、拉施特《史集》和屠寄《蒙兀兒史記》對該此理解皆誤，因此特撰文説明。④ 此後陸續有學者從不同角度對"燒飯"進行了研究：陳述較早對"燒飯"一詞含義進一步辨析，認爲王國維將殉葬混入"燒飯"有誤，"燒飯"是祭祀，不是殉葬，不是火葬；"燒飯"和"抛盞"同義，"燔柴"是燒飯的開始動作。⑤ 但賈敬顔提出了不同觀點，認爲"燔柴"是指柴册禮，和"燒飯"無關，此外還對燒飯禮的起源、所燒之物、舉行的時間

---

① 何淑宜：《香火——江南士人與元明時期祭祖傳統的建構》，臺灣稻鄉出版社 2009 年版，第 1~132 頁。

② 井上徹：《中國の宗族と國家の禮制：宗法主義の視點からの分析》，(日本)研文出版 2000 年版。中譯本見井上徹：《中國的宗族與國家禮制：從宗法主義角度所作的分析》，錢杭譯，上海書店出版社 2008 年版。其他内容，參本書第十章相關綜述。

③ 常建華：《宋元時期徽州祠廟祭祖的形式及其變化》，《徽學》2000 年卷，安徽大學出版社 2001 年版，第 38~51 頁。

④ 王國維：《蒙古劄記·燒飯》，《觀堂集林》卷十六，中華書局 1959 年版，第 811~813 頁。

⑤ 陳述：《談遼金元"燒飯"之俗》，《歷史研究》1980 年第 5 期。

進行了分析。① 宋德金也反對陳述的觀點，認爲燒飯不是抛盞，燒飯也與燔柴無關。② 蔡志純梳理了"燒飯"由俗至禮的演變過程，認爲先有殉葬，再有燒飯，燒飯的起源與宗教活動有關。另外，蔡氏與陳述觀點不同，認爲燒飯和祭祀不排除殉葬祭祀，兩者經常合二爲一。③ 那木吉拉着重分析了"燒飯"與"抛盞"的關係，認爲它們是不同的祭祀儀式，但是有相似之處，"燒飯"與喪葬無涉。④ 高榮盛在《元代守宫制再議》一文中考證出，"燒飯"的重要祭祀活動的實行者是"怯薛"，舉行地點是在皇城東北角之東、大致與東北角平行且距離相近。⑤ 馬曉林指出了"燒飯"祭祀的時間以及其與火室的聯繫：火室的主要功能是舉行"燒飯"祭祀，"燒飯"祭祀每年春夏兩季分别有兩次。其雖受漢文化影響，但依然保留着自身的特色。⑥

對於"燒飯"祭祀學者研究較多，但是目前資料比較豐富，觀點論證過程比較詳實的，應該是馬曉林的《元代國家祭祀研究》一文中涉及"燒飯"祭祀的内容。

關於元代基層社會中"禮"與"俗"的互動，官方禮制下放至基層及其實行情況，民間禮俗對官方禮制規定的影響等，相關研究仍然比較缺乏。

第四節　禮法研究

元代的禮法研究方面的成果，目前多是以研究法律對禮俗影響爲主，而禮俗如何反過來影響元代法律的研究相對較少。

周思成的著作《規訓、懲罰與征服：蒙元帝國的軍事禮儀與軍事法》是對元代禮法關係的研究，因在前文"軍禮"部分已有闡釋，此處不表。⑦ 袁冀《元

---

① 賈敬顔：《"燒飯"之俗小議》，《中央民族學院學報》1982 年第 1 期。

② 宋德金：《"燒飯"瑣議》，《中國史研究》1983 年第 2 期。

③ 蔡志純：《元代"燒飯"之禮研究》，《史學月刊》1984 年第 1 期。

④ 那木吉拉：《"燒飯"、"抛盞"芻議》，《中央民族大學學報》(哲學社會科學版) 1994 年第 6 期。

⑤ 高榮盛：《元代守宫制再議》，《元史論叢》第十四輯，天津古籍出版社 2013 年版，第 6 頁。

⑥ 馬曉林：《元代國家祭祀研究》，南開大學博士學位論文，2012 年，第 226~234 頁。

⑦ 周思成：《規訓、懲罰與征服：蒙元帝國的軍事禮儀與軍事法》，山西人民出版社 2020 年版。

代法律之特色》一文分析、歸納了元代法律的八種特色(對漢人防範甚嚴、蒙人享有特權、融有蒙俗、禁止漢人從蒙俗、禁止蒙古人從漢法、笞杖非成數、盜竊者罰充景跡人、酷刑慘刻)，指出了元代法律對當時禮俗的影響："嚴禁漢人以從蒙人習尚，俾便確保華夏重倫理之故俗"，"亦禁止蒙古人從漢法"。① 黄時鑒的《〈大元通制〉考辨》一文對"有元一代没有一個完整而又系統的法典"這一結論提出了質疑，認爲《大元通制》是元代系統、完整的法典，《大元通制》的斷例即元代的成律。而通過作者總結歸納的《大元通制》的内容，可以看出該法對"禮"的影響：《大元通制》增加了五服專條，而《唐律》與《宋刑統》都没有五服專條。對此原因作者並未詳細分析，僅表示增加五服專條是因爲元朝統治者繼承了中國古代傳統的封建宗法思想，爲了維護封建統治秩序。② 可見該問題還應進行深入研究。另外，此文中還涉及法律對元代民衆婚姻的規定，前文已述，此不贅。李隆獻《宋元明清復仇與法律的互涉》一文中將復仇觀與法律實況的互涉自宋至清作了歷時性的考察，其中涉及了"禮""法"衝突。文章認爲，元代的法律條文有關復仇部分，相較於其他幾個朝代屬於極端鼓勵復仇的條文。③ 美國南加州大學 Bettine Birge 的專著《〈元典章〉所反映的忽必烈時期的婚姻與法律》，從禮法角度對當時複雜的婚姻制度進行了討論。④

祭祀在禮書中是極爲重要的内容，不少學者運用法律視角探討祭祀與宗族的關係，中島樂章《宋代至清代同族共有資産的法律性保護》一文對宋代至清代保護同族共有資産的立法演變遷作了一個概觀，結論是：擴大對共有資産的法律性保護的時期是與宗族形成的發展期一致的。⑤ 其中在涉及元代部分，重點論述了元仁宗時期頒佈的《墓地買賣禁止令》的重要性。此令全面禁止出售墓地，這爲保全宗族共有的墓地提供了法律上的依據，而它的頒佈背景又與宗族發展密不可分：爲適應江西等地宗族形成的進展及經常發生墓地糾

---

① 袁冀：《元代法律之特色》，《元史論叢》，臺灣聯經出版事業公司 1978 年版，第 134～135 頁。

② 黄時鑒：《〈大元通制〉考辨》《元代的禮俗》，《黄時鑒文集Ⅰ》，中西書局 2011 年版，第 69～102 頁。

③ 李隆獻：《宋元明清復仇與法律的互涉》，臺灣《成大中文學報》第 44 期，2014 年。

④ 詳見劉舫：《40 年來元代禮制研究述評》，《中國史研究動態》2019 年第 2 期。

⑤ 中島樂章：《宋代至清代同族共有資産的法律性保護》，常建華主編：《中國社會歷史評論》第十二卷，天津古籍出版社 2011 年版，第 127～139 頁。

紛事件而制定。①

日本學者中島樂章的文章將法律與祭祀相聯繫，的確爲研究禮法問題關係提供了一個很好的角度。但是作者在證明《墓地買賣禁止令》對基層社會宗族的重要性時，僅舉了一個事例（徽州路休寧縣范氏家族），那麼，此例是否能夠代表廣大的元代基層社會的實行狀況？如若能多列舉分析一些間隔較遠地區的事例，應該可以使作者的論據更加充分。

第五節 禮樂研究

有學者考證古樂與禮制的偕配問題，古樂的存廢問題，目前元代這方面的成果如下：1987 年朱建明的《元代的禮樂制度與戲曲》一文概論元代的禮樂制度、戲曲文化，應該是此領域中較早的成果。② 徐遠和《元代禮樂思想探析》從蒙元統治者對待禮樂的態度與元代儒家學者的禮樂觀進行分析，認爲中原的禮樂傳統和蒙元的習俗一起交織存在，元代儒家學者堅持“用夏變夷”的態度應對變化。③ 董喜寧《元代釋奠樂章考論》一文，從祭孔用樂的角度對釋奠禮進行了考察，認爲《元史・禮樂志》中兩套釋奠禮中實用樂章的兩首應是出自宋人王應麟之手。④ 趙詩夢《淺論元朝的禮樂制度》分析了雅樂在元代變化的原因。⑤ 付玉立的碩士學位論文《元代禮樂制度研究》一文在整體上對元代禮樂制度進行了通盤把握，論述了元代禮樂制度的特點內容等。⑥ 王福利《元朝祭祀之禮及其用樂》一文主要考察了元代禮樂文化的特質，指出元代祭

---

① 《墓地買賣禁止令》明確規定，子孫如出售祖先墓地、墓地內樹木，要處罰賣方、買方及中介人。不久之後，徽州路休寧縣范氏家族爲保全祖先墓地根據此禁令也制定了相關內容的合約。由此可見，《墓地買賣禁止令》在正不斷形成宗族的東南地區，實際上成爲保全子孫共有墓地的根據。參見中島樂章：《宋代至清代同族共有資産的法律性保護》，常建華主編：《中國社會歷史評論》第十二卷，天津古籍出版社 2011 年版，第 131~132 頁。

② 朱建明：《元代的禮樂制度與戲曲》，《上海師範大學學報》（哲學社會科學版）1987 年第 2 期。

③ 徐遠和：《元代禮樂思想探析》，《文史哲》1993 年第 3 期。

④ 董喜寧：《元代釋奠樂章考論》，《史學月刊》2017 年第 1 期。

⑤ 趙詩夢：《淺論元朝的禮樂制度》，《大眾文藝》2014 年第 19 期。

⑥ 付玉立：《元代禮樂制度研究》，陝西師範大學碩士學位論文，2015 年。

祀之禮多從本俗，① 音樂則有雅俗兼用的特徵②。文章重點論述了元代官方郊廟禮實行的情況並指出了元朝郊廟禮與漢族古禮的不合之處。③ 王福利的博士學位論文《遼金元三史樂志研究》及其他幾篇論文，④ 對遼、金及元代官方用樂情況進行了研究，從考證文獻的角度入手分析樂志，在分析清楚三史史料來源的基礎上，闡述了各自宫廷音樂的内容、種類、音樂機構，等等，反映出三個少數民族與漢族禮樂文化的交融狀況。劉玉珺《〈遼金元三史樂志研究〉及其體現的音樂學文獻方法》評述了王福利的著作，並從音樂學學科的角度評價此書的貢獻，認爲王著有助於推進音樂文獻學這一交叉學科的發展。⑤

徐文武與韓寧《元代朝儀禮樂制度略論》一文，探討了元代朝儀禮樂制度，認爲元代的朝儀用樂深受藏傳佛教的影響，並且帶有鮮明的少數民族政權文化的特徵。⑥ 在禮樂關係方面，朱飛曄《從趙孟頫〈樂原〉、〈琴原〉看其禮樂思想》一文值得注意。該文以趙孟頫作個案考察，指出了其論著中包含的禮樂思想：樂教功能，樂以和、秩序爲美，同時指出，趙孟頫雖然在元廷任職，但是其禮樂思想仍然保有漢族士大夫的觀念。⑦

此外，有幾篇文章關注到了對於"禮樂户"這一群體在元代的情況：車文明《元代"禮樂户"考》一文指出元代禮樂户並非賤民這一現象，對其在元代一朝情況進行了概括。⑧ 張詠春《"非賤民"身份的元代禮樂户》一文與車文明文章觀點一致，認爲元代禮樂户並非賤民。⑨ 文章指出元代儒户是其重要來源，

---

① 不僅是文中重點論述的郊廟禮，文中提到的元代"雙重廟號"制、"薦佛事與神主金制"也是蒙元特有。

② 忽必烈立國前其禮多從本俗，樂雜用西夏及金的舊樂。立國後（至元八年後）樂以漢樂爲主，饗宴等仍以本俗爲主。

③ 王福利：《元朝祭祀之禮及其用樂》，《内蒙古大學學報》（人文社會科學版）2005年第5期。

④ 王福利：《遼金元三史樂志研究》，上海音樂學院出版社2005年版；《遼、金、元三史〈樂志〉獻疑》，《新國學》第5卷，巴蜀書社2005年版，第432~448頁；《從遼金元三史的編纂其樂志的史料來源》，《黄鐘》2002年第4期。

⑤ 劉玉珺：《〈遼金元三史樂志研究〉及其體現的音樂學文獻方法》，《中國音樂史》2007年第2期。

⑥ 徐文武、韓寧：《元代朝儀禮樂制度略論》，《河北大學學報》（哲學社會科學版）2015年第4期。

⑦ 朱飛曄：《從趙孟頫〈樂原〉、〈琴原〉看其禮樂思想》，《戲劇之家》2016年第2期。

⑧ 車文明：《元代"禮樂户"考》，《文學遺産》2005年第5期。

⑨ 張詠春：《"非賤民"身份的元代禮樂户》，《音樂研究》2009年第2期。

列舉了元代禮樂户的待遇以及身份局限性。另一篇《元代禮樂户的界定》一文認爲禮樂户形成於元代，元明清各地的吉禮禮樂表演者即是地方禮樂户，文章區分了“禮樂户”與“樂户”：官方將太常禮樂户稱呼爲禮樂户，地方層級的則稱爲樂生或禮樂生。①

元代的禮樂研究，有關於對禮與樂之間互動關係的考察，但更多是停留在對《元史·禮樂志》文本考察或者是從音樂學的角度進行的研究，從制禮用樂的角度研究有待加强。

第六節　禮器及其他研究

禮器是禮在物質文化方面的反映，長久以來受到傳統經學家的重視。中國大陸考古領域的發展以及近三四十年歐美藝術史領域物質文化(Material Culture)史研究風潮的影響,② 更加促進了學界對禮器研究的關注，在此方面宋元史領域已經積累了豐碩成果③。

關於禮器的研究，常常與禮圖放在一起討論。臺灣學者許雅惠在宋元禮器研究方面有一系列成果，特別關注禮器與禮圖之間的關係。許雅惠《〈宣和博古圖〉的“間接”流傳——以元代賽因赤答忽墓出土的陶器與紹熙州縣釋奠儀圖爲例》一文，分析了《宣和博古圖》《紹興製造禮器圖》及《紹熙州縣釋奠儀圖》三者之間的前後相承的關係，認爲《宣和博古圖》對地方上祭器的影響，很大程度上是通過《紹熙州縣釋奠儀圖》等禮圖間接流傳的。④ 文章强調了《紹熙州縣釋奠儀圖》對元代地方祭器形制的影響，以元代賽因赤答忽墓出土的陶器與

---

① 張詠春：《元代禮樂户的界定》，《音樂研究》2013 年第 2 期。

② 有關於藝術史領域中“物質文化”(Material Culture)理論的研究整理，可以參見：Jules David Prown：Mind in Matter：An Introduction to Material Culture Theory and Method. *Winterthur Portfolio*, 1982, 17 (1), pp. 1-19. Svetlana Alpers et al.：Visual Culture Questionnaire. *October*, 1996(77), pp. 25-70. Nicholas Mirzoeff：*An Introduction to Visual Culture*. London：Routledge, 1999. David W. Kingery：*Learning from Things*：*Method and Theory of Material Culture Studies*. Washington D. C.：Smithsonian Institution Press, 1996.

③ 比如木島史雄的《簠簋をめぐる禮の諸相——考古學/經書解釋禮學/金石學/考證學》，小南一郎等編：《中國の禮制と禮學》，(日本)朋友書店 2001 年版。相比較而言，涉及宋代禮器的研究成果比元代多，2010 年以後，此方面的研究逐漸興盛。

④ 許雅惠：《〈宣和博古圖〉的“間接”流傳——以元代賽因赤答忽墓出土的陶器與紹熙州縣釋奠儀圖爲例》，《臺灣大學美術史研究集刊》2003 年第 14 期。

禮圖相對照分析，認爲元代賽因赤答忽墓出土的仿銅陶禮器的造型、紋飾與《宣和博古圖》相差極大，極有可能參考的是《紹熙州縣釋奠儀圖》。

《宋、元〈三禮圖〉的版面形式與使用——兼論新舊禮器變革》一文指出北宋中期開始禮器的樣式發生重大變化，分析了長久以來施行的《三禮圖》經學系統逐漸被《紹熙州縣釋奠儀圖》金石學系統所取代，整個過程至元代最終完成的過程。① 文章對宋、元兩代的兩份禮圖的區别作了分析，認爲與南宋《新定三禮圖》相比，刊印於元成宗年間的《重校三禮圖》圖文分離，轉而强調文字閲讀的流暢性，該書由兼具圖像手册功能到褪去實用性，成爲純粹典籍。元代的《三禮圖》成爲純粹解經的書，而元代製作禮器更多參考《紹熙州縣釋奠儀圖》而不是《三禮圖》的經學系統。文章的創新性還在於，作者突破性地提出《紹熙州縣釋奠儀圖》出版後，古制禮器確立了《三禮學》經學系統與出土禮器爲依歸的金石學系統，② 這兩個系統競争禮器權威。

有兩篇文章討論瀏陽書院的祭祀和祭器問題。胡嘉麟《宗祀與道祀：宋元時期的祭器禮儀——以瀏陽文靖書院爲例》一文，主要從制度史的角度入手探討，認爲宋元時期禮制的變化對祭器的形制有决定性影響。該文同時分析了宋元時期禮制、禮學與唐代等前朝的不同，並着重探討了元代的書院、祠堂的禮制施行情况，認爲元政府雖積極提倡書院發展，但是亦逐步加强對書院的控制，最終使之官學化，與此同時，書院的祭祀儀式也在逐步向官學體制靠近。③ 臺灣大學謝璿的碩士學位論文《元代釋奠祭器研究——以湖南瀏陽文靖書院祭器爲中心》，分析了元代瀏陽文靖書院出土的禮器與其他元代青銅器，討論這些祭器與其他朝代的異同，同時從釋奠祭器的組合關係以及其與佛道之間的聯繫，最終尋找出蒙元政權對釋奠祭器以及禮器樣式的影響。④

---

① 許雅惠：《宋、元〈三禮圖〉的版面形式與使用——兼論新舊禮器變革》，臺灣《臺大歷史學報》第 60 期，2017 年。

② 這兩個系統分類是作者自創："需要特別説明的是，此處'經學'或'金石學'只是一般字面意義的使用：'經學'指的是經典解釋，'金石學'是出土古器研究。不是今日經學家或金石學家嚴格的學科定義。"參見許雅惠：《宋、元〈三禮圖〉的版面形式與使用——兼論新舊禮器變革》，臺灣《臺大歷史學報》第 60 期，2017 年。

③ 胡嘉麟：《宗祀與道祀：宋元時期的祭器禮儀——以瀏陽文靖書院爲例》，《東方博物》2017 年第 4 期。該文主要以瀏陽文靖書院的祭器爲考古資料，結合禮圖進行分析，作者認爲瀏陽文靖書院的祭器是宋元時期的學祠祭器中最爲系統的資料。

④ 謝璿：《元代釋奠祭器研究——以湖南瀏陽文靖書院祭器爲中心》，臺灣大學碩士學位論文，2018 年。

宋元禮器中存在所謂“仿古”現象。早在1964年，陳夢家就在《宋大晟編鐘考述》中提到過這一問題，① 但是其作爲一種研究角度則是相當晚近的事情。受考古與藝術史領域研究的影響，中國古代禮器的仿古復古現象在21世紀之初，Jessica Rawson、② 李零、③ 巫鴻、④ 陳芳妹⑤等學者都有過研究，但是大量的成果出現在2010年之後。⑥ 具體到元代，除去上文已經提及的研究，袁泉的《復古維新：洛—渭地區蒙元墓葬“復古”化再思》一文是重要的成果⑦。文章指出，洛渭地區蒙元墓葬“復古化”原型是跳過宋金而摹仿唐代的，是蒙元統治者對唐太宗貞觀盛世及當時的君臣模式的欽羨所致。該文在一定程度上

---

① 陳夢家：《宋大晟編鐘考述》，《文物》1964年第2期，第51~53頁。其文曰：“宋代的廟堂樂制以及宋代的仿古鑄造術水準，對於研究我國音樂史和工藝史還是有一些用處的。”

② Jessica Rawson：The Many Meanings of the Past in China，In D. Kuhn and H. Stahl ed. *Die Gegenwart des Altertums*：*Formen und Funktionen des Altertumsbezugs in den Hochkulturen der Alten Welt*. Heidelberg：Edition Forum，2001，pp. 397-421. 在這篇文章中，作者將中國古代青銅禮器劃分爲四個時期，並對中國商周時期青銅禮器元素在之後朝代古器中重現的情況進行了闡釋。Jessica Rawson：Novelties in Artiquarian Revivals：the Case of the Chinese Bronze，臺灣《故宫學術季刊》第22卷第1期，2004年。在這篇論文中，作者將中國古代青銅器及其複製品的狀況又劃分成三個層次：recreation，antiquarianism，archaism。

③ 李零：《鑠古鑄今——考古發現與復古藝術》，香港中文大學出版社2005年版。

④ 巫鴻：《中國藝術和視覺文化中的“復古”模式》，氏著《時空中的美術：巫鴻中國美術史文編二集》，生活·讀書·新知 三聯書店2009年版，第3~27頁。

⑤ 陳芳妹：《宋古器物學的興起與宋仿古銅器》，《臺灣大學美術史研究集刊》2001年第10期。

⑥ 杜逢瑀編：《古色：十六至十八世紀藝術的仿古風》，臺灣“故宫博物院”2003年版；Wu Hung ed.：*Reinventing the Past*：*Archaism and Antiquarianism in Chinese Art and Visual Culture*. Chicago：The Center for the Art of East Aisan Studies at the University of Chicago，2010，pp. 9-46；陳芳妹：《青銅器與宋代文化史》，臺大出版中心2016年版；許雅惠：《關於宋代古物學之研究與討論》，臺灣《中國史學》第21卷，2011年；Yun-Chiahn C. sena：*Pursuing Antiquity*：*Chinese Antuquarianism from the Tenth to Thirteenth Century*. Ph. D. diss.，Harvard University，2010；Jeffery C. Moser：*Recasting Antiquity*：*Ancient Bronzes and Ritual Hermeneutics in the Song Dynasty*. Ph. D. diss.，Harvard University，2010；Ya-hwei Hsu：*Reshaping Chinese material culture*：*The Revival of antiquity in the era of print*（960-1279）. Ph. D. diss.，Yale University，2010. 等等。

⑦ 袁泉：《復古維新：洛—渭地區蒙元墓葬“復古”化再思》，《兩個世界的徘徊——中古時期喪葬觀念風俗與禮儀制度學術研討會論文集》，科學出版社2016年版，第343~366頁。

回應了許雅惠的研究,① 認爲從關中、隴西和伊洛三地出土的禮器來看，它們並非依照《三禮圖》或《宣和博古圖》系統確立體系，而是更多的有區域化差異，多樣化的禮器樣式來源。這應與不同的禮學淵源、區域傳統以及匠人的能動性有關，蒙元禮器的發展經歷了“雜宋金祭器而用”到依紹興禮器模式“別置新器”的過程。董晨陽《内蒙古地區出土元代仿古禮器研究》是目前關於仿古禮器的最新碩士學位論文，文章對内蒙古地區出土的元代仿古禮器進行了整理總結，認爲元代仿古禮器在器類與文化内涵方面都與先秦青銅禮器不同，在繼承宋代仿古禮器特徵的，同時也具有一定的時代特點，呈現出多元的文化特徵。②

有關“禮儀空間”的研究，也是新近幾年中國古代史領域的熱點之一。然而很多相關研究卻未闡釋“禮儀空間”具體含義,③ 朱溢認爲：“禮儀空間，從宏觀上來看，是在一個城市中，各種禮儀場所的空間組合關係。在微觀層面上看，是在一個場所中，參與禮儀過程的人物、器物的空間組合關係。” ④此方面具體涉及元史領域的成果較少。學者鄧菲的文章值得注意：《“香積廚”與“茶酒位”——談宋金元磚雕壁畫墓中的禮儀空間》對茶酒時饌與喪禮、祭祀的關係進行了分析，指出其在墓葬中的重要作用。⑤ 作者從墓主夫婦對坐像出發，探討該畫像所具備的禮儀功能，及其喪祭風俗在影響墓葬空間設計與佈局方面的具體表現，並考察其他有關於墓主畫像的圖像題材，理解這些内容是如何在墓葬中創造出禮儀空間的。

---

① 許雅惠：《〈宣和博古圖〉的“間接”流傳——以元代賽因赤答忽墓出土的陶器與紹熙州縣釋奠儀圖爲例》，《臺灣大學美術史研究集刊》2003 年第 14 期。

② 董晨陽：《内蒙古地區出土元代仿古禮器研究》，内蒙古師範大學碩士學位論文，2020 年。

③ 比如《中古時代的禮儀、宗教與制度》一書將五位學者的論文分類至“國家祭祀、禮儀空間與禮制呈現”部分，但書中内容並未明確“禮儀空間”的具體含義。見余欣主編：《中古時代的禮儀、宗教與制度》，上海古籍出版社 2012 年版。

④ 朱溢：《臨安與南宋的國家祭祀禮儀——着重於空間因素的探討》，臺灣《“中研院”歷史語言研究所集刊》第 88 本第 1 分，2017 年；《南宋三省與臨安的城市空間》，《復旦學報》(社會科學版)2017 年第 3 期；《唐至北宋時期賓禮的禮儀空間》，臺灣《成大歷史學報》第 47 號，2014 年。

⑤ 鄧菲：《“香積廚”與“茶酒位”——談宋金元磚雕壁畫墓中的禮儀空間》，《藝術史研究》第 14 輯，中山大學出版社 2012 年版，第 465 ~ 498 頁。後收録於復旦大學文史研究院編：《圖像與儀式：中國古代宗教史與藝術史的融合》，中華書局 2017 年版，第 200 ~ 230 頁。

關於禮學著述和禮學思想的研究，在元代並沒有太多資源，《禮記集説》是比較集中的討論對象。曾軍的《從民間著述到官方教材——從元陳澔〈禮記集説〉看經典詮釋的獨特現象及其思想史意義》一文，是一篇透過禮學文獻分析進行思想史研究的文章。① 作者通過梳理元代的禮記文本《禮記集説》在元明清三代的流傳，闡述了其從元代被重視到明清逐漸被批判，逐步退出《禮記》詮釋的中心領域，被邊緣化的過程。作者通過梳理此書的變遷，透視了與其有關的思想學術、政治社會的變遷。劉柏宏《宋元明官箴書中的三〈禮〉、祭祀措施與禮教》一文，歸納和考察《周禮》和《禮記》與宋元明三朝二十七部官箴著作對祭禮所作的論述，探討"三禮"對宋代以降官箴書産生的影響，涉及了禮教思想在地方治理方面發生的變化，爲宋元明時期"三禮"的傳播普及提供了事例。② 曾令巍《宋明理學語境下看元儒陳澔經學思想》一文，認爲《禮記集説》是元儒陳澔在宋明理學語境下闡釋《禮記》的産物，認爲陳澔的經學思想是"解經徵於實"，且兼有漢、宋治經風格並用義理黜讖緯，其《禮記集説》是元代朱子學因時代變化而做的自我調整。③ 其《禮學思想在朱子學中的意蘊》一文，則論述了作爲朱子後學的陳澔是如何從禮所涵括的"成德器之美"與"明用器之制"兩個方面去重新詮釋《禮器》篇所藴含的哲學思想的。④

小　　結

通過上文對元代禮文化研究的回顧，我們可以看出這一領域的研究情況及問題。

從研究課題看，元代禮制目前已有的研究成果涵蓋面還不夠廣泛。禮經研究主要集中在對於敖繼公、吴澄、陳澔等幾位元代禮學家及其著作的研究，且有選題研究内容重複的問題。禮制研究主要集中於祭祀禮儀，其他幾種禮研究較少，尤其是嘉禮、凶禮部分。除去一些跨時段的禮制通史、日常生活通史

---

① 曾軍：《從民間著述到官方教材——從元陳澔〈禮記集説〉看經典詮釋的獨特現象及其思想史意義》，《華中師範大學學報》(人文社會科學版)2007年第4期。

② 劉柏宏：《宋元明官箴書中的三〈禮〉、祭祀措施與禮教》，臺灣《經學研究集刊》第24期，2017年。

③ 曾令巍：《宋明理學語境下看元儒陳澔經學思想》，《寧夏大學學報》(人文社會科學版)2015年第5期。

④ 曾令巍：《禮學思想在朱子學中的意蘊》，《中州學刊》2020年第7期。

外，其他斷代性專門著作較少，對於日常生活與禮儀的關係、禮儀在地方上的運作方面研究不夠。有關於元代禮樂的研究則多是從音樂學的角度切入，元代禮樂缺乏全面深入的研究，尤其是從禮經角度關於樂的研究。

從研究方法上看，目前元代禮制研究較少將儒家的禮儀實踐放入具體的地方社會歷史社會情境下考察，而禮器、禮圖與禮儀空間這幾個部分更需要結合其他學科的知識，多角度進行綜合研究。比如元代禮器研究，可以多利用藝術史視角及考古學的成果進行研究；由於目前數字人文的研究對人文學科産生的影響越來越深，① 在元代禮器研究方面，可以利用相關成果進行研究。臺灣大學許雅惠主持研發的"遼宋金墓葬資料庫"②，即將向學界公開，對於研究禮器與墓葬中的禮儀空間等内容，十分有利。

從研究資料上看，資料來源範圍還可再予拓展。元代禮制深受佛教、道教影響，因此在研究上也需要對佛教、道教領域的資料進行更加廣泛的運用。蒙元一朝統治範圍廣，因此蒙古語、波斯語等非漢語材料也需要使用，研究該領域的學者需要有解讀多種語言的能力。由於元朝領土幅員遼闊，包含了多種文化，其禮制内容也遠不限於漢族，故還有豐富的開拓空間。

從研究思路上看，首先研究思路還可拓寬，使用多種視角進行分析。比如，日本學者井上徹研究宋明禮制時將禮與宗族相結合的研究方法；③ 臺灣學者甘懷真運用"經典詮釋"方法，研究中古時期的皇權與禮制關係以及儒家思想；④ 比利時學者鍾鳴旦站在中歐文化交流、碰撞的角度，對明末清初的喪葬禮進行了研究⑤。這些方法和思路均值得借鑒。

其次，若能打通朝代之間的限制，將元代禮制置於宋元明等較長時段下觀

---

① 項潔主編：《從保存到創造：開啓數位人文研究》，臺大出版中心 2011 年版；許雅惠：《數位時代的歷史研究與發表》（未刊稿），"學術社群、知識生産與歷史書寫——新史學三十周年研討會"，臺灣"中研院"歷史語言研究所，2019 年。該文是目前該領域較新的綜論性研究成果。

② "遼宋金墓葬資料庫"網址：http://middleperiodchinesetombs.tw.

③ 井上徹：《中國的宗族與國家禮制：從宗法主義角度所作的分析》，錢杭譯，上海書店出版社 2008 年版。

④ "運用'經典詮釋'的方法，研究'歷史中的行動者如何理解其所處的歷史脈絡，根據其意志，並受其策略影響，對於具有共同共識的儒家經典，作出'經典詮釋'。"參見甘懷真：《皇權、禮儀與經典詮釋：中國古代政治史研究》，華東師範大學出版社 2008 年版，第 4 頁。

⑤ 鍾鳴旦：《禮儀的交織：明末清初中歐文化交流中的喪葬禮》，張佳譯，上海古籍出版社 2009 年版。

察，並與宗族、社會等其他領域的相關議題進行聯繫，也許能夠更有利於從“禮”的研究角度回應學界重大問題。

縱觀整個中國古代禮文化研究，雖然在過去元代相關研究取得了較大進展，但是相較於其他朝代的禮文化研究，元代的成果還是比較薄弱，有待日後加强。

第七章　明代禮學研究

明代的禮學研究，長久以來是學界關注較少的一個環節。自明代滅亡之後，近幾百年的經學和禮學研究都對之少有涉及。在國内明史專家如孟森、謝國楨等人的著述中，以及海外漢學權威著作如《劍橋中國明代史》中，都只有少數篇幅提起明禮問題，没有專題論述。即使有所研究，討論也較簡略，評價不夠充分。例如，陳戍國認爲，"……蒙元統治者治國失禮的事太多，所以才有元末的不可救藥。朱元璋'懲元政廢弛'，'考禮定樂'，是他奪取並鞏固帝業所必需"①。明代定禮，實爲救元末改朝换代之弊，這似乎是過去學者們基本一致的觀點。清代、民國的大部分學者認爲，明代禮制荒廢不振，明代禮學成就薄弱，這也是相關研究的一般評價。

目前總體的明代禮制研究綜述較爲缺乏，僅有一些專題綜述，如朱鴻林《二十世紀的明清鄉約研究》、常建華《近年來明清宗族研究綜述》等。② 本章擬在這些綜述基礎上，將新起的研究現狀一併進行介紹和總結，爲今後的進一步考察墊定基礎。

陳戍國《中國禮制史・元明清卷》中的明代部分，③ 分類齊全，材料豐富，且對當時禮制的是非得失有很多精闢見解，有助於直觀瞭解明代的禮制狀況。晚近由吴麗娱主編的《禮與中國古代社會(明清卷)》，也從禮制、禮學、禮俗等多角度考察明代社會，並囊括了不少明禮制研究的新觀點，可資參考。④ 此外，吴豔紅整理的《明代制度研究》也有涉及禮制之處，由於是分篇的論文集，

---

① 陳戍國：《中國禮制史・元明清卷》，湖南教育出版社 2002 年版，第 190 頁。

② 例如：朱鴻林：《二十世紀的明清鄉約研究》，《歷史人類學學刊》2004 年第 1 期；常建華：《近年來明清宗族研究綜述》，《安徽史學》2016 年第 1 期；陳時龍：《明代宫廷典制史研究綜述》，《故宫學刊》第 5 輯，紫禁城出版社 2009 年版。

③ 陳戍國：《中國禮制史・元明清卷》，湖南教育出版社 2002 年版。

④ 吴麗娱主編：《禮與中國古代社會(明清卷)》，中國社會科學出版社 2016 年版。

對禮制問題並沒有集中深入的探究。①

本章將明代禮制問題分爲國家禮制和民間禮制的不同側面來表述，以便體現出禮制的立體性。目前，一些學者在考察明代禮制時，在研究方法上明確提出了“禮制與政治史”“禮制與社會史”等路徑，因此，禮制研究的視野從傳統的文本考據逐漸走進社會大衆的歷史研究中。這不僅符合禮的複雜文化定位，也對當今的國計民生、生活趣味有一定參考意義。② 另外，因爲明代的特殊國際歷史環境，明代禮制在東亞地區乃至全球産生或接受的影響，同樣有探討的價值。如所謂明代“禮制霸權主義”等論題，如何與今日的區域政治和文化溝通發生聯繫，也是新的課題。

明代禮學的地位和特點，在歷朝歷代中都顯得比較特別。明代傳統的“三禮”之學和官方禮學總體水準並不高，明人研讀禮經的熱情也並不高漲，禮學經典往往淪爲求取功名的典籍之一。一般認爲，這種持續了數百年的禮學頹勢直接導致了清代以降的反動思潮，産生了乾嘉樸學中的禮學高峰。明代“三禮”方面的少數成就，主要由一部分儒者士人憑借學養自發完成，相關的研究也大多圍繞這些學者展開。另一方面，在程朱理學成爲朝廷指定之主流學問後，禮學的實踐指導則逐漸轉向《家禮》的著述和建設上。

以上這些禮學現象，均可通過以下研究綜述管窺一二。

第一節 “三禮”文獻研究

與明代的傳統禮學一樣，其“三禮”之學顯得較爲沉寂。不僅明人本身的禮學著述寥寥，現代學者對明代禮學的研究也數量稀少。20 世紀 90 年代後，日本學者小島毅等研究者指出，明代禮學的特徵是，實踐“執禮”多於禮經學問，因而《家禮》之學在儒家士大夫中間更具活力，“三禮”學則没有顯著的進展。③ 這種狀況與明人墨守程朱理學經義，偏好心性之學等現象不無關係。類似的認知，在至今爲止的明代禮學研究中基本成爲共識。近年來有少量研究指出，明代仍然存在典型的官方禮學和“三禮”文獻學；不過從數量和質量上看，

---

① 吴豔紅：《明代制度研究》，浙江大學出版社 2014 年版。

② 參考趙克生：《明代國家禮制與社會生活》，中華書局 2012 年版。

③ 小島毅：《明代禮學研究的特點》，林慶彰、蔣秋華編：《明代經學國際研討會論文集》，臺灣“中研院”中國文哲研究所籌備處 1996 年版。

這些明代禮學的總體水準不高。相對而言，《家禮》學的枝葉則更爲繁茂，相關的研究也具有活力。

一、“三禮”研究

明代官方禮學的指定文本，以奉明成祖命令所編修的《五經大全》爲主。該書成於永樂十三年(1415年)，其中禮學的部分以《禮記大全》一種囊括，表明對經典禮義的關注淩駕於其餘禮法、制度之上。但《五經大全》中的大多數內容，都直接或間接轉抄自前人論著，創見頗少，清儒對該書往往不以爲然。顧炎武《日知録》卷十八直言，該書抄襲嚴重，認爲“經學之廢，實自此始”，朱彝尊、皮錫瑞等學者也不甚看重該書。《禮記大全》的注釋採用元人陳澔的《禮記集説》，底本選自衛湜《禮記集説》本，兼取數種宋元儒者的注解爲疏，可見照搬宋元禮家程度之深。這些正是清代學人非議之處，《四庫全書總目》稱其淺薄無根柢，認爲“蓋説《禮記》者，漢唐莫善於鄭孔，而鄭注簡奥，孔疏典贍，皆不似澔注之淺顯”，指責明人喪失了漢唐禮經學的底蘊。

儘管《五經大全》的禮學部分評價很低，近年來還是有一部分研究者注意到它在明代禮學中的存在意義。王啓發的《明代官方禮學及其特點》一文，揭示出《五經大全》一類文本在明代官方經學中的價值，與實際的國家禮制建設有着密切關聯。該文還提出，《禮記大全》的問世滿足了幾種重要的現實需求，如作爲士人科舉考試的官方教學用書，以及議禮等政治行爲中對於解讀《禮記》《周禮》所起到的指導作用等。① 在文獻學方面，臺灣學者陳恒嵩的著作《〈五經大全〉纂修研究》，較早地總結、概括了該書包括《禮記》部分在內的編纂情況。② 李曉明《明初〈五經大全〉傳注取材新探——兼論纂修群體構成》，則將視線轉向參與編修的儒者學術圈及其地域聯繫，以發掘《五經大全》的取材真相；在《禮記》方面，文章指出明人對陳澔和元儒吳澄之間關係的重視，認爲吳澄在朱、陸學術上立場的複雜性以及出仕元朝的政治背景，導致明儒在纂修《五經大全》時捨棄了含有漢唐經學艱深風格的吳澄《禮記纂言》，而選擇陳澔的《禮記集説》作爲注釋核心。③ 秦學頎《從〈五經正義〉到〈五經大

① 王啓發：《明代官方禮學及其特點》，王俊義主編：《炎黄文化研究》第7輯，大象出版社2008年版，第134～149頁。

② 陳恒嵩：《〈五經大全〉纂修研究》，臺灣花木蘭文化出版社2006年版。

③ 李曉明：《明初〈五經大全〉傳注取材新探——兼論纂修群體構成》，《安徽師範大學學報》2019年第3期。

全〉——關於唐、明二代經學統一的比較》，將《五經正義》和《五經大全》作爲唐代、明代經學文本的統一模範，對兩個大一統王朝的官方經學進行比較研究和評述。① 周翔宇、周國林的《明代〈五經大全〉編次考辨：兼論當代圖書館對該書的插架問題》認爲，《五經大全》的經學順序安排是爲了確立宋學的理論權威，這與傳統經學的邏輯和目的都有所不同，研究明禮者應注意到這點。② 但不論何種研究，都没有徹底解除對《五經大全》的消極評價，《五經大全》及其《禮記》部分盲從宋元學術的風氣，仍需引起當代反思。不僅如此，某些個案研究還顯示，由於書目冗雜、市面上卷帙不全等原因，《五經大全》在明代就已經逐漸爲儒家士人摒棄，在科舉等場合亦不受重視，侯美珍《明科場由尊〈大全〉到不讀〈大全〉考》的考察結論，即是如此。③ 總之，對於明代官方《五經大全》之禮義注疏，應採取客觀的態度，不可過高看重其歷史地位，也不應脱離時代背景而隨意貶低。

明代的傳統"三禮"學，主要圍繞幾種儒家學者的具體著作展開，學術上的個人色彩和理學價值觀比較濃厚。這方面的專題研究數量較少，雖然根據不同的禮經分别有對應的歷史沿革叙述，如楊天宇、周書燦等學者的略述，④ 但單獨成篇討論明代内容的卻寥寥無幾。目前較有代表性且總結性强的研究，有張學智的《明代三禮學概述》⑤和楊豔秋的《明代三禮學論略》⑥。這兩種概述，均依照《周禮》《儀禮》《禮記》的類别分别介紹明代三禮學的狀況；兩種研究都指出明代《儀禮》學頹廢的事實，説明考證晦澀的《儀禮》一書在當時不受重視。

總體而言，明代三禮之學的典型成果都歸結到了特定的學者和文本上，按清人《四庫全書總目》的關注點，各類概論常有如下數種較重要的代表人物和文獻。(1)《周禮》學，有何喬新(《周禮集注》)、王應電(《周禮傳》《周禮圖説》《周禮翼傳》)、柯尚遷(《周禮全經釋原》)、王志長(《周禮注疏删翼》)、郝敬(《周禮完解》)；(2)《儀禮》學，有郝敬(《儀禮節解》)；(3)《禮記》學，

---

① 秦學頎：《從〈五經正義〉到〈五經大全〉——關於唐、明二代經學統一的比較》，《孔子研究》2002 年第 1 期。

② 周翔宇、周國林：《明代〈五經大全〉編次考辨：兼論當代圖書館對該書的插架問題》，《圖書館工作與研究》2015 年第 2 期。

③ 侯美珍：《明科場由尊〈大全〉到不讀〈大全〉考》，《中國文化研究》2016 年第 2 期。

④ 楊天宇：《略述中國古代的〈禮記〉學》，《河南大學學報》(社會科學版)2000 年第 5 期。周書燦：《略述中國古代的周禮學》，《南都學壇》1999 年第 4 期。

⑤ 張學智：《明代三禮學概述》，《中國哲學史》2007 年第 1 期。

⑥ 楊豔秋：《明代三禮學論略》，《山西大學學報》(哲學社會科學版)2014 年第 5 期。

有郝敬(《禮記通解》)、徐師曾(《禮記集注》)、王翼明(《禮記補注》)、戴冠(《禮記集説辨疑》)、黄乾行(《禮記日録》)、黄道周(《禮記解》)等。以上列舉的學者和著作，基本代表了明代的禮學成就。其餘著述往往質量堪憂，或因襲前人之説，或淪爲心性妄言，不足以反映有明一代的“三禮”學水準，故基本被後世研究者忽略不計。

《周禮》專題研究方面，楊豔秋另有《明代〈周禮〉學概述》，對上述諸家《周禮》著作進行剖析，並特別提到明人的“冬官不亡”説，爲此後清儒的經學工作提供了基礎。① 除此之外，還有少數特殊研究涉及其中的個别學者。例如，陳恒嵩的碩士學位論文《明人疑經改經考》，主要考察明人承續宋人疑經改經之風如何體現於經學文本之上，其中提及柯尚遷、舒芬、金瑶等人因復古用意而改《周禮》之事，此外還進一步提到方孝孺、王道、郝敬、陳第等人，對《周禮》中的後人僞造成分進行批判。② 王志長是晚明《周禮》學的集大成者，梁德華的《論明代王志長〈周禮注疏删翼〉“愚按”之作用》，主要關注王氏解經時發明的“愚按”體例，分析他對前人注疏的損益，乃至調和溝通漢、宋之學的特點。③ 此外，明人對《考工記》也進行了一些有益的總結和研究。許倩華《〈考工記纂注〉評述》，就以明代徽州學者程明哲的《考工記纂注》爲基本材料，考察明人《周禮・冬官》之學的歷史地位。④ 明末徐光啓的《考工記》研究則結合了西方科學知識，尤爲注重生産技術一面，王星光、符奎的《徐光啓〈考工記解〉探析》一文正對此有所討論。⑤

在《禮記》的研究方面，陳澔的《禮記集説》對整個明代的《禮記》釋經都形成了至關重要的影響，這在《五經大全》的部分已有所闡明。曾軍對陳澔《禮記集説》的研究，將視角放在明清兩代士人對待該書的態度和用途上，而在明代，主要側重於其立於學官數百年的特殊地位，這與此後清人的冷遇形成鮮明對比。⑥《禮記集説》乃至《禮記》之學在明清時期的升降隆殺，背後體現的不

---

① 楊豔秋：《明代〈周禮〉學概述》，《孔子學刊》第一輯，上海古籍出版社 2010 年版。

② 陳恒嵩：《明人疑經改經考》，臺灣東吴大學碩士學位論文，2007 年。

③ 梁德華：《論明代王志長〈周禮注疏删翼〉“愚按”之作用》，彭林主編：《中國經學》第 25 輯，廣西師範大學出版社 2009 年版。

④ 許倩華：《〈考工記纂注〉評述》，《長江叢刊》2019 年第 2 期。

⑤ 王星光、符奎：《徐光啓〈考工記解〉探析》，《復旦學報》(社會科學版)2011 年第 4 期。

⑥ 參考曾軍：《從民間著述到官方教材——從元陳澔〈禮記集説〉看經典詮釋的獨特現象及其思想史意義》，《華中師範大學學報》(人文社會科學版)2007 年第 4 期。

僅是經典詮釋學本身，更有朝廷政治考量和儒家學派之間的角力。

就學術個體而言，郝敬無疑是頗受重視的一位明代禮學家。趙克生的《郝敬禮學初探》，較早對郝敬的禮學及思想進行系統概括，認爲他主張將傳統經學引入社會，以禮治民，並在學禮之中求道。① 由迅的博士學位論文《明代湖北經學研究》，特別提起郝敬包括《禮記通解》《儀禮節解》《周禮完解》在内的幾種禮學著述，認爲他的禮學體現了明代湖北學者"禮以義爲質""禮道合一"的思想特點。② 雖然郝敬之學是否能反映湖北在整個明代的經學特色尚可存疑，但是他本人的禮學成就確實在明代擁有重要地位。黄羽璿《郝敬的〈禮記〉學》一文，則重點研究郝敬的《禮記》觀，提出他是把《禮記》置於"五經""四書""三禮"的中心樞紐地位，用《禮記》貫通群經，"以《記》爲正"；此外，認爲他在《禮記通解》等書中對鄭玄和朱熹的注釋都各有批評，不專主某一方，體現出明人不迷信先儒權威、超脱漢宋極端立場的一面。③

黄道周是明代又一位罕見的禮學大家。其《禮記解》在《禮記》研究方面有一定地位，於《周禮》《儀禮》造詣也很深厚。目前已有一些關於黄道周"三禮"學的研究成果問世。王啓發曾先後發表黄道周"三禮"學的考述文章，特别關注他的《榕壇問業》一書，其中對"三禮"的編纂、思想價值以及一些具體的禮學問題(如禘祫之辨、學禮、魯國郊禘禮等)，力求回到經文原典，提出自己的獨到見解。④ 楊毓團致力於疏通黄道周的禮學與孝道思想研究，其《黄道周禮學思想探論》和《論晚明黄道周禮秩重建的學術理路——基於"孝本"意識的禮學建構》等文，論證了黄道周以孝來重建儒家親親、尊尊禮儀秩序，以及使孝與禮並行不悖的禮學思想。⑤

明代禮圖相關的學者，以劉績爲最著名，其代表作是《三禮圖》。歷代禮學均有以禮圖輔助研經的做法，漢代、魏晉就有馬王堆出土的《喪服圖》與鄭玄、梁正的禮圖等，宋元之後更成風氣，宋代聶崇義《三禮圖集注》在其中較爲突出。明代禮學雖整體不振，但劉績仍在禮圖方面起到承前啓後的作用。喬

---

① 趙克生：《郝敬禮學初探》，《社會科學》2014 年第 4 期。

② 由迅：《明代湖北經學研究》，華中師範大學博士學位論文，2017 年。

③ 黄羽璿：《郝敬的〈禮記〉學》，《漢學研究》2017 年第 3 期。

④ 王啓發：《黄道周的三禮學及其相關問題考論(上)》，《國學學刊》2013 年第 1 期；《黄道周的三禮學及其相關問題考論(下)》，《國學學刊》2013 年第 2 期。

⑤ 楊毓團：《黄道周禮學思想探論》，《湖北大學學報》(哲學社會科學版)2012 年第 2 期；《論晚明黄道周禮秩重建的學術理路——基於"孝本"意識的禮學建構》，《合肥工業大學學報》(社會科學版)2012 年第 4 期。

輝的博士學位論文《歷代三禮圖説略》，對禮圖的歷史流變以及劉績《三禮圖》的地位作了較詳盡的分析。① 喬輝、張曉寧另文《劉績〈三禮圖〉内容考論》，則專門解讀了劉績禮圖與禮經之間的正誤出入，比較客觀地認爲其中存在不少謬誤，但仍反映了明代禮圖的最高水準。②

總而言之，明代的傳統禮學研究相較其他時期來看，並不突出；官方經學淪爲程朱理學注腳，學者水準參差不齊，導致相關研究也較少。但若從細部入手，仍然可以看到明代禮學的某些亮點，並非經學史的荒漠地帶。近期一部分研究者開始將視野轉向地域性的禮學考察上，如許璐碩士學位論文《明代徽州禮學思想初探》、③ 徐道彬《徽州禮學發展與晚明考證學風》④等，就是結合徽州地區的禮學家群體學風所作的積極嘗試。

二、“家禮”研究

家禮作爲禮文化的一種形式，早在魏晉、隋唐等時代即已出現並盛行，是傳統禮學深入家庭單位、加深世俗化的表現，諸如陸益龍《中國歷代家禮》、⑤ 楊華《中國古代的家禮撰作及其當代價值》⑥等綜合性家禮研究，大多對此均有總結。另外，目前已有數種六朝、唐宋家禮研究問世，基本體現了中國禮儀由中古時期的“大傳統”向下轉移的趨勢。而在經歷宋元後，《朱子家禮》(簡稱《家禮》)在明代禮學中佔據重要位置，甚至已經超出了傳統“三禮”學的影響力。伴隨着朱子學的根基愈發深厚、影響越來越大，《家禮》中冠、婚、喪、祭的四禮體系在社會上逐漸深入人心，成爲上層官僚、儒家士大夫、平民百姓共同接受的日用禮儀形式。當代某些海外學者(如伊沛霞)，對《家禮》在明清“大、小傳統”之間的調和作用頗爲重視，認爲這是帝制時期中國禮儀書寫的典型表率。⑦

---

① 喬輝:《歷代三禮圖説略》，武漢大學博士學位論文，2009 年。

② 喬輝、張曉寧:《劉績〈三禮圖〉内容考論》，《古籍研究》2020 年第 1 期。

③ 許璐:《明代徽州禮學思想初探》，安徽大學碩士學位論文，2017 年。

④ 徐道彬:《徽州禮學發展與晚明考證學風》，《紹興文理學院學報》(哲學社會科學)2019 年第 4 期。

⑤ 陸益龍:《中國歷代家禮》，北京圖書館出版社 1998 年版。

⑥ 楊華:《中國古代的家禮撰作及其當代價值》，《湖南大學學報》(社會科學版)2014 年第 6 期。

⑦ Patricia B. Ebrey: *Confucianism and Family Rituals in Imperial China: A Social History of Writing About Rites*. Princeton: Princeton University Press, 1991.

明代家禮文獻的宏觀總結，以日本學者吾妻重二的《朱熹〈家禮〉實證研究》爲最詳細，該書對包括明代在内的中國乃至整個東亞的多種《朱子家禮》版本流傳均進行了考察。① 楊志剛《論〈朱子家禮〉及其影響》一文，對明代士人的《家禮》類文獻脈絡也有系統叙述。② 王志躍的《明代家禮文獻考辨》，又對《家禮》在各地的許多版本作進一步整理，得出《家禮》在南北傳播不平衡等結論。③ 而在《家禮》的禮學思想方面，梁勇的博士學位論文《明代的〈家禮〉研究》提出，明代禮學家主要致力於禮學與禮俗的融通，以及古禮與當下時代之禮的調和，可見其禮學之實用色彩相當濃厚。④ 趙克生《明代士人對家禮撰述與實踐的理論探索》，則更深入探究了士人群體對明代官方禮學、“三禮”學和家禮的不同看法，特别是《教民榜文》《明集禮》《明會典》以及各種私修禮書與家禮的融合或衝突，體現了明代《家禮》學從經院之廳堂走向大衆化、從理論分歧走向不同的禮儀實踐的複雜過程。在諸如祭禮、婚禮等個别領域，《家禮》的影響也不容忽視。⑤ 趙克生還曾對明代山東的某葛姓家族進行個案研究，以揭示私修家禮在融合國家禮儀與家庭禮儀、促進家族復興等方面的效用。⑥ 臺灣學者何淑宜的博士學位論文《士人與儒禮：元明時期祖先祭禮之研究》，對於明代祭禮中的許多《家禮》因素進行辨析，包括明代支子主祭、始祖祭祀、神主位置等具體争論，認爲這些都是家禮框架内的時禮問題。⑦ 楊逸《明清家禮變遷的内在邏輯——以〈家禮·昏禮〉爲考察中心》，聚焦於《家禮》文本對婚禮“六禮”、廟見禮等的理解上與傳統“三禮”的重大分歧，認爲明代禮學家試圖修補這種分歧導致的婚禮混亂狀况，但最後未能奏效，導致《家禮》式婚禮在清代走向衰頽。⑧ 此外，一些宗族禮儀研究也常與《家禮》發生關聯，但由

---

① 吾妻重二：《朱熹〈家禮〉實證研究》，吴震等譯，華東師範大學出版社 2012 年版，第 88~93、241~381 頁。

② 楊志剛：《論〈朱子家禮〉及其影響》，《朱子學刊》第六輯，黄山書社 1994 年版。

③ 王志躍：《明代家禮文獻考辨》，《圖書館理論與實踐》2014 年第 4 期。

④ 梁勇：《明代的〈家禮〉研究》，新加坡國立大學博士學位論文，2006 年。

⑤ 趙克生：《明代士人對家禮撰述與實踐的理論探索》，《明清論叢》第 12 輯，故宫出版社 2012 年版，第 75~101 頁。

⑥ 趙克生：《家禮與家族整合——明代東山葛氏的個案分析》，《求是學刊》2009 年第 2 期。

⑦ 何淑宜：《士人與儒禮：元明時期祖先祭禮之研究》，臺灣師範大學博士學位論文，2007 年。

⑧ 楊逸：《明清家禮變遷的内在邏輯——以〈家禮·昏禮〉爲考察中心》，《雲南大學學報》(社會科學版)2020 年第 4 期。

於已不涉及狹義的禮學文獻，兹不列舉。

同時，明代《家禮》之學的發展、傳遞，與傳統“三禮”學相似，依然離不開許多儒家學者的鑽研和著述。現代的一部分明代家禮研究，也圍繞着士大夫個體展開。而以下提到的幾位學者及其著作，是較具典型性的明代《家禮》研究對象。

明代《家禮》的思想特點大約有三種階段。第一個階段的家禮，由明代前中期推崇程朱理學的學者主導，在大體不違背朱熹思想的前提下進行某些調整。如馮善《家禮集説》，内容基本宗朱，而採取當時的制度調節不當之處。丘濬的《家禮儀節》，則重在發展朱熹的禮儀、禮義之辨，並積極嘗試將明代禮俗納入家禮體系中。特别是丘濬的家禮文本整理，對此後明清的禮學走向産生了較大的影響。趙克生《丘濬〈家禮儀節〉及其禮學貢獻》,① 專門對丘濬將禮學導向實踐操作方面的功績進行了分析，使明代基層社會在一定程度上得以移風易俗，擺脱迷信。吕振宇的博士學位論文《〈家禮〉源流編年輯考》,② 則更加注重丘濬《家禮儀節》的文獻學意義，比較了在他前後的《家禮》文獻流變狀況。

明中葉以來，心性之學開始在思想界生根發芽，跳出程朱理學形而上的框架束縛，對《家禮》的理念亦造成一定影響，是爲第二個階段。陳白沙、王陽明的修養學問，關心個體的内在生命體驗，同時也在親民的道路上走得更遠。如陳獻章(白沙)的《四禮條件》，視線逐漸將外在的禮儀實踐轉入内在修養之中。另一方面，王陽明的《南贛鄉約》和黄佐的《泰泉鄉禮》等，嘗試將《家禮》的具體内容融入民間的鄉約建設，把儒學傳播至更廣大的民衆中。關於陳獻章之禮學，周興的博士學位論文《明代廣東儒學史研究》裹提到其家禮思想對朱子學的突破。③ 王守仁的《南贛鄉約》研究往往與陽明學研究或明代社會統戰問題密不可分，而與禮學内容有關的成果相對顯得樸實低調。彭傳華《王陽明〈南贛鄉約〉鄉治思想分析》、④ 孫佳立的碩士學位論文《陽明鄉治思想研究：以〈南贛鄉約〉爲例》、⑤ 温小興《儀式與秩序：王陽明〈南贛鄉約〉的文

① 趙克生：《丘濬〈家禮儀節〉及其禮學貢獻》，《人文論叢》2020 年第 1 輯，武漢大學出版社 2020 年版。

② 吕振宇：《〈家禮〉源流編年輯考》，華東師範大學博士學位論文，2013 年。

③ 周興：《明代廣東儒學史研究》，西南大學博士學位論文，2019 年。

④ 彭傳華：《王陽明〈南贛鄉約〉鄉治思想分析》，《哲學與文化》2018 年第 4 期。

⑤ 孫佳立：《陽明鄉治思想研究：以〈南贛鄉約〉爲例》，中國計量學院碩士學位論文，2014 年。

化解讀》①等文，回到該鄉約的禮學本位上，分别考察其禮學與儀式的源流；在文本上，追溯到除《家禮》外的重要禮學文本，如《吕氏鄉約》、洪武《聖諭六言》等上，而在儀式上注重家禮對鄉村契約關係的妥協。至於《泰泉鄉禮》作爲民間日用規範的實踐意義和禮學思想方面，則有如程時用《〈泰泉鄉禮〉思想體系研究》等，② 其中包含較爲罕見的黄佐禮學分析。

在明代中後期《家禮》之學的第三個階段，家禮體系走向解構和反動，士人中間出現一些重回經典、簡化禮儀乃至質疑朱子學的聲音。例如，江右王學學者鄧元錫的《家禮銓補》，主張"返經""援史"，重新重視禮學文本作爲經學和史學材料的價值。宋纁的《四禮初稿》希望在朱熹禮學的基礎上進一步簡化禮儀，某種意義上是以時禮淩駕於古禮之上。而吕坤從《四禮翼》之"宗朱"到《四禮疑》之質疑朱熹的立場轉變，尤其能夠反映當時士人受到陽明心學影響後，强調禮儀從簡，對一切古禮的繁文縟節都感到迷茫或持批判態度的現象。對於吕坤這種典型的明人思維特點，及其在後人學術中引發的非議，趙克生《稱情立文執中爲禮：吕坤禮學思想述論》、③ 李克玉《吕坤撰寫〈四禮疑〉及其引起的争議》④和周楠的碩士學位論文《吕坤禮學思想及實踐》⑤均有所探討。至於其禮學思想内核中對朱熹理學的反動，早有龔傑的一篇文章專門就此分析，認爲吕坤的反理學立場變化是一種思想進步的體現。⑥

根據諸種文獻歷史及相關研究來看，《家禮》在明代的流行和繁榮是不争的事實。但同時，也不宜過分誇大明代《家禮》的歷史意義。不僅上文揭示了明代一部分針對《家禮》的反動思潮，例如今天的學者科大衛還看到：在明初《家禮》刊行之初的廣東地方，鄉間士紳的地位與《家禮》的指導作用尚未完全穩固，直到嘉靖"大禮議"之後宗族、宗祠地位提升，《家禮》和主持行禮的士紳方才真正站穩腳跟。⑦ 明代《家禮》的演進和反復，都不是一蹴而就的，而

---

① 温小興：《儀式與秩序：王陽明〈南贛鄉約〉的文化解讀》，《尋根》2017 年第 6 期。

② 程時用：《〈泰泉鄉禮〉思想體系研究》，《西南科技大學學報》(哲學社會科學版) 2015 年第 3 期。

③ 趙克生：《稱情立文執中爲禮：吕坤禮學思想述論》，《中州學刊》2011 年第 6 期。

④ 李克玉：《吕坤撰寫〈四禮疑〉及其引起的争議》，《廣東第二師範學院學報》2014 年第 1 期。

⑤ 周楠：《吕坤禮學思想及實踐》，東北師範大學碩士學位論文，2010 年。

⑥ 龔傑：《"我不是道學"，"我只是我"：評吕坤反理學思想的學術風格》，《西北大學學報》(哲學社會科學版) 1986 年第 3 期。

⑦ 科大衛：《明清社會和禮儀》，北京師範大學出版社 2016 年版，第 296 頁。

是在對古禮與時禮的來回探究、磨合之中逐漸形成的客觀結果。

第二節　國家禮制研究

明代的國家禮制，主要繼承自唐代《開元禮》以來的官方制度，在歷代規定的國家禮制的道路上延伸，並結合當代的禮儀改革等歷史背景，醞釀出一些新時代環境下的轉變。對明代禮制問題，在多個側面都有專題研究，總體上可謂多點開花。而諸如嘉靖"大禮議"、家禮和宗族制度等話題，則是研究者關注的焦點。雖然禮制研究可以遵循古禮的框架，歸納爲傳統的吉、凶、賓、軍、嘉"五禮"，但考慮到研究内容的多寡，以及現代研究者的分類習慣，本節將以專題的形式對各種著述進行梳理。

一、國家禮樂制度

所謂"國家禮制"的理論，有不少專門的討論。本小節的討論，主要限於兩個方面，即宫廷禮制和朝廷通過政治手段推行的禮制。

1. 明代國家禮制概況

國家禮制的形式和影響是多方面的。就國家禮制總體研究來看，趙克生的專著《明代國家禮制與社會生活》是近年來全面研究明朝國家禮制的重要著作。① 其主題分爲國家禮制與明代宫廷、國家禮制與明代官僚階層、國家禮制與地方社會三大部分，對國家所規定的祭祀、喪葬、宴飲等内容均有涉及，以禮制爲主線索貫穿其中，並置於社會各種環境中考量。其研究方式，不僅注意國家與民間社會的禮制互動，也有文化史、思想史方面理論的建構，具有較高的學術性和權威性。李佳的《明代國家禮制與社會生活》評介文章，對該著作已有概括的評述。美國學者 Ihor Pidhainy 也嘗試在"晚期中華帝國"的框架内，探究明代以至於清的國家禮制的大體狀況，有 State Ritual in Late Imperial China (《晚期中華帝國的國家禮儀》)一文發表，其視角明顯接近所謂"新清史"等的研究理路。②

對五禮制度中的某些環節進行具體考察，目前有一些成果，但還有繼續拓

---

① 趙克生：《明代國家禮制與社會生活》，中華書局 2012 年版。

② Ihor Pidhainy：State Ritual in Late Imperial China，*Religion Compass*，2009，3(1)，pp. 7-17.

展的空間。如林金樹的《明代嘉禮中文武百官的"以品立序"》、① 許貽惠的《明代鄉飲酒禮的社會史考察》②等，都涉及五禮的其中一部分，而對於整體國家禮制的内容則稍顯不足。彭勇的《明代皇室冠禮述評》，就對明代國家冠禮儀式考察有整體的理論參考價值。③ 彭勇的另一篇述評《明代皇室婚禮儀制述論》，則主要概括介紹了皇家婚禮的流程和種類，其中特別關注到儀式開支與皇權威信之間的聯繫。④ 張光輝的碩士學位論文《明初禮制建設研究——以洪武朝爲中心》則比較詳盡地介紹了明初制禮作樂的各種細節，包括吉、凶、軍、賓、嘉五禮和其他雜禮，勾勒出明初禮制的大框架，便於查找。⑤ 其研究進一步表明，明初是禮制承前啓後的關鍵時期，討論此後的大禮議等問題，不能繞開這些信息。

我們還可以發現，由於明朝與其他國家、民族的來往頻繁，有不少賓禮、朝貢禮制的專門研究，這在後文將予以介紹。至於明末中國與西方傳教士就禮儀而產生的碰撞和争論，多少涉及了中國禮制文化的基本原則，該話題可借李天綱的著作《中國禮儀之争：歷史·文獻和意義》瞭解到大略。⑥ 此外，一部分總結性的專門著述爲該領域的研究起到提綱挈領作用。

2. 國家禮制與宗法社會

在明代，國家禮制加强了家族集權性，血緣、宗法、皇室繼承權在多處成爲關鍵詞。僅就繼承制來看，如梁希哲《論明代皇權與皇位繼承》、⑦ 李旭《淺析明代宗藩制度與皇位繼承的關係》、⑧ 秦博《明代勛爵繼承與勛臣宗族活動初探》⑨，就分别展示了皇家和權貴宗法體系的强化與收縮。同時還應注意到，

---

① 林金樹：《明代嘉禮中文武百官的"以品立序"》，《史學集刊》1994 年第 4 期。

② 許貽惠：《明代鄉飲酒禮的社會史考察》，《明史研究》第 9 輯，黄山書社 2005 年版，第 160~167 頁。

③ 彭勇：《明代皇室冠禮述評》，《北京聯合大學學報》（人文社會科學版）2010 年第 2 期。

④ 彭勇：《明代皇室婚禮儀制述論》，《故宫學刊》第 5 輯，紫禁城出版社 2009 年版，第 171~188 頁。

⑤ 張光輝：《明初禮制建設研究——以洪武朝爲中心》，河南大學碩士學位論文，2001 年。

⑥ 李天綱：《中國禮儀之争：歷史·文獻和意義》，上海古籍出版社 1998 年版。

⑦ 梁希哲：《論明代皇權與皇位繼承》，《吉林大學社會科學學報》1992 年第 4 期。

⑧ 李旭：《淺析明代宗藩制度與皇位繼承的關係》，《學理論》2013 年第 22 期。

⑨ 秦博：《明代勛爵繼承與勛臣宗族活動初探》，《安徽史學》2015 年第 5 期。

朱子家禮是維繫國家禮制與地方宗族的重要紐帶，而全國各地據此形成的宗法，在實踐上比國家禮制所能表達的更爲複雜。

宗法體系遍及整個明代社會，既是國家基業，也具有超出國家制度的大衆意義，是近幾百年裏儒學理念於基層之經營的縮影。日本學者井上徹的著作《中國的宗族與國家禮制：從宗法主義角度所作的分析》，事實上是以中國明清兩代的宗族共同體、宗法研究爲核心，然後借以反觀日本封建時代的宗族情況，而禮制是其論點的主要佐證。① 關於明代國家禮制與宗法的關係，側重在家禮的考察，特别是像嘉靖時期家廟改革和族田建設一類案例。由於觀察對象多分佈於江蘇一帶，其禮制研究的價值相對於典籍文獻考證，更集中在地方個案的具體分析上。美國人伊沛霞(Patricia Buckley Ebrey)的家禮研究，則是主要論述《家禮》文本對社會各種禮制的作用，强調禮學文本在禮制實踐上的認知和流通過程。② 趙克生通過收集地方的修書、刻圖、觀禮等行爲資料，探討了家禮理論向社會基層制度的轉换。③ 常建華的著作《明代宗族研究》是比較翔實、系統的明代宗族禮法研究，對於地方宗族祠堂，如徽州府、興化府、吉安府等的分别研究尤爲細緻，並從各地宗族集團的發展反推國家禮制狀况。④ 同時，兼顧了一些明代儒者對宗族禮制的看法，視角遍佈社會多個階層。其對風俗志的整理，也有較爲重要的參考意義。

此外，有關宗法禮制在各地的具體考證，也陸續湧現成果。例如徽州地方的宗族禮制研究，就有較長久的學術史，早期可追溯到鈴木博之和周紹明(Joseph P. McDermott)等國外學者。其相關論述均從徽州地區鄉約禮制入手，討論國家禮儀與地方宗族士紳的關係。⑤ 日本研究者們對該類文本歷來有較多關注，從牧野巽的《近世中國宗族研究》和田仲一成的宗族禮之演劇研究，到渋

① 井上徹：《中國的宗族與國家禮制：從宗法主義角度所作的分析》，錢杭譯，上海書店出版社 2008 年版。

② Patricia Buckley Ebrey：*Confucianism and Family Rituals in Imperial China：A Social History Writing about Rites*. Princeton：Princeton University Press，1991.

③ 趙克生：《修書、刻圖、觀禮：明代地方社會的家禮傳播》，《中國史研究》2010 年第 1 期。

④ 常建華：《明代宗族研究》，上海人民出版社 2005 年版。

⑤ 鈴木博之：《明代徽州府の鄉約につぃて》，《山根幸夫教授退休紀念：明代史論叢》，(日本)汲古書院 1990 年版，第 1045～1060 頁；Joseph P. McDermott：Emperor，Elite，and Commoners：The Community Pact Ritual of the Late Ming. in Joseph P. McDermott ed.：*State and Court Ritual in China*. Cambridge：Cambridge University Press，1999，pp. 299-351.

谷裕子《明清時代徽州江南農村社會の祭祀組織について——〈祝聖會簿〉の紹介》等，都是由徽州地方宗族禮制延伸出來的話題。① 國内則有包括趙華富的《論徽州宗族祠堂》《徽州宗族祠堂三論》，② 胡槐植的《徽州宗族祭祀制度》，③ 陳瑞的《朱熹〈家禮〉與明清徽州宗族以禮治族的實踐》，④ 等等，不一而足。在徽州宗族禮制方面的研究，王振忠成果最爲豐富細緻。除了《明清以來徽州的禮生與儀式》等文之外，⑤ 還有《明清以來徽州村落社會史研究》《徽州社會文化史探微》等幾本著作所收的多篇文章，均披露了徽州宗族禮制的豐富資料⑥。另外，卞利的《明清徽州社會研究》《明清徽州族規家法選編》⑦等著作，也涉及大量的徽州宗族禮制信息。

其他比較典型的地區性宗族禮制考察，還有華南、西南等地，這些都是明代以來逐漸發展並頗受關注的區域。例如，關於華南地區的宗族禮制研究，湧現出科大衛、鄭振滿、⑧ 陳春生、劉志偉、劉永華等一批學者。由鄭振滿主編、劉永華主持的《民間文獻論叢》第三輯《儀式文獻研究》，則是儀式文本的重要研究成果。另外，由中山大學歷史人類學研究中心和香港科技大學人類學華南研究中心合辦的《歷史人類學學刊》和《華南研究資料中心通訊》，則是用歷史學和人類學研究禮制問題、展示田野調查成果的學術園地，發表了大量的明清禮制信息。例如，科大衛《祠堂與家廟——從宋末到明中葉宗族禮儀的演變》、劉永

① 牧野巽：《近世中國宗族研究》，《牧野巽全集》第三卷，（日本）御茶ノ水書房 1980 年版。田仲一成：《中國祭祀演劇研究》，（日本）東大出版會 1981 年版；《中國鄉村祭祀研究》，（日本）東大出版會 1989 年版。渋谷裕子：《明清時代徽州江南農村社會の祭祀組織について——〈祝聖會簿〉の紹介》，（日本）《史學》第 59 卷第 1 號、第 2、3 合併號，1990 年。

② 趙華富：《論徽州宗族祠堂》，《安徽大學學報》（哲學社會科學版）1996 年第 2 期；《徽州宗族祠堂三論》，《安徽大學學報》（哲學社會科學版）1998 年第 4 期。

③ 胡槐植：《徽州宗族祭祀制度》，周紹泉、趙華富主編：《'95 國際徽學學術討論會論文集》，安徽大學出版社 1997 年版，第 86~93 頁。

④ 陳瑞：《朱熹〈家禮〉與明清徽州宗族以禮治族的實踐》，《史學月刊》2007 年第 3 期。

⑤ 王振忠：《明清以來徽州的禮生與儀式》，《傳統中國研究集刊》第 8 輯，上海人民出版社 2011 年版，第 305~337 頁。

⑥ 王振忠：《明清以來徽州村落社會史研究》，上海人民出版社 2011 年版；《徽州社會文化史探微》，商務印書館 2020 年版。

⑦ 卞利：《明清徽州社會研究》，安徽大學出版社 2004 年版；《明清徽州族規家法選編》，黄山書社 2004 年版。

⑧ 鄭振滿：《明清福建家庭組織與社會變遷》（修訂本），北京師範大學出版社 2020 年版；《民間信仰與社會空間》，福建人民出版社 2003 年版；《培田》，生活・讀書・新知三聯書店 2005 年版。

華《明清時期閩西四保的鄉約》、王振忠《明清徽州的祭祀禮俗與社會生活——以〈祈神奏格〉展示的民間信仰世界爲例》、華琛(James L. Watson)《中國喪葬儀式的結構——基本形態、儀式次序、動作的首要性》、張偉然《討鼓旗——以女性喪禮爲中心的經濟與法律問題》等文，就發表在《歷史人類學學刊》第一卷第二期(2003 年 10 月)上，足見其學術旨趣。相關學者眾多，成果異常豐富，恕不一一列舉。例如，楊天厚的博士學位論文《金門宗祠祭禮研究：以陳、蔡、許三姓家族爲例》，即以金門地區的幾個顯赫家族爲線索，展現了他們從明代到民國時期遵照《家禮》進行宗祠祭祀的儀式，揭示了當地數百年來的禮制生態。① 可以期待今後有更多研究，將國家禮制與地方宗族的關聯性展示出來。

3. 國家祭禮

“國之大事，在祀與戎。”國家祭祀的内容，是禮制研究的主要問題，對明代禮制而言同樣重要。因此，國家祭祀一直都是明代禮制研究的焦點。

在對國家祭祀制度的整體把握上，李媛《明代國家祭祀制度研究》是比較系統全面的專著。該書以明朝公祭制度爲核心，詳細展示了相應的國家祭祀部門、公祭具體流程，對於祭祀主體和對象細微變换的把握，並對祭祀文本加以剖析，尤爲推陳出新。② 此外，對於多種祭祀形式的内在思想理路，例如孝悌觀、天下觀、教育論等，也有比較精當的總結。總之，該著作是近年來國内具代表性的明代國家祭禮研究成果之一，爲海内外所關注。李媛的另一篇文章《明代告祭儀略論》是近年的又一種總結性論文，大致涵蓋了包括帝王登基、征戰、營建、建制改制、册封、宗廟告祭、節慶與災異等多種場合的禮儀規定，並分成常規祭祀與非常規祭祀、親祭與遣祭等不同性質來介紹，整理科學，劃分細緻。③ 關於明代祭禮及其中各類典禮在中國禮制史所處的地位，方光華所著《俎豆馨香——中國祭祀禮俗探索》均分章節作了梳理，其中也含有明代的皇家祭祀部分，可借此從整體把握明代祭禮的歷史位置。④

淺井紀的《明朝の國家祭祀の構造》和《明朝の國家祭祀と佛教・道教・諸神》,⑤ 是研究明代國家祭祀的思想基礎和宗教特性的兩篇文章，試圖從祭祀

① 楊天厚：《金門宗祠祭禮研究：以陳、蔡、許三姓家族爲例》，臺灣東吳大學博士學位論文，2011 年。

② 李媛：《明代國家祭祀制度研究》，中國社會科學出版社 2011 年版。

③ 李媛：《明代告祭儀略論》，《古代文明》2018 年第 1 期。

④ 方光華：《俎豆馨香——中國祭祀禮俗探索》，山西人民教育出版社 2000 年版。

⑤ 淺井紀：《明朝の國家祭祀の構造》，(日本)《名古屋大學東洋史研究報告》第 37 卷，2013 年；《明朝の國家祭祀と佛教・道教・諸神》，(日本)《東洋史研究》第 73 卷第 1 號，2014 年。

中提煉出宗教和信仰思想。文中揭示，明朝廷祭祀的基本理論是以“天”“地”爲尊，百神共祀，其鬼神祭祀系統又納入了許多佛教、道教等宗教的神靈，以及現實中有義舉的著名人物。明代國家祭祀，一方面有撫慰亡靈、保地方平安的作用，另一方面也是對各宗教的利用和妥協。以儒教爲首，佛道並行的結構，在明代禮制中較以往更甚，所以，儒家理念與其他信仰的衝突和融合也愈發明顯。有關明代多宗教的禮制情況，還可以參考趙軼峰的著作《明代國家宗教管理制度與政策研究》,① 及其論文《明朝國家祭祀體系的寓意》,② 趙著的獨到和系統性非常明顯。

郊祭和大型祭祀禮制方面，趙克生的相關成果較多。他著有《明代郊禮改制論述》③《試論明朝兩京祭禮的歸併》④等文，都涉及明朝郊祭的建立和變動，也兼及京城的山川祭禮內容。吳恩榮、趙克生《明代王國廟制的演進及禮制特點》一文，探討了明代分封國諸王的廟祭形式，認爲其大體上由太廟禮衍生出來，又有所降殺。⑤ 趙克生《試論明朝太廟的功臣配享及其變動》，研究了宗廟祭祀中的配享制度，尤其論述了明代各時期、各階層的功臣配享制度，認爲這體現出明代獨特的功臣思想觀念。⑥ 趙克生《明代宮廷禮儀與財政》力圖揭露明代宮廷禮儀所耗費的龐大財政資金，文章對各種名目的開支均有論及，其中祭禮無疑佔據了常祀禮費用的大頭。⑦

其他學者也關注於此。陳士銀《明洪武時期太廟祭祀頻次考》考察了明朝的廟祭，該文從禘祫、時享、薦新、告廟幾個方向，逐一揭示明初太廟祭禮的特點，可惜此種考察僅限於洪武一朝。⑧ 此外，明代還有所謂“家人之禮”的制度，也就是皇帝家廟之禮，以有別於國家宗廟祭祀，它有時並不在正式的祀典之內，但仍被視爲公家祭祀禮制的一部分。禹平、王柏中的《明朝內廟祭祀

---

① 趙軼峰：《明代國家宗教管理制度與政策研究》，中國社會科學出版社 2008 年版。

② 趙軼峰：《明朝國家祭祀體系的寓意》，《東北師大學報》(哲學社會科學版) 2006 年第 2 期。

③ 趙克生：《明代郊禮改制論述》，《史學集刊》2004 年第 2 期。

④ 趙克生：《試論明朝兩京祭禮的歸併》，《南京社會科學》2004 年第 4 期。

⑤ 吳恩榮、趙克生：《明代王國廟制的演進及禮制特點》，《江海學刊》2014 年第 5 期。

⑥ 趙克生：《試論明朝太廟的功臣配享及其變動》，《故宮博物院院刊》2005 年第 3 期。

⑦ 趙克生：《明代宮廷禮儀與財政》，《東北師大學報》(哲學社會科學版) 2012 年第 4 期。

⑧ 陳士銀：《明洪武時期太廟祭祀頻次考》，《淮南師範學院學報》2016 年第 3 期。

制度探討》對此作了一些有益的探討。① 這些問題的討論，豐富了明太廟祭禮的整體樣貌。對於宗廟祭祀中的四時常祀，賈軼雯、張小李《明代時享祭祀》，根據《周禮》制度，與歷代四時祭制度加以比較，從中總結明代祭禮的普遍性與特殊性。② 方興《論明朝皇帝"祀天"態度的演變》，主要説明了明朝歷代皇帝對祭天禮儀熱情不斷下降的事實，這背後顯示的是統治者對禮制精神的逐漸漠視和輕蔑。③ 這些問題有助於人們理解明代祭禮發生的個别轉變和内在矛盾。

山川、海洋的祭祀在明代同樣十分重要。泰山國家祭祀活動是其中的典型代表，明代的泰山祭禮在劉興順的著作《泰山國家祭祀史》中有分章論述。④ 王元林《明清國家禮制中的四海祭祀》，側重研究明清時期對四方海洋神的國家祭祀，以此揭示近世中國對災害和邊防的思想觀念。⑤ 文章表明，明清兩代多次舉行祭四海的儀式，是自然災害以及戰争頻發的客觀事實所致；鄭和下西洋等國際往來事件影響深遠，其内在精神仍然是儒家的"天人合一"。清代的四海祭祀禮制基本沿襲明代，所以亦可將該文主體視爲明代海洋祭祀研究。

明代國家禮制的展開，是與全國宗教形勢和思想潮流相伴隨的。胡凡《儒教與明初宫廷祭祀禮制》介紹了明代自洪武、永樂朝始所制定的各項大小祭祀，比較全面地囊括了明代國家鬼神祭祀體系。⑥ 文章認爲，在儒釋道三教共同影響宗教思想的情況下，明朝禮制仍以儒家爲主；在此基礎上，才有對天地、孔子、山川、城隍、軍神、馬神、醫藥神等方面的祭祀。文章對火器神祭祀的評價等内容，有待商榷；此外提及國家祭祀禮制對民間迷信的影響，但没有展開。同時需要注意到，從明代開始，國家祭祀活動中道教佔據了重要地位，這點歷來被人們忽視。滋賀高義的《明初の神楽観と道教》，⑦ 以及劉永華的《明清時期的神樂觀與王朝禮儀——道教與王朝禮儀互動的一個側面》，⑧

---

① 禹平、王柏中：《明朝内廟祭祀制度探討》，《吉林大學社會科學學報》2004 年第 1 期。

② 賈軼雯、張小李：《明代時享祭祀》，《中華文化畫報》2012 年第 2 期。

③ 方興：《論明朝皇帝"祀天"態度的演變》，《江西社會科學》2007 年第 12 期。

④ 劉興順：《泰山國家祭祀史》，山東人民出版社 2017 年版，第 281~324 頁。

⑤ 王元林：《明清國家禮制中的四海祭祀》，《探索與争鳴》2001 年第 4 期。

⑥ 胡凡：《儒教與明初宫廷祭祀禮制》，《齊魯學刊》1999 年第 6 期。

⑦ 滋賀高義：《明初の神楽観と道教》，（日本）《大谷學報》第 43 卷第 2 號，1963 年。

⑧ 劉永華：《明清時期的神樂觀與王朝禮儀——道教與王朝禮儀互動的一個側面》，《世界宗教研究》2008 年第 3 期。

都是以神樂觀道士這一角度爲切入點，探索道教與明代國家祭祀禮制關係的研究，具有相當重要的開創性意義。

4. 祭孔禮制

孔子祭祀禮儀雖隸屬於國家祭禮，對於儒家士人而言卻具有相對的獨立性，象徵着知識人"學統"與統治者"治統"之間若即若離的微妙關係，故可作單獨議論。明代的孔子祭祀，大體與整個國家禮制的變遷走向相同，即從洪武確定基本制度，到嘉靖時期的大幅改制。其中有升有降，根本原因也是由於皇權影響力的改變所致。而在孔廟從祀制度方面，人物的增加或改換，則是明代士人思想和社會生活的真實反映。

目前，總體研究中國孔廟禮制，並涉及明代情況的，有孔祥林和孔喆的《世界孔子廟研究》、① 董喜寧的《孔廟祭祀研究》②，不過基本上是對孔廟的整體研究，不屬於專門的斷代禮制研究。肖來的《明代文廟從祀研究》在該方面是較系統的專題討論，集中研究明代孔廟從祀的人物選擇、理由，以揭示相關政治事件和社會意義。③ 吉恩煦的碩士學位論文《明代北京釋奠禮流變考略》，以《明會典》《明集禮》、李之藻《頖宫禮樂疏》等傳世文獻爲依據，從文本中爬梳都城大規模舉行釋奠禮的情況。④ 從研究現狀來看，傳世文獻中的明代祭孔禮制仍有不少值得挖掘。

關於明代孔廟的陪祀制度，朱鴻林的系列成果特別值得注意。他發表了《明太祖的孔子崇拜》《王陽明從祀孔廟的争議》《陽明從祀典禮的争議和挫折》《元儒吳澄從祀孔廟的歷程和時代意涵》《儒者從祀孔廟的學術與政治問題》《王陽明從祀孔廟的史料問題》等系列文章，⑤ 將明代孔廟陪祀的禮學問題與當時政治鬥争、學術思潮聯繫起來，這些研究不僅具有學術價值，也對相關研究具

---

① 孔祥林、孔喆：《世界孔子廟研究》，中央編譯出版社 2011 年版。

② 董喜寧：《孔廟祭祀研究》，中國社會科學出版社 2014 年版。

③ 肖來：《明代文廟從祀研究》，雲南大學碩士學位論文，2016 年。

④ 吉恩煦：《明代北京釋奠禮流變考略》，首都師範大學碩士學位論文，2011 年。

⑤ 朱鴻林：《明太祖的孔子崇拜》，臺灣《"中研院"歷史語言研究所集刊》第 70 本第 2 分，1999 年，第 483 ~ 530 頁。Chu，Hung-lam：《王陽明從祀孔廟的争議》，*Harvard Journal of Asiatic Studies*，1988，48(1)，pp. 47-70. 朱鴻林：《陽明從祀典禮的争議和挫折》，香港《中國文化研究所學報》新 5 期，1996 年。朱鴻林：《元儒吳澄從祀孔廟的歷程和時代意涵》，香港《亞洲研究》第 23 期，1997 年。朱鴻林：《儒者從祀孔廟的學術與政治問題》，《清華歷史講堂續編》，生活 · 讀書 · 新知三聯書店 2008 年版，第 336 ~ 355 頁。朱鴻林：《王陽明從祀孔廟的史料問題》，《史學集刊》2008 年第 6 期。

有典範意義。

祭孔禮制的變革，尤其是與大禮議的關係，也有專門研究。黄進興的《道統與治統之間：從明嘉靖九年(1530)孔廟改制論皇權與祭祀禮儀》，是比較系統和全面的研究成果，反映了孔廟改制與現實政治的關係。孔廟乃至孔子師徒地位的驟降，其實質是嘉靖朝借此打壓儒家道統，以加强皇帝威信。① 趙克生的《試論明代孔廟祀典的升降》是在黄進興研究結論基礎上的進一步發掘，將孔廟地位升降問題作了進一步梳理，並指正了黄文中的部分誤識。② 展龍的《明洪武時期祭孔儀制考論》，介紹了明初祭孔禮制的創立過程，考察了明代祭孔禮的起點。③ 田澍、王紅成的《大禮議視野下的孔子祀典改革》提到了大禮議問題。④ 這些祀典的變化，在本章叙述嘉靖"大禮議"的禮制轉變時另有提及。

5. 后妃命婦禮制

明代的母后、后妃的地位，有比較明顯的禮制隆殺變化，究其原因，除去禮學和倫理方面的妥協，還與皇帝的個人喜好和權力訴求有關。而這些情況，也直接或間接影響了明代的政治與文化走向。松崎哲之的《明代の一帝一后制太廟》、⑤ Ellen Felicia 的 *Palace Women in the Ming Dynasty*：1386-1644、⑥ 趙克生的《明朝后妃與國家禮制興革》⑦，是研究明代后妃祭祀禮制的代表性成果，具體討論母后和后妃服飾、后妃喪葬祭祀等制度，材料和結論足徵。李佳的《明代皇后入祀奉先殿相關問題考論》則討論了明代奉先殿如何供奉皇后、是否支持皇后入祀的問題。⑧ 陳超《明代品官命婦參與宫廷大典考述》對明代命婦參加的朝賀、服喪、親蠶禮儀等場合，均有所整理和討論，涉及宫廷婦女參

---

① 黄進興：《道統與治統之間：從明嘉靖九年(1530)孔廟改制論皇權與祭祀禮儀》，氏著《優入聖域：權力、信仰與正當性》，陝西師範大學出版社 1998 年版，第 142~184 頁。

② 趙克生：《試論明代孔廟祀典的升降》，《江西社會科學》2004 年第 6 期。

③ 展龍：《明洪武時期祭孔儀制考論》，《唐山師範學院學報》2011 年第 3 期。

④ 田澍、王紅成：《大禮議視野下的孔子祀典改革》，《西北師大學報》(社會科學版)2018 年第 3 期。

⑤ 松崎哲之：《明代の一帝一后制太廟》，(日本)《筑波中國文化論叢》第 20 號，2000 年。

⑥ Soulliere, Ellen Felecia: *Palace Women in the Ming Dynasty*: 1386-1644. Ph. D. Princeton University, 1987, pp. 158-234.

⑦ 趙克生：《明朝后妃與國家禮制興革》，《東北師大學報》(哲學社會科學版) 2007 年第 5 期。

⑧ 李佳：《明代皇后入祀奉先殿相關問題考論》，《故宫博物院院刊》2011 年第 3 期。

與國家典禮的問題。① 徐斌《明代后妃制度初探》中，也有一些内容涉及后妃婚禮等常禮。②

女性群體還涉及某些具體的、特殊的明代禮儀制度。明朝自建立以來，存在一種禮制陋習，即是以宫廷妃嬪進行人殉，使女性成爲死後皇權象徵的犧牲品。孫冰的《明代宫妃殉葬制度與明朝“祖制”》，研究明朝宫妃的人殉制度，認爲它是明朝喪葬禮制的一部分，明朝的祖制觀念。③ 這種制度甚至不限於皇帝，而延伸至一般的皇族和勛臣，劉精義的《明代統治者的殉葬制度》，就討論了多種身份下的女性殉葬案例。④ 也有專門討論皇家女性殉葬制度的學位論文，如徐慧廷《明代女性殉死行爲之研究》與李晗《明清宫人殉葬制度研究》等，在材料方面比較充實。⑤ 此外，親蠶禮是歷代皇室女性必須參與的禮儀，是女性引導紡織業生産的表率方式。明代親蠶禮方面，則有衣若蘭的 Gender and Sericulture Ritual Practice in Sixteenth-Century China，將女性在禮制活動中的狀態視爲明代性别史的重要題材，角度比較新穎。⑥ 最後，還有如 Victoria B. Cass 的 Female Healers in the Ming and the Lodge of Ritual and Ceremony，討論明代禮制規定中京城女性擔任的醫藥、生育等職責，試圖借此深入婦女的日常空間。⑦

6. 喪葬禮制

喪葬禮制歷來是王朝制度的重要環節，關係到皇室人員、士大夫官員的生死大事。明代喪葬禮制的研究，主題稍顯零散，但是也有研究深入獨特之處。在一些概論性著述中，對明代喪葬禮制的概况有所介紹，例如，徐吉軍的《中國喪葬史》、萬建中的《中國歷代葬禮》、楊志剛的《中國禮儀制度研究》等，都涉及明代；而王熹《中國明代習俗史》、陳寶良和王熹的《中國風俗通史・明代卷》等著作，均不同程度概括了明代喪葬禮儀的大致情况，兹不一一列舉。近

① 陳超：《明代品官命婦參與宫廷大典考述》，《通化師範學院學報》2010 年第 11 期。

② 徐斌：《明代后妃制度初探》，天津師範大學碩士學位論文，2008 年。

③ 孫冰：《明代宫妃殉葬制度與明朝“祖制”》，《華中師範大學研究生學報》2010 年第 4 期。

④ 劉精義：《明代統治者的殉葬制度》，《史學月刊》1983 年第 4 期。

⑤ 徐慧廷：《明代女性殉死行爲之研究》，臺灣“中央大學”碩士學位論文，2009 年；李晗：《明清宫人殉葬制度研究》，山東師範大學碩士學位論文，2014 年。

⑥ Jo-Ian Yi：Gender and Sericulture Ritual Practice in Sixteen-Century China. *Journal of Asian History*, 2014(2), pp. 281-302.

⑦ Victoria B. Cass：Female Healers in the Ming and the Lodge of Ritual and Ceremony. *Journal of the American Oriental Society*, 1986(1), pp. 233-245.

期則有池雪豐的學位論文《明代喪禮儀節考》，是對過去明代喪葬禮儀的細化考察，整合性較强。①

學界對於明朝陵墓的考察比較細緻，可能與明代皇陵的數量衆多、保存完好有關。明王朝與此前的歷代相似，在喪葬、祭祀活動中營建大規模的、集中的皇家陵墓，以此展示皇權的威勢和國家禮制的等級性。較早的陵墓研究以楊寬的《中國古代陵寢制度史研究》爲主，其中包含了對明孝陵建制的論述。②明代皇陵制度的專題研究方面，代表作有劉毅的《明代帝王陵墓制度研究》和《明世宗陵墓禮制思想分析》。③《明代帝王陵墓制度研究》是對明代皇陵的整體研究，相對於前朝各代而言，明清陵墓研究的成果不足，因此該專著是比較系統的開創之作。除去陵墓選址、陵園建制等建築考古問題外，作者對埋葬、祭祀等相關禮制也有詳細闡述。《明世宗陵墓禮制思想分析》緊扣嘉靖禮議的時代特點，考證了包括顯陵在内的世宗時期各陵墓及其禮制意義，特别注意到其中包含的家庭和等級觀念，是禮制史和思想史的綜合研究。

士大夫、文官的喪葬形式，直接與儒家的思想理念相關，在禮制史和思想史上都具有討論價值。"丁憂"是歷代對官員居喪的制度規範，趙克生《明代丁憂制度述論》一文即對明代丁憂制度作了較爲系統的研究。④ 宋繼剛的博士學位論文《明代文官恤典研究》，側重於明朝廷下賜官員的死後待遇。文章揭示出，明朝按照官吏的功德品行給予喪葬、祭祀儀式以及謚號等級，這種集禮制、教化、政治建設於一的評價體系，在明代達到了齊備的程度。⑤ 宋繼剛、趙克生的《明代文官喪葬公文與喪禮制度建設》，則從文官喪葬的官方公文角度，討論了士人階層與國家禮制建設之間的關係。⑥ 其中，使用賜祭、喪葬公文作爲研究國家恤典的媒介，從而展現出明代祭葬體系的整體運作方式，以及禮儀和制度的互相結合，是比較新穎的研究視角。宋繼剛、趙克生的《明代賜賻初探》，研究了官員死後的追賜問題，在以往官員賜賻禮制的基礎上，討論

① 池雪豐：《明代喪禮儀節考》，浙江大學博士學位論文，2017 年。

② 楊寬：《中國古代陵寢制度史研究》，上海人民出版社 2003 年版，第 68~70 頁。

③ 劉毅：《明代帝王陵墓制度研究》，人民出版社 2005 年版；《明世宗陵墓禮制思想分析》，《南開學報》(哲學社會科學版) 2014 年第 3 期。

④ 趙克生：《明代丁憂制度述論》，《中國史研究》2007 年第 2 期。

⑤ 宋繼剛：《明代文官恤典研究》，東北師範大學博士學位論文，2015 年。

⑥ 宋繼剛、趙克生：《明代文官喪葬公文與喪禮制度建設》，《古代文明》2014 年第 2 期。

的範圍涉及明朝宗室、外戚等。①

關於明代國家喪葬禮制在全國的社會影響，學界也不乏研究。張佳《以禮制俗：明初禮制與墓室壁畫傳統的驟衰》一文認爲，隨着朝廷禮制規定得愈加嚴格細緻，社會民間的墓葬文化也受到了影響，例如墓室裝飾、壁畫和陪葬品之類也被勒令節儉簡約。其原因在於，明初針對元代禮制過奢而在全國推行禮制改革，無疑是國家禮制對民間的干預，明朝廷的國家意志也通過喪葬制度得以延伸。② 何衡松、何成的《明清國家喪葬禮制與地方喪葬習俗初探——以廣東廣惠兩府爲例》，以廣東的地方爲例考察明清喪葬禮制的特點，文章還涉及火葬與土葬的衝突、佛教的禮俗滲透等知識。③

7. 輿服制度

古代中國是等級社會，輿服制度反映了這種社會背景下的禮制特性，有着重要的象徵意義。一直以來，除去沈從文《中國服飾研究》、周錫保《中國古代服飾史》等概論式著作，輿服制度研究的重點都集中在先秦、秦漢乃至唐代等時期，近世如元明清的相關論著有所不足。近些年來，關於明代的國家服飾與禮制關係的研究成果正在逐步增加。如王熹的論著《明代服飾研究》、④ 周紹泉的《明代服飾探論》⑤，是較爲系統分析明代國家服制，並嘗試探索其背後的禮制思想變化的成果。此後，也有數篇相關專題研究出現。以下列舉幾種著作和論文。

張志雲《重塑皇權：洪武時期的冕制規劃》，基於閻步克對六朝隋唐的冕服制度的研究，專門討論洪武朝廷的冕服制度。⑥ 在明初改朝换代的時間點，冕服禮制重建，表明繼承元代的同時更加尊崇儒家理念，它是朱元璋借儒家之手提高皇權的一部分舉措；而明初擴大了賜冕服的範圍，則是對當時藩王體系和朝鮮特殊外交關係的回饋，具有時代特點。原祖傑《皇權與禮制：以明代服制的興衰爲中心》試圖説明，明代服制是儒學道統與皇權相互制約的方式，而這種形式隨着明朝興衰不斷被動摇。明代服制本從儒家經典中來，最後由於皇

① 宋繼剛、趙克生：《明代賜賻初探》，《故宫博物院院刊》2015 年第 1 期。

② 張佳：《以禮制俗：明初禮制與墓室壁畫傳統的驟衰》，《復旦學報》(社會科學版)2017 年第 2 期。

③ 何衡松、何成：《明清國家喪葬禮制與地方喪葬習俗初探——以廣東廣惠兩府爲例》，《中國市場》2011 年第 1 期。

④ 王熹：《明代服飾研究》，中國書店出版社 2013 年版。

⑤ 周紹泉：《明代服飾探論》，《史學月刊》1990 年第 6 期。

⑥ 張志雲：《重塑皇權：洪武時期的冕制規劃》，《史學月刊》2008 年第 7 期。

帝意志逐漸背離初衷，使儒家“王在禮下”的理想遭受挫折，這是文章希望指出的禮制末路。① 程佳的《論明代官服制度與禮法文化》意在從官服制度入手，反觀明朝的整體禮制狀況。該文比較詳細地總結了明代官服的各等級規定，以及不同時期的變遷情況，並與當代公務員服飾進行對比，探尋服裝禮法的啓示。② 王淵的博士學位論文《補服形制研究》同樣是針對官員服制而作的具體考察。該文討論的補服制度正源自明代，認爲用“禽”和“獸”的圖案區分九品官員等級的制度一直延續至清代，並爲清人禮書《皇朝禮器圖式》繼承和完善，是多民族禮制融合的一種象徵。③

關於官方服制上的某些細部，還有一些研究或介紹性文章。如許曉東《明代的玉簪》對男性的皇帝、皇子、官員及女性的后妃、命婦等所使用的玉簪，作了較詳細的介紹，材料囊括出土文物和禮書文獻，甚至涵蓋了妓女與朝鮮人等的玉簪形制，雖然篇幅不大，仍可謂是細緻的工作。④ 其他服裝文化與禮制之間的跨界研究，可以互相啓發，玆不贅述。

8. 建築禮制

明代都城先後建有兩京，而以明成祖開始所定的紫禁城(即今天的北京城)爲主。作爲直接體現皇權的象徵，京城的建築體系也是明代國家禮制思想的集中反映。關於北京和南京城市的研究，非常豐富(例如侯仁之等學者的相關工作)，以下只敘述都城禮制的内容。

明故宫和各祭壇的建築理念，多繼承了自古以來的禮制，但也有表現明代時代特徵的特點。關於中國歷史都城禮制的研究，朱士光《初論我國古代都城禮制建築的演變及其與儒學之關係》一文最早加以闡明。該文將中國上古三代至近代以來的都城祭祀場所都列入論述範圍，並側重闡釋背後的儒家禮教内涵；在他的分類中，明代屬於中國禮制建築最爲規範、完善的階段，這是對明代宫廷禮制建築的初步定性。⑤ 明朝最早定都南京城，其都城營造是明初禮制思想雛形的體現，沈波《南京城營造理念管窺——從〈洪武京城圖志〉與〈金陵古今圖考〉中所見》對此有所探究。⑥ 而永樂以後北京城的禮制價值，則主要

① 原祖傑：《皇權與禮制：以明代服制的興衰爲中心》，《求是學刊》2008 年第 5 期。

② 程佳：《論明代官服制度與禮法文化》，山西大學碩士學位論文，2008 年。

③ 王淵：《補服形制研究》，東華大學博士學位論文，2011 年。

④ 許曉東：《明代的玉簪》，《紫禁城》2016 年第 7 期。

⑤ 朱士光：《初論我國古代都城禮制建築的演變及其與儒學之關係》，《唐都學刊》1998 年第 1 期。

⑥ 沈波：《南京城營造理念管窺——從〈洪武京城圖志〉與〈金陵古今圖考〉中所見》，《昭通學院學報》2013 年第 3 期。

通過幾種大型壇廟建築和紫禁城展現。曹鵬的博士學位論文《明代都城壇廟建築研究》，着眼點基本集中於建築形制的實地物理剖析，對於理解各類大型禮制有重要的參考價值。① 而具體到各建築的細節，也有不少成果。例如就宫門來看，朱慶征的《紫禁城四門等級研究》考察了皇城四方四門（午門、神武門、東華門、西華門）形制；② 李燮平、朱慶征的《天安門"制度"瑣談》專門説明承天門（天安門）體現的禮制觀念③。蔡永海的博士學位論文《紫禁城的美學與文化研究》，研究了明代紫禁城的禮制思想。④ 以上研究，涉及面較小，主要圍繞建築的形式或建築哲學思想的某一方面展開，並非專門的禮制研究，但仍有一定參考價值。

此外，在非都城的其他地方城市，明代親王的宫室建設也反映了宗室級别的禮制待遇。白穎《"二重城"的再現與明太祖的制度建構——明初親王宫殿與地方城市》認爲，明代親王的宫室設置是《周禮》思想的具現化，並體現出明初洪武禮制革新的某些意圖。⑤ 不過總體而言，明皇室宗親宫室的建築禮制研究目前仍較爲薄弱。

9. 樂舞禮制

作"禮樂"的一部分，樂舞是談論禮制時不可避免的話題。明朝的宫廷樂舞制度，有雅樂、軍樂、燕樂、俗樂等主要内容，根據場合與功效的不同而分别使用。明代重視樂舞的觀念，無疑來自儒家思想。它承前啓後，重新整理雅樂，融會民族和通俗音樂因素，稍欠創新，特色不鮮明。

比較典型的明代宫廷音樂與禮制研究，可參看以下的幾種。萬依的《明宫音樂源流考述》是目前比較系統、概括性較强的明代宫廷音樂源流研究，其關注點多置於明初對金元等前朝音樂的繼承，以及多樣化的燕樂和俗樂上。⑥ 文章肯定明代宫廷音樂對元朝的批判繼承，同時指出，明朝在俗樂方面的成就實際比雅樂更大，而雅樂仍然停留在過去儒家刻板的音樂形式上，缺乏突破。吕雅莉的《明代宫廷音樂》同樣是側重明朝宫廷音樂的綜合研究，將明宫音樂分爲雅樂、燕樂兩大類，據此着重從祭祀和宴饗的方面展開音樂考察，分别强調

---

① 曹鵬：《明代都城壇廟建築研究》，天津大學博士學位論文，2011 年。

② 朱慶征：《紫禁城四門等級研究》，《歷史檔案》2009 年第 2 期。

③ 李燮平、朱慶征：《天安門"制度"瑣談》，《紫禁城》1996 年第 3 期。

④ 蔡永海：《紫禁城的美學與文化研究》，中國人民大學博士學位論文，2002 年。

⑤ 白穎：《"二重城"的再現與明太祖的制度建構——明初親王宫殿與地方城市》，《建築學報》2018 年第 5 期。

⑥ 萬依：《明宫音樂源流考述》，《故宫博物院院刊》1995 年第 1 期。

其禮儀性和功能性。① 除基本的禮儀流程與音樂的結合外，還論及道教、佛教的影響，是該研究的亮點。温顯貴的《對明代宮廷音樂狀况的幾點認識》，指出明代宮廷音樂制度的幾種弊病，包括雅樂演奏者不足、素質良莠不齊、制度和相關機構腐朽不堪等。② 這些問題，似乎都給後來的清朝宮廷樂帶來了挑戰。黄敏學、葉健《明代宮廷音樂管理體制及其時代特徵》則是在總結宮廷音樂的管理體系的基礎上，尤其注意討論其中藴含的神樂觀念，以期揭示明代用樂的宗教性、思想性。③

也有從禮儀的某一具體方面切入，以討論國家用樂的研究。如項陽的《明代國家吉禮中祀教坊樂類型的相關問題》《小祀樂用教坊：明代吉禮用樂新類型》，④ 李妍静的《論明代賓禮制度下的禮樂》，⑤ 重點考察明朝在吉禮、賓禮等制度中使用的音樂。這不僅是因爲明代宮廷音樂雅俗並用、形式多樣，更有朝貢禮儀需求增大的客觀意義，體現出明朝的區域政治和文化地位。任方冰的《論明代軍禮及其用樂的建構》《明代旗纛祭祀及其用樂》，⑥ 則是針對明代軍禮的補充研究，在梳理軍禮儀節的基礎上，對軍禮用樂進行詳細列舉，該文還研究了相應的機構和樂器，比較有權威性。劉雪穎《明代唱樂的初步研究》主要考察明代宮廷中的人聲演唱的音樂部分，對於理解明代樂制提供了一個新角度。⑦ 蔡麗紅《明代歌舞的初步研究》，與上一種聲樂研究類似，是從歌舞的視角重新審視明代雅樂和宴樂等禮儀規定，也有其一定創新之處。⑧ 戈園園《明代地方官署用樂研究》主要考察了國家樂籍系統中處於基層的地方官署，認爲它常與地方社會的里社制度、俗樂應用相混合，形成了介於國家與市井民眾之間的音樂橋樑，是溝通國家政治生活和民眾日常生活的一個接點。⑨

---

① 吕雅莉：《明代宮廷音樂》，中央音樂學院碩士學位論文，2006 年。

② 温顯貴：《對明代宮廷音樂狀况的幾點認識》，《音樂藝術》2008 年第 4 期。

③ 黄敏學、葉健：《明代宮廷音樂管理體制及其時代特徵》，《黄鐘》2011 年第 3 期。

④ 項陽：《明代國家吉禮中祀教坊樂類型的相關問題》，《音樂研究》2012 年第 2 期；《小祀樂用教坊：明代吉禮用樂新類型（上）》，《南京藝術學院學報》（音樂與表演版）2010 年第 3 期；《小祀樂用教坊：明代吉禮用樂新類型（下）》，《南京藝術學院學報》（音樂與表演版）2010 年第 4 期。

⑤ 李妍静：《論明代賓禮制度下的禮樂》，南京師範大學碩士學位論文，2014 年。

⑥ 任方冰：《論明代軍禮及其用樂的建構》，《中國音樂學》2015 年第 1 期。任方冰：《明代旗纛祭祀及其用樂》，《音樂研究》2012 年第 4 期。

⑦ 劉雪穎：《明代唱樂的初步研究》，福建師範大學碩士學位論文，2004 年。

⑧ 蔡麗紅：《明代歌舞的初步研究》，福建師範大學碩士學位論文，2004 年。

⑨ 戈園園：《明代地方官署用樂研究》，南京師範大學碩士學位論文，2018 年。

10. 朝廷禮制機構

自朱元璋開始，明代沿用了過去的一些禮制機制，基本定型爲以禮部爲主導，司禮監、太常寺、光禄寺、鴻臚寺、翰林院等部門共同協助完成禮儀的模式。上自制禮作樂，下至採辦禮器、起草禮文等，都有專職人員負責，條理明晰。在李媛的《明代國家祭祀制度》中，已專門有一節總論此關係。歐陽琛的《明代的司禮監》則是較早探討明代司禮監的文章。① 至於論述其他禮制部門的情況，分別有王斌的《明朝鴻臚寺制度》、② 王麗静《明代太常寺研究》、③ 鄭莉《明代太常樂官考》、④ 張博《明代光禄寺研究》⑤等文章可供參考。

明代禮制機構的地位並非一成不變。張弘、李生貴的《明代禮樂制度變遷及宫廷音樂創作活動探析》一文認爲，與以往作爲禮部附庸的情況不同，明代教坊司、鐘鼓司的行政地位和話語權已大爲提升，一定程度上甚至超過太常寺。⑥ 這雖是以明代音樂爲主的研究，實則揭示出曲高和寡的禮樂制度向俗文化讓步的趨勢。

明代政治生活中，宦官、道士也佔據着一席之地，並與傳統儒家禮制發生一定的關係。董建飛《明代宦官在吉禮中的作用》提示，應當重視宦官在明代吉禮中所扮演的角色以及其對政策的影響。⑦ 關於由道家羽士掌管的神樂觀，上文祭禮部分已提及，基本都結合宗教和國家意識形態等問題展開。而專門就其禮制職能論述的，有李亞平《明代神樂觀研究》，⑧ 其中也談到了神樂觀在民間進行的一些禮儀活動，對瞭解該機構有一定幫助。

11. 禮典與律法

明代國家禮制的文本基礎，以及今人研究明禮的直接資料來源，首先當屬

---

① 歐陽琛：《明代的司禮監》，《江西師範學院學報》(哲學社會科學版) 1983 年第 4 期。

② 王斌：《明朝鴻臚寺制度》，《長治學院學報》2010 年第 4 期。

③ 王麗静：《明代太常寺研究》，東北師範大學碩士學位論文，2015 年。

④ 鄭莉：《明代太常樂官考》，《内蒙古大學藝術學院學報》2011 年第 2 期。

⑤ 張博：《明代光禄寺研究》，東北師範大學碩士學位論文，2011 年。

⑥ 張弘、李生貴：《明代禮樂制度變遷及宫廷音樂創作活動探析》，《蘭臺世界》2015 年第 6 期。

⑦ 董建飛：《明代宦官在吉禮中的作用》，《臨滄師範高等專科學校學報》2012 年第 1 期。

⑧ 李亞平：《明代神樂觀研究》，黑龍江大學碩士學位論文，2015 年。

各種禮典、禮志乃至法律規定。對於這些文獻的研究，是禮制研究的基礎工作。

對於人們熟知的明代禮典，如《明集禮》《明會典》，至今有諸多研究，涉及政治史、文化史、法律史等領域。這些禮典的版本和目録整理成果較爲集中，有如趙克生《〈大明集禮〉的初修與刊佈》、① 向輝《消逝的細節：嘉靖刻本〈大明集禮〉著者與版本考略》、② 梁健《〈大明集禮〉撰刊與行用考述》、③ 商傳《〈明會典〉及其史料價值》④等文章，而專門考訂這些禮典所載禮制沿革的論著並不多見。在楊志剛《中國禮儀制度研究》和趙軼峰《明朝國家祭祀體系的寓意》等專著中，對幾種主要禮典均有不同程度的總結和概括。目前的總體性研究，《明會典》方面，有原瑞琴《〈大明會典〉研究》、⑤ 鞠明庫《萬曆〈大明會典〉探析》⑥。這些整體研究中，包含了一些禮制史問題。

在一些散見的禮典研究中，還有以下幾類值得注意。一是法律史方面。高偉《〈大明會典〉中對文官問責的法律認定和處理》，將《明會典》的禮制與法律裁决原則的關聯性進行了簡單闡釋，是爲禮、法的交會研究。⑦ 二是朝鮮的宗系事件方面。由於 16 世紀朝鮮國内的王族世系導致的權力危機，朝鮮人頻繁引用《明會典》的禮制規定來互相展開辯論，在楊豔秋《〈大明會典〉〈明史〉與朝鮮辯誣：以朝鮮王朝宗系辯誣和“仁祖反正”辯誣爲中心》、⑧ 黄修《十六世紀朝鮮與明朝之間的“宗系辯誣”與歷史書寫》⑨等文中均有分析。三是明末東西方“禮儀之争”方面。《明會典》成爲中國儒家士人和傳教士争論禮儀差異的依據之一，梅謙立《對〈大明會典〉的兩種衝突詮釋——1668 年閔明我與潘國光

① 趙克生：《〈大明集禮〉的初修與刊佈》，《史學史研究》2004 年第 3 期。

② 向輝：《消逝的細節：嘉靖刻本〈大明集禮〉著者與版本考略》，《版本目録學研究》第 7 輯，北京大學出版社 2017 年版。

③ 梁健：《〈大明集禮〉撰刊與行用考述》，《西南大學學報》(社會科學版) 2020 年第 1 期。

④ 商傳：《〈明會典〉及其史料價值》，《史學史研究》1993 年第 2 期。

⑤ 原瑞琴：《〈大明會典〉研究》，北京師範大學博士學位論文，2008 年。

⑥ 鞠明庫：《萬曆〈大明會典〉探析》，河南師範大學碩士學位論文，2002 年。

⑦ 高偉：《〈大明會典〉中對文官問責的法律認定和處理》，《人間》2016 年第 3 期。

⑧ 楊豔秋：《〈大明會典〉〈明史〉與朝鮮辯誣：以朝鮮王朝宗系辯誣和“仁祖反正”辯誣爲中心》，《南開學報》(哲學社會科學版) 2010 年第 2 期。

⑨ 黄修：《十六世紀朝鮮與明朝之間的“宗系辯誣”與歷史書寫》，《外國問題研究》2017 年第 4 期。

在廣州就祭孔禮儀的討論》,① 就是其中一種個案研究。四是禮典修纂方面。李媛《弘治初年祀典厘正論初探》觀察到弘治禮典修訂時，一定程度上將《明會典》等作爲參照文本，文章討論了其中的細微損益。②

部分稀見禮典、禮志也逐漸走進研究視野。《皇明典禮》頒佈於建文帝在位時期，僅短暫地在歷史上留下痕跡，但其中仍有一些内容提供了洪武禮制向後發展的軌跡。徐文躍的《〈皇明典禮〉冠服制度考述》雖然是以建文帝時期的冠服制度爲討論對象，但其中以《明會典》與《皇明典禮》互參的比較研究法，爲進一步發掘建文帝時期禮制面貌提供了契機。③ 文中揭示《皇明典禮》在朝鮮等地的傳播，也説明該禮典可能曾經發揮過更多的歷史作用。於嘉靖、隆慶、萬曆三朝任官的郭正域所編《皇明典禮志》，取材於此前的《明集禮》《明會典》《明實録》等文獻，對明中後期的禮制沿革記録較多。陳嘉熹《郭正域〈皇明典禮志〉研究》將該書的内容與前後各種禮典作了比較，大致厘清了禮志傳承的脈絡。④《明倫大典》作爲明中期編成的禮典、法典，是嘉靖時期“大禮議”的産物，它爲這場禮法之争作了官方性質的定論，其中涉及整個“大禮議”的禮學與宗法衝突、政治博弈與内閣變動等内容。楊豔秋《明世宗朝官修〈明倫大典〉論述》一文依順序先後介紹了幾種嘉靖時期的官修禮書，包括《大禮奏議》《大禮集議》以及《明倫大典》，描繪了嘉靖禮典的演變軌跡。⑤ 尤淑君對嘉靖時期“兄終弟及”“親親尊尊”等禮的思想的分析，也有多處基於《明倫大典》展開。⑥ 近年還有劉夢月《嘉靖〈明倫大典〉的編纂與流傳》，從文獻學角度全面解讀了《明倫大典》的禮制信息，爲進一步總結梳理提供基礎。⑦

---

① 梅謙立:《對〈大明會典〉的兩種衝突詮釋——1668 年閔明我與潘國光在廣州就祭孔禮儀的討論》,《貴州社會科學》2020 年第 8 期。

② 李媛:《弘治初年祀典厘正論初探》,《東北師大學報》(哲學社會科學版)2008 年第 2 期。

③ 徐文躍:《〈皇明典禮〉冠服制度考述》,《文津學志》第十一輯，國家圖書館出版社 2018 年，第 461~473 頁。

④ 陳嘉熹:《郭正域〈皇明典禮志〉研究》，東北師範大學碩士學位論文，2015 年。

⑤ 楊豔秋:《明世宗朝官修〈明倫大典〉論述》,《蘇州大學學報》(哲學社會科學版)2012 年第 3 期。

⑥ 尤淑君:《名分禮秩與皇權重塑：大禮議與嘉靖政治文化》，臺灣政治大學歷史學系 2006 年版。

⑦ 劉夢月:《嘉靖〈明倫大典〉的編纂與流傳》，華中師範大學碩士學位論文，2018 年。

此外，律法作爲國家機器之强力準則，也具有禮制意義。明代最重要的法律典籍是《大明律》，其在中國法制史上有着較高的地位。研究明朝宗法和皇權禮制，從《大明律》着手是一個合理的角度。除用刑規定外，《大明律》還按照六部職能分別制定律例，《禮律》方面有《祭祀》《儀制》兩類，對各種大小祭祀及家禮都有規定，並附有違律者的懲罰措施。《大明律》以法律推行禮制，行之全國上下民眾，較之其他祀典更具有强制性和廣泛性。陳戍國的《大明律與明代禮制以及相關問題》，通過翔實的材料，指出明朝廷重禮的理念，特别是根據法律嚴格維護禮典、禮法的一面，總結出依禮制法、以禮入法、以法護禮、以法行禮等原則，以此觀察明代皇權的强化，是聯繫《大明律》與禮制問題的代表性成果。① 其研究論點，同樣反映在氏著《中國禮制史·元明清卷》中。

同爲《大明律》禮制問題的研究，林起安《明代禮制與大明律關係初探》的重點和創新點在於對"禮律"。該文論述明代人違反禮制時如何定罪和入刑，這一視角對於今人具有一定的理論價值。② 吕麗、游律波《犯罪再論——以明律爲中心的研究》，反映出將律法與禮制一併作爲研究對象的複雜性。另外應當注意到，在游律波的碩士學位論文《明代禮儀犯罪研究》裏，明確指出了"禮儀犯罪"的概念，將明代因違反禮儀規定而受到刑罰的行爲納入其中。這種情況體現在《大明律》的《禮律》，以及《明大誥》《問刑條例》《明會典》等禮典、律典裏，且在嚴格程度上比唐代等時期更甚。③ 禮制研究往往涉及法學的案例分析，給跨學科討論提供了空間。

除去《大明律》外，目前還有人注意到其他一些律法規定與禮法變遷的關聯性。例如，陳臻宇《對明嘉靖〈問刑條例〉修訂及相關問題的考論》，討論了嘉靖時期《問刑條例》修訂的某些原則問題。④ 該《問刑條例》是基於明弘治時期《問刑條例》而重新增補的，其修改反映出嘉靖以前禮法制度混亂、地方豪强無視秩序的亂象，以及嘉靖君臣恢復傳統禮法權威的態度，由之可見它與"大禮議"的聯繫。律法的禮文化性質再次得到印證。

---

① 陳戍國：《〈大明律〉與明代禮制以及相關問題》，《湖南大學學報》(社會科學版) 2002 年第 3 期。

② 林起安：《明代禮制與〈大明律〉關係初探》，福建師範大學碩士學位論文，2013 年。

③ 游律波：《明代禮儀犯罪研究》，吉林大學碩士學位論文，2007 年。

④ 陳臻宇：《對明嘉靖〈問刑條例〉修訂及相關問題的考論》，西南政法大學碩士學位論文，2012 年。

12. 考古和禮器研究

至今，明代的墓葬、宫室、禮器的發掘與整理，爲復原明代禮制場景提供了實物證據。

明代的皇家禮制考古，見於皇帝陵墓和各地的親王墓葬。明代帝王陵墓眾多，皇陵研究也相應較多。例如，劉毅《明代帝王陵墓制度研究》一書，對明皇陵的實際選址以及隨葬品等因素進行了系統研究。① 王茹茹《明永陵建造史實探賾及復原設計》根據現有考古成果，具體討論了嘉靖年間的永陵格局。② 明宫廷妃嬪墓葬的考古研究，有張彩娟《明代妃嬪墓出土禮儀用玉與冠服制度》，該文根據明熹宗和明神宗的幾位妃嬪墓葬，判斷相關禮儀問題。③ 親王墓葬方面，總結性的文章有劉毅的《明代親王陵墓玄宫制度研究》，該文對多座明代親王的墓葬考古報告作出總結，對其不同時段的墓室形態分别作了考察。④ 明代梁莊王墓、魯荒王墓等墓葬中出土的文物可作爲禮器佐證。例如，蔣群《明初親王禮儀與文房玉珍——魯荒王朱檀墓出土玉器》、⑤ 李棟《明初禮儀制度管窺——以魯荒王墓出土文物爲例》⑥，分别從魯荒王朱檀之墓葬的禮器和墓葬規格入手，研究明朝皇室試圖恢復元代以前漢人王朝禮儀的思想和態度。

明代士族官員的墓葬與禮儀形制，可參考張利芳的《明代品官墓葬考古》。⑦ 該博士學位論文主要研究這些品官的墓室營造和隨葬明器，排列它們與品官高低的升降關聯。論文還指出，明代中後期社會風氣的鬆動，品官僭禮、違禮的現象也趨於頻繁，這在墓葬考古中也有所體現。張佳的《以禮制俗：明初禮制與墓室壁畫傳統的驟衰》，主要研究各類墓葬壁畫如何體現當時的禮制秩序。在明朝，從上流社會到普通大眾，都有墓葬規格，而明代墓葬壁畫的盛衰顯示出喪葬禮制的盛衰。⑧

---

① 劉毅：《明代帝王陵墓制度研究》，人民出版社 2005 年版。

② 王茹茹：《明永陵建造史實探賾及復原設計》，《建築學報》2011 年第 1 期。

③ 張彩娟：《明代妃嬪墓出土禮儀用玉與冠服制度》，《中國歷史文物》2007 年第 1 期。

④ 劉毅：《明代親王陵墓玄宫制度研究》，《華夏考古》2010 年第 3 期。

⑤ 蔣群：《明初親王禮儀與文房玉珍——魯荒王朱檀墓出土玉器》，《文物天地》2019 年第 2 期。

⑥ 李棟：《明初禮儀制度管窺——以魯荒王墓出土文物爲例》，《文物天地》2020 年第 1 期。

⑦ 張利芳：《明代品官墓葬考古》，中國人民大學博士學位論文，2014 年。

⑧ 張佳：《以禮制俗：明初禮制與墓室壁畫傳統的驟衰》，《復旦學報》（社會科學版）2017 年第 2 期。

明代的禮器形制，在秉持復古精神的基礎上，又加入了一些新思想、新時尚的元素。如王光堯《明代宫廷陶瓷史》揭示了明代接續兩宋傳統，在祭禮中大量使用瓷質禮器的事實。明代官窑發達，官方祭祀使用瓷器的情况，在《明會典》《明史》等資料中均有體現。① 董健麗《明代瓷質禮器概説》，從整體上總結了明代瓷器作爲禮器的意義和呈現方式。② 劉明杉《明代前期祭瓷的種類、功能及地位》，以明前期的出産器物爲主，着重從祭禮的角度闡釋瓷質禮器的禮制内涵。③ 朱麗莉《明代仿古瓷與禮制及復古藝術研究》，更爲具體地展示了明代瓷質禮器的多樣性，如仿古的鼎、尊、爵等器物。④

玉制禮器方面，張廣文《明代玉器專題連載之五——明代的玉禮器》⑤和徐琳《明前期禮儀用玉》等文，⑥ 較早涉及。史陽陽《明墓出土玉圭初步研究》對明代墓葬中玉圭的禮儀用途展開分析，是比較成功的個案研究。⑦ 近年還有一些學位論文，也以此爲選題。例如，衷敏青《明代復古玉禮器和吉祥玉的初步探究》研究明代玉禮器的復古傾向和審美特點、⑧ 趙珊珊《明代掐絲琺瑯中的器物觀念》發掘掐絲琺瑯工藝背後的禮制觀念⑨。

13. 節慶和曆法

明代宫廷生活的禮制内容很多，宫廷慶典、宫廷飲食無不富於禮制内涵。一般性的介紹，可參王玉德主編《中國宫廷文化集觀》、⑩ 向斯和王霜主編《中國文化雜説》、⑪ 施慶華《明清宫廷檔案》⑫等著述中的相關章節。具體的研究也很多，例如，常建華《明洪武時期宫廷的正旦禮儀與節慶》，依託《明集禮》

① 王光堯：《明代宫廷陶瓷史》，紫禁城出版社 2010 年版。

② 董健麗：《明代瓷質禮器概説》，《中國陶瓷》2002 年第 1 期。

③ 劉明杉：《明代前期祭瓷的種類、功能及地位》，《明史研究論叢》第十輯，故宫出版社 2012 年版。

④ 朱麗莉：《明代仿古瓷與禮制及復古藝術研究》，《甘肅廣播電視大學學報》2018 年第 2 期。

⑤ 張廣文：《明代玉器專題連載之五——明代的玉禮器》，《紫禁城》2008 年第 4 期。

⑥ 徐琳：《明前期禮儀用玉研究》，《故宫學刊》第 10 輯，故宫出版社 2013 年版。

⑦ 史陽陽：《明墓出土玉圭初步研究》，《文物天地》2018 年第 8 期。

⑧ 衷敏青：《明代復古玉禮器和吉祥玉的初步探究》，西北大學碩士學位論文，2016 年。

⑨ 趙珊珊：《明代掐絲琺瑯中的器物觀念》，東北師範大學碩士學位論文，2009 年。

⑩ 王玉德主編：《中國宫廷文化集觀》，長江文藝出版社 2000 年版。

⑪ 向斯、王霜主編：《中國文化雜説》，北京燕山出版社 1997 年版。

⑫ 施慶華：《明清宫廷檔案》，陝西師範大學出版社 2005 年版。

和《明會典》編修的兩個時間點(洪武二年與洪武二十六年),對這兩個時期的正旦節日慶典進行比較分析,從而論證中原王朝禮制完備後的强大文化向心力。①

關於明代宫廷慶典制度,近來也是很多學位論文的選題方向。例如,石偉華《明代節日朝賀制度研究》,關注明代宫廷的節日朝賀,對朝賀主體、文書貢物、管理機構、車馬服飾、儀仗等進行較爲翔實的介紹和分析。② 李子園《明代正月皇家禮儀活動研究》同樣以正月的宫廷生活爲中心,從禮制角度再現了正旦大朝會、鼇山燈會、立春進春儀、天地祭祀、時享太廟、祈穀禮儀等多種節慶禮儀活動。③ 王維瓊《明代的"賜宴"和"賜食"》主要討論明代皇帝的賜宴名目、宴會籌辦、宴會參與步驟和樂舞等問題。④ 羅蓁蓁《明代宫廷飲食研究》則側重於明代宫廷飲食的管理機構與飲食觀念等方面。⑤

頒朔、頒曆之禮,在古代不僅有天文學意義,也是指導政治生活走向的風向標。趙琳琳的《午門頒朔禮》曾對此作過簡要介紹。⑥ 汪小虎的博士學位論文《明代頒曆制度研究》在明代頒曆方面的研究更爲深入、全面,集中探究了明代皇家頒曆禮儀的流程和君臣在行禮時的互動,文中還涉及某些頒曆授時失常所造成的失禮現象。⑦ 另外,明代頒曆也對朝鮮等周邊國家産生了重大影響,使那些深受中華文化熏陶的民族更加依附於中原王朝,本章第四節處將予以叙述。

二、國家禮制的變革

明代禮制的一大特點即是變革,即歷時性變化,體現在多個方面。首先,明朝初年繼承了元以來的禮制,並在原有基礎上大加編訂、重建禮樂秩序。從朱元璋的洪武朝廷伊始,建立起了具有明代特色的各項禮制系統,這是明代相對於前朝的繼承發展。而此後這種損益一直不斷。其次,以嘉靖朝爲節點,形成圍繞祭祀問題的"禮議",後鋪開至幾乎所有禮制問題,導致明代禮制的轉向。其範疇已不限於禮學争論,是爲禮制的又一大變動。此外,關於家禮所引

---

① 常建華:《明洪武時期宫廷的正旦禮儀與節慶》,《文史》2018年第2輯。
② 石偉華:《明代節日朝賀制度研究》,福建師範大學碩士學位論文,2014年。
③ 李子園:《明代正月皇家禮儀活動研究》,黑龍江大學碩士學位論文,2017年。
④ 王維瓊:《明代的"賜宴"和"賜食"》,東北師範大學碩士學位論文,2010年。
⑤ 羅蓁蓁:《明代宫廷飲食研究》,中國社會科學院碩士學位論文,2015年。
⑥ 趙琳琳:《午門頒朔禮》,《紫禁城》2005年第3期。
⑦ 汪小虎:《明代頒曆制度研究》,上海交通大學博士學位論文,2011年。

申出的宗法制度問題，近來也受到一些關注，這屬於發生在社會基層的潛移默化的變革。這些明代禮制的特殊面相，無不蘊含並突出“變”的主題，在以往的制度基礎上發展出自身的道路。

1. 明初制禮作樂的損益

明代禮樂制度的損益，並非一朝一夕突然發生，而是自立朝以來就產生了。其變化大約體現在兩種方向上：一是對前朝禮制的損益、改造，二則是在本朝禮制體系形成後出現的各種反復傾向。

明初對元代禮制的改變方面。吳恩榮的《元代禮失百年與明初禮制變革》，由元禮反觀明初禮制革新，認爲明朝的立國之本就是急於重建漢族政權的原有禮制秩序，以取代“蠻夷”統治造成的消極影響。① 就禮的思想上看，這些舉措不僅具有改朝换代的意義，也有助於全社會對禮樂倫常的重建。若以禮制研究“道統”與“政統”的關係，可參考此文。吳恩榮的另一篇文章《明前期國家禮制的定型及其對政治與社會秩序的構建》，則着重從明太祖朱元璋與儒家理念之間的矛盾入手，揭示明太祖在《大明集禮》中試圖重構儒家“五禮”體系的努力。文章認爲他以皇權之力突破上古周禮的束縛，試圖制定更爲貼合當時的制度框架。② 這些研究表明，明初制禮作樂時，對於繼承華夏古禮和前朝禮制時均存在着損益改造，並非一味盲從於儒家禮制。

洪武、永樂以後，明朝禮制也出現了大大小小的改制。例如，明初也發生過大大小小的一些“禮議”，這方面可參考羅仲輝的《論明初禮議》。③ 關於弘治時期的禮制變化，李媛的《弘治初年祀典厘正論初探》指出，當時佛、道以及其他宗教觀念雜糅於禮制中，導致儒家官員請求明孝宗革除淫祀、恢復祀典權威。這雖然表明了儒家思想不容“異端”的一貫立場，但仍以孝宗的曖昧處理而草草收場。④ 説明隨着社會發展、思想多元化和權力鬥争，儒學禮制的一尊權威已經越來越顯得狹隘。張佳著有《新天下之化：明初禮俗改革研究》一書，對上述問題有系統討論。⑤

---

① 吳恩榮：《元代禮失百年與明初禮制變革》，《北京社會科學》2016 年第 8 期。

② 吳恩榮：《明前期國家禮制的定型及其對政治與社會秩序的構建》，《江蘇社會科學》2019 年第 1 期。

③ 羅仲輝：《論明初禮議》，王春瑜主編：《明史論叢》，中國社會科學出版社 1997 年版，第 74~92 頁。

④ 李媛：《弘治初年祀典厘正論初探》，《東北師大學報》(哲學社會科學版) 2008 年第 2 期。

⑤ 張佳：《新天下之化：明初禮俗改革研究》，復旦大學出版社 2014 年版。

2. 嘉靖“大禮議”的禮制轉變

嘉靖“大禮議”所導致的禮制變革，是明代禮制史長久的話題。事件的直接起因是明世宗(嘉靖帝)以藩王身份登極，圍繞其父興獻王的待遇，與內閣大臣楊廷和等儒臣發生激烈的禮儀論爭。與此相對，張璁等人則站在明世宗一邊，竭力主張世宗尊親孝道在禮學上的正當性，並最終壓倒反對派，在這場曠世的禮制大争論和政治大鬥争中獲得實際勝利。“大禮議”雖然在世宗朝落下帷幕，而此後不斷有所反復。其影響之深遠，一直延伸至整個明代中後期社會，一定程度上改變了儒家禮制的格局，可以視爲明代禮制史上的最重大節點。

“大禮議”的各事件及其來龍去脈，已有南炳文、胡吉勛、張顯清、王柏中等學者論及，由於禮制方面側重點不多，此處不予贅述。新中國成立後，國內在此問題上較有啓發性的研究，以張顯清的《明嘉靖“大禮議”的起因、性質和後果》一文爲代表。該文主要探討“大禮議”發生的動機，其中就包括宗法制度與皇權合法性之間的聯繫，總體上仍屬於傳統的政治史研究。① 時至20世紀後期，中外學者在“大禮議”的研究方向上部分突破了過去政治研究的束縛，對其中的禮制及思想内容均有所涉獵。日本學者小島毅的《嘉靖の禮制改革について》對嘉靖一朝改革禮制的内容，總結得比較全面。② 文章分爲祭天地(祈雨、郊祀)、祭祖(配侑、宗廟)、釋奠禮、皇后禮等，對於嘉靖的天地分祭和廟制更改等重要原則問題，都有所歸納和議論，其觀點多有開創意義。同時，此文也注重考察朱子禮學在這場禮制大改革中是如何發揮作用或形成衝突的，這與作者的學問立足點不無關係。此外，日本學者的研究，還有中山八郎的《明の嘉靖朝の大禮問題の発端》。此文探究大禮議發生的根本原因，順帶考察了陽明學等儒家學派的思想可能與之存在的關聯。③ 臺灣的尤淑君在其專著《名分禮秩與皇權重塑：大禮議與嘉靖政治文化》中特別指出，“大禮議”破壞了禮制中的名分原則，使皇帝、首輔和官員們脱離以禮爲中心的政治文化體系，導致了後來晚明政治局面的混亂。④ 趙克生的著作《明朝嘉靖時期國家祭禮改制》，也聚焦於此。他在繼承張顯清等人研究的基礎上，以祭禮爲主要切

---

① 張顯清：《明嘉靖“大禮議”的起因、性質和後果》，《史學集刊》1988年第4期。

② 小島毅：《嘉靖の禮制改革について》，(日本)《東洋文化研究所紀要》第117號，1992年。

③ 中山八郎：《明の嘉靖朝の大禮問題の発端》，(日本)《人文研究》第8卷第9號，1957年。

④ 尤淑君：《名分禮秩與皇權重塑：大禮議與嘉靖政治文化》，臺灣政治大學歷史學系2006年版。

入點，全面研究嘉靖禮制改革的内容，其層次分類與材料引用，較之小島毅的研究更爲豐富深入，且有一些新的史料佐證。①

關於各等級禮制的具體變化，也有多種成果。例如，趙克生《明代郊禮改制述論》圍繞天地合祭與分祭的思想分歧，評論洪武、嘉靖兩朝的郊禮制度轉變。② 趙克生《明代的藩王繼統與廟制變革——以永樂、嘉靖爲中心》一文，主要觀察洪武到永樂時期藩王在宗廟祭祀中的地位變遷，據此與嘉靖禮制改革進行比較研究。③ 趙克生《明代中後期官禮變動與官禮之争》一文，則在原有的官員朝見禮、相見禮等的基礎上，挖掘明代中後期官員禮制精神和儀節的變化。認爲由於官員地位的變化調整，産生了諸多變禮和僭越，並取代原來的禮制而成爲常規。④ 趙克生《國家禮制的地方回應：明代鄉射禮的嬗變與興廢》一文，指出明代總體上恢復鄉射禮，以追求禮樂復古、"寓武於文"，同時注意到鄉射禮、鄉飲酒禮受到科舉制等現實因素的影響，在基層逐漸功利化並荒廢的現象。⑤ 另外，王柏中《明嘉靖年間的廟制變革問題試探》，也通過討論明世宗"都宫别殿"與"同堂異室"制度，發現他試圖達到尊親的文化目的。⑥ 這些研究的核心内容，可總結爲一個"變"字。禮制變革所反映出來的，不僅是國家權力的增長，也有社會文化中渴望變革的部分活力。

此外，孔子祭祀受到"大禮議"的影響也很大，相關研究也有數種。黄進興的《權力與信仰：孔廟祭祀制度的形成》一文、⑦ 田澍和王紅成的《大禮議視野下的孔子祀典改革》⑧，對此都有專門討論。近期，又有王紅成和張之佐的《禮制與政治的互動：論明嘉靖孔子祀典改革》，⑨ 對嘉靖大禮議中的祭孔禮

① 趙克生：《明朝嘉靖時期國家祭禮改制》，社會科學文獻出版社 2006 年版。

② 趙克生：《明代郊禮改制論述》，《史學集刊》2004 年第 2 期。

③ 趙克生：《明代的藩王繼統與廟制變革——以永樂、嘉靖爲中心》，《中國史研究》2005 年第 1 期。

④ 趙克生：《明代中後期官禮變動與官禮之争》，《社會科學輯刊》2009 年第 6 期。

⑤ 趙克生：《國家禮制的地方回應：明代鄉射禮的嬗變與興廢》，《求是學刊》2007 年第 6 期。

⑥ 王柏中：《明嘉靖年間的廟制變革問題試探》，《社會科學戰線》2001 年第 2 期。

⑦ 黄進興：《權力與信仰：孔廟祭祀制度的形成》，氏著《優入聖域：權力、信仰與正當性》，陝西師範大學出版社 1998 年版，第 185~246 頁。

⑧ 田澍、王紅成：《大禮議視野下的孔子祀典改革》，《西北師大學報》(社會科學版)2018 年第 3 期。

⑨ 王紅成、張之佐：《禮制與政治的互動：論明嘉靖孔子祀典改革》，《運城學院學報》2019 年第 4 期。

儀規格如何受到波及，作了細緻討論。明世宗作降殺孔子的祭祀待遇，表面上是調整禮制系統，背後則暗藏打壓儒家士大夫權力的用意，因此該現象本質上是明代皇權膨脹的需求所致。具體表現在儒家先師祭禮方面，即孔祭中陪祀者的變化和禮遇降殺，這是“大禮議”壓抑儒者學統權力的明顯表徵。王培《從“大禮議之争”看禮的困境》認爲，大禮議的内在矛盾是明代禮制背離了儒家古禮精神。①

總之，禮制、政治、皇權、國家機器，這些要素在明朝宫廷裏糾纏争鬥，共同構成了一個被權力和思想扭曲的時代，這是需要後來研究者長期觀察的課題。

除去宏觀視角的研究外，也存在部分結合社會史、思想史要素的個别考察。如吴青《從統嗣二分到統之獨尊——以嘉靖禮制改革中張璁的思想爲主》，就是大禮議中的個案研究，即從廷臣張璁的角度觀察禮制改革。文章指出，張璁認爲嘉靖帝不需要繼承孝宗嗣子之位稱帝，正符合皇帝的意向，而張璁本人也因此參與了《明倫大典》《明會典》等一系列新禮制圖書的編纂。② 王紅成、張之佐《爲人後之争：大禮議核心問題的辨析》，是從禮制思想的角度剖析大禮議中個别人物的考察，研究了楊廷和與張璁就禮法思想中“緣情制禮”之“情”而産生的矛盾衝突，這些細微差異決定了整個“大禮議”關於孝情論述的走向。③

近年來，有關“大禮議”的禮制研究還出現了某些新的考察角度，比如受到“大禮議”影響的中國周邊地區、周邊民族的回響。例如，黄修志《明代“大禮議”與朝鮮王朝之回應》，從朝鮮王朝的角度審視了“大禮議”的影響。由於朝鮮旁系皇族頻繁上位，經歷了仁祖“禮訟”等多次禮制討論，丁若鏞等名儒捲入争論中，實際上成了中國“大禮議”的再現，這對我們反觀本國的禮制改革有一定助益。④ 姚勝的著作《明代吐魯番與“大禮議”》則聚焦在西域吐魯番對“大禮議”的反應，認爲此政治和禮制變化導致邊防和朝貢廢弛，體現出邊疆民族與中原文化交融的複雜性。⑤

3. “家禮”和宗族禮的變化

明代民間社會的蓬勃活力，在禮制上也有所反映。例如，常建華《明代宗

---

① 王培：《從“大禮議之争”看禮的困境》，安徽大學碩士學位論文，2013 年。

② 吴青：《從統嗣二分到統之獨尊——以嘉靖禮制改革中張璁的思想爲主》，北京大學碩士學位論文，2014 年。

③ 王紅成、張之佐：《爲人後之争：大禮議核心問題的辨析》，《廣東第二師範學院學報》2020 年第 6 期。

④ 黄修志：《明代嘉靖“大禮議”與朝鮮王朝之回應》，《古代文明》2018 年第 2 期。

⑤ 姚勝：《明代吐魯番與“大禮議”》，九州出版社 2018 年版，第 147~188 頁。

族祠廟祭祖禮制及其演變》，對於明朝國家制定百姓家廟制度，以及大禮議後開放家庭祭祀始祖行爲所引發的争議等，做了比較客觀的考證。① 日本學者佐々木愛的《明代における朱子學的宗法復活の挫折：丘濬〈家禮儀節〉を中心に》，關注家禮與明代宗法精神的背道而馳，認爲宗法禮制的自我變更對家禮具有揚棄的因素，説明朱熹禮學理論在實際應用中的危機。② 此外，上文提及的地方禮儀的損益，在各地禮儀文本裏均有不同程度的體現。其中，徽州《家禮》類文書與宗族禮制實踐的研究，就具有顯著的典型性。近年來有王文俊《家禮演變與徽州宗族社會的人際傳播》，利用各種《朱子家禮》的異種抄本和徽州地方志、族規家訓等，由此文本語境尋求明清家禮及其内在思想的演變軌跡。③ 對家禮文本所反映的人際關係和内在思想變化，是該文的一個亮點。通過以上研究成果可知，明代《家禮》的演變，在基層實踐和文本傳承上均有體現。但無論如何，若想要系統地把握明代乃至各時期《朱子家禮》影響的全貌，仍需要從家禮的基礎文獻出發，將傳世文本與民間文獻結合起來討論，以文本之“經”觀察禮制實踐之“權”。因此，前述日本學者吾妻重二的著作《朱熹〈家禮〉實證研究》，目前依然是研究明代《家禮》時必須參考的著作。④

4.“奪情”現象對傳統禮制思想的衝擊

明代中後期的官場上，“奪情”現象比較普遍。特别是幾位位高權重的朝廷命官的奪情，成爲關注的焦點。“奪情”與儒者重視的“丁憂”制度形成了激烈衝突，其矛盾顯示出明代禮制背後政治權力的角力。以明末張居正等權臣爲代表的一部分人物，試圖通過顛覆禮制中重孝道的核心思想，改革官員權力的運作方式，而這種强硬的轉變必然引起依靠傳統儒家理念治國的儒臣的反對。南炳文、何孝榮和陳安麗合著《明代文化研究》，專門聚焦在張居正與楊溥之間的奪情争論上，較早地認識到，奪情現像是禮制改革與傳統之間不可調和的矛盾。⑤ 近年來，相關研究還有不少。例如，趙克生《略論明代文官的奪情起

① 常建華：《明代宗族祠廟祭祖禮制及其演變》，《南開學報》(哲學社會科學版) 2001 年第 3 期。

② 佐々木愛：《明代における朱子學的宗法復活の挫折：丘濬〈家禮儀節〉を中心に》，(日本)《島根大學文學部紀要》第 5 卷《社會文化論集》，2009 年。

③ 王文俊：《家禮演變與徽州宗族社會的人際傳播》，安徽大學碩士學位論文，2016 年。

④ 吾妻重二：《朱熹〈家禮〉實證研究》，吴震等譯，華東師範大學出版社 2012 年版，第 88~93、241~381 頁。

⑤ 南炳文、何孝榮、陳安麗：《明代文化研究》，人民出版社 2005 年版，第 359~360 頁。

復》，既分類梳理各官員、各階層的奪情現象，又具體分析某些代表性事件，如以張居正、李賢、楊嗣昌幾人的奪情問題爲中心，展現出明末情和禮的分道揚鑣。① 樊忠濤《張居正奪情始末》，則着重從一系列歷史事件入手，點明不同人物對張居正奪情的不同看法，揭示傳統儒家思想的根深蒂固是張居正改革失策的一大原因。② 田澍《"大禮議"視閾下的張居正奪情與政治劇變》大體上也是同類研究，不過更加側重於討論該思想影響下的政治史問題。由於禮儀的奪情現象與晚明政治問題聯繫緊密，該話題可能仍會受到禮制與政治史之研究的觀照。③

第三節　民間禮俗研究

明代的民間禮制，從制度設計看，直接受到國家管控。國家權力在人民的禮儀生活中無孔不入，正如王汎森所謂"權力的毛細管作用"。但是，民間雜祀和多元信仰從未消失，在某些地區反而更加趨繁盛，因此明代民間祭禮制度的發展需要跳出儒學的思維框架，結合民俗實際來探究。另外，明人日常生活中的一些習慣、器物等也往往滲透着禮制的痕跡，那些人們習以爲常的因素，至今仍有助於理解當時的社會風貌。

一、民間社會與鬼神雜祀

明代民間地方雜祀繁盛，也是民間禮俗研究不可忽視的一部分。鬼神雜祀分佈廣泛，不論是發生源頭或是實際形式，都與國家祭禮性質有所區别。

在王朝祭祀制度中，對許多小祀、"淫祀"等基層信仰不無妥協，可以視爲融合了國家禮制和民間宗教的靈活祭典。例如，闞昕《從明清北京東嶽廟祀典看"小祀"制度的融通性》就通過地方東嶽廟的祭神儀式，揭露了以上情况。④ 與之相對，高壽仙《國家祀典、儒家理念與民俗信仰的衝突與交融：以北京東嶽廟爲中心的考察》，導入了儒家士大夫的立場，顯示出東嶽廟祭祀中

---

① 趙克生：《略論明代文官的奪情起復》，《西南師範大學學報》(人文社會科學版)2006年第5期。

② 樊忠濤：《張居正奪情始末》，《宜賓學院學報》2007年第1期。

③ 田澍：《"大禮議"視閾下的張居正奪情與政治劇變》，《學術研究》2017年第3期。

④ 闞昕：《從明清北京東嶽廟祀典看"小祀"制度的融通性》，《宗教學研究》2013年第4期。

正祀與雜祀的禮制衝撞，而不是融合。① 此外，也有涉及多種"淫祀"雜糅的個案分析。如濱野亮介的《明代洪武初期における無祀鬼神祭祀政策の意図》《明朝による無祀鬼神祭祀政策——祭厲制度と蔣山法會》兩篇論文，② 對明朝全國的祭厲制度進行了較詳細的介紹。由於祭厲分爲都、王國、府州縣、民間幾個級別，而各地自發的祭厲禮儀佔據了不小的比重，且包含了道教、佛教禮俗和城隍信仰，實際上是綜合性的民間文化研究。還有一些長期駐防邊疆的地方武士，在參與禮儀活動的時候，也將官方祭祀與鬼神雜祀、佛道要素糅合在一起。相關論述參考張鵬飛的《明代遼東的禮儀場所——以廟宇爲中心》，③ 從該文所揭示的遼東衛所武官之禮儀生活，可管窺一二。劉永華的新著《帝國縮影：明清時期的里社壇與鄉厲壇》，研究了明清時期的民間厲神祭祀。他認爲，上古以來厲神之祀流行於社會上層，自明代才開始以"里"爲單位設置厲壇，從而將厲祭推行到了鄉村，開啓了厲祭"庶民化"的趨勢。這種鄉厲壇祭祀制度與明代的里社壇祭祀制度配合，影響了當時的鄉村生活。清代又出現厲神"分壇"，使厲祭在鄉村中更爲普遍。這是典型的禮俗合一的研究。④

城隍自中世唐宋以來已是民間的主要神明之一，它在明代被劃歸地祇之祭，不僅在國家祀典上有顯要地位，也在民間有巨大影響力。關於城隍，已有包括鄧嗣禹、那波利貞、D. Johnson 等人的諸多研究，而涉及明代城隍信仰與大小禮制關係的代表成果，是濱島敦俊的《明初城隍考》和《朱元璋政權城隍改制考》，⑤ 以及小島毅的《城隍廟制度の確立》⑥。這些研究，考察了國家祭祀政策和民間崇拜形式，提出了明初"三年改制"和民眾祭儀敷衍等結論，至今受到學者的重視。此外，對各地城隍祭祀也有一些個案考察。例如，關於華南

---

① 高壽仙：《國家祀典、儒家理念與民俗信仰的衝突與交融：以北京東嶽廟爲中心的考察》，《黄河文明與可持續發展》2013 年第 1 期。

② 濱野亮介：《明代洪武初期における無祀鬼神祭祀政策の意図》，(日本)《大谷學報》第 95 卷第 1 號，2015 年；《明朝による無祀鬼神祭祀政策——祭厲制度と蔣山法會》，(日本)《東方學報》第 91 卷，2016 年。

③ 張鵬飛：《明代遼東的禮儀場所——以廟宇爲中心》，中山大學碩士學位論文，2015 年。

④ 劉永華：《帝國縮影：明清時期的里社壇與鄉厲壇》，北京師範大學出版社 2020 年版。

⑤ 濱島敦俊：《明初城隍考》，《社會科學家》1991 年第 6 期；《朱元璋政權城隍改制考》，《史學集刊》1995 年第 4 期。

⑥ 小島毅：《城隍廟制度の確立》，(日本)《思想》第 792 卷，1990 年。

等地的城隍祭禮，可參考張顯慧、范立舟的《明清時期華南地區的城隍信仰研究》；① 關於山東地區的城隍廟祭禮，則可參考張傳勇的《明清山東城隍廟“異例”考》②。

媽祖或天妃，明代伊始由地方神升格至國家正祀，再影響遍及各地祭祀，成爲維繫國家和地方信仰的崇拜象徵。因爲具有保佑出航平安的宗教功能，隨着對外交流的增加，媽祖祭祀也轉變爲明朝與外國共有的獨特制度。介紹媽祖從地方走向全國祭祀的，有鄭麗航的《明代國家祭祀體系中的天妃考述》《宋至清代國家祭祀體系中的媽祖綜考》。③ 這些文章對媽祖“正祀”與“淫祀”地位的轉换有所介紹。而周郢的《明崇禎朝敕封“碧霞元君”考辨——兼論泰山娘娘與媽祖信仰之關係》，考察了媽祖與其他地方神祭祀禮制之間的聯繫，尤其是與當地山川神明祭祀的關係。④

對地方水域水神的特殊祭祀情況，淺井紀《明代の地方祭祀：〈北河紀〉をめぐって》以地方文獻爲佐證，展示出明代祭祀禮制在地方的守經與權變，也有參考意義。⑤ 吴欣《正祀與雜祀：明清運河區域的民間信仰研究——以張秋鎮爲中心的歷史人類學考察》，以運河區域爲單位，考察沿岸各種雜祀，代表了歷史人類學角度的另一種研究方式。⑥

二、禮俗與日常生活

在明代，市民社會的生活水準和審美情趣不斷提升，也對傳統禮制和等級制度造成一定衝擊。在當時，出現了多種突破禮制束縛的行爲，被視爲“僭越”。民間生活中與禮制相關的話題相當廣泛，如服裝、家具、建築、行爲、觀念之

① 張顯慧、范立舟：《明清時期華南地區的城隍信仰研究》，《江西社會科學》2009年第8期。

② 張傳勇：《明清山東城隍廟“異例”考》，《聊城大學學報》(社會科學版)2004年第6期。

③ 鄭麗航：《明代國家祭祀體系中的天妃考述》，《中國海洋大學學報》(社會科學版)2009年第4期；《宋至清代國家祭祀體系中的媽祖綜考》，《世界宗教研究》2010年第2期。

④ 周郢：《明崇禎朝敕封“碧霞元君”考辨——兼論泰山娘娘與媽祖信仰之關係》，《世界宗教研究》2014年第4期。

⑤ 淺井紀：《明代の地方祭祀：〈北河紀〉をめぐって》，(日本)《東海史學》第48卷，2014年。

⑥ 吴欣：《正祀與雜祀：明清運河區域的民間信仰研究——以張秋鎮爲中心的歷史人類學考察》，《聊城大學學報》(社會科學版)2009年第3期。

類莫不如此。所以，禮制行爲與日常生活、社會生活等概念通常不容易界定和區分，都屬於我們考察的對象。正如常建華所說，日常生活的研究“並不是嚴格學術概念理解下的分析，更多的是强調一種學術理念與學術分析的方向”①。

1. 日常生活與禮制

將禮制置於明代日常生活範圍内的研究，代表性成果有陳寶良的《明代社會生活史》、② 宋立中的《閑雅與浮華：明清江南日常生活與消費文化》③等著作。前者史料充實、範圍廣泛，涉及家禮、民間信仰、社交禮節等多方面内容，是探討明代社會生活全貌的綜合性研究。後者更傾向於明代以來的社會生活整體變遷，拓展了民間日常禮儀在娱樂、消費文化中的面相，並嘗試揭露雅文化與俗文化的碰撞，其價值囊括了禮制而不僅限於禮制，其斷代延續至民國時期。

具體的民間禮制方面，内容豐富，面向很多。例如，陳寶良著作中專設有“家禮：冠婚喪祭”章節，描述明代家禮在市民中間的應用及其制度根源。④ 何淑宜《明代士紳與通俗文化：以喪禮俗爲例的考察》將視野置於普通士紳、庶民之上，以喪葬禮爲引子，牽涉到近世精英階層文化與俗文化的互動。⑤ 在儒家禮制思想繼續深入民間的同時，各種喪禮因素也融入實際的禮制運用中，如佛教、道教和其他宗教的習俗，以及士大夫爲維護風俗採取的變通，構成禮制文化中“大傳統”與“小傳統”的分合。漢學家卜正民（Timothy Brook）的文章 Funerary Ritual and the Building of Lineages in Late Imperial China，則側重於禮制中佛教的因素，提到不少有關佛教喪葬禮節的情況，以及晚明以來民間佛教與《家禮》的相互影響。⑥

在明代文學作品裏，也存在反映日常禮俗的大量例子。該方面的研究，有陳貴領《〈金瓶梅〉中江浙一帶喪葬習俗考》、⑦ 邵麗光《〈金瓶梅〉喪葬描寫研究》、⑧

---

① 常建華：《明代日常生活史的回顧與展望》，《史學集刊》2014 年第 3 期。

② 陳寶良：《明代社會生活史》，中國社會科學出版社 2004 年版。

③ 宋立中：《閑雅與浮華：明清江南日常生活與消費文化》，中國社會科學出版社 2010 年版。

④ 陳寶良：《飄摇的傳統：明代城市生活長卷》，湖南人民出版社 2006 年版。

⑤ 何淑宜：《明代士紳與通俗文化：以喪禮俗爲例的考察》，臺灣師範大學歷史研究所 2000 年版。

⑥ Timothy Brook：Funerary Ritual and the Building of Lineages in Late Imperial China. *Harvard Journal of Asiatic Studies*, 1989(2), pp. 465-499.

⑦ 陳貴領：《〈金瓶梅〉中江浙一帶喪葬習俗考》，蘭州大學碩士學位論文，2007 年。

⑧ 邵麗光：《〈金瓶梅〉喪葬描寫研究》，河北師範大學碩士學位論文，2010 年。

紀軍《從〈牡丹亭〉看明代的喪葬習俗》①等。這些文章都是從明代著名的世情小説或戲劇作品着眼，揭露其中的地方禮俗，是大眾文學與禮制研究結合的典型。

明中葉至末期，社會商業發達，風氣趨於奢侈，下層人民開始享受高等級的物質生活，實質上對原有的禮制秩序造成了破壞。陳瑞《明代中後期社會生活中越禮逾制現象探析》、② 張青《明後期松江府僭禮逾制現象研究》③，分别從地方個案角度出發，列舉了當時當地下層社會衣食住行、婚姻等方面的僭越禮制行爲。至於僭越禮制背後的經濟發展、市民社會、奢糜之風等話題，明代經濟史研究者們多有論及。對待這類現象的觀點也不盡一致，有人認爲是市民階層崛起乃至資本主義萌芽的表徵，也有人指出其對生産的消極影響，這些已超越了禮文化的討論範圍。

2. 日用器物與禮儀

明代日常生活的形式豐富，各種器物和雜禮儀節藴含着很多此前不爲人注意的禮制信息。目前已有部分研究者對這些話題産生了興趣，試圖從中勾勒出明人日常的禮俗生活圖景。

日用器物方面。與官方規定的國家禮器規格不同，明代的日常禮儀中還存在着大量異於古禮的新式器物，折射出禮制在社會上的時尚、世俗化動向。吴家煒、朱雲《明式家具類型學中藴含的禮制因素探究》即是以器物爲切入點的論文。④ 文章肯定了家具在中國禮制中的禮器意義，進而根據王世襄等人對明代家具的分類(床榻、椅凳、桌案、櫃架、屏風及其他)，分别討論各種家具的禮制功用和地位。董健麗的《明代瓷質禮器概説》指出，明代皆以瓷器爲主要祭器，並與《家禮》的傳播和民眾接受結合起來進行考察。⑤

日常服飾方面。張志雲《禮制規範、時尚消費與社會變遷：明代服飾文化探微》討論禮制觀念與服飾規範問題，將明代服裝視爲禮儀行爲中極其重要的象徵符號，指出服飾潮流與禮制秩序的興衰有密切關聯。⑥ 張佳《重整冠裳：

---

① 紀軍：《從〈牡丹亭〉看明代的喪葬習俗》，《四川戲劇》2011 年第 2 期。

② 陳瑞：《明代中後期社會生活中越禮逾制現象探析》，《安徽史學》1996 年第 2 期。

③ 張青：《明後期松江府僭禮逾制現象研究》，山東大學碩士學位論文，2013 年。

④ 吴家煒、朱雲：《明式家具類型學中藴含的禮制因素探究》，《美苑》2012 年第 6 期。

⑤ 董健麗：《明代瓷質禮器概説》，《中國陶瓷》2002 年第 1 期。

⑥ 張志雲：《禮制規範、時尚消費與社會變遷：明代服飾文化探微》，華中師範大學博士學位論文，2008 年。

洪武時期的服飾改革》着重討論明初社會對蒙元服制的改動思想。該文章比起純粹的朝廷服制描述，似更傾向於關注社會大衆的服裝變遷。① 林麗月《衣裳與風教——晚明的服飾風尚與“服妖”議論》，則探討晚明服制與僭越禮制的社會風氣之間的關係。② 這些服飾研究，已不限於宫廷和國家禮制，視野面向社會和大衆，屬於更廣義的文化範疇。

日用雜儀與禮儀世俗化方面。張佳的《别華夷與正名分：明初的日常雜禮規範》，論及明初代元朝而立時的一些雜禮，特别是有關名號稱呼和見面宴飲等日常行爲，不管是達官貴人還是平民百姓，都有較大的變化。③ 明初這些雜禮細節的規範，力求去胡化，代表着國家權力干預人民生活的加劇，以及儒家思想的深入人心。何淑宜《香火：江南士人與元明時期祭祖傳統的建構》，研究明代儒家祭祀禮制的許多日用實踐特色，指出儒家士人的祭祖禮儀也日趨日常化、大衆化，並在墓葬和禮儀氣氛等方面發展出一些新形式。④

市民生活與禮俗變化方面。李寶臣的著作《禮不遠人：走近明清京師禮制文化》，按照傳統五禮的方向介紹了明清的北京禮制文化。因其注重結合市井材料，研究的生活感和趣味性較高。⑤ 沈奕彤《從明清北京城看“禮制”思想在建築中的體現》，主要分析明清北京城總體空間佈局的禮制内涵。其考察對象包括北京城市佈局、故宫建築群落、四合院聚落等多個層次，多以明代建築理念爲主。⑥

3. 鄉約、日用類書與禮教

明代的民間基層社會中，士紳階層影響力擴大，成爲知識分子的基礎。由儒家士紳所主導的鄉約等行爲，對地方禮俗的維繫和推行起了重要作用。這便是“禮教”的一環。

---

① Zhang Jia: Restoring Chinese Costume: The Reform of the Clothing System during the Reign of Hongwu. *Journal of Chinese Studies*, 2014(58), pp. 113-159.

② 林麗月:《衣裳與風教——晚明的服飾風尚與“服妖”議論》，臺灣《新史學》1990年第3期。

③ 張佳:《别華夷與正名分：明初的日常雜禮規範》，《復旦學報》(社會科學版)2012年第3期。

④ 何淑宜:《香火：江南士人與元明時期祭祖傳統的建構》，臺灣稻鄉出版社2009年版。

⑤ 李寶臣:《禮不遠人：走近明清京師禮制文化》，中華書局2008年版。

⑥ 沈奕彤:《從明清北京城看“禮制”思想在建築中的體現》，《藝術科技》2015年第9期。

他們的禮教行爲來自對《朱子家禮》的繼承和解讀。關於明代《家禮》的民間傳播，除前文提及的吾妻重二等人的著述之外，趙克生的《明代地方社會禮教史叢論——以私修禮教書爲中心》一書，特别研究了家禮文獻的民間傳播和發展。①

家禮之外，鄉約則是民間社會禮制實踐的另一切入點。比較完善的儒家鄉約制度，從北宋吕氏《藍田鄉約》肇始，至明代有明太祖的《六諭》、王守仁的《南贛鄉約》、吕坤的《鄉甲約》和明末陸世儀的《治鄉三約》等，這些文本歷來受到相關研究者的聚焦。鄉約的大興，可能跟陽明心學的發展壯大有着千絲萬縷的聯繫。20 世紀前半期，楊開道在這方面作過開創性研究，他著有《鄉約制度的研究》，對朱元璋的《六諭》和王陽明的《南贛鄉約》等典型鄉約條例加以分析，此後的鄉約研究都以此爲基點展開。② 他在另一種研究裏，又對吕坤的鄉甲制度建設進行了詳細研究。③ 自 20 世紀後半葉以來，明代鄉約研究的主要成果漸多。其中，同時代的海外學者在這方面成就頗豐，以日本學者最爲顯著。酒井忠夫專著《中國善書研究》，將鄉約納入考察範圍，爲此後研究其中的禮制問題提供了一些基礎資料。④ 井上徹對鄉約在禮制等方面成立的理論也有一定貢獻。⑤ 鈴木博之的徽州鄉約研究，主要仍集中在相關文獻的整理上。⑥ 歐美的 Joseph McDermott 則尤其注重在鄉約研究中穿插禮制因素的議論，包括鄉村社會舉行的鄉飲酒禮和一些鬼神雜祀等。他借此考察了皇權、鄉紳的權力，及其通過禮儀在基層社會的投射過程。⑦ 另外還有一些論著，例如，曹國慶的《明代鄉約研究》。⑧ 相關研究，可參看朱鴻林《二十世紀的明清鄉約研究》，其認爲："興盛於明代中期以後的鄉約則有官辦者和非官辦者的

---

① 趙克生：《明代地方社會禮教史叢論——以私修禮教書爲中心》，中國社會科學出版社 2011 年版，第 1~34 頁。

② 楊開道：《鄉約制度的研究》，《社會學界》1931 年第 5 卷；《中國鄉約制度》，商務印書館 2017 年版。

③ 楊開道：《吕新吾的鄉甲約制度》，《社會學界》1934 年第 8 卷。

④ 酒井忠夫：《中國善書研究(增補版)》上，江蘇人民出版社 2010 年版，第 22~205 頁。

⑤ 井上徹：《"鄉約"の理念について——鄉官・士人層と鄉里社會》，(日本)《名古屋大學東洋史研究報告》第 11 卷，1986 年。

⑥ 鈴木博之：《明代徽州府の鄉約についτ》，《山根幸夫教授退休紀念明代史論叢》，(日本)汲古書院 1990 年版。

⑦ Joseph P. McDermott: Emperor, Elite, and Commoners: The Community Pact Ritual of the Late Ming. *State and Court Ritual in China*. Cambridge: Cambridge University Press, 1999, pp. 299-351.

⑧ 曹國慶：《明代鄉約研究》，《文史》第 46 輯，中華書局 1998 年版，第 197~222 頁。

分别，而時代愈晚愈以官辦者爲主。”①

與鄉約類似，還存在一種民間使用的政書。它由儒者編撰，在引導民衆的日常規範方面，與鄉約有異曲同工之處。鍾建華《葉春及治下明代惠安民間信仰研究——以〈惠安政書〉爲剖析面》，就是以儒者葉春及按地方實踐所寫的《惠安政書》爲文獻依據，展開對民間禮制個案的分析。②

另外，日用類書是明清時期中國民間社會比較獨特而普遍的文化載體，它也同樣實行着禮教的功能。這些書籍多由普通鄉紳組織編纂刊印，品質和内容參差不齊，多年來未受到研究者的重視。20 世紀日本學者較早發現了日用類書的史料價值。酒井忠夫、坂出祥伸、小川陽一等學者編成《中國日用類書集成》,③ 實則收録文本有限，僅以《五車拔錦》《三臺萬用正宗》等明代類書爲主。國内在該文獻基礎上，重新編輯成爲《明代通俗日用類書集刊》④。後者收録文獻數量大增，是目前日用類書研究的基礎。至今出現了一些根據日用類書探討民間禮儀的研究論著。例如，陳學文《明清時期鄉村的社會治安和社會秩序整治——以日用類書爲中心》，將類書中的鄉約文契等作爲對象，對其中涉及的民俗、制度和生活景觀都有所討論;⑤ 劉同彪《日用類書中所見的宋元明民間婚姻禮俗》，重點關注日用類書中的近世婚禮狀况;⑥ 商偉《日常生活世界的形成與建構:〈金瓶梅詞話〉與日用類書》，則嘗試將日用類書的叙述形式建立成一套特殊的文學範式，試圖反映通俗文學與日常社會禮法之間的關聯⑦。楊華《〈酬世錦囊〉與民間日用禮書》，主要通過福建四堡地區編輯印製的《酬世錦囊》展示民間日用類書的一種類型，揭示它編輯、出版和傳播的過

① 朱鴻林:《二十世紀的明清鄉約研究》,《歷史人類學學刊》2004 年第 1 期。

② 鍾建華:《葉春及治下明代惠安民間信仰研究——以〈惠安政書〉爲剖析面》,《河北北方學院學報》(社會科學版) 2013 年第 6 期。

③ 酒井忠夫監修，坂出祥伸、小川陽一編:《中國日用類書集成》全 14 册，(日本) 汲古書院 1990 年版。

④ 參考中國社會科學院歷史研究所文化室編:《明代通俗日用類書集刊》全 16 册，西南師範大學出版社 2011 年版。

⑤ 陳學文:《明清時期鄉村的社會治安和社會秩序整治——以日用類書爲中心》,《浙江社會科學》2015 年第 3 期。

⑥ 劉同彪:《日用類書中所見的宋元明民間婚姻禮俗》,《民間文化論壇》2010 年第 4 期。

⑦ 商偉:《日常生活世界的形成與建構:〈金瓶梅詞話〉與日用類書》，王翎譯,《國際漢學》第 21 輯，大象出版社 2011 年版。

程及其影響民間教化的功能。① 總體看來，民間日用類書涵蓋了民間日常生活禮俗的諸多方面，對於社會教化起到極大作用，相關研究迄今尚不充分，仍具有較大拓展空間。

第四節 國際禮制秩序研究

在東亞，即漢字文化圈或儒家文化圈内，禮文化是受到普遍認可的價值體系。禮，在中國人的語境中，通常被理解爲基於儒家禮學的制度儀軌和實踐方式；而在共同經受漢文化熏陶的東亞地區，其影響已延伸至國際政治和外交等領域。明代的禮制體系與周邊國家、民族和其他外來文化産生聯繫。此問題涉及明代東亞秩序問題，受到包括日本、朝鮮在内的東亞世界的重視，也是具有世界意義的重大學術課題。

一、東亞禮制秩序

中國傳統禮制體系對周邊地區文化的影響，主要圍繞東亞地區展開。對於明代亞洲禮制秩序，有一種所謂“禮制霸權主義”的理論，這是日本學者提出的理論。其基礎是費正清等人對中國朝貢體系之看法，以及西嶋定生的東亞秩序觀點。這些理論認爲，明代中國的禮制秩序和無利可圖的貿易行爲，目的在於通過禮制來建立統一的天下秩序，而禮制本身則充其量只是一種手段。“禮制霸權主義”説形成前的先行思想理論，至少有三種層次。

一是傳統中國的“天下”觀念。這類研究的對象，包括中國原始的華夷觀念和中世的政治文化。從《詩經》的“普天之下，莫非王土”，到《春秋公羊傳》的“内諸夏而外夷狄”，是早期中華大一統思想形成的産物。而到唐代國家建設的成熟時期，這種辨别華夷文化的深層觀念得以直接體現在中外交往上。岩井茂樹將安部健夫的研究視爲日本的中華“天下觀”開發的一個基點，實則自過去西嶋定生等人以來，自覺或不自覺地在唐宋時期的研究中加入“東亞世界”的體系觀念，就已經奠定了後來的中華天下理論的格局。

二是輻射到周邊世界的所謂“中華主義”，費正清將這一概念稱爲“Sino-centrism”。中華主義，或又稱中國中心主義，其理論無疑仍基於天下觀、華夷觀的内核。但從現實地緣政治的角度來看，它已經超出了中國本位的認知。費

---

① 楊華：《〈酬世錦囊〉與民間日用禮書》，《中國出版史研究》2016 年第 4 期。

正清把遠東中國外交圈内的關係網，劃分成三種隨地理距離區别的層級：一種是漢字文化圈，由於彼此相鄰而共用緊密的文化、交流關係；一種是位置稍遠、文化難以相通的内亞圈，那些生活在亞洲内陸的遊牧民族與中國歷代王朝形成時戰時和的特殊關係；一種是距離更遥遠的外圈，僅存在進貢的聯繫。費正清對傳統中華秩序的總結，是糅合"地權""宗主權"以及華夷天下觀的解説，體現爲以中國地理中心論來處理文化、種族衝突問題的思維模式。

三是圍繞中國意志而運轉的朝貢體系的論證。這其中，日本方面對亞洲朝貢體系論證比較具代表性的，是濱下武志的研究。其理論基礎仍是建立在過去費正清等人的架構之上，即費正清、鄧嗣禹在 20 世紀 40 年代發表的《論清代的朝貢制度》《朝貢貿易與中西關係》等文章。費、鄧運用"朝貢制度"這一名稱，概括中國古代的一系列外交體制，並用以與西方式的外交進行比較。① 朝貢制度具備多種方面特徵，使這一理論超出了過去的華夷關係、册封制度等傳統言説。費正清等學者從禮典中將這個辭彙挖掘出來，而對之進行關鍵性論述的則是濱下武志。濱下氏《朝貢體系與近代亞洲》《近代中國的國際契機》等著作，指向一個核心主張："朝貢關係不僅限於朝貢與册封二者間的關係，而是包含了内部成員相互之間對等的、柔軟而統一的統治關係。"②他指出，中國朝廷以貿易活動的劣勢换取宗主地位的鞏固，財富轉化爲"禮物"，即中華式禮儀的象徵，這種特殊的貿易關係——"朝貢貿易"構成了朝貢關係的核心。中國與日本、朝鮮、琉球、越南等地的往來，都屬於這種典型的"貿易來朝"行爲。至今已有多位學者的研究，支持或完善了朝貢體系理論。③

"禮制霸權主義"話題，受到了以上幾類思想認識的影響，同時將主要視點聚焦到明朝的政治和禮制上。嚴格説來，禮制霸權主義説没有真正跳出以上範疇，尤其是岩井茂樹等人的理論，依然屬於對朝貢制度研究的旁證和補充。鄒磊在整理朝貢體系學術史時，將岩井茂樹的禮制霸權主義視爲對費正清朝貢

---

① Ssu-yü Teng and J. K. Fairbank: *China's Response to the West: A Documentary Survey*, 1839-1923. Cambridge: Harvard University Press, 1954. Ssu-yü Teng and J. K. Fairbank: On the Ch'ing Tributary System. in J. K. Fairbank ed. *The Chinese World Order: Traditional China's Foreign Relations*. Cambridge: Harvard University Press, 1968.

② 濱下武志:《朝貢システムと近代アジア》,（日本）岩波書店 1997 年版，第 2 頁。

③ 佐久間重男:《日明関係史の研究》,（日本）吉川弘文館 1992 年版。大隅晶子:《明初洪武朝における朝貢について》,《ミュージアム》第 371 期，1982 年;《明代永樂朝における朝貢について》,《ミュージアム》第 398 期，1984 年。鄭樑生:《明代中日關係研究——以明史日本傳所見幾個問題爲中心》，臺灣文史哲出版社 1985 年版。

體系説的一種完善。鄒磊曾提到，對於中國王朝來説，維護禮制是目的，而經濟交通只是手段；然而，對於周邊各國而言，目的與手段則是正好相反。這種巧妙的錯位是禮制霸權主義穩定存在的基礎。① 應當看到，這類學説還是指出了一點，禮制是中華式國際秩序成立的根基所在。其實質既不是純粹强調"天下"觀的本土立場、文化本位，也非簡單的經濟力量和經濟利益，而應該是一種受儒家理念驅使的共生互惠關係，諸國所依賴的是對"禮"的認同和維護。至此，根據對各類思想的認識，或可作出以下幾條歸納：其一，傳統的"天下"思想，是以中國王朝統治爲本位的國際秩序觀念；其二，所謂"中華主義"，是基於現代地緣政治而成立的國際秩序理論；其三，朝貢體系是側重於經濟本位的國際秩序分析法；其四，"禮制霸權主義"是禮儀本位的國際秩序分析角度。

需要指出的是，部分歷史研究與過去中華主義、朝貢體制的研究不同，開始思考傳統文化影響下各國關係的表述。如葛劍雄指出，朝鮮、越南等國家通過依附於大國的禮樂文化和風俗，可以加强對自身統治合法性的言説，事實上是一種超脱於經濟利益之外的特殊的文化共存關係。② 香港學者黄枝連則直接提出了一種"天朝禮治體系"的框架，將朝鮮半島等地的文化現象也納入這個中國式的體系中。③ 這些借助禮文化解説國際關係的方式，與"禮制霸權主義"説有着異曲同工之處。他們都看到，禮樂文化可以用於衡量自身所處的地位，並且引導亞洲國家尋找某種有别於西方的共同秩序。

關於明代"禮制霸權主義"的議論，檀上寛的《永楽帝と禮制霸権主義》是建立和發揮該理論，並用以具體考察永樂朝國際禮制關係的作品。④ 夫馬進《明清時期中國對朝鮮外交中的"禮"和"問罪"》，是以中朝關係爲中心的研究，也證明了明朝在禮制上的强勢地位。⑤ 岩井茂樹在其論文《明のまなざし

---

① 鄒磊：《多重歷史結構交錯下的"朝貢體系"研究：一項學術思想史的考察》，熊文馳、馬駿主編：《新舊之變：從傳統中國到當代國際政治》，上海人民出版社 2014 年版，第 1~38 頁。

② 葛劍雄：《普天之下：統一分裂與中國政治》，吉林教育出版社 1989 年版，第 32 頁。

③ 黄枝連：《天朝禮治體系研究》，中國人民大學出版社 1992 年版；《東亞的禮儀世界：中國封建王朝與朝鮮半島關係》，中國人民大學出版社 1994 年版。

④ 檀上寛：《永楽帝と禮制霸権主義》，(日本)《講談社雜誌》第 38 卷第 1 號，2013 年。

⑤ 夫馬進：《明清中國の对朝鮮外交における"禮"と"問罪"》，夫馬進編：《中國東アジア外交交流史の研究》，(日本)京都大學學術出版會 2007 年版，第 311~353 頁。

と東アジア——明代中國の禮制霸権主義と東アジアの秩序》中，繼續利用這套理論系統，並用以解釋東亞各國間的一系列禮儀、經濟行爲。① 總體而言，"禮制霸權主義"是以禮制爲框架的國際關係和經濟交往研究，其涵蓋面已不止禮本身，且在某些論證中，多少有點隔閡與誤解，不過其理論創建仍有益於我們理解明清時期的東亞國家問題。

朝鮮是明代以來跟中國關係最爲密切的外邦，禮制上不僅積極向中國王朝靠近，也主動將自身納入中國的秩序内，學習和吸收中國禮制，形成自己獨有的禮樂文化。目前的相關研究，都揭示了這種歷史狀況。如，姚昕雨《中國禮法文化影響下的朝鮮王朝冠服法律制度》，探討的是朝鮮特有的國家冠禮制度，强調其中借鑒自明朝禮制的部分。② 而近年中國國内比較詳盡考察朝鮮禮制、禮學脈絡的，當屬彭林的著作《中國禮學在古代朝鮮的播遷》。作者通過系統分析朝鮮的禮儀對中國的文獻、典章制度的模仿，證明兩國禮文化的一衣帶水關係。③ 其中，明代朝鮮的《家禮》推廣、《國朝五禮儀》等的確立，是朝鮮禮儀制度的重要里程碑，在彭林的書中都能找到相應線索。對於彭氏有關朝鮮君統世系的話題，許穎《朝鮮王朝的"仁祖反正"與君統禮訟——兼論中國儒家禮制對朝鮮王朝的影響》作了議論和補充，並更進一步在中國禮制的側面進行發散思考。④ 基於禮的共通性，明朝與朝鮮之間的親密關係，在東亞諸國中最頻繁且具有典型性。中國與朝鮮半島的禮制關係，對於重構朝鮮禮制史，乃至中國禮制史本身而言，也有着較大的研究價值。日本學者桑野榮治的《朝鮮後期における國家祭祀儀禮の変動——壬辰倭亂直後の朝鮮と明》，生動反映了朝鮮在宗主國影響下的禮制變革和民族心態。⑤ 經歷了日本侵朝和明清交替的衝擊後，朝鮮試圖通過復歸明朝的祭祀活動而恢復國運的史實，證明了華夏禮制在當地的深入人心。如當地對關王(關羽)祭祀的日漸推崇，不僅受之於中國，熱情更有過之無不及，引人關注。

---

① 岩井茂樹：《明のまなざしと東アジア——明代中國の禮制霸権主義と東アジアの秩序》，(日本)《東洋文化》第85卷，2005年。

② 姚昕雨：《中國禮法文化影響下的朝鮮王朝冠服法律制度》，吉林大學碩士學位論文，2018年。

③ 彭林：《中國禮學在古代朝鮮的播遷》，北京大學出版社2005年版。

④ 許穎：《朝鮮王朝的"仁祖反正"與君統禮訟——兼論中國儒家禮制對朝鮮王朝的影響》，《人文論叢》2016年第1輯，武漢大學出版社2016年版。

⑤ 桑野榮治：《朝鮮後期における國家祭祀儀禮の変動——壬辰倭亂直後の朝鮮と明》，(日本)《久留米大學文學部紀要》第23卷，2006年。

在具體的對外朝貢禮制問題上，陳戍國《論明代外交與相關禮制》較詳細地考證了明朝涉及朝鮮等國的外交禮儀情況。① 李雲泉《賓禮的演變與明清朝貢禮儀》，梳理出中國歷代朝貢禮的歷史流變。② 明朝方面，作者指出了特有的蕃國迎詔儀和蕃國山川祭祀等因素，顯示出明代與外國的來往頻繁以及强調華夷一統的高度自信。殷雪征《明朝與朝鮮的禮儀之争——以明朝文官使節出使朝鮮爲中心》，較詳細地列舉和分析了朝鮮與明朝對禮制原則的理解差異，包括拜禮、龍亭祭文、封貢諸禮儀等問題，表明即使兩者關係緊密，仍有各自的考量和社會需求，此時禮制必須合於實際、有所變通。③ 對於比較敏感的中朝朝貢關係，發揮調和作用的是中國朝廷的封與賜，來往之間往往參考的是兩國的吉禮、嘉禮規定，沈敏《明初中朝封貢關係研究》對這些行爲所涉及的中朝吉禮、嘉禮部分有一定的談論。④

樂舞是禮制的一部分，其傳播並無國界之分，明代樂舞對周邊地區就有着較爲深遠的影響。這方面的代表性研究，有趙維平的《中國與東亞諸國的雅樂與重建雅樂的思考》。文章逐一分析了各個時期中國雅樂的對外影響，並借此反思現代中國社會重建雅樂體系的可能性。⑤ 王耀華《琉球御座樂與中國音樂》，從琉球的宫廷音樂切入，探討了明朝與琉球之間的國家禮樂關係。⑥ 這些研究有助於我們理解，禮制如何在感官、文化的層面上，將中華的影響力推進到東亞世界的各個地方。

此外，正如本章前文所述，頒曆授時對朝鮮社會的禮制、政治史同樣相當重要，代表附庸國政權對中原王朝正統性的承認和接受。張升《明代朝鮮的求書》，在明代朝鮮向明朝索取的文獻中，特别提及了朝鮮獲賜於明朝廷的《大統曆》，間接證明其對曆法的需求。⑦ 孫衛國的《從正朔看朝鮮王朝尊明反清的文化心態》，主要討論明朝滅亡後向清朝朝貢稱臣的朝鮮，由於接受自明朝

---

① 陳戍國：《論明代外交與相關禮制》，《湖南大學學報》（社會科學版）2002 年第 5 期；《論明代外交與相關禮制（續）》，《湖南大學學報》（社會科學版）2003 年第 1 期。

② 李雲泉：《賓禮的演變與明清朝貢禮儀》，《河北師範大學學報》（哲學社會科學版）2004 年第 1 期。

③ 殷雪征：《明朝與朝鮮的禮儀之争——以明朝文官使節出使朝鮮爲中心》，山東大學博士學位論文，2015 年。

④ 沈敏：《明初中朝封貢關係研究》，中國海洋大學碩士學位論文，2015 年。

⑤ 趙維平：《中國與東亞諸國的雅樂與重建雅樂的思考》，《中國音樂》2011 年第 2 期。

⑥ 王耀華：《琉球御座樂與中國音樂》，《中國音樂學》2015 年第 3 期。

⑦ 張升：《明代朝鮮的求書》，《文獻》1996 年第 4 期。

的正朔制度根深蒂固，朝鮮王朝上下仍然在心理上奉行明代以來的禮儀尊卑體系，不願承認清朝統治的權威，由此亦可知禮法思想、秩序在中華文化圈的長久烙印。① 人們通常將頒曆視爲政治問題，實際上其背後的禮制元素才是賦予政治意義的關鍵，而這種禮文化的影響甚至波及中原王朝以外的遠人。

二、中西“禮儀之争”

明代是中國人真正親密接觸西歐文化的時期，天主教傳教士帶來了源於宗教的文化衝擊，同時這些外來者自身也存在瞭解中國文化的需求。在近百年的傳教史中，影響最深遠的事件當屬“禮儀之争”。

明清之際的中西“禮儀之争”，其核心在於，天主教若想在中國傳播，是否應當在教義上進行妥協，走向禮儀實踐的本土化的道路。在一系列傳統禮儀裏，祭孔、祭祖等祭祀行爲，始終是歐洲傳教士排斥的重點。這些禮儀形式涉及中國民眾對靈魂、神明的根本理解，耶穌會希望將中國禮文化引向一個有利於天主教傳播的方向，他們的大體方針是尊重儒家禮制傳統，並努力摒棄包括佛、道在内的某些宗教因素。另一方面，羅馬天主教廷長期認爲，中國天主教徒維持的祭孔、祭祖行爲是具有迷信性質的偶像崇拜，必須予以禁止。基於這種打壓的策略，教廷試圖以教權介入中國的皇權政治，强行改變中國禮儀傳統，最終導致明清統治者、民眾和耶穌會士的反彈，傳教事業受挫於一旦。中西文化本質的差異性，刺激了許多文化比較研究，關於傳統禮儀制度的争論應當始終貫穿其中，而不應被忽略。在某些研究中，無視禮文化的因素而空談中西文化的異同，都屬於片面理解。

“西學東漸”和“禮儀之争”的相關研究成果非常豐富，可謂浩如烟海，但並非所有内容都涉及禮制、禮義討論，因有相當一部分研究主要聚焦於宗教思想、神學哲學的來回辯駁，或者是科技進步和文獻傳播之上。以下只列舉一些與禮儀有關的著述。

“禮儀之争”中關於禮儀問題的諸種事件經過，均收録於 Fr. G Minamiki 的《中國禮儀之争：從開始到現在》(*The Chinese Rites Controversy：From Its Beginning to Modern Times*)中。② 20 世紀 60 年代，法國漢學家安田樸出版的《入華耶穌

---

① 孫衛國：《從正朔看朝鮮王朝尊明反清的文化心態》，臺灣《漢學研究》第 22 卷第 1 期，2004 年。

② G. Minamiki S. J：*The Chinese Rites Controversy：From Its Beginning to Modern Times*. Chicago：Loyola，1985.

會士(1552—1773)和禮儀之爭》[*Les Jesuites en Chine*(1552-1773), *la querelle des Rites*]一書，嘗試用歐洲帝國主義和文化平等的角度審視“禮儀之爭”的現象。① 80年代魯爾(P. A. Rule)的著作《孔子還是孔夫子？耶穌會士對儒學的解釋》(*K'ung-Tsu or Confucious? The Jesuit Interpretation of Confucianism*)，則側重從對反耶穌會一派的思想批判入手，重新理解處於漩渦中心的龍華民神父和一些耶穌會士關於禮儀的觀點。② 安田樸和謝和耐等漢學家還另著有《明清間入華耶穌會和中西文化交流》，對參與禮儀之爭的主要耶穌會士加以介紹，不過在禮儀方面的討論較少。③ 科明斯(J. S. Cummins)選擇研究托缽修士閔明我的個案，並擴充至托缽修會在整場“禮儀之爭”中的立場。這體現在他的專著《關於禮儀的一個問題：多明各·閔明我修士和在華耶穌會士》(*A Question of Rites: Rriar Domingo Navarrete and The Jesuits in China*)中。④ 在喪葬禮制的精神原則上，鍾鳴旦的著作《禮儀的交織：明末清初中歐文化交流中的喪葬禮》，討論了中西關於死亡禮儀的衝突，其思想涉及日常禮制方面。⑤

21世紀之前“禮儀之爭”的研究狀況，在孟德衛(D. E. Mungello)的《中國禮儀之爭研究概述》中多有論及。⑥ 其餘一些歐美的“禮儀之爭”研究，多從基督教本位來審視這段歷史，並未真正涉及中國傳統禮儀的考察，故不在此舉出。國內和日本至今也已產生了不少關於中西“禮儀之爭”的代表性論著，典型的有李天綱的《中國禮儀之爭：歷史·文獻和意義》、岡本さえ的《近世中國の比較思想：異文化との邂逅》等，由於對中國傳統懷有更深刻的理解和同情，他們的關注點往往能超出禮制的表象，進一步升華到經學、人文主義等內涵上。⑦ 不過總體而言，中西禮制的衝突根源在於兩種文化思維模式的差異，

---

① R. Etiemble: *Les Jesuites en Chine*(1552-1773), *la querelle des Rites*. Paris: Julliard, 1966.

② P. A. Rule: *K'ung-Tsu or Confucious? The Jesuit Interpretation of Confucianism*. Sydney, Boston and London: Allen & Unwin, 1986.

③ 安田樸、謝和耐等:《明清間入華耶穌會和中西文化交流》，巴蜀書社1993年版。

④ J. S. Cummins: *A Question of Rites: Rriar Domingo Navarrete and The Jesuits in China*. Aldershot, Hants: Scolar, 1993.

⑤ 鍾鳴旦:《禮儀的交織：明末清初中歐文化交流中的喪葬禮》，張佳譯，上海古籍出版社2009年版。

⑥ 孟德衛:《中國禮儀之爭研究概述》，吳莉葦譯，《國際漢學》第5輯，大象出版社2000年版，第203~215頁。

⑦ 李天綱:《中國禮儀之爭：歷史·文獻和意義》，上海古籍出版社1998年版。岡本さえ:《近世中國の比較思想：異文化との邂逅》，(日本)東大出版會2000年版。

禮制的分歧只是一種契機和導火索，是雙方在交往中爭取話語權的手段而非目的。

祭禮無疑是“禮儀之争”的核心問題。明末的中國天主教徒，爲了在信仰宗教的同時維持傳統祭祀的正當性，曾以一系列的論點向歐洲人解釋祭祀行爲並非鬼神迷信，也不存在像某些傳教士理解的那種褻瀆上帝權威的“求福”思想。趙克生《明清時期天主教中國教區的“祭禮之争”：一種禮儀視角的考察》一文，描述了耶穌會士對中國祭禮總體態度的逡巡往復，雖認同了中國祭祖、祭孔等行爲只具有倫理意味，在禮儀融合的策略上卻逐漸走向失敗。① 李媛《明末清初耶穌會傳教士對中國祭禮問題的討論》再談祭祀争端一事，文中指出，歐洲人只對那些涉嫌偶像崇拜的祭禮部分感興趣，其餘則往往漠不關心。② 而對於參與“禮儀之争”的中國天主教徒，目前學者主要是圍繞他們的著述進行研究。林金水《明清之際士大夫與中西禮儀之争》，梳理了李九功、嚴謨、李良爵、夏書渾(夏瑪第亞)、張星曜、丘晟等儒家天主教徒的言行，較早指出他們在這場文化衝突中對維護傳統禮儀所作的努力。③ 李熾昌《跨文本閱讀策略：明末清初中國基督徒著作研究》，梳理了其中一些中國天主徒對傳統經典的再解讀，展示了其中一些教徒對禮經中“天”“上帝”“宗廟”等概念的新解釋。④ 黄一農《兩頭蛇：明末清初的第一代天主教徒》，也有一部分談及明代中國天主徒的禮制精神。⑤ 在那些天主徒中間，李九功兄弟、嚴謨等人是比較活躍的儒家知識分子，他們努力調和中西文化在禮文化上的鴻溝，一些人最後陷入兩面爲難的境地。近年來，也出現了一些針對他們的個案研究。例如張小懿《析中國首批儒家基督徒的“融合”與“調和”》，就包含了李九功、李九標兄弟的禮制思想。⑥ 沈軼倫《辯護中的尷尬——以嚴謨爲個案試探清初中

---

① 趙克生：《明清時期天主教中國教區的“祭禮之争”：一種禮儀視角的考察》，《社會科學輯刊》2013 年第 2 期。

② 李媛：《明末清初耶穌會傳教士對中國祭禮問題的討論》，《山西大學學報》(哲學社會科學版)2014 年第 5 期。

③ 林金水：《明清之際士大夫與中西禮儀之争》，《歷史研究》1993 年第 2 期。

④ 李熾昌：《跨文本閱讀策略：明末清初中國基督徒著作研究》，李熾昌主編：《文本實踐與身份辨識：中國基督徒知識分子的中文著述：1583—1949》，上海古籍出版社 2005 年版，第 16~36 頁。

⑤ 黄一農：《兩頭蛇：明末清初的第一代天主教徒》，上海古籍出版社 2015 年版，第 387~435 頁。

⑥ 張小懿：《析中國首批儒家基督徒的“融合”與“調和”》，上海師範大學碩士學位論文，2007 年。

國知識分子天主教徒的身份認同危機》、① 鄭淑君《清初儒士嚴謨與天主教義》、② 于浩《儒家天主教徒的中國祭禮——〈存璞論〉〈原禮論〉點校研究》③，都是對嚴謨著述的專題研究。還有不少中國天主徒的禮論文獻，被封存於耶穌會的檔案之中，長期不爲人知曉。陳文寧的博士學位論文《論明清中國士人信徒對祭祖禮的探討：以耶穌會羅馬館藏明清士人信徒祭禮文獻 28 篇爲考察範圍》，將這些文本重新呈現出來，爲我們理解明末祖宗之"祭"與上帝之"祭"的區分，提供了新材料。④

此外，有一部分研究並非關乎祭禮，而是"禮儀之争"中的某些禮儀環節。例如，高立巍《禮儀之争中耶穌會對禮儀的調適：以〈臨喪出殯儀式〉爲例》，主要根據一種稱爲"臨喪出殯儀式"的文獻，展開對耶穌會喪葬禮儀改造的論述。《臨喪出殯儀式》由耶穌會士方濟各和中國信徒李安當合作編寫，展現了天主教禮制本土化之後的情形。⑤ 這篇論文明顯受到了鍾鳴旦的影響，是對其分析成果的再擴充。李存山《從"郊社之禮"看儒耶分歧》，着眼點則是傳教士對於郊天禮、社稷禮中敬拜天地的一些看法，立意大體上是禮義而非制度本身。⑥ 總體看來，由於祭禮在"禮儀之争"中佔據着過重的分量，其他的儀式、制度通常不被人們關注，這些方面的研究仍有開拓餘地。

小　結

禮制的範疇非常廣泛，涵蓋了國家政治和民衆生活的多個方面，衍生出的研究成果也汗牛充棟。正因這樣，對禮制作出概括式的綜合研究有不小的難度，明代禮制研究也不外如是。但上文中的各項專門研究證明，明代禮制的不

---

① 沈軼倫：《辯護中的尷尬——以嚴謨爲個案試探清初中國知識分子天主教徒的身份認同危機》，上海師範大學碩士學位論文，2006 年。

② 鄭淑君：《清初儒士嚴謨與天主教義》，臺灣東吳大學碩士學位論文，2010 年。

③ 于浩：《儒家天主教徒的中國祭禮——〈存璞論〉〈原禮論〉點校研究》，北京外國語大學碩士學位論文，2017 年。

④ 陳文寧：《論明清中國士人信徒對祭祖禮的探討：以耶穌會羅馬館藏明清士人信徒祭禮文獻 28 篇爲考察範圍》，香港浸會大學博士學位論文，2016 年。

⑤ 高立巍：《禮儀之争中耶穌會對禮儀的調適：以〈臨喪出殯儀式〉爲例》，上海師範大學碩士學位論文，2015 年。

⑥ 李存山：《從"郊社之禮"看儒耶分歧》，《中國哲學史》2006 年第 1 期。

同側面仍然是各領域的熱門話題，吸引着學者們不斷發掘歷史和思想資源。

總體而言，在整個中國歷史上，明朝的禮文化並不算一個特別的高峰。明初從蒙元文化中復歸華夏文化，禮制是一個重要因素，也是動員社會的一大資源。在不到三百年的歷史中，明朝禮制發生幾次變化。“大禮議”是其中最爲重要的一次，對明朝和後代的禮制産生了相當影響，中國的宗法制度由此也有所變化。市民社會的發達，使明朝日常社會中加入了很多社會新變的因素，禮儀中也隨之融入了不少俗文化的内容。明末傳教士帶來的西方宗教禮儀制度，對中國傳統的尊尊親親、尊祖敬宗也有一定衝擊。明代禮制的專門研究，在以上一些領域均有涉及，但仍有值得思考的地方。

其一，明代禮制在國家和民間等不同層面的表徵，特别是明代禮制與人們日常生活的互動方面，仍有相當廣闊的研究空間。明代國家禮制研究建立在此前明清史的文獻基礎之上，在研究領域和學術成果上已比較成熟；相對而言，民間禮制研究則仍存在較大的拓展空間。對於除帝王、士大夫等社會中上層外的民間禮儀生活，研究者的意識、理論、方法和田野工作都有所不足，有待進一步深入。

其二，明代禮制對外影響方面的研究還有待加强。明清時期禮文化在域外地區的融合與影響，以及“禮制霸權主義”等話語，日本、韓國等地的研究者早有開拓，並在話語權上佔了一些先機，中國學者如何就此基礎與他者發生交流和對話，同時在對話中保持清醒判斷，進行合理分析，是今後值得思考的問題。

第八章 清代禮學研究

清朝發源於東北地區，而後入主中原，成爲統治廣大中國的强大政權，其統治延續近三百年。清朝統治者滿族人屬於少數民族，曾被視爲夷狄，被認爲没有文化、没有禮制，後來受到中原文化浸染熏習，方才"進於禮樂"，這與事實不符。滿族有其自身獨特的文化禮俗，入主中原之後，亦多注意與各民族禮制進行融合，尤其是與漢民族文化進行融合，並且繼承和發展了華夏文化的禮樂傳統。

由於距今時代較近，文獻資料衆多，而且其禮俗細節仍有殘存，所以關於清朝禮文化的研究成果比較豐厚，常有創見。目前的相關成果，主要着眼於清代的禮典文獻和正史實録，從禮文化入手而探析當時的政治制度和行爲規範，推動了清史研究的深入。除此之外，清代是禮學研究的高峰，禮學家輩出，禮學著述超過前代。現代學者的研究，往往注意禮學家的生平簡介和學術源流，進而關注其禮學思想、禮儀復原，最終揭示出清代社會生活和時代潮流的樣貌。

對於清代的禮文化，宫廷皇室和滿漢衝突仍是研究的焦點。這與清代禮文化的多元衝突和民族矛盾固然相關，也與資料文獻的開掘不無關係。關於社會上層文獻記録仍然佔據主流，皇家、貴族和官僚之禮多被關注，而庶人之禮則研究不足。傳統史料的再發現，與新史料的開掘拓展同樣重要。

第一節 清禮研究基礎文獻

一、古籍文獻

研究清代禮制禮俗，離不開對清代修撰的禮典的挖掘。要想瞭解禮在清代的實踐情況，還必須憑借《清實録》《清史稿》《碑傳集》等正史資料，以認清禮法規制與人們的實際行爲的真實關係。

研究清代之禮，學者們常用的清代文獻包括《大清通禮》《大清會典》及《大清會典事例》，以及《清朝通典》《皇朝通志》《皇朝經世文編》《御制清文鑒》《御制增訂清文鑒》《皇朝禮器圖式》《大清會典圖》《清朝文獻通考》《清朝續文獻通考》及《清稗類鈔》等。研究滿洲八旗制度，則有《八旗通志》《滿洲祭神祭天典禮》等史料。研究清代禮法，則需憑借《大清律例》等文獻資料。

然而只有禮典規制並不能瞭解實際生活中禮的存在狀況，因此，學者們往往需要借助《清實録》《清史稿》《滿文老檔》《國朝宫史》，以及清代的地方志、文人筆記，以至於小説日記等。重要的有《養吉齋叢録》《曾國藩日記》《湘綺樓日記》《翁同龢日記》《郭嵩燾日記》等。修纂於嘉慶朝、道光朝、光緒朝的《禮部則例》等雖較少被人利用，但同樣能提供衆多與清代禮儀禮制相關的資料。

《中國古代史史料學》"清史史料"部分，對《清史稿》等基本史料有簡單介紹，對於《滿文老檔》等數以百萬計的檔案資料的保存及整理情況亦有概述。同時，對於其他史料如方志、文集、族譜、年譜、日記、筆記及某些私人著述等，亦多有介紹。然而對其中與禮儀、禮制、禮俗等專題相關的，没有專門的論述，有待學者自行爬梳、探尋。

二、現代論著

現代研究清代禮學、禮制、禮俗者，主要有以下一些學者。

孟森，作爲明清史學的開拓者之一，孟森對於清史的諸多研究都爲後世學者研究清史起到了奠基作用。孟森的著作如《滿州開國史》《八旗制度考實》《明清史講義》《心史叢刊》中，時有關於清代禮俗的記録。在其對清代統治者的政治、行爲作分析之時，也多展示清代禮制、禮俗。

定宜莊，其《滿族的婦女生活與婚姻制度研究》實際上奠定了以後部分研究清代婚姻制度的學者所能探究的主要範圍。① 例如，此書已指出滿族早期的收繼婚俗，並分析了其能夠長存的原因。同時又考察收繼婚在滿族入關之後因觀念改變、行政命令對其加以禁止而日漸消亡的歷史。此外還指出了清代從一夫多妻制到一夫一妻多妾制的轉變，滿族社會的貞潔觀，皇族的指婚、選婚制度，滿族與蒙古的政治聯姻以及滿漢通婚等制度。之後學者幾無超越此種論述者。

郭松義、定宜莊《清代民間婚書研究》借助大量清代婚書，實際上探究了

---

① 定宜莊：《滿族的婦女生活與婚姻制度研究》，北京大學出版社 1999 年版。

清代的婚姻禮儀和實際形態。① 此書首章即婚書的重要形式——禮書，從而論及婚姻之禮。該文論述了唐代以至清代婚姻禮儀向全社會尤其是民間滲透的途徑，同時指出由於清代以後民間婚姻不穩定，進而導致婚姻從重禮轉變爲重法的情形。該書研究婚書，卻試圖從婚書而見到婚書背後的人物關係，也的確通過民間的非禮婚姻、"非法婚書"、"休書"等，展示了清代社會婚姻的多種形態。

此外，還有定宜莊、郭松義兩位學者對清代婚姻史、婦女史、政治史等的研究成果。郭松義與李新達、李尚英合著之《清朝典制》，對於清代皇位繼承制度、皇子的教養、後宫制度、宫室制度等皆有研究。② 而在禮儀制度方面，更詳細介紹了朝會制度、輿服制度、儀衛制度、朝覲、引見和相見制度、祭祀典禮等方面，爲後世學者奠定了基礎。陳戍國《中國禮制史・元明清卷》中的分類方式和研究方法等，皆可謂借鑒了此書，唯用了更多的材料如《滿文老檔》等，驗證、補充或修正了此前對於滿族繼位制度等的認知。

陳戍國《中國禮制史・元明清卷》"清代禮俗禮制"部分,③ 對於清代宗法觀念與傳承制度相關禮儀，清代祭祀之禮、喪葬之禮、軍禮射禮與秋獮禮、外交及禮儀、朝會巡幸筵宴與王公以下諸相見禮、籍田養老尊師及相關禮儀、冠婚之禮、宫室輿服樂舞制度，以及《大清律》與清代禮制的關係等方面，都有涉及。彭林在其《三禮研究的大勢與問題》中稱此書自成體系。而具體從其中清代禮儀禮制章，則更能看出其所論述的内容。④

首先，不同於部分學者鄙薄《清史稿》的做法，陳戍國對《清史稿》的利用很多。同時，《滿文老檔》也是其研究清朝前期歷史重要的憑借。作者指出了八旗制度對滿族世選制的繼承，同時還提及雍正帝發明的建儲之法，爲清後世統治者所沿用(乾隆帝除外)。研究清代祭祀之禮，作者採取了對比《清史稿・禮志》與《明史・禮志》的做法，從明清祭祀禮的諸多方面説明明清祭祀禮的狀況。此處所得出之結論，如清代重視祭孔，不遜於以往任何朝代等，爲一般的研究論文所借鑒，而難有超越其説者。

對於清代喪禮，作者同樣從明清異同的視角考察，得出的結論亦是清代喪

---

① 郭松義、定宜莊：《清代民間婚書研究》，人民出版社 2005 年版。

② 郭松義、李新達、李尚英：《清朝典制》，吉林文史出版社 1993 年版。

③ 陳戍國：《中國禮制史・元明清卷》，湖南教育出版社 2002 年版。

④ 彭林：《三禮研究的大勢與問題》，《儒家典籍與思想研究》第一輯，北京大學出版社 2009 年版。

禮與明代大多相同，而同時有部分滿族特色。至於清代軍禮、外交及禮儀、宫室輿服樂舞等禮制，作者則主要從清朝史事開始而及於清代禮制規定。尤其在外交方面，除了從《清史稿·邦交志》出發作具體的分析之外，還論及晚清列强入侵時，清朝軍禮、外交禮儀皆難存續，以及晚清多位大臣出使外邦的經歷等。其中部分内容與外交禮儀關係頗遠，但此種研究法或許才是更貼近歷史真實的做法。

陳戍國行文的特點與一般研究者頗不相同。一般研究清代禮制者，多從清代禮典規制出發，而從《清史稿》《清實録》等文獻中找尋皇帝、大臣實際行爲的記録來驗證此種規制。陳氏則多從史事出發，而利用禮典規制等對此加以分析，往往能有創見。這或許正是彭林所説的"自成體系"。另外，陳氏對歷史的評論帶有明顯的個人情感色彩，這在學術不斷規範又拘束的當下較爲少見。此一部分還提到從曾國藩日記、文集等資料的搜集和研讀中，可以窺見清代禮制的諸多面向，亦值得留意。

臺灣地區學者張壽安，對於清代禮學亦有多部論著和多篇論文，有《以禮代理：淩廷堪與清中葉儒學思想之轉變》《龔自珍學術思想研究》《十八世紀禮學考證的思想活力——禮教論争與禮秩重省》及五十餘篇學術論文。無論其論著還是論文，都具有論述深入的特點。從其收入《禮教與情欲：前近代中國文化中的後/現代性》中的《嫂叔無服，情何以堪？——清代"禮制與人情之衝突"議例》一文即可看出，其對於清代禮學研究的深入。① 此文以清代學者關於經典禮典中所載之喪禮規定的嫂叔是否有服爲主題，理清了支持"嫂叔有服"和支持"嫂叔無服"兩派各自的論證及其思考出發點，進而説明清代學術，尤其是乾嘉學術，並不如一般所認爲的那樣，只有考據，而没有思想。在此文中，作者指出情欲覺醒爲 17 世紀以降中國社會的最大走勢，而禮思想的復興，更是 18 世紀以後思想界的主流。張壽安指出，《儀禮》《禮記》等傳統經學文獻，基本主張"嫂叔無服"。但是到唐太宗貞觀十四年(640 年)，實行貞觀修禮，規定嫂叔有服，且服喪期爲"小功五月服"。此後宋元皆遵循唐律，嫂叔有服。即便到了明代洪武七年(1374 年)修禮，嫂叔有服仍然未被改變。清代律令，同樣遵行不改。然而到了明清之際，民間社會在處理喪葬時，已經與儒家禮教多有違背，對於儒家禮儀已不甚明白。在此種時代背景下，禮學復興。而對於

① 張壽安：《嫂叔無服，情何以堪？——清代"禮制與人情之衝突"議例》，熊秉真、吕妙芬主編：《禮教與情欲：前近代中國文化中的後/現代性》，臺灣"中研院"近代史研究所 1999 年版，第 125~178 頁。

嫂叔有無服，禮學家們的争議由萬斯同而起，進而達致衆説紛紜、争吵不斷的程度。作者最終指出，支持和反對“嫂叔有服”雙方各有其論述理由和證據，但此種論争中體現的學者們對於情感、欲求的新要求與禮制的舊制度之態度，説明清代禮學家之研究古禮，絶非僅爲考據，而是有强烈的現實訴求。張女士之研究成果衆多，不可一一細談。但其所宣導對明清社會文化中的禮教與情欲、明清學術思想轉型等話題的關注，無疑具有啓發意義。

同樣來自臺灣地區的黄進興，則對孔廟有深入研究。他的《優入聖域：權力、信仰與正當性》一書，超越了一般學者對於清代祭孔的研究深度，從政治、道統、權力、學術與信仰等多方面探究孔廟祭祀制度的形成，有别於簡單地視清朝統治者祭孔爲利用儒家文化駕馭漢民族的簡單看法。①

大陸學者中，彭林對於清代禮學及禮學家有相當多的論述，除多部論著外，他還發表了多篇針對清人禮學的研究論文。林存陽對於清代禮學思想史有豐富的研究成果，包括《清初三禮學》《三禮館：清代學術與政治互動的鏈環》等，② 發表《顧炎武“明道救世”的禮學思想》《清代禮學思想演進析論》《蘇州紫陽書院與清代學術變遷——以錢大昕爲研究視角》《三禮館與清代學術轉向》《禮樂百年而後興——禮與清代前期政治文化秩序建構》《清代基層社會對禮的訴求及踐履》等，從多個角度和層面研究了禮在清代的存在情況、研究水準等，對於相關的學術問題有參考價值。張濤也著有《乾隆三禮館史論》，考證清代三禮館的設立、組成、職掌、運作等情況，深入研究清代三禮館與政教的關係。③ 鄧聲國《清代“五服”文獻研究》《清代〈儀禮〉文獻研究》《錢大昕評傳》等，是研究清代禮學的重要成果(詳後)。

對於清代禮學研究，成果豐碩的還有沈文倬、楊天宇、丁鼎等，其研究成果多集中於對於“三禮”研究中具體問題的討論，如對喪葬禮制、周代宮室等問題的討論，皆建立在深厚的文獻學和考古學的基礎上，有利於促進禮學、禮制研究的推進。杜家驥關於清代禮制的文章可在其《杜家驥講清代制度》一書中見到。④ 除了對清朝統治階層的史事和創制加以辨析之外，其中“清代禮制及禮俗”章對於清代各種各樣的禮制和禮俗都有涉及，包括清代“五服”之制、

---

① 黄進興：《優入聖域：權力、信仰與正當性》，陝西師範大學出版社 1998 年版。

② 林存陽：《清初三禮學》，社會科學文獻出版社 2002 年版；《三禮館：清代學術與政治互動的鏈環》，社會科學文獻出版社 2008 年版。

③ 張濤：《乾隆三禮館史論》，上海人民出版社 2015 年版。

④ 杜家驥：《杜家驥講清代制度》，天津古籍出版社 2014 年版。

軍禮、稱謂以至於抽象意義的禮、禮品、禮物等都有講述。這無疑能爲讀者提供更多關於清代禮制及禮俗的史料及研究結論。不過此書爲杜氏的課程講稿，因此這部分的內容普及性超過學術性，讀者需要注意。

劉永華關於清代禮儀禮制同樣有衆多研究成果。他的《明清時期的禮生與王朝禮儀》一文，以正史、政書、地方志等資料爲基礎，對中國歷史上尤其是明清時期官僚體制中的儀式專家禮生及其與王朝禮儀的關係加以考察。① 該文介紹了禮生在官僚體系中的位置、所負責的職能等。同時，還詳細分析了禮生與明清文廟釋奠儀式間的關係，説明禮生在禮儀過程中的重要作用，以及此種禮儀向鄉村社會傳播的可能。此文補充了此前學術界在研究古代禮儀禮制史時長期以來對於禮生及其與禮儀活動的關係的考察。除了考清禮生至清代的源流之外，該文還指出了禮生的規模、選取、職責等重要問題，對其在文廟釋奠儀式各流程中的具體行爲作了展示。可以説，此篇關於禮生的文章補充了這之前關於明清(以至於歷朝)禮儀禮制史研究的一個空缺，具有重要意義。此外，其《明清時期的神樂觀與王朝禮儀——道教與王朝禮儀互動的一個側面》一文則是對禮生及王朝禮儀的進一步補充。② 該文指出，明初至清乾隆七年的王朝祭祀儀式中，禮生都是由神樂觀道士充任的，而非儒生。作者因此探討神樂觀的創見和人員，指出其與禮部的密切關係。簡言之，該文指出了明清王朝祭祀典禮中多由道士充任禮生的狀况，認爲這影響了明代的朝政，同時也反映了這一時期道家與儒家極爲特殊的互動關係。其《亦禮亦俗——晚清至民國閩西四保禮生的初步分析》一文則在回顧禮生歷史的基礎上，以晚清至民國閩西四保地區禮生的選取、禮生在儀式中扮演的角色，説明禮生的存在時空及其文化中介的作用。③ 事實上，該文不僅是一篇史學論文，同時也與現代社會中的禮生有所關涉，不僅對理解歷史有用，對於瞭解現實同樣有益。劉永華以英文出版的博士學位論文 *Confucian Rituals and Chinese Villagers: Ritual Change and Social Transformation in a Southeastern Chinese Community*, 1368-1949，新近出版了中文版《禮儀下鄉：明代以降閩西四保的禮儀變革與社會轉型》，將歷史學與人類學方法作了很好的嫁接，在中英文禮學界都有很大影響，本書第十一章將有詳介。

① 劉永華：《明清時期的禮生與王朝禮儀》，常建華主編：《中國社會歷史評論》第九卷，天津古籍出版社 2008 年版，第 245~257 頁。

② 劉永華：《明清時期的神樂觀與王朝禮儀——道教與王朝禮儀互動的一個側面》，《世界宗教研究》2008 年第 3 期。

③ 劉永華：《亦禮亦俗——晚清至民國閩西四保禮生的初步分析》，《歷史人類學學刊》2004 年第 2 期。

科大衛《明清社會和禮儀》一書對具體明清禮儀的發現、研究不多，而是從社會史(區別於政治史、制度史等)的角度探討譬如國家在地方禮儀中的體現等問題。① 在這些討論中，禮儀制度和儀式不再是完全的主角，而是對此儀式有了更多的分析。體現了其歷史人類學、社會史等新的史學取向。

英文學界很多學者，對清代禮文化研究也重大貢獻，本書第十一章將有詳介，茲不贅述。不過，周啓榮(Kai-wing Chow)和普鳴(Michael Puett)兩位學者的英文著作，中文版已在内地出版。前者是周啓榮著《清代儒家禮教主義的興起——以倫理道德、儒學經典和宗族爲切入點的考察》,② 後者是普鳴著《成神——早期中國的宇宙論、祭祀與自我神化》③。

第二節 清代禮學家及其著作

清代是禮學復興的時代，同時也達到了禮學研究的高峰。清代禮學家衆多，其研究成果亦極爲豐富。

清代著名的禮學家包括張爾岐、江永、程瑶田、金榜、戴震、淩廷堪、萬斯大、方苞、徐乾學、惠士奇、段玉裁、孔廣森、秦蕙田、黄以周、黄式三、李光坡、惠棟、阮元、任大椿、淩曙、胡匡衷、褚寅亮、胡培翬、孫詒讓、皮錫瑞、盛世佐、程廷祚、丁晏、金鶚、吳廷華、盧文弨、宋世犖、王聘珍、鄭珍、朱彬、臧琳、余蕭客、夏燮、吳玉搢、汪紱、陳喬樅、陳壽祺、郝懿行、侯康、錢坫、沈彤等。

目前學界對於這些禮學家的研究，有些已經取得頗爲豐厚的成果，而有些則關注者寥寥，乏人問津。值得注意的是，一些不受重視的禮學家，實際上無論在學術還是德行等方面都具有很高的地位。到今日反倒未必受到重視，此種現象無疑需要改變。而另一方面，有些以往學者認爲艱深難懂的禮學家如秦蕙田，卻又漸漸有了越來越多的關注者。可以説，對清代禮學家及其學術的研究，既取得了一定的成果，又還需要繼續深入挖掘。

① 科大衛：《明清社會和禮儀》，北京師範大學出版社 2016 年版。

② 周啓榮：《清代儒家禮教主義的興起——以倫理道德、儒學經典和宗族爲切入點的考察》，毛立坤譯，天津人民出版社 2017 年版。

③ 普鳴：《成神——早期中國的宇宙論、祭祀與自我神化》，張常煊、李健芸譯，李震校訂，生活・讀書・新知三聯書店 2020 年版。

對於清代著名禮學家，學術界上已有關於其生平及主要著述的基本介紹。雖然其中不乏考證尚不周全，甚至有部分錯誤，但仍具有重要的參考價值。除了清初的顧、黄、王等名家之外，兹將其他成就卓著者列舉如下，以供參考。

張爾岐（1612—1677年），字稷若，號蒿庵，山東濟陽人。明清之際經學家。宗程、朱宋學，後治《儀禮》，撰有《儀禮鄭注句讀》《周易説略》《老子説略》《蒿庵閒話》等。張爾岐的禮學成就，主要集中於其《儀禮鄭注句讀》一書中。後世研究者亦多從此書着手，分析其《儀禮》詮釋的特色和成就等。

萬斯大（1633—1683年），字充宗，晚號跛翁，學者稱褐夫先生，浙江鄞縣人，是萬斯同的兄長。萬斯大師從黄宗羲，對清朝統治表示不滿，故不事科舉，研習諸經。長於《春秋》、“三禮”，治《禮》不拘漢宋，不盲從，重裁斷。又懷疑《周禮》非周公所作，而係後人僞託。撰有《學禮質疑》《周官辨非》《儀禮商》《禮記偶箋》《學春秋隨筆》等書。後世學者對萬斯大的經學研究和禮學研究、《儀禮》學等，都有專門的研究。

李光坡（1651—1723年），字相卿，號茂夫，清康熙時安溪人。居家不仕，專心研究經學，著有《詩經測義》《三禮述注》（即《周禮述注》《儀禮述注》《禮記述注》）。現代學者對李光坡的研究，有南京師範大學葉國勝的碩士學位論文《李光坡〈禮記述注〉研究》。① 此文從李光坡的生平、著述等切入，對《禮記述注》的成書過程與版本流傳加以整理。梳理《禮記述注》内容和解經體例與特點，並試圖總結、評價《禮記述注》的解經方法及其優缺點，同時重新審視此書在清代《禮記》研究中的成就和地位。這是一篇系統介紹李光坡及其《禮記述注》成就和不足的文章，有很高的參考價值。

惠士奇（1671—1741年），字天牧，一字仲孺，晚號半農，人稱紅豆先生。清代經學家，江蘇吳縣人。傳父周惕之學，撰《易説》《禮説》《春秋説》，搜集漢儒經説，徵引古代史料，加以解釋，方法較宋儒爲縝密，但較拘泥。除了從總體上評述惠士奇的學術者，還有一些學者關注他的某些禮學觀點並加以介紹，《周禮在齊論——讀惠士奇“禮説”》《裼襲禮與“禮不下庶人”解》等即是這樣的文章。② 其子惠棟（1697—1758年），字定宇，號松崖。清經學家，吳派經學的奠基人。江蘇吳縣人。傳其祖周惕、父士奇之學。曾搜集漢儒經説，加以編輯考訂。禮學方面，撰有《九經古義》《明堂大道録》《禘説》等。

---

① 葉國勝：《李光坡〈禮記述注〉研究》，南京師範大學碩士學位論文，2013年。

② 楊向奎：《周禮在齊論——讀惠士奇“禮説”》，《管子學刊》1988年第3期；《裼襲禮與“禮不下庶人”解》，《中國社會科學院研究生院學報》1998年第6期。

江永(1681—1762年)，字慎修，安徽婺源人，清代經學家。一生潛心著述與教學，致力於哲學、經學、歷史、天文、算學、水利、地理及西方新學的研究，開皖派經學家探索科學和實學先河，爲宋明理學向乾嘉樸學轉化作出了重要貢獻。一代通儒戴震和金榜皆爲其入室弟子。名學者錢大昕譽之爲東漢鄭玄之後第一人，開創東南儒學一大宗派。江氏長於比勘，深究"三禮"，所撰《周禮疑義舉要》，對先秦名物加以考釋，其中《考工記》二卷，頗多創見；《禮書綱目》八十五卷搜集散見於經傳雜書中的古代禮樂制度，以補正朱熹《儀禮經傳通解》。此外，在禮學方面還著有《鄉黨圖考》《律吕闡微》《深衣考誤》《群經補義》《江氏算學》等。就經學、禮學方面而言，對江永的研究主要集中於江永與戴震在交遊和思想上的關係、江永在清代禮學史上的地位、江永的禮樂思想等方面。具體對江永禮學著作的研究，主要包括對其《周禮疑義舉要》《禮記訓義擇言》《禮書綱目》等作品的研究。

吳廷華(1682—1755年)，字中林，號東壁，浙江仁和人。嘗以薦預纂修《三禮義疏》，得遍覽中秘儲書之古今先儒著述，故禮學尤爲賅洽。撰《周禮疑義》四十四卷，《儀禮疑義》五十卷，《禮記疑義》七十二卷，稿凡百數十册，惜以卷帙浩繁，無力刊行。今傳世者僅《儀禮章句》十七卷。今人研究吳廷華之學術，有《吳廷華〈儀禮〉學研究淺析》等成果可參。①

沈彤(1688—1752年)，字冠雲，號果堂，江蘇吳江人，其學長於"三禮"。以宋歐陽修疑周官官多田少，禄且不給，其有辨者，率以攝官爲辭，乃詳制周制，著宦爵數、公田數、禄田數，成《周官禄田考》三卷。又嘗爲《周官頒田異同説》《五溝異同説》《井田軍賦説》《釋周官地征篇》，援據典核，自鄭注賈疏後，推爲特精。復撰《儀禮小疏》一卷，取士冠禮、士昏禮、公食大夫禮、喪服、士喪禮，爲之箋疏，足訂舊義之訛。鄧聲國《沈彤〈儀禮〉學研究淺析》一文概述沈彤生平及著述，並分析了其治《儀禮》學的風格。②

秦蕙田(1702—1764年)，字樹峰，號味經，清江蘇金匱(今無錫)人，曾任禮部侍郎等職。秦蕙田繼徐乾學《讀禮通考》之後，組織撰寫《五禮通考》，爲研究中國古代禮制的重要參考書。後世學者主要圍繞秦蕙田《五禮通考》對其學術成果作介紹和分析。目前，《五禮通考》二十册已經整理出版。③

---

① 鄧聲國：《吳廷華〈儀禮〉學研究淺析》，《井岡山大學學報》(社會科學版)2014年第1期。

② 鄧聲國：《沈彤〈儀禮〉學研究淺析》，《江西科技師範大學學報》2015年第5期。

③ 秦蕙田：《五禮通考》，方向東、王鍔點校，中華書局2020年版。

盛世佐（1719—1755 年），字庸三，浙江秀水人。深於經學。嘗裒輯先秦迄於近代說《儀禮》者一百九十七家，成《儀禮集編》十七卷。以校正朱子《儀禮經傳通解》經傳混淆及殘稿未完之憾，經自爲經，傳自爲傳，一依鄭氏之舊。後人評價其抉擇之嚴，裁斷之精，直欲與唐李氏《周易集解》、宋衛氏《禮記集說》相媲美。今人研究盛世佐及其學術者，多重視其在《儀禮》學上的成就。《盛世佐生平考》《盛世佐〈儀禮〉學研究淺析》等文都是瞭解盛世佐及其禮學成就可以參看的資料。①

戴震（1724—1777 年），字東原，安徽休寧人，清代徽派樸學領袖。曾參加《四庫全書》修纂，授翰林院庶起士。學識淵博，在哲學、天文、曆算、歷史、地理、經學、訓詁、音韻等領域均有重大貢獻，爲一代通儒和宗師。他對上古宮室、深衣、絰帶、冕服、樂器之類，均有專深研究。戴氏弟子有段玉裁、孔廣森、任大椿等。目前，已有《戴震全書》《戴震全集》《戴震集》等多種戴氏著述出版。②

程瑶田（1725—1814 年），字易田，一字易疇，號讓堂。安徽歙縣人。清代著名學者、徽派樸學代表人物之一。與戴震同師事江永。精通訓詁，提倡“用實物以整理史料”，開啓了傳統史料學同博物考古相結合的研究路徑。在數學、天文、地理、生物、農業種植、水利、兵器、農器、文字、音韻等領域，程皆有深入研究，堪稱一代通儒。長於旁搜曲證，不爲經傳注疏所束縛。對古代名物的考訂，繪圖列表，便於稽尋。所撰《儀禮喪服文足徵記》試圖規正鄭玄注《禮》的失誤。又有《宗法小記》《儀禮喪服足徵記》《考工創物小記》《磬折古義》《溝洫疆小記》《九穀考》等禮學名篇。現代學者對程瑶田的研究，涉及其生平與學術的諸多方面。例如，程氏對《儀禮》的研究受到重視，今有《論程瑶田的喪服學》一文探討其服喪學。目前，《程瑶田全集》已整理出版。③

錢大昕（1728—1804 年），清代考據學大師，乾嘉學術的頂峰代表。著有《廿二史考異》《十駕齋養新録》等名著。其《潛研堂文集》中，關於禮學的論述很多，有《冕衣裳說》《三禮答問》《儀禮管見序》《跋儀禮集說》《跋禮記纂言》《跋大戴禮記》等。他對“三禮”和《大戴禮記》文獻的成書，以及上古周禮制

---

① 劉瑨心：《盛世佐生平考》，《古籍整理研究學刊》2016 年第 6 期；鄧聲國：《盛世佐〈儀禮〉學研究淺析》，《江西科技師範大學學報》2013 年第 2 期。

② 戴震：《戴震全集》，清華大學出版社 1991 年版；《戴震集》，上海古籍出版社 2009 年版；《戴震全書》，黄山書社 2010 年版。

③ 程瑶田：《程瑶田全集》，陳冠明等校點，黄山書社 2008 年版。

度，都有專深研究。《嘉定錢大昕全集》《潛研堂集》已整理出版。①

金榜(1735—1801 年)，字輔之，安徽歙縣人，清代著名學者、徽派樸學代表人物之一。早年從學於江永，與戴震和程瑶田同窗。辭官後潛心研究經史和小學，並著書講學，師從者甚眾。尤對古代"三禮"之學研究精透，著有《禮箋》三卷，篇幅不多，創見尤夥，令戴震嘆服。現代學者研究金榜的禮學成就者，主要圍繞其《禮箋》展開，對其中的創見進行了介紹和分析。

段玉裁(1735—1815 年)，字若膺，號茂堂。江蘇金壇人。清文字訓詁學家、經學家。師事戴震，著《説文解字注》，爲研究文字訓詁學的重要參考書。禮學方面，著有《周禮漢讀考》《儀禮漢讀考》等。段玉裁以文字訓詁學、經學聞名，當代學者的研究也多聚焦於此兩方面。然而他在禮學方面亦有成果，學者對此方面無專門研究，少有涉及。

任大椿(1738—1789 年)，字幼植，一字子田，清代江蘇興化人。曾任禮部主事，充四庫全書纂修官。初工文辭，後治經學。長於《禮》，撰有《弁服釋例》《深衣釋例》《釋繒》諸書，就古代禮制中的名物，搜集材料，加以綜合。荀婕《任大椿〈弁服釋例〉名物訓詁研究》一文，研究任大椿《弁服釋例》。②

淩廷堪(約 1755—1809 年)，字次仲，安徽歙縣人，清代著名經學家和音律學家。戴震私淑弟子，曾參與《四庫全書》的編纂。學問淵深廣博，在古代禮制和樂律方面造詣突出，著有《禮經釋例》十三卷、《燕樂考原》六卷、《梅邊吹笛譜》二卷，等等。其《禮經釋例》一書，歸納凡例，凡二百四十二例，尤便於學者，嘉惠學林。《清史稿》有傳。現代學者對淩廷堪及其學術的研究頗多，除了對其生平進行探析之外，更有眾多關於其學術的論著。《淩廷堪全集》已出版，③《禮經釋例》這部禮學巨著的校點，有彭林、鄧聲國、紀健生三個版本。④ 張壽安《以禮代理——淩廷堪與清中葉儒學思想之轉變》是研究淩氏禮學影響較大的著作。該著認爲，淩氏一生致力於研治禮經和推行禮樂教育，並非純粹的學術研究，其目的在於整飭明末以降的社會弊風，矯正考證學不思致

① 錢大昕：《嘉定錢大昕全集》，江蘇古籍出版社 1997 年版；《潛研堂集》，吕友仁點校，上海古籍出版社 2009 年版。

② 荀婕：《任大椿〈弁服釋例〉名物訓詁研究》，揚州大學碩士學位論文，2013 年。

③ 淩廷堪：《淩廷堪全集》，紀健生校點，黃山書社 2009 年版。

④ 淩廷堪：《禮經釋例》，彭林點校，臺灣"中研院"中國文哲研究所 2002 年版；鄧聲國、劉蓓然點校，江西人民出版社 2017 年版。紀健生點校本收入《淩廷堪全集》。

用之弊，捨“理”言“禮”，“以禮代理”。①

孔廣森(1752—1786 年)，清經學家、音韻學家、數學家。字衆仲，一字撝約，號顨軒。山東曲阜人，戴震之弟子。禮學方面，著有《大戴禮記補注》《經學卮言》等。孔廣森的《大戴禮記補注》是現代學者研究其禮學方法與思想的主要切入點。《〈大戴禮記補注〉的解經方法與思想價值》《通經取義：孔廣森對兩漢經學的取與捨》等即是這樣的文章。②

朱彬(1753—1834 年)，字武曹，號鬱甫，江蘇寶應人。以從事經傳訓詁聲音文字之學，與外兄劉臺拱齊名。著《經義考證》八卷，援引詳確，辨訂精當，阮文達收入《皇清經解》。晚年更撰《禮記訓纂》，雖仍以注疏爲主，而擷其精要，緯以古今諸説，如肉貫串，其間附己意，亦恒發前人所未發。成書四十九卷，大率不薄今而愛古，不别户而分門，言簡意賅，示學者之塗術焉。今人對朱彬學術的研究，主要集中於其《禮記訓纂》，有多篇碩博士學位論文，取得了一定的成果。如前所述，《禮記訓纂》已在“清人十三經”系列中整理出版。

阮元(1764—1849 年)，字伯元，號芸臺，江蘇儀徵人。曾在杭州創立詁經精舍、廣州創立學海堂，提倡樸學。阮元羅致學者從事編書刊印工作，先後主編《經籍籑詁》，校刻《十三經注疏》，彙刻《皇清經解》等。又由經籍訓詁，求證於古代吉金、石刻，並擴大到天文、曆算、地理。所著《疇人傳》《積古齋鐘鼎彝器款識》，記録了我國歷代天文學家、數學家生平和古文字學的資料。著有《揅經室集》。劉玉才對阮元及其學術崇尚有專門研究。③ 阮元的學術影響深遠，至今研究者衆多。目前，《阮元集》已陸續整理出版。④

胡培翬(1782—1849 年)，字載屏，一字竹村。清代安徽績溪人。傳其祖胡匡衷之學，又師事淩廷堪，長於《禮》。胡培翬以爲唐賈公彦疏解《儀禮》，多有失誤，乃積四十餘年之力，從事《儀禮正義》撰述，未成而卒，後由其弟子楊大堉續成。所著還有《燕寢考》《禘祫問答》《研六室文鈔》等。當代學者對於胡培翬的學術研究者頗多。除了研究其生平事跡之外，更多的是研究其《儀

---

① 張壽安：《以禮代理——淩廷堪與清中葉儒學思想之轉變》，河北教育出版社 2001 年版。

② 陳冬冬：《〈大戴禮記補注〉的解經方法與思想價值》，《濟南大學學報》(社會科學版)2015 年第 1 期。楊濟襄：《通經取義：孔廣森對兩漢經學的取與捨》，《齊魯文化研究》2011 年第 1 期。

③ 劉玉才：《阮元與詁經精舍的學術崇尚》，《傳統中國研究集刊》第 3 輯，上海人民出版社 2007 年版，第 567~576 頁。

④ 阮元：《阮元集》，程章燦主編，曾學文等點校，廣陵書社 2020 年版。

禮正義》《燕寢考》等經學作品。其中陳功文即有多篇論文研究胡培翬《儀禮正義》之版本、徵引文獻、撰著等多方面的問題。目前，除前述《儀禮正義》在内地出版之外，《胡培翬集》已在臺灣出版。①

孫詒讓(1848—1908 年)，字仲容，號籀廎，浙江里安人，清經學家、文字訓詁學家。所著《契文舉例》爲考釋甲骨文最早的著作，《周禮正義》則爲解釋《周禮》的集成之作。又有《古籀拾遺》《古籀餘論》《墨子間詁》《籀廎述林》等書，均有影響。研究孫詒讓禮學者，離不開對其《周禮正義》的分析。值得注意的是，在尚未對孫詒讓《周禮正義》中的觀點加以梳理和評述之前，學者們對於整理本《周禮正義》在校勘方面的問題即有諸多討論。其他如《〈周禮正義〉中的"散文""對文"研究》《孫詒讓"周公作〈周禮〉"説評析》等，是研究《周禮正義》内容的文章。② 目前，除前述《周禮正義》已出版之外，《孫詒讓全集》已在内地陸續出版。③

清代禮學家的重要著述，很多見於阮元所編《皇清經解》和王先謙所編《皇清經解續編》。目前此二書均有多種影印版出版，研究清代禮學者均可從這兩部集大成的經學叢書中獲得相關信息。④

關於清代禮學的研究相當豐富。鄧聲國《清代〈儀禮〉學史》一書立足於禮經文獻釋讀，以學術流派的流變爲切入點，系統梳理了清代各階段禮經詮釋的基本軌跡和發展脈絡，對各家流派的重點禮學家及其著述進行了探析，對於瞭解清代《儀禮》學及重要儀禮學家的學術思想頗有助益。⑤ 除此之外，鄧聲國還有其他一些重要的禮學專著，如《清代"五服"文獻概論》《清代〈儀禮〉文獻研究》《儀禮文獻學》等，對於研究清代禮學的學者來説，也有重要的參考價值。⑥ 除了上述簡介清代禮學家及現代研究者的研究成果外，馬楠《比經推

---

① 胡培翬:《胡培翬集》，黄智明點校，蔣秋華審定，臺灣"中研院"中國文哲研究所 2005 年版。

② 錢慧真:《〈周禮正義〉中的"散文""對文"研究》，《寧夏大學學報》(人文社會科學版)2008 年第 3 期；邱林:《孫詒讓"周公作〈周禮〉"説評析》，《煙臺大學學報》(哲學社會科學版)2018 年第 2 期。

③ 孫詒讓:《孫詒讓全集》，中華書局 2009—2014 年版。

④ 阮元、王先謙主編:《皇清經解》《皇清經解續編》，鳳凰出版社 2005 年版；上海書店 2013 年版；齊魯書社 2016 年版。

⑤ 鄧聲國:《清代〈儀禮〉學史》，人民出版社 2020 年版。

⑥ 鄧聲國:《清代"五服"文獻概論》，北京大學出版社 2005 年版；《清代〈儀禮〉文獻研究》，上海古籍出版社 2006 年版；《儀禮文獻學》，江西人民出版社 2017 年版。

例——漢唐經學導論》，對於清代禮學家的經學成就亦作出了相當準確而深入的研究，對於瞭解清代禮學以至於以往各朝禮學研究都有很大參考價值。① 對於清代禮學家及其著述，很多都是與乾嘉考據學聯繫在一起的，限於篇幅，不再一一贅述。②

第三節　禮制研究

一、喪葬

研究清代喪葬禮制，首先必從入關前的滿族社會溯源。關笑晶《清代滿族的喪葬習俗——從〈御制增訂清文鑒〉談起》基於清代官修滿文辭書《御制增訂清文鑒》，對其中“禮部・喪服類”下“喪事”和“上墳”兩則所包含的共計五十五個詞條進行研究，從而窺見滿族喪葬中的葬法、禮儀和習俗三方面的情形。③ 借助此三方面滿文詞條如“火葬”“土葬”“下葬”“掩埋”“初終”“入殮”等的解釋和分析，作者指出了漢族喪葬文化對滿族文化的影響和改變。同時，也從各種不同説法的差異上，認識到了滿族人對死亡的描述、對喪事的憂愁等觀念。該文還對比了滿漢喪服、喪期，可以看出，滿族的喪服具有服制輕、服期短的特點。如漢族服斬衰三年，滿族則只服一百日，滿漢斬衰之喪服雖然相近，但並不相同。利用滿文資料，無疑是研究清代禮制的原始資料和未來趨向。

清代前期，滿族及其先民的喪葬與漢族喪葬相差巨大。在入主中原之後，滿族喪葬禮制在殯、葬、居喪等方面，需要漢人尤其是漢族士人在文化上的認同，以獲得政治上和文化上的合法性，於是清初統治者將儒家思想作爲官方意識形態，換取漢人的服從。沈宏格《文化認同與清代前期的喪葬禮制建設》一文，從文化認同的角度透視了清代前期喪葬禮制的建設。④ 文中的“文化認

① 馬楠：《比經推例——漢唐經學導論》，廣西師範大學碩士學位論文，2008 年。

② 陳祖武、朱彤窗：《乾嘉學派研究》，河北人民出版社 2007 年版。漆永祥：《乾嘉考據學研究》，北京大學出版社 2020 年版。

③ 關笑晶：《清代滿族的喪葬習俗——從〈御制增訂清文鑒〉談起》，《滿語研究》2010 年第 1 期。

④ 沈宏格：《文化認同與清代前期的喪葬禮制建設》，《浙江師範大學學報》(社會科學版)2018 年第 1 期。

同”不僅指清朝統治者對漢文化的認同與歸化，也指其對自身滿族文化的認同與維護。在喪葬禮儀方面，順康雍乾四朝都部分地改變原有滿族喪葬習俗，吸收漢族喪葬禮儀。作者以各朝律令修改、上諭頒行的具體條文，説明了此種變化。然而與此同時，滿族統治者同樣警惕漢文化對滿文化的全面替代和侵蝕。因此，清朝統治者一方面吸收漢制，另一方面卻也出臺多種諭令、政策，積極維護騎射文化和滿族獨特的風俗。總之，文化規範具有約束性，改變後的清代前期喪葬禮制，有效地維護了清朝政權的穩定，促成了滿漢民族的凝聚。

王定安《祭如在：明清之際西學觀照下的儒家喪葬禮》一書以中西喪祭禮的可比性爲突破口，走出傳統“争論學”的誤區。通過對清初儒士有關喪葬祭祀的觀點對比，揭示偏見，並反思阿奎那祭禮神學，這是當時争論的主要根據。並用阿奎那祭禮神學中的宗教行爲論爲討論範圍，對儒家喪祭禮進行重新考量。此書指出，儒家喪祭禮禮意的核心是魂魄觀，這與西方靈魂觀殊異，二者相遭遇所産生的影響細微而深遠。通過中文文獻的辨析，作者試圖闡明儒家的魂魄觀，並在歷史比較的基礎上，講禮與中道、中庸的内在邏輯關聯，是從喪葬祭禮角度來看待中西文化底蘊的力作，具有啓發價值。①

在清代，根據《朱子家禮》而編纂的各類《家禮》不勝其數，其中皆有喪葬部分，這也是指導當時社會生活的重要内容。趙克生、安娜《清代家禮書與家禮新變化》，梳理了清代繁多家禮書的三類主要構成，即前朝刊本、清朝官修家禮書和清人私修家禮書。由此發現清代家禮一方面繼承宋、明以來的家禮傳統，面對相似的社會環境，擔當相似的社會功能，秉承相似的編纂原則；另一方面，清代家禮因其統治民族的滿洲族性和清代平民宗族發展等社會新情勢，在具體儀節和家禮結構等方面産生一些新變化。與前朝相比，清代家禮無疑更加豐富多彩，而不是湮没消隱。② 例如，李紅、胡彬彬《新見清代禮制孤本文獻〈文公家禮·喪禮〉的内容與價值》介紹了家藏《文公家禮》三卷中的《喪禮》内容，包括其形制、成書年代、主要内容及文獻價值等。此文對於瞭解湖南婁底地區喪禮的具體程式、儀節等有重要作用，同時也反映了“三教合一”在民間的表現形式。也爲研究清代《文公家禮》及清代喪禮提供

---

① 王定安：《祭如在：明清之際西學觀照下的儒家喪葬禮》，復旦大學出版社 2021 年版。

② 趙克生、安娜：《清代家禮書與家禮新變化》，《清史研究》2016 年第 3 期。

了新資料。①

在研究清代喪葬禮制的文章中，有許多從具體史料、具體區域、具體事件展開的論文，它們相對地脱離了滿漢文化融合的語境，補充其他研究的不足，豐富了學術界對清代喪葬禮俗的認知。例如，對清代女性墓葬的研究，有韓佺《清代皇族女性墓葬研究》。論文研究清代皇族女性墓葬，除了對清代后、妃、公主、格格等皇族女性的墓葬形制、分期及喪葬制度加以考察之外，該文還着重探討了此種墓葬中喪葬禮制的相關問題，包括殮葬、隨葬品、葬俗等方面。②對於葬式、殮服制度以至於火葬等問題，都有詳盡的研究。同樣是女性喪禮研究，武亞芹《論清代下嫁外藩公主喪葬》一文探討的是清代下嫁外藩公主。③該文首先指出，乾隆中後期之前，爲了鞏固中央政權，加强對蒙古地區的統治，清朝採取與蒙古聯姻的制度，多把公主下嫁給蒙古王公者。這一時期，下嫁外藩的公主死後，只能葬在額附所轄之地内，而不能入其祖陵。此俗在乾隆中後期之後漸漸消失，下嫁外藩的公主無一葬在藩地。作者認爲，這與此時期清政府已不再需要利用蒙古額附（即漢語駙馬）加强對蒙古的統治有直接關係。作者接着指出清代下嫁外藩公主的喪葬禮儀，展示了墓地的規模，墓葬建築、葬具、葬式，以及停靈、擇地、祭祀及朝廷派使者致祭等禮儀。順治時期開始禁止火葬，康雍兩朝繼續禁絶火葬，推行土葬，這一史實也在文中得到進一步揭示。

又如，一些地區性的喪葬禮制，也有學者涉及。劉顯俊《川北地區清代墓葬建築裝飾及信仰研究》一文，主要從川北地區現存大量明清以來墓葬建築出發，分析了該地區墓葬建築自明代起即從“地下”發展到“地上”的變化情形，並指出明清之際的移民對該地區墓葬建築之改變所起的作用。④ 王美翔《清代及民國晉中地區方志所載喪葬演出習俗考論》一文則是對晉中地區的考察。該文從晉中地區地方志中輯出其地的各種喪葬儀式，展示了做佛事、鼓吹樂、演劇、方相驅儺等内容，時段從清代迤及民國時期。⑤關於南方，崔迪曖《清代廣

① 李紅、胡彬彬：《新見清代禮制孤本文獻〈文公家禮·喪禮〉的内容與價值》，《湖南大學學報》（社會科學版）2014年第4期。

② 韓佺：《清代皇族女性墓葬研究》，南開大學博士學位論文，2014年。

③ 武亞芹：《論清代下嫁外藩公主喪葬》，《内蒙古民族大學學報》（社會科學版）2013年第5期。

④ 劉顯俊：《川北地區清代墓葬建築裝飾及信仰研究》，重慶師範大學碩士學位論文，2016年。

⑤ 王美翔：《清代及民國晉中地區方志所載喪葬演出習俗考論》，《蘭臺世界》2017年第12期。

府民系喪葬儀式研究》一文，依據廣府地區縣志中對於喪葬禮的記載，推知其六大特點，並指出此種葬禮是對《朱子家禮》的遵從和採用。① 該文對比《朱子家禮》、廣府縣志所載喪禮及《儀禮》關於喪禮的記載，説明廣府喪葬禮與《儀禮》喪葬禮的異同，有較强的地方性。其中，廣府喪葬禮六大特點尤其值得注意。

二、祭祀

與喪禮一樣，清朝統治者的祭祀也帶着滿族少數民族禮儀的烙印，而融合了漢文化的祭祀禮儀，是一種雙向的改變。用以研究的基礎文獻資料，包括《滿洲祭神祭天典禮》《大清通禮》《大清律例》《大清會典事例》《清朝通典》《八旗通志》等。

清代的祭祀，可以按皇家與平民、中央與地方、祭祀海洋神與山川神等不同類別劃分。清代皇家祭祀包括祭祀昊天上帝、祭孔和文廟、祭祀歷代先王以及滿族特色的薩滿祭祀等。

《大清通禮》規定了大祀、中祀、小祀三種不同規模的祭祀，其中最重視的就是大祀昊天上帝。對於祭祀昊天上帝，《大清通禮》有十分詳細的規定。此祭祀由皇帝親自主持，舉行圜丘、雩祀、祈穀三種祭祀。中祀基本承襲明代，祭祀歷代先王，也祭祀先師。小祀也稱群祀，祭祀對象眾多，有五十多項，其中賢良祠最爲重要。這些也都是清代皇家祭祀的重要内容。《大清律例》中有條文保障這些祭禮的正常運行，對祭品失當、祭儀差錯等有明確的懲罰規定。

祭祀還因其具有儀式性、表演性，能夠反映滿族朝廷對於“中國”和中國文化的認同，因此常被清代統治者吸收，成爲其籠絡中原人群的一種方式。這樣的祭祀由皇室成員舉行，皇帝也經常參與，這樣的祭祀主要包括對歷代朝廷先王的祭祀以及對“孔聖”和文廟的祭祀。祭祀歷代先王，能夠向人民證明清朝政權的合法性，而祭祀孔子以及炎帝、關帝等，則説明清代統治者借此彰顯對中原道統的繼承，體現了對忠義、孝行及儒家道德的認同和利用，反映了清朝統治者對於“中國”的認同。然而清朝在傳承和利用中土文化資源的時候，並沒有拋棄自身的滿族特性。因此，滿族入主中原後的統治，不能用簡單的“同化”來概括，而宜採取吸收和利用的説法。研究清代祭祀先王祭孔子、文廟、關帝等的，通常會關注祭祀的時間、儀式、文字記録等，對於深入了解清

---

① 崔迪曖：《清代廣府民系喪葬儀式研究》，曲阜師範大學碩士學位論文，2013 年。

代皇家祭祀很有價值。①

清代薩滿祭祀禮儀，也屬於清代皇家祭祀的重要組成部分，是眾多學者關注的對象。學者關注清代宫廷薩滿祭祀禮儀的文獻、典章制度、儀式用物等，一些學者詳細挖掘並展示了清代宫廷薩滿祭祀的場所、時間、神祇及神祠、器具等方面，② 説明清代宫廷在吸收漢文化的過程中，注重保存自身民族特色的思維，體現了清代皇室大力保存和保護薩滿教文化的目的非常明顯。

冷冰《薩滿教與清朝宫廷禮儀制度》則更多關注薩滿教與清宫禮制，指出了滿族宗教信仰中的薩滿教因素，並分析宫廷祭祀中的堂子祭祀、坤寧宫祭祀中位置和形制、功能與器用及祭祀活動等因素。同時，作者還從清帝大婚和喪俗兩方面分析了清代宫廷婚喪禮儀中的薩滿教因素。③

除了綜合性的研究之外，還有學者研究了薩滿教與滿洲旗人社會的關係，甚至對薩滿祭祀神杆作了考辨，相關學者包括杜家驥、閻崇年、姜小莉等人。④

皇家祭祀(中央祭祀)禮儀之外，清代祭祀禮儀的研究，基本可分三類：一是關於地方祭祀禮制的研究；二是關於某種祭祀類型的專門考察，

① 徐潔：《清代祭祀文化與“中國”認同》，《黑龍江社會科學》2017年第2期。

② 馬穎：《清代宫廷薩滿祭祀禮儀文獻研究》，東北師範大學碩士學位論文，2012年。此文利用乾隆年間編纂的《滿洲祭神祭天典禮》，同時借助《大清會典事例・堂子規制》《八旗通志・典禮》《國朝宫史・典禮》《清史稿》《清稗類鈔》《養吉齋叢録》等文獻，研究清代宫廷薩滿的祭祀場所、時間、神祇及神祠、器具等方面。此文還回顧了現階段薩滿研究現狀，展示了富育光、宋和平、姜相順、劉厚生等國内學者和尼幹拉兹、希洛科戈羅夫等國際學者的研究，具有總彙前人研究的價值。

③ 冷冰：《薩滿教與清朝宫廷禮儀制度》，陝西師範大學碩士學位論文，2010年。

④ 姜小莉：《清代滿族薩滿教研究》，東北師範大學博士學位論文，2008年。黄嵐、任蕾：《清代滿族薩滿教祭祀風俗研究》，《耕耘録：吉林省博物館學術文集(2003—2010)》，吉林人民出版社2010年版，第335~240頁。王洋：《清代宫廷的薩滿祭祀》，《春草集——吉林省博物館協會第一届學術研討會論文集》，吉林人民出版社2011年版，第737~739頁。孫良潋、周琍：《清代宫廷薩滿祭祀禮儀探微》，《蘭臺世界》2014年第31期。閻崇年：《清代宫廷與薩滿文化》，《故宫博物院院刊》1993年第2期。閻崇年：《滿洲神杆及祀神考源》，《歷史檔案》1993年第3期。張傑：《清代滿族薩滿教祭祀神杆新考》，《社會科學輯刊》2003年第5期。姜小莉：《薩滿教與清代滿洲旗人社會》，《社會科學戰線》2017年第10期。杜家驥：《從清代的宫中祭祀和堂子祭祀看薩滿教》，《滿族研究》1990年第1期。

如海洋神、山川神、地方神祇等；三是關於祭祀儀式的考察，如規格、禮器等。

第一類，地方祭祀禮制研究。清代這樣的材料很多，研究也很充分，涉及的地方很多。例如，對於北京的祭祀系統，有姜小莉《清代京畿地區滿族民間薩滿教祭祀考析》、① 姚安《清代北京祭壇建築與祭祀研究》②。關於關中地區祭祀系統的興衰，有淩富亞《明清以降關中祭祀系統興衰與社會互動(1368—1949)》③。關於徽州祖先祭祀的研究尤其豐富，如何巧雲《清代徽州祭祖研究》和《清代徽州祠堂的祭祀活動》，以及江慧萍、詹海波等人的研究。④ 關於陝南地方祭祀，有龔鵬《清至民國陝南地方祭祀專題研究》。⑤ 關於青海神祭祀，有杜黨軍、王希隆《關於清代祭祀青海神制度的兩個問題》。⑥ 關於河南的書院祭祀，有于曉紅《清代河南書院祭祀研究》。⑦ 關於廣西的伏波廟祭祀，有滕蘭花《清代廣西伏波廟地理分佈與伏波祭祀圈探析》。⑧ 關於四川地區的，有林移剛《清代四川民間信仰地理研究》。⑨ 關於湖北荆州的城防祭祀，有盧川《清代荆州城市祭祀空間考察》。⑩ 關於蘇州地區的，有孫斌《試析神明祭祀與清代行會活動的互動與影響——以蘇州地區碑刻史料爲視角》。⑪ 關於地方

① 姜小莉：《清代京畿地區滿族民間薩滿教祭祀考析》，《史學月刊》2008年第4期。

② 姚安：《清代北京祭壇建築與祭祀研究》，中央民族大學博士學位論文，2005年。

③ 淩富亞：《明清以降關中祭祀系統興衰與社會互動(1368—1949)》，陝西師範大學博士學位論文，2016年。

④ 何巧雲：《清代徽州祭祖研究》，安徽大學博士學位論文，2010年；《清代徽州祠堂的祭祀活動》，《尋根》2016年第1期。江慧萍：《明清時期徽州宗族祠祭研究》，安徽大學碩士學位論文，2014年。

⑤ 龔鵬：《清至民國陝南地方祭祀專題研究》，陝西師範大學碩士學位論文，2016年。

⑥ 杜黨軍、王希隆：《關於清代祭祀青海神制度的兩個問題》，《中南民族大學學報》(人文社會科學版)2010年第4期。

⑦ 于曉紅：《清代河南書院祭祀研究》，貴州大學碩士學位論文，2016年。

⑧ 滕蘭花：《清代廣西伏波廟地理分佈與伏波祭祀圈探析》，《廣西民族學院學報》(哲學社會科學版)2006年第4期。

⑨ 林移剛：《清代四川民間信仰地理研究》，西南大學博士學位論文，2013年。

⑩ 盧川：《清代荆州城市祭祀空間考察》，《江漢大學學報》(人文科學版)2012年第1期。

⑪ 孫斌：《試析神明祭祀與清代行會活動的互動與影響——以蘇州地區碑刻史料爲視角》，《蘇州教育學院學報》2015年第3期。

祭祀的理論總結，有歲有生《清代州縣的祭祀經費》。① 王健研究了清代地方祭祀，他認爲，首先，清代地方私祀、淫祀很多，又因爲處於社會中下層，所以，地方士紳不會像大儒那樣對於儒家經典《禮記》等尊奉無違，而是更多地結合實際，從自身利益出發，允許祠祀有一定的變通空間，這成爲一種在大的國家意識形態之外生存的小的地方信仰。這樣的情況很普遍，反映了清代統治權力的尺度。②

第二類，專門祭祀研究。包括山川、海洋、土地、日月、四時、聖賢等。

山嶽祭祀。首先是五嶽的祭祀。五嶽祭祀源自儒家經典，具有重要的象徵意義。清代延續前代的五嶽祭祀傳統，但是作出了一個重大調整，即將北嶽之祀向更北方推移，超越前朝北嶽恒山的範圍，而至於渾源，從而將清朝"龍興之地"也納入傳統的五嶽範圍之内，這體現了政治權力對於原本以經學爲中心的祭祀禮制的調整，反映出官方思想的影響。③ 與之相似的，是陳鵬《清代醫巫閭山祭祀考略》。今遼寧境内的醫巫閭山，是中國古代五大鎮山之北鎮，隋代建廟設主後歷代皆有封祀。清代此山神深受朝廷推崇，享有皇帝親祭之禮，地位一度堪比五嶽。清帝對其高度推崇，根本目的在於强化自身統治。④ 此外，研究清代山川祭祀的學者還關注泰山碧霞元君祭祀、新疆地區官方神山祭祀等，同類型的研究應當還有許多，在此不一一列舉。⑤

水神、海洋祭祀。研究清代水神祭祀的，主要是地方性的研究。如關於山西的水神祭祀，有李峻傑《逝去的水神世界——清代山西水神祭祀的類型與地域分佈》。⑥ 關於媽祖信仰，有鄭麗航《宋至清代國家祭祀體系中的媽祖綜考》、⑦ 楊永占《清代對媽祖的敕封與祭祀》、⑧ 鄭麗航《清代國家祭祀體系中

---

① 歲有生：《清代州縣的祭祀經費》，《中國社會經濟史研究》2009 年第 3 期。

② 王健：《祀典、私祀和淫祀：明清以來蘇州地區民間信仰研究》，《史林》2003 年第 1 期；《明清江南士紳的祠祀觀念：以蘇松爲中心的考察》，《傳統中國研究集刊》第 2 輯，上海人民出版社 2006 年版，第 61~74 頁。

③ 牛敬飛：《古代五嶽祭祀演變考論》，中華書局 2020 年版。

④ 陳鵬：《清代醫巫閭山祭祀考略》，《佳木斯大學社會科學學報》2018 年第 3 期。

⑤ 周郢：《泰山碧霞元君祭：從民間祭祀到國家祭祀——以清代"四月十八日遣祭"爲中心》，《民俗研究》2012 年第 5 期。李大海：《清代新疆地區官主山川祭祀研究》，《西域研究》2007 年第 1 期。

⑥ 李峻傑：《逝去的水神世界——清代山西水神祭祀的類型與地域分佈》，《民俗研究》2013 年第 2 期。

⑦ 鄭麗航：《宋至清代國家祭祀體系中的媽祖綜考》，《世界宗教研究》2010 年第 2 期。

⑧ 楊永占：《清代對媽祖的敕封與祭祀》，《歷史檔案》1994 年第 4 期。

的天后考述》①，等等。關於媽祖信仰的討論尤其豐富，兹不贅述。

各地的地方專神祭祀。例如，濟南的杜甫祭祀、豫北的城隍祭祀、佛山北帝祭祀、贛南農耕祭祀，等等。② 之所以會有如此衆多的關於清代地方祭祀研究出現，與清史學界盛行的區域研究分不開。清代各地區在經濟、社會的差異很大，其信仰、禮制等諸多方面也差異頗大，區域性、專題性禮制研究在所必然。可以想見，未來對於清代禮制的研究，類似成果將會更多。

孔廟和文廟祭祀。整體性的研究，有孔祥林《釋奠禮的發展》。③ 關於長沙地區和湖南文廟祭祀的嬗變及特點，有龐毅《延續、更新與斷裂：清代以來長沙官方祭祀的嬗變及特點》、羅明《湖南清代文教建築研究》。④ 關於湖北地區書院祭祀的，有蔡志榮、王瑜《清代湖北書院的祭祀特點及意義》。⑤ 關於蒙古地區的文廟系統，有梅花《從清代歸化城副都統衙門與民國檔案爲主看土默特文廟及其祭祀制度》。⑥ 專論石鼓書院的有吳小珍《清代石鼓書院式微原因探析——以書院祭祀變遷爲視角》。⑦

城隍神和都城祭祀格局。李福敏《清宫内城隍廟的建置與城隍祀典》研究

---

① 鄭麗航：《清代國家祭祀體系中的天后考述》，《海南大學學報》(人文社會科學版)2009 年第 5 期。

② 趙晨：《清代中期濟南詩社鷗社及其祭祀杜甫活動初探》，《菏澤學院學報》2018 年第 1 期。孟慧英：《清代宫廷祭祀的佛立佛多鄂謨錫媽媽》，《滿族研究》2007 年第 3 期。單磊：《城隍神與土地神祭祀在清代豫北地區的争奪》，《河南教育學院學報》(哲學社會科學版)2014 年第 5 期。朱晶：《清代贛南農耕祭祀文化研究》，《重慶第二師範學院學報》2017 年第 5 期。申小紅：《從"春秋諭祭"到民間"醮儀"：明清佛山北帝祭祀儀式探析》，《廣州文博(伍)》，文物出版社 2012 年版，第 101~115 頁。申小紅：《官祀的濫觴與民祀的在場——明清佛山祖廟北帝誕祭祀儀式探析》，《廣州文博(柒)》，文物出版社 2013 年版，第 87~98 頁。

③ 孔祥林：《釋奠禮的發展》，《孔廟國子監論叢(2014 年)》，中國社會科學出版社 2014 年版，第 3~17 頁。

④ 龐毅：《延續、更新與斷裂：清代以來長沙官方祭祀的嬗變及特點》，《清史論叢》2015 年第 2 輯，社會科學文獻出版社 2015 年版。羅明：《湖南清代文教建築研究》，湖南大學博士學位論文，2014 年。

⑤ 蔡志榮、王瑜：《清代湖北書院的祭祀特點及意義》，《教育評論》2009 年第 1 期。

⑥ 梅花：《從清代歸化城副都統衙門與民國檔案爲主看土默特文廟及其祭祀制度》，《内蒙古師範大學學報》(哲學社會科學版)2013 年第 1 期。

⑦ 吳小珍：《清代石鼓書院式微原因探析——以書院祭祀變遷爲視角》，《南華大學學報》(社會科學版)2015 年第 4 期。

自中古以來的城隍神祭祀，① 褚安東《清代都城壇廟格局演變體系研究》，研究了清代都城壇廟格局和祭祀地點②。這些都是此前的老舊問題，近年又有新的進展。

對其他神靈的祭祀。專門研究太廟祭祀的，有李中路《清代太廟與祭祀》、③ 張小李《清代皇帝原廟制度初探》和《清代太廟祭祀禮儀略論》④等。黃愛平《清代的炎帝祭祀及其文化内涵》，則研究清廷的先代帝王祭祀。⑤ 老淵《清代祈求農業豐收的祭祀活動》，則是關於清代農神的祭祀研究。⑥

第三類，關於祭祀儀式的考察。禮需要通過實際的儀式來表達，研究清代祭祀禮儀，對於儀式本身的描述和分析不可缺少。這方面研究，又可分爲朝廷禮儀和地方禮儀兩個層次。由於地方祭祀的研究太多太細，例如僅僅關於各地的王府祭祀，就有較多論述。⑦ 以下僅對朝廷祭祀儀式的研究稍加綜述。

束霞平《清代皇家儀仗研究》一文主要從藝術設計理論方面介紹清代皇家儀仗的制度、用具和審美趣味，但同時該文介紹了清代儀仗研究方面的文獻古籍和現代研究成果。除了文字資料之外，還包括眾多圖畫資料，對於研究清代皇家儀仗有極其重要的意義。現代的研究成果中，包括儀仗用具、制度等都有豐富的研究。由於是一篇藝術學論文，該文除了對大量文獻的搜集和分析之外，還考察了眾多實物。圍繞皇帝儀仗和皇家禮儀，探討其變化及影響因素和發展軌跡。並從儀仗服飾、車輿、鹵簿和儀仗樂器等方面，論述清代皇家儀仗用具的歷史沿革及裝飾藝術特徵。在此基礎上，作者分析了清代皇家儀仗的歷史意義與藝術價值。⑧作者還有關清代皇家儀仗音樂制度和祭祀樂器配置的文

---

① 李福敏：《清宮内城隍廟的建置與城隍祀典》，《瀋陽故宮博物院院刊》第十輯，現代出版社 2011 年版。

② 褚安東：《清代都城壇廟格局演變體系研究》，天津大學碩士學位論文，2014 年。

③ 李中路：《清代太廟與祭祀》，《紫禁城》2006 年第 1 期。

④ 張小李：《清代皇帝原廟制度初探》，《故宮學刊》第 13 輯，故宮出版社 2015 年版；《清代太廟祭祀禮儀略論》，《明清論叢》第 16 輯，故宮出版社 2016 年版。

⑤ 黃愛平：《清代的炎帝祭祀及其文化内涵》，《理論學刊》2009 年第 6 期。

⑥ 老淵：《清代祈求農業豐收的祭祀活動》，《農業考古》1994 年第 1 期。

⑦ 彭林：《論清代王府祭祀制度中的中原文化因素》，《清代王府及王府文化國際學術研討會論文集》，文化藝術出版社 2006 年版，第 251～257 頁。苑洪琪：《清代宮廷祭祀對王府的影響》，《清代王府及王府文化國際學術研討會論文集》，文化藝術出版社 2006 年版，第 16～21 頁。

⑧ 束霞平：《清代皇家儀仗研究》，蘇州大學博士學位論文，2011 年。

章，可謂是其博士學位論文的拓展和補充。① 另外，束霞平、張蓓蓓《從〈穿戴檔〉論清代皇帝祭祀用儀仗服飾》，主要關注清代皇帝的祭祀服飾，指出了所用服飾的服色、種類等和其中所蘊含的等級和禮制，補充了對於清代服飾禮制的認識。② 還有學者依據《皇朝禮器圖式》及《大清會典圖》，並參考《清史稿》等文獻，説明清宫外來樂器的性質、音色、來源及其與禮制的關係等，補充了清代禮樂的整體圖景。③對於清代皇室的祭祀用器，例如天壇祭器、皇帝祭祀的儀仗和服飾、祭祀飲食和用香、清宫祭祀用瓷及其顔色，等等，研究成果都比較豐富。④

最近又出現了一些關於清代禮器的研究成果，值得關注。2019 年 8 月 22 日至 23 日，臺灣"中研院"近代史研究所、臺灣大學藝術史研究所與香港中文大學文物館，合辦了《皇朝禮器圖式》國際學術研討會，該會集中研究清代宫廷的禮器和相關禮制問題，部分成果後來陸續在 2020 年臺灣《故宫學術季刊》第 37 卷以專號形式出版。例如，陳芳妹《雍正帝贈送曲阜孔廟的祭器——畫琺瑯五供與銅簠簋》、⑤ 賴毓芝《"圖"與禮：〈皇朝禮器圖式〉的成立

---

① 束霞平：《清代皇家儀仗祭祀樂的樂器配置》，《蘇州工藝美術職業技術學院學報》2011 年第 1 期。

② 束霞平、張蓓蓓：《從〈穿戴檔〉論清代皇帝祭祀用儀仗服飾》，《絲綢》2011 年第 6 期。

③ 饒文心：《清代宫廷禮樂中的外來樂器闡釋》，《音樂研究》2009 年第 3 期。

④ 這樣的文章很多，如王恩銘：《淺談清代皇家之藏——天壇祭祀禮器》，《清宫史研究》第十一輯，文化藝術出版社 2013 年版，第 529～535 頁；宋文：《從坤寧宫的變化看清代統治者的滿族堅守與多元文化認同》，中國社會科學院研究生院碩士學位論文，2015 年；温顯貴：《清代宫廷祭祀樂探微》，《雲南藝術學院學報》2004 年第 1 期；王秀玲：《清代的陵寢祭祀及其意義》，《内蒙古工業大學學報》（社會科學版）2017 年第 1 期；熊勇：《談清代宫廷祭祀禮儀與顔色釉瓷的興盛》，《景德鎮陶瓷》2012 年第 3 期；張珂：《清代坤寧宫祭祀音樂考》，《歌海》2017 年第 5 期；方國華：《清代東陵祭祀品物考》，鄒愛蓮主編：《清代檔案與清宫文化——第九届清宫史研討會論文集》，中國檔案出版社 2010 年版，第 606～617 頁；王釗：《衆神之饗——以〈嘉産薦馨〉爲中心探究清代滿族薩滿祭祀用香》，《滿族研究》2017 年第 4 期；陸海英：《關於清昭陵建築等若干問題的研究》，《瀋陽故宫博物院院刊》第十輯，現代出版社 2011 年版；樊志斌：《清末旗人的祭祀與换索禮節》，《北京民俗論叢》第三輯，學苑出版社 2015 年版，第 105～112 頁；陸明華：《明清皇家瓷質祭器研究》，《上海博物館集刊》第五期，上海古籍出版社 1990 年版，第 139～149 頁。

⑤ 陳芳妹：《雍正帝贈送曲阜孔廟的祭器——畫琺瑯五供與銅簠簋》，臺灣《故宫學術季刊》第 37 卷第 1 期，2020 年。

及其影響》、① 吳曉筠《孔廟與乾隆朝祭器的設置》、② 郭福祥《〈皇朝禮器圖式〉編纂與乾隆朝科學儀器的禮制化》、③ 余慧君：《遵律度於無疆：〈皇朝禮器圖式〉樂器卷研究》、④ 施静菲《從"器"到"禮"的實踐：乾隆朝〈皇朝禮器圖式〉中的祭器》、⑤ 姚進莊（Josh Yiu）Wugong and State Rites（《五供與國家祭儀》）、⑥ 林士鉉《〈皇朝禮器圖式〉的滿蒙西域西洋等因素探究》⑦，等等。

三、封禪

明清兩代帝王都没有封神泰山，這是因爲泰山不再是獲得皇權合法性的唯一必要途徑。但是據研究，泰山祭祀仍未中輟，只是越來越世俗化。清代順康雍乾諸帝都曾親祭或派人祭祀泰山，帝王南巡時，途經泰山，更是必有致祭。湯貴仁著作《泰山封禪與祭祀》、何平立《巡狩與封禪：封建政治的文化軌跡》中便有相關章節論及。⑧

常建華認爲，泰山祭祀在清代仍有重要意義。康熙帝一生六次南巡，其首次南巡完成於康熙二十三年（1684 年），並非爲了治河。而是先有東巡泰山，才順道南下視察河工，形成南巡。該年清朝完成了國家統一，又適逢甲子，其致祭泰山是對《尚書》中聖王巡狩泰山禮制的仿效，具有安撫江南士人，緩和民族矛盾，兼及瞭解民俗整治、視察河工的目的。這一年堪稱清代歷史的"新紀元"。⑨

---

① 賴毓芝：《"圖"與禮：〈皇朝禮器圖式〉的成立及其影響》，臺灣《故宫學術季刊》第 37 卷第 2 期，2020 年。

② 吳曉筠：《孔廟與乾隆朝祭器的設置》，臺灣《故宫學術季刊》第 37 卷第 2 期，2020 年。

③ 郭福祥：《〈皇朝禮器圖式〉編纂與乾隆朝科學儀器的禮制化》，臺灣《故宫學術季刊》第 37 卷第 3 期，2020 年。

④ 余慧君：《遵律度於無疆：〈皇朝禮器圖式〉樂器卷研究》，臺灣《故宫學術季刊》第 37 卷第 3 期，2020 年。

⑤ 施静菲：《從"器"到"禮"的實踐：乾隆朝〈皇朝禮器圖式〉中的祭器》，臺灣《故宫學術季刊》第 37 卷第 4 期，2020 年。

⑥ Josh Yiu：Wugong and State Rites，臺灣《故宫學術季刊》第 37 卷第 4 期，2020 年。

⑦ 林士鉉：《〈皇朝禮器圖式〉的滿蒙西域西洋等因素探究》，臺灣《故宫學術季刊》第 37 卷第 4 期，2020 年。

⑧ 湯貴仁：《泰山封禪與祭祀》，齊魯書社 2003 年版。何平立：《巡狩與封禪：封建政治的文化軌跡》，齊魯書社 2003 年版。

⑨ 常建華：《新紀元：康熙帝首次南巡起因泰山巡狩説》，《文史哲》2010 年第 2 期。

雖然泰山不再是封禪的物件，但有學者認爲，東北的長白山卻在滿族人心目中起到封禪聖地的作用。李自然以三篇文章探討了清代的長白山祭祀。在其《清代統治者祭祀長白山的實質是封禪》一文中，作者首先介紹了中國歷代進行的封禪活動，接着提出了清朝祭祀長白山的重要時間節點和原因。① 作者指出，清政府於順治二年(1645 年)開始將長白山寫入清朝祫祭禮樂之中，但在此後一年恢復的對泰山等五嶽五鎮的祭祀活動時，並没有順勢將長白山也納入其中。甚至在康熙十六年(1677 年)以前，清代統治者根本没有封禪長白山的意思。直到三藩之亂爆發後，清廷意識到局勢的危急，並認爲此與對“龍興之地”的長白山的冷落有關，從而開始考慮將其納入祭祀等事務中。康熙帝派人考察長白山，並得到適於祀典的結論。此後按照明代封五嶽之禮對長白山進行了祭祀。到雍正十一年，長白山望祭活動走上正軌。由於清朝統治者親自祭祀長白山的活動常與其關外祭祖活動一併進行，因此，國內一些學者徑將其歸入祖先崇拜的行爲，否認其爲封禪。該文則認爲清代統治者祭祀長白山就是封禪。其理由爲清朝祭祀長白山與祭祀祖先分離，二者的文化功能亦有差異，且歷史文獻中長白山祭祀參與者的記録，在作者看來同樣也反映出封禪的特點。

此後，作者在視清代長白山祭祀爲封禪的基礎上，著文對長白山封禪的特點及其對滿族社會文化的影響作了探討，深化了對此問題的認知。但卻在後面的文章中提出，至清代“封禪”定義已十分寬泛，因此清代統治者只是效仿明代而對其故鄉的長白山進行祭祀。如此則顯得此前的文章有些“小題大做”了。② 該文還指出，越是早期的皇帝越重視長白山封禪，越是後來的皇帝對此事越不關心。另外，早期長白山祭祀尚帶有滿族野祭的遺風，也是值得注意的滿族特點之一。該文説明從文化變遷的角度看，無論是自然同化，還是强制同化，都只是一種文化涵化的觀點。對於仍認爲清朝被漢文化同化的研究者，具有啓發意義。作者還著文探討長白山封禪對滿族社會文化的影響，只是其中大部分内容沿襲舊文，創見不多。③

---

① 李自然：《清代統治者祭祀長白山的實質是封禪》，《中央民族大學學報》(哲學社會科學版)1999 年第 3 期。

② 李自然：《試談清代的長白山封禪及其特點》，《内蒙古工業大學學報》(社會科學版)2000 年第 1 期。

③ 李自然：《清代長白山封禪及其對滿族社會文化的影響》，《内蒙古社會科學》(漢文版)2000 年第 4 期。

四、朝貢

朝貢制度在中國有長久的歷史。相關研究已見前章，李雲泉《明清朝貢制度研究》對明代以前的朝貢制度已作了充分的梳理，包括其起源和發展、一般形態特徵、明與清前期(1840 年以前)朝貢制度趨於縝密完善的表現形式，及其在中外交往中的作用、朝貢制度的理論來源和禮儀原則等。① 這對研究清代朝貢體系提供了便利。

明清朝貢體系的研究，戚文闖《明清朝貢體系述評》已有述評。② 目前研究大致分爲兩種類型：一是關於明清時期朝貢體系的内涵、構成研究，如朝貢的一般程式、管理機構、朝貢禮儀等；二是在朝貢體系之下中國與朝貢國之間朝貢關係的研究，涉及朝貢貿易、中外關係等具體内容，尤其是對明清時期中國與朝鮮、日本、琉球、越南等國的朝貢關係著述頗多。本小節即主要從這兩個方面出發做綜述，這樣條理更爲清晰。

1. 中國學者關於清代朝貢體系的研究

清代朝貢體系包括朝貢事務的管理機構，朝貢制度中對貢期、貢道和貢物的一般性規定以及朝貢文書、伴送貢使、貢使館舍制度、屬國王印、御扁、樂舞制度等方面，這些領域都有學者作專門的研究。③ 學者們對於朝貢體系的關注，主要包括朝貢國家、朝貢時間、路線等，此外也有部分關注朝貢文書以及朝貢思想的，其中又以研究越南、琉球、朝鮮的朝貢歷史爲主，朝貢體系所體現出來的禮儀觀念和禮儀儀式的專門研究，相對來説很少。④

研究明清兩朝對外政策的演變、涉外體制、中外貿易以及其間影響中外關係發展的幾宗大事件，深化了研究的深度。⑤ 何新華《最後的天朝：清代朝貢制度研究》認爲，“清代朝貢管理機構由禮部和理藩院兩個系統所屬的相關機

---

① 李雲泉：《明清朝貢制度研究》，暨南大學博士學位論文，2003 年。

② 戚文闖：《明清朝貢體系述評》，《重慶社會科學》2016 年第 1 期。

③ 何新華：《最後的天朝：清代朝貢制度研究》，人民出版社 2012 年版。程妮娜：《古代東北民族朝貢制度史》，中華書局 2016 年版。

④ 清代朝貢體系研究著作包括石元蒙：《明清朝貢體制的兩種實踐：1840 年以前》，知識産權出版社 2015 年版；何新華：《清代朝貢文書研究》，中山大學出版社 2016 年版；何新華：《清代朝貢制度研究》，中國書籍出版社 2020 年版；王晨光：《明清中越交通與越使朝貢問題研究》，巴蜀書社 2017 年版等。

⑤ 陳尚勝：《閉關與開放：中國封建晚期對外關係研究》，山東人民出版社 1993 年版。

構組成，具有二元外交的特徵，一定程度上突破了僵硬的、一元化的傳統朝貢管理機制，容納了中亞、俄羅斯等異質國家，舒緩了 16 世紀以來世界大變局對中國的衝擊，也爲近代中國外交制度的轉型積累了經驗”①。此外，何新華還著有《清代貢物制度研究》，對清代貢物制度體系，包括中國各地、各級，海外朝貢國等的進貢方式、定例、種類、名目、數額、徵收辦法、用途及處理流程等進行了詳細梳理論述，是關於清朝的進貢物品與貢物制度的一部大全式著作。② 李雲泉《萬邦來朝：朝貢制度史論》一書對於古代東亞地區中國主導下的朝貢體系作了一個全景式的描述，尤詳於明清時期，主要是關於朝貢制度的內涵、構成的研究。③ 作者重點論述了明清時期朝貢體系的朝貢國、貢道、貢期、朝貢規模、回賜、册封和朝貢的管理機構、理論基礎等內容。陳尚勝在新著《中國傳統對外關係研究》一書中集結了其已發表的關於鴉片戰争前的中外關係的相關論文，主要是關於明清時期的朝貢制度和朝貢貿易的，如鄭和下西洋與東南亞華夷秩序的構建、清代前期朝貢體系的基本特徵、明清海外貿易政策比較論等。④

朝貢體系作爲東亞區域性的國際秩序，中國又處於這一體系的中心位置，香港、臺灣學者也十分重視對朝貢體系的研究。自 1992 年以來，香港學者黄枝連陸續出版了三本關於“天朝禮治體系”的研究性著作，約 140 萬字，主要是從文化的視角來建構和探討古代中國的朝貢關係，可以説是迄今爲止國內學界關於古代朝貢體系最有影響的理論研究成果。黄枝連認爲：“在十九世紀以前，即西方文化、西方國家、西方殖民帝國主義興起之前，這裏有一個突出的區域秩序，是以中國封建王朝（所謂‘天朝’）爲中心而以禮儀、禮義、禮治及禮治主義爲其運作形式；對中國和它的周邊國家（地區）之間、周邊國家之間的雙邊和多邊關係，起着維繫與穩定的作用，故稱之爲‘天朝禮治體系’。”⑤ 在其上卷中主要論述了“天朝禮制體系”下的鄭和下西洋，中國與朝鮮、琉球朝貢關係，最後論及日本以倭寇和豐臣秀吉的侵襲方式，對中國爲中心的“天朝禮制體系”所作的挑戰。中卷和下卷則對朝鮮進行了個案研究，詳細論述了朝鮮與明清兩朝朝貢關係的確立和發展過程，尤其關注朝貢關係建立的文化因

① 何新華：《最後的天朝：清代朝貢制度研究》，人民出版社 2012 年版，第 5 頁。
② 何新華：《清代貢物制度研究》，社會科學文獻出版社 2012 年版。
③ 李雲泉：《萬邦來朝：朝貢制度史論》（修訂版），新華出版社 2014 年版。
④ 陳尚勝：《中國傳統對外關係研究》，中華書局 2015 年版。
⑤ 黄枝連：《天朝禮治體系研究（上卷）》，中國人民大學出版社 1992 年版，第 2 頁。

素。黄枝連的上述研究在國内外學界引起强烈反響，其所創立的“天朝禮治體系”的概念也逐漸得到國内外學界的接受和利用。

臺灣學者張存武在其所著《清代中韓關係論文集》中論述了清朝時期中國與朝鮮之間朝貢關係確立的過程，並對清軍入關前，清太宗兩次出兵朝鮮迫使其臣服朝貢作了細緻的考證，也對清朝與朝鮮的封貢制度作了分析。① 此外，高明士、張啓雄等臺灣學者則從東亞文化圈、中琉朝貢關係等角度對明清朝貢體系作了研究。

以上是從清朝内部展開的研究，有關朝貢國研究或者説研究重點在於清朝與他國關係的論著，也相當豐富。例如，高偉濃《走向近世的中國與“朝貢”國關係》，從總體上研究清朝的朝貢國，具有宏觀把握的意義，其中也提出了其他學者研究較多的朝鮮、琉球、越南等國家與清朝的朝貢關係。此書分上下篇，論述時間斷限從清朝建立至 1894 年中日甲午戰争。② 上篇主要論述了清朝與周邊朝貢國之間的關係，尤詳於東南亞的國家，如越南、緬甸、南掌(老撾)、蘇禄等國，而不涉及中外關係史的其他方面；下篇則主要是關於近代以來清朝爲維護與朝鮮的宗藩關係所展開的外交交涉。付百臣《中朝歷代朝貢制度研究》主要論述了隋唐至晚清中朝之間的朝貢關係從建立到瓦解的過程，其中的明清時期是與李氏朝鮮朝貢關係確立和瓦解時期，主要涉及明清兩朝與李氏朝鮮朝貢關係中的貿易活動、册封回賜、組織管理機構等内容。③ 作者對朝鮮與東亞、東南亞其他朝貢國和朝鮮與中國的朝貢關係作了比較，以更加突出中朝朝貢關係在中外關係中的地位和作用。郝祥滿《朝貢體系的建構與解構：另眼相看中日關係史》將中日關係史放入以中國爲中心所建立起來的朝貢體系中來考察，日本從中度過了求封、受封到拒封，到最後 1895 年甲午戰争後打破這種朝貢體系的過程，明清時期也是日本遊離於朝貢體系之外到最後完全擺脱該體系的一個重要時期。④ 謝必震《明清中琉航海貿易研究》論述了明清時期中琉之間航海貿易，主要涉及中琉朝貢貿易確立的歷史背景、發展直至衰亡過程、中琉貿易對中國和琉球的影響及其歷史地位等内容。⑤ 孫宏年《清代中越關係研究(1644—1885)》主要論述了 1644 年至 1885 年之間中越宗藩關係的

---

① 張存武：《清代中韓關係論文集》，臺灣“商務印書館”1987 年版。

② 高偉濃：《走向近世的中國與“朝貢”國關係》，廣東高等教育出版社 1993 年版。

③ 付百臣：《中朝歷代朝貢制度研究》，吉林人民出版社 2008 年版。

④ 郝祥滿：《朝貢體系的建構與解構：另眼相看中日關係史》，湖北人民出版社 2007 年版。

⑤ 謝必震：《明清中琉航海貿易研究》，海洋出版社 2004 年版。

演變，包括政治、外交上的宗藩往來及朝貢、民間貿易往來、邊界交涉、海難互助、邊境事件以及華僑、入華越僑、文化科技交流等諸多方面。①

此外，關於明清時期海外貿易研究的代表性著作，有李金明《明代海外貿易史》、萬明《中國融入世界的步履：明與清前期對外政策比較研究》、鄭永常《來自海洋的挑戰：明代海貿政策演變研究》、晁中辰《明代海禁與海外貿易》、李慶新《明代海外貿易制度》、張曉堂《清朝對外貿易法制研究》等，雖名爲海外貿易，但由於明清兩朝長期實行海禁政策，與海外諸國的民間貿易被禁止，只保留官方性質的朝貢貿易，故這些著作中很大部分是關於明清朝貢貿易的論述。②

關於朝貢貿易的代表論文也有不少。首先是從明清中央王朝角度出發的研究，例如，何平利在《明初朝貢制度析論》中分析了明朝初期統治者建立朝貢體系的原因，認爲明朝主要是從政治目的出發，而海外各國朝貢中國主要是從經濟利益着眼。此外，他還認爲朝貢貿易只是爲了適應封建政治要求而存在的一種逆經濟規律的病態貿易，其存在與發展便嚴重影響了明朝社會經濟的發展，並對於我國明清以來社會經濟落後局面的形成是一個十分重要的因素。③李雲泉《再論清代朝貢體制》一文認爲清代初期傳統意義上的"厚往薄來"不具有實證意義，朝貢體制的本質屬性是政治關係，而非貿易關係，清代的朝貢禮儀具有象徵性的特點。④ 作者將清代的朝貢關係分爲三類：一是典型的朝貢關係，屬於這類朝貢關係的有朝鮮、琉球、安南；二是一般性的朝貢關係，南掌、暹羅、蘇祿、緬甸等國屬於這類朝貢關係；三是名義上的朝貢關係，荷蘭、葡萄牙、西班牙等國處於對華貿易的需要，偶有遣使清廷之舉。祁美琴《對清代朝貢體制地位的再認識》一文，比較了明清朝貢體制間的異同和論述了朝貢體制與朝貢貿易體制的不同，並認爲"明朝是朝貢貿易的極盛時期，清

---

① 孫宏年：《清代中越關係研究(1644—1885)》，黑龍江教育出版社 2014 年版。

② 李金明：《明代海外貿易史》，中國社會科學出版社 1990 年版。萬明：《中國融入世界的步履：明與清前期對外政策比較研究》，社會科學文獻出版社 2000 年版。鄭永常：《來自海洋的挑戰：明代海貿政策演變研究》，臺灣稻鄉出版社 2004 年版。晁中辰：《明代海禁與海外貿易》，人民出版社 2005 年版。李慶新：《明代海外貿易制度》，社會科學文獻出版社 2007 年版。張曉堂：《清朝對外貿易法制研究》，對外經濟貿易大學出版社 2011 年版。

③ 何平利：《明初朝貢制度析論》，《學術界》1988 年第 4 期。

④ 李雲泉：《再論清代朝貢體制》，《山東師範大學學報》(人文社會科學版)2011 年第 5 期。

朝則是衰落時期，清代朝貢關係的實質是政治，而非貿易”①。陳尚勝《朝貢制度與東亞地區傳統國際秩序——以16—19世紀的明清王朝爲中心》，論述了中國與朝鮮、日本、琉球、越南朝貢關係的發展演變，認爲中國封建王朝與東亞鄰國政治關係的主要模式是“册封—朝貢關係”，簡稱爲“封貢體系”。而封貢關係的要義則是“事大”與“字小”原則，即“所謂‘事大’，是對朝貢方(屬國)而言，它應該臣服於‘大國’(上國)；所謂‘字小’，是對册封方(上國)而言，他應該愛護‘小國’(朝貢國)”。同時他還認爲朝貢體系解體的原因主要有兩個：一是由於清朝以及周鄰屬國自身缺乏實力，二是由於西方列强合謀對華侵略擴張。②

其次是從朝貢國視角研究朝貢體系的學術論文。例如，付百臣《略論日本在東亞朝貢體系中的角色與作用》將日本與朝鮮、琉球、越南等國和日本與中國的朝貢關係進行了比較，認爲相同點少，而不同點多。③陳潮《明清之季中韓宗藩關係探索》一文認爲朝鮮積極與明朝建立朝貢關係，“固然有懾服於中國强大武力的因素，但主要則是誠服於中國的德化力量”，儒家的禮治文化是中韓傳統宗藩關係的文化基礎和動因。同時他還認爲中韓宗藩關係與其他國家相比，“在關係上最密切、結構上最完備、時間上最長久，一直保持到1895年中日馬關條約簽訂”。④ 劉信君在其《中朝與中琉朝貢制度比較研究》《中朝與中越朝貢制度比較研究》《中朝與中國和東南亞藩屬國朝貢制度之比較》三篇論文，分别就朝鮮、琉球、越南和東南亞藩屬國與中國朝貢關係進行了比較，借以强調朝鮮是典型的朝貢國，中朝朝貢關係比中國與其他國家的朝貢關係更爲密切。⑤ 修斌、姜秉國《琉球亡國與東亞封貢體制功能的喪失》一文，從朝貢體系的内部和外部兩方面考察了琉球亡國的原因，認爲東亞的封貢體制“對内具有穩定性和靈活性，對外卻具有封閉性和唯一性，其重要的前提是宗主國在

---

① 祁美琴：《對清代朝貢體制地位的再認識》，《中國邊疆史地研究》2006年第1期。

② 陳尚勝：《朝貢制度與東亞地區傳統國際秩序——以16—19世紀的明清王朝爲中心》，《中國邊疆史地研究》2015年第2期。

③ 付百臣：《略論日本在東亞朝貢體系中的角色與作用》，《社會科學戰線》2007年第6期。

④ 陳潮：《明清之季中韓宗藩關係探索》，《學術論壇》1997年第1期。

⑤ 劉信君：《中朝與中琉朝貢制度比較研究》，《東北師大學報》(哲學社會科學版)2010年第5期；《中朝與中越朝貢制度比較研究》，《吉林大學社會科學學報》2010年第5期；《中朝與中國和東南亞藩屬國朝貢制度之比較》，《廣東社會科學》2011年第1期。

政治、經濟、文化、軍事上的絶對强大”①。當外部力量過分强大時，封貢體制的功能就會減弱，並逐漸喪失。何瑜、張波《清代中緬宗藩關係述論》論述了中緬之間宗藩關係在戰争與衝突中得以建立，最終又在同一敵人英國的殖民運動中瓦解的過程，並認爲封建傳統的宗藩關係，既不能夠“以藩屏周”，也抵擋不住西方列强的巨大衝擊。②

2. 外國學者關於清代朝貢體系的研究

歐美日韓學者，在這一方面的研究成果尤爲突出，頗有開創之功。1941年，費正清與鄧嗣禹合寫了《論清代的朝貢制度》。③ 1963年和1965年，分别在費城和洛杉磯舉辦了“東亞的傳統國際秩序”和“中國的世界秩序”兩場國際學術研討會。其後，費正清又在1965年邀請世界各地相關學者，齊聚麻省理工學院進行了一周的討論。1968年哈佛大學將上述研討會成果結集而成《中國的世界秩序：傳統中國的對外關係》出版。全書收録了各國學者的論文13篇，這些論文多角度地考察了傳統中國的對外關係，尤其關注明清時期中國與周邊國家的朝貢關係，意在嘗試從理念到實踐對朝貢制度進行詳細解剖。費正清認爲：“東亞社會——中國、朝鮮、越南、日本及小島王國琉球——都是由中國古代分衍出來，並在中國文化區域内發展起來的……中國因其地大物博，歷史悠久，自然成爲東亞世界的中心。”④且這種中國的世界秩序又是“都帶有中國中心主義和中國優越的色彩，中國的外交關係也像中國的社會一樣，是等級制的和不平等的”。

費正清還認爲這種以中國爲中心的世界秩序可以分爲三個大圈。第一個是漢字圈，由幾個最鄰近而文化相同的屬國組成，即朝鮮、越南和琉球群島，日本在某些短暫時期也屬於此圈。第二個是内亞圈，由亞洲内陸遊牧或半遊牧民族等屬國和從屬部落構成，它們不僅在種族和文化上異於中國，而且處於中國文化區以外或邊緣，有時甚至進逼長城。第三個是外圈，一般由關山阻絶、遠隔重洋的“外夷”組成，包括在貿易時應該進貢的國家和地區，如日本、東南亞和南亞其他國家，以及歐洲。此外，費正清還探討了中國的世界秩序産生和

---

① 修斌、姜秉國：《琉球亡國與東亞封貢體制功能的喪失》，《日本學刊》2007年第6期。

② 何瑜、張波：《清代中緬宗藩關係述論》，《江海學刊》2007年第2期。

③ J. K. Fairbank and S. Y. Teng: On the Ch'ing Tributary System. *Harvard Journal of Asiatic Studies*, 1941, 6(2), pp. 135-246.

④ 費正清編：《中國的世界秩序：傳統中國的對外關係》，杜繼東譯，中國社會科學出版社2010年版，第1頁。

發展的源流及中國對外關係的目的和手段。費正清的研究代表當時歐美學界對中國和朝貢體系研究的最高水準，影響了整個西方史學界對於中國歷史的研究。但其“西方中心論”的研究理念，則越來越受到國際學界的批判和挑戰。其後美國學者塞繆爾·亨廷頓的《文明的衝突與世界秩序的重建》、保羅·甘迺迪的《大國的興衰》等著作中也都或多或少地涉及古代中國的朝貢體系，但這些研究比較零散、簡單，難以超越費正清對中國朝貢體系的深入研究。

美國學者何偉亞(James L. Hevia)所著《懷柔遠人：馬嘎爾尼使華的中英禮儀衝突》一書，對於英國馬嘎爾尼使團訪華一事作了詳細論述，並對費正清所提出的“中國的世界秩序觀”和“朝貢體系”進行了再思考。① 何偉亞不贊成中國中心主義和以中國爲中心的世界秩序這樣的觀念，尤其考慮到清朝是滿族人所建立的王朝而非漢人，其所標榜的後現代主義的研究取向，在中西方學界也引起了相當廣泛的關注和争議。

對於何偉亞《懷柔遠人：馬嘎爾尼使華的中英禮儀衝突》一書，羅志田撰寫了書評《後現代主義與中國研究：〈懷柔遠人〉的史學啓示》，概述了該書的篇章結構、主要内容及其對現存詮釋的挑戰，綜述了此前周錫瑞、艾爾曼、胡志德、張隆溪、葛劍雄等學者的評論。羅志田還將何著與此前研究馬嘎爾尼外交的其他著作(如張雍《不願打開的中國大門》、佩雷菲特《停滯的帝國》)做了簡短比較。他指出，何偉亞一書所針對的，正是前人尤其是費正清等人所採取的用“朝貢體制”來揭示“中國的世界秩序”的理論體系。根據何偉亞的理解，清王朝的帝國想象是“以滿清皇室爲最高君主的多主制”。羅志田認爲，研究清代國際觀，應當重視中國傳統禮制中的賓禮。此書所分析的清朝賓禮及其在不同場合的“可變性”，固然是一種新視角，然而，乾隆帝及其臣屬心目中的蒙古各部與不列顛並不能類同。此書的兩大核心觀念“多主制”和“賓禮”之間，存在某些疏離。② 此文發表後，引發較多討論、争議乃至誤解，於是羅氏再次撰文《十八世紀清代“多主制”與〈賓禮〉的關聯與牴牾》，澄清自己的觀點。③

---

① 何偉亞(James L. Hevia)：《懷柔遠人：馬嘎爾尼使華的中英禮儀衝突》，鄧常春譯，社會科學文獻出版社 2002 年版。

② 羅志田：《後現代主義與中國研究：〈懷柔遠人〉的史學啓示》，《歷史研究》1999 年第 1 期。

③ 羅志田指出德里克《後現代主義與中國歷史》(《中國學術》2002 年第 1 輯)即對自己爲何偉亞著作所作的書評有明顯的誤讀。另外，對於王晴佳、古偉流《後現代與歷史學：中西比較》(臺灣巨流圖書公司 2000 年版，第 291 頁)中對自己另一篇文章《夷夏之辨與“懷柔遠人”的字義》(《二十一世紀》，1998 年 8 月號)所作的誤讀，羅志田也提出了反對意見。參見羅志田：《十八世紀清代“多主制”與〈賓禮〉的關聯與牴牾》，《清史研究》2001 年第 4 期。

此二文中，羅氏指出了何氏書的重要性，但也表示，對全書也未必“非常贊同”。此文多在確定羅氏前文的觀點，補充有限。或許兩篇文章的重要性還在於，提醒學者注意清代禮制運作與現實政治、統治者個人喜好的相互關係。正如文中提到的，皇帝常不欲違背禮制，但同時皇帝本人的意志同樣重要。當皇帝願意靈活處理事務時，上諭的分量或要超過禮儀文獻。因此，日後的禮制研究者，無疑需要考慮禮制運作中的實際人物及其權力的作用。

日本學者對於中國明清朝貢體系的研究也取得了很多成果。20 世紀 70 年代，信夫清三郎在其主編的《日本外交史》認爲："亞洲最大的國家中國，把朝鮮、安南等鄰國作爲藩屬，形成了一個特殊的國際秩序，即‘華夷秩序’。"① 同時他還認爲，這種東亞所特有的國際秩序，其總的關係就是以“中華帝國”爲中心，周圍夷狄各國接受册封(授與外交文書，承認其地位)，後者向前者朝貢，前者羈縻(牽制)後者。這種關係，在淵源上是漢帝國内部皇帝與諸侯的上下關係，在漢皇帝同夷狄君主之間關係上的投影；而且，是結合儒教王道思想而設想出來的獨特的國際秩序觀念。書中開篇對中國的朝貢體系，與歐洲的國際體系、日本的大君外交體制作了比較，强調三者之間的不同之處，還指出清朝是“華夷秩序”的大發展期，其中乾隆時期達到頂峰，18 世紀末開始衰落，到 19 世紀末完全崩潰。書中提出的“華夷秩序”概念也逐漸被大多數海外學者所瞭解。

20 世紀 90 年代，濱下武志在其著作《近代中國的國際契機——朝貢貿易體系與近代亞洲經濟圈》一書中，運用亞洲經濟圈的理論對近代中國的朝貢制度和朝貢貿易體系進行深入研究，在國内外引起很大反響。② 濱下認爲，歷史上的亞洲存在着以中國爲中心的朝貢體系，並形成了“亞洲經濟圈”。同時也對費正清在“西方中心論”的背景下提出的“衝擊—反應説”提出質疑，他認爲不僅是歐洲對亞洲的“衝擊”，而且歐洲也面對亞洲的“衝擊”，即歐洲必須面對一個具有整個亞洲爲規模的以中國爲中心的亞洲經濟圈。

日本學者對相關問題的討論還有很多。例如，川島真在其著作《中國近代交的形成》一書中，雖然重點論述晚清、民國政府時期外交政策的形成與演化，但作者也深入分析了中國傳統的華夷秩序觀對於民國外交體制、觀念的影

① 信夫清三郎編：《日本外交史》上册，天津社會科學院日本問題研究所譯，商務印書館 1980 年版，第 10 頁。

② 濱下武志：《近代中國的國際契機——朝貢貿易體系與近代亞洲經濟圈》，朱蔭貴、歐陽菲譯，中國社會科學出版社 1999 年版，第 2 頁。

響，尤其注重在從傳統外交轉向近代外交體制的過程中，所經歷的陣痛及因應而生的外交體制上的變遷。① 松浦章《明清時代東亞海域的文化交流》，則以明清時代的東亞海域世界爲主要研究對象，從東亞航海史的角度出發，以中國帆船爲媒介對東亞地區的文化交流情況作了考察、論述，涉及中國、日本、朝鮮和琉球等東亞各國。② 西里喜行《清末中琉日關係史研究》，是關於中琉日關係史研究中的集大成之作，詳細論述了中琉之間朝貢關係的確立和瓦解的過程，尤其詳於"琉球處分"之時中日之間關於琉球歸屬問題的交涉，也是中琉朝貢關係瓦解的重要時期。③

韓國學者主要關注明清朝貢體系中的中朝之間的朝貢關係研究，韓國學者全海宗在費正清編的《中國的世界秩序：傳統中國的對外關係》中著有《清代中朝朝貢關係考》一文，對於朝鮮赴清使團的構成、去向、次數和作用作了詳細的論述。此外，作者還對中國赴朝使團和中朝之間的朝貢貿易作了考察，並對中朝朝貢關係作了簡要的評價。④

朝貢可視爲國家間秩序建構的一種行爲，它既確認了朝貢國與宗主國的權力關係，同時又彰顯文明的多樣性和他國的獨立性。與其説朝貢關注的是雙方之間的物質和信息交换，不如説更關注此過程中的禮儀以及禮儀中展現出的權力和臣屬關係。因此，朝貢過程中的時間確定、文書内容、禮儀制度就變得十分關鍵。這在乾隆時期馬戛爾尼訪華時出現的禮儀之争中也有明顯的體現，而這樣的情形對於朝鮮、越南等國而言是不可想象的。

五、婚禮

婚禮是禮學研究的一個重要方面，關於婚禮，有許多可以研究探討的方面，也有很多學者在清代婚禮研究上着墨很多，成果也頗爲豐厚。

整體上看，婚禮有滿蒙漢藏等民族差異，而筆者目力所及，關注滿族婚禮和漢人婚禮的佔多數。例如張曉蓓《清代婚姻制度研究》一文主要以清代婚姻、

① 川島真：《中國近代外交的形成》，田建國譯，北京大學出版社 2012 年版。

② 松浦章：《明清時代東亞海域的文化交流》，鄭潔西等譯，江蘇人民出版社 2009 年版。

③ 西里喜行：《清末中琉日關係史研究》，胡連成等譯，社會科學文獻出版社 2010 年版。

④ 全海宗：《清代中朝朝貢關係考》，費正清編：《中國的世界秩序：傳統中國的對外關係》，杜繼東譯，中國社會科學出版社 2010 年版，第 81～104 頁。

家庭、親屬法律制度爲研究對象。①《中國滿族通論》《滿族生活掠影》《清代滿族風情》《滿族風俗考》《清代滿族風俗史》等文獻中就對於清代滿族獨特的婚禮習俗、觀念等作了詳細的記載，其内容涵蓋滿族婚姻習俗的諸多面向，包括其源流、形式、制度、儀式等。不少研究，都關注滿族婚俗，將其置於文化大背景下來討論，研究其婚姻制度、禮儀、觀念等，包括滿族入關後收繼婚的禁絶、一夫多妻制變爲一夫一妻多妾制的文化根源等。滿族入關前後，某些婚俗發生較大變化，比如從尚白色轉變爲尚紅色、婚禮中崇尚“換庚帖”、滿族貞潔觀的轉變、滿漢通婚，等等。②由婚嫁儀式看到滿漢婚禮的差異和變化。

宫廷婚禮始終是研究的重點。任萬平《清代皇帝與皇子婚禮比較研究》，是對宫廷皇族婚禮的系統研究，由之可與清朝的諸多大典進行對比考察。③ 而《乾隆之孫綿懿如何迎娶福晉》一文，則是個案考察。詳細叙述了乾隆之孫綿懿迎娶福晉時，從婚前準備到成婚筵席直至婚後的分例、分府及認買官房等流程，同時將其與《滿洲祭神祭天典禮》所載婚禮進行對照，指出其對諸種禮儀規定的遵行。④ 類似研究，還有宋文《清代大婚典禮的調和性與清代統治者的多元文化認同》，⑤ 等等。

由於清朝只有幼年即位的皇帝才能舉行大婚典禮，因此清朝入關後十位皇帝中，僅順治、康熙、同治、光緒四位舉行過大婚典禮，而且由於皇帝採取選秀女的形式擇后。納彩禮僅爲了表示尊崇古禮，禮物中也加入了馬匹、甲胄等滿族因素，這是清代皇室婚禮的特别之處。除此之外，清代皇帝大婚與臣庶最大的不同在於皇帝婚禮在“家”禮而外增加了“國”禮，即增加頒詔禮、慶賀筵宴禮等，體現了皇家的至高威嚴和天下之主的地位，這與普通百姓按照《儀禮・士昏禮》等傳統文獻舉行婚禮，有着相當大的差别。在這樣的差别中，也體現了皇家與平民的區别、滿族與漢族的差異。⑥

---

① 張曉蓓：《清代婚姻制度研究》，中國政法大學博士學位論文，2003 年。

② 馮珍：《清代滿族婚姻習俗初探》，煙臺大學碩士學位論文，2017 年。

③ 任萬平：《清代皇帝與皇子婚禮比較研究》，《清宫史研究》第十一輯，文化藝術出版社 2013 年版。

④ 劉諾：《乾隆之孫綿懿如何迎娶福晉》，《中國檔案報》，2005 年 4 月 22 日，第 6 版。

⑤ 宋文：《清代大婚典禮的調和性與清代統治者的多元文化認同》，《故宫學刊》第 16 輯，故宫出版社 2016 年。清代八旗的相關禮俗，可參潘洪剛：《清代八旗駐防族群的社會變遷》，人民出版社 2019 年版。

⑥ 任萬平：《揭起皇后的蓋頭來》，《中國文化報》，2010 年 6 月 15 日，第 6 版。

服飾是婚禮的一大反映，有學者注意從這方面研究清代婚禮及其文化特點。例如，韓純宇《明代至現代漢族婚禮服飾600年變遷》，即是從藝術設計學角度考察明清婚服的碩士論文。① 徐蓉《以光緒大婚禮服爲例看清代帝、后婚禮服飾的審美特徵》，從光緒大婚禮服之實物和圖册文獻等資料，細緻分析了光緒大婚禮服中的服裝材質、形制、紋飾、色彩等要素，也屬類似研究。②

其他關於清朝婚禮細節的考察，還有不少。兹不贅述。

六、稱謂與避諱

稱謂雖然不是大事，但也屬於禮儀規約中的一個方面。又由於部分清宫劇的影響，部分學者關注清代的稱謂問題，其中受關注最多的，就是清代君臣間稱謂的問題了。

陳垣《釋奴才》對於清代君臣之間，尤其是臣子對君主稱"奴才"這一問題已有所研究，此文認爲奴才之稱是清代特有，並認爲目的在於區分滿漢。事實上，清代稱"奴才"，是滿族舊例，沿用到了整個中國而已。根據《滿文老檔》、清代實録及皇帝朱批等文獻，"奴才"稱謂在滿清前期鮮少使用，到後來才漸漸廣泛運用，有一個歷史變化過程。③

潘洪剛利用清朝多部實録、皇帝朱批等文獻，考察清代"奴才"稱謂的使用。就"奴才"一稱而言，"不獨滿洲也，蒙古、漢軍亦同此稱，惟與漢人會銜之章奏，則一律稱臣"。同時，"漢人之爲提督總兵者，稱奴才，雖與督撫會銜，而稱奴才如故，不能與督撫一律稱臣也。王公府邸之屬員奴僕，對於其主，亦自稱奴才"。事實上，清代"奴才"稱謂亦歷經變化。乾隆皇帝爲了維護滿洲舊俗，强調滿洲官員使用"奴才"一詞，而漢族官員則多稱"臣"。《清稗類鈔·稱謂類》對包括"奴才"在内的諸多稱呼的運用情況有基本的記載和闡釋。④

《清代宫廷稱謂與禮儀》是爲了日常生活尤其是流行影視劇中對於清代宫廷稱謂與禮儀錯用而寫的短文。⑤ 主要糾正了其中錯用"萬歲""老佛爺""老爺

---

① 韓純宇:《明代至現代漢族婚禮服飾600年變遷》，北京服裝學院碩士學位論文，2008年。

② 徐蓉:《以光緒大婚禮服爲例看清代帝、后婚禮服飾的審美特徵》，《南京藝術學院學報》(美術與設計版)2015年第5期。

③ 祁美琴:《清代君臣語境下"奴才"稱謂的使用及其意義》，《清史研究》2011年第4期。

④ 潘洪剛:《清代"奴才"稱謂考》，《北京日報》，2016年1月11日，第15版。

⑤ 朱小平:《清代宫廷稱謂與禮儀》，《工會博覽》2006年第16期。

子”“阿哥”等稱謂，同時指出了正確的稱謂和禮儀，普及性大於學術性。但同樣展現了清代宫廷稱謂與禮儀的冰山一角，學者們可進一步挖掘。

至於避諱問題，在中國由來已久，在清代也是貫徹始終的事情。清朝對年號、種族、廟號、僭越、御名等方面的避諱都有明確的規定，同時，在清朝乾隆及以前時期文字獄中，也十分注重避諱問題，有細緻的規定。① 孟森、陳垣、魯迅等人都對避諱問題作過研究，後來又有中國關於清朝文字獄、避諱的相關史料編輯整理成果出現。到新中國成立以後，資料的彙編和論著逐漸增多，已經涉及了此問題的諸多方面，可資參考。

清代皇帝的起名與避諱也是避諱問題中極爲重要的一環，清朝避諱皇帝姓名的歷史，在清人入關以前都是不避諱的，且努爾哈赤、皇太極等都是後來根據滿文音譯，其時既無避諱習俗，又無漢名，因此不避諱。直到康熙朝，才開始避諱。② 陳垣指出，“雍乾二世，避諱至嚴”，但也有學者認爲乾隆初年避諱並不嚴格，後來才逐漸加緊。到嘉、道兩朝，爲免去避諱的頻繁，皇帝名字用字由常用的“永”和“綿”改爲“顒”和“旻”，並以缺筆等方式避諱。至於咸同光宣，皇帝也不再改名，只是避諱制度仍行不改；直至清朝結束，中國幾千年的避諱制度才漸漸走向衰亡。③

第四節 禮法研究

以上所論“禮制”，基本上是作爲國家禮典的、有明文規定的各項禮儀典章。但“禮”的外延遠不止此，除了作爲國家禮典的“禮”之外，社會各階層、各種人際關係之中的成文或不成文、强制或非强制的各種規範，都或多或少帶有“禮”的色彩。在現代人的觀念中，我們往往將這些規範稱爲“法”，但在傳統中國，禮、法關係極爲緊密，兩者往往難以絶然分離。馬小紅强調“法出於禮”，中國古代法律的起源就與禮不可分割；④ 高明士認爲中國古代的“法文

---

① 王西明：《清朝文字獄中的避諱研究》，山東大學碩士學位論文，2015年。

② 趙增越：《清代皇帝的起名與避諱》，《中國檔案》2015年第5期。

③ 張瑩：《淺議清朝的避諱（國諱）制度》，武斌主編：《多維視野下的清宫史研究——第十屆清宫史學術研討會論文集》，現代出版社2013年版，第137~159頁。李國强：《清代殿本古籍中的避諱實例分析》，《藝術市場》2007年第1期。

④ 馬小紅：《中國古代的法律觀》，大象出版社2009年版，第20~25頁。

化”有禮主刑輔、納禮入律、出禮入刑的特質①。就中國古代禮、法體系的演變歷程來看，至少從秦漢時代開始，律令規定之中就已經包含大量與“禮”有關的人倫、祠祀方面的內容；魏晉時代開始“法律儒家化”，儒家禮學原理被系統性地納入律令法典之中，“準五服以制罪”的原則也從此確立；唐律爲漢唐律令之大成，被清代學者評價爲“一準於禮”；到了清代，傳統中國的禮、法體系以及司法實踐中的禮、法融合已經十分成熟，禮、法深入互動。

就清代禮法研究而言，可大致從兩個角度略作綜述：第一，關於禮法關係、禮法原理的一般性研究；第二，清代民間各地的風俗，即非成文的習慣法，也起到法律規範的作用，並且與禮關係密切，許多研究從清代民間各地的喪葬、婚姻禮俗入手，探究其作爲法律規範的意義，因此，也可以對民間禮俗與法律之關係的相關研究略作綜述。

一、禮法的一般性研究

禮法結合是中國古代社會的一大特徵。清代亦如此。因此，研究清朝法律者，往往都會提到其與禮的結合；研究清代禮教的，也會指出法律對於禮教實踐的保護作用。因此，有關中國法律史的著作，如《中國法律與中國社會》《中華帝國的法律》等，實際上都提及禮法關係。專門研究清代禮法關係的，則有張仁善《禮·法·社會——清代法律轉型與社會變遷》一書,② 該書選擇清代法律轉型與社會變遷作爲研究對象，較爲成功地把社會史等學科的方法運用於法制史研究，分析了社會結構、社會階層、社會生活、社會形態等因素對清代法律轉型的影響，更多地把視角轉向社會中下層和基本的社會要素。另外，該書未將清朝前中後期割裂爲前近代與近代，而是考察整個清朝禮法制度和觀念的一致性，相較於一般學者以 1840 年爲界分割清朝歷史的研究方法，有所不同。

關於清代司法實踐中的禮法關係，眾所周知，中國古代司法實踐最爲重視“天理”“國法”“人情”這三項要素，其中作爲明確法律條文的“國法”只是其中之一，作爲抽象原理的“天理”與人倫之常的“人情”在審判中則更爲重要。“人情”其實與“禮”相通，因爲中國自古以來就有“緣情制禮”的觀念，禮制根源於

---

① 高明士：《中國中古禮律綜論——法文化的定型》，商務印書館 2017 年版，第 1~9 頁。

② 張仁善：《禮·法·社會——清代法律轉型與社會變遷》，天津古籍出版社 2001 年版。

人情，也因爲始終與人情不即不離，禮制才得以保持活力。就這一個角度而言，因爲“禮”“法”兩者都以“人情”爲基礎，兩者也因之緊密相關。日本學者寺田浩明對清代審判中“法律解釋”的“情理”這一要素作出過極爲深刻的論述。他認爲清代的司法審判一般而言並不是根據明確、固定的法律條文作出的，而是以“情理”爲準而作出的，换言之，這其實是一種“事實性、妥協性的審判”，司法審判的最終目的是追求情理之平。寺田浩明説：“‘情理’就是審判中的‘法’。公正無私、德高望重的‘大人’教誨當事人們要服從‘情理’相互謙讓地解決自己之間的争端，屈從於私欲而互相争執的一般庶民漸漸地也接受了這些告誡，並努力自己去感覺和摸索正確的互諒互讓的界限之所在，誠心誠意地與對方互讓和解。這就是與當時的事實狀態所對應的標準的糾紛解決觀念。”①另外，李東明也對清代的情、理、法在實際中的應用作出考察，認爲在情、理、法三者中，“情理爲本，法爲用”，情理法從人際關係出發，作出事實與法律相結合的裁斷。②

就清代民間地方上的司法實踐而言，一般争執並不會直接訴諸地方政府的正式司法手段，而是首先由鄉里紳士、德高望重之人進行調節。地方大家族的家長、族長也重視以家訓、家法教訓子孫、教化鄉人。家訓、家法可以視爲廣義的“禮”，但在民間地方司法實踐中，也在實際上發揮着軟性的“法”的功能。趙大維以清代魯南莒地莊氏家族的家訓爲分析對象，指出家訓不僅教化、約束族人，還體現出一種輔助基層政府進行統治的“準法律”的作用，這種“準法律”在族内、鄉鄰、家國三個層面均有所體現。但是隨着社會的變遷，人治、禮治也終將走向法治。③

就一般所謂狹義的禮制而言，清代國家一方面通過禮典對禮制的方方面面作出了巨細靡遺的規定，又通過法典以法律的形式保障這些禮典的執行。房秋實以清代祭祀制度爲例，概述了《大清通禮》中對祭祀制度的具體規定，又强調了《大清律例》中對祭祀制度進行法的保護的相關條文。④ 其實不止清代，至少從秦漢時代開始的各個朝代，禮典、律典或令典中都有關於祠祀等禮制的規定。中國古代禮制既是載於禮典的複雜儀式體系，也是具有一定法律强制力

---

① 寺田浩明：《傳統中國的“法律解釋”》，《權利與冤抑——寺田浩明中國法史論集》，王亞新等譯，清華大學出版社 2012 年版，第 432~433 頁。

② 李東明：《淺議清代情理法的實際適用》，《法制與經濟》2012 年第 7 期。

③ 趙大維：《清代莊氏家訓的“準法律”作用》，《河北科技師範學院學報》(社會科學版)2013 年第 1 期。

④ 房秋實：《清代祭祀制度的禮法規制研究》，《蘭臺世界》2015 年第 24 期。

的規範。

關於清代中央禮法與地方禮法的關係，清代中央禮法以法律規定和傳統習俗爲軸心，一切按照滿漢傳統進行，只需梳理禮制文書即可，而清代地方禮法，則相對呈現出複雜多樣、靈活多變的特點。清代的社會形態爲“家本位”，此種狀態下，禮制思想體現在家庭成員内部的尊卑等級秩序中，而法律承認此種禮制，並對此種等級秩序加以保護和貫徹。①

二、禮法關係研究

首先説喪葬禮俗與法律的關係。清朝喪葬禮制被納入國家法典，具有等級性和强制性。清代禮書《大清通禮》《大清會典》《清朝通典》中都有關於喪葬的規定。清代法律規定了民間喪葬習俗的主要内容。清代除了基本法典《大清律例》對喪葬進行了規定外，還有其他法律形式對喪葬進行了詳細的規定，如省例、州縣告諭等地方性法規。② 在喪葬問題上，清代法律與禮俗的關係，並非壓迫與强制的關係，而具有彈性，法律也會隨着禮的改變而作出修改。清代禮書規定了喪葬典禮的具體儀節，以及皇室、品官和平民各階層的儀式差異，貫穿於初終、治喪、治葬、葬後等各個環節。清代中央立法對居喪、葬俗等方面的規制，體現在《大清律例》中，各項律令多具有儒家禮制色彩，同時拋棄了滿族的火葬等舊習。另外，對於停柩不葬、修齋設醮、扮演雜劇、演唱佛戲、盜葬、洗骨葬等習俗，清律亦採取禁止的規定，這仍然是儒家思想影響的體現。③

而地方律令則較爲靈活，雖然有部分官員嚴格執行法律，但同時也有許多地方官員修正律令，以適應各地的具體風俗。到州縣等地，則往往只能通過告諭的方式將中央、上級的法令要求告知民衆。由於清代宗族組織在地方自治中發揮着重要的作用，因而對於地方喪葬習俗，家法族規扮演了重要的角色。一些論著通過對幾則族譜中的規則的展示和分析，説明宗族對於地方喪葬習俗的具體約束。

---

① 石泉：《清代禮法制度下國家對家庭的控制》，《商丘師範學院學報》2017 年第 11 期。

② 劉冰雪：《清代喪葬法律與習俗——以〈大清律例〉的規定爲主要依據》，中國政法大學博士學位論文，2009 年。佟雪：《清代喪葬典禮考述》，浙江大學碩士學位論文，2015 年。

③ 劉冰雪：《清代法律文獻中的習俗規制——以喪葬習俗爲例》，《河北師範大學學報》（哲學社會科學版）2013 年第 3 期。

在葬禮領域的禮、法、俗三者的互動關係中，一般强調禮、法對於民俗的規範作用。胡中生則從徽州契約文書《室人出家》這樣一份比較特殊的女性葬禮文書切入，指出在徽州地方社會，隨着知識分子和地方精英借助《朱子家禮》等上層社會的禮儀改造尋常百姓的習俗，違禮越制也越來越成爲一種常態性的現象，禮法也在不斷地向俗靠攏，甚至成爲俗尚的一部分，禮俗交融極深。這説明禮、法在與俗互動的過程中，民俗對於禮、法也有極爲强勁的反作用，這是知識精英和統治階層所無法否認、也不能輕易改變的事實。①

再説婚姻禮俗與法律的關係。清代社會男尊女卑、女性多依附於男性，因此，清代賣妻、典妻等風氣盛行。雖有法律禁止，卻未能禁絶。基於對男尊女卑這樣的禮法思想的高度認同，清代常出現溺女、納妾、守寡等現象，寡婦多年得以樹立牌坊，也正基於此種社會風氣。清代法律雖然有相關規定，但依然絲毫不能禁絶，可見禮法觀念對於地方社會的影響是深刻而具體的。②

清代婚姻禮法也具有獨特性，滿漢不同，同時，清朝統治下的其他諸多民族，也各有不同的婚姻禮法。如《清稗類鈔》中就記載了滿蒙漢通婚以及光宣之際文明結婚的盛行。其中就有很多禮儀記載，從中能看出清代婚姻禮俗的獨特性和當時婚姻觀等内容。另外，由於清代爲少數民族統治的王朝，同時到晚清時期，西方的影響越來越深，因而清朝的婚姻表現出指婚、選婚等具有少數民族貴族特色的婚姻禮俗。此外，清代對"同姓不婚"更加寬容，極重視婚約，這些都是與其他朝代所不同的特點。③

清代民間婚書也是學者研究的内容，清代婚書分爲"禮書"和"婚契"兩類，部分學者認爲，清代底層民眾特别是其中的流動人口，其婚書屬於"婚契"一類，説明清代底層民眾間婚姻關係更像交易和契約。此種婚姻對儒家禮儀的背離，反映了清代地方社會中禮治秩序的變化或失效。④ 另外一種對儒家禮法背離的情形則體現在"拒奔女"和"偷情"上。例如，清代鄉村塾師面對情欲與禮教的衝突時，就有兩種截然不同的反應。從一些家譜、墓志銘、日記中，可以看出個人及社會對於拒奔女(拒絶女性的勾引)的自豪和贊許。同時，文集、

---

① 胡中生：《禮法與俗尚：清代徽州女性葬禮再探》，《安徽史學》2016 年第 4 期。

② 張美玲、駱一峰：《禮法衝突下的清代婦女婚姻生活》，《海峽教育研究》2016 年第 4 期。

③ 關伊湄：《從〈清稗類鈔〉看清代獨特的婚姻禮法及特點》，《文學界》(理論版) 2012 年第 6 期。

④ 張研：《從婚書看中國傳統社會的禮法秩序——讀〈清代民間婚書研究〉》，《清史研究》2006 年第 3 期。

刑事檔案、筆記小説，又指出了塾師偷情現象的存在。①

根據研究，我們可以認爲，清代禮法觀念有這樣一些特點：在中央，滿族統治者有自身獨特的禮法觀念和實踐，他們也尊重其他民族的禮法觀念和實踐。同時，中央政府有着相對嚴密的禮法規約，其行爲也受到禮法規約的指導和約束。而在地方，清政府則通過在法律中制定相應的禮法制度來限制百姓的生活，同時也在無形中形成了對百姓禮法思想的規訓。然而，民間的現實往往會偏離法律規定的軌道，且不會全部被懲處，從而呈現出更加多元的局面。

第五節　禮樂研究

對於清代禮樂的研究，主要有歷史學、音樂學、戲劇學(藝術學)等角度，至於禮樂文獻，則仍以《清史稿・樂志》等記録清代禮樂制度的典籍爲主。此外，較多研究論文從宫廷喜劇、用樂等角度切入，取得了一定的成果。清代禮樂的研究，往往從上述不同的角度出發，並論述其背景、價值等方面的内容。當然，辭章、考據及樂舞制度也在研究者的視野範圍之内。

苑玉東曾從音樂學的角度，對近三十年(1980—2010 年)清代音樂研究在宫廷音樂、民間音樂、道教音樂、音樂文化交流四個方面取得的成果作出綜述，並兼及音樂文獻、音樂理論方面的研究，爲我們初步了解清代音樂研究提供了便利。② 其文偏重音樂學本身，對“禮樂”關注較少，我們將從禮樂的角度，從禮樂文獻研究、宫廷禮樂研究、釋奠禮樂研究、戲劇禮樂研究這四個角度，對相關研究再作綜述，並補充近十年的最新成果。

一、禮樂文獻研究

如上文所述，《清史稿・樂志》是關於清代禮樂比較重要的文獻。從《清史稿・樂志》研究清代禮樂較力者，包括臺灣學者陳萬鼐及大陸學者温顯貴。前者於 1961 年出版《清史樂志之研究》，後又於 2010 年在大陸出版内容更豐富的《〈清史稿・樂志〉研究》③。後者則於 2008 年出版了同名的論著。④ 兩本論述

---

① 蔣威：《在禮法與情欲之間：清代鄉村塾師之拒奔女與偷情現象》，《蘭州學刊》2017 年第 4 期。

② 苑玉東：《近三十年來清代音樂研究》，《安徽文學》2010 年第 1 期。

③ 陳萬鼐：《〈清史稿・樂志〉研究》，人民音樂出版社 2010 年版。

④ 温顯貴：《〈清史稿・樂志〉研究》，崇文書局 2008 年版。

各有重點，皆爲研究清代禮樂的重要參照。《歷史中的音樂 音樂的歷史——兩本〈《清史稿・樂志》研究〉之比較》對兩書的主要内容作了對比分析，有助於快速瞭解兩書在内容上的差異。①

王美佳指出，《清史稿・樂志》内容涉及樂制概況、樂律、樂章、樂器、樂舞等。②作者指出，《清史稿・樂志》史料來源極爲單一，主要是節録或全録清代官方所編《律吕正義》正、續、後各編而成，另外參考了相關文獻排比綜合而成，其特點是記寫宫廷儀式音樂爲主。在前人研究的基礎上，該文以宫廷音樂爲主要切入點，對清代宫廷禮樂的創制過程，禮樂内容、種類、功能等方面進行音樂本體論的研究，對於瞭解《清史稿・樂志》及清代禮樂的特徵有很大幫助。

關於清代樂論文獻，温顯貴《清代樂論史料述論》一文介紹了清代豐富的樂論文獻，包括御制及敕撰文獻、詩文集、研究專著、學術筆記等多種類型，並指出了其整理、研究現狀，對於研究清代禮樂有極大的參考價值。③

二、宫廷禮樂研究

首先簡述有關清代宫廷禮樂的研究。在關於清代禮樂的各方面内容中，宫廷禮樂因爲内容豐富、文獻衆多、材料集中，且仍有大量樂譜、樂器實物存世，所以吸引了研究者更多的目光，相關研究成果也最爲豐富。邱源媛對清代宫廷音樂研究作過比較全面的綜述，她從三個方面概括相關研究：第一是“音樂通史中清宫音樂的研究狀況”，概述了 20 世紀以來各種中國音樂通史論著中涉及清代宫廷音樂的部分；第二是“清宫音樂專論部分的研究狀況”，分别從“漢族音樂系統”和“少數民族音樂系統”兩個方面進行評述；第三是“研究思路的轉變”，邱源媛認爲 20 世紀上半葉的研究者主要從純粹的音樂學的領域進行研究，且多認爲清代宫廷音樂是毫無意義的復古行爲，最近的研究者則將清代宫廷音樂與清代國家結構、政治文化結合起來，發掘宫廷音樂更爲深刻的内涵。④ 宫廷音樂最主要的特色之一，就是與所謂禮制關係緊密，所以除了從音樂學的視角之外，還應關注其中的禮樂内涵。我們在補充新進研究成果的基

① 朱詩旖：《歷史中的音樂 音樂的歷史——兩本〈《清史稿・樂志》研究〉之比較》，《人民音樂》2015 年第 1 期。

② 王美佳：《〈清史稿・樂志〉中的禮樂研究》，雲南藝術學院碩士學位論文，2010 年。

③ 温顯貴：《清代樂論史料述論》，《中國音樂學》2018 年第 1 期。

④ 邱源媛：《清代宫廷音樂研究綜述》，《中國史研究動態》2005 年第 5 期。

礎上，重點從禮樂的視角對清代宫廷音樂略作綜述。

佟悦考察了清入關之前的宫廷滿族音樂，認爲有三個組成部分，分别是民間進入宫廷的娱樂性音樂、因民族信仰習俗帶入宫中的薩滿祭司音樂、伴隨着國家典制逐步健全而形成的禮儀性音樂。① 劉桂騰以乾隆朝宫廷禮樂爲對象，考察禮樂形成的歷史淵源，梳理其種類、樂器類型及音樂内涵，同時討論了清代宫廷禮樂的基本屬性，並指出了清代宫廷禮樂是文治與武功的象徵，也是權力與身份的象徵，還是文化傳統的象徵。②

饒文心對清代宫廷禮樂系統中的外來樂器進行考述，認爲相比於前代，清廷外來樂器的來源地更加廣闊，來源民族更爲衆多。該文强調對中國傳統禮樂體系，以及中國周邊國家音樂進行研究的重要意義。③ 王麗麗考述了來源於民間的宫廷樂曲、來源於民間的宫廷器樂合奏、來源於民間的宫廷樂舞、來源於民間的宫廷戲曲，認爲民間音樂是宫廷音樂的源頭活水，宫廷音樂也推動了民間音樂的發展。④ 該文涉及禮樂之雅、俗之間的交流互動，很有意義。

邱源媛《清前期宫廷禮樂研究》認爲，宫廷音樂不僅僅是音樂本身，而是其作爲禮樂制度，具有强烈的政治象徵意義，在王朝建立過程中佔有重要位置。基於這種立場，該書通過描述清代前期宫廷禮樂的發展歷程，考察清王朝政治文化的變化及其背後的政治動因。該書把清前期禮樂分爲四個階段：①天命—天聰年間(1616—1635 年)，以滿洲原生禮樂爲主，並受蒙古族的影響，統治者尚未有意識地模仿漢族禮樂；②崇德—順治十二年(1636—1655 年)，滿族統治者開始有意識地吸納漢族禮樂制度，但本階段及前一階段，滿洲禮樂制度仍被保留；③順治十三年—十八年(1656—1661 年)，滿洲禮樂制度受到儒家禮儀的劇烈衝擊；④康熙、雍正、乾隆時期(1662—1795 年)，滿、漢禮樂制度得到清王朝更富深意的全面制作，滿、漢雙軌制度的宫廷禮儀形成。該書認爲，清前期宫廷禮樂的發展變化體現了滿洲統治者在不同時期的不同統治文化，及其對漢與非漢多種文化體系進行重整的統治方式，與傳統漢族王朝差别甚大。⑤ 該書對清前期宫廷禮樂的研究比較全面，且能從禮樂制度論及清代

① 佟悦：《清入關前滿族宫廷音樂概説》，《滿族研究》1994 年第 4 期。

② 劉桂騰：《清代乾隆朝宫廷禮樂探微》，《中國音樂學》2001 年第 3 期。

③ 饒文心：《清代宫廷禮樂中的外來樂器闡釋》，《音樂研究》2009 年第 3 期。

④ 王麗麗：《淺談清代幾種宫廷音樂與民間音樂的關係》，《大舞臺》2010 年第 10 期。

⑤ 邱源媛：《清前期宫廷禮樂研究》，社會科學文獻出版社 2012 年版。關於該書的介紹與評論，可參看胡鴻保：《看“禮樂”，悟傳承——〈清前期宫廷禮樂研究〉讀後》，《滿語研究》2014 年第 2 期。

的國家結構與政治文化，比較具有歷史深度。

范曉敏以康乾時期推行的樂制更作爲着眼點，考察其背景，分析其對清代禮樂制度的影響。該文指出，康熙朝的樂制側重於理論建構，《律吕正義》即是此時期樂理和樂律上的集大成之作，而乾隆朝的樂制更側重於制度建設，在詞章、考據及樂舞的制度化和規範化方面都對康熙朝作了有益的補充。①

單婧《清宫廷吉禮用樂研究》首先分析"禮""樂"兩字的内涵，其次對"禮樂"從基本建構到審美觀念進行解讀，最後再從清宫禮樂之吉禮的具體用樂上來認知清宫吉禮用樂的實踐内涵。②《禮記》中的禮樂思想内容成爲後世禮樂思想的主脈與核心内容並影響禮樂制度的發展。清宫廷吉禮用樂中追求"和"，並視爲最高價值追求。清宫吉禮用樂主要承擔國家祭祀儀式的用樂活動。清統治者一方面使清宫雅樂從建制到思想都恢復到雅樂模式，一方面又將原本屬本族信仰的薩滿祭祀活動納入原屬漢文化體系的吉禮用樂中，並且還吸納了俗樂進入其中。清宫吉禮用樂雅樂、俗樂、族樂並存。作者用幾首坤寧宫薩滿祭祀音樂分析了其中所追求的五音"和聲"，説明清宫薩滿神歌曲調所具有的原始宗教音樂簡樸之特徵及其在旋律走向上的頌唱風格。該文還通過對清代坤寧宫祀神音樂的内容分析，展示了薩滿神歌的音樂特徵和審美意識。這部分偏向於音樂方面的分析，需要懂得音樂者才更能理解作者所言。此後，作者還指出，清宫吉禮中的"中和韶樂"所用的樂器，以及樂器的選用及材質，人聲與樂器聲的和諧。作者此一部分僅用一祭祀圜丘的迎神《始平》之章第一句爲例，説明中和韶樂中所體現的"無相奪倫"的諧和效果。另外，此種音樂不僅本身和諧，且因運用於最重要的國家祭祀場合之中，因此參與的人員，包括皇帝、百官，都需莊重而嚴肅，達到了合禮與審美的境界。該文還提到了"禾詞桑歌"及"慶神歡樂"等引俗入雅的宫廷用樂内容。它們作爲俗樂，豐富了清宫用樂，成爲清廷用樂的一個特徵。作者展示了"禾詞桑歌"的樂器配置、演奏風格以及統治者引入的理由。同樣也對"慶神歡樂"的地位、樂器配置和使用場合等。最後，作者探討了清宫吉禮用樂的文化内涵，認爲其性質包括政教與類宗教性、相容性與優化性。

譚贇概述了清代宫廷禮樂制度對此前禮樂制度、教坊制度、宫廷禮樂管理

① 范曉敏：《從康乾時期的樂制更作看清代禮樂制度的發展》，《交響》2013 年第 3 期。

② 單婧：《清宫廷吉禮用樂研究》，瀋陽師範大學碩士學位論文，2013 年。

體制的沿革，認爲清代宮廷禮樂在音樂上具有保守性和功利性，清代統治者並不重視音樂本身，而是重視禮樂象徵政治文化、維護統治的功利意義。① 束霞平考察了清代皇家儀仗音樂制度的發展演變過程，認爲清代儀仗音樂制度一方面沿襲邊俗，一方面承襲明制，是中國古代皇家儀仗音樂及宮廷音樂之大成，有鮮明的特點。② 另外，曹連明結合文獻資料、圖像資料以及實際器物，介紹了清代皇帝大婚中的禮樂儀節及音樂演奏。③ 因爲清代宮廷禮樂資料繁多，儀節繁雜，以簡明、通俗的語言將各種禮樂項目結合圖像與文物介紹給一般讀者，也是十分有意義的工作。

三、釋奠禮樂研究

一般說來，在包括清朝在内的傳統王朝時期，各種大型國家典禮大多在宫廷或都城之内舉行，這些禮典以及行禮過程中所奏之樂，可以統稱爲上文所述的"宫廷禮樂"，佔據禮儀用樂的重要位置。但除了宫廷、都城之外，有的禮典還普遍地在各級地方府、縣舉行，比如孔廟祭祀、社稷祭祀等。北朝隋唐以來，本來在曲阜舉行的祭孔禮儀也開始在都城舉行，並由都城擴散到地方，逐漸形成了從中央到地方的多層級的孔廟禮樂體系。在地方孔廟舉行的釋奠等禮儀用樂，是中國古代雅樂體系的組成部分。因爲孔廟廣泛地分佈於各地府、縣，存留至今的孔廟釋奠禮儀文獻、禮器、樂器數量十分龐大，各地孔廟釋奠禮樂作爲一種活的文化傳統，仍被部分地保存下來，近年來隨着傳統文化的復興，孔廟釋奠禮樂也呈現復興之勢。學界對清代各地的釋奠禮樂也作出了許多研究，這些研究往往以地域爲單位。

洪江綜述了 20 世紀 50 年代以來有關"清代祭孔釋奠禮樂"的研究，從 20 世紀 50 年代相關研究開始被一二研究者關注，到 21 世紀研究成果豐富、祭孔禮樂本體得到研究、祭孔禮樂的地域性傳播研究進一步拓展，"清代祭孔釋奠禮樂"這一主題得到了更深入細緻的研究。④ 儘管尚不全面，卻依然反映了相關研究的進展，具有參考價值。

關於清代雲南地方的釋奠禮樂，隨着漢文化向西南邊疆地區的傳播，雲南

① 譚贇：《清代宫廷音樂的歷史發展與文化發微》，《蘭臺世界》2014 年第 18 期。

② 束霞平：《滿蒙漢民族融合下的清代皇家儀仗音樂制度的承繼》，《民族藝術研究》2014 年第 6 期。

③ 曹連明：《八音克諧：清代皇帝大婚中的皇家禮樂》，《紫禁城》2019 年第 4 期。

④ 洪江：《20 世紀 50 年代以來有關"清代祭孔釋奠禮樂研究"的述評》，《内蒙古大學藝術學院學報》2017 年第 1 期。

各地建立文廟，廟學釋奠禮樂與雲南地方文化交流融合，形成獨具特色的地方釋奠禮樂，並一直延續至今。在今日的雲南民族博物館等場館，仍可看到大量清代的廟學釋奠禮樂的樂器及演奏場景復原。近年來，洪江等學者對雲南釋奠禮樂作出了不少研究。洪江考察了清代以前雲南廟學釋奠禮樂的發展變化，認爲南詔時期雲南大理地區可能已經出現了中原釋奠禮樂文化。宋代時期，釋奠禮樂在雲南很可能已經存在；元代雲南建立行省制度，雲南建立廟學，祭孔典禮廣泛出現於雲南廟學之中；明代出現了關於雲南廟學釋奠禮樂的詳細記載。① 至於清代雲南廟學的釋奠禮樂，洪江、郭亞非認爲清朝統治者通過在雲南地區建設廟學、推廣釋奠禮樂來傳播以儒學爲核心的漢文化，清代雲南釋奠禮樂的發展，與雲南廟學的恢復與拓展密切相關。② 關於雲南建水地區釋奠禮樂在元、明、清時代的發展，及其在當今的傳承，洪江根據建水地方志等史料作出了考察，認爲經過數百年傳承的建水廟學釋奠禮樂逐漸演變爲一項民間傳統，以作爲民間組織的洞經會爲載體，並經歷了地方化、平民化的改造。③ 另外，洪江通過考察清代雲南大理地區、臨安地區的洞經音樂與文廟釋奠禮樂的交流互動，指出清代雲南地區本土的洞經音樂有“儒化”的現象，而文廟釋奠禮樂則有“俗化”的現象。因爲雲南各地漢文化積累存在地域性差異，所以清代廟學釋奠禮樂在傳播過程中，與地方洞經音樂互相影響。④ 秦序認爲傳統雅樂並非“反人民的”文化糟粕，“研究清代雲南釋奠禮樂，可爲中國音樂史研究、音樂人類學研究以及非物質文化遺産傳承保護，等等，提供有價值的參考借鑒，也是具體探討中華音樂文化多元一體格局如何形成、如何發展的生動例證”⑤。

關於清代湖北釋奠禮樂，李莉考察了清代湖北各府縣釋奠禮樂的發展過程，認爲清初順治到康熙早期是湖北府釋奠禮樂的沉寂期，此時釋奠儀式無樂；康熙二十六年至乾隆早期，是湖北府釋奠禮樂的復甦期；乾隆時期至道光

---

① 洪江：《清代以前雲南釋奠禮樂傳承歷史探源》，《民族藝術研究》2014 年第 3 期。

② 洪江、郭亞非：《清代雲南廟學建設及儒學發展對釋奠禮樂的影響》，《民族藝術研究》2015 年第 3 期。

③ 洪江：《釋奠禮樂在建水的歷史變遷與當代傳承》，《民族藝術研究》2016 年第 5 期。

④ 洪江：《儒化、俗化——清代廟學釋奠禮樂與洞經音樂的相互影響》，《中國音樂學》2020 年第 2 期。

⑤ 秦序：《略談清代雲南釋奠禮樂研究的當下意義與價值》，《藝術學研究》2020 年第 2 期。

時期，是湖北府釋奠禮樂發展的平穩期；從咸豐年間的兵燹開始，是晚清釋奠禮樂的衰敗期。① 另外，李莉還主要以清代湖北各種地方志爲史料，考察了清代湖北省文廟的釋奠樂器、樂隊組織，認爲“考究典籍”“遵循古制”“延續華夏之禮制”是王朝雅樂追求的極致，釋奠禮樂服務於清王朝的政治統治之需要，並不關注音樂本身。②

關於清代山西地區的釋奠禮樂，孫豪以平陽府爲例，詳細考察了該地清代釋奠禮樂的場所建置、器物陳設、人員組織、樂章版本、樂舞佾數、樂律制度等問題，認爲以釋奠禮樂爲代表的清代國家祀典禮樂在地方上很難落實，地方禮樂在舉行時儀節並不完善，大多州、縣不能如期舉行，甚至名存實亡。但是作爲“正統文化”之象徵的禮樂在地方得以展示，仍是清代平陽府地方音樂不可或缺的組成部分。③

四、戲劇禮樂研究

許多學者將演劇、戲曲等列入清代禮樂的範疇。清代建立樂部和吸納其他司樂機構，形成了基本的禮樂制度。宫廷演劇在皇帝、臣下的觀念中，是被作爲宴樂看待的。清宫戲曲在劇本編創、劇碼選擇等方面也與宫廷演劇機構的定位保持高度一致，體現了明顯的樂爲禮設的意味。在清宫演劇搬演過程中，有規定細緻的禮儀流程，對不同的人所行之禮有明確規定。而且宫廷演劇還有調和上下人情的作用。綜合這些因素，將清宫演劇視爲宫廷禮樂的一部分，很有道理，如此禮樂研究的範圍拓寬了，對於我們較有啓發。④除此之外，柯尊斌强調宫廷戲曲與國家禮樂文化的緊密聯繫，指出宫廷戲曲的禮樂文化特性，認爲清代前期的宫廷戲曲承擔着文化融合、移風易俗、宣揚德政、懷柔遠人的政治功能；但清代中後期宫廷戲曲受民間戲曲影響，娛樂性功能逐漸佔據主導地

---

① 李莉：《清代湖北府縣釋奠禮用樂的歷史變遷》，《黄鐘》2020 年第 3 期。

② 李莉：《清代湖北釋奠樂隊的組合與變遷》，《雲南藝術學院學報》2020 年第 3 期。

③ 孫豪：《清代平陽府實施國家祀典禮樂考述——以文廟釋奠禮樂爲例》，《中國音樂學》2011 年第 2 期。

④ 曾凡安：《試論清宫演劇的禮樂性質》，《浙江學刊》2009 年第 2 期。該文指出清代禮制對前代的繼承，然而在樂制方面則迥異於前代。清代司樂機構、演奏樂部及樂舞名稱和内容大多與前代不同，且清代禁除了延續已久的樂籍，將教坊司改爲和聲署而歸到了樂部。該文還指出，除了樂部各有職司，分管不同禮樂之外，還有隸屬於南府和景山(後改爲升平署)所司掌的内廷戲曲及中和樂、十番學諸藝，擴展了清代禮樂所指代的範圍。

位，呈現出由雅變俗的趨勢。①

清代部分戲曲被視爲有礙社會風俗，被政府加以禁毁。宫廷演劇受禮樂約束，能夠符合禮教，保持雅化。而民間日常演劇受市場引導，在逐利目標的引導下，逐漸通俗化甚至庸俗化，從而成爲被禁毁的對象。清代有具體的禁戲律令對各類聲腔與劇碼的禁毁，以及對於觀戲、設戲園、蓄養優伶等方面的禁令，反映了清代統治者的禮教觀。同時，清代禁毁戲劇的歷史過程和特質規律，反映出當時禁毁戲劇的發生發展、形態演變的作用和影響，尤其是戲曲禁毁對於戲曲生態發展的影響，具有一定的現實啓示意義。丁淑梅《中國古代禁毁戲劇史論》一書對禁毁戲劇史料也作了全面而系統的發掘，有利於其後學者研究。②

另有學者探討了清代官方禁戲的緣由、過程等内容，從歷史文化的層面展現了清廷禁毁戲曲的整體面貌。將清代禁毁戲曲分爲三個階段：康雍時期的展開、演化期，乾隆時期達到巔峰，嘉慶以後則爲退潮期。同時指出清廷禁毁戲劇所具有的濃厚的民族主義色彩、地域性和制度化的特點。③

清代地方官府的戲曲活動主要有祭祀演劇、萬壽慶典演劇及署宅堂會演劇三種類型，這些演劇之所以能興盛，與清代朝廷重視宫廷戲曲並逐漸將其視爲禮樂文化的一部分有很大關係。加之民衆樂於接受此種文化形式，地方演劇實質上是宫廷戲曲風習的輻射，同樣具有禮樂教化的性質。曾凡安指出清代地方"有祀必有戲"、地方官府演劇的實質是禮樂，更具體地説，是配合地方諸禮而演的"樂"。④

總而言之，清代的禮樂同樣可以從中央和地方兩個方面來考察。在中央，清朝統治者重視禮樂的教化作用和儀式價值，從而在辭章、樂舞、規模等方面都給予充分的關注，在注重參與禮樂儀式的同時，也重視禮樂的發展。而在地方，禮樂主要在節令、廟會等時候才由官方主持。而更加貼近民衆生活的，則是被一些人視爲具有禮樂教化性質的戲劇、戲曲等藝術形式。這些戲曲無疑具有教化功能，但更多地則是娛樂性質的。而也正因如此，戲曲戲劇中容易出現

---

① 柯尊斌：《從禮樂到娱樂：清代宫廷戲曲發展演進的一個維度》，《西北大學學報》(哲學社會科學版)2020年第1期。

② 丁淑梅：《中國古代禁毁戲劇史論》，中國社會科學出版社2008年版。

③ 孫建傑：《清廷禁毁戲曲現象研究》，河南大學碩士學位論文，2007年。聶碧榮：《清代禁毁戲曲與禮樂教化》，華東師範大學碩士學位論文，2010年。

④ 曾凡安：《禮樂視野下的清代地方官府演劇初探——以直省地區的府廳州縣爲考察中心》，《浙江學刊》2010年第3期。

一些不符合官方意識的内容，從而會受到官方的監督和查禁。但總體來説，禮樂的教化意義是强烈的，雖然普通民衆對此未必瞭然於胸，但卻可能在潛移默化中接受各種各樣的規勸和教導。

第六節　禮俗和禮教研究

一、禮俗研究

禮與俗關係密切，而且往往可以互相轉化，在很多情況下甚至到了難分彼此的程度。但禮、俗二者在根本上又有所區别，禮是基於人情與習俗而作出的具有普遍意義的規範，故禮制往往有不諧於俗情者。禮制需要因應人情與習俗而作出適當的改變，人情與習俗也要受到禮制的規範。在上文"禮制研究""禮法研究"部分所提及的論著，也有涉及民俗者。爲了避免重複，在"禮俗研究"部分，我們只對與民俗關係較緊密的關於"禮"的研究進行綜述。

(一)禮俗與社會生活史研究

馮爾康、常建華合著《清人社會生活》，内容極爲豐富，是了解清代社會禮俗和禮教的重要作品。此書從清代社會群體和社會結構、生活方式及其演變、人口和社會、少數民族社會生活等方面着手，研究了清代家庭、宗族、社會組織生活以及社會結構、等級制度和衣食住行、婚喪嫁娶、時令節日、文化娱樂和社會交往等方面展示清人的社會生活。也間接地揭示了清人物質生活水平和精神生活趣味，無疑也是屬於禮俗範圍的。①

關於清代禮俗的研究，涵蓋的範圍非常廣泛。包括生活行動之禮，飲食飲酒之禮，祈雨禳災之禮，以及婚喪嫁娶等。毫無疑問，前面已經提到的禮制、禮儀等，都可以歸入禮俗的範疇之内。需要注意的是，一般認爲，習俗是禮下移到民間之後所形成的，但恐怕在官方的禮同樣可能造成某種習俗。大概具有實踐性、穩定性、群體性、公共性的禮，都可以視爲習俗。②

① 馮爾康、常建華：《清人社會生活》，天津人民出版社 1990 年版。
② 前文已涉及的關於清代婚喪嫁娶等各方面的禮儀，大多可歸入禮俗的範疇。

（二）清代具體禮俗揭示和研究

在禮俗的領域，學者們的研究呈現出深入細碎的特點。下面分飲食、婚姻、喪葬等不同方面對相關研究進行簡要介紹。

1. 飲食禮俗

吳空關於清代宴會禮儀有三篇介紹性短文，《宗室與宗室宴——西苑和清代宴儀之一》《凱旋宴——西苑和清代宴儀之二》《外藩和外藩宴——西苑和清代宴儀之三》，① 內容頗爲豐富，向讀者介紹了清代宗室與宗室宴、凱旋宴及外藩和外藩宴的意涵、禮儀以及設宴原因和目的等，簡略地指出了清代宗室的不同等級及因此造成的服飾、禮儀差異。清代大規模的宗室宴據記載僅三次，時間分別爲乾隆十一年、四十八年及嘉慶九年，三次宴典都有詳細記載，《宗室與宗室宴——西苑和清代宴儀之一》一文介紹了其中的跪禮、用樂和賦詩情形。其餘二篇形式相近，同樣介紹了宴會的儀式與活動。

侯瑞秋關注宮廷飲食所體現出的禮俗特點，甚至把禮俗產生的源頭歸結於人們的飲食活動中，同時展示清宮的日常食制、歲時食制、信仰食制及禮儀食制等方面。各種食制各有禮儀規定，展演出來便是禮俗。清代宮廷中之所以會有這些關於飲食禮俗的繁文縟節，其宗旨是爲了培養人們“尊讓契敬”的精神，要求社會各階層的人們都遵照禮的規定秩序從事飲食活動，以保證尊卑秩序。②

宮廷之外，民間飲食禮俗也有關注。岑大利《清代的飲酒禮俗》分三部分講述清代的飲酒禮俗，包括滿族人的飲酒禮俗、漢族飲酒禮俗的變化、鄉飲酒禮在清代的傳承和消失。③ 劉征宇研究清代上層社會公宴中的飲食禮俗，從請帖與知單、方桌與圓桌、筵式與宴程、舉杯與持箸、戲曲與酒令這五個方面進行分析，强調上層社會公宴禮俗在促進人際關係、增進彼此感情方面的作用。④

2. 婚姻禮俗

關於清代婚禮儀節，我們在“禮制研究”中已有概述，此處不再重複，只

---

① 吳空：《宗室與宗室宴——西苑和清代宴儀之一》《凱旋宴——西苑和清代宴儀之二》《外藩和外藩宴——西苑和清代宴儀之三》，三篇皆載於《紫光閣》，分別爲 1997 年第 4、5、6 期。

② 侯瑞秋：《清代宮廷飲食禮俗初探》，《滿族研究》2000 年第 4 期。

③ 岑大利：《清代的飲酒禮俗》，《文化學刊》2009 年第 3 期。

④ 劉征宇：《中國傳統飲食禮俗研究——以清代上層社會公宴爲例》，《健康與文明：第三届亞洲食學論壇（2013 紹興）論文集》，浙江古籍出版社 2014 年版，第 222~228 頁。

就清代婚禮與民俗關係較爲緊密的一些面向及其相關研究略作介紹。高松追溯了肅慎、挹婁、勿吉、靺鞨、女真等所謂“滿族共同體”歷史上的古代民族的婚俗，又考察了清代滿族入關以前的一夫多妻的收繼婚習俗。滿族入關之後，經歷了從一夫多妻到一夫一妻多妾的轉變。滿族婚嫁禮儀包括打聽親事、説親、下定禮、下大禮、送嫁妝、結親、歸寧等環節。高松認爲，隨着滿族生活方式的轉變，其文化模式也發生轉變，從漁獵、遊牧的文化模式轉變爲與漢民族相近的農耕文化模式。①

除了對於清代婚禮整體性的研究之外，另有對於婚禮中的某一要素作專門研究的。例如，劉薇結合文獻與實物，考察清代婚姻禮俗中的“庚帖”，認爲庚帖一般載有雙方“八字”、主婚人、所在地區、父母年齡等信息，庚帖的重要作用是測試雙方八字是否相合。劉薇還探討了“庚帖”與“婚書”的關係，認爲兩者既有重合又有區别，兩者都有作爲婚姻法律依據的情形。“庚帖”隨着婚俗的變化而變化，並非單一概念，在不同情境下有不同種類和作用。② 付永正、刁書仁考察了清代東北旗人婚禮中的跨鞍禮，包括其出現過程、寓意、在婚禮中的次序、出現的原因，等等。他們認爲，清代東北旗人婚禮中採用跨鞍禮，是漢族文化與習俗向當地旗人群體持續傳播的結果，東北旗人婚禮借用漢族跨鞍禮，是旗人接受漢族文化習俗的一種行爲及其外化表現，也是民族融合的表現之一。③

清代地域跨度大，婚姻禮俗留存資料多，不同地域之間的婚俗也有很多差别，有些學者專注於某一地域之婚俗研究，有些研究進行不同地域之間的比較研究。比如姜晨考察了清代山東的婚俗儀式，尤其重點關注山東婚俗中音樂的形態及其功能。④ 白昌紅考察清代山西婚俗，根據婚前禮俗、嫁娶儀式、婚後禮俗這三項指標，把山西分爲晉南、晉東南、晉中、晉北四個婚俗區，這四個婚俗區又可進一步細分爲不同的亞區。關於不同婚俗區的形成原因，白昌紅認爲自然地理環境、經濟發展水平的差異是基本原因，但歷史文化因素、人爲的行政區劃也對不同婚俗區的形成起到了作用。⑤ 李亞凝比較了清代山東地區與

---

① 高松：《滿族婚俗文化略論》，《滿語研究》2010 年第 2 期。

② 劉薇：《清代婚禮中的“庚帖”》，《都會遺蹤》第 11 輯，學林出版社 2013 年版。

③ 付永正、刁書仁：《清代東北旗人婚禮中跨鞍禮述論》，《滿語研究》2013 年第 2 期。

④ 姜晨：《音樂在婚姻禮俗中的功能——以清代山東地方志爲例》，《東嶽論叢》2009 年第 4 期。

⑤ 白昌紅：《清代山西婚俗的區域差異》，《晉中學院學報》2010 年第 1 期。

閩南地區婚禮儀節及其文化意義的異同。作者認爲山東地區的經濟形態是農耕形式下的有序前行，社會結構具有趨同性；閩南地區的經濟形態是貧瘠壓力下的商業擴張，社會結構具有破碎性。經濟形態、社會結構的不同，導致兩個地區的文化結構也有所不同。以“三禮”爲參照系，具體考察清代山東、閩南兩個地區在傳統婚禮“六禮”儀節上的異同之後，作者認爲山東地區的婚禮，在注重形成一個經濟單位的同時，也强調其作爲文化單位的性質；而閩南地區的婚姻作爲經濟體的意義大於文化意義，這導致閩南地區婚姻的意義注入强度無法達到山東地區的强度，由此造成婚姻絶對形成需要婚後的過程。①

3. 喪葬禮俗

喪葬也是禮俗中的重要項目之一。關於清代喪葬禮俗的宏觀特點，葛玉紅以清朝滿漢融合爲背景，並關注西方文明衝擊之下清末喪禮的變化，指出了清代喪葬習俗的一些特點。② 作者從清代喪葬禮儀中的復衣、飯含、銘旌以及棺槨、墓碑、儀仗、陵墓等方面説明清代喪葬中等級森嚴。該文還指出，清代喪葬風俗糅合了滿族舊俗和漢族喪葬禮儀及佛教思想，同時仍然保留了大量滿族的民族特性。清代統治者在喪禮中加入截髮、殷奠、百日剃頭、摘冠纓等規定，是明顯的滿族特徵。20 世紀起，清代喪葬習俗發生變化，如喪葬從簡、西式喪禮出現、新舊並用等。該文叙述清代喪禮變化之總趨勢，仍然算是較爲恰當的。另外，張海霞從宏觀角度對清代喪葬禮俗進行總結，並概括出三個方面的特點：第一，沿襲了中國古代土葬爲主的習俗；第二，喪禮多採用道教形式，但佛教也對喪禮産生一定影響；第三，喪葬等級制度更加森嚴。③

也有學者重點關注清代滿族喪葬禮俗。清朝統治者入關前後實行火葬、以剪髮代替人殉、殷奠、棺槨等形式，體現的就是滿族特色。滿族喪葬花費甚靡、滿人常請喇嘛誦經、滿人服喪喪期輕於漢人等角度，也展現出與漢族喪葬習俗的不同。④ 至於清代帝后的喪葬禮俗，劉毅以清代孝莊文皇后未與太宗合葬昭陵，而是葬在兒孫陵園的大門外所引發的猜疑爲引，指出清代統治者入關後漸改變滿族死後火葬的舊俗和舊觀念，接受中原文化之土葬的禮俗。孝莊文

① 李亞凝：《清代山東婚禮與閩南婚禮之比較研究——以“三禮”爲參照系的方志考察》，《原生態民族文化學刊》2013 年第 2 期。

② 葛玉紅：《清代喪葬習俗特點之研究》，《遼寧大學學報》（哲學社會科學版）2004 年第 3 期。

③ 張海霞：《淺議清代喪葬禮俗》，《中外企業家》2009 年第 9 期（下）。

④ 岑大利：《清代滿族的喪葬習俗》，《故宫博物院院刊》1992 年第 4 期。

皇后不同尋常的葬禮，只不過是一個折射。① 該文揭示了康熙帝以前的清代三位皇帝太祖、太宗、世祖皆行火葬，此種火葬習俗不僅爲清朝皇室所採取，也流行於滿族貴族之間。直到康熙帝之後，此俗始被改變，帝后葬俗漢化於此時完成。死於康熙二十六年(1687 年)的孝莊太皇太后，彼時已經漢化甚深，不願再以滿俗火葬，這就是她爲何在遺囑中提出諸多不合前朝禮制的葬法的原因。而她這種葬法所標志的轉變，所確定的制度，爲後世所繼承。乾隆初年起，晚於皇帝去世的皇后(或嗣皇帝生母)不再與皇帝合葬，另行建陵，成爲定制。

因爲存世的關於清代喪葬禮俗的文獻數量衆多，且不同地域之間，喪葬禮俗也有較大區别，所以也有學者重點考察清代某一地域的喪俗。比如姜晨考察清代山東喪俗及喪禮過程中的用樂，認爲清代山東喪葬儀式可分爲小殮、大殮(成服)、吊孝、出殯、埋葬這五大步驟，每個步驟都要使用音樂，包括鼓吹、百戲、梨園、雜劇等不同的音樂形式，這些音樂有表達悲傷、哀怨、激奮等情緒的功能，背後隱藏着人們的審美情趣、價值取向和人生追求，有穩定社會的作用。②

清代喪葬禮俗中有所謂“洗筋”，即民俗學中的“洗骨葬”，關注清代喪葬禮法的學者大多注意到了這個問題。清代統治者禁止洗骨葬。清代律令就明確禁止洗筋風俗。清代洗筋習俗有其產生的緣由，即與自然環境、風水觀念、停柩不葬、移民遷徙、民間孝道觀等都有關係，這就推助了生者爲死去之人舉行洗骨葬。清廷將洗筋的原因定爲風水(部分地區認爲通過洗自家亡者之屍骨，觀其顏色，可知風水之吉凶禍福)，認定這一葬俗的產生僅僅和個人對於吉凶的好惡有關，可能過於粗糙。而此種習俗還有隱蔽性、利益相關性等特點，故不容易被界定爲違逆律令。因此，雖然此種風習違背朝廷關於孝道的觀念，卻仍舊延續久遠。③

除了上述學者關注較多的飲食、婚姻、喪葬等禮俗之外，針對其他禮俗，學者也從不同角度作出了許多具體研究。比如朱鳳祥《論清代祈雨禳災的禮俗》關注清代官方和民間的祈雨(或祈晴)禳災之禮。除了官方規定行雩典之外，還必須配套有相應的禮器，執行相關儀式。④ 可以窺見，禮俗作爲踐行禮

---

① 劉毅：《昭西陵與清代帝后喪葬禮俗更易》，《故宫博物院院刊》1992 年第 4 期。

② 姜晨：《清代山東喪俗及其音樂研究——以清代山東地方志爲例》，《齊魯師範學院學報》2011 年第 3 期。

③ 劉鄂：《清代喪葬中的洗筋之禁》，《歷史檔案》2018 年第 2 期。

④ 朱鳳祥：《論清代祈雨禳災的禮俗》，《農業考古》2011 年第 1 期。

的習俗，儀式對其之所以成爲習俗是十分關鍵的。關於其他禮俗細節的研究較多，我們無法一一介紹，只能從略。

二、禮教研究

廣義的禮教指通過禮樂、禮儀、禮俗等活動，來實行儒家教化，推行儒家文化。目前唯一一部專門論述禮教的著作是蔡尚思的《中國禮教思想史》。① 該書選取自先秦至民國代表人物一百六十餘名，逐一概述其思想特色及其在傳統禮教史上的影響。

對於明清時期，有凌廷堪、李汝珍、李漁、康有爲等思想家和文人、學者。蔡尚思認爲中國傳統社會不論政治、法律、教育、道德、文史哲學、藝術等，無一不受禮教影響。而"中國禮教思想所涉之範圍，略就科學方面而言，即涉及哲學、倫理學、政治學、法律學、經濟學、教育學、心理學、社會學、風俗學、歷史學、文學、藝術、宗教諸如此類；略就内容方面而言，約涉及仁禮關係、禮教、禮制、君權、父權、夫權、男權、女權、參政、宗法、男系、血統、親戚、親疏、别愛、兼愛、婚姻、戀愛、多妻、多夫、貞女、節婦、忠臣、孝子、女才、女學、喪服、纏足、奴婢、妓女、宦官、人欲、天理、生理、情感、家庭、遺産、人格、人道、人權諸如此類。至於人物方面而言，則所涉之範圍更爲廣泛"②。

可以説，個人與群體生活的方方面面，禮教思想無處不在。蔡尚思此書，似在男女權利方面着墨尤多。③

清代皇帝有通過頒佈《聖諭》而進行教化的傳統，康熙頒佈有"《聖諭》十六條"，雍正頒佈"《聖諭》廣訓"。這是清代加强思想控制和禮教推行的重要措施，當時各地方長官和文人都曾對之進行多種闡釋解説。周振鶴《聖諭廣訓：集解與研究》是此領域的開創之作，較好地揭示了清代官方禮教的實態。④

---

① 蔡尚思：《中國禮教思想史》，上海古籍出版社 2006 年版。

② 蔡尚思：《中國禮教思想之我見》，《學術界》2008 年第 4 期。

③ 陳寧寧：《讀蔡尚思的〈中國禮教思想史〉》，《中國哲學史》1999 年第 3 期。另外，顧濤從 20 世紀以來百年"反禮教思潮"的學理演進脈絡中評述蔡尚思的《中國禮教思想史》，可以參看。顧濤：《論百年來反禮教思潮的演生脈絡》，香港《能仁學報》2014—2015 年度第 13 期。

④ 周振鶴：《聖諭廣訓：集解與研究》，上海書店出版社 2006 年版。

小　　結

清代是禮學復興和繁榮的時期，清代學人對禮學的研究成果極爲豐富。後世治禮之學者，除了閱讀“三禮”（加上《大戴禮記》而成“四禮”）經學文本和注疏文本之外，還必須瞭解清人在此問題上的研究和論争，以明白學術發展程度，減少做重複性或無意義的工作。目前學界對於清代禮學家的個人生平、交遊及著述，都有或深入或簡單、或豐富或單薄的研究。

除了對清代禮學家及其學術成果的探究之外，學術界亦採用現代歷史研究方法對清代的禮學實踐，如禮儀、禮制及禮俗、禮法等問題作了一些研究。這些研究主要以清代禮典爲根據，同時結合《清實録》《清史稿》等文獻，分析禮在實際生活中的踐行情況。

由於清朝爲少數民族入主中原的政權，因而其少數民族禮俗、觀念等，同樣是學術界關注和研究的對象。無論從滿族遊牧民族文化服膺漢族農耕文明的角度，還是從互相吸收、改變的“文化涵化”角度出發，學者對於清代滿漢禮文化的融合都投去關注的目光，成果豐碩。

就具體的内容而言，對清代喪葬、祭祀、婚禮、朝貢、禮樂、禮法等方面的研究較多，這應當與它們的重要性、常用性有關。當然，文獻資料的充分，同樣是一大原因。毫無疑問，不同時代的研究旨趣也是一大原因，如朝貢制度、禮法關係研究等便是現代學術思潮推助下的結果。

目前學界關於清代禮儀、禮制、禮俗的研究數量較多，但也存在着部分主題研究者扎堆，另外一些主題受到冷落的狀況。真正能在清代禮學家的基礎上對禮經文獻學研究有所推進者似亦不多。因此，對於清代禮學或禮文化的研究，還有較大的空間，可以繼續深化。

第九章　晚清民國禮學研究

近代社會的動盪、思想觀念的變革、西方文化的傳播，使晚清民國禮文化在傳承演變中呈現出複雜的局面。

相關成果可以從三個層面進行宏觀把握。第一，晚清民國學者的禮學研究，其中包括：對“三禮”及注疏文本的文獻學研究，對“三禮”名物、制度、思想的考證與分析，借禮經對現實問題提出的意見，圍繞禮法、禮教等問題的討論等。第二，現當代學界對晚清民國官方禮制的研究，這涉及 1840 年至 1949 年間清政府與民國歷屆政府的禮制改革和重要典禮。第三，現當代學界對近代社會禮俗變遷的研究。

第一節　“三禮”文獻研究

晚清民國，經學大師輩出。晚清禮學的集大成者當屬黃以周。如前所述，梁啓超認爲，清代“貫通群經的禮學著作”有三部：清前期徐乾學的《讀禮通考》、清中期秦蕙田的《五禮通考》以及清後期黃以周的《禮書通故》。① 黃氏《禮書通故》全書百卷，對古代禮制、職官、名物、樂律、刑法等方面都有網絡。該書體系宏大，内容詳實，是近現代“三禮”研習者的重要參考書。其整理本已經出版。②

黃以周之後，晚清鑽研“三禮”者不乏其人。晚清古文經學家俞樾著有《〈周禮〉平議》《〈儀禮〉平議》《〈禮記〉平議》。③ 今文經學家王闓運撰有《〈周

① 梁啓超：《中國近三百年學術史》，《飲冰室專集》，中國書店出版社 1985 年版，第 188~189 頁。

② 黃以周：《禮書通故》，王文錦點校，中華書局 2007 年版。

③ 俞樾：《群經平議》，《續修四庫全書》第 178 册，上海古籍出版社 2002 年版。

官〉箋》《〈禮經〉箋》《〈禮記〉箋》。① 皮錫瑞的《經學歷史》最初刊刻於 1907 年。該書是第一本以“經學歷史”命名的著作，長期以來被看做經學史研究的重要代表。在此書中，與“三禮”學相關的内容佔很大篇幅。② 此外，《皮錫瑞全集》已整理出版，其中有《魯禮禘祫義疏證》《王制箋》《禮記淺説》等書，亦殊爲重要。③ 民國初期，王國維的《經學概論》篇幅雖小，卻對“三禮”成書、流傳、漢代人的整理與注解等問題都有考辨。④ 這説明，禮學研究並没有因晚近的時代變遷而中斷。

關於民國時期的禮學研究，當代學界已有梳理。《二十世紀中國禮學研究論集》和《民國期刊資料分類彙編·三禮研究》爬梳、彙集了近代中國的重要禮學論文。⑤ 潘斌的《二十世紀中國三禮學史》和蓋志芳的《民國禮學的歷史考察》對近代禮學研究作了系統回顧。⑥ 此外，田漢雲的《中國近代經學史》、彭林的《三禮研究入門》等成果，從不同角度分析了近代重要禮學名家與禮學著述。⑦ 這對今人瞭解民國禮學有重要輔助作用。

以下從五個方面梳理近代的禮學成果：禮學代表著述、“三禮”的成書、關於《禮記》的篇章、“三禮”注疏的考察、當代學者對近代禮學的研究。另外，下文不再嚴格按照今、古文經學來劃分學者及其觀點。

一、禮學代表著述

近代有關《周禮》的重要成果，當屬成書於清晚期孫詒讓的《周禮正義》。孫氏反復校勘考核《周禮》經、注、疏文本，分析考察歷代學人的注解疏解。

① 王闓運：《湘綺樓全書》，清光緒、宣統年刊本。

② 皮錫瑞：《經學通論》，中華書局 1954 年版。

③ 皮錫瑞：《皮錫瑞全集》第四册、五册，吳仰湘點校，中華書局 2015 年版。

④ 王國維：《經學概論》，《王國維全集》第 6 卷，浙江教育出版社 2010 年版，第 317~319 頁。

⑤ 陳其泰等編：《二十世紀中國禮學研究論集》，學苑出版社 1998 年版。耿素麗、胡月平選編：《民國期刊資料分類彙編·三禮研究》，國家圖書館出版社 2009 年版。

⑥ 潘斌：《二十世紀中國三禮學史》，南京大學出版社 2016 年版。蓋志芳：《民國禮學的歷史考察》，山東師範大學碩士學位論文，2007 年。

⑦ 田漢雲：《中國近代經學史》，三秦出版社 1996 年版。彭林：《三禮研究入門》，復旦大學出版社 2012 年版。范麗梅主編：《三禮、小學研究》，《變動時代的經學與經學家：民國時期(1912—1949)經學研究》第 3 册，臺灣萬卷樓圖書股份有限公司 2014 年版。還有考察晚清禮學著述的論文，如沈文倬：《清代禮書提要三種》，彭林主編：《中國經學》第 7 輯，廣西師範大學出版社 2010 年版，第 31~36 頁。

而且，該書在考究名物制度方面有重要貢獻。《周禮正義》體例嚴謹、組織緊密、内容詳實、資料豐富。直至今天，它仍然是研習《周禮》不可或缺的參考書。

關於《儀禮》的代表成果有多部。其中，成書於清中後期的《儀禮正義》是系統考察《儀禮》的重要著作。在書中，胡培翬對《儀禮》各篇梳理結構，分析旨意。他不僅在經義闡釋方面多有貢獻，在對經文、鄭注、賈疏的校勘上也做了很多工作。梁啓超在《中國近三百年學術史》中對此書予以極高評價。該書是清代《儀禮》學的集大成之作，也是近現代學人閱讀、研究《儀禮》的重要參考著作。此外，吳之英(1857—1918 年)有《儀禮奭固》《儀禮奭固禮事圖》《儀禮奭固禮器圖》等著作。曹元弼(1867—1953 年)的《禮經校釋》是校勘、解釋《儀禮》的著作。① 他的《禮經學》按明例、要旨、圖表、會通、解紛、闕疑、流别七項對《儀禮》進行分析。②

清代中期，圍繞《禮記》，相繼出現過孫希旦《禮記集解》、朱彬《禮記訓纂》兩部重要著作。晚清以後，在《禮記》文獻方面幾乎没有可以傳世的重要成果。

另外，民國時期出現了兩部與“三禮”有關的索引書。葉聖陶曾在 20 世紀 30 年代編纂出版了《十三經索引》。近乎同時，洪業主編的《儀禮引得》《周禮引得》《禮記引得》陸續由哈佛燕京學社出版。這兩部書籍，對於研究者檢索“三禮”文句在很長時期都具有重要的輔助作用。

二、“三禮”的成書

圍繞“三禮”作者、成書與文本的考察，内容豐富，論點頗多。

1.《周禮》

關於《周禮》的成書，晚清學者多有討論。今古文兩派的觀點界限明確。龔自珍(1792—1841 年)屬今文經學派，主張《周禮》是晚周時期的作品，是“晚周先秦之士掇之拾舊章所爲”③。皮錫瑞《經學通論・三禮》認同何休“六國陰謀之書”的説法，主張《周禮》成書於戰國時期，與周代制度不合。④

---

① 曹元弼：《禮經校釋》，《續修四庫全書》第 94 册，上海古籍出版社 2003 年版。

② 曹元弼：《禮經學》，《儒藏》(精華編・七三)，北京大學出版社 2012 年版。

③ 龔自珍：《六經正名》，《龔自珍全集》第 1 輯，上海古籍出版社 1975 年版，第 37 頁。

④ 皮錫瑞：《經學通論・三禮》，中華書局 1954 年版，第 49~51 頁。

與這些説法相對，邵懿辰(1810—1861年)在《禮經通論》中認爲，"夫《周官》大體，本亦周公所作，特久而後出，疑有周代後王損益及爲人所竄亂者"①。孫詒讓在《周禮正義》"略例十二凡"中提到，《周禮》爲周公所作，但其中不僅包含周代典章，還包含有黄帝以來至周代的各項制度。② 康有爲對於《周禮》成書的看法，隨其經學觀念的轉向有所改變。湯志鈞根據上海市文物保管單位所藏康有爲《教學通議》稿本發現，在1888年之前，康有爲遵循古文經學，主張六經本是"周公之制"。③ 撰作《新學僞經考》時，康有爲轉向今文經學，認爲《周禮》是劉歆僞造之書。④ 在《周禮》成書的問題上，今古文經學的分閾仍然明顯。

民國時期，關於《周禮》成書及其内容的時代背景仍有争論。錢穆、郭沫若關於"戰國成書"説作了詳盡論述。錢穆《〈周官〉著作時代考》從祀典、刑法、田制以及封建、軍制、外族、音樂、喪葬等方面對《周禮》著作時代作了詳細考證，主張《周禮》成書於戰國晚期，反對《周禮》爲周公制作、或爲劉歆僞造的觀點。⑤ 郭沫若在20世紀30年代寫成《金文叢考》。其中的《周官質疑》將金文中的官職與《周禮》記載相比對，得出了《周禮》成書於戰國末年的觀點。⑥ 此外，蒙文通在1942年發表文章，從井田、封建、學校、兵制、官制等方面入手，側重考察各項制度在不同時期的變遷；主張《周禮》雖未必由周公創立，但當爲西周時期的主要制度。⑦ 不久，熊十力對此文提出看法："大體甚好，然立言似仍須審慮者。"他主張，對《周禮》應側重於考察其與"現代功利思想，或法治國家等等教育旨趣"之間的相通之處，不應局限於細末問題上。⑧ 這是近代學者圍繞《周禮》成書的代表性觀點。

2.《儀禮》

觀點仍有"早出""晚作"兩大類。胡培翬在《六經作自周公論》與《儀禮

---

① 邵懿辰:《禮經通論》,《清經解續編》第5册卷1277，上海書店1993年版。

② 孫詒讓:《周禮正義》，中華書局1987年版。

③ 湯志鈞:《近代經學與政治》，中華書局2000年版，第152~196頁。

④ 康有爲:《新學僞經考》，古籍出版社1956年版。

⑤ 錢穆:《〈周官〉著作時代考》,《燕京學報》第11期，1932年。

⑥ 郭沫若:《周官質疑》，氏著《金文叢考》，人民出版社1954年版，第49~81頁。

⑦ 蒙文通:《從社會制度及政治制度論周官成書年代》,《圖書集刊》第1期，1942年。

⑧ 熊十力:《論周官成書年代》,《圖書集刊》第2期，1942年。

正義》中反復提及,《儀禮》爲周公所作。① 皮錫瑞考察《儀禮》稱名,認爲現在的17篇《儀禮》在漢代叫"禮"或"禮經";其與篇後的"記"可連稱"禮記";《儀禮》17篇爲孔子所定。② 錢玄同則主張《儀禮》是戰國時代形成的僞書。③

關於《儀禮》有無篇章闕佚的問題,歷來頗有争議。漢代以來,《儀禮》各篇的順序有"大戴本""小戴本""劉向《别録》本"三種。因鄭玄據《别録》本對《儀禮》整理、作注,故歷來學者多從此説。邵懿辰主張《儀禮》17篇即包括一切禮儀,不存在闕佚。在《儀禮》各篇章順序上,他主張遵從"大戴本"的序列。④ 康有爲《新學僞經考》中的觀點與之類似。

3.《禮記》

對於《禮記》各篇來源與整理彙編的討論頗多。在彙編時間上,存在"小戴輯成"與"輯成於小戴之後"兩類觀點。皮錫瑞認爲《禮記》撰作始於叔孫通。⑤ 而洪業通過文獻比對、考證,主張《禮記》成書於戴德、戴聖之後,鄭玄之前的時代中。⑥ 同樣與皮錫瑞意見相左的是蔡介民。他分析以往的有關學説,指出《禮記》各篇"既非成於一時,亦非出於一手",但時代並非西漢或西漢以前。他認爲漢代存在一些雜亂無章的禮類文獻(如《漢書・藝文志》《隋書・經籍志》所録《古禮記》《古文記》),它們在東漢後期經過馬融、盧植等人的整理方形成了後來的《禮記》。⑦ 此後他還繼續撰文,進一步闡述《禮記》"成於馬融、盧植"的觀點。⑧

三、關於《禮記》的篇章

晚清民國學者對禮經中部分篇章的考辨,主要集中在《禮記》的《王制》《禮運》《學記》等篇目中。下舉幾篇加以説明。

---

① 胡培翬:《研六室文鈔》卷1,《續修四庫全書》第1507册,上海古籍出版社2003年版。

② 皮錫瑞:《經學通論・三禮》,中華書局1954年版,第51~52頁。

③ 錢玄同:《答顧頡剛先生書》,顧頡剛編:《古史辨》第1册,上海古籍出版社1982年版,第77頁。

④ 邵懿辰:《禮經通論》,《清經解續編》第5册卷1277,上海書店1993年版。

⑤ 皮錫瑞:《經學通論・三禮》,中華書局1954年版,第64~65頁。

⑥ 洪業:《禮記引得序——兩漢禮學源流考》,《史學年報》第2卷第3期,1936年。

⑦ 蔡介民:《〈禮記〉成書之時代》,《新東方雜誌》第1卷第1期,1940年。

⑧ 蔡介民:《〈禮記〉成書年代再考》,《新東方雜誌》第1卷第5期,1940年。

1.《禮記·王制》篇

在晚清時期，倡導《王制》爲“素王改制”作品的學説頗爲興盛。廖平的“平分今古説”是晚清時期非常重要的一個學術創見。廖平認爲，今文經學、古文經學的主要分别是禮制；《王制》爲今文經學之大宗，《周禮》爲古文經學之大宗。他認爲《王制》“改周制”，“救文勝之弊”，是孔子素王改制的作品；“孔子以繼周當政，故寓其事於《王制》”。① 受其影響，康有爲在《新學僞經考》中也堅持“素王改制説”。皮錫瑞《〈王制〉箋》對《王制》的作者及性質作了論證與闡發，考訂了《王制》的文本，對鄭玄《王制》注中在史實、訓詁上的錯誤作了糾正，對鄭注中的一些不當觀點也作了批評。他認爲，《王制》非漢代博士所作，亦非孟子以後的作品，而是闡述“素王改制”的孔門論著。② 吳仰湘在考察皮錫瑞的經學成就時充分解析了《〈王制〉箋》的學術貢獻，還指出了其中存在的一些明顯錯誤。③ 同時，吳仰湘此書中指出，“俞樾首創《王制》爲孔門素王改制立法之作”。

到了民國時，劉師培與金德建均對“孔子改制”説進行反駁，否認《王制》是孔子改制之作。劉師培主張，《王制》是由漢文帝時的博士輯録師説彙編而成的；主要記述先王之事，包含有不同朝代的制度。通過分析篇章内容，他認爲“素王改制”説有誤，非“群經依《王制》而作”，實爲“《王制》依群經而作”。④ 金德建通過比較不同文獻的内容，認爲《史記》中所提到的“《周官》”，即是文帝時所作《王制》的異稱。⑤ 這是主張《王制》爲漢文帝時期作品的觀點。

2.《禮記·月令》篇

主要觀點有鄒衍五行、新莽僞造、晉學作品等説法。在 20 世紀 30 年代，容肇祖認爲《月令》的根源是鄒衍學説。他主張，《鄒子》是“一切《月令》的原始”，《吕氏春秋》“十二紀”是採擇各種“月令”説法形成的，《禮記·月令》即是由《吕氏春秋》“十二紀”的首章轉抄而來的。⑥ 顧頡剛則認爲，《月令》是新

---

① 廖平：《今古學考》，李耀仙主編：《廖平學術論著選集(一)》，巴蜀書社 1989 年版，第 70~71、78 頁。

② 皮錫瑞箋注，王錦民校箋：《〈王制箋〉校箋》，華夏出版社 2005 年版，第 1~15 頁。

③ 吳仰湘：《皮錫瑞的經學成就與經學思想》，湖南大學出版社 2013 年版，第 419~428 頁。

④ 劉師培：《王制篇集證》，《國粹學報》第 36 期，1907 年。

⑤ 金德建：《王制叢考》，《制言》第 57 期，1939 年。

⑥ 容庚：《〈月令〉的來源考》，《燕京學報》第 18 期，1935 年。

莽時期僞造的。① 到40年代，楊寬在分析前人觀點的基礎上，將已有學説分爲六類進行評述、批駁，並主張《月令》出自戰國時期的晉國。② 蒙季甫則認爲《月令》來源甚廣，《夏小正》、《逸周書·時則訓》、陰陽五行思想、《尚書大傳》等方面，都包含《月令》内容的來源。③

3.《禮記·禮運》等篇

圍繞《禮記·禮運》的釋義、錯簡等問題，鄭沅、高鴻縉、李翊灼等學者曾撰文進行討論。④ 康有爲等人對《禮運》的思想闡發，在“禮義和禮論研究”部分中再作介紹。圍繞《禮記·學記》的成果，主要是王樹枬、董文煜、貝琪等人對《學記》的注解與詮釋。⑤

除以上四篇之外，圍繞《禮記·樂記》《禮記·祭義》《儀禮·喪服》等篇的分章、用詞、經文釋例，也有很多成果。如唐文治《〈禮記·樂記〉篇分章法》和《〈禮記·祭義〉篇分章法》、張清常《〈樂記〉之篇章問題及所用音樂術語》、許同莘《〈喪服〉之商榷》、錢玄《〈儀禮·喪服〉經文釋例》，等等。⑥

另外，還有將《禮記》篇章與其他先秦兩漢文獻進行比照的研究。如沈延國將《禮記·月令》與《呂氏春秋》《淮南子》《逸周書·時訓解》作比對。⑦ 龔權將《孟子》與《禮記》聯繫起來進行考察。⑧ 鄺平樟、郭漢三將《禮記·王制》與

---

① 顧頡剛：《中國上古史研究講義》，中華書局1988年版，第227、238~239頁。

② 楊寬：《月令考》，《齊魯學報》第2期，1941年。

③ 蒙季甫：《〈月令〉之淵源與其意義》，《圖書集刊》第6期，1945年。

④ 鄭沅：《禮運大道之行一節釋義》，《中國學報》第4期，1913年。高鴻縉：《禮運大同篇五讀》，《孔學》第1期，1943年。李翊灼：《禮運大同小康章並無錯簡議》，《禮樂半月刊》第20期，1949年。

⑤ 王樹枬的《學記箋證》共兩卷，分别載於《中國學報》第5、6期，1913年。董文煜：《禮記學記篇今釋》，《光華大學半月刊》第3卷第7期，1935年。貝琪：《學記通詮》，《國學論衡》第6期，1935年。

⑥ 唐文治：《〈禮記·樂記〉篇分章法》，《學術世界》第1卷第8期，1936年。唐文治：《〈禮記·祭義〉篇分章法》，《學術世界》第1卷第9期，1936年。張清常：《〈樂記〉之篇章問題及所用音樂術語》，《中山文化季刊》第1卷第3期，1943年。許同莘：《〈喪服〉之商榷》，《東方雜誌》第4卷第21號，1944年。錢玄：《〈儀禮·喪服〉經文釋例》，《國學論衡》第4期，1934年。

⑦ 沈延國：《〈呂氏春秋·十二紀〉、〈禮記·月令〉、〈淮南·時則訓〉、〈逸周書·時訓解〉異文箋》，《制言》第61期，1940年。

⑧ 龔權：《〈孟子〉旁通〈禮記〉考》，《國專月刊》第1卷第5號，1937年。

《周禮·職方》中的封國制度作比較分析。① 茲不一一詳解。

四、“三禮”注疏考察

晚清民國學者對漢唐間的“三禮”注、疏也多有關注。鄭玄的“三禮”注最受重視。古文經學家俞樾的《群經平議》《〈禮記〉異文箋》《禮記鄭讀考》《鄭康成駁正三禮考》等作品中，都有對鄭注的辨析。孫詒讓在《周禮正義》中對鄭玄《周禮》注的考辨更爲詳盡。今文經學家的研究以皮錫瑞爲代表。皮錫瑞《經學通論·三禮》對漢代鄭玄的“三禮”注、魏人王肅關於“三禮”的研究都有評述。范雪梅的學位論文對晚清黄以周、俞樾、孫詒讓等人關於鄭注的考證、訂誤、闡發作了評述，② 值得參看。

到民國時期，研究“三禮”注、疏的學者依舊很多。例如，20 世紀 30 年代，吳承仕《經典釋文序録疏證》對馬融、盧植、鄭玄、干寶、庾蔚之等人的禮經注解作過目録學上的考辨。③ 鄭玄“三禮”注仍然吸引學者的注意。

首先，是對鄭注的文獻學考察。吕思勉以漢人何休“《周官》爲六國陰謀之書”爲依據，認爲《周禮》不合群經，並對馬融、鄭玄的《周禮》注解作了批駁。④ 李源澄針對清代陳澧《東塾讀書記》中“鄭注《周禮》並存故書、今書”的觀點，通過對比杜子春、鄭眾、鄭玄等人的注解在選用字詞上的差異指出，鄭玄作注，是依據故書之本而參照今書。⑤ 李源澄的觀點，後來爲楊天宇的《鄭玄三禮注研究》所批駁。

其次，是針對鄭注中禮制問題的研究。劉紹寬考察過《周禮》鄭注的“地祇兩祭”問題。在清末民初，“中國人種西來説”流行一時。而按照《周禮》鄭注，祭祀地祇有二：在方澤祭祀昆侖之神，與在北郊祭祀神州之神。劉紹寬通過傳世的史籍、地理文獻、《山海經》等資料，聯繫中國西部、中亞地區的地理狀况指出，鄭玄作注多取緯書，“遠有所本”；鄭注中“地祈有二”的觀點，正可以與“漢族西來説”相參證。⑥ 王公賢考察鄭玄、王肅關於《士昏

---

① 鄺平樟：《禮記王制及周禮職方所言封國説之比較》，《禹貢半月刊》第 1 卷第 5 期，1934 年。郭漢三：《王制、職方封國説之不同及後儒之彌縫》，《禹貢半月刊》第 1 卷第 5 期，1934 年。

② 范雪梅：《清代鄭玄之學研究》，山東師範大學碩士學位論文，2015 年。

③ 吳承仕：《經典釋文序録疏證》，中華書局 1984 年版。

④ 吕思勉：《馬鄭序〈周官〉之謬》，《光華大學半月刊》第 2 卷第 7 期，1934 年。

⑤ 李源澄：《鄭注〈周禮〉易字舉例》，《圖書集刊》第 5 期，1943 年。

⑥ 劉紹寬：《〈周禮〉鄭注方丘祭崑崙北郊祭神州説》，《華國月刊》第 3 卷第 2 册，1926 年。

禮》嫁娶時間的分歧。他參考各類古籍，結合農業經濟下的歲節時令、民間習俗，認爲王肅所主張的"起於秋冬，盡於仲春"存在一定的合理性。① 此外，王公賢還對"三禮"鄭注所引之"今月令"進行考辨，認爲其指漢代通行的"月令"(常見於《漢書》《後漢書》記載中)，鄭玄以之爲參考注解《禮記·月令》等篇章。②

最後，是對鄭注的進一步闡發、歸納。這方面可參看劉念和《儀禮大功章"妾爲君之庶子"一節申鄭讀》、吳承仕《鄭氏禘祫義》等文章。③

五、當代學者對近代禮學的研究

觀察對近代禮學，可以追溯至梁啓超的《中國近三百年學術史》。鑒於民國初期中西思想文化的激烈碰撞，梁先生雖對整個清代的禮學予以肯定，但質疑禮學研究的實際意義。還有針對專人專學的研究，比如任銘善撰有《孫仲頌先生之周禮學》一文，評述孫詒讓《周禮正義》在經世致用、闡釋鄭注等方面的貢獻。④ 當代學界對近代禮學的研究，可以從以下幾個層面來介紹。

首先，是爬梳、彙集禮學著述的編著。

代表性成果有三部。耿素麗、胡月平選編的《民國期刊資料分類彙編·三禮研究》(全三册)分"周禮類""儀禮類""禮記類""三禮綜論類"四個部分，網羅、爬梳了清末、民國時期的禮學研究論文。⑤ 陳其泰等編《二十世紀中國禮學研究論集》收録有多篇近代中國重要學者的代表性禮學論文。⑥ 此外，王鍔的《三禮研究論著提要》上編分"周禮類""儀禮類""禮記類(附《大戴禮記》)""三禮綜論(三禮總義、通禮類、雜禮書類)"四個部分收録兩漢至20世紀末研究"三禮"的專著，並作提要講解；下編以同樣的體例收録20世紀的禮學研究論文，詳列基本信息。上下編都收有晚清民國學者的禮學論著。這些成果爲今人了解近代禮學提供了極大便利。

---

① 王公賢：《嫁娶之時鄭王異説平議》，《中國文學系叢刊》第1卷第1期，1934年。

② 王公賢：《〈禮記·月令〉篇是否即〈明堂月令〉而鄭注引〈月令〉又爲何書考》，《中國文學系叢刊》第1卷第1期，1934年。

③ 劉念和：《儀禮大功章"妾爲君之庶子"一節申鄭讀》，《斯文半月刊》第3卷第3期，1943年。吳承仕：《鄭氏禘祫義》，《國學論衡》第4期上卷，1934年。

④ 任銘善：《孫仲頌先生之周禮學》，《圖書展望》復刊第5期，1947年。

⑤ 耿素麗、胡月平選編：《民國期刊資料分類彙編·三禮研究》，國家圖書館出版社2009年版。

⑥ 陳其泰等編：《二十世紀中國禮學研究論集》，學苑出版社1998年版。

其次，是綜論型的研究著述。

潘斌的《二十世紀中國三禮學史》、蓋志芳的《民國禮學的歷史考察》最具代表性。潘斌的專著分“個案研究”與“專題研究”兩篇。① 上篇首章爲“晚清民國時期的‘三禮’研究”，分别考察了近代俞樾、皮錫瑞、康有爲、王國維、劉師培的禮學研究以及廖平的《周禮》《禮記》研究、曹元弼與吴之英的《儀禮》研究。下篇按照三禮成書問題、三禮單篇、三禮所記制度和思想、鄭玄《三禮注》、出土文獻與三禮研究五個專題，論述 20 世紀的禮學研究成果。潘斌還總結了 20 世紀前半段的禮學成就與特色：近代禮學研究者在繼承傳統經學考證法的同時，還從制度史和思想史的角度討論禮經的成書年代；另有部分學者將“三禮”作爲闡發思想主張的資源；同時，社會學方法的引入開闢了禮學研究的新局面。蓋志芳的學位論文《民國禮學的歷史考察》，設專章統計民國時期的禮學文獻，論述禮學成果，探究這一時期的禮學思想。②

即將出版的《三禮學通史》(三卷)，也分《周禮》學、《儀禮》學、《禮記》學三部分論述了晚清的禮學研究。書中還設專章從社會文化背景、禮學概況、禮經成書問題、禮經重點篇章與禮經所記的制度、思想等方面，考察民國時期的“三禮”學。此外，工藤卓司《近百年來日本學者〈三禮〉之研究》先分析了明治維新以來日本“三禮”研究的特色及其問題意識，而後分《周禮》《儀禮》《禮記》三部分論述日本學者的禮學研究與見解。③ 該書“附録”部分還羅列“近百年來日本學者三禮研究論著目録”，網羅日本學界成果。

除此以外，沈文倬先生的《清代禮書提要三種》、田漢雲的《中國近代經學史》、彭林的《三禮研究入門》、朗文行《民國時期〈禮記〉研究考論》④等成果，從不同角度分析了近代重要禮學名家與禮學著述。這對今人了解近代禮學有重要的輔助作用。

再次，分類型的研究成果。

有部分學者以學派、地域爲標準，考察特定範圍、特定領域内的禮學研究。羅檢秋《學術調融與晚清禮學的思想活力》一文最具有代表性。他着眼於清朝嘉道以後著名學者的禮學研究，以阮元、郭嵩燾、曾國藩、俞樾、孫詒讓

---

① 潘斌：《二十世紀中國三禮學史》，南京大學出版社 2016 年版。

② 蓋志芳：《民國禮學的歷史考察》，山東師範大學碩士學位論文，2007 年。

③ 工藤卓司：《近百年來日本學者〈三禮〉之研究》，臺灣萬卷樓圖書股份有限公司 2016 年版。

④ 朗文行：《民國時期〈禮記〉研究考論》，社會科學文獻出版社 2019 年版。

等人爲例，論述禮學在晚清漢學、宋學調和這一潮流中的思想活力，同時闡述了晚清禮學家發揮禮學的經史價值，借禮學改革禮俗、改革社會的努力。① 山東師範大學田海林教授指導的碩士學位論文，形成了研究晚清時期宋學派禮學、漢學派禮學、今文派禮學、鄭玄學的系列成果。② 再如彭林的《論清人的〈考工記〉研究——以〈輪人〉爲例》，③ 林慶彰考察民國時期鄭玄研究的論文，④ 等等。還有考察近代特定地域禮學研究的成果，比如李江輝的專著《晚清江浙禮學研究》、程克雅的論文《晚清四川經學家的三禮學研究——以宋育仁、吳之英、張慎儀爲中心》、陳冠偉的博士學位論文《晚清湖湘禮學研究》，等等。⑤

最後，是針對專個禮學家及其禮學成果的研究。

當代學界對很多近代禮學家都有關注。因筆者能力所限，僅選取五位頗具代表性的禮學家，對相關的研究成果作簡要介紹。

第一，黄以周。黄以周的禮學名著《禮書通故》由王文錦先生點校，由中華書局分六册出版。學界對黄以周禮學的關注焦點，首先是黄以周及其父黄式三與清代的禮學研究。林存陽探討過黄式三、黄以周父子"禮學即理學"思想的歷史淵源、對清代禮學的貢獻及其學術影響。⑥ 黄海嘯也着眼於近代禮、理之辯，梳理黄氏父子的禮學思想及其對清代禮學的系統總結。⑦ 任慧峰以章太炎《黄先生傳》爲視角審視黄以周在清代學術中的定位。⑧ 其次，是黄以周的

---

① 羅檢秋：《學術調融與晚清禮學的思想活力》，《近代史研究》2007 年第 5 期。

② 屈寧：《晚清宋學派禮學研究》，山東師範大學碩士學位論文，2006 年。魏立帥：《晚清漢學派禮學研究》，山東師範大學碩士學位論文，2007 年（《晚清漢學派禮學研究》，中國文史出版社 2015 年版）。楊君：《晚清今文禮學研究》，山東師範大學碩士學位論文，2004 年。范雪梅：《清代鄭玄之學研究》，山東師範大學碩士學位論文，2015 年。

③ 彭林：《論清人的〈考工記〉研究——以〈輪人〉爲例》，《臺灣大學中文學報》第 20 期，2004 年。

④ 林慶彰：《民國時期的鄭玄研究》，彭林主編：《中國經學》第 17 輯，廣西師範大學出版社 2015 年版。

⑤ 李江輝：《晚清江浙禮學研究》，陝西人民出版社 2011 年版。程克雅：《晚清四川經學家的三禮學研究——以宋育仁、吳之英、張慎儀爲中心》，《儒藏論壇》第二輯，四川大學出版社 2007 年版。陳冠偉：《晚清湖湘禮學研究》，湖南大學博士學位論文，2013 年。

⑥ 林存陽：《黄式三、以周父子"禮學即理學"思想析論》，《浙江學刊》2001 年第 5 期。

⑦ 黄海嘯：《禮理之辯與黄式三、以周父子對清代禮學的總結》，《蘭州大學學報》（社會科學版）2006 年第 5 期。

⑧ 任慧峰：《關於黄以周在清代學術定位中的幾個問題——以章太炎〈黄先生傳〉爲中心的討論》，《中國典籍與文化》2013 年第 2 期。

禮學思想與成果。謝淑熙的專著全面分析了黄以周的生平思想、《禮書通故》的成書與傳承、著作體例、詮釋方法與學術價值。① 顧遷從考證疑難制度、會通漢學宋學、重視義理等方面總結黄以周的學術思想。程繼紅考察黄以周《禮書通故》對朱熹禮學的遵從與批評。朱明數則重點解析了黄以周對天子廟制的研究。② 除了關於禮學的研究外，顧吉辰還從史料來源、史料價值、編輯思想等方面分析黄以周的《續資治通鑒長編拾補》。③ 圍繞黄式三、黄以周的交遊、弟子以及黄氏父子與浙東學派的關聯，程繼紅發表過系列性的研究成果。④ 兹不盡述。

第二，曹元弼。首先，是對曹元弼著述的整理。2019 年，復旦大學圖書館古籍部將曹元弼著述二十八種統編爲《復禮堂遺書》(四十册)，由中華書局出版。曹元弼的單部著述，像《禮經學》《周易集解補釋》等，也有校點本面世。另外，干春松、陳壁生主編的《曹元弼的生平與學術》一書編制了曹元弼學術年譜，整理了《禮經大義》等論作，還考察、研究了曹元弼的學術思想。⑤ 崔燕南整理編輯的《曹元弼友朋書札》，收録了曹元弼與友人的交往書信，涉及學術研討以及各類時事，有珍貴的文獻價值。⑥ 其次，是圍繞曹元弼禮學的研究。蔣鵬翔撰文分析過曹元弼校勘《儀禮》的成績及其在禮學、文獻學方面的意義。⑦ 聶濤闡釋過曹元弼《禮經校釋》的校勘特色。⑧ 鄧國光考察曹元弼《經

---

① 謝淑熙：《黄以周〈禮書通故〉研究》，臺灣花木蘭文化出版社 2013 年版。

② 顧遷：《黄以周學術思想初探》，《船山學刊》2011 年第 1 期。程繼紅：《黄以周〈禮書通故〉對朱熹禮學的遵從與批評》，《浙江海洋學院學報》(人文科學版)2012 年第 6 期。朱明數：《援“太祖虚位”以解經——論黄以周對天子廟制的建構》，虞萬里主編：《經學文獻研究集刊》第 23 輯，上海書店出版社 2020 年版。

③ 顧吉辰：《黄以周和他的〈續資治通鑒長編拾補〉》，《浙江學刊》1989 年第 6 期。

④ 程繼紅：《黄式三、黄以周交遊與門弟子輯考》，《浙江海洋學院學報》(人文科學版)2011 年第 6 期；《黄式三、黄以周與浙東學派的關係及其傳衍》，《浙江社會科學》2010 年第 11 期。

⑤ 干春松、陳壁生主編：《曹元弼的生平與學術》，中國人民大學出版社 2018 年版。

⑥ 崔燕南整理：《曹元弼友朋書札》，上海人民出版社 2018 年版。

⑦ 蔣鵬翔：《論曹元弼校勘〈儀禮〉的成績及其意義》，虞萬里主編：《經學文獻研究集刊》第 16 輯，上海書店出版社 2016 年版。

⑧ 聶濤：《曹元弼〈禮經校釋〉的校勘特色與其所受經學觀念的影響及評價——以〈禮經校釋〉中“喪禮”三篇爲例》，虞萬里主編：《經學文獻研究集刊》第 22 輯，上海書店出版社 2019 年版。

學文鈔》的編纂緣起和禮學系統，還曾對比曹元弼、唐文治的經學研究。① 李科關於曹元弼有系列性的研究成果，涉及乾嘉吳皖二派對曹元弼經學的影響、曹元弼的書札、復旦大學圖書館藏王欣夫抱蜀盧輯鈔本的曹元弼日記等諸多問題。他還比較過曹元弼與黄以周的學術研究。② 張敬煜、畢彦哲也有圍繞曹元弼經學的研究成果，兹不盡述。

第三，孫詒讓。首先，其禮學名著《周禮正義》經王文錦、陳玉霞點校，由中華書局於 1987 年出版，被學界長期作爲援引依據。由許嘉璐主編的《孫詒讓全集》，整理、點校、出版了孫詒讓的學術著作。其中，《周禮正義》由汪少華整理、點校，於 2015 年由中華書局出版。顔春峰、汪少華還出版了《〈周禮正義〉點校考訂》。③ 此外，《孫詒讓集》(安徽財經大學文藝學院經學研究所叢刊)由鳳凰出版社於 2016 年影印出版。④ 其次，圍繞孫詒讓《周禮》學的研究，以沈文倬先生的《孫詒讓周禮學管窺》一文爲代表。⑤ 沈先生從“揭示大宰八法爲全書綱領以貫串衆職”“比勘古子和今文諸書以疏通名物制度”“蒐輯賈馬佚詁以辨明後鄭從違”“究極群籍以評判鄭王是非”等多個方面，對孫詒讓的《周禮》學作全面評述。葉純芳的專著《孫詒讓〈周禮〉學研究》系統考察了孫詒讓的《周禮注疏校記》《周禮三家佚注》《周禮正義》《周禮政要》等著述。⑥ 再次，是對孫詒讓《周禮》學之外學術的研究，以朱瑞平、方向東、程邦雄的專著爲代表。⑦ 最後，是關於孫詒讓的年譜、傳記。孫延釗曾爲其祖孫衣言、其父孫詒

---

① 鄧國光：《曹元弼先生〈經學文鈔〉禮説初識》，《湖南大學學報》(社會科學版) 2016 年第 5 期；《道濟天下——唐文治、曹元弼二先生經學大義比論》，彭林主編：《中國經學》第 23 輯，廣西師範大學出版社 2018 年版。

② 李科：《乾嘉吳皖二派對曹元弼經學研究之影響》，《中國典籍與文化論叢》第 18 輯，鳳凰出版社 2017 年版；《曹元弼與黄以周學術異同考論》，《北方民族大學學報》(哲學社會科學版) 2019 年第 4 期；《曹元弼致王欣夫書札考釋上篇》，《版本目録學研究》第 11 輯，國家圖書館出版社 2020 年版；《曹元弼致王欣夫書札考釋下篇》，《版本目録學研究》第 12 輯，國家圖書館出版社 2020 年版；《曹元弼日記繫年考辨》，《中國典籍與文化》2020 年第 1 期。

③ 顔春峰、汪少華：《〈周禮正義〉點校考訂》，中華書局 2017 年版。

④ 丁進主編：《孫詒讓集》，鳳凰出版社 2016 年版。

⑤ 沈文倬：《孫詒讓周禮學管窺》，《菿闇文存》下册，商務印書館 2006 年版。

⑥ 葉純芳：《孫詒讓〈周禮〉學研究》，臺灣花木蘭文化出版社 2013 年版。

⑦ 朱瑞平：《孫詒讓小學譾論》，商務印書館 2005 年版。方向東：《孫詒讓訓詁研究》，中華書局 2007 年版。程邦雄：《孫詒讓文字學之研究》，中華書局 2018 年版。

讓編撰《孫衣言孫詒讓父子年譜》。① 朱芳圃也曾編《孫詒讓年譜》，於 1934 年由商務印書館出版。② 俞雄、李海英、王興文等人曾爲孫詒讓著傳。③ 俞雄《孫詒讓傳論》從家世生平、學術成就、政治主張、交往關係等方面，對孫詒讓作了全面記述。除以上成果之外，錢慧真、董小梅、淩一鳴、邱林等人還以孫詒讓的禮學、家族等爲主題撰寫博士學位論文。④ 兹不盡述。

第四，廖平。首先，是對廖平著述的整理。1989 年，李耀仙主編的《廖平學術論著選集》由巴蜀書社出版。1998 年，巴蜀書社又出版了他主編的《廖平選集》上下册。2015 年，舒大剛、楊世文主編的《廖平全集》十六册由上海古籍出版社出版。此外，鄭偉的《廖平著述考》系統展現了廖平學術文獻的全貌。⑤ 其次，是圍繞廖平學術的研究成果。據崔海亮的考察，從 20 世紀初期開始，章太炎、皮錫瑞、梁啓超、錢穆等諸多學者都曾評議過廖平的學術思想。⑥ 李耀仙的《廖平與近代經學》在考察廖平生平的同時，簡要論述了廖平的“經學六變”，並評價廖平的經學思想及其在中國經學史上的地位。⑦ 與該書同年出版的《廖平學術思想研究》，從廖平的生平與時代特點、經學思想、哲學思想、政治倫理思想、教育思想、同康有爲的學術關聯等方面對廖平進行全面考察。⑧ 黄開國的《廖平評傳》最早於 1993 年出版，而後於 2010 年、2015 年兩次再版。該書依次論述了廖平早期思想轉變、“經學六變”、“平分今古”説、尊今抑古以及廖平的孔經人學與天學、廖平同康有爲的交往與學術等問題。⑨

---

① 孫延釗：《孫衣言孫詒讓父子年譜》，徐和雍、周立人整理，上海社會科學院出版社 2003 年版。

② 朱芳圃：《孫詒讓年譜》，商務印書館 1934 年版。

③ 俞雄：《孫詒讓傳論》，浙江人民出版社 2008 年版。李海英：《樸學大師：孫詒讓傳》，浙江人民出版社 2007 年版。王興文、鄭鵬編：《學高身正 晚清樸學大師孫詒讓傳略》，浙江大學出版社 2016 年版。

④ 錢慧真：《〈周禮正義〉所見孫詒讓名物訓詁研究》，山東大學博士學位論文，2009 年。董小梅：《考據與經世——孫詒讓周禮學研究》，華東師範大學博士學位論文，2014 年。淩一鳴：《晚清文化家族的構建——以瑞安孫氏爲中心》，浙江大學博士學位論文，2017 年。邱林：《孫詒讓的生平與學術》，華東師範大學博士學位論文，2019 年。

⑤ 鄭偉：《廖平著述考》，四川大學出版社 2014 年版。

⑥ 崔海亮：《近百年廖平學術思想研究述評》，《西華大學學報》(哲學社會科學版) 2012 年第 3 期。

⑦ 李耀仙：《廖平與近代經學》，四川人民出版社 1987 年版。

⑧ 陳德述等：《廖平學術思想研究》，四川省社會科學院 1987 年版。

⑨ 黄開國：《廖平評傳》，百花洲文藝出版社 1993 年版。

此外還有陳文豪的《廖平經學思想研究》，趙沛的《廖平春秋學研究》，張遠東、熊澤文編著的《經學大師廖平》與《廖平先生年譜長編》等著作。① 潘斌的《二十世紀中國三禮學史》也有一部分專論廖平。他從《周禮》研究、《禮記》研究與“平分今古”説三個方面論述廖平的禮學研究。此外，還有很多專題性的研究論文，以陳其泰《廖平與晚清今文經學》、趙沛《廖平的〈王制〉研究》、黄開國《從廖平的經學看經學在近代的轉型》、吳仰湘《重論廖平、康有爲“學術公案”》爲代表。②

第五，吳承仕。吳承仕早年受教於章太炎，後來轉變爲運用馬克思主義理論研究文史的學者，頗受學界關注。首先，是吳承仕著述的整理。除新中國成立前已出版的著述外，在 20 世紀 80 年代，北京師範大學出版社陸續出版了《吳檢齋遺書》。其中的《吳承仕文録》，收録了吳承仕關於經學、古代史、學術史、出土文獻、文學、時政、教育的文章及其與師友之間的書信。③《吳檢齋遺書》還有一些著作也陸續出版了，例如《淮南舊注校理》《檢齋讀書提要》《論衡校釋》，以及秦青點校的《經典釋文序録疏證》、龔馳之點校的《經籍舊音序録 經籍舊音辨證》。④ 莊華峰編纂的《吳承仕研究資料集》收録吳承仕的文字二十餘篇。⑤ 其次，是關於吳承仕學術的研究。1984 年是吳承仕百年誕辰。胡雲富、侯剛在《北京師範大學學報》上發表《吳承仕傳略》，詳述吳承仕的生平經歷，介紹了他用馬克思主義唯物史觀和辯證法研究古代經學、禮學的努力。⑥ 黄壽祺的《略述先師吳承仕先生的學術成就》詳述吳承仕的學術貢獻，

---

① 陳文豪：《廖平經學思想研究》，文津出版社 1995 年版。趙沛：《廖平春秋學研究》，巴蜀書社 2007 年版。張遠東、熊澤文編著：《經學大師廖平》，上海書店出版社 2015 年版。張遠東、熊澤文編著：《廖平先生年譜長編》，上海書店 2016 年版。

② 陳其泰：《廖平與晚清今文經學》，《清史研究》1996 年第 1 期。趙沛：《廖平的〈王制〉研究》，《四川大學學報》(哲學社會科學版)2006 年第 6 期。黄開國：《從廖平的經學看經學在近代的轉型》，《西華大學學報》(哲學社會科學版)2010 年第 2 期。吳仰湘：《重論廖平、康有爲“學術公案”》，《中國社會科學》2020 年第 4 期。

③ 吳承仕：《吳承仕文録》，北京師範大學出版社 1984 年版。

④ 吳承仕：《淮南舊注校理》，北京師範大學出版社 1985 年版；《檢齋讀書提要》，北京師範大學出版社 1986 年版；《論衡校釋》，北京師範大學出版社 1986 年版；《經典釋文序録疏證》，秦青點校，中華書局 1984 年版；《經籍舊音序録 經籍舊音辨證》，龔馳之點校，中華書局 1986 年版。

⑤ 莊華峰編纂：《吳承仕研究資料集》，黄山書社 1990 年版。

⑥ 胡雲富、侯剛：《吳承仕傳略》，《北京師範大學學報》1984 年第 2 期。

對吳承仕二十二種禮學論著作了精簡介紹。① 同期刊物上還發表了陸宗達的《從舊經學到馬列主義歷史哲學的躍進——回憶吳承仕先生的學術成就》。該文簡略介紹了吳承仕的禮學成果、研究計劃以及他通過禮制觀察上層建築進而分析經濟基礎的研究動機、研究路徑。② 莊華峰的《吳承仕學術成就述論》一文也對吳承仕的禮學研究成果、基本觀點予以介紹和肯定，並進一步分析了他的研究風格和特點。③ 考察吳承仕的成果還有很多,④ 兹不盡述。

第二節　禮制和禮儀研究

鴉片戰争後，清廷開始正面承受外界壓力。從 1840 年至 1911 年，清朝官方禮制在延續原有體系的同時，也在一些領域進行變革。這些變革主要表現在吉禮、賓禮、軍禮三個方面。其中，尤以外交禮儀的變遷時間長、波及廣、力度深。目前學界的關注重點，也多在晚清外交禮儀的變革上。

晚清禮制的變化，可分三種情况來理解。其一，是清廷根據自身狀況自行作出的調整。其二，是晚清國運衰頹、實力不濟，導致部分傳統禮制開始衰敗，例如清廷對國内各部、各族首領禮物餽贈的轉變，以及部分祭祀典禮的没落。其三，是清廷在與西方的交流中主動或被動作出的調整，在改變方式上吸納西方禮文化因素。

晚清禮制變遷是觀察中國近代社會轉折的重要視角，但缺少宏闊性的論述。陳戍國《中國禮制史·元明清卷》對清中前期禮制較爲側重。除此之外，全面考察晚清禮制的成果幾乎没有。管見所及，能將各方面内容都涉及的是艾紅玲《晚清湘籍名人日記中的禮制禮俗研究》。⑤ 其依據曾國藩、郭嵩燾、曾紀澤、王闓運、皮錫瑞、楊度等人的日記，分析晚清官方祭祀天、地、祖

---

① 黄壽祺:《略述先師吳承仕先生的學術成就》,《北京師範大學學報》1984 年第 2 期。

② 陸宗達:《從舊經學到馬列主義歷史哲學的躍進——回憶吳承仕先生的學術成就》,《北京師範大學學報》1984 年第 2 期。

③ 莊華峰:《吳承仕學術成就述論》,《學術界》1989 年第 4 期。

④ 莊華峰:《由舊經學向馬克思主義歷史哲學的轉變——吳承仕學術成就初探》,《史學理論研究》2000 年第 3 期。王鋭:《吳承仕：從經生到馬克思主義史學家》,《歷史評論》2020 年第 3 期。

⑤ 艾紅玲:《晚清湘籍名人日記中的禮制禮俗研究》，湖南大學博士學位論文，2010 年。

先、人神之禮，國喪之禮與民間喪葬之禮，冠婚之禮，朝會禮(包括大朝禮、常朝禮以及登極禮、垂簾禮、親政禮、册封禮)，外交禮儀，軍禮，誕辰之禮，學禮(包括學校祭祀、視學禮與經筵禮、送學禮、科舉禮儀)，等等。該成果框架齊備，内容詳實。對晚清官方禮制儀典、民間禮俗風尚，皆有考察。

民國官方禮儀與歷屆政府出臺的法令政策，近三十年來逐漸受到了重視。學界的關注範圍大致起於 1912 年《禮制》《服制》的頒佈，止於 1943 年北泉議禮。

關於民國政府舉辦的各類國家禮儀，近年出現了整體性的研究成果。郭輝的博士學位論文及在此基礎上出版的專著《民國前期國家儀式研究(1912—1931)》，按照時間順序考察民國時期的各類國家典禮，並進行階段性分析。① 首先是“民國國家儀式的産生”(主要指南京臨時政府成立至袁世凱任總統期間)，然後是“國家儀式的擴展”(指北京政府時期)，“國家儀式的黨國化”(指南京國民政府初期)，“國家儀式的調試”(指抗戰時期)，最後是“國家儀式的歧途”(指抗戰勝利後)。同時，郭輝還以民國國家儀式爲切入點分析社會轉型大背景、民國政治文化，以及國家儀式建構合法性上的缺陷。本節將按照傳統五禮的類别梳理有關晚清、民國禮制的研究。以此觀察晚清禮制和民國禮制，尤其是北洋時期禮制和 1943 年的《北泉議禮録》。

一、吉禮

清朝後期的吉禮制度沿襲原有體系，但因應時代也發生了一些重大變化，尤其是此時祭禮的一些變化。民國的官方祭禮，在近幾年逐漸受到學界重視。全面考察晚清民國官方祭禮的成果中，尤以李俊領《中國近代國家祭祀的歷史考察》、馬金生等人《中國殯葬史》第 8 卷，搜羅全面，史料詳細。其中，李俊領《中國近代國家祭祀的歷史考察》對中國近代的國家祭祀體系與活動作了系統考察。② 該成果涉及的官方祭禮有：祭天(晚清國家祭天、民國初年袁世凱祭天)、祀孔(晚清國家祭孔，民國初袁世凱、北洋政府其他領袖祭孔、南京國民政府祭孔)、祭祀帝王陵廟(晚清祭祀歷代帝王陵廟、民國祭祀黄帝陵)、

① 郭輝：《民國國家儀式研究》，華中師範大學博士學位論文，2012 年；《民國前期國家儀式研究(1912—1931)》，社會科學文獻出版社 2013 年版。

② 李俊領：《中國近代國家祭祀的歷史考察》，山東師範大學碩士學位論文，2005 年。

關岳與文昌祭祀、祭祀國父孫中山、祭祀先烈(晚清忠烈祭祀、民國先烈祭祀)，以及民國時期中共的祭祀活動(紀念革命先烈，祭祀黄帝、成吉思汗)。該文還探討了國家祭祀的近代化特點及其影響。

下文對相關成果分時段予以綜述。

1. 晚清

清朝後期吉禮的變化主要有兩種：其一，是不可控因素或説自然因素造成的；其二，是國家形勢改變在吉禮中有所反映。吉禮的變遷受外界影響不大。

第一，清廷宗廟制度的演變。清朝後期的皇室宗廟祭祀，延續已有禮制不變。但因清後期的一些客觀情況，使得宗廟出現了一些變化。陳戍國《中國禮制史·元明清卷》中曾指出，明、清祭禮的最大差異在於宗廟制度，差異主要表現在三個方面：昭穆排列、祧遷制度、祭典中禘之有無。書中還指出，清代尤其是清後期的宗廟制度，確有與傳統禮制不合的地方。① 張小李曾考察過清後期帝后神主升祔太廟的程式變動、太廟取消“親盡遷廟”兩個問題。②

第二，祭天與孔子、關羽、忠烈之祭的演變。與清前期相比，晚清的祭天禮儀明顯暗淡了很多。李俊領從祭祀儀式的減少、大駕鹵簿的縮編、天壇設施的破壞、配饗“成憲”的終止、皇帝行禮次數的減少、負責官員的變更與懈怠等幾個方面，對該現象的原因進行分析。關於祭天儀仗中鹵簿的縮編，主要是指不再使用大象。而其中的主要因素，則是越南、緬甸等國因西方殖民勢力的入侵、朝貢體系的破壞，無法繼續進貢。再如天壇祈年殿，在光緒年間先遭受火災，而後又被列强軍隊所破壞。至於祭祀儀式的減少，則與清後期幾任皇帝的實際情況有關(或有宿疾，或年幼)。

至於孔子、關羽、忠烈之祭的變遷，都與晚清政治局勢存在緊密互動。李俊領認爲，鴉片戰争之後，面對西方傳教士、太平天國等因素的影響，清廷通過增加孔廟從祀者，抵禦外來的文化影響，鞏固政權。祭孔由“中祀”被抬升爲“大祀”，是清廷在廢科舉後爲强化社會控制而採取的手段。咸豐年間將關羽祭祀由“群祀”抬升爲“中祀”，與太平天國、撚軍起義對清朝統治的威脅有直接關係。至於忠烈祭祀，李俊領從“對外戰争犧牲者的入祀”“自盡守陵官員的入祀”“入祀標準降低，從祀連年增加”三個方面分析其變遷情況。這些變

① 陳戍國：《中國禮制史·元明清卷》，湖南教育出版社 2002 年版，第 541~543 頁。
② 張小李：《清代皇帝宗廟神牌升祔制度述略》，《瀋陽故宫博物院院刊》第十五輯，現代出版社 2015 年版。

化，都與晚清的内外戰争緊密相關。除此之外，李俊領還對清晚期歷代帝王祭祀與文昌祭祀作了分析。

2. 民國

民國的官方祭禮，在近幾年逐漸受到學界重視。全面考察該時期官方祭禮的成果，以李俊領《中國近代國家祭祀的歷史考察》、馬金生等人《中國殯葬史》第 8 卷爲代表。

李俊領之作，前文已經介紹。李伯森主編的《中國殯葬史》於 2017 年出版。該書的第 8 卷(馬金生、馮志陽、姜海龍著)第 5 章(姜海龍撰寫)，詳細論述了民國時期歷次重要的公祭活動。① 其中，南京臨時政府主辦的有：1912 年黄花崗烈士公祭、1912 年致祭黄帝陵。與北洋政府有關的是：1914 年袁世凱祭天大典、1914 年政事堂禮制館《祀孔典禮》與 1915 年的兩次祀孔典禮、河南安陽袁林公祭(袁世凱)儀式。國民黨與國民政府主辦的有：1913 年公祭宋教仁、1928 年國民黨中央黨部的公祭總理儀式、1928 年 7 月蔣介石於北京"祭告總理"儀式、1929 年孫中山靈柩抵寧後的公祭儀式、1932 年"一・二八"事變後淞滬抗戰戰亡將士的公祭大會、1934 年新生活運動發起後舉辦的"孔子誕辰紀念大會"、1935 年至 1949 年的黄陵祭祀。書中對這些公祭儀式的主要程式都有梳理。

專門探究某種官方祭禮的成果有很多。以下分類介紹。

第一，公祭孫中山的典禮。田海林、李俊領從儀式政治與國家祭祀的角度，系統考察孫中山"逝世紀念""奉安紀念"兩種典禮。與此同時，該文還分析了這些典禮背後的政治思想與文化内涵，闡釋了其在展示權力結構與鞏固權力秩序方面的功能。②

第二，公祭革命烈士的典禮。作爲國家祭祀革命先烈的場所，烈士祠在辛亥革命的紀念活動中有重要地位。王楠、陳蘊茜對民國政府爲辛亥革命烈士所建烈士祠(有些稱忠烈祠)作考察。③ 他們通過分析烈士祠的形式、陳設、紀念儀式，指出其與傳統舊式祠堂之間的相通之處與差別。其性質由傳統祭祀空間轉變成"承載現代國家記憶的神聖空間"。該文還考察了烈士祠在抗戰前後

---

① 李伯森主編，馬金生、馮志陽、姜海龍著：《中國殯葬史》第 8 卷《民國》，社會科學文獻出版社 2017 年版，第 191~218 頁。

② 田海林、李俊領：《儀式政治：國民黨與南京國民政府對孫中山的祭祀典禮》，《史學月刊》2007 年第 4 期。

③ 王楠、陳蘊茜：《烈士祠與民國時期辛亥革命記憶》，《民國檔案》2011 年第 3 期。

發揮的民族主義象徵功能。

第三，公祭先代帝王的典禮。李俊領分析了 1912 年南京臨時政府在黄帝陵、明孝陵、大漢忠烈祠(由清昭忠祠更改而來)的祭祀典禮。① 這幾次祭典，連同民國初期更改舊禮制的實踐，表現了臨時政府對漢族政權重續的政治興奮感以及孫中山的本土情懷與世界眼光。

第四，祭祀關岳(關羽與岳飛)、文廟、海神的典禮。田海林、李俊領對關岳祭祀在民國初年被列入祀典，後被國民政府廢止，其後又成爲日僞政權的文化工具，這個歷史過程進行了梳理，並考察了其地位演變的歷史原因。② 李俊領還考察過抗戰時期國民黨與國民政府的祭孔典禮。③ 張國鵬對 1911 年至 1934 年上海文廟的祭祀情况作考察，分析上海文廟在南京國民政府時期的廢祀、改造以及新生活運動時期産生的孔誕紀念活動。④ 段芳考察了晚清民國青海湖的祭海典禮(清朝的東海、南海海神官方祭祀均在民國時停止)，詳細梳理了典禮時間、地點、祭品、器具、儀程、祭文以及祭典之後的會宴、賽馬、會盟等活動。⑤ 同時，她還比較了青海祭海典禮在晚清與民國時期的差異。

除以上成果外，還有學者考察過晚清民國某一地域的祭禮，如龐毅從壇祀、關帝祭祀、文廟祭祀三個方面，考察晚清民初長沙地區官方祭祀的流變。龔鵬對清至民國時期陝南地區的孔廟祭祀、關岳祭祀、忠烈祭祀、總理祭祀作了梳理與探究。⑥

二、凶禮

晚清官方喪葬禮制，基本延續前中期的制度，没有明顯改變。關於民國官方的喪葬問題，論者多從兩個方面展開論述。其一，民國各届政府關於喪葬禮

---

① 李俊領：《孫中山再造文明中國的本土情懷與世界眼光——試析 1912 年南京臨時政府的國家祭祀典禮》，《學習與實踐》2011 年第 8 期。

② 田海林、李俊領：《“忠義”符號：論近代中國歷史上的關岳祀典》，《山東師範大學學報》(人文社會科學版)2012 年第 1 期。

③ 李俊領：《抗戰時期國民黨與南京國民政府對孔子的祭祀典禮》，《社會科學評論》2008 年第 4 期。

④ 張國鵬：《政權與信仰變革下的民國文廟——以上海文廟爲考察中心(1911—1934)》，南開大學碩士學位論文，2016 年。

⑤ 段芳：《近代中國海洋崇拜研究》，山東師範大學碩士學位論文，2016 年。

⑥ 龐毅：《晚清民初長沙官方祭祀初探(1840—1927)》，湖南師範大學碩士學位論文，2013 年。龔鵬：《清至民國陝南地方祭祀專題研究》，陝西師範大學碩士學位論文，2016 年。

俗的改革政策；其二，民國政府舉辦的重要喪葬典禮。

1. 民國政府對喪葬禮俗的變革

南京臨時政府、北洋政府、南京國民政府在其執政期間，均出臺過涉及喪葬禮俗的法令、政策。這些法令、政策頗受學界關注。

首先，宏觀考察。嚴昌洪《民國時期喪葬禮俗的改革與演變》是整體觀察1912年至1949年間中國喪葬禮俗的重要論文。① 該文對民國歷屆政府的關鍵舉措、法令法規、追悼(公祭)等儀式的主要儀程與特點、傳統喪葬禮俗的危害、傳統喪俗在民國社會中的廣泛流行與轉變，等等問題，都有論述。

其他成果，涉及民國喪葬政策的各個方面。徐吉軍《中國喪葬史》專設一章，論述民國時期的喪葬，介紹民國初年頒行的《禮制》與新式喪禮；而後梳理1943年《北泉議禮録》中關於凶禮的程式規定。② 作者從傳統喪服的廢除、吊喪禮儀的革新、明器中的西方因素三個方面，來論述新式喪禮的確立。姚永輝《中國的喪禮》對民國政府變革喪禮的措施也有涉及。③ 書中主要分析了兩點，首先是民國初年的《禮制》與《服制》。涉及喪葬禮俗者有鞠躬禮取代跪拜禮、制式禮服以及男子於左腕圍黑紗，女子於胸際綴黑紗結等儀節。

其次，1934年至1949年新生活運動時期的喪葬禮儀。

姜海龍對於民國各項喪葬法規、條理有詳細梳理。《中國殯葬史》第8卷爲"民國殯葬史"。該卷專門對國葬、公葬制度進行分析(第一、二章爲姜海龍撰寫)。姜海龍詳細論述了1916年北洋政府《國葬法》、1930年國民政府《國葬法》、1930年至1949年間《國葬法》的四次修訂，以及與之相關的《國葬儀式》《國葬墓園條例》《國葬墓園管理處組織規程》《國葬墓園建築委員會組織章程》《國葬典禮辦事處組織通則》等規章。書中指出，對某人是否可以享用國葬的裁定機構，兩個《國葬法》的規定不同。裁決機構由國會改爲國務會議，"體現的是國民黨訓政下的一黨治國原則"。"何人可以享受國葬本身並没有一個嚴格的標準，而是與當政者的喜好及其所處的政治環境有關。"書中對《國葬儀式》(1937年)規定的國葬典禮儀式、《公祭儀節》(1937年)規定的公祭儀式、《追悼會儀式》(1935年)與《北泉議禮録》"凶禮篇"(1943年)中的追悼會儀式，有詳細介紹。④ 書中還系統

① 嚴昌洪：《民國時期喪葬禮俗的改革與演變》，《近代史研究》1998年第5期。

② 徐吉軍：《中國喪葬史》，武漢大學出版社2012年版，第538~542頁。

③ 姚永輝：《中國的喪禮》，南京大學出版社2014年版，第138~141頁。

④ 李伯森主編，馬金生、馮志陽、姜海龍：《中國殯葬史》第8卷《民國》，社會科學文獻出版社2017年版，第38~87頁。

論述了民國時期的軍人殯葬制度。對《海軍喪禮條例》(1913 年)以及撫恤烈士的《人民守土傷亡撫恤實施辦法》(1938 年)、《抗敵殉難忠烈官民祠祀及建立紀念坊碑辦法大綱》(1940 年)等規章制度，都有梳理。此外，該書還分析了民國政府對喪禮儀節的規定。北洋政府禮制館《喪禮草案》(1927 年)、南京國民政府《喪禮草案》(1928 年)、《北泉議禮録》"凶禮篇"中規定的喪禮與喪期(1943 年)等問題。

2. 民國時期重要喪葬典禮

關於民國國葬的研究，何秀琴作過綜述。① 該文梳理了有關民國國葬的報導與研究，論述了圍繞政治問題、社會文化問題已有的成果，指出未來研究中應當加强的方向是：國葬史料的考證與研究、國葬對民國及現代葬禮改革的影響、中外國葬之比較研究。

孫中山逝世後的國葬儀式最受學界關注。在考證史事的成果中，郭輝的《民國北京政府與孫中山葬禮》一文值得注意。② 在作爲主辦方的國民黨之外，郭輝探究了北京政府在孫中山葬禮中的角色。該文依照時間綫索，依次分析以下問題：北京政府在孫中山去世後的初步回應、國民黨與北京政府在國葬與停靈地點上的争論、移靈儀式、段祺瑞親祭問題、葬地擇定與暫厝儀式。作者認爲，北京政府參與葬禮，實質上是有意争奪"孫中山遺體"的政治符號。該文還考察了國民黨方面的應對措施及相關效益。

關於孫中山國葬之禮的具體儀節，學界也有探討。《中國殯葬史》第 8 卷第 3 章(馮志陽撰寫)分析了國民黨 1925 年葬禮和治喪活動(地點在北平)、1929 年的奉安大典(棺柩由北平南下至南京安葬)；考察這兩次典禮的主要程式、儀節、重要環節中行禮人員的身份、各地相關活動的安排。③ 書中借此窺探孫中山喪葬禮儀與中國政治之間的關係，並指出葬禮對傳統殯葬習俗的"革命"。

此外，還有學者關注過民國初年隆裕太后的葬禮，從"透過儀式看政治"的視角，反思清末民初的政治文化環境。④

---

① 何秀琴：《近 90 年民國時期國葬研究綜述》，《社會科學動態》2017 年第 7 期。

② 郭輝：《民國北京政府與孫中山葬禮》，《歷史檔案》2011 年第 4 期。

③ 李伯森主編，馬金生、馮志陽、姜海龍：《中國殯葬史》第 8 卷《民國》，社會科學文獻出版社 2017 年版，第 134~141 頁。

④ 馮佳：《"國"與"君"——政治文化視角下的隆裕太后葬禮》，《中國農業大學學報》(社會科學版)2009 年第 3 期。

三、賓禮

晚清民國官方賓禮的演變，是中國近代禮制變遷過程中的重要一環。晚清官方賓禮，可以分兩部分來考察：一是清政府對待國内蒙、藏等藩部、宗教首領的賓禮，二是清政府對待國外的外交禮儀。前者的研究以李治國爲代表；後者以王開璽、何新華爲代表。民國《北泉議禮録》"賓禮篇"第一章就是"國際禮儀"。此處分三部分，對圍繞近代官方賓禮的研究作系統介紹。

1. 晚清賓禮(國内)

清政府對來覲見的國内各部族、各宗教首領，制定有相應的禮儀制度，屬於賓禮部分。20世紀八九十年代，就有學者針對清廷的"年班"(年終進京覲見)、"圍班"(在木蘭圍場或避暑山莊覲見)作過研究。此外，李治國的《清代藩部賓禮研究——以蒙古爲中心》是系統考察清代國内賓禮的代表性著作。① 李治國認爲，清廷建設了"一整套以年班、圍班爲主體的藩部賓禮體系"。書中依次論述了蒙古諸部、新疆回部、西藏喇嘛、西南土司的年班禮儀活動，圍班制度設立的原因與蒙古各部在圍班中的禮儀活動，蒙古各藩部與新疆回部的朝覲禮，清廷針對藩部賓禮的監察機制，以及1914年年初蒙古王公進京覲見總統的活動。該書指出："清代藩部賓禮衰弱的真正分水嶺應該是光緒二十四年，但相關的賓禮活動仍然在有序進行"；清亡後，"傳統的賓禮體系並没有徹底消亡，藩部王公的年班制度，在變化了相應的禮儀後，民國初年仍然得以進行"。但是，書中並没有對這一論斷展開具體的分析。

還有很多學者對年班制度、圍班制度以及清後期的一些重要賓禮活動作過研究。以下分類梳理。

第一，是關於圍班制度變遷的研究。趙雲田將圍班制度的來源與木蘭行圍制度相聯繫，認爲圍班制度鞏固了滿蒙在政治上的聯盟，是年班制度的一種補充形式。② 而關於圍班制度的衰落，趙雲田主要從木蘭圍場的自然環境、林木牲畜資源的改變來分析。針對這一觀點，李治國提出不同意見。他認爲圍場内的獸類減少，只是表面借口。深層次的實質原因，是滿族貴族興趣愛好的改變，以及舉行圍班時附帶産生的一系列弊端。他的著作還對清廷停止圍班後所

---

① 李治國：《清代藩部賓禮研究——以蒙古爲中心》，内蒙古大學出版社2014年版，第34~59頁。

② 趙雲田：《清代的"圍班"制度》，《北京師院學報》(社會科學版)1984年第3期。

採取的配套措施作了分析。

第二，是關於年班制度變遷的研究。蘇紅彦認爲，清末年班制度衰亡的直接原因是財政匱乏，國力不濟。另外，蒙古的軍事力量未能幫清廷有效抵禦外來入侵；對於國内的反抗運動，蒙古軍隊也没有取得令清廷滿意的效果。① 李治國通過梳理史料，發現從咸豐朝開始，清廷停止了傳統年班朝覲，規定僅許内廷行走年班中御前行走蒙古王公來京朝覲。關於這一舉措的原因，他從清後期財政匱乏、危機嚴重來分析。②

圍繞年班制度變遷的原因，在學界還存在一定的争議。例如，李文琪、蘇紅彦都認爲，清朝後期的蒙古年班制度不斷衰落，中央和蒙古王公的關係日漸鬆散。③ 針對該觀點，李治國進行辯駁："衰弱的年班只是普通年班，而從清中後期逐步建立完善的御前、乾清門行走年班，已經逐步取代普通年班的功能。"④他通過梳理嘉慶、道光、咸豐、同治、光緒朝來京朝覲的人數對此進行論證；並指出，年班制度衰落的確切時間在光緒二十七年(1901年)之後。原因在於清廷面對内部動盪時没有採取有效的應對措施，致使年班制度没落。

第三，是關於清廷與各部族禮品交往的研究。李治國的《清代藩部賓禮研究——以蒙古爲中心》最具代表性。該書通過梳理道光時平定張格爾叛亂，同治帝大婚，以及慈禧太后六十壽辰中清廷對蒙古王公的賞賜，發現清廷對於各藩部首領的賞賜或回贈，遠多於各藩部所貢獻的價值。而這種做法的目的在於"營造一個與各個藩部禮物交换中的巨大的價值落差，强化自己對其的統治地位"。而當清後期的經濟實力無以爲繼時，清廷轉而用"榮譽禮物"(各類頭銜、職官)，替代物質禮物，保持對藩部的榮譽和恩典。

第四，是對藏族首領入京朝覲的個案研究。張雙智、張羽新分析了清朝晚期前後藏年班制度的演變，清廷因内外禍患的增多，對藏區有所疏忽；從道光年間起，前後藏年班即開始出現鬆弛狀態；光緒年間，沿路驛站因荒旱不能進

① 蘇紅彦：《清代蒙古王公的年班》，内蒙古大學碩士學位論文，2004年。

② 李治國：《清代中後期蒙古年班制度的調整與變化》，《内蒙古社會科學》(漢文版)2017年第2期。

③ 李文琪：《清代外藩蒙古王公年班來京人數考》，《首都博物館叢刊》2010年第24期。蘇紅彦：《試析清代蒙古王公年班的創立與發展》，《内蒙古大學學報》(人文社會科學版)2007年第2期。

④ 李治國：《清代中後期蒙古年班制度的調整與變化》，《内蒙古社會科學》(漢文版)2017年第2期。

行正常的接待，前後藏的朝覲被免除；最終，英國發動第二次侵藏戰争後，十三世達賴喇嘛出走。前後藏的年班制度停止。① 關於 1908 年十三世達賴喇嘛進京覲見一事，也有學者作過研究。馬林與李治國分别從兩個不同側面分析十三世達賴喇嘛覲見儀節及其背後政治因素。②

2. 晚清賓禮(國際)

晚清外交禮儀的變遷，是學界關注的一個重點問題。目前，王開璽、何新華、尤淑君的著作，堪稱綜合考察清代外交禮儀的代表性成果。此外，晚清外交史中的重要史事、清後期的賓星制度、地方官員的外交禮儀和對外交涉、晚清人物與外交禮儀變遷的關係等具體問題，也都有成果涉及。

第一，晚清外交禮儀變遷的整體研究。王開璽的論文與著作，對晚清外交禮儀研究具有一定的推動作用。在《清代外交禮儀的交涉與争論》出版之前，他就有《中國近代外交禮儀略論》《中國近代的外交與外交禮儀》等文問世。③ 這些論文考察了清晚期與西方國家的外交禮儀之争、清政府在外交禮儀方面與西方國家嘗試接軌等問題。

《清代外交禮儀的交涉與争論》一書以 60 多萬字的篇幅，全面、系統考察清代中外交流中的禮儀問題。④ 全書共分七章。後四章論述清朝後期的一系列外交史事與禮儀交涉。該書整體上按照時間順序分配各章内容，但具體到某一專題問題，又常會突破時段限制。各章標題，都是作者根據該時段外交禮儀變遷的主要特點擬定的。例如，第六章“在衝突中轉型的外交禮儀”，是對同治年間至八國聯軍侵華之前，清廷外交禮儀與一系列中外争論的總體概括。此外，該書還在第四章考察了太平天國與英、法、美使華代表之間的禮儀之争。總之，該書内容詳實，體系完備，在史料梳理、史事考察等方面具有重要貢獻。

而後是何新華的著作《威儀天下——清代外交禮儀及其變革》。⑤ 該書的

① 張雙智、張羽新：《論清代前後藏朝覲年班制度》，《西藏研究》2009 年第 5 期。

② 馬林：《十三世達賴喇嘛進京覲見接待禮儀述略》，《青海社會科學》1990 年第 6 期。李治國：《清代藩部賓禮研究——以蒙古爲中心》，内蒙古大學出版社 2014 年版，第 47~53 頁。

③ 王開璽：《中國近代外交禮儀略論》，《外交學院學報》2000 年第 1 期；《中國近代的外交與外交禮儀》，《史學月刊》2001 年第 2 期。

④ 王開璽：《清代外交禮儀的交涉與争論》，人民出版社 2009 年版。

⑤ 何新華：《威儀天下——清代外交禮儀及其變革》，上海社會科學院出版社 2011 年版。

後三章按時間順序，對兩次鴉片戰爭期間的覲見禮儀、1873 年同治帝親政時的覲見禮争論、光緒前期的外交覲見禮改革（分 1891 年至 1894 年、1894 年至 1897 年以及 1898 戊戌年的覲見禮儀改革）、辛丑年間的覲見禮談判，還有 1902 年至 1911 年的外交覲見活動，都有詳細梳理，並提出了一些獨到見解。何新華還從中國禮制的視角出發，分“清代朝貢體制中的跪拜制度與改革後的鞠躬、握手禮儀”，“清代紫禁城空間格局與晚清覲見地點和路綫的改變”，“清代騎乘制度與西方使節乘坐工具的變革”三個方面來看待晚清覲見禮的改革。

緊接着面世的《賓禮到禮賓：外使覲見與晚清涉外體制的變化》是探析晚清外交禮儀的又一部重要著作。① 作者尤淑君在書中探討了咸豐、同治、光緒三朝的中外覲禮之争和晚清政治文化的變化。該書根據原始檔案，晚清時人的日記、時論、筆記，報紙等資料，分析清朝君臣在每次禮儀交涉中的想法。該書的獨到之處還在於借助外國外交檔案以及駐華公使、傳教士的報告、日記、書信等材料，分析各國公使的議禮動機。

第二，晚清外交史中重要禮儀事件的研究。首先，是 1873 年外國公使首次覲見中國皇帝的禮儀。在此之前，清廷一直推脱拒絶外國駐華公使覲見皇帝的請求，原因在於皇帝年幼。1873 年，同治帝親政。各國公使又與清廷展開了覲見禮的交涉，並最終如願。王開璽對中外雙方争論的過程作了細緻梳理，並介紹了雙方《畫押問答節略》《簡明節略》《覲見禮單》等檔案内容。另外，王開璽還考察了清廷内不負責外交禮儀官員的態度、日本大使在此次覲見禮儀中的無理要求、漢口等地醜化外國公使的覲見過程抄單等問題。何新華梳理了總理衙門與五國公使圍繞覲見禮儀的交涉。他還根據多種不同的文獻，考察此次覲見禮的不同記載，尤其是分析了民間傳言（即前文提到的抄單）問題。他認爲，外國公使覲見對中國民衆造成了“强大的心理衝擊”，“這些民間傳言以扭曲事實真相的方式彌補和修復留在他們心靈的創傷”。② 關於此問題，還可參看李雲泉的著作。③

其次，是 1898 年德國亨利親王覲見與外交禮儀變革的問題。王開璽詳細

① 尤淑君：《賓禮到禮賓：外使覲見與晚清涉外體制的變化》，社會科學文獻出版社 2013 年版。

② 何新華：《威儀天下——清代外交禮儀及其變革》，上海社會科學院出版社 2011 年版，第 266 頁。

③ 李雲泉：《朝貢制度史論：中國古代對外關係體制研究》，新華出版社 2004 年版。

梳理了亨利親王入華引發的一系列禮儀争論以及覲見過程與雙方禮節。清廷内部的争論大致圍繞以下幾點展開：前往迎接的官員級别，亨利覲見慈禧與光緒的先後順序、覲見地點、禮遇儀節，等等。何新華梳理了戊戌年間的覲見禮儀改革。他認爲，1898 年覲見禮儀的關鍵變化在於德國亨利親王 5 月 15 日、24 日在頤和園、西苑的兩次覲見。"這次覲見禮儀，基本上顛覆了中國固有的覲見禮儀。乘坐襻緑轎、乘轎入宫、握手、回拜，開 1901 年《辛丑合約》覲見禮儀改革的先河。"此外，他還對 1898 年總理衙門上陳的"遵議各國君后、宗藩、頭等公使來華接見款待禮節折"作了分析。王蓮英考察了光緒帝接見亨利親王的前後問題。她分"皇帝接見禮儀"、"口敕内容"(皇帝的口頭命令)、"酒宴上的禮儀細節"等方面，詳細梳理德國親王的覲見禮儀。同時，該文根據親王乘坐轎子的顔色，分析了張蔭桓爲維護國家尊嚴所作的努力。她還探析了張蔭桓調整禮儀的積極作用與曆史局限性。①

再次，是八國聯軍侵華時期的禮儀交涉。外國公使團提出的《議和大綱》中，有關於外國公使覲見中國皇帝的禮儀要求。其基本内容是要求清廷對各國將來擬定的儀節"照允實行"，這也成爲談判中的一個焦點。何新華對雙方的交涉過程作了大致梳理，認爲"近半個世紀的晚清覲見禮儀變更"至此結束；1902 年至 1911 年間的清廷外交覲見禮儀，已與西方國家的外交禮儀趨同。尤淑君也對公使團《議和大綱》"外國公使覲見禮"引發的中外交涉作了分析。她還論述了《辛丑條約》後清廷在外交禮儀上的調試。

第三，寶星(勛章)制度的研究。寶星，就是勛章、獎章之類的榮譽標志物。19 世紀 60 年代，在部分辦理外交事務的大臣的請求下，清廷也開始實行這種制度。王開璽詳細分析了 1882 年清政府頒行的《寶星章程》以及相關的授予活動。其書中指出，清政府自實行此制度後，對外國上自國家元首，下至工商人士，分别授予不同等級的寶星。19 世紀 90 年代，清廷對駐外的外交大臣賞賜寶星，要求他們在佩戴時，"先本國而後他國"。王開璽還舉例，簡要説明了外國政府向清朝國内大員授予寶星的情况。②

第四，晚清地方官員外交禮儀的研究。外國人員來華，免不了與地方官員進行交流。晚清時期各地層出不窮的教案、中洋衝突，也需要地方官員與西方人員進行溝通和交流。因此，地方官員的外交禮儀，也是晚清外交禮儀的重要

---

① 王蓮英：《張蔭桓與戊戌年間清廷外交禮儀改革——以光緒皇帝接見德國亨利親王爲例》,《歷史檔案》2011 年第 3 期。

② 另可參看李培娟：《晚清寶星制度研究》，暨南大學碩士學位論文，2013 年。

部分。王開璽在《清代外交禮儀的交涉與爭論》第六章"在衝突中轉型的外交禮儀"中，專設一節論述晚清地方官員與外國來華人員在禮儀上的衝突。何新華在《威儀天下——清代外交禮儀及其變革》中設有專章"晚清中外官員會晤禮儀與制度"，論述兩次鴉片戰爭之間的中外官員會晤問題、1860年之後外國公使與在京官員的往來、各地領事館與中國地方官員的往來。該書分析了外國政要訪華中的地方接待禮儀。①

更系統的成果是趙宏林的博士學位論文《晚清地方外交研究》。② 該文第六章"地方外交禮儀"，首先梳理了鴉片戰爭之後出現的地方外交禮儀規定與原則，而後從"客禮"、公文、會見禮、"過境"四個方面論述中外官員的往來禮節。文中還涉及了地方官員與傳教士、與其他外國人的往來禮節。最後，論文分析了地方外交禮儀中出現的爭執，以及地方官對外交禮儀的重視及運用。

第五，晚清人物與外交禮儀的研究。探析晚清歷史人物與外交禮儀變遷的關係，也是學界的一個關注點。代表人物有郭嵩燾、奕訢、張蔭桓、蒲安臣，等等。董麗燕論述了郭嵩燾對西方外交觀念和外交禮儀的吸收與接納，對郭嵩燾接受、沿用國際通行的外交禮儀程式給予積極評價。③ 謝小華考察恭親王奕訢有關外交禮儀的活動，分析了奕訢在外國公使首次覲見中扮演的角色，認爲他"在西方列强與清政府當中起到了橋樑與緩衝作用"，推動了清廷接受國際禮儀的進程。④ 王蓮英以1898年德國亨利親王覲見爲例，分析了張蔭桓在戊戌年間外交禮儀改革中的作用，肯定其積極貢獻的同時，指出其歷史局限性——難以擺脱傳統禮儀的束縛與内部保守力量的制約。⑤ 李宗敏分析了蒲安臣在華任職與受清廷委派期間對中國外交禮制近代化的促進作用。⑥

① 何新華：《威儀天下——清代外交禮儀及其變革》，上海社會科學院出版社2011年版。

② 趙宏林：《晚清地方外交研究》，湖南師範大學博士學位論文，2010年。另可參看趙宏林：《論晚清地方外交禮儀及地方官的態度》，《西南交通大學學報》(社會科學版)2010年第3期。

③ 董麗燕：《郭嵩燾的近代外交意識》，《貴州文史叢刊》2007年第4期。

④ 謝小華：《恭親王奕訢與晚清宫廷禮儀述略》，《清宫史研究》第十一輯，文化藝術出版社2013年版，第264~273頁。

⑤ 王蓮英：《張蔭桓與戊戌年間清廷外交禮儀改革——以光緒皇帝接見德國亨利親王爲例》，《歷史檔案》2011年第3期。

⑥ 李宗敏：《蒲安臣與晚清中國外交近代化》，《聊城大學學報》(社會科學版)2008年第2期。

3. 民國外交禮儀

1943 年《北泉議禮録》“賓禮篇”第一章就是“國際禮儀”。其中又分“接待”“會晤”“酬酢”“慶吊”等項。“賓禮篇”的其他内容，基本都是“相見禮”，分官吏、學校、國民三方面，具體又有官吏相見、教員相見、國民相見以及官民相見、上下級相見、師生相見、教員與官吏相見等細則。關於“相見”禮俗的研究情況，在“民間社交禮俗”中再提。

對於民國時期的外交禮儀，學界的關注同樣不多。金正昆、吕昕在分析新中國的外交禮賓制度時，涉及了民國禮賓制度。他們認爲，與清代相比，民國時期的禮賓制度呈現出專門化、固定化的特點。① 王開璽的《中國近代的外交與外交禮儀》《中國近代外交禮儀略論》雖然以“近代”爲題，但都是分析晚清外交，只能作爲考察民國外交禮儀的鋪墊性成果。②

關於民國時期負責外交禮儀的機構，學界有所關注，這可以參看易中梅、李文傑等人的成果。③

民國禮俗改革的西方因素也與外交有重要關係。民初廢黜跪拜禮，外交儀節因素具有重要作用。王開璽撰文認爲，跪拜禮是近代中外交流儀節中的重要隔閡。西方國家禮制、禮儀書籍的傳入，清廷出使官員對外國政治與外交禮儀的感知等因素，促成了跪拜禮的廢除。④

關於 1949 年之前中國共産黨領導下的中央蘇區、根據地、解放區的禮賓活動。金正昆、吕昕有簡要評述。⑤ 張建國的著作《中國禮賓與公務接待》分三個階段，依次考察了中國共産黨成立至瑞金革命時期、延安革命時期、西柏坡革命時期的公務接待工作。⑥

民國外交禮儀，是近現代外交史中的重要一環。相關研究必然具有重要價

---

① 金正昆、吕昕：《繼承、規範與創新：新中國外交禮賓制度的建立》，《社科縱横》2013 年第 6 期。

② 王開璽：《中國近代的外交與外交禮儀》，《史學月刊》2001 年第 2 期；《中國近代外交禮儀略論》，《外交學院學報》2000 年第 1 期。

③ 易中梅：《民初外交部研究（1912—1916）》，陝西師範大學碩士學位論文，2011 年。李文傑：《繼承與開新之間——清末民初外務（交）部的人事嬗替與結構變遷》，《社會科學》2014 年第 6 期。

④ 王開璽：《試論中國跪拜禮儀的廢除》，《史學集刊》2004 年第 2 期。

⑤ 金正昆、吕昕：《繼承、規範與創新：新中國外交禮賓制度的建立》，《社科縱横》2013 年第 6 期。

⑥ 張建國：《中國禮賓與公務接待》，中國人民大學出版社 2015 年版，第 3~14 頁。

值。但目前學界對此的重視明顯不夠。

四、軍禮

關於晚清民國的軍禮，學界關注明顯不足。然而，在近代中國官方禮儀的變遷中，外交禮儀、軍事禮儀是首當其衝的。學界關於近代軍事禮儀變遷的重視程度，與其歷史地位、文化價值顯然不符。

有關晚清軍禮的成果較少。陳戍國《中國禮制史・元明清卷》對清代後期的軍禮有所涉及。① 書中通過分析時人言論，探析了當時社會對光緒十二年太監隨醇親王檢閱海軍一事的看法，認爲這是對軍隊和閱兵禮的褻瀆。他還提出，曾國藩爲湘軍制定的"營制""營規"，也應當看做軍禮的組成部分。但書中没有作進一步展開。

系統梳理清朝後期軍禮變遷的重要成果，當數趙楓的《晚清陸軍軍禮的演變及特點》。② 該文將晚清軍禮的近代化過程分爲"醞釀""起步""高潮與結束"三個階段。第一階段，是鴉片戰争至甲午戰争期間。在此期間，清朝軍隊接觸到了西式軍禮，而且還在"習練手足"的過程中進行模仿、操練。但是，西式軍禮在軍隊中遠遠没有普及，也没有受到清廷上層的肯定。第二階段，從甲午戰争至光緒二十七年。在編練新軍的過程中，"學西式軍禮被明確地作爲軍隊建設的一項重要内容來看待，出現了相應的法規性要求。出現了立正、舉槍等禮節形式"。淮毅軍、新建陸軍、自强軍模仿德國軍禮的做法，在清末具有一定的開創意義。該文還結合《新建陸軍兵略録存・章制》《訓練操法詳晰圖説・條教》予以説明。第三階段，是光緒二十七年(1901年)後至清亡。重點是光緒三十一年(1905年)《陸軍行營禮節》的頒佈。該制度主要有兩方面内容：一是規範軍禮形式(包括注目禮、立正禮、舉手禮、舉刀禮、舉槍禮五種)，二是規定不同場合下的具體禮儀(陸軍官兵相見禮節、陸軍官兵相遇禮節、陸軍軍隊相遇禮節、陸軍操演禮節)。趙楓認爲，該制度是"中國第一個仿照西方軍隊軍營禮節既全面又系統的全國性法令"，肯定其積極意義；同時還分析了該制度的歷史局限性。

另外，趙楓在《晚清陸軍軍禮的演變及特點》中指出，晚清陸軍軍禮經過半個多世紀的演變，形成了一套系統的軍禮形式，並爲民國時期的軍禮制作創造了條件。所以，該文可作爲探究民國軍禮的前期鋪墊性成果。

---

① 陳戍國：《中國禮制史・元明清卷》，湖南教育出版社2002年版，第594～600頁。

② 趙楓：《晚清陸軍軍禮的演變及特點》，《軍事歷史研究》2004年第2期。

學術界對民國軍禮總體上重視不够，然而，有關民國軍禮的文獻資料並不稀缺。以1930年南京國民政府頒佈的《陸軍禮節條例》爲例。全文共5篇140條。其中，第二篇、三篇、四篇依次爲“敬禮”“禮儀”“喪禮”。“敬禮”一篇分5章，依次爲通則、軍人之敬禮、軍隊之敬禮、衛兵之敬禮、步哨之敬禮。“禮儀”一篇分6章，對隨扈、儀仗、大閲、禮炮、迎送軍旗等儀節作了具體規定。“喪禮”分5章，對祭典、儀仗兵及送葬隊、吊炮吊槍（現役軍官葬禮中鳴放槍炮的禮節）、喪章（參加葬禮人員佩戴的標志物）作具體規定。1942年，《陸軍禮節條例》又有修正，分3章102節。第一章爲總則，第二章爲“敬禮”，第三章爲“儀節”。第三章又具體分爲“隨護”“儀隊”“大閲”“禮炮”“迎送團旗”“升降國旗”“任職宣告及宣誓”“婚禮”“喪葬”等内容。

所以，有關民國軍禮的史料並不稀缺。但學界似乎還没有足夠重視。

抗戰勝利後受降儀式頗受青睞。民國軍事禮儀中的一個重要問題，是抗戰勝利後的“受降儀式”。這方面的文章有很多。其中，記述、叙述類的文章佔一定比重。研究性的成果也有，但相對較少。這些文章主要分以下幾個方面。

其一，關於中國方面受降過程的考證。針對“洽降”與“投降”往往被混爲一談的現象，張學繼撰文指出，中國戰區及所屬各個戰區接受侵華日軍投降時，均按照國際慣例，經歷了接洽投降（即“洽降”）與正式受降（即“受降”）兩個階段。該文還對富陽宋殿村的“第三戰區”的洽降儀式、杭州“第三戰區”受降儀式有簡要涉及。① 關於中國方面對受降的部署，黄力民、吴和平等人的研究也值得關注。②

其二，關於南京“中國戰區日軍投降簽字儀式”的記録。當事人對受降儀式的追憶有很高的史料價值。爲準備受降，中國國民黨軍隊方面成立了“中國陸總”前進指揮所。當時作爲工作人員的王楚英，對自己在芷江洽降與南京受降儀式中的見聞進行追述。他對以下環節作了詳細叙述：芷江洽降中中國方面的部署，南京受降儀式前的準備情況，“中國戰區日軍投降簽字儀式”的舉行地點、場地陳設與佈置、受降席左右兩側的位置安排、雙方最

① 張學繼：《抗戰勝利後第三戰區在浙江的“洽降”與“受降”》，《浙江學刊》2017年第5期。

② 黄力民：《中國戰區接受投降的日本陸海軍單位與人數考訂》，《民國檔案》2005年第3期；《中國戰區各受降區受降史事考略》，《江南大學學報》（人文社會科學版）2006年第3期。吴和平、吴建宏：《中國戰區對日受降的三個環節》，《湖南工業大學學報》（社會科學版）2018年第3期。

高代表入場、對日方簽降代表證件的查驗、日本投降書的簽字過程、向日方代表轉交中國戰區統帥命令，儀式後何應欽的廣播講話。① 類似的文章還有很多，兹不盡列。

其三，關於其他各戰區的受降儀式的追記與研究。吳建剛在介紹武漢市中山公園的"受降堂"時，簡要叙述了 1945 年 9 月 18 日漢口"第六戰區"受降儀式的大致過程。② 關於南通地區受降儀式、安徽蚌埠受降儀式、中國國民黨軍隊入越受降儀式，等等，也都有學者撰文記述。關於中英兩國在香港受降儀式中對受降權的争奪，楊盛雲、袁爲鵬等人有過探討。③

五、嘉禮

晚清的官方嘉禮與之前相比，無明顯變化。學界的研究成果較少。這可以參看陳戍國《中國禮制史・元明清卷》中的内容。

對民國嘉禮的研究，集中在婚禮禮俗上。此外，《北泉議禮録》的"嘉禮篇"有部分内容可以與傳統嘉禮對應。比如，"敬老會"，類似於古代的鄉飲酒禮。還有任職禮儀、饗宴禮儀、榮典禮儀，等等。學界對此關注不多。此處不再贅述。

1. 民國婚姻法令與政策

民國政府對婚姻禮俗出臺過法令、政策，推動了傳統婚俗的變革。汪玢玲的專著論述了五四之後女權運動對舊式婚姻的衝擊。④ 書中還對 1930 年國民政府頒行的《民法・親屬編》、蘇維埃政權 1931 年《中華蘇維埃共和國婚姻條例》及 1934 年《中華蘇維埃共和國婚姻法》進行分析，强調這些法律文獻對於保護婦女利益、實行男女平等、破除舊式婚姻陋俗的積極作用。張敏傑《中國的婚姻與家庭》考察了民國時期的婚姻習俗變革。⑤ 該書肯定民國《民法・親屬編》對保證一夫一妻制、男女婚姻平等的意義，也闡釋宗法家長制、資本主義對家庭的破壞作用。書中着重分析了中國共産黨對舊家庭、舊婚姻的全面變革。

---

① 王楚英：《從芷江到南京：受降日軍親歷記》，《軍事歷史》2005 年第 3、4 期。

② 吳建剛：《抗戰勝利的歷史見證：漢口受降堂舊址》，《中國文物報》，2016 年 2 月 5 日，第 8 版。

③ 楊盛雲：《抗戰勝利後的香港受降問題》，《歷史教學》1996 年第 1 期。袁爲鵬：《勝者之辱——抗戰勝利後中英關於香港受降的一場交涉》，《學習月刊》1997 年第 7 期。

④ 汪玢玲：《中國婚姻史》，武漢大學出版社 2013 年版，第 373～390 頁。

⑤ 張敏傑：《中國的婚姻與家庭》，東方出版中心 2017 年版，第 83～91 頁。

2. 中共領導的革命根據地婚俗變革

除了民國政府的法令，中國共産黨在其管轄區域内也有婚姻立法。馬洪武主編的《華中抗日根據地史》在“華中抗日根據地的法制建設”一部分中，論述了根據地婚姻立法的主要特點。① 其包括：抗日民主政府的婚姻法規儘量與國民政府的《民法·親屬編》相銜接；堅持抗戰高於一切的原則，保護軍婚；堅持繼承和發展的原則，吸收和繼承有利經驗，並與根據地的實際情况相結合。婚姻立法的内容主要有：訂婚、結婚、離婚制度，家庭財産制度和離婚後子女的撫育，保護抗日軍人的婚姻、婚約。

關於其他革命根據地婚姻立法與婚俗變革的考察，可以參看傅建成、崔蘭萍、岳謙厚、王斐、吴雲峰等人的成果。② 其主要的研究方法與結論，在“民間婚姻禮俗”部分中介紹。

第三節 民間禮俗研究

關注晚清民國社會禮俗變革的成果，同樣很多。宏觀研究，如嚴昌洪的《中國近代社會風俗史》和《20 世紀中國社會生活變遷史》、梁景和的《近代中國陋俗文化嬗變研究》、羅檢秋的《文化新潮中的人倫禮俗(1895—1923)》，等等。③ 還有很多針對具體禮俗的考察。其中部分成果與圍繞法令政策的研究不能强行區分。

此處的梳理，儘量與前面“禮制和禮儀研究”對應。民間禮俗與軍事禮儀無關，不再涉及。關於民間賓禮的成果，主要集中在相見禮儀(即社交禮儀)上。

---

① 馬洪武主編：《華中抗日根據地史》，當代中國出版社 2003 年版，第 511~513 頁。

② 傅建成：《論華北抗日根據地對傳統婚姻制度的改造》，《抗日戰争研究》1996 年第 1 期。崔蘭萍：《陝甘寧邊區婚姻制度改革探析》，《西北大學學報》(哲學社會科學版) 2000 年第 4 期。岳謙厚、王斐：《婦救會與中共婚姻變革的實踐——以華北革命根據地爲中心的考察》，《中北大學學報》(社會科學版) 2015 年第 2 期。吴雲峰：《華中根據地婚姻習俗變革研究》，南京師範大學博士學位論文，2016 年。

③ 嚴昌洪：《中國近代社會風俗史》，浙江人民出版社 1992 年版；《20 世紀中國社會生活變遷史》，人民出版社 2007 年版。梁景和：《近代中國陋俗文化嬗變研究》，首都師範大學出版社 1998 年版。羅檢秋：《文化新潮中的人倫禮俗(1895—1923)》，中國社會科學出版社 2013 年版。

一、民間祭祀

基層社會的祭祀活動遠超出官方祭禮的範圍。關於晚清民國社會中祭祀禮俗的研究成果，可從家族祭祀、行業神祭祀、地方文廟祭祀、各地區民間祭祀習俗四個方面來梳理。不同地區的祭祀禮俗，又與各地的時令節日習俗、傳統宗教信仰、地方神靈崇拜有關。

1. 家族祭祀

晚清民間祭祖禮俗，沿襲舊有傳統。艾紅玲依據晚清湘籍名人日記的資料，從常祭和臨祭、墓祭和祠祭等方面梳理民間祭祖基本情況。①

學界普遍認爲，民國時期的祭祖禮俗有繼承也有改變。萬建中、周耀明分析民國時期城市與鄉村祖先祭祀的差別：帶有迷信色彩的祖先祭祀在城市中漸被淘汰，而在廣大鄉村中依然具有强大的生命力。② 羅檢秋認爲，祭祖在民國初年仍是南北共有的習俗，但因社會變遷和新文化傳播，祭祀儀節已經不如以往莊嚴、隆重了。大規模的祭祖活動逐漸變少，清明掃墓成爲主要的祭祖形式。③《中國殯葬史》第 8 卷第 5 章(姜海龍撰寫)，依據各地縣志，論述民國時期民間“臨喪之祭”與“追遠之祭”。前者指喪禮過程中的祭祀。姜海龍認爲，民國時的喪禮之祭基本延續了《朱子家禮》等傳統禮俗。在傳統家祭、路祭、虞祭之外，“做七”的祭祀風俗在民國也很流行。“追遠之祭”是講民間對先人的祭祀，主要分廟祭(祠堂祭祀)、家祭、墓祭。他還考察民間社會流行的年祭(年節期間的祖先祭祀)。當然，從傳統禮學的角度看，此處論述的“臨喪之祭”爲喪葬的一部分，屬於“凶禮”的範疇。

2. 行業神祭祀

長久流行的行業神信仰在晚清民國時繼續保留。例如，趙世瑜、鄧慶平關注過清末民初北京工匠行業的祭祀組織——魯班會，考察了魯班崇拜和魯班會的祭祀活動。④ 張月琴介紹考察了民國初年山西大同礦區祭祀煤窨神的祭品、組織者、大致環節及相關禁忌，並從煤窨行業的特點出發，分析煤窨神信仰的

---

① 艾紅玲：《晚清湘籍名人日記中的民間祭祖禮考察》，《求索》2015 年第 8 期。

② 徐傑舜主編，萬建中、周耀明著：《漢族風俗史》第 5 卷，學林出版社 2004 年版，第 290 頁。

③ 羅檢秋：《文化新潮中的人倫禮俗(1895—1923)》，中國社會科學出版社 2013 年版，第 218~225 頁。

④ 趙世瑜、鄧慶平：《魯班會：清至民國初年北京的祭祀組織與行業組織》，《清史研究》2001 年第 1 期。

産生及其與窨規之間的關係。① 與之類似，肖坤冰考察晚清民國時期四川夾江縣的蔡翁會，分析夾江縣一帶竹紙製造業與當地的蔡倫崇拜。② 劉曉海分析了蘇州評彈行業的祖師祭祀、信仰及其對從業人員的整合、約束。③

3. 地方文廟祭祀

曾黎考察了滇南建水的祭孔儀式，分析民國時祭孔儀式及儀節變遷。④ 梅花試圖分析土默特文廟（漠南蒙古地區的首個文廟）的設立與建築規模、清代文廟祭祀中的民族特色、民國文廟祭祀的變化等問題，並以之反觀清末民初土默特地區政治生活、思想文化的變遷。⑤

4. 各地區民間祭祀習俗

各地民間祭祀習俗豐富，形勢多樣。相關研究涉及各地的祖先祭祀習俗、時令節日習俗、傳統宗教信仰（如東北區的薩滿祭祀）、地方神靈崇拜（如山東的孫臏與四川的李冰）。官方祀典在民國時期撤銷之後留下的一些祭祀空白，也被民間禮俗所填充。這類成果涉及近代浙江、陝西、山東、福建、四川以及東北地區。⑥

二、民間喪葬

有關近代社會喪葬禮俗的成果，大致可以按照晚清、民國兩個時段來梳

---

① 張月琴：《煤窯神信仰與民國初年的山西大同礦區社會》，《民俗研究》2013 年第 1 期。

② 肖坤冰：《行業信仰、祭祀組織與地方社會——以晚清民國時期四川夾江縣“蔡翁會”爲中心的考察》，《福建師範大學學報》（哲學社會科學版）2013 年第 1 期。

③ 劉曉海：《行業神與行業整合：以蘇州評彈三皇祖師爲中心》，《傳統中國研究集刊》第 15 輯，上海社會科學院出版社 2016 年版，第 236~244 頁。

④ 曾黎：《儀式的建構與表達——滇南建水祭孔儀式的文化與記憶》，巴蜀書社 2012 年版，第 110~138 頁。

⑤ 梅花：《從清代歸化城副都統衙門與民國檔案爲主看土默特文廟及其祭祀制度》，《内蒙古師範大學學報》（哲學社會科學版）2013 年第 1 期。

⑥ 鄭衡泌：《民間信仰神祠祭祀空間規模及其影響因素——以民國時期鄞縣平原爲例》，《世界宗教文化》2013 年第 1 期。蔣宏達：《襲舊與更新：近代經濟變遷中的民間祭祀組織——以杭州灣南岸地區爲例》，《民俗研究》2018 年第 2 期。淩福亞：《明清以降關中祭祀系統興衰與社會互動（1368—1949）》，陝西師範大學博士學位論文，2016 年。李海雲：《鄉土社會邊界研究——山東濰北地區東永安村燒祭儀式考察》，山東大學博士學位論文，2017 年。鍾建華：《明清以來漳州浦頭港民間信仰與社會變遷》，閩南師範大學博士學位論文，2017 年。王川、劉鵬樂：《1945 年都江堰“開水節”李冰祭祀及其意義》，《中華文化論壇》2018 年第 4 期。薛剛：《清末民國東北民間滿漢薩滿巫神信仰論析》，《宗教學研究》2015 年第 1 期。

理。針對民國時期的研究，又分宏觀與具體兩部分。

已有研究在兩點上已經存在共識：其一，在看到近代喪葬禮俗發生變革的同時，承認傳統的禮俗因素依然存在，甚至是廣泛存在；其二，喪葬禮俗的變革，在城鄉兩方面有着一定的差距。

1. 晚清喪葬禮俗

近代中國的舊喪葬禮俗與古代一脈相承，無大變化。太平天國時期與五四新文化運動期間，傳統的喪葬禮俗只是發生了些微變化。①

清後期官紳喪葬禮俗的相關史料保存在筆記、日記中。陳戍國依據家書，分析了曾國藩在棺木、陵地、牌坊碑刻、祭奠用品、服孝等方面的舉措與觀念。② 艾紅玲依據曾國藩、郭嵩燾、曾紀澤、王闓運、皮錫瑞、楊度等人的日記，分析晚清民間喪葬禮俗。③

很多學者考察過太平天國時期的喪葬禮俗。李文海分析太平天國統治區域的喪葬風俗，指出其與傳統喪俗明顯不同的特點在於：親人不必痛哭、不做佛道法事(以皇上帝排斥異教)、不用棺木、不講風水。④ 徐吉軍、萬建中、周耀明、耿光連等學者對此也有涉及。⑤

關於晚清出現的新式喪葬禮俗。邵先崇、史革新結合《清稗類鈔》分析追悼會的出現時間以及大致儀程。⑥《中國殯葬史》第7卷第7章(王静撰寫)，首先分析了來華傳教士對中國傳統殯葬習俗的看法，而後根據《清稗類鈔》《大公報》中李叔同之母的追悼會，分析清末追悼會的主要儀程。以上成果，還考察了殯儀館、公墓、火葬場以及新式新式訃告、花圈、挽聯、哀樂、洋樂、新

---

① 梁景和：《近代中國陋俗文化嬗變研究》，首都師範大學出版社1998年版，第178~191頁。

② 陳戍國：《中國禮制史·元明清卷》，湖南教育出版社2002年版，第554~579頁。

③ 艾紅玲：《晚清湘籍名人日記中的禮制禮俗研究》，湖南大學博士學位論文，2010年。

④ 李文海：《太平天國統治區社會風習素描》，《太平天國學刊》第3輯，中華書局1987年版，第1~49頁。

⑤ 徐吉軍：《中國喪葬史》，武漢大學出版社2012年版，第463~499、520~534頁。徐傑舜主編，萬建中、周耀明著：《漢族風俗史》第5卷，學林出版社2004年版，第102~110頁。耿光連：《社會習俗變遷與近代中國社會》，濟南出版社2009年版，第173~194頁。

⑥ 邵先崇：《近代中國的新式婚喪》，人民文學出版社2006年版，第126~129頁。鄭師渠總主編，史革新分册主編：《中國文化通史·晚清卷》，北京師範大學出版社2009年版，第530~538頁。

冥器、黑紗等新事物、新禮俗的出現。

2. 民國喪葬禮俗

首先，是宏觀分析民國時期民間喪葬禮俗的成果。根據學界研究，此時的民間喪葬禮俗有兩大特點：一是删繁就簡，二是中西因素糅合。

宏觀分析民國喪葬禮俗演變的成果，有以下幾個值得注意。嚴昌洪《民國時期喪葬禮俗的改革與演變》一文，分析了 1912 年至 1949 年間中國社會喪葬禮俗。除了梳理民國歷屆政府的法令政策，該文還論述了傳統喪葬禮俗的危害、傳統喪葬禮俗在民國社會的流行與轉變，民國喪葬禮俗演變的原因等重要問題。石奕龍梳理了近現代中國南北方的民間喪葬程式，分析它們在遵循傳統喪葬規範下存在的特色差異。① 徐吉軍結合方志史料，指出民國的喪葬禮俗具有新舊、中西雜用的特點。傳統喪葬禮俗仍然延續，但已出現了"頹衰"跡象。與此同時，喪服體系的廢除、吊喪禮儀的革新、明器中的西洋色彩，均預示着新式喪葬禮俗在民間逐漸推行開來。他還用北京、河北、山西地區的縣志材料與《七十六代衍聖公喪葬事宜簿》、顧頡剛《蘇州史志筆記》，等等，論述民國時期流行的厚葬風氣。② 羅檢秋總結指出，民初社會的喪禮改革表現在三個方面：注重服制的真情實感、簡化虛文縟節、凸顯科學精神（否定喪葬迷信）。③

關於喪葬禮俗變革的不徹底性，學界也有論述。除嚴昌洪外，梁景和也有論述。就全域而言，變化程度是有限的，尤其是在農村地區。原因主要有兩點：一是先進分子無法與民間傳統勢力相對抗；二是傳統的程式化習俗已經深入人心，改變舊俗往往會受到很大的阻力。④ 這類觀點目前是學界共識。

對城市喪葬習俗的專門研究，可以參看如下成果。鄭大華等人對民國時期都市中出現的新式喪禮作簡要的程式梳理。⑤ 姚永輝以 1936 年魯迅的喪禮爲

① 齊濤主編，石奕龍著：《中國民俗通志·喪葬志》，山東教育出版社 2005 年版，第 6~7 頁。

② 徐吉軍：《中國喪葬史》，武漢大學出版社 2012 年版，第 535~550 頁。

③ 羅檢秋：《文化新潮中的人倫禮俗（1895—1923）》，中國社會科學出版社 2013 年版，第 201~217 頁。

④ 梁景和：《近代中國陋俗文化嬗變研究》，首都師範大學出版社 1998 年版，第 181~190 頁。

⑤ 龔書鐸總主編，鄭大華分册主編：《中國文化發展史·民國卷》，山東教育出版社 2013 年版，第 569 頁。

例，分析了在文化界流行的新式喪禮。① 馮志陽在《中國殯葬史》第8卷中依據《申報》中有關殯葬儀式的文稿、1912年武昌彭楚藩的出殯隊伍、袁世凱的喪事儀程與出殯儀仗等資料，分析民國初年城市殯葬習俗中"新舊雜糅"的特點。他認爲，國民黨掌握政權之後，"新舊雜糅的現象依然如舊"，只是又出現了一種新的表現，即"比較純粹的舊式葬禮與比較純粹的新式葬禮同時並存於民國的都市社會中"。

目前學界研究的主要成績與不足之處，在《中國殯葬史》第8卷的"導論"中有深入的思考。這部分内容由馮志陽、馬金生撰寫。他們首先指出了已有研究的共同特點，即認同"以西方喪禮爲模本的新式喪禮開始出現，但還没有大範圍普及"。已有研究的不足之處在於："往往只關注新生事物的出現和傳播，而對傳統殯葬習俗的演變缺乏研究。儘管對傳統殯葬習俗已經有了較多叙述，但這種叙述基本上是在農耕社會的背景下展開的，也就是説厚葬久喪的傳統殯葬習俗基本上發生在鄉村社會。傳統中國的城市社會，是否也是這樣一種殯葬習俗，還需要進一步探討。"這是因爲"近代殯葬禮俗的形成，某種程度上可以説是城市社會的産物。因而，民國時期新舊式殯葬禮俗並存，與其説是傳統與現代的新舊差異，不如説是城市社會與鄉村社會的差異"。這個論斷是比較客觀的，值得學界在今後的探索中加以注意。

其次，是圍繞民國各地區喪葬禮俗變革的成果。

專門針對某一地區喪俗的研究，成果有很多。例如，艾萍撰文探究民國時期上海市對殯葬方式的改革，考察引起中外糾紛的塚舍問題，論述租界公墓制的優越性；然後闡釋上海市"禁革塚舍與建設公墓雙管齊下"的革新葬俗思路。② 關於山東地區，王青從新式喪禮的出現、舊喪禮的改良兩個方面，分析抗戰前山東喪俗的演變；還從革命運動、經濟發展、近代文教事業等角度論述喪俗變革的原因。③ 此外還可參看李春雷《民國山東喪葬習俗研究（1912—1937）》《民國時期山東地區宗教信仰與喪葬習俗變遷淺析》等文章。④ 鍾啓順、

① 姚永輝：《中國的喪禮》，南京大學出版社2014年版，第141～142頁。

② 艾萍：《雙軌制下民國公墓制的創建——以上海爲個案》，《華中師範大學學報》（人文社會科學版）2012年第3期。

③ 王青：《民國後抗戰前山東婚喪禮俗的嬗變》，《山東師範大學學報》（社會科學版）1999年第6期。

④ 李春雷：《民國山東喪葬習俗研究（1912—1937）》，山東師範大學碩士學位論文，2011年；《民國時期山東地區宗教信仰與喪葬習俗變遷淺析》，《齊魯師範學院學報》2011年第3期。

沈宏格通過梳理民國時期湖南湘鄉縣族譜，探究當地民眾在喪禮中對佛、道的矛盾態度及其原因。① 姚永輝分析新生活運動時期的河南地區"婚喪習俗調查報告"，指出在20世紀30年代的開封地區，民眾喪禮與儒家傳統喪禮的基本結構没有區别，既包含地域習俗，也有新式元素。② 此外，關於安徽、四川、陝西、貴州等地的喪葬禮俗，可以參考鄧紅、羅良星等人的期刊文章與學術論文。③

再次，是關於民國時期各少數民族喪葬禮俗的成果，也很可觀。石奕龍《中國民俗通志·喪葬志》介紹了近現代不同地區、不同民族中流行的土葬、火葬等埋葬習俗。④《中國殯葬史》第8卷第7章，考察了民國時期十多個少數民族的殯葬習俗，並從改行土葬、相信風水、守孝、接受漢族葬具、上墳祭祖五個方面，分析少數民族殯葬習俗的漢化傾向。書中指出，基督教是對少數民族殯葬習俗影響最大的外來宗教。除此之外，他還考察了少數民族中部分傳統殯葬習俗與禁忌的消亡、殯葬的簡化與趨新，以及殯葬高消費的現象。有關民國時期土家族墓葬繪畫、黎族喪葬習俗的研究成果，可參看唐堂、李寧波、周濤等人的學位論文。⑤

三、民間婚姻

圍繞近代社會婚俗的成果，可從綜合性研究、分地域研究、少數民族禮俗研究等方面來梳理。學界大致也有幾點共識，如禮俗中出現了新因素、新變

---

① 鍾啓順、沈宏格：《佛道與儒在宗族喪禮中的衝突與融合——以民國時期湖南湘鄉縣的喪禮爲例》，《湖南社會科學》2018年第3期。

② 姚永輝：《中國的喪禮》，南京大學出版社2014年版，第140~141頁。

③ 鄧紅、陳善本：《民國時期皖北農村喪葬禮俗述論》，《河北大學學報》(哲學社會科學版)2006年第4期。羅良星：《川東北漢族喪葬儀式及其音樂文化研究》，四川師範大學碩士學位論文，2009年。龍耀華：《清至民國時期關中喪葬習俗研究》，陝西師範大學碩士學位論文，2007年。王林林：《清至民國時期陝北喪葬習俗研究》，延安大學碩士學位論文，2009年。李偉：《民國時期貴州漢族喪葬俗演變研究》，西華師範大學碩士學位論文，2017年。

④ 齊濤主編，石奕龍著：《中國民俗通志·喪葬志》，山東教育出版社2005年版，第19~26、35~38頁。

⑤ 唐堂：《清朝與民國時期鄂西土家族喪葬繪畫形式語言的差異性研究》，重慶師範大學碩士學位論文，2015年。李寧波：《多元文化影響下土家族民間喪葬繪畫研究》，重慶師範大學碩士學位論文，2016年。周濤：《民國時期黎族社會的飲食和婚喪習俗研究》，海南師範大學碩士學位論文，2016年。

化，但舊俗依然廣泛存在；婚俗、婚姻觀念的變遷與近代思想解放、女性解放有直接關係。另外，還有學者關注到了中共推動婚俗變革的立法與措施。

1. 針對婚俗變革先聲的研究

近代婚俗變革始於清末，是學界的普遍看法。顧鑒塘等人提到，清末的新刑律、民律實施不久，清朝即滅亡；所以封建的婚姻家庭禮法在晚清幾乎没有變革。但是，晚清出現了婚俗變革的先聲。① 萬建中、邵先崇結合《清稗類鈔・婚姻類》指出，文明結婚在清末最先出現於都會和商埠中。② 肖驪對光緒宣統之際青年知識分子帶頭操辦的有西方文化色彩的新式婚禮進行梳理和分析。③

太平天國運動中的婚姻禮俗、維新派變革婚姻的主張，對晚清婚俗的演變也有影響。汪玢玲對太平天國廢除買賣婚姻，取消婚禮繁文縟節而代之以宗教儀式等措施作簡要分析。④ 耿光連也分析了太平天國時期的婚姻禮俗改革，還考察了維新派的婚姻變革主張及其影響。⑤ 梁景和重點分析了維新派的婚姻變革主張：自願結合、離異自由，在婚姻儀節中要求聘禮簡省，婚禮簡便。他考察了清末民初北京、杭州出現的新式文明婚禮的儀程，還對婚禮服飾的變化、婚俗的删繁就簡作了探討。⑥

2. 綜合性的研究

這部分成果涉及對近代婚俗變革的整體分析，對演變原因的考察，以及對整體情況的客觀評論。

宏觀考察晚清民國婚俗變革的成果比較豐富。行龍對清末民初婚姻生活與婚姻禮俗的新動向作了全面考察。⑦ 婚姻生活中的新變化表現在主婚權利、媒介形式、擇偶標準與範圍、離婚再嫁等方面的相對開放和自由上。婚姻禮俗中

---

① 顧鑒塘、顧鳴塘：《中國歷代婚姻與家庭》，商務印書館 1996 年版，第 149~153 頁。

② 徐傑舜主編，萬建中、周耀明著：《漢族風俗史》第 5 卷，學林出版社 2004 年版，第 96~102 頁。邵先崇：《近代中國的新式婚喪》，人民文學出版社 2006 年版，第 48~55 頁。

③ 肖驪：《晚清的“文明結婚”》，《歷史教學》1993 年第 6 期。

④ 汪玢玲：《中國婚姻史》，武漢大學出版社 2013 年版，第 353~365 頁。

⑤ 耿光連：《社會習俗變遷與近代中國社會》，濟南出版社 2009 年版，第 144~168 頁。

⑥ 梁景和：《近代中國陋俗文化嬗變研究》，首都師範大學出版社 1998 年版，第 45~70 頁。

⑦ 行龍：《清末民初婚姻生活中的新潮》，《近代史研究》1991 年第 3 期。

的新變化主要是删繁就簡、趨向明朗，以及文明婚禮的勃然興起。另外，行龍還注意到了清末民初買賣婚姻風氣的盛行。梁景時考察清末民初婚俗的演變，涉及四個方面：結婚自由和離婚自由的出現、婚姻法規和契約的頒行、結婚禮儀和服飾的改變以及婚姻介紹方式的更新。① 梁景和、廖熹晨對清末民初婚姻文化的變遷作了系統考察。通過梳理晚清民國學術著作、學者筆記、報刊資料，他們指出先進知識分子批判傳統婚姻習俗主要涉及父母主婚、媒妁、男女不相見、聘儀奩贈、早婚、繁文縟節、迷信術數、禮法婚姻這八個方面。而先進知識分子所提出的婚姻主張，包括婚姻自由、提倡晚婚、革除買賣婚姻、主張商訂婚(指父母子女間的商定)四個方面。該文還考察了清末民初婚姻習俗的演變狀況：自由婚與同意婚、自覺的自由離婚與自由再嫁開始出現；開始注重婚姻法規和婚姻契約；婚姻禮儀、婚禮服飾出現變化，婚俗删繁就簡；婚姻媒介方式逐漸更新。②

需要注意的是，全國範圍的婚俗變革是有限的，地區之間是有差異的。辛亥革命以後，舊式婚俗依然廣泛流行。梁景和對清末民初婚俗變遷的不平衡性、五四時期婚俗變革的局限性，都作了分析。③ 古風對當時依然流行的舊式婚俗作了簡要梳理，共分八個環節：請庚、探問(雙方互相瞭解情況)、定親、報期、行盤(男方送禮給女方)、妝奩(女方送嫁妝到男方)、迎娶、結婚。④ 鄭全紅考察民國時期的婚姻狀況，指出舊的婚姻習俗(諸如换親、收繼婚、典妻、租妻、賣妻、童養媳、納妾、溺嬰等舊式習俗)在民國依然存在。⑤

探討過婚俗變革局限的學者還有很多。如吳存浩指出，不能認爲舊式的、傳統的婚俗在全國範圍内已經發生了較大變革。⑥ 羅檢秋認爲，因爲政治與社

---

① 梁景時:《清末民初婚俗的演變述論》,《山西師大學報》(社會科學版)1999年第1期。

② 梁景和、廖熹晨:《女性與男性的雙重解放——論清末民初婚姻文化的變革》,《史學月刊》2012年第4期。

③ 梁景和:《近代中國陋俗文化嬗變研究》,首都師範大學出版社1998年版,第87~118頁。

④ 古風:《中國婚姻小史》,東方出版社2010年版,第208~212頁。

⑤ 張國剛主編,鄭全紅著:《中國家庭史·民國時期》,廣東人民出版社2007年版,第137~150、383~401頁。

⑥ 齊濤主編,吳存浩著:《中國民俗通志·婚嫁志》,山東教育出版社2005年版,第4~8頁。

會環境的制約，以及青年學生自身對新思潮的不解或誤讀，使新思潮的社會實效存在局限性。而且，自由婚戀、社交公開的風氣流行於大中城市中，新思潮、新禮俗對鄉村的觸動十分微弱。① 蓋志芳也撰文分析過，民國時期不同地區的婚俗變革存在明顯差異。②

3. 分地域的研究

分析近代不同地域婚俗變遷的成果十分豐富。首先，是關於中國共産黨領導下的革命根據地的婚俗變革研究。傅建成首先論述了改造之前的傳統婚俗，進而論述了根據地婚姻法規的改造内容：保障婚姻自由，反對早婚，禁止買賣婚姻，保護婦女權益，保護抗日軍人的婚姻。③ 崔蘭萍分析了陝甘寧邊區有關婚俗的法令，指出婚姻制度改革的實質是消除性别壓迫，建立以男女自願結合爲基礎、感情爲紐帶、夫妻權利義務對等、地位平等的新式婚姻關係。④ 吳雲峰研究華中根據地婚姻習俗的變革，詳細梳理了根據地的婚姻政策和法令，進而結合大量資料考察婚俗變革的實踐，並分析變革政策與當地現實之間的矛盾與調試問題。⑤ 另外，岳謙厚、王斐撰文考察了華北根據地的婦救會在宣傳新婚姻觀，調解家庭糾紛，破除舊婚姻等方面的作用，還分析了婦救會的一些局限性及其産生的消極影響。⑥

其次，是關於上海婚俗變革的研究。上海作爲近代中西交流、融會的集合點，其文化面貌一直受學界關注。宋立中考察以上海爲中心的江南地區婚姻禮俗。他結合晚清民國的《申報》、各地方縣志等材料，發現傳統婚介形式發生了變化，男女婚姻自主權加大，擇偶標準的新變化(從原先的家族利益轉向注重個人素質)，婚姻禮俗文明化，離婚再婚禁律開始被打破，早婚之弊在一定程度上有所遏制。⑦ 徐華博根據國外資料、國内教會資料，對上海地區外僑的

---

① 羅檢秋：《文化新潮中的人倫禮俗(1895—1923)》，中國社會科學出版社 2013 年版，第 268~290 頁。

② 蓋志芳：《民國婚俗變革研究》，《江漢論壇》2014 年第 10 期。

③ 傅建成：《論華北抗日根據地對傳統婚姻制度的改造》，《抗日戰争研究》1996 年第 1 期。

④ 崔蘭萍：《陝甘寧邊區婚姻制度改革探析》，《西北大學學報》(哲學社會科學版) 2000 年第 4 期。

⑤ 吳雲峰：《華中根據地婚姻習俗變革研究》，南京師範大學博士學位論文，2016 年。

⑥ 岳謙厚、王斐：《婦救會與中共婚姻變革的實踐——以華北革命根據地爲中心的考察》，《中北大學學報》(社會科學版) 2015 年第 2 期。

⑦ 宋立中：《清末民初江南婚姻禮俗嬗變探因》，《浙江社會科學》2004 年第 2 期。

婚禮概況、婚禮儀式、婚禮禮服等問題作了考察，同時分析了外僑婚禮對華人社會所產生的影響。① 另外，關於上海"集團結婚"的問題，論及者頗多，可以參看嚴昌洪、谷秀青等人的成果。②

再次，是關於河北、山東、四川等地婚俗變遷的研究，可以參看楊學新、劉洪升、王青、毛文君、趙可等人的成果。③ 另外，圍繞河南、山西、陝西、廣東、東北地區、江淮地區民間婚俗變遷的研究也比較豐富，期刊文章、學位論文數量較多，兹不盡述。

4. 其他問題的研究

關於民國時期少數民族的婚俗情況，較多關於民俗、風俗類的論著或民族志文獻都有涉及。沈乾芳考察了川滇黔地區彝族從明朝至新中國成立前的婚姻形態。其書中專有一部分論述民國時期的彝族婚姻制度。④ 汪玢玲《中國婚姻史》在介紹民國漢族婚俗的同時，還分析了滿族、蒙古族、朝鮮族、回族、納西族、普米族、藏族、彝族、苗族、瑶族、布依族、壯族、傣族十三個少數民族的婚俗。關於晚清民國婚禮服飾，服裝設計、服飾文化等領域内的師生作了很多研究。⑤ 兹不盡述。

四、民間社交

受西方文化的影響，晚清社交禮儀也逐漸發生變化。1943 年《北泉議禮

---

① 徐華博：《近代上海西人婚禮及其影響》，《史林》2014 年第 6 期。

② 嚴昌洪：《20 世紀中國社會生活變遷史》，人民出版社 2007 年版，第 168～179 頁。谷秀青：《集團結婚與國家在場——以民國時期上海的"集團結婚"爲中心》，《江蘇社會科學》2007 年第 2 期。王欣：《移風易俗中的政府作用——以民國時期上海集團結婚爲例》，上海師範大學碩士學位論文，2014 年。

③ 楊學新、劉洪升：《論清末民初燕趙婚姻禮俗的變遷》，《河北大學學報》(哲學社會科學報) 2007 年第 2 期。王青：《民國後抗戰前山東婚喪禮俗的嬗變》，《山東師範大學學報》(社會科學版) 1999 年第 6 期。毛文君、趙可：《近代四川婚姻禮俗變動趨勢及特徵述略》，《成都大學學報》(社會科學版) 2003 年第 1 期。

④ 沈乾芳：《社會變革時期的彝族婚姻形態研究 (1368—1949 年)》，民族出版社 2011 年版，第 103～156 頁。

⑤ 李婧晗、賀陽：《淺談民國時期婚禮旗袍的頭飾》，《藝術設計研究》2012 年第 4 期。袁秋芸：《從民國時期的〈婦女雜誌〉看中國近代婚禮服的變遷》，江南大學碩士學位論文，2009 年。段冰清：《清末民初中原地區民間婚服研究》，北京服裝學院碩士學位論文，2014 年。陳卓：《中國婚禮服色彩、款式的文化研究》，陝西師範大學碩士學位論文，2015 年。薛方寧：《民國時期江南婚俗服飾探究》，蘇州大學碩士學位論文，2015 年。

録》"賓禮篇"中，除"國際禮儀"外，其餘内容是各類"相見禮儀"，即社交禮儀。學界普遍認同，1912年《禮制》及有關規章頒佈後，民國社會的社交禮儀開啓了變革過程。這其中，尤以廢除跪拜禮、變革稱謂、西方儀節增多三項受學界關注。此外，禮品贈送禮俗的變遷，也是考察民國社交禮俗變化的一個視角。現將相關成果梳理如下。

1. 晚清社交禮儀演變的研究

在一些地區，西方禮儀在清末已經滲透進傳統的官方儀節中。耿光連分析了西方禮儀對晚清禮儀的衝擊，發現兩廣、江蘇、江西、湖北、河南等地方官在20世紀初陸續廢除了"卑職"等稱謂，並以三鞠躬禮(甚至一鞠躬)，取代了跪拜禮。該書還考察了民國時期西式日常禮節的流行，涉及稱謂、交談、參加邀約活動、上門作客與款待用餐等方面。① 史革新也從跪拜、稱謂等方面梳理過清末民初社交禮俗的變革。②

2. 民國社交禮儀演變的研究

探究民國社交禮儀變遷的着眼點很多，資料也十分豐富。高偉傑曾對20世紀初社交禮儀的變遷作過簡要論述。③ 黄興濤主編的《中國文化通史·民國卷》考察民國社交活動中的西方禮儀因素：此時用於打招呼的點頭禮、脱帽鞠躬禮，遞送名片、握手禮，以及研會、茶會、舞會，都是西方禮俗進入民國社會的體現。④ 羅檢秋還分析男女交往，尤其是民國初期的男女同校問題。高洪興等人撰寫的《民國風俗》，對民國時期的交際禮俗有系統介紹。書中從傳統跪拜禮的廢除、西式脱帽禮與握手禮的推廣、軍禮在社交中的應用、相見時的禮貌用語等方面，考察民國社會的相見禮俗。該書還探析了民國的稱謂風俗、男女交往風俗、社交風俗與禮儀。書中通過時人文稿、筆記以及報紙、方志，分析社交活動中的拜訪作客、禮品餽贈、宴會請客、洋式名片等禮俗的變化。⑤

社交禮俗變遷的地區差異仍顯而易見。丁萬明撰文分析過民國頭十年的禮

---

① 耿光連：《社會習俗變遷與近代中國社會》，濟南出版社2009年版，第117~125頁。

② 鄭師渠總主編，史革新分册主編：《中國文化通史·晚清卷》，北京師範大學出版社2009年版，第535~538頁。

③ 高偉傑：《試論中國交際禮儀的起源和發展》，《吉林師範學院學報》1993年第3期。

④ 鄭師渠總主編，黄興濤分册主編：《中國文化通史·民國卷》，北京師範大學出版社2009年版，第507~508頁。

⑤ 高洪興、徐吉軍、林永匡等：《民國風俗》，上海文藝出版社2017年版，第738~776頁。

制變革與民國成立前後三十年的禮俗變遷。他認爲，受西方影響的社交禮儀變革在大中城市與沿海開化地區效果明顯，而在鄉村、内地未能普及。① 與之類似，羅檢秋指出，《禮制》頒行後，鞠躬禮逐漸成爲社會相見禮儀，脱帽、鞠躬、握手等在士商階層習以爲常。與此同時，舊禮儀仍在一定時間與範圍内遺存於都市社會中。②

五、其他民間禮俗

以上未能涉及的禮俗研究成果，一併放於此處梳理。

一方面，是圍繞傳統嘉禮在近代變遷的研究。陳戍國在《中國禮制史・元明清卷》中依據《郭嵩燾日記》指出清代是存在冠禮的，但也説明其所記冠禮與傳統冠禮的不同。書中還簡要分析了民間的"開容"(類似於笄禮)。他認爲，清代漢族男女青年仍然保持着冠禮、笄禮的傳統精神，只是中下層社會的笄禮變化較大。關於清代民間冠禮的衰變，蕭放等認爲，這是與清代統治者忽視冠禮有密切的關係(清廷要求剃髮結辮)。但是，民間冠禮依然通過諸多變異形式保存了下去。清代至民國，冠禮往往採取了冠婚結合的方法進行。③

民國時，冠禮、笄禮已經十分少見，但其痕跡在民俗中依然有所保留。據萬建中考察，在延安地區的民俗中，男子在婚禮之前有加冠儀式，女子在婚禮前"開臉"，婚後將長辮子改爲髮髻，與古代笄禮的意義類似。④ 萬建中、李少兵等人進一步考察，認爲民國時期上海附近各縣流行的"慶號"(又叫"取大名""改名")，廣東地區的"出花""出花園"等儀式，皆是對古代冠禮的傳承。⑤ 王傑文通過考察指出，冠禮在從明代至民國的民間社會中"被有選擇性地繼承或者揚棄"⑥。該文根據與冠禮相關的地方志，指出冠禮在民間社會中

---

① 丁萬明:《1902—1931年間社交禮儀的變革及其文化意蘊》,《歷史教學》2011年第8期。

② 羅檢秋:《文化新潮中的人倫禮俗(1895—1923)》,中國社會科學出版社2013年版。

③ 鍾敬文主編,蕭放等著:《中國民俗史・明清卷》,人民出版社2008年版,第241~246頁。

④ 徐傑舜主編,萬建中、周耀明著:《漢族風俗史》第5卷,學林出版社2004年版,第290頁。

⑤ 鍾敬文主編,萬建中、李少兵等著:《中國民俗史・民國卷》,人民出版社2008年版,第261~267頁。

⑥ 王傑文:《"演禮"以"成人"——中國古代"成人儀式"的理想與實踐》,《民間文化論壇》2016年第1期。

演變的特徵是：冠禮附見於婚禮，併入“十二歲生辰禮”，冠禮被選擇性地傳承。

此外，傳統嘉禮中的鄉飲酒禮在近代也有遺留。甘江鋒、岳樹燕考察清代至民國的廣西瑶族鄉飲習俗及其得以推行的原因，指出其主要特點是時間長、形式多、具有審判功能。①

另一方面，是關於中共領導下的根據地禮俗風尚的研究。嚴昌洪兩部關於近代社會生活的著作都分析過中央蘇區與陝甘寧邊區的革命新風尚。② 李俊領結合地方縣志、檔案、文集，分析了根據地在倡導婚喪嫁娶等“紅色禮俗”的基本特點、積極作用與歷史局限性。③

第四節　禮義和禮論研究

在圍繞禮經與相關注疏的文獻學研究之外，近代學者的禮學研究，還涉及很多方面。比如，晚清民國學者圍繞“三禮”名物的考辨，對禮經篇章中政治思想的闡發，關於喪服制度的研究，對《周禮》中各類政治制度的梳理，等等。考察其中的觀點，有助於探析近代學術與當時政治環境之間的互動關係。此外，王國維的《殷周制度論》、錢玄的《儀禮向位解》等著述，也是這一時期禮學研究的重要成果。

一、“三禮”名物制度

名物研究，是“三禮”學的一項重要內容。晚清時期，古文經學家俞樾的《〈周禮〉平議》《〈儀禮〉平議》《〈禮記〉平議》對“三禮”名物制度多有涉及。④ 黄以周的《禮書通故》貫通“三禮”，在名物制度考證上着力甚多。⑤ 孫詒讓的

---

① 甘江鋒、岳樹燕：《清代至民國廣西瑶族鄉飲酒禮及其遺俗探析》，《河池學院學報》2017 年第 4 期。

② 嚴昌洪：《中國近代社會風俗史》，浙江人民出版社 1992 年版，第 308～324 頁；《20 世紀中國社會生活變遷史》，人民出版社 2007 年版，第 513～521 頁。

③ 李俊領：《民國時期中共根據地與解放區的紅色禮俗》，《阜陽師範學院學報》2011 年第 6 期。

④ 俞樾：《群經平議》，《續修四庫全書》第 178 册，上海古籍出版社 2003 年版。

⑤ 黄以周：《禮書通故》，中華書局 2007 年版。

《周禮正義》在考訂名物制度、梳理前人學説方面有重要貢獻。①

民國時期，撰文考察“三禮”名物的學者也有很多。

1. 對“三禮”名物的總體研究

吴承仕的《三禮名物》，是其研究“三禮”的代表作。1933 年，他在《國學論衡》上發表的《三禮名物略例》被認爲是該書的綱領。② 該文將“禮”分爲禮意、禮器、禮制、禮節四類。他不僅結合“三禮”與《大戴禮記》對名物進行考察，還綜合利用了文字訓詁與歷代典章制度。該書考證嚴謹，内容豐富，價值較高。1935 年，錢玄的《三禮名物圖表》一文發表。這篇文章專就“三禮”中與飲食相關的器具、食品進行詮釋。③ 全文共分“飲食器皿表”“牲體名稱表”“解體表”“用左右胖合升表”“體解豚解用體表”“《儀禮》諸篇用鼎數表”等部分，並對一些器皿、牲體繪製了圖例。

2. 關於樂器的研究

《“鐘㽹”、“鐘隧”考》與《〈考工記〉磬制的研究》是民國學者考證禮經樂器的重要學術成果。馮水的《“鐘㽹”、“鐘隧”考》對近現代樂器研究有較大影響。④ 清代戴震、程瑶田將鐘上之“隧”定義爲鐘外面鼓部的位置上。而馮水提出，“隧”是鐘内對應鉦部、舞部的凹槽，“㽹”是鐘内對應鼓部的凸塊，兩種設計與音律相關。該説影響較廣。到 20 世紀末，李京華結合出土器物對此作詳細分析與批駁。⑤ 瓠廬對《周禮・考工記》中磬的形制進行復原，對明朱載堉《律吕精義》、清程瑶田《〈考工記〉創物小記》、《清會典》中的磬制圖例都有分析。⑥ 在考證已有圖例的基礎上，他指出鄭注中不合理的地方，並根據《周禮・考工記》原文自行設計了一個圖例。

3. 關於車輛、兵器的研究

羅庸、吴承仕、商承祚等學者對古車、劍作過考證。針對歷代圍繞《考工記》中車制的争論，羅庸“依制造車，以資推驗”，寫成《模製〈考工記〉車制記》。⑦ 該文以清代戴震《考工記圖》、阮元《車制圖解》爲依據，分别仿

---

① 孫詒讓：《周禮正義》，中華書局 1987 年版。

② 吴承仕：《三禮名物略例》，《國學論衡》第 2 期，1933 年。

③ 錢玄：《三禮名物圖表》，《國學論衡》第 5 期上卷，1935 年。

④ 馮水：《“鐘㽹”、“鐘隧”考》，《古學叢刊》第 1 期，1939 年。

⑤ 李京華：《中原古代冶金技術研究》，中州古籍出版社 1994 年版。

⑥ 瓠廬：《〈考工記〉磬制的研究》，《音樂雜誌》第 1 卷第 6 期，1928 年。

⑦ 羅庸：《模製〈考工記〉車制記》，《中山大學語言歷史學研究所週刊》第 4 卷第 48 期，1928 年。

製，並考察了戴、阮二家觀點的異同。吳承仕也有關於車制的考察。① 商承祚對程瑶田關於《考工記》中劍體各部位的解釋進行考辨。② 該文還涉及對程瑶田古文字學、訓詁學的看法，並對劍體上的“璏”“鐔”“珥”等名稱作了重新定位。

4. 關於明堂的研究

明堂問題歷來受學界重視。清中期阮元的《揅經室續集》中就録有《明堂圖説》一文，揭示明堂的規制。晚清經學家俞樾也曾寫過《〈考工記〉世室、重屋、明堂考》。

民國時期，有三篇研究明堂的文章值得重視。王國維的《明堂廟寢通考》分析了明堂、宗廟、路寢在結構形制上的異同，還探究了明堂的功能與用途。③ 楊宗震的《明堂通考》綜合利用各類傳世文獻，整合前人成果，對明堂的緣起與含義，功用與位置，明堂與路寢、太廟、辟雍、靈臺的差異等進行考察。④ 該文還對三代明堂的結構圖進行構思、設計。王治心的《明堂制度與宗教》探索明堂的起源、結構規模、應用功能等問題。⑤ 該文明確地將明堂的功能概括爲宗教、行政、教育三個方面，又將明堂祭祀的對象分爲昊天上帝、五帝五神、祖先三類。

二、喪服制度

近代學界圍繞喪服的研究，首推章太炎的系列成果。章太炎對《儀禮·喪服》極爲看重。他曾作過《喪服概論》的演講，後被潘景鄭整理發表在《國學商兑》中。⑥ 在這篇文稿中，章太炎簡要梳理了喪服在傳統社會的延續，指出歷史上更定喪服者有四：禮經、唐代《大唐開元禮》、明朝《孝慈録》和清朝《大清通禮》。這其中，章太炎最爲肯定的是《大唐開元禮》。此外三類文獻，章太炎均從裏面找出了明顯的失誤。在《喪服依開元禮議》一文中，章太炎也討論過

---

① 吳承仕：《釋車》，《國學論衡》第 7 期，1936 年。

② 商承祚：《程瑶田“桃氏爲劍考”補正》，《金陵學報》第 8 卷 1、2 期合刊，1938 年。

③ 王國維：《明堂廟寢通考》，《王國維全集》第 8 卷，浙江教育出版社 2010 年版，第 68~85 頁。

④ 楊宗震：《明堂通考》，《女師大學術季刊》第 1 卷第 2 期，1930 年。

⑤ 王治心：《明堂制度與宗教》，《協大學術》第 1 期，1930 年。

⑥ 章太炎：《喪服概論》，潘景鄭整理，《國學商兑》第 1 卷第 1 期，1933 年。

該問題。① 更進一步，他還有重建古禮的計劃，草擬了《喪服總説明書》《喪服説明書》《喪服草案》三篇文字，意圖在國内廣泛地恢復古禮儀節。② 但是，該計畫最終没有實現。目前，還能見到章太炎與其他學者討論喪服問題的兩封信件——《答吳絸齋論喪服書》《與沈商耆論喪服書》。③

除章太炎之外，馬其昶也有關於喪服制度的一些札記、文稿，如《爲人後者其妻爲本生父母服辨》《爲長子服辨》《庶子爲其母黨服辨》。④ 錢基博《喪禮今讀記》將禮經文獻中關於喪禮的記載進行全面梳理，於一些儀節的内涵也有討論。⑤ 吳承仕《喪服變除表》系統梳理了喪服變除的問題，内容詳盡。⑥ 此外，勞乃宣、鍾秀崎、金天翮等人，也有關於喪服問題的探究成果。⑦

喪禮和喪服，在民國時期涉及中國傳統喪禮與現代喪葬制度的碰撞問題，所以一大批受過傳統經學、禮學訓練的學者都對之甚爲關注，其中以吳承仕最爲著名。他爲章太炎入室弟子，精於"三禮"之學，著有《中國古代社會研究者對於喪服應認識的幾個根本觀念》名文。⑧ 文中指出，喪服制度是研究古代親屬倫理的鑰匙，它起到法律的作用，這是宗法制度與封建制度相輔爲用、統治社會的結果。他根據《禮記・喪服小記》等禮學文獻，發現古代喪服時間有長有短，是以期(一年)爲基本單位的，即在一年的基礎上進行增減。一年之喪的持有者是三至親(父子、兄弟和夫妻)，即"至親期斷"的原則。在至親一年喪的基礎上，實行上殺、下殺、旁殺，這就是"親親"；臣爲君服喪，實際上是對血緣宗法關係的一種模擬或比附，這就是"尊尊"。父子、夫妻、君臣，本來應當按照"期斷"的原則互相服一年之喪，但是由於這三種關係的絶對不平等，所以子爲父、妻爲夫、臣爲君都升格(加隆)爲三年斬衰，這就是"三綱

---

① 章太炎：《喪服依開元禮議》，《制言》第 2 期，1935 年。

② 《喪服總説明書》《喪服説明書》《喪服草案》三文均載於《制言》第 21 期，1936 年。

③ 《答吳絸齋論喪服書》《與沈商耆論喪服書》均載於《制言》第 27 期，1936 年。

④ 《爲人後者其妻爲本生父母服辨》《爲長子服辨》《庶子爲其母黨服辨》三文均載於《民彝》第 1 卷第 3 期，1927 年。

⑤ 錢基博：《喪禮今讀記》，《光華大學半月刊》第 4 卷第 4 期，1935 年。

⑥ 吳承仕：《喪服變除表》，《國學論衡》第 6 期，1935 年；《降服三品説》，《師大國學叢刊》第 1 卷第 2 期，1931 年。

⑦ 勞乃宣：《覆友人論喪服書》，《孔教會雜誌》第 1 卷第 7 號，1913 年。鍾秀崎：《儀禮喪服斬衰三年喪通義》，《東北大學週刊》第 75 期，1929 年。金天翮：《喪除立後追服議》，《國學商兑》第 1 卷第 1 期，1933 年。

⑧ 吳承仕：《中國古代社會研究者對於喪服應認識的幾個根本觀念》，《文史(北平)》第 1 卷第 1 期，1934 年。

服"。此文還指出，喪服制度有正服、加服和名服的區别。按照情理和禮制等級而應當服的喪服，謂之"正服"；外親是異姓，本來只服緦麻一級，但因有母系親情，故加服一級至小功，謂之"加服"；有些本非骨肉之親，但因各種名義而不得不爲之服喪，謂之"名服"。該文對於傳統禮學向中國文化史、中國社會史研究的轉换，具有方法論意義。

民國時期，關於上古中國是否實行過"三年之喪"，展開了一場大争論。其實，對此問題前人早有争論。孔子門人子張、宰我始啓其端，擔心三年太久。王充將之歸爲儒家的"增附"，鄭玄以之爲"怪"。清代考據家們認爲三年之喪爲殷人舊制，此説以毛奇齡爲首倡，焦循亦有所附和。胡適在 30 年代發表《三年喪服的逐漸推行》，認爲"喪服一項，在古代本無定制，三年之喪只是儒家的創制"①。但幾年後其觀點又有變化，在其名文《説儒》中，他認爲"三年之喪是'儒'的喪禮，但不是他們的創制，只是殷民族的喪禮"②。其門人傅斯年先生亦進一步補證説，"三年之喪，在東方，在民間，有相當之通行性，蓋殷之遺禮，而非周之制度"③。總的説來，胡、傅等人的論點，仍是清人見解的沿續，但論述相當完整。④ 40 年代，郭沫若先生先後發表《駁〈説儒〉》和《論儒家的發生》，以甲骨文材料説明，商王的祭祀和戰争活動，既可在舉喪當年，也有在舉喪的次年進行，並無三年喪期内"百官總己聽於冢宰"的限制，所以三年之喪並非殷制。⑤ 50 年代，郭沫若在考察了出土於西安張家坡的"師旋簋"(甲)後，進一步説："三年之喪爲孔子創制，彝銘中亦可得到證據……西周並無三年之喪的制度。"⑥胡適與郭沫若關於"三年之喪"的争論，乃 20 世紀新史學一大公案。乃至今天，仍有學者在使用其他材料證是或證非。⑦

---

① 胡適：《三年喪服的逐漸推行》，《國立武漢大學文哲季刊》第 2 期，1930 年。

② 胡適：《説儒》，《中央研究院歷史語言研究所集刊》第 4 本第 3 分，1934 年。

③ 傅斯年：《周東封與殷遺民》，《中央研究院歷史語言研究所集刊》第四 4 第 3 分，1934 年。

④ 《説儒》後收入《胡適論學近著》(商務印書館 1935 年版)時，即摘引毛奇齡之説作爲附録。

⑤ 郭沫若：《駁〈説儒〉》，《青銅時代》，文治出版社 1945 年版，後收入《郭沫若全集·歷史編　第一卷》，人民出版社 1984 年版，第 435~440 頁；《論儒家的發生》，《郭沫若全集·歷史編　第三卷》，人民出版社 1984 年版，第 382~397 頁。

⑥ 郭沫若：《長安縣張家坡銅器群銘文彙釋》，《考古學報》1962 年第 1 期。

⑦ 黄瑞奇：《"三年之喪"起源考辨》，《齊魯學刊》1988 年第 2 期。顧洪：《試論"三年之喪"起源》，《齊魯學刊》1989 年第 3 期。方述鑫：《"三年之喪"新論》，《四川大學學報》(哲學社會科學版)2002 年第 2 期。楊華：《"諒闇不言"與君權交替——關於"三年之喪"的一個新視角》，氏著《古禮新研》，商務印書館 2012 年版，第 48~88 頁。

三、《周禮》中的各類制度

圍繞職官制度方面的成果較多。比較有代表性的，比如但燾的《周禮政銓》(其中部分内容經章太炎修改、訂正過)。① 該文在解釋《周禮》職官的同時，還將各類職官與近代的官制與行政機構相聯繫，並同日本等外國的官制作對比。王鏡第著有《周官聯事考》。② 根據《周禮》，“太宰八法治官府”中有“官聯以會官治”，《周禮·小宰》中又有“官府之六聯合邦治”的説法。王鏡第對“祭祀之聯事”“賓客之聯事”“喪荒之聯事”“軍旅之聯事”“田役之聯事”“斂弛之聯事”進行梳理。楊筠如結合古籍、金文，對 50 個周代官職名進行考察，詳略不同。③ 劉師培《古周禮公卿説》對前人關於《周禮》中公卿的看法進行評判。④ 黄雲眉《周禮五史辨》結合《左傳》《戰國策》《公羊傳》《史記》等多種先秦兩漢文獻，辨析《周禮·春官》“宗伯”中的大史、小史、内史、外史、御史。⑤

其他的政治制度，民國學者也有關注。比如司法制度方面，以魏運五《〈周禮〉司法制度考》和陳顧遠《〈周禮〉所述之司法制度》爲代表的。⑥ 其中，陳顧遠的文章對《周禮》司法體系作了極爲詳盡的梳理，是民國學界關於周代司法制度的重要成果。在基層管理制度方面，有魏運五《〈周禮〉上之鄉遂自治制度考》、李承祥《〈周禮〉中的鄉治制度》、潘光旦《〈周官〉中的人口查計制度》等論文。⑦ 再如土地管理與賦税制度方面，有薛念梅《周禮上的田制問題》《〈周禮〉上賦税法的研究》、森谷克己《〈詩經〉〈孟子〉〈周禮〉上的中國古代田制及税法》，等等。⑧ 其中的部分成果，是針對民國現實法律問題而論述的，

---

① 但燾:《周禮政銓》,《華國月刊》第 1 卷第 2、5、7、9、12 期，1923—1924 年。

② 王鏡第:《周官聯事考》,《實學》第 2、3、4 期，1926 年。

③ 楊筠如:《周代官名略考》,《中山大學語言歷史學研究所週刊》第 2 卷第 20 期，1928 年。

④ 劉師培:《古周禮公卿説》,《中國學報》第 4 期，1916 年。

⑤ 黄雲眉:《周禮五史辨》,《金陵學報》第 1 卷第 1 期，1931 年。

⑥ 魏運五:《〈周禮〉司法制度考》,《東北大學週刊》第 26、27 期，1927 年。陳顧遠:《〈周禮〉所述之司法制度》,《中華法學雜誌》新 1 卷第 5、6 期合刊，1937 年。

⑦ 魏運五:《〈周禮〉上之鄉遂自治制度考》,《東北大學週刊》第 57~60 期，1928 年。李承祥:《〈周禮〉中的鄉治制度》,《圖書評論》第 2 卷第 10 期，1934 年。潘光旦:《〈周官〉中的人口查計制度》,《社會科學》第 5 卷第 2 期，1949 年。

⑧ 薛念梅:《〈周禮〉上的田制問題》,《社會雜誌》第 1 卷第 4 期，1931 年;《〈周禮〉上賦税法的研究》,《社會雜誌》第 1 卷第 1 期，1931 年。森谷克己:《〈詩經〉〈孟子〉〈周禮〉上的中國古代田制及税法》，司印昌譯,《師大月刊》第 22 期，1935 年。

“鑒古觀今”意味濃厚。

四、《禮記·禮運》中的“大同”思想

《禮記·禮運》在19世紀末、20世紀初的思想領域佔有特殊地位。《禮記·禮運》的“大同”治世，爲很多矢志於維新變革、改造國家的學者所青睞。因此，關於《禮記·禮運》思想的研究成果有很多。

1. 關於“大同”思想的闡釋

清末民初，在闡發“大同”思想上用力甚著的學者當屬康有爲。據湯志鈞考證，1897年由上海大同譯書局最早印佈的《春秋董氏學》中，康有爲就已經有把《公羊》“三世”與《禮運》“大同”“小康”進行糅合的跡象。① 1913年，康有爲的《〈禮運注〉叙》《禮運注》兩文發表。② 康有爲自稱《禮運注》作於19世紀80年代。而據一些學者的考證，創作時間可能没有那麼早。③《禮運注》闡發“大同”思想，强調進化的歷史觀。康有爲用《公羊傳》的“三世三統説”來解釋《禮運》，並借之闡發自己的社會政治思想。其主要目的是託古改制，變法維新。

恰恰也是在1913年，廖平刊發了《大同學説》一文。④ 該文旨在説明：“大同”的第一步，是學術思想的大同：以儒家思想爲主流，混合各類學説，形成中國學説的大同。然後，將之應用到國家政治上，從而實現政治大同。他認爲，西方的政治思想與措施包含於儒學之中，而且還多有流弊。因此他主張尊崇儒學，以之包容學術思想與社會政治。

此後，闡發《禮運》與“大同”思想的還有沈艾孫《大同學説》(連載於《河北月刊》1936年第5、6、7、8、9、10期)以及湯元仲、張學昭、盧宗堉、高鴻縉、方竑、李證剛等人的成果。⑤

---

① 湯志鈞：《近代經學與政治》，中華書局2000年版，第152~185頁。

② 康有爲：《〈禮運注〉叙》，《不忍》第5期，1913年；《禮運注》，《不忍》第6期，1913年。

③ 潘斌：《二十世紀中國三禮學史》，南京大學出版社2016年版，第163頁。

④ 廖平：《大同學説》，《中國學報》第8期，1913年。

⑤ 湯元仲：《〈禮運〉抉微》，《周行》第1卷第3期，1936年。張學昭：《〈禮運〉與孔子學説的分析》，《河北月刊》第4卷第6期，1936年。盧宗堉：《〈禮運·大同〉篇政治哲學的研究》，《中央週刊》第2卷第34期，1940年。高鴻縉：《禮運大同篇五讀》，《孔學》第1期，1943年。方竑：《禮運説》，《國立中央大學文史哲季刊》第2卷第2期，1945年。李證剛：《孔子大同小康説之現實價值》，《國立中央大學文史哲季刊》第2卷第2期，1945年。

2. 關於《禮運》的思想來源

民國時期，部分學者突破儒家範疇，對其《禮運》的思想來源作了更寬泛的考察。吳虞在《新青年》上撰文認爲，《禮運》中所包含的"大同"思想，實際上來源於老子。① 金德建將墨家思想的主要觀點與《禮運》相比對，認爲整個《墨子》的思想體系都存在於《禮運》中，故對《禮運》思想的溯源應與墨家相聯繫。他進一步分析指出，《禮運》的墨學思想應爲"漢代墨學重新"的反映，並不完全等同於先秦墨家。他還分析了西漢劉向著作中所表現的《禮運》思想，並結合"大同""小康"等理念來分析漢代社會。② 王新民在考察"大同"思想來源時，分析"大同"一節中文句的思想傾向，最終認爲"大同"一節非孔子之説，爲其後學融合儒、道、墨三家學説而製作的。③

3. 廖平的"平分今古説"

"平分今古説"在近現代經學史上有重大影響。廖平主張，今古文經學的區别重點在禮制；今文經學以《王制》爲宗，古文經學以《周禮》爲宗。④ 他認爲，《王制》所記制度與《周禮》不合，是孔子繼周所改的制度。因此，《王制》統帥六經，爲孔子改制之作。

五、禮樂及其他研究

除以上舉訟較多的幾個大方面外，另有部分學者的研究也值得注意。

1. 禮樂研究

晚清民國學者對禮樂的研究，涉及"禮經"與"樂經"的關係、"禮樂相偕爲用"觀念的闡述、對《周禮》中樂的討論以及《禮記·樂記》的討論等四個方面。

關於"禮經"與"樂經"的關係，清後期今文經學家邵懿辰認爲："樂本無經也"，"樂之原在《詩》三百篇之中，樂之用在《禮》十七篇之中"。⑤ 湯志鈞認爲，邵懿辰的觀點是對古文經學派"樂亡於秦火説"的批判。

關於禮樂相偕的討論，李濂撰有《禮樂一元論》一文。該文整理相關的傳

① 吳虞：《儒家大同之義本於老子説》，《新青年》第 3 卷第 5 期，1917 年。

② 金德建：《思想史上之漢代〈禮運〉篇本質與漢代社會的研究》，《民族雜誌》第 3 卷第 5 期，1935 年。

③ 王新民：《〈禮運·大同〉篇溯源》，《福建文化》新 2 卷第 4 期，1946 年。

④ 廖平：《今古學考》，李耀仙主編：《廖平學術論著選集(一)》，巴蜀書社 1989 年版，第 70~78 頁。

⑤ 邵懿辰：《禮經通論》，《清經解續編》第 5 册卷 1277，上海書店 1993 年版。

世文獻資料，從社會學、倫理學、形而上學三個視角出發，論述禮樂一元、二者宜合不宜分的觀點。① 他認爲，儒家禮、樂相輔相成。禮、樂交相爲用的平衡狀態，叫做“中和”。再如，羅倬漢在《論禮樂之起源》一文中考察“禮”“樂”二名的起源、“禮樂”連言的情况。② 他認爲“禮樂”能連用，是因爲二者相因爲用，没有對立；禮樂起源於人類的共同勞作。他在文中提出一個觀點：《論語》講“禮之用，和爲貴。先王之道，斯爲美”，裏面的“和”，就是“樂”。他還對禮樂起源作了深入的哲學思考。

有近代學者專文討論《周禮》中的樂。顏虛心《三樂説(周禮太師)》將“三樂”(或稱“三大祭樂”)定義爲圜丘、澤中方丘、宗廟中演奏的祭樂；進而參考傳世文獻，列表梳理每一樂所領之四調。顏虛心認爲，十二律中，“三大祭樂”用以爲調者有八，並分析了太族、黄鐘、姑洗被重複使用以及仲吕、蕤賓、夷則、無射四律不被使用的原因。③ 冒鶴亭的《周禮三大祭樂申鄭》《兩漢三大祭樂用周禮考》兩文也對此問題有所探討。④

《禮記·樂記》是儒家經典闡釋樂理論的代表。王曉俊對近代《禮記·樂記》研究有全面深入的總結。他認爲《禮記·樂記》研究在晚清時期走向衰落，至 20 世紀前 30 年研究體系崩塌。此後至 20 世紀中期出現轉型。研究轉型有三個表現：其一是用西方藝術音樂替代《禮記·樂記》中的古“樂”概念；其二是用比較、進化的立場看《禮記·樂記》“音樂觀”，其三是對《禮記·樂記》的文獻學研究成果。⑤ 郭沫若《公孫尼子與其音樂理論》是這一時期頗具代表性的《禮記·樂記》研究成果。該文考察了《禮記·樂記》的來源，認爲今存《禮記·樂記》的主要文字來自公孫尼子；該文還比較了墨家、道家、儒家的樂觀念，闡述了《禮記·樂記》關於樂的生發以及樂與政治、樂與禮的關係。⑥ 這篇文章在近現代的《禮記·樂記》研究領域中有重要影響。

2. 其他重要論説

王國維的《殷周制度論》。該文無疑是民國時期殷周歷史研究中的一項重

① 李濂：《禮樂一元論》，《清華學報》第 11 卷第 1 期，1936 年。

② 羅倬漢：《論禮樂之起源》，《學原》第 1 卷第 7 期，1947 年。

③ 顏虛心：《三樂説(周禮太師)》，《國學論叢》第 2 卷第 2 期，1930 年。

④ 冒鶴亭：《周禮三大祭樂申鄭》，《制言》第 60 期，1940 年；《兩漢三大祭樂用周禮考》，《制言》第 60 期，1940 年。

⑤ 王曉俊：《晚清民國〈樂記〉研究轉型考察》，《中國音樂學》2016 年第 2 期。

⑥ 郭沫若：《公孫尼子與其音樂理論》，《〈樂記〉論辯》，人民音樂出版社 1983 年版，第 1~16 頁。

要成果。該文通過傳世文獻與出土文獻的結合研究，闡明了殷周之際的制度變革問題。① 立子立嫡之制、廟數之制、同姓不婚之制的變革，都是商周禮制文化、禮儀文化轉變的重要反映。可以說，20 世紀的先秦史研究大多在回應王氏的《殷周制度論》，越來越的出土材料表明，商周之際的禮制變革並非如王氏所論的那麽多，相關論述極多，兹不贅述。

錢玄的《儀禮向位解》。該文分上下兩篇，分别刊載於《國學論衡》1935 年第 5 期上卷與 1936 年第 7 期上卷。在禮經所載的諸項禮儀中，行禮者的位置、器具的位置、器具的朝向有嚴格規定與深層意涵。該文參照已有成果，梳理禮經文獻，提煉出了禮經中基本的向、位規則，提綱挈領。這對於學者在研究中掌握禮經的基本知識有重要作用。

許維遹的《饗禮考》。該文通過梳理傳世文獻資料，細緻地考證了饗禮的作用、種類，以及迎賓、待賓、獻酬、樂舞等儀節和所應準備的器具等問題。② 同時，該文還辨别了饗禮與祭禮、饗禮與燕禮的異同之處。

高步瀛的《三禮學制鄭義述》。該文以鄭注爲依據考察學制。凡鄭注没有涉及的，該文以孔疏、賈疏進行補充；孔、賈之間有矛盾的，則用唐以前的禮家學説進行調和。③ 文中對“五帝之學”，殷制下的小學、大學，周文、武時期學址的變遷，“周立四代之學”與周代“鄉、遂、郊”之學都有考證。該文對於瞭解鄭玄的學制觀點有很大幫助。

爲當今研究者所熟知的周天子“五門”制度、畿服制度、《職方》九州制度，等等，民國學者也有關注。這可以參看馬宗薌、束世澂、袁鍾姒、顧頡剛等人的成果。④

此外，還有一些更具體的研究，諸如孫詒讓的《樂記五色義》、章太炎的《夏用青説》、劉師培的《立廟議》、汪榮寶的《月生於西釋義》、許新堂的《八蠟考》、劉詠溱的《寄臣雜識》、吴承仕的《釋祧》、鍾秀崎的《冠禮之研究》，

---

① 王國維：《殷周制度論》，《王國維全集》第 8 卷，浙江教育出版社 2010 年版，第 302～320 頁。

② 許維遹：《饗禮考》，《清華學報》第 14 卷第 1 期，1947 年。

③ 高步瀛：《三禮學制鄭義述》，《國學叢編》第 1 卷第 4、5、6 期，1931 年。

④ 馬宗薌：《王有五門二朝考》，《制言》第 3 期，1935 年。束世澂：《畿服辨》，《史學季刊》第 1 卷第 1 期，1940 年。袁鍾姒：《職方冀州境界問題》，《禹貢半月刊》第 1 卷第 1 期，1934 年。顧頡剛：《讀〈周官·職方〉》，《禹貢半月刊》第 7 卷第 6、7 合期，1937 年。

等等。兹不一一介紹。①

六、當代學者對近代禮義、禮論研究的思考與總結

當代學者對於近代禮義、禮論研究的反思，成果頗多。因筆者能力所限，僅結合上文内容分三個方面簡要陳述。

第一，當代學界觀察近代學者的名物研究，以《考工記》爲重點，兼及考察某位特定學者的名物研究。分析近代《考工記》研究的成果，有彭林《論清人的〈考工記〉研究——以〈輪人〉爲例》、劉春現《〈考工記〉與晚清工藝書寫文體》、張慶偉《西方科技對明末清初傳統"考工"學研究的影響——以戴震的〈考工記圖〉爲中心》，等等。② 沈信甫、林久貴撰文分析過戴震、阮元關於《考工記》的研究。③

對於特定學者名物研究的考察，散見於圍繞近代學者或特定學術問題的成果中。例如，關於俞樾，鄧聲國撰文分析俞樾《群經平議・儀禮》的釋訓特色，分析俞樾對前人研究《儀禮》名物所作的考辨。④ 潘斌《二十世紀中國三禮學史》評述俞樾的名物考證。他借助孫詒讓《周禮正義》的論斷、祁寯藻的信札來評論《群經平議・考工記世室重屋明堂考》的價值，並指出了俞樾在名物考證中的失誤。⑤ 再如黄以周。吳瑞荻考察射侯研究的學術史，涉及黄以周、俞樾等人關於侯制的設計與考辨。⑥ 顧遷總結黄以周的學術思想，以黄以周對疑難

---

① 孫詒讓：《樂記五色義》，《國粹學報》第 57 期，1909 年。章太炎：《夏用青説》，《雅言雜誌》第 1 號第 9 期，1914 年。劉師培：《立廟議》，《中國學報》第 1 期，1916 年。汪榮寶：《月生於西釋義》，《甲寅週刊》第 1 卷第 7 期，1925 年。許新堂：《八蠟考》，《民彝》第 1 卷第 7 期，1927 年。劉詠溱：《寄臣雜識》，《文史週刊(江西)》第 2 卷第 1 期，1942 年。吳承仕：《釋祧》，《制言》第 3 期，1935 年。鍾秀崎：《冠禮之研究》，《東北大學週刊》第 68 期，1929 年。

② 彭林：《論清人的〈考工記〉研究——以〈輪人〉爲例》，《臺灣大學中文學報》第 20 期，2004 年。劉春現：《〈考工記〉與晚清工藝書寫文體》，《中山大學學報》(社會科學版)2020 年第 3 期。張慶偉：《西方科技對明末清初傳統"考工"學研究的影響——以戴震的〈考工記圖〉爲中心》，《東嶽論叢》2021 年第 8 期。

③ 沈信甫：《論戴震〈考工記圖〉的明堂形制及其意義》，臺灣《中國學術年刊》第 34 期，2012 年。林久貴：《論阮元對傳統經籍諸名物、典制的考證之功》，《揚州文化研究論叢》2014 年第 2 期。

④ 鄧聲國：《俞樾〈群經平議・儀禮〉訓釋特色》，《古籍整理研究學刊》2013 年第 5 期。

⑤ 潘斌：《二十世紀中國三禮學史》，南京大學出版社 2016 年版，第 46~49 頁。

⑥ 吳瑞荻：《三禮侯制諸説平議》，虞萬里主編：《經學文獻研究集刊》第 24 輯，上海書店出版社 2020 年版。

制度的考證爲着眼點。朱明數則重點解析了黄以周對天子廟制的研究。① 喬輝等人還曾撰文考察過《禮書通故》中的《名物圖》。② 吴承仕生前以鑽研禮經名物知名。黄壽祺《略述先師吴承仕先生的學術成就》一文對吴承仕二十二種禮學論著作了簡要介紹。③ 其中對《三禮名物略例》《三禮名物筆記》《釋車》的介紹頗爲詳備。

第二，當代學界對於近代的喪服研究，已有總結性的成果。例如，黄瑞琦《"三年之喪"起源考辨》、丁鼎《〈儀禮·喪服〉考論》以及潘斌的《二十世紀中國三禮學史》都梳理過有關三年之喪起源的争議。④ 潘斌總結丁鼎梳理的七種説法，並專門論述清人、20 世紀學人提出的四種説法。這裏面，由晚清民國學人提出的，又有"孔子創制説"（康有爲、廖平、郭沫若等人）與"叔向首倡説"（顧頡剛等人）兩種。

在三年之喪的起源之外，潘斌還從"服制分類""喪服制度蘊意"兩方面論述近代的研究成果。章太炎、吴承仕兩人便是其中的重點。鍾秀崎《儀禮喪服斬衰三年章通義》闡釋"尊尊""親親"寓意"天下統於一"的思想。潘斌考察章太炎《喪服草案》對於正服、加服、降服、義服的列表釋義，認爲該著作可補《儀禮·喪服》記載的不足。吴承仕的成果中，《中國古代社會研究者對於喪服應認識的幾個根本觀念》一文代表了他對於喪服制度意蕴的理解。潘斌對該文也有詳細的介紹和分析。

除此以外，章太炎晚年將《喪服》與《孝經》《大學》《儒行》並列作爲"新四書"，將之視作"十三經之總結""國學之統宗"。王鋭、蔣國葆、張天傑等人對此作過分析。⑤ 吴承仕關於喪服還有《降服三品説》《喪服要略》《清史稿禮志喪

---

① 顧遷：《黄以周學術思想初探》，《船山學刊》2011 年第 1 期。朱明數：《援"太祖虚位"以解經——論黄以周對天子廟制的建構》，虞萬里主編：《經學文獻研究集刊》第 23 輯，上海書店出版社 2020 年版。

② 喬輝、張曉寧：《〈禮書通故〉"名物圖"考略》，《中國語言文學研究》2020 年第 1 期。

③ 黄壽祺：《略述先師吴承仕先生的學術成就》，《北京師範大學學報》1984 年第 2 期。

④ 黄瑞琦：《"三年之喪"起源考辨》，《齊魯學刊》1988 年第 2 期。丁鼎：《〈儀禮·喪服〉考論》，社會科學文獻出版社 2003 年版。潘斌：《二十世紀中國三禮學史》，南京大學出版社 2016 年版。

⑤ 王鋭：《章太炎晚年學術思想研究》，商務印書館 2014 年版。蔣國葆：《章太炎國學觀述評》，《孔子研究》2012 年第 4 期。張天傑：《章太炎"新四書"的建構及其晚年的國學觀》，《湖南大學學報》（社會科學版）2018 年第 4 期。賈泉林：《"新四書"：章太炎晚年對禮學的重建》，《國際儒學論叢》2019 年第 2 期。

服章書後》等論著。這在黄壽祺的文章中也有簡要介紹。①

第三，當代學界對於近代《周禮》、《禮記》之《禮運》《樂記》研究的總結與思考。

首先，近代鑽研《周禮》職官制度的學者以孫詒讓爲代表。前文第一節已介紹過當代研究孫詒讓《周禮》學的成果。兹不贅述。

其次，近代闡釋《禮記・禮運》"大同"思想的學者以康有爲最具代表性，也頗受學界重視。20世紀30年代，錢穆的《康有爲學術述評》便考察過《禮運注》《大同書》的撰作與作品思想。② 50年代，李澤厚、湯志鈞等人圍繞康有爲的"大同"思想發表過數篇文章進行辯論。③ 近年，湯仁澤從撰作目的、學術背景、創作時間與康有爲的"大同"藍圖等方面考察《禮運注》。④ 汪學群則着眼於康有爲的《禮運》語義學解釋、禮的倫理學分析、禮的歷史學考察(大同、小康)闡釋《禮運注》中的禮學思想。⑤ 林素英從《大同書》的撰作目的、《大同書》對《禮運》大同思想的發揮、《禮運》的小康社會建構等數個方面，剖析康有爲《大同書》與《禮運》的思想關聯。⑥ 馬永康從"三世"與"大同"結合、"四公理"與"二禁"、"相時而推施"等觀點出發闡述康有爲《禮運注》對於"大同"思想的發明，並指出康有爲"大同"理論存在的問題。⑦

除了康有爲，近代研究《禮記・禮運》者還有很多。在《禮記・禮運》的文本考察外，潘斌從兩個方面總結近代學者的《禮記・禮運》研究：一是圍繞《禮記・禮運》學派屬性的討論，二是針對《禮記・禮運》思想的闡發。⑧ 潘斌梳理了近代學人關於《禮記・禮運》"大同"思想學派屬性的四種觀點，即儒家説(康有爲、吕思勉、郭沫若、高鴻縉、方竑等)、道家説(吳虞、董楚平等)、墨家

---

① 黄壽祺：《略述先師吳承仕先生的學術成就》，《北京師範大學學報》1984年第2期。

② 錢穆：《康有爲學術述評》，《清華學報》第11卷第3期，1936年。

③ 李澤厚：《論康有爲〈大同書〉》，《文史哲》1955年第2期；湯志鈞：《關於唐有爲的"大同書"》，《文史哲》1957年第1期。湯志鈞：《再論康有爲的"大同書"——兼與李澤厚、張玉田二先生商榷》，《歷史研究》1959年第8期。

④ 湯仁澤：《"大同學"和〈禮運注〉》，《史林》1997年第4期。

⑤ 汪學群：《康有爲〈禮運注〉的禮學思想》，《國際儒學研究》第20輯，九州出版社2012年版。

⑥ 林素英：《康有爲〈大同書〉與〈禮運〉的思想聯繫》，《人文論叢》2014年第1輯，中國社會科學出版社2015年版。

⑦ 馬永康：《大同的"發明"——康有爲〈禮運注〉析論》，《中國哲學史》2019年第4期。

⑧ 潘斌：《二十世紀中國三禮學史》，南京大學出版社2016年版，第761~781頁。

説(伍非百、金德建、蒙文通等)、儒道墨諸家説(蔣維喬、王新民、錢基博等)。他還論述了近代學人在此問題上對宋以來學説的繼承、發展和修正。另一方面,潘斌還論述了近代學人對《禮記・禮運》思想的闡發,介紹了張學昭《禮運與孔子學説的分析》、湯元仲《禮運扶微》以及鄭沅、盧宗埼、高鴻縉等人的文章。

最後,是當代學界對於近代《禮記・樂記》研究的總結。1983 年,人民音樂出版社編輯部將 20 世紀 40 年代以來的《禮記・樂記》研究文章彙集出版——《〈樂記〉論辯》。① 該書以郭沫若《公孫尼子與其音樂理論》爲首篇論文。王禕在《〈禮記・樂記〉研究論稿》"緒論"中,以晚清爲界分兩部分梳理《禮記・樂記》研究的特點、趨勢、代表成果和成就、不足。他肯定了清代《禮記・樂記》研究在考據、義理兩方面的成績,並將晚清之後的《禮記・樂記》研究分成兩派,即音樂工作者與文學、哲學工作者。該書從《禮記・樂記》作者與成書、古典文藝理論與文藝美學、音樂美學、哲學範疇四個方面總結晚清之後的《禮記・樂記》研究。② 潘斌從《禮記・樂記》的作者和成書、《禮記・樂記》的思想研究兩方面來作總結。③ 王曉俊將近代《禮記・樂記》研究分成三個階段:由盛而衰(1840 年至 1900 年)、體系崩塌(1901 年至 1931 年)、範式轉型(1931 年至 1949 年),他認爲近代"音樂"概念對古"樂"概念的置换引發了近代《禮記・樂記》研究由盛變衰、進而發生轉型的變化。④ 孫星群也發表有《〈樂記〉研究百年回顧》,梳理 20 世紀的《禮記・樂記》研究。⑤

第五節 禮法研究

本節從三個方面來梳理:其一,"三禮"與晚清民國現實問題的結合;其二,晚清修律中的"禮法之争";其三,當代學者對民國禮制法令的研究。

一、"三禮"與晚清民國現實問題的結合

關於禮與法的關係,梁啓超有過一段論述:"法是事後治病的藥,禮是事

① 《〈樂記〉論辯》,人民音樂出版社 1983 年版,第 1~16 頁。
② 王禕:《〈禮記・樂記〉研究論稿》,上海人民出版社 2011 年版,第 2~6 頁。
③ 潘斌:《二十世紀中國三禮學史》,南京大學出版社 2016 年版,第 797~842 頁。
④ 王曉俊:《晚清民國〈樂記〉研究轉型考察》,《中國音樂學》2016 年第 2 期。
⑤ 孫星群:《〈樂記〉研究百年回顧》,《中國音樂》2000 年第 4 期。

前防病的衛生術”；“法是靠政治制裁力發生作用……禮卻不然，專靠社會制裁力發生作用”；“禮治絶不含有强迫的意味，專用教育手段慢慢地來收效果”。① 這個論斷在今天仍有影響。民國時，有學者從禮的角度探究中國法律的起源。例如，敬庵《中國法律生於禮》將世界近代史上的西方各種法律淵源學説與中國古代的禮相對應，最終證明，西方的神意説、人性説、命令説、自然律説等内涵，均可以納入中國禮的範疇中。② 該文據此認爲，中國法律的淵源在於禮。

20 世紀初，清政府面臨改革立憲的重大問題。在此背景下，孫詒讓以《周禮》爲綱，以國外政治制度爲目，寫出《變法條議》。後來，費念慈請人補寫，最終將書稿定爲《周禮政要》。孫詒讓認爲，《周禮》各項制度與近世國外的政治制度多有契合。面對清末政治改革的現實問題，《周禮政要》在政治、法制、經濟、軍事、治安和文化教育等方面都有規劃和闡發，還涉及議院、員警、民兵、礦産等諸多問題。

民國時期，有更多學者將《周禮》中所載的各類制度與民國的法治現狀相聯繫。其中部分文章的立意，是借古禮已有制度對當時的立法、司法、行政等現實問題提出建議。

首先，是中央官制、立法機構層面。陳漢章《議院古明堂説》認爲中國古代的明堂具有後來“議會”的性質——中國上古時有明堂，則中國上古時即存在議會。③ 據學者研究，這是陳漢章爲數不多的論述政治主張的文稿，最早可能寫成於 1907 年。其時正值清廷“預備立憲”。當代學者錢英才推斷，陳漢章借此文闡發自己的政治見解，即不同意中國照搬西方的議會模式。④

其次，是司法刑法層面。魏運五以“今日之司法制度”比照《周禮》中的司法制度，分“法典”“法院”“審判”“刑罰”四個部分來闡釋《周禮》的司法體系。他認爲，二者多有“類似之處”，甚至《周禮》的一些司法程式與國外司法制度也能對應。⑤ 陳顧遠從“形式司法”“實質司法”“訴審等級”“刑罰執行”等方面對《周禮》司法體系作了詳盡梳理，受到了法學領域學者的肯定。⑥ 但

---

① 梁啓超：《先秦政治思想史》，天津古籍出版社 2003 年版，第 240~246 頁。

② 敬庵：《中國法律生於禮》，《亞洲學術雜誌》第 1 卷第 1 期，1921 年。

③ 陳漢章：《議院古明堂説》，《孔教會雜誌》第 1 卷第 6、7、8 號，1913 年。

④ 錢英才：《大師側影——陳漢章與周圍的人們》，寧波出版社 2014 年版。

⑤ 魏運五：《〈周禮〉司法制度考》，《東北大學週刊》第 26、27 期，1927 年。

⑥ 陳顧遠：《〈周禮〉所述之司法制度》，《中華法學雜誌》新 1 卷第 5、6 期合刊，1937 年。

該文只强調研究《周禮》司法制度的學術價值，未將其與近代法制作進一步聯繫。

再次，在賦税法層面。薛念梅在《〈周禮〉上賦税法的研究》中明確表示，考察《周禮》的賦税之法是爲當時政府厘定賦税、減輕農民負擔、重振工商業提供參考，目的是救國興業。① 該文分析了《周禮》中關於地税和力役的規定，重申"什一之税"的原則，主張避免賦税複雜混亂，減輕農民負擔。

二、晚清修律中的"禮法之争"

20世紀初，内憂外患下的清廷爲了維繫統治，採取立憲、修律等措施。在圍繞新制定的《刑事民事訴訟法》《刑法》的討論中，以沈家本、楊度爲代表的法治派（又稱"法理派"）和以張之洞、勞乃宣爲代表的禮教派（又稱"禮治派"或"保守派"）展開了"禮法之争"。這場争論，對於中國法制的近代化進程産生了深遠的影響。現當代，考察"禮法之争"的學者有很多。相當一部分研究屬於法制史領域内的成果。

首先，是關於"禮法之争"歷史背景的研究。清末的禮法分離，是對中國禮法結合傳統的一次衝擊。張仁善從兩個方面考察禮法分離的原因：其一，禮法分離的社會動因或物質層面的動因，是清末社會生活方式的劇變及其對傳統禮法規範的衝擊；其二，思想文化方面的動因，是文化生活的演變和鄉土觀念的更新。②

其次，是"禮法之争"的整體情況與各自觀點。武樹臣《中國傳統法律文化》通過梳理與分析，認爲清末"禮法之争"是"個人本位"與"家族本位"爲争奪修律領導權展開的大辯論。而且，進步一方的"個人本位"已非西方的原型，而是發生了"中國化"，就是"國家主義"。③ 他分階段梳理"禮法之争"的主要内容：第一階段，是1906年至1907年，張之洞批判沈家本、伍廷芳的《刑事民事訴訟法》；第二階段，是1907年至1909年，雙方圍繞沈家本《新刑律草案》展開辯論；第三階段，圍繞《修正刑律草案》，雙方就具體條文相互辯難；第四階段，闡述新刑律中"國家主義"立法宗旨的楊度，與主張"家族主義"的勞乃宣等人的辯論。《中國法制通史》第9卷《清末·中華民國》，也考察過清

① 薛念梅：《〈周禮〉上賦税法的研究》，《社會雜誌》第1卷第1期，1931年。

② 張仁善：《清末禮法分離的社會動因和文化動因新探》，《南京大學學報》（哲學·人文科學·社會科學）1995年第4期。

③ 武樹臣：《中國傳統法律文化》，北京大學出版社1994年版，第511~546頁。

末修律過程中的“禮法之争”。①

再次，是對“禮法之争”焦點問題的分析。李貴連的《沈家本傳》對此有精闢論述：争論的肯綮在於，用資産階級法理判斷，《大清律例》的禮教規範是否應全部列入新刑律。禮法之争最後聚焦於“無夫奸”與“子孫違反教令”兩項上。② 王瑞、郭大松也撰文指出：清末“禮法之争”的核心問題是“關於中國舊有綱常名教的法律條款”。他們認爲，雙方關於“無夫奸”和“立法宗旨是國家主義還是家族主義”的争論，最能表現中西差異。③ 張晉藩也認爲，傳統的封建禮教内容應否繼續納入新修訂的刑律，是“禮法之争”的關鍵所在。④

關於晚清禮法之争的論著相當豐富，還可參看梁治平《清代習慣法：社會與國家》《禮教與法律》、⑤ 李貴連《清末修訂法律中的禮法之争》、⑥ 艾永明《論清末修律中的禮法之争》、⑦ 李擁軍《法律與倫理的“分”與“合”——關於清末“禮法之争”背後的思考》、⑧ 向達《清末禮法之争述評》、⑨ 周旋《清末禮法之争中的勞乃宣》、⑩ 孟祥沛《東亞近代法制史的上兩次大論争——清末“禮法之争”與日本“法典論争”的比較》、⑪ 彭鳳蓮《晚清禮法之争焦點再聚》⑫等論著。

---

① 張晉藩總主編，朱勇主編：《中國法制通史》第 9 卷《清末・中華民國》，法律出版社 1999 年版，第 181~187 頁。

② 李貴連：《沈家本傳》，法律出版社 2000 年版，第 304~329 頁。

③ 王瑞、郭大松：《清末禮法之争探析》，《山東師範大學學報》(人文社會科學版) 2003 年第 2 期。

④ 張晉藩：《中華法制文明史・近、當代卷》，法律出版社 2013 年版，第 248~268 頁。

⑤ 梁治平：《清代習慣法：社會與國家》，中國政法大學出版社 1996 年版；《禮教與法律》，上海書店出版社 2013 年版。

⑥ 李貴連：《清末修訂法律中的禮法之争》，《法學評論》1982 年第 1 期。

⑦ 艾永明：《論清末修律中的禮法之争》，《蘇州大學學報》(哲學社會科學版) 1984 年第 4 期。

⑧ 李擁軍：《法律與倫理的“分”與“合”——關於清末“禮法之争”背後的思考》，《學習與探索》2015 年第 9 期。

⑨ 向達：《清末禮法之争述評》，《深圳大學學報》(人文社會科學版) 2012 年第 5 期。

⑩ 周旋：《清末禮法之争中的勞乃宣》，《華東政法大學學報》2009 年第 4 期。

⑪ 孟祥沛：《東亞近代法制史的上兩次大論争——清末“禮法之争”與日本“法典論争”的比較》，《比較法研究》2003 年第 6 期。

⑫ 彭鳳蓮：《晚清禮法之争焦點再聚》，《江海學刊》2018 年第 4 期。

三、當代學者對民國禮制法令的研究

探討民國禮俗變革的論著，多會涉及民國的禮制法令。很多成果都會論及民國禮制法令與傳統禮儀、禮法觀念的關係。在喪葬立法與婚姻立法上，民國法令對待傳統禮儀的態度有很大差別。此外，還有學者考察過民國鄉村自治立法方面的傳統禮教觀念。將來，這類成果有可能對解釋城鄉禮俗變遷的差別起到作用。

"北泉儀禮"是民國時期編訂禮制法令的一項重要舉措。楊志剛對民國政府的禮制法令有簡要的考察，涉及 1912 年民國《禮制》與《服制》、1943 年《北泉議禮録》。他認爲，《北泉議禮録》是"編制'五禮'的最後努力"；其推行失利，也標志着"五禮"的最終結束。① 闞玉香從政治需要、社會需要、領導人推動等方面，分析北泉議禮的歷史背景。她指出，作爲議禮結果的《中華民國禮制》，不僅僅是 1943 年禮制討論會的結果，而是在 1932 年《禮制草案》基礎上增改修成的。該文還分析了《中華民國禮制》的局限性與積極意義。②

在喪葬立法方面，民國時期的法令與傳統喪葬禮俗之間有承襲關係。《中國殯葬史》第 8 卷的第 2 章（姜海龍撰寫）梳理考察了北洋政府《喪禮草案》、1928 年國民政府《喪禮草案》、1943 年《北泉議禮録》中的喪禮儀程。他認爲，北洋政府《喪禮草案》的内容多延續自清代喪禮，但其中已經出現了對繁瑣程式與等級差别的突破。國民政府的《喪禮草案》與前者相比，顯得更爲趨新與簡潔實用，適合現代都市生活，反映了新式知識分子的喪葬禮俗觀念。《北泉議禮録》雖然進一步簡化喪禮程式，但保留了很多傳統禮俗的因素。尤其是在喪服與喪期問題上，《北泉議禮録》較多地借鑒了傳統禮俗，帶有一定的復古色彩。

學界關注民國婚姻立法的重點問題，是民國政府與中共頒行的法令對舊式封建禮法的破除。汪玢玲在《中國婚姻史》一書中分析 1930 年國民政府的《民法·親屬編》、1931 年蘇維埃政權的《中華蘇維埃共和國婚姻條例》及 1934 年《中華蘇維埃共和國婚姻法》，對這些法令破除封建禮法陋俗、保護婦女利益、實行男女平等的意義予以肯定。她還對《民法·親屬編》變革封建禮法不徹底

① 楊志剛：《中國禮儀制度研究》，華東師範大學出版社 2000 年版，第 247～250 頁。

② 闞玉香：《北泉議禮及其成果——〈中華民國禮制〉》，《南華大學學報》（社會科學版）2010 年第 1 期。

的内容作了説明。①這方面的成果，可參見前文第二部分内“嘉禮”、第三部分内“民間婚姻禮俗”中的梳理。

圍繞民國法治與傳統禮治的關係，荆月新作過考察。他通過梳理民國政府與山西省政府的鄉村自治法令章程，認爲傳統禮治觀念雖在國家層面受到西方法學的衝擊，但在地方鄉村的自治立法中卻重新顯現出來，並起着一定的作用。②

第六節　禮教研究

曾國藩與王闓運的禮學思想中，都强調以禮治己、以禮治人。曾國藩認爲，禮不僅能夠修身正心，而且可以經世富國。③朱漢民、吴國榮考察了曾國藩學問與治術的内在聯繫。他們認爲，曾國藩在組建、統領湘軍的政治實踐中堅持禮治的理念與方法。而這些理念與方法來自曾國藩札實的禮學學問。最終，他的禮治觀念增强了湘軍的組織力、凝聚力、戰鬥力，對成就政治事功具有重要意義。④王闓運主張“治經必先知禮，經所言皆禮制”，他認爲“禮治”的根本在於“自治”，“凡治人之道，莫急於禮”，以禮修身，以禮齊家，進而以禮治國。⑤

晚清民國時，新舊思想交會碰撞。民國初期，傳統的禮教觀念受到新文化運動的衝擊。在這種情況下，有學者闡發了傳統禮教仍然具有的經世作用，還將禮經中的教育思想與近代教育理念聯繫考察。同時，民國學界出現了重要的禮學史著作，也出現了適宜初學者閲讀的禮學史教材。

首先，晚清時期，有識之學者呼籲從禮制、禮教的角度出發在政治層面推行禮教，在個人層面自治修養。戊戌年(1898年)間，康有爲曾向清廷上《請尊孔聖爲國教立教部教會以孔子紀年而廢淫祠折》，主張進一步尊崇孔子，設置

---

① 汪玢玲:《中國婚姻史》，武漢大學出版社2013年版，第373~389頁。

② 荆月新:《“禮治”觀念回歸的法治意義解析——以民國鄉村自治立法爲例》，《理論學刊》2015年第9期。

③ 曾國藩:《曾文正公全集·文集》卷3《聖哲畫像記》、卷4《江寧府學》，吉林人民出版社1995年版。

④ 朱漢民、吴國榮:《曾國藩的禮學及其經世理念》，《中國哲學史》2007年第1期。

⑤ 王闓運:《論習禮》，馬積高編:《湘綺樓詩文集》，嶽麓書社2008年版，第525頁。

國教，推動儒學教育。① 王闓運認爲："治經必先知禮，經所言皆禮制。"②"自治"放在個人的修養之上，包括了德行與學識兩方面的增進。劉焱分析王闓運"禮學經世"的實踐，王闓運在光緒年間執掌成都尊經書院時期推行以禮治院活動。③

其次，對於20世紀前期"反孔"思想與文化激進主張，以"學衡派"爲代表的學者們作出明確回應。繆鳳林《談談禮教》首先對"何謂禮"、禮之起源與作用進行討論，而後對"禮是否桎梏人""禮是否拂逆人情(人的本性)""禮教在導人向善方面與法律、宗教、道德孰優孰劣""'三禮'是否可用於今日"以及"禮教究竟有何用"等問題逐一辯解，深入闡明了禮教的社會教化作用。④ 新生活運動時期，也有學者闡揚禮教的積極作用。章淵若指出，禮與法在中國傳統社會裏十分接近；20世紀30年代社會構建法治的前提，是"恢復我們中國民族固有的'禮教'真精神"，借以推進新生活運動。⑤

再次，有學者着眼於"三禮"中的教育與民國教育、近代教育之間的關係。例如，章廷俊在《〈學記〉的教育制度與教學法則之剖析》一文中，對《禮記·學記》中的教育制度、教學法、學習法進行了系統的剖析。⑥ 在此過程中，他不僅梳理羅列其他相關的古代文獻，而且對國外學者的一些教學理論也有參考。文章的最後，章廷俊點明了該文的主要宗旨：《學記》中所記載的教學法則，多與當時世界上的新教育原理相合，甚至於還有很多國外教育理論所未能涉及的東西。因此，民國時期盲目效仿日、美教育的做法不可取。蔡介民在《禮記教學論》中首先明確，《禮記》中有關教育的文字主要在《學記》與《王制》兩篇中；然後，他依次從"教學原理""教學地點""教學目的""教學程式"四個方面，條理相關文句。⑦ 該文結尾處提到，《禮記》之教學原理與方法與近代教育理論頗相契合。

最後，晚清民國時期出現了系統梳理禮學史的教學成果。皮錫瑞的《經學

---

① 湯志鈞主編：《康有爲政論集》，中華書局1981年版，第279~285頁。

② 王闓運：《論習禮》，《湘綺樓詩文集》，嶽麓書社2008年版，第525頁。

③ 劉焱：《王闓運"禮學經世"思想析略》，《湖南大學學報》(社會科學版)2018年第2期。

④ 繆鳳林：《談談禮教》，《國風半月刊》第1卷第3期，1932年。

⑤ 章淵若：《新生活與政治改革》，南京正中書局1935年版。

⑥ 章廷俊：《〈學記〉的教育制度與教學法則之剖析》，《政衡月刊》第16期，1935年。

⑦ 蔡介民：《禮記教學論》，《教育學報》第7期，1941年。

歷史》最初刊刻於 1907 年。1928 年，商務印書館將之列入“國學基本叢書”，出版了周予同的點校本。該書是第一本以“經學歷史”命名的著作，長期以來被看做經學史研究的重要著作。當今學界對此書極爲重視，但也存在争議。田漢雲認爲此書大體上準確清晰地勾畫出中國經學的發展演變過程，在中國經學史上“是一部填補空白的重要著作”，但該書的嚴重缺陷同樣不能被忽視。① 陳鴻森曾撰文條列、辨證《經學歷史》與周予同注中的失誤。② 吳仰湘撰文指出，《經學歷史》“絶非經學史書”，而是一本借史立論的經學論著。③ 不論目前存在幾種看法，《經學歷史》的價值在相當長的時期内依然不能被忽視。

禮學史梳理方面的成果，還需要提及蔡介民的文章。蔡介民的《中國禮學史芻議》對中國傳統禮學史脈絡作了簡明扼要的梳理。④ 根據蔡介民自己的説法，這是他應邀爲“國學補習班”撰寫的禮學史授課材料。全文共分兩編，一爲“禮書部”，講禮書沿革；二爲“禮俗部”，講禮俗變遷。目前見到的冠以“中國禮學史芻議”的文章，是“禮書部”。在該文中，蔡介民按照時間綫索，對禮經的形成與流傳、各朝代的禮制建設、各代禮制文獻、各代重要禮學家及其禮學思想與代表著作等問題，都有講解。該文以主幹文句爲綱，其後簡要羅列相關的文獻，提綱挈領，簡要易懂，適宜初學者閲讀、學習。

小　結

通過梳理有關晚清民國禮文化的研究成果，可知目前學界存在兩點成績、三點不足。

已有成績首先表現在成果的豐碩上。大量學術著作、期刊論文、學位論文較爲全面地展現了近代的禮文化。圍繞近代禮學研究、國家禮儀制度、基層社會禮俗等方面的成果，不僅内容廣泛，而且考察深入。尤其是對於官方祭祀、國葬等問題的研究，已從典禮儀式、政治符號的層面深入儀式在構建政權合法性、樹立國家權威上的意義層面，觸及了禮儀與政治之間的互動關係。

---

① 田漢雲：《中國近代經學史》，三秦出版社 1996 年版，第 348~365 頁。

② 陳鴻森：《皮錫瑞〈經學歷史〉周注補正》，彭林主編：《中國經學》第 1 輯，廣西師範大學出版社 2005 年版，第 9~50 頁。

③ 吳仰湘：《皮錫瑞〈經學歷史〉並非經學史著作》，《史學月刊》2007 年第 3 期。

④ 蔡介民：《中國禮學史芻議》，《新東方雜誌》第 1 卷第 9、10、11 期，1940 年；《新東方雜誌》第 2 卷第 3 期，1941 年。

另外，學界對近代禮文化的歷史背景有深刻認識。晚清以來的政治動盪、思想解放、社會變革，都在近代禮文化中有所體現。正是在新舊觀念、中西因素不斷碰撞交融的時代中，禮俗變遷呈現出不徹底、不平衡的特點。這具體表現爲新舊禮俗雜糅、中西儀節並用、城鄉之間與地域之間存在明顯差距。這種近代社會禮俗的整體狀態，也是目前學界的共識。

學界關於晚清民國禮文化的研究，尚有可以進一步拓展的空間。

第一，在研究對象上還有缺環。這主要表現在圍繞近代官方禮儀的考察上。晚清朝廷的凶禮、嘉禮基本上承襲之前的舊制度，没有太大改變。研究成果略少，尚在情理之中。但學界對晚清軍事禮儀、民國軍事與外交禮儀少有關注，則是忽視了軍事、外交禮儀在近代禮制變遷中的關鍵地位。近代中國受西方文明的影響很大。外交是溝通中外的直接管道，也是禮文化變遷最直接的表現層面。近代軍隊的建設和發展更是參照西方模式而來。而學界研究近代外交禮儀的重點，仍是晚清外交禮儀的變革以及清政府與西方的禮儀之争，對民國時期的關注較少。針對民國時期的軍事禮儀，同樣缺少充分的學術研究。分析民國外交、軍事禮儀的傳承變遷，是貫通中國賓禮、軍禮歷史脈絡，客觀看待當前我國外交、軍事禮儀的重要步驟。這對於未來外交、軍事禮儀的發展進步，有重要的歷史借鑒作用。

第二，在考察時段與地域範圍上還有缺環。很多有關民國喪葬、婚姻禮俗的成果會限定研究時段。多數成果都以 1931 年前或 1937 年前作爲考察範圍。即便是没有講明時間、地域範圍的成果，在論述中也很少涉及敵佔區的禮俗以及相關的政策命令。有個别學者正將關注焦點向這些被忽略的地區轉移。例如，田海林、李俊領《“忠義”符號：論近代中國歷史上的關岳祀典》考察日僞政權對傳統關岳祭禮的改造與利用，是一項典型個案研究。① 方豔華《試論僞滿祀孔典禮的墮落與變異——兼論“王道政治”的歷史命運》也是如此。② 遺憾的是，此類成果太少。而對敵佔區或租界政令、禮俗的研究，有助於深入揭示中國傳統禮文化對基層社會和東亞文化圈的深遠影響，管窺中外文化在特殊地域中的碰撞與交流。因此，圍繞近代敵佔區、租界内禮俗狀況與相關政令的研究，還有很大的拓展空間。

---

① 田海林、李俊領：《“忠義”符號：論近代中國歷史上的關岳祀典》，《山東師範大學學報》(人文社會科學版) 2012 年第 1 期。

② 方豔華：《試論僞滿祀孔典禮的墮落與變異——兼論“王道政治”的歷史命運》，《遼寧師範大學學報》(社會科學版) 2007 年第 6 期。

第三，在研究視角、觀念和方法上還有繼續拓展的餘地。未來研究的推進，有賴於對已有成果的全面總結與客觀分析。在社會動盪、時代變革的大背景下，近代禮文化的變遷呈現出複雜局面。相關研究應對此有深刻的認識和準備。對此，李伯森主編、馬金生等人撰寫的《中國殯葬史》第 8 卷作出了一定貢獻。他們中肯地指出了喪葬禮俗研究中存在的關鍵問題——没有客觀把握新舊喪俗差别與城鄉喪俗差别間的關係。城鄉環境及其固有禮俗的差異，使殯葬禮俗中看似“傳統與現代的新舊差異”，實際上是“城市社會與鄉村社會的差異”。這個分析值得學界注意。受此觀點啓發可知，喪葬禮俗之外的很多禮俗風習、文化現象都存在該問題。

這也對今後的研究方法有所啓示。在承認禮俗變遷存在地域差異的前提下，對城鄉兩方面以及不同地域的禮俗變遷，宜作適當區别，考察各自的演進脈絡。這就需要在資料運用中突破時間段限，做“縱向梳理”，而非“横向綜合”。其背後的深層要求，是打破現今歷史學者分時段的研究模式，真正養成“通古今之變”的學術視野。

從傳統禮法、禮治和禮教出發分析近代禮俗變革，也值得注意。如學者指出的，城鄉之間存在差異，城市的禮俗變革相對深入，受西方文化影響較多，而鄉村不僅大量保留着傳統禮儀因素，也依賴傳統禮教觀念所發揮的作用。對於解釋近代城鄉禮俗變遷的差别，着眼於傳統禮法、禮治和禮教的研究成果可能會起到重要作用。而且，這對於當今鄉村文化建設、城鄉協調發展也有一定的學術價值。所以這種路徑與方法，值得被運用到揭示城鄉禮俗差别的研究中。

第十章　日文學界的禮學研究：以吉禮、凶禮爲主

所謂“禮學”，範圍龐大。“禮”在中國傳統文化中扮演了極爲重要的角色，誠如日本學者小糸夏次郎(1908—1946年)指出：“不僅是人倫日常的行爲，自冠、昏、喪、祭、鄉射、朝聘等宗教的、世俗的行事到政治的制度、組織，全是禮教所具備，此處可見中國文化的特殊性。”①可見在中國傳統社會的“禮”無不包羅融貫。此即是錢穆之所以曾主張“中國的核心思想就是‘禮’”之緣故。②因此，“禮”既是哲學思想上的問題，亦爲可從歷史、政治、宗教、民俗等多種角度加以討論的重大問題。

那麽，日本學者自近代以來針對此方面有何種研究？由齋木哲郎(1953年—)編《禮學關係文獻目録》③和林慶彰(1948年—)主編《日本研究經學論著目録(1900—1992)》④等可知，他們研究成果實已不少，其内容亦相當豐富。然而，日本學者的研究在境外常被忽略，其主要原因在於語言上的限制。因爲大部分的論著僅以日文來呈現，故就非日文背景的人士而言，難以參考、閱讀。

---

① 小糸夏次郎：《禮の思想と構造・序説》，西晉一郎、小糸夏次郎：《禮の意義と構造》，(日本)國民精神文化研究所1937年版，第22頁；(日本)畝傍書房1941年版，第26頁。原文：“人倫日常の行爲は勿論、冠昏葬祭鄉射朝聘の、宗教的世俗的行事から政治的制度組織に至るまで、悉く禮教の具備せざるはないところに、支那文化の特殊性が觀られるのである。”

② Jeery Dennerline：*Qian Mu and the World of Seven Mansions*. New Haven and London：Yale University Press，1988，p. 10. 原文：“The heart and mind of China is the Li.”引自鄧爾麟(Jeery Dennerline)：《錢穆與七房橋世界》，藍樺譯，社會科學文獻出版社1995年版，第8頁。

③ 齋木哲郎編：《禮學關係文獻目録》，(日本)東方書店1985年版。

④ 林慶彰主編：《日本研究經學論著目録(1900—1992)》，臺灣“中研院”中國文哲研究所籌備處1993年版。

因此，本章將針對近代以來日本學者的中國儀禮相關研究加以梳理與簡介，以便中文學界參考。但筆者能力和篇幅有限，故僅能介紹“吉禮”與“凶禮”研究的部分成果，敬請原諒。

第一節　吉　　禮

“吉禮”，即是“五禮”之首，《周禮·春官·宗伯》曰：

> 以吉禮事邦國之鬼神示：以禋祀祀昊天上帝，以實柴祀日月星辰，以槱燎祀司中、司命、飌師、雨師；以血祭祭社稷、五祀、五嶽，以貍沉祭山林川澤，以疈辜祭四方百物；以肆獻祼享先王，以饋食享先王，以祠春享先王，以禴夏享先王，以嘗秋享先王，以烝冬享先王。①

由此可見，《周禮》將“吉禮”分類爲禋祀、實柴、槱燎、血祭、貍沉、疈辜、肆獻祼、饋食、祠春、禴夏、嘗秋、烝冬等，主要有祭天地、祭日月星辰、祭先王、祭先祖、祭社稷、祭宗廟等禮儀活動。②本章分别就五種祭祀，即祭天神、地祇、社稷、禘祫、祖先，來簡述日本學者關於“吉禮”研究的成果。

一、天神

東洋史研究者桑原隲藏(1871—1931年)曾發表過《支那古代ノ祭祀ニ就キ》一文,③而主張中國古代主要的祭祀雖多種多樣，但佔着主要地位的有二：一爲祭祖，二爲祭天。並且他强調：日本較重祭“神”，因而能擁有“皇統連綿

① 《周禮注疏》卷18《大宗伯》，阮元校刻：《十三經注疏》，臺灣藝文印書館1955年版，第270~274頁。

② 在近代日本，較爲完整地簡述中國古代祭祀的論著有如下幾部。近藤杢(1884—1965年)：《支那上代祭祀考(上)》，(日本)《皇學》第1卷第2號，1933年；《支那上代祭祀考(下)》，(日本)《皇學》第1卷第3號，1933年。内野台嶺(1884—1953年)也概論中國古代的祭祀，指出其含有“報本反始之精神”與“祭政一致之思想”，詳見氏著《支那上代の祭祀に就て》，(日本)《東洋學研究》第6號，1936年。另外，關於祭祀儀典的研究，有諸橋轍次(1883—1982年)：《祭祀の儀典》，(日本)《漢文學會會報》第9號，1939年。

③ 桑原隲藏：《支那古代ノ祭祀ニ就キ》，(日本)《史學雜誌》第7編第11號，1896年；《支那古代ノ祭祀ニ就キ(完)》，(日本)《史學雜誌》第7編第12號，1896年。

的國體”；與之不同，中國則偏重祭“天”，故導致革命頻發。其内容反映了當時的世界情勢和日本心理，不過，桑原注意到祭天在中國古代政治世界的重要性。

關於祭天，星野恒(1839—1917年)有《支那天子ノ名義と其古代祭天》。①此文前半部討論中國古代“天子”之意，支持三國薛綜(？—243年)“天子，言是天帝之子也”之説(《文選·東京賦》“允矣天子者”注)。另外，東漢許慎《説文解字》曰：“古之神聖人，母感天而生子，故稱天子。”何休(129—182年)《春秋公羊傳·成公八年》注亦云：“天子者爵稱也。聖人受命，皆天所生，故謂天子。”星野主要透過“天命玄鳥，降而生商”(《詩經·商頌·玄鳥》)與后稷誕生故事(《詩經·大雅·生民》)的檢討，而認爲“天子”之詞起源於“天帝感生”。既然如此，天子之祭天是以天爲其祖先，含有重本追遠之意，與一般民衆之祭天不相同，星野在此肯定郊天、禘的特殊意義。接着，星野一一檢討漢鄭玄(127—200年)，魏王肅(195—256年)，元黄澤(1259—1346年)，清方觀旭(生卒年未詳)、黄以周(1828—1899年)等人之説，而認爲在周代，圜丘之禘配以帝嚳，南北之郊配以后稷，明堂上帝之祀則配以文王、武王。他另討論秦代祭畤，亦指出其相當於周之郊祭，但到了漢代之後，感生帝的郊祭不見了。星野最後亦注意到《日本書紀·神日本盤余彦天皇(神武天皇)》有：“四年春二月壬戌朔，甲申詔曰：‘我皇祖之靈也，自天降臨，光助朕躬。今諸虜已平，海内無事，可以郊祀天神，用申大孝者也。’乃立靈畤於鳥見山中，其地號曰上小野榛原、下小野榛原。用祭皇祖天神焉。”此與中國古代的郊天相似，是因爲“事理人情無古今東西之别”。然神武天皇僅“郊祀天神”，未以祖先配食，此點與中國不同，原因在於天皇即天神之後裔。

飯山春雄《郊祀の時季に就いて》則討論郊祭的時間。② 首先，他按《尚書·周書·召誥》《詩經·大雅·雲漢》《左傳·襄公七年》《吕氏春秋》等的記載，認爲郊祀相當於每年孟春的祈穀祭，並留意到這些古籍與《周禮》《禮記》不同，皆未言“冬至祭天”之郊。因此，飯山接着探討《周禮》與《禮記》的記載之真僞，發現“冬至祭天”始於漢武帝元鼎五年(前112年)，即《史記·封禪書》所言：“十一月辛巳，朔旦冬至，昧爽天子始郊，拜泰一。”直到西漢末期

---

① 星野恒：《支那天子ノ名義と其古代祭天》，(日本)《史學雜誌》第16編第1號，1905年；《支那天子ノ名義と其古代祭天(承前)》，(日本)《史學雜誌》第16編第3號，1905年。

② 飯山春雄：《郊祀の時季に就いて》，(日本)《史潮》第2卷第3號，1932年。

元始元年(1 年)完成。他進一步推測，這種政治運動與尚古主義思想連結爲一，“冬至祭天”逐漸被視爲周代的古禮，《周禮》和《禮記》皆反映之。因此，飯山乃主張：“《周禮》《禮記》中的冬至祭天，是在思想上的産物，並非事實；亦是指導理論，並非過去記録。”①與此同時，亦認爲《周禮》與《禮記》的祭天思想相近，均成立於漢初稍晚。總之，飯山認爲，郊祀原在孟春進行，冬至説則到了漢代始出。

其後，中國刑法史研究者西田太一郎(1910—1982 年)有《郊祭の對象とその時期とに就いて》一文，②亦討論郊祭的對象與時期。他首先探討郊祭的對象，認爲先自祖先演變爲后稷，再者變成帝，與此同時，以后稷配之。③因爲在殷代卜辭中的祭祀對象幾乎都是祖先；到了周代，周王朝需要獎勵農業，故宣傳自己祖先是農神后稷；隨着國家的穩定與農祭地位的提升，其祭祀對象移至最高神帝，后稷僅能甘受其次地位。接着，西田討論郊祭的時期，認爲隨着曆法自夏正到周正的變化，原來在立春、啓蟄(農事開始期)所進行的郊祭，分化爲天子在冬至進行的郊祭與孟春籍田的祭祀。

諸橋轍次(1883—1982 年)《天神祭》亦討論古代中國祭天。④ 首先，他論圜丘祀天，反對鄭玄將昊天上帝分爲二，而支持唐孔穎達(574—648 年)與宋程氏説，即昊天上帝非二者，僅是在作用上不同的稱呼而已。鄭玄另認爲，昊天祀之於圜丘、上帝祀之於南郊、五帝則祀之於明堂，諸橋亦否認鄭説，而對王肅之圜丘、南郊、泰壇同一説加以肯定。因爲祭天於南郊，所以漢代以後有了“郊祭”之名。至於祭日，古來有冬至説，也有上辛説，元王炎(生卒年未詳)在《文獻志・郊祀議》認爲冬至郊祭爲周禮，上辛則是魯禮，諸橋支持此説。接着，諸橋簡述圜丘祀天之外的正祭、告祭之後，探討五帝到底能否包括

① 飯山春雄：《郊祀の時季に就いて》，(日本)《史潮》第 2 卷第 3 號，1932 年。原文：“周禮、禮記に表はされた冬至祭天は思想上の産物であつて事實ではない。指導理論であつて過去の記録ではない。”

② 西田太一郎：《郊祭の對象とその時期とに就いて》，(日本)《支那學》第 8 卷第 1 號，1935 年。

③ 津田左右吉(1873—1961 年)、白鸟清(1893 年—?)等人早於西田提出同樣看法，請詳參津田左右吉：《上代支那人の宗教思想》，《津田左右吉全集》第 28 卷，(日本)岩波書店 1966 年版，第 185~271 頁；白鳥清：《古代支那人民間信仰》，《岩波講座：東洋思潮》，(日本)岩波書店 1935 年版。

④ 諸橋轍次：《天神祭》，氏著《支那の家族制・祭祀編》，(日本)大修館書店 1940 年版，第 170~202 頁。

祭天的對象在内。關於五帝的起源，古來有三種説法：天帝説(鄭玄、陳祥道等)、人帝説(王肅、王炎等)以及五行説(陳祥道、《晉書·禮志》、馬端臨、金鶚等)，諸橋則認爲，五帝起源於五行説。那麽，天帝説和人帝説何以出現？諸橋推測，天帝説與漢代五畤的成立密切相關，人帝説則出於漢代天地合祀的略禮。其次，諸橋探討魯郊問題，認爲皆非，因爲祭天屬於天子之禮，但他推測其“成王之賜、伯禽之受”背後有可能存在着周朝在經營上的政治意圖。最後，此文也論述了日月祭與司中、司命等。

池田末利(1910—2000年)以中國古代宗教史研究聞名，有《文獻所見の祀天儀禮序説(上、下)》。①池田曾以《尚書》和《詩經》爲主要文獻資料，考察至上神(Supreme Being, Höchstes Wesen)儀禮的變遷，而主張祭上帝或祭天的儀禮始於西周後期，並概述了其到秦漢時期成爲王者的特權祭祀之過程。② 承之，池田在此篇中用《尚書》《詩經》以外的儀禮相關文獻，探討帝、天思想的分化，與其同步進行之儀禮的變遷過程，尤其是“禘”與“郊”。

關於“禘”，在禮學史上有兩種説法，即祭天説與廟祭説，歷代争論紛紜。池田强調：爲了探討禘、郊的本質，最重要的是，必須超越各文獻的範疇，既要厘清禮的原初狀態，又要檢討其禮的變遷過程。因此，他主張，禘當初爲廟祭，但後來發展爲祭天的儀禮。因爲在卜辭或金文中所見之“帝”字和“啻”字皆代表祖神儀禮，禘的原義應當爲祖先祭祀。但“上帝”“帝”在周代成爲天神，而在周末亦分化爲五帝，最後到了漢代又發展爲感生五帝。

至於“郊”，池田則主張：郊的原義，絶對爲邑郊，指祭祀的場所。那麽，其對象爲何？津田左右吉(1873—1961年)、白鳥清(1893年—?)、西田太一郎等人認爲，郊的對象經歷了從祖先到后稷，再從后稷到帝的演變；郊的時間亦伴隨着律曆發生了自夏正到周正的變化，從立春轉變爲冬至。③與此相反，池田則一方面據《禮記·郊特牲》“郊之祭也，迎長日之至也”，主張郊原爲“天

① 池田末利：《文獻所見の祀天儀禮序説——禘祭の經説史考察》，(日本)《中國學志》第2本，1965年；《文獻所見の祀天儀禮序説(續)——郊祭の經説史考察》，(日本)《広島大學文學部紀要》第1號，1965年。後各爲上、下，收入氏著《中國古代宗教史研究——制度と思想》，(日本)東海大學出版社1981年版，第475~536頁。

② 池田末利：《中國に於る至上神儀禮の成立——宗教史的考察》，(日本)《日本中國學會報》第16集，1964年。後收入氏著《中國古代宗教史研究——制度と思想》，(日本)東海大學出版社1981年版，第445~474頁。

③ 西田太一郎：《郊祭の對象とその時期とに就て》，(日本)《支那學》第8卷第1號，1935年。

之祭祀"，而支持王肅以郊爲圜丘祭天，但他另一方面亦指出，自周末到秦漢之際郊含有祭祖的要素。次之，池田討論周代祀天的郊，即在冬至之日進行，但是，後來開始在啓蟄之時另行祈穀之祭天，則基本上同意松本雅明（1912—1993 年）的看法。①在池田的研究中，這種郊的歷史演變之背後，也存在着春秋戰國以來的農業發展與王權擴大。

關於祭天儀禮，池田另有《燔柴考》，②討論《周禮・大宗伯》所謂的"禋祀、實柴、槱燎"。他認爲《周禮・大宗伯》雖分爲祭祀對象和原義都各不相同的三種祭祀，但皆是基於封建階級的儀禮，是在此之上整理而成的，所以這三者實質上是相同内涵的。

好並隆司（1929—2010 年）《中國古代祭天思想の展開》則探討自戰國至西漢時期祭天的變遷。③ 好並首先指出，古代中國有兩種領域："人之道德能通用的領域"和"天道所支配的自然領域"。如何理解這兩種領域的關係？好並認爲，古代中國人回應此問題的過程中便産生了兩種思維類型：即"透過人間而理會天界的事態"的聖人立場（如《晏子春秋》），以及"以天＝自然爲中心而把握人間"的史官立場（如《墨子》）；而這兩種立場之差異不僅源自哲學的世界觀之不同，也反映了各階級之不同。他還指出，前者依舊保持包括民眾的祭祀共同體，後者則明確肯定支配與被支配的區别，而主張僅有君主受福，此是君主專制主義的萌芽狀態。在這兩種思維類型之間，好並另外發現，百姓與山川神的咎怨導致君主疾病、國家旱害。因爲君主開始將山川藪澤等原共同體財産私有化，也破壞神明所在，從而惹起人與神的怨怒，天懲罰君主。换言之，君主愈擁有權力，天的懲罰愈大，君主爲解决此種矛盾，務必舉行祭天儀禮。另外，《韓非子・外儲説右下》載録秦昭王、襄王懲罰"擅禱（自由祈禱）"的民衆，也就是説，君主利用强權禁止祭祀，以斷絶天禍之源。好並認爲，此是解决上述矛盾的方法之一，亦是戰國末期祭祀的新特色。承續着這種觀念，祭天

① 松本雅明：《詩經諸篇の成立に關する研究》，《東洋文庫論叢》41，（日本）東洋文庫 1958 年版。後收入氏著《松本雅明著作集》卷 1（開明書院 1980 年版）及卷 2（開明書院 1981 年版）。

② 池田末利：《燔柴考》，《森三樹三郎博士頌壽記念東洋學論集》，（日本）朋友書店 1979 年版，第 79～93 頁。後收入氏著《中國古代宗教史研究——制度と思想》，（日本）東海大學出版社 1981 年版，第 537～551 頁。另外，池田尚有《卜辭尞祭考》，（日本）《甲骨學》第 12 號，1980 年。後收入氏著《中國古代宗教史研究——制度と思想》（第 552～584 頁），亦可參。

③ 好並隆司：《中國古代祭天思想の展開》，（日本）《思想》第 608 號，1975 年。

在秦漢時期已成爲國家共同體的祭祀，雖然在其間有文帝時期欲以聖人立場推動德治、“敬遠天”的思想，以易醫術的導入，但到了漢武帝時期，“史官”立場復活，爲了民族團結，統合秦始皇的神仙道與漢高祖祭、政一致的祭祀政策，祭天迎來了頂峰期。總之，好並認爲，從戰國到秦漢時期祭天的變遷即是“君主抑制民衆的祈禱，而獨佔其求福權利的過程”①。他另留意祭天與巫祝、醫術的關係，也談到了國家權力和共同體的問題，頗有參考價值。

除了上述論著之外，討論漢代郊祭的有山口爲広《漢武の郊祀と郊祀歌》②與岩野忠昭《前漢郊祭考——〈春秋繁露〉を中心として》③；至於魏晉隋唐的郊祭，則有金子修一(1949 年—)《魏晉より隋唐に至る郊祀、宗廟の制度について》④。

二、地祇

依《周禮・春官・大宗伯》所記，與“地祇”相關的祭祀，有血祭、貍沉、疈辜三種。這些祭祀對象各有所不同，血祭以祭社稷、五祀、五嶽，貍沉以祀山林川澤，而疈辜則以祭四方百物。

清孫詒讓(1848—1908 年)曾認爲，血祭兼有貍沉，但池田末利則發表《血祭、貍沈、疈辜考——周禮大宗伯所見の地神儀禮》一文，⑤否定孫説，而主張血祭、貍沉、疈辜三種祭祀各爲不同，以下一一檢討其内容。

首先是血祭，從前有三種説法：(1)薦血説，見於鄭注、賈疏；(2)瘞血説，見於《禮記・禮器》《禮記・郊特牲》“郊血”之孔疏，《通典》吉禮，以及崔靈恩等經學家；(3)灌血説，見於金鶚、孫詒讓之論。池田主要反駁(1)、(2)與(3)的孫説，最後認爲金鶚(1771—1819 年)的灌血説較爲妥當。他主要

① 好並隆司：《中國古代祭天思想の展開》，(日本)《思想》第 608 號，1975 年。原文：“君主が民衆の祈禱を抑止して、その求福の權利を一手に獨占する過程。”

② 山口爲広：《漢武の郊祀と郊祀歌》，(日本)《國學院雜誌》第 67 卷第 8 號，1966 年。

③ 岩野忠昭：《前漢郊祭考——〈春秋繁露〉を中心として》，(日本)《東洋文化》第 78 卷，1997 年。

④ 金子修一：《魏晉より隋唐に至る郊祀、宗廟の制度について》，(日本)《史學雜誌》第 88 編第 10 號，1979 年。

⑤ 池田末利：《血祭、貍沈、疈辜考——周禮大宗伯所見の地神儀禮》，(日本)《哲學》第 5 輯，1955 年。後以《周禮大宗伯所見の地神儀禮——血祭、貍沈、疈辜考》，收入氏著《中國古代宗教史研究——制度と思想》，(日本)東海大學出版社 1981 年版，第 713~733 頁。

依威廉・羅伯森・史密斯(W. R. Smith, 1846—1894年)血液神聖的原理,①認爲血液代表親緣,因此,灌血對於神明和禮拜者雙方而言,就意味着神明與禮拜者完全貫通。接着,池田從卜辭中的"貍沉"字義的探討開始,認爲"貍"爲"薶"的假借,原在陸上祭河的貍,後來轉爲祭祀山林之法;"沉"則本來是祭河之法,沉犧牲於河中,但其祭祀對象不限於河神。其次,他討論了《儀禮・覲禮》與《爾雅》中祭山、祭地之法與《周禮・大宗伯》不同,未必是貍。他認爲,"經書之間有不同記載,是因爲各種經文分别記載了不同時間、不同空間的禮"②,因此,《儀禮・覲禮》《爾雅》與《周禮・大宗伯》在禮學上分别屬於不同的系統。最後,池田探討"庪縣"與"浮沉"的意義。至於"疈辜",池田還是先探討其字義,認爲"副"或"畐"代表披磔之意,"辜"通"殆",即肉枯渴之意。换言之,"疈辜"原是披磔肉並使其枯渴的儀禮。他因此認爲,把"疈辜"解爲披磔牲胸,是二鄭依漢代事例的説明,並非原義。

另外,池田末利還有《古代中國における土地神の祭祀——序説》,③主要探討在文獻上的"地示(祇)"與"社神"。關於地祭與社祭的關係,自古以來分别有兩種説法:一種是"地、社同祭説",如宋張載(1020—1077年)、胡宏(1102—1161年)、清陸奎勛(1663—1738年)、林喬蔭(生卒年未詳)等;另一種則是"分祭説",宋楊復(生卒年未詳),清毛奇齡(1623—1716年)、方苞(1668—1749年)、秦蕙田(1702—1764年)、金鶚等都持此説。池田立足於經傳記載,採用後一種説法。池田從前討論過,"社"原初爲擁有祖神要素的土地神,後來轉爲純粹的土地神,再轉爲保護集團的神明。④如此,社逐漸獲得了地域性或集團性。與此不同,古代社會另需要與天神互相對應的全載天下的土地神,即是"地示",唯天子擁有對地示的祭祀權。池田認爲,在此變遷的背後,存在着邑制國家的領域觀念之發展和王權的維持和擴大。他指出,祭

① W. R. Smith: *Lectures on the Religion of the Semites*, 3ed. London, 1927.

② 池田末利:《中國古代宗教史研究——制度と思想》,(日本)東海大學出版社1981年版,第719頁。原文:"經書間の相違は,時間、空間的に異る禮事實の記載によるもの。"

③ 池田末利:《古代中國における土地神の祭祀——序説》,(日本)《東方宗教》第21號,1962年。後收入氏著《中國古代宗教史研究——制度と思想》,(日本)東海大學出版社1981年版,第696~712頁。

④ 池田末利:《古代支那の地母神に關する一考察》,(日本)《宗教研究》第168號,1961年。後以《古代中國の地母神に關する一考察》,收入氏著《中國古代宗教史研究——制度と思想》,(日本)東海大學出版社1981年版,第89~107頁。

天、地的思想，起源於以陰陽說爲基礎的天地對立之觀念。

其次，池田在此文中也討論方丘與北郊的關係。關於祭地，一年二祭？還是一祭？即祭祀對象爲二神？還是一神？具體而言，這是方丘與北郊的關係問題。例如，鄭玄依據緯書採用二神說，他對《周禮》的"地""地示"加注，認爲或爲崑崙而祭於方丘，或爲神州而祀於北郊，孔疏承之。與此不同，《史記·封禪書》所引《周禮》舊說、漢董仲舒、劉向，新朝王莽，魏王肅，宋胡宏、朱熹，清陸奎勛等皆採一神說，而主張《周禮》無北郊說，或方丘即北郊說。那麽，池田對此問題的看法如何？他認爲，祭地對象原是一神，但隨着祭天分化爲冬至圜丘與夏正南郊，祭地也分離爲方丘與北郊二種。换言之，方丘即北郊一祭說是原初的形態，二神說則爲宗教思想發展後的後期現象。另外，池田也一一反駁清金鶚將方丘與北郊分類於禘的說法，值得參考。

最後，池田探討了天地合祭說。此說主張僅有圜丘祀天，並無方澤祭地，它始於王莽，受到宋蘇軾（1037—1101 年）等的支持。但是，池田則主張：卜辭、金文中未有可證合祭存在的事例，禮文獻也多採分祭的形態，後來卻因爲陰陽說一方面强調天陽地陰的性格，另一方面主張陰陽之和以產生萬物，所以衍生出合祭說，而以《詩經》的《昊天有成命》、《尚書》的《召誥》等文獻印證之。他主張的天地合祭說，就是"禮思想在漢代的展開"。

除此之外，赤塚忠（1913—1983 年）亦有三篇論文，探討殷代的祭地。甲骨文中有"[illegible]""[illegible]"等字形，當時學者多將前者解爲"河"，後者則釋爲"嶽"，而認爲其與"[illegible]（土）"互相關連。例如，董作賓（1895—1963 年）主張，上甲、大乙、祖乙等所屬之祖先神系統，與上帝、河、嶽、土所屬的系統截然不同；①島邦男（1908—1977 年）亦將殷代祭祀分爲"殷室先王、先妣的祭祀"與"自然神、高祖神以及先臣神的祭祀"，而認爲"[illegible]""[illegible]""[illegible]"屬於後者②。但是，赤塚卻認爲"[illegible]""[illegible]""[illegible]"等不可簡單地規定爲自然神，因爲祖先神祭祀與"[illegible]""[illegible]""[illegible]"等祭祀在甲骨文的卜問中密切相關，此代表各神的性格有所共通。於是，赤塚不討論文字的問題或人如何信仰其神，而是更進一步探討信仰其神的原因、發展的過程，以及其社會功能等。

---

① 董作賓：《論殷禮制之新舊兩派》，收入氏著《殷曆譜》，中央研究院歷史語言研究所 1945 年版。後收入《董作賓先生全集（乙編）》第 1 册，臺灣藝文印書館 1977 年版，第 26～30 頁。

② 島邦男：《祭祀卜辭の研究——甲骨卜辭の研究·第一部》，（日本）弘前大學文理學部文學研究室 1953 年版。

赤塚的第一篇是《殷王朝における“河”の祭祀》。①首先，他對“□”“□”的字義進行討論，指出這二字雖皆代表“河”字，但因爲在甲骨文所述的祭河地點設有“河宗”(祭宫)，應存在“□”或“□”所代表的特定地點；並且其地離殷都較遠。加之，殷代祭河不一定行於其地，有時在象徵性的地方進行。接着，赤塚討論祭河的祭儀，包括時間、主祭者、儀禮儀式等，因其儀禮亦見於祭“岳”、祭“土”之中，所以認爲：殷代祭儀比認識中的儀禮更加普遍化、制度化，然其仍然保留原始性，另一方面，其祭祀體系難免會受現實情況的影響而有所變動。那麼，“河”神有何種權能？赤塚認爲，祭河最顯著的目的是爲了祈年，其次是祈雨。但關於此點，實與岳、土、先祖、先妣、先巫、上帝神的祭祀不無差異。但另有祈禱戰争勝利、保護邑國等權能，這些在河神權能中最具特色。赤塚在此文最後探討祭“河”的起源，指出“□”在殷代並非唯一的水神，另有“婁”“洹”等，各原爲我族、亘族的族神。不過，這些水神少見於甲骨卜辭中，是因爲“□”在殷代成爲諸水神的代表。“□”原是由“□族”祭祀的，但“□族”對殷朝的形成有所貢獻，所以“□”佔着第一期和第二期的殷朝中最主要河神的地位。到了第三期，因爲信仰“□”的“□族”抬頭爲貞人，“□”忽然被“□”取代，但是，第四期隨着“□族”的衰敗，富有傳統的“□”又復活了。總之，“□”原來亦是□族之神明，但殷朝在確立王國體制之際，吸收、融合了諸族的神明及信仰。“□”在此過程中成爲河神的代表，一方面顯現出與祈年、祈雨等其他神明相同的性格；另一方面，卻依舊保留了族神的性質。

第二篇爲《殷王朝における“岳”の祭祀》,② 赤冢對“□”的祭祀進行檢討。關於“□”字，孫詒讓解此爲“嶽”之古文；羅振玉解爲“羔”；郭沫若則認爲是“崋”之異體，等等。各家議論紛紛。於是，赤塚首先分析“□”的字形和字義，而發現“□”下部看似是“火”，但以“火”爲字素的“尞”“熹”“烄”等字，

① 此文原爲《殷王朝における河の祭祀とその起源》，(日本)《甲骨學》第4、5合併號，1956年。後以《殷王朝における“河”の祭祀》，收入赤塚忠：《中國古代の宗教と文化——殷王朝の祭祀》，(日本)角川書店1976年版；(日本)研文社1990年版，第27~73頁。

② 此文原爲《殷王朝における岳の祭祀と中國における山嶽信仰の特質(一)》，(日本)《甲骨學》第6號，1958年。後以《殷王朝における“岳”の祭祀》，收入赤塚忠：《中國古代の宗教と文化——殷王朝の祭祀》，(日本)角川書店1976年版；(日本)研文社1990年版，第75~176頁。

後來皆附加象徵火花的小點，與此不同，“”卻在任何時期皆未然。並且，有些代表狩獵地的字包括“”，他主張“”即代表“山”。因此，赤塚認爲“”下部並非“火”，而爲“山”。那麼，上部表示何？赤塚認爲是羊頭或羊角，即代表山神，而將“（𡴑）”比定嵩山（河南省登封縣）。接着，赤塚探討“（𡴑）”崇拜的起源。赤塚認爲，殷以前存在“羊（音“祥”）族”，以牧羊爲業，祭祀“𡴑”於聖山。換言之，“𡴑”原來是羊族固有的族神。而赤塚在殷代的骨臼刻辭“聖職者”中發現有“𡴑”，因此，他認爲“𡴑”在殷代是傳達祭祀古制的聖職者。到了周代，羊族被姜族取代。不過，赤塚注意到《春秋左傳·莊公二十二年》有“姜，大嶽之後也”；《國語·鄭語》則曰“姜，伯夷之後也”；《墨子·明鬼》另載“共一羊，盟齊之神社”。於是，赤塚認爲，姜族亦與羊族相同，將山嶽當作聖地；其族神雖稱“伯夷”，但尚代表靈異之羊。殷代的“𡴑”的祭禮一方面依然持有守護集團的族神性格，另一方面已成爲祈年、祈雨的對象，即是農耕神，與上帝分擔氣候、年穀支配的權能。又因爲殷朝祭禮以高祖、河、𡴑爲核心，而且常將“河”與“𡴑”並列，故他指出，“河”與“𡴑”雖原均是族神，但在殷代已被一般化、抽象化、融合化，亦成爲河神、山神的代表，失去了原來的、固有的性格。殷代祭“𡴑”的地點未固定，而每次以問卜來選定。至於祭“𡴑”的儀禮，始於“尞祭”，“酒禮”次之，接下來有“卯禮”或“俎禮”，而後進行“舞禮”“取禮”。最後，赤塚亦簡述周代的山嶽祭祀，主要有受命之證、鎮山、方嶽等，與殷代“𡴑”截然不同。他還指出，山嶽祭祀隨時代而變遷，以印證“𡴑”從固有族神到農耕神的變化。

第三篇是《殷王朝における“土”の祭祀》。①王國維曾討論過甲骨文中的“土”，前後提出兩説：其一，“土”即是社；②其二，“土”即爲相土（殷先公）③。無論支持王國維的前説還是後説，後人皆認爲，“土”是與“河、𡴑”或

① 此文原爲《甲骨文に見える“土”について》，（日本）《大東文化大學漢學會誌（高田眞治博士古稀紀念論集）》第 6 號，1963 年。後以《殷王朝における“土”の祭祀》，收入赤塚忠：《中國古代の宗教と文化——殷王朝の祭祀》，（日本）角川書店 1976 年版；（日本）研文社 1990 年版，第 177~204 頁。

② 王國維：《殷禮徵文》，收入氏著《海甯王忠慤公遺書》二集，1927 年版。《海甯王静安先生遺書》第 8 册，臺灣“商務印書館”1976 年版，第 3056~3057 頁。

③ 王國維：《殷卜辭中所見先公先王考》，《觀堂集林》卷 9，1923 年版。今參《海甯王静安先生遺書》第 1 册，臺灣“商務印書館”1976 年版，第 401~402 頁。亦收入《古史新證》，1925 年版。今參《古史新證——王國維最後的講義》，清華大學出版社 1994 年版，第 9~10 頁。

“王亥、夔”等並立的神明。不過，赤塚則認爲同一甲骨板上並舉的神明，各有不同的性質。據赤塚的觀點，殷王朝的祭典有内祭（祖先祭祀）與外祭（祈年祭），尤其祈年祭是自王、王妃以下諸官、諸族長都來參加的盛大祭典。其祭祀對象主要有上帝、先公神、祖先、河神、岳神等，“土”亦被包括在其中。但是，赤塚主張“土”並非直接象徵大地，因爲在殷代還保留族神的性格。另外，“土”的性格也與其他神明不同：第一，“土”未有賦予福祥的積極權能；第二，“土”並非自然發生的神明，而是隨着祭典制度的發展，人爲設立的象徵性的祭壇；第三，圍繞“土”而進行的儀禮，是招請四方諸神的“方禘”。祈年祭，始於每四方進行“方”，而“尞”以降神，“禘”以讓它坐鎮於“土”。因此，“土”本身原無神性，在諸神附體之後，它始有神性。另外，他因此也指出，“土”另有“”“”“”等字形，而“”旁的小點代表附體的諸神。總之，甲骨文中的“土”雖在後代發展爲社，但原來是殷王朝所設之象徵的祭壇，以統合諸神（諸族）的信仰，“甫土”“亳土”亦然。如上所述，殷代的“土”代表大氏族集團之團結意識，但赤塚亦論述，到了周代，“土”便發展爲靈臺、社等，而附屬於統一國家意識的發展。另外，隨着農耕祭祀的盛行，社壇本身便帶有聖性，而被抽象化、普遍化。如此，社祭即遍及社會全體，其所有的宗教觀念（“報本反始”），亦普及於一般民衆。

總而言之，赤塚認爲，殷王朝吸收“河”“岳”等諸族的神明，構築了以上帝爲至上而以諸神爲輔翼的“國家宗教”。關於赤塚三篇文章的主要論點，池田末利已有書評對之加以嚴厲批評。①他説，關於“”字，唐蘭（1901—1979年）釋爲“斦”，赤塚説需商榷。次之，關於“”字，雖使用於署名、地名，但不可簡單地判斷爲族神，因爲在甲骨文中同一文字不一定指同一現象、事物。並且“”字共有四十三種寫法，赤塚將該字上部隸定爲“羊”，下部隸定爲“山”，池田亦提出疑義。至於“土”，池田又一一反駁赤塚的論點，認爲“土”與“河”“岳”之間毫無差異。因此，赤塚的文章既然在釋文上受到懷疑，其結論亦不能接受，故赤塚構想之主觀性和實證性也受到批評。

關於古代山川祭祀，好並隆司亦有《中國古代における山川神祭祀の變貌》一文，②探討自春秋戰國至東漢時期的山川神祭祀的變遷。他在上述《中國

① 池田末利：《赤塚忠著〈中國古代の宗教と文化——殷王朝の祭祀〉》，（日本）《斯文》第82號，1979年。關於赤家這一書，另有西岡市祐的簡介：《赤塚忠著〈中國古代の宗教と文化——殷王朝の祭祀〉》，（日本）《國學院雜誌》第79卷第1號，1978年。

② 好並隆司：《中國古代における山川神祭祀の變貌》，（日本）《岡山大學法文學部學術紀要》第38卷（史學篇），1977年。

古代祭天思想の展開》中論述到，原有掌控風雨功能的山川神，在戰國、秦漢時期變成主掌疾病的神明；西漢中期之後，又變爲風雨神。此文探討其改變的基本條件與信仰的主體，確認其改變與漢帝國結構的變化密切相關。

首先，好並氏討論先秦時期旱魃求雨的方法。與前文相同，他亦發現有兩種路線：一是君主或巫史直接求神；二是君主依據人道，從政開始就獲得天惠。到戰國時期，陰陽説便作爲調整兩者的邏輯出現了。接着，他透過董仲舒針對山川祭祀的看法，探討秦漢求雨的方法。在好並看來，董仲舒的基本思想是：通過陰陽，天之災異與君主的政治理論互爲關連，君主政治之正産生陰陽之和，會獲得天之瑞祥。换言之，董仲舒雖在原理上支持上述第二種觀點，但亦利用陰陽説而肯定皇帝"現人神"（以人類姿態出現於現世的神明）的性格。董氏理論爲漢武帝接受，轉化爲"畤"（代表陽，用以求雨）與"后土"（代表陰，用於止雨）分祭的制度，延續到西漢中期。關於此點，好並乃認爲：人格信仰（天祭）後來退爲山川祭祀（地祭），這代表着，官僚（陰）是對皇帝（陽）職權的延伸，禮制是對皇帝權力的限制。這個趨向雖在東漢初期稍有反動，如王充（27 年—？）等爲其代表，但是，當時儒家官僚多半否定人格神"六子"，而支持抽象的"六宗"。

三、社稷

"社"與"稷"在禮學上亦是相當重要的神明和祭祀。日本學者針對與社、稷相關問題的討論較爲豐富，以下簡述其研究成果。

首先是松本信広（1897—1981 年）的研究。松本原是研究東洋學，慶應義塾大學畢業後留學至法國，與葛蘭言（Marcel Granet，1884—1940 年）、馬瑟·牟斯（Marcel Mauss，1872—1950 年）等人進行學術交流，但後受柳田國男（1875—1962 年）的熏陶，轉志於日本民俗學、神話學，亦開啓了沖繩、東南亞研究。他曾發表過《社稷の研究》一文，① 探討中國古代的"社"與"稷"。松本赴法國留學，故其研究中多參考法國漢學家沙畹（Édouard Émmannuel Chavannes，1865—1918 年）的學術，②而論述"社"的種類爲中霤、里社、州（縣）社、郡社、泰社、王（帝）社等。但松本卻認爲，沙氏所整理的頗有系統性的"社"，僅是反映漢代或《禮記》《周禮》的時代。又，津田左右吉曾主張："社，原來是在思

① 松本信広：《社稷の研究》，（日本）《史學》第 2 卷第 1 號，1922 年。

② Édouard Émmannuel Chavannes：Le dieu du sol dans la Chine autique. *Le T'ai Chan*. Paris：Ernest Leroux，1910，pp. 437-526.

想極爲幼稚的時代舉行 magic 儀式的場所，後來隨着宗教思想的進步，逐漸成爲祭祀神明的場所。”①那波利貞（1890—1970 年）《次睢社考》則認爲，次睢社的神明原是害人的猛獸毒蛇類，故有用人祭社的習慣。② 松本批判地接受了津田和那波的觀點，並利用民族心理學的研究成果，認爲“社”字雖有土神之義，但是，其原是使用血液的魔術儀式（釁禮）以祈農事的場所，而以“土壇”（塚土）、“樹木”、“主”來代表。關於“社”的性質，松本指出：“社”既作爲農神、陰氣的化身，是農民祈願年穀、普降喜雨、恢復日食等的對象；亦與“稷”相同，是國家的表徵，代表主宰死與刑的神明。

至於“稷”，《周禮·大宗伯》注疏所引《孝經緯·援神契》曰：“稷者，原隰之神。”但松本否定此説，因爲“社”祭祀的對象既是土，原隰亦爲土。在松本看來，稷是“穀物的精靈”，也被擬人化，成爲后稷（“普及農業的第一人”）。那麼，如何祭祀呢？松本依《通典》《大清會典》等文獻認爲：稷與社同樣，以壇、樹木來代表；社壇在東，稷壇則在西，北面。另外，沙畹等不少學者皆支持“王社”建立於籍田中，卻未設有稷，與“泰社”不同。不過，松本卻對此説有所懷疑，而贊同小島祐馬（1881—1966 年）的説法，③認爲籍田禮主要目的之一是祭祀先農（田祖，即教人類農事的人），推測社與稷皆建立於籍田中。最後，松本也注意到社與稷皆被擬人化爲男神，與其他文化圈爲女神不同。他認爲，中國古代僅有男性可擔任后土、后稷等職位，社與稷均以男性來呈現是當時的狀況。

經濟學者田崎仁義（1880—1976 年）《支那古代經濟思想及制度》中有《社稷が土神及び穀神として祭祀せらるゝ所以而して陰性を以て配同象徵せらるゝことを論ず》一文，④亦討論社稷的問題。田崎首先指出，“社”並非單純的土神崇拜，而是基於農業、稼穡的經濟性、産業性祭事；“稷”原相當於 milet，

---

① 津田左右吉：《上代支那人の宗教思想》，《津田左右吉全集》第 28 卷，（日本）岩波書店 1966 年版，第 234 頁。原文：“社はむしろ、思想の極めて幼稚な時代のmagic 的儀式を其のところどころで行つた場所であり、またそれが宗教思想の進步と共に神の祭祀の場所となつた。”

② 那波利貞：《次睢社考》，（日本）《藝文》第 13 年第 6 號，1922 年。

③ 小島祐馬：《藉田の禮に就いて》，（日本）《經濟論叢》第 9 卷第 4 號，1919 年。

④ 田崎仁義：《社稷が土神及び穀神として祭祀せらるゝ所以而して陰性を以て配同象徵せらるゝことを論ず》，氏著《支那古代經濟思想及制度》第 3 章，（日本）内外出版 1924 年版，第 82~126 頁。田崎另有：《宗廟社稷の祭祀——一般宗教との異同》，（日本）《瑞垣》第 19 號，1954 年。

後被視爲“五穀之長”，而成爲信仰的對象：即是穀神（corn spirit）。因爲社與稷在農業經濟時代功能相同，均利而養人，有時合併爲一。但也認爲，由於社與稷不同，後來獲得“田獵之示”“軍旅之神”的性格，有時又二者分祭。次之，田崎討論了古代祭祀社稷的動機。田崎認爲，古代中國人生活於散在各地的部落（gentile tribes）中，因爲享受自然的恩惠，經常對地母的慈愛感到謝意，自然開始祭祀土地；尤其是隨着領土概念的發達，其對土地的崇拜轉化爲對其領土的崇拜，與作爲“生命的本源神”“社會神、政治神”的宗廟相同，作爲“生命的存榮神”“經濟神、稼穡神”的社稷，亦受到部落民的重視。後來，宗廟便成爲象徵“人的要素”，社稷便成爲象徵“物的要素”。加之，古代國家成立的過程中，當首領成爲帝王時，就分別設置祭祀原有領土的“王社”和爲天下地示的“大社”。田崎接着一一論述大社與王社、國社與侯社、亡國之社、置社、州社、市社、里社，以及軍社等概念。最後，他主張社稷是以陰氣爲主、陰神，即女性的，所據材料有：“社祭土而主陰氣”、“君南嚮於北牖下，答陰之義”（《禮記·郊特牲》）、“陰祀用黝牲毛之”（《周禮·地官·牧人》）、社稷建於王宫右方的陰位（《周禮·春官·小宗伯》《考工記》）等。

東洋史學者出石誠彦（1896—1942年）亦發表了《社を中心として見たる社稷考》一文。① 他首先梳理沙畹、津田、那波、松本諸氏的論點，進而探討“社”的起源。按《周禮·地官·大司徒》的記載，社是由樹木與丘壇而構成，但是，出石卻認爲其是已被制度化的社，並非其原貌。在他看來，社樹起源於自然的叢林。他推測，其“原始型態爲圍繞着animistic樹木的叢林，spirit湊集的靈性地域”，後來與樹木崇拜結合爲一；至於土壇，亦與社樹同樣，原既是自然的小丘，亦是土地spirit聚攏的地方，而古代中國人認爲，小丘上的叢林與平地上的叢林相比，多有神性，故爲人人所崇拜。出石認爲，《說文》所言“𥘵”正反映此樹木與土壇的關係。② 如此，“社”雖後演變爲土神，但原來是富有神性的叢林，故日食、求雨、軍事等祭祀亦在社中舉行。當時人認爲，若在富有靈性的地方進行祭祀，其儀式本身的靈性也能得到提升，其效果亦隨之益大。因此，出石推測，古代的“社”到處都存在，故也衍生出作爲聚落單位

① 出石誠彦：《社を中心として見たる社稷考》，（日本）《フィロソフィア》第4卷，1934年。後收入氏著《支那神話傳説の研究》，（日本）中央公論社1943年版，第345~392頁。

② 《説文解字》曰：“𥘵，古文社。”許慎撰，段玉裁注：《説文解字注》，上海古籍出版社1981年版，第8頁。

的社，在社中舉行的祭祀具有濃厚的民俗色彩。不過，後來出現"社稷屬於天子"這種觀念，社亦不得不隨之變化，例如，《禮記・祭法》《獨斷》所謂的大社（泰社）、王社（帝社）、國社、侯社、置社，受五行思想的影響，配以五色等；另外，在此過程中，社亦成爲地神，與農事連結爲一，這種大地之神明的性格後來在社的屬性中佔有主流地位。至於"稷"，出石認爲，其原亦代表穀神（corn spirit），古書中常見的后稷便是一個將稷擬人化（personify）的發展結果。就此點而言，他與松本信広的見解相同。後來在祭祀發展的過程中，因爲社和稷同樣與土地相關，所以"社稷"聯言，與宗廟並稱，甚至代表國家。總而言之，出石對"社"與"稷"的研究，可謂是沙畹的延伸。①

松本、出石之後，橋本增吉（1880—1956 年）亦發表了論文《支那古代の社稷について》。②但是，他與出石不同，批判沙畹在使用史料上的失當。他認爲，"社"原是填土，起源於民衆對土地本身的信仰。由《論語・八佾》中"哀公問社於宰我，宰我對曰：'夏后氏以松，殷人以柏，周人以栗。'"一段話可知，在春秋末年或戰國初期，便種樹於土壇上，《說文》中的"社"出自此時期。在他看來，"叢社"並非太古叢林崇拜的遺留，只不過是"廢社"（被遺棄而雜木茂生的"社"）。橋本討論秦漢以後社的變遷，認爲到了三國時期，始以石頭爲社主，甚至呈現"社稷無樹"的狀態。他依《禮記》的《郊特牲》與《月令》朱注以及古代竪式穴居的型式等材料，主張在中霤祭祀住處的土地，是太古以來的舊俗，後來發展爲里社、國社、大社，等等，故社並不是對土地生産力（énergie）的神化，而是祭祀土地本身的設施。至於"稷"，因爲甲骨文中毫無將稷視爲穀神的形跡，故橋本認爲，稷與周人密切相關，隨着周朝的建立，它也遍及其他地區，對稷的信仰也與深根於中國民族的土地神信仰連結爲一。至此，社與稷各爲天下國家的二大祭祀。

幾與橋本同時，齋伯守發表了《社稷の祭祀と其の原由》一文，③探討作爲封建國家祭祀的社制，如何萌生於古代社會的部落中。首先，齋伯討論祭祀社稷的意義，認爲："社"爲土神、農祭，故既成爲社會的中心，與"稷"同樣，亦是報恩的對象；同時，社也變成當地居住者的守護神。其次，他簡述社制之

① 另有關野雄：《中國古代の樹木思想》，（日本）《民族學研究》第 14 卷第 2 號，1949 年。此文並非專論"社"，而是探討中國古代樹木思想的來源，但在第 2 節簡述"社"的起源與變遷，其説幾與沙畹、出石誠彦相同。

② 橋本增吉：《支那古代の社稷について》，（日本）《東亞經濟研究（二十週年記念號）》第 20 號，1936 年。

③ 齋伯守：《社稷の祭祀と其の原由》，（日本）《大東文化》第 12 號，1936 年。

後，探討社稷祭祀的原型。齋伯亦留意到“叢社”，認爲它便是社的原型。在他看來，社是部落民請求諸神來格而進行祭祀的“一般祭祀場所”，後來隨着封建制的確立，社亦發展或分化“典禮性”的社祭。

新美寬(1905—1945年)《魯の亳社について》，則從歷史與社會的角度探討了所謂的“亳社”。①“亳社”“蒲社”的材料，見於哀公四年《春秋》經、傳，“薄社”見於《禮記·郊特牲》。先儒針對亳社、蒲社、薄社的見解，分爲兩種：一種認爲，此係“亡國之社”，如何休、徐彥、陳立等；另一種認爲，此“亡殷之社”，如鄭玄、范寧、杜預、孔廣森等。新美氏支持後者。他注意到《左傳·定公四年》曰“因商奄之民，命以伯禽，而封於少皞之虚”，推測“商奄”是分居於魯國近旁的殷族，魯國以征服者周族自居，與被征服者殷族是兩種民族集團，共同存在。因此，新美認爲，魯之亳社是周族允許殷族奉祀其固有宗教的結果。另外，《左傳·定公六年》曰：“陽虎又盟公及三桓於周社，盟國人於亳社。”此亦印證新美所説的魯國的雙重社會架構。他認爲，社一直都擁有“民族團結的中心”的地位。

重澤俊郎(1906—1990年)《春秋時代の社に對する信仰及び其の起源》，②雖篇幅短，但也是討論社祭的研究成果。重澤首先分析前人的討論，認爲“社”的起源説有二種：一是“社”與“祖”同源説，二是起源不同説。他則支持後者。因爲社一直到後代皆無宫殿屋椽，代表其主原非人鬼；並且與宗廟祭祀的排他性相比，社祭則不管貴賤，很多人都可參與，所以重澤認爲社與祖的起源各不同。重澤還注意到，春秋時期的社在軍禮中佔有相當高的地位，掌管人口的增殖以及採用人祭，因而主張，社源自部落民眾共通的最高守護神。

諸橋轍次《地祇祭》在論述地祭的祭主、祭名之後，亦討論過社稷祭禮。③他首先依據《禮記·郊特牲》“家主中霤，而國主社”，認爲“社”原是祭祀人所住居之土地，隨後根據清秦蕙田説，指出社祭雖是地祭之一，但仍别於郊祭。因爲五穀生於地，並且稷爲最有代表性的穀物，所以社與稷後共同成爲合祭的對象。他針對“社”的種類、位置、形式等加以簡介，指出社神在上古以土來代表，後以木，再以石。諸橋最後注意到，吉事以宗廟，凶事則以社稷。

---

① 新美寬：《魯の亳社について》，(日本)《支那學》第8卷第4號，1936年。

② 重澤俊郎：《春秋時代の社に對する信仰及び其の起源》，(日本)《支那學》第9卷第2號，1938年。

③ 諸橋轍次：《地祇祭》，氏著《支那の家族制·祭祀編》，(日本)大修館書店1940年版，第202~237頁。

藤枝了英《社の原始的形態に就いて》，亦是透過社與古代中國人的社會生活之關係，探討社的原始形態的論文。① 藤枝首先指出，社原來是保護集團的神明，起源於其集團成員集合的、代表其集團公共性和連帶性的“聖所”。藤枝討論了在社中舉行的定時活動，其大部分雖與農事相關，但他認爲，社祭原非向土地神或農業神祈求豐收，而是具有保證社保護集團經濟活動的功能。另外藤枝注意到，春秋時期的曹劌曾批判齊公“觀社”爲“非禮”(《左傳・莊公二十三年》)，從此推測社祭原有“男女之所屬而觀”(《墨子・明鬼下》)的淫猥風俗，於是認爲，社最初亦包含有保證人口增殖的信仰。接着藤枝也分析到，古代氏族集團面臨軍事、日蝕等危機時，社具有公共保護神的功能；社神與治水神、治水事業的關係密切，故社後來轉化爲水神。他還指出，作爲土地神的“社”，與祭天的“郊”互相關連，所以郊比作爲治水神的社要晚出。最後，藤枝討論社與稷的結合。在他看來，社與稷都有擬人化爲人神的階段；在文獻中常見禹、稷連言並稱。故藤枝認爲，社與稷的連稱，源自兩種人神職能的相近，並不能溯源至其原始的形態。總而言之，藤枝認爲，社原是集團集合的聖所，後來轉化爲人神，再衍生爲土地神。

根本誠(1906—1976年)在昭和十六年(1941年)出版《上代支那法制の研究(行政篇)》，其中收有《社稷の研究》一文。② 該文從法制的角度，探討古代中國“社稷”作爲國家構成要素的一面。他一方面認同社稷確實有宗教意義，但另一方面留意社稷所擁有與團體生活相關的特殊意義。在他看來，社是“村落的集團社會”或“地方村落”本身，其中大規模的聚落後來發展爲“都”“國”等。在此過程中，社另外獲得行政區劃單位之義，但後爲“鄉”所取代。總之，根本認爲，中國古代的社擁有類似近代“社會 Society”的意義。

加藤常賢(1894—1987年)《書社及社考——併せて助、徹の名義に及ぶ》雖然將重點放在古代田制的研究上，但亦是從語言、制度的角度研究“社”與“書社”的成果之一。③ 加藤首先論述先儒對書社的解釋均無明證，係望文生義。加藤認爲，書社是“租藉(耤)”的假借。據《管子》、金文資料等，即是收

---

① 藤枝了英：《社の原始的形態に就いて》，(日本)《支那學》第10卷第2號，1940年。藤枝另有：《“社”の起源に關する推測》，(日本)《顯真學報》第29號，1940年。

② 根本誠：《社稷の研究》，《上代支那法制の研究(行政篇)》，(日本)有斐閣1941年版，第397~427頁。

③ 加藤常賢：《書社及社考——併せて助、徹の名義に及ぶ》，(日本)《社會學：日本社會學會年報》第9輯，1943年。後收入氏著《中國古代文化の研究》，(日本)加藤常賢先生論文集刊行會1980年版，第794~857頁。

税、租税之意。進而認爲社與土同樣是諧音，有“地之吐出萬物者”(《説文·土》)之意。另外，在金文、《詩經》、《左傳》中多見“土田”這種詞，加藤認爲即“社田”，代表“租税徵收田”。因此，加藤主張，社的原義並非土地神，而是“耕作神”(農耕神)，故作爲人格神被稱作“田租”，呈現出社與租混用的狀態。在他看來，社與租音近，在《説文》《淮南子》《集韻》《廣韻》等有將父母稱爲“祖”“奢”之例。郭沫若《甲骨文字研究·釋祖妣》云：“古人本以牡器爲神，或稱之祖，或謂之社。”加藤因此認爲，“社”原來寫作“耤”，起源於古代以男性生殖器爲生殖、繁殖之象徵和神化，是以祈求穀物豐收的魔術性農耕祭。加藤亦主張，古代原無稷神，僅有社神，但耤或稱叒、稷、溭、澤、釋、郝等，後分成二神，故“社有主而稷無主”①。另外，既然社神的原形爲牡器形，郊(高)媒在古代亦與社神同樣。最後加藤討論社義的演變，認爲社原是祈求豐收的農耕祭，所以社始於里社；但是，隨着一邑分成支配者和被支配者，前者開始收税，於是，社的支配權與收税權皆爲社的支配者所掌控，産生封建諸侯；社後來發展爲大社、國社，但仍然亦非祭土地神，而是祭農耕神，其表徵即是收税權。

佐藤匡玄(1902—1993)《支那思想の風土的性格(上)》是一篇探討古代中國“地思想”的論文。② 佐藤認爲，古代中國人“以對土的信仰爲中心組成集團，在對土的信仰下經營他們整個社會生活”，故亦從此角度討論古人對“社”的信仰。首先，他探討“社”信仰的起源。小島祐馬曾討論社的古字“土”，主張“◊的-是模仿地面形象的，◊則爲模仿藏有社主的土壇形象的。……此字就全體而言是象徵舉行社祭的場所”③。但是佐藤認爲，“社”字最主要的成分未必是社主，而是土壇，即《詩經·大雅·緜》所謂的“冢土”，並以《禮記·郊特牲》“社祭土……社所以神地之道”來論證。另外，小島也説：“社原來的形態，應是蒙昧社會各集團的保護神。”④那麼，各集團的保護神爲何以土壇來象徵？

---

①　朱熹：《朱子文集》卷 68《答社壇説》(可參《全宋文》第 249 册，上海辭書出版社 2006 版，第 278 頁)。

②　佐藤匡玄：《支那思想の風土的性格(上)》，(日本)《支那學》第 11 卷第 3 號，1944 年。

③　小島祐馬：《古代支那研究》，(日本)弘文堂 1943 年版，第 31 頁。原文：“◊の-は地面に象り、◊は社主を藏する土壇に象る。……この字は全體としては社の祭の行はるゝ場所を象徴したものであると思ふ。”

④　小島祐馬：《古代支那研究》，(日本)弘文堂 1943 年版，第 29 頁。原文：“社本來の姿は未開社會に於ける各集團の保護神であって”云云。

佐藤認爲，黄土既是中國北方的自然環境，也保護了古人的生命，帶給他們生活的平安和恩惠。他與郭沫若一樣，也承認“”與“、、”的字形相近，認爲“、、”意味着將祖先形體埋藏於土壇中，祖先乃透過“社”的洗禮而神聖化。换言之，古代中國的祖先崇拜也與對社的信仰相互關聯，都源自華北原始人群對黄土所懷有的特殊感覺和經驗。既然如此，社不僅是守護集團的神明，同時亦是祖先神。在這方面，佐藤可謂是站在社與祖同源説的立場，與重澤俊郎稍有不同。最後，佐藤討論了社的民俗活動，指出社神具有武神和農神的二重性格。

“二戰”後，守屋美都雄（1915—1966 年）有《社の研究》，①亦討論了“社”的起源與其在歷史上的變遷。他首先針對沙畹、出石誠彦、關野雄（1915—2003 年）、橋本增吉、傅斯年（1896—1950 年）、佐藤匡玄、津田左右吉、葛蘭言、郭沫若、新美寛、藤枝了英等學説加以評述，而在其中高度評價藤枝説。守屋從《墨子・明鬼下》“菆位”的解釋着手。清孫詒讓《墨子間詁》釋之爲“叢社”，守屋卻不以爲然。他指出，“菆”與“纂”“蕝”相同，即是“以茅剪樹地爲纂，位尊卑之次也”（《漢書・叔孫通傳・如淳注》）、“朝會束茅表位”（《説文解字》卷 2）。於是，他另聯繫到《晏子春秋》“社，束木而塗之”之説，認爲“束木”是“社”的原貌。《説文解字》段注曰：“攢、菆、叢，皆聚位。”故而守屋認爲“菆位”即“聚位”。在他看來，中國古代的原始部族集團開始聚居生活時，他們稱聚居與聚落爲“聚”，而其聚落之中心設置一種標識，以便顯示其部族佔有其地。此即是束木而塗血的“聚位”，此聚位亦被稱爲“叢”，後也訛化爲“纂”“蕝”“菆”等；祖先觀念附着到聚位上之後，社也作爲祖先神而出現。但是，隨着時間的變遷，社亦有所變化：束木被單木、生木取代，而在樹下有了土壇。社的原意也隨着社會階級的分化被遺忘，到了漢代，便已與樹木崇拜、土地神等自然崇拜連結爲一。守屋重視社在社會中的角色，與其他研究注重社的形式不同。

藤堂明保（1915—1985 年）的《祖と社の語源について——文字學の進展のために》，是從文字學的角度，用字源研究的方法討論“祖”與“社”的。② 首先，藤堂探討“祖”字的起源，透過與且、俎、苴、葅、組、疽、租、蛆、詛、咀等字的比較，認爲它們皆屬於“且”系的諧聲字，與屬於“昔”的諧聲字（如

① 守屋美都雄：《社の研究》，（日本）《史學雜誌》第 59 編第 7 號，1950 年。

② 藤堂明保：《祖と社の語源について——文字學の進展のために》，（日本）《東京支那學會報》第 3 號，1957 年。

昔、借、藉、籍、惜等）相同，基本上皆有“堆積”之意。既然如此，“祖”自是“世代的累積”，故祭祖始終亦是對人的祭祀。其次，藤堂認爲“社”字古爲“土”，但“土”的諧聲字（土、吐、肚、社）不多，故藤堂將其歸入與之屬於同一 word family 的“者”的諧聲字——如都、渚、奢、儲、豬等一併討論，而主張“土”和“者”的基本義都是“充實”。要之，“社”是對“充實”的土地之祭祀。最後，他提醒日本的文字學界，中古漢語的正齒音，在古代並非與齒音有關，而原是舌音。

山田勝美（1909—1989 年）有《方社儀禮考》，討論殷代的“方社”。①山田在此文中認爲，基於四方神信仰的方社，其祭祀原是以土或石頭爲神主，在四方門旁所舉行的“拂禳凶災（除害）儀禮”。但到了殷代，其祭祀在四郊的“亩”（穀物庫）進行，逐漸轉化爲農耕儀禮。

如上所述，池田末利在《古代支那の地母神に關する一考察》一文中討論過此問題。“社”原初爲擁有祖神要素的土地神，後轉爲純粹的土地神，再轉爲保護集團的神明。他繼之又有《社の變遷——句龍傳説批判》一文，②以句龍傳説爲中心考察社的變遷過程。他依然主張，社的變遷過程以封建國家的發展爲背景有三個階段：社始於祖先神（祖、社一體），後成爲土地神（祖、社分離），再演變爲集團保護神和領土的國家神或聖所，即發生“信仰對象的政治性、社會性變格”。他由此反對上述藤枝了英的見解。池田在此文中進一步探討“稷”的本質，而認爲“稷”原是穀神，與社神完全不同格，但因爲與社神密切相關，隨着農業經濟的發展，與社神結合爲一，遂成爲國家保護神。最後，池田指出：“社神自土地神轉格爲國家神的原因在政治條件，與此不同，稷神上述的變格可謂是經濟條件所致。”③值得參考。

井上源吾（1909 年—？）《稷の原初形態》，專論先秦典籍中的“稷”與“后稷”及其原始狀態。④ 井上首先注意到《詩經》所言的稷爲周朝始祖，而與此不

---

① 山田勝美：《方社儀禮考》，（日本）《支那學研究》第 23 號，1959 年。

② 池田末利：《社の變遷——句龍傳説批判》，（日本）《哲學》第 13 輯，1961 年。後以《社の起源とその變遷——句龍傳説批判》，收入氏著《中國古代宗教史研究——制度と思想》，（日本）東海大學出版社 1981 年版，第 108～121 頁。

③ 池田末利：《社の起源とその變遷——句龍傳説批判》，《中國古代宗教史研究——制度と思想》，（日本）東海大學出版社 1981 年版，第 116 頁。原文：“土地神から國家神に轉じた社神の轉格の原因が政治的條件であるのに對して、稷神の上述の如き轉格は經濟的條件と見得るであろう。”

④ 井上源吾：《稷の原初形態》，（日本）《九州中國學會報》第 10 卷，1964 年。

同，《尚書·吕刑》則僅曰“稷降播種，農殖嘉穀”，未提到與周朝的關係，因而他認爲“稷”在更早時期未有周祖的意義。井上主張，從文字結構而言，“稷”原代表“禾鬼”，即穀神的祖先，是農業神的祖神崇拜；後來，稷轉化爲掌控穀物生長的農耕神，便相同於其他地區的“田祖”“田畯”以及後代的神農。周定天下，因爲周朝重農，將民間的稷祭祀編入王朝祭祀之中，後來才産生始祖后稷的故事。

佐中壯（1903—1992年）也有《“后稷祀”考》一文，以自漢初至魏晉有“二社（大社、官社）一稷（大稷）制”爲出發點，探討周代社稷祭祀，並闡明大社、大稷、官社、官稷的語義。① 首先，佐中注意到《史記·周本紀》所記載的后稷有兩種神格：一是周家祖神，另一則爲農神、穀神。《詩經》（《周頌·思文》《大雅·生民》）主要稱贊前者；與之相對，《詩經》《周禮》中的農神和穀神則是“田祖”。另外，《尚書·召誥》有：“周公朝至於洛，則達觀於新邑營，越三日丁巳，用牲於郊，牛二；越翌日戊午，乃社於新邑，牛一、羊一、豕一。”關於此文，佐中認同鄭注、《正義》説，認爲“用牲於郊”時以后稷配祀；但當“社於新邑”時未祭后稷，此亦是因爲在周代后稷有祖神與農神兩種性格。因爲后稷原來有周家祖神的性格，故后稷祠在周亡後，僅留下相對於置社（漢代的里社）的置稷（即農神性質），從無相對於王社、大社的王稷、大稷，漢代“二社一稷制”起源於此。换言之，佐中認爲，周代僅有大稷，卻無王稷，就是由於后稷神兼有兩種性質。

以前的研究，皆是將社和稷歸於單一起源，但是，鐵井慶紀（1930—1989年）《“社”についての一試論》一文，則提出了不同的觀點。② 他認爲：“當從民族學的觀點檢討社的形態時，不論是石，或是木，還是土，皆有可能形成社的原始形態……那些史料並不矛盾。”③鐵井首先討論社無屋頂。沙畹曾認爲，因爲有社樹，無法以屋蓋起來；藤枝了英主張，因爲社是集團成員所參與的祭祀，所以無法蓋屋；守屋美都雄則認爲代表聚落的社務必從遠處望見，不可覆蓋。除此之外，池田末利以陰陽説，出石誠彦則從人倫立場，李則鋼用從咒術角度，對此問題加以解釋。但是，鐵井則依照《禮記·郊特牲》《白虎通·社

① 佐中壯：《“后稷祀”考》，（日本）《皇學館論叢》第3卷第3號，1970年。

② 鐵井慶紀：《“社”についての一試論》，（日本）《東方學》第61卷，1981年。

③ 鐵井慶紀：《“社”についての一試論》，（日本）《東方學》第61卷，1981年，第2頁。原文：“私は社の形態を民族學的に檢討するとき、それが石であろうと、木であろうと、或いは土であろうと、それぞれが社の原始形態を形成する可能性を有しており……それらは矛盾する史料ではないと考える。”

稷》《獨斷》等文獻，認爲“社”之無屋，是爲了讓天界與地界互相交通，换言之，社有貫通天、地、人三領域的“宇宙軸的性格”。既然如此，樹木、模仿聖山的土壇、石頭、位於家屋中間的中霤，皆是天上神明降下的交通路。社擁有宗教的“宇宙軸”功能，亦是神靈的附體。

栗原圭介(1913年—?)則在法國哲學者吕西安·萊維-布吕爾(Lucien Lévy-Bruhl，1857—1939年)“原始心性”(mentalité primitive)理論的影響下，撰寫了《禮構造に見る“社”の形成に至る類型志向》一文。①他首先透過殷代卜辭的分析，考察中國古代農耕民族如何重視土和田，指出因爲土地是生活的基礎和所有物質的母體，田也爲生命的源流和供給源，所以成爲原始人神格化的對象，後來獲得后土、社等新概念，以利於氏族勢力的擴大與經濟基礎的穩定。栗原在中國文獻關於土的稱謂中，發現有“類型、志向”(a type、an intention)的特點，於是，他比較古代中國人與閃米人(Semites)對土地的觀念，指出兩者之間雖有所出入，但閃米人視土地神爲土地之主，古代中國人則將始祖視爲土地神等，兩者皆對土地感到神聖性，並認爲神人與土地密切相關。也就是説，栗原在古代中國人與閃米人的原始心性上發現共同點。不過，隨着禮的社會秩序的形成，古代中國人透過“志向性”與“類型化”，經過漢字的發明與“理智主義”(intellectualism)的登場，最後便使土、田到達了社。

越智重明(1923—1998年)以魏晉南朝史研究著名，所著《西周春秋戰國時代の諸侯の社》一文，則主要透過《墨子》等文獻資料的分析，認爲西周、春秋時期的社神既是土地神，亦是遠祖神，而社與特定的藪澤有密切的關係：諸侯原在其藪澤進行田獵，奉其獵物以祭祀遠祖；但到了戰國時期，其特定的藪澤變成供給軍需物資的地方，同其他與社無關的藪澤一樣了，社神亦即隨之變化爲已故人物或土地神本身，社與特定藪澤的關係便消失了。②

最後，小南一郎(1942年—)也有《社の祭祀の諸形態とその起源》一文，運用現象論探究社的祭祀有着多樣容貌，及其對於中國古代社會之意義。③ 首先，他論述社的形態分爲石主、樹木、封土之三種，指出石主的社多有異民族要素，分佈於中原文化的周邊；樹木的社在時間上、地理上最爲廣泛存在，樹

---

① 栗原圭介：《禮構造に見る“社”の形成に至る類型志向》，(日本)《東洋研究》第72號，1984年。

② 越智重明：《西周春秋戰國時代の諸侯の社》，(日本)《九州大學東洋史論集》第14卷，1985年。

③ 小南一郎：《社の祭祀の諸形態とその起源》，(日本)《古史春秋》第4號，1989年。

木與其説是信仰對象，不如説是一種附體，大多包括民眾的意義；封土的社則與農業産品，尤其與穀物密切相關，亦牽涉到封建制度的基礎概念，而大多含有國家的、政治的意義。其次，小南從社會功能的角度探討社祭的特質，特別留意以下兩點：(1)大部分的社祭由民眾自律性地進行，是血緣與地緣的結合，而封建理念所支配的社只屬於少數；(2)社祭不止於大地，亦與天相關，故“社”代表天與地的結合點。小南關注的是所謂“軍社”之制。因爲在古代部落時代，戰士集團轉戰各地，其聚合的中心即是祖先神祭祀(廟主)與針對部落發源地(社主)的信仰。如《詩·大雅·緜》所言，若他們定居於戰鬥獲得的土地，就要新建宗廟與社，而將帶來的廟主與社主安置其處，一同祭祀。總之，小南認爲，社起源於部落所發源的聖地。

如上所述，日本學者論社、稷或社稷的研究不少，諸説紛紛，尤其是關於社和稷的起源、原型問題。除了上述之外，另探討後代社稷的論文，還有藤川正數(1915—1998年)《社稷祀について——後漢末期の禮論争を中心に》、①佐川繭子《後漢時代における社稷祭祀をめぐって——經學史觀の造成》②等。關於民間的社祭，有森三樹三郎(1909—1986年)《秦漢に於ける民間祭祀の統一——主として社に就いて》、③牧野巽(1905—1974年)《明代に於ける同族の社祭記録の一例——休甯茗洲吳氏家記社會記について》④等成果。

四、禘祫

關於“禘祫”，近代日本有池田四郎次郎(蘆州，1864—1933年)的《禘祫解》，是較早的研究。⑤池田首先簡述禘有三義，即祭天之禘、時禘、禘祫之禘。其中，禘祫又有吉禘、大禘之别，大禘則有“三年一祫，五年一禘”之制，池田認爲，此出自《禮稽命徵》之文。接着，在討論禘之字義與禘祫大小之後，池田沿用清儒金鶚的見解，支持《通典》所謂禘祫“一祭二名”説。關於禘祫時

① 藤川正數：《社稷祀について——後漢末期の禮論争を中心に》，(日本)《日本中國學會報》第35集，1983年。

② 佐川繭子：《後漢時代における社稷祭祀をめぐって——經學史觀の造成》，(日本)《後漢經學研究會論集》第1號，2002年。

③ 森三樹三郎：《秦漢に於ける民間祭祀の統一——主として社に就いて》，(日本)《東方學報(京都)》第11卷第1號，1940年。

④ 牧野巽：《明代に於ける同族の社祭記録の一例——休寧茗洲吳氏家記社會記について》，(日本)《東方學報(東京)》第11册，1940年。

⑤ 池田四郎次郎：《禘祫解》，(日本)《東亞研究》第7卷第3號，1917年。

間，池田認爲，大禘必行於夏日，吉禘則不一定，除春日之外皆可舉行；舉行禘時，不舉行時祭。另外，金鶚又云：“《學記》云：‘比年入學，中年考校。’又云：‘未卜禘，不視學。’視學即考校可知，禘祭，間歲一行也。”池田亦贊同金説，並以“三年一祫，五年一禘”印證。總之，他主張二年一次互行禘、祫。

島田鈞一(1866—1937年)是島田重禮(篁村，1838—1898年)長子，師事於藤澤南嶽(1842—1920年)，後任教於第一高等學校、東京文理科大學等。其著《禘は天祭にあらず》也是近代日本學者較早研究禘祭的成果之一。① 禘爲祭天？還是祭人？此爲中國宗教史上相當重要的問題之一。首先，島田簡述鄭玄祭天説和王肅廟祭説，探討“禘”字的意義。東漢張純、西晉杜預皆解“禘”爲“諦”(即審定)；東漢賈逵解釋爲“遞”(遷遞)；鄭玄則認爲是“大祭”。但島田最後認同清秦蕙田之説，即禘爲“帝祭”，祭遠祖之帝。因此，島田認爲禘爲祭人，不是祭天。既然如此，禘、郊亦截然不同。故島田也反對鄭玄、孫星衍等將夏曆正月的郊祭解釋爲禘的説法。在他看來，禘、郊皆是天子之禮，禘非時祭，而是殷祭。他最後主張，禘、祫有别，祫指在始祖之廟對毁廟之主和未毁廟之主一起合祭。

内野台嶺(1884—1953年)也發表了《論語禘祭考》一文，②專論《論語·八佾》中所見的“禘”。《論語·八佾》曰：“子曰：‘禘自既灌而往者，吾不欲觀之矣。’”内野首先借南宋朱熹所引唐代趙伯循的見解，解釋孔子在灌之後“不欲觀之”的理由爲以下三點：其一，禘者，王者之大祭。王者既立始祖之廟，又推始祖所自出之帝，祀之於始祖之廟，而以始祖配之。其二，魯雖非王者，但周成王以周公有大勛勞，賜魯重祭。故魯得禘於周公之廟，以文王爲所自出之帝，而以周公配之。其三，雖是如上，但禘原爲王者大祭，所以非禮，更是在用鬱鬯之酒灌地降神之後，魯之君臣浸以懈怠，無足觀之。《論語·八佾》另曰：“或問禘之説。子曰：‘不知也。知其説者之於天下也，其如示諸斯乎。’指其掌。”關於“不知也”，朱子云：“先王報本追遠之意，莫深於禘，非仁孝誠敬之至，不足以與之，非或人之所及也。而不王不禘之法，又魯之所當諱者，故以‘不知’答之。”可見朱子以爲，孔子堅持“禘，王者之大祭”的立場，認爲魯國雖獲賜行禘的特權，但依然是“非禮”。然而，内野卻認爲，魯國有正當理由受此榮耀，怎麼可能視其爲“非禮”？孔子批評魯國禘祭，應另有理由。内野根據《禮記·禮運》“魯之郊禘，非禮也”的説法，認爲孔子從未批判

---

① 島田鈞一：《禘は天祭にあらず》，(日本)《斯文》第6號，1921年。

② 内野台嶺：《論語禘祭考》，(日本)《東京文理科大學文科紀要》第9卷，1934年。

魯行禘祭本身，其批評僅在灌禮環節之後，故他推測《論語》中所見的“禘”並非王者大祭，而是祖先大祭。

另外，漢孔安國曰：“禘祫之禮，爲序昭穆。故毁廟之主及群廟之主，皆合食於太祖。灌者，酌鬱鬯，灌於太祖，以降神也。既灌之後，列尊卑，序昭穆。而魯逆祀，躋僖公，亂昭穆，故不欲觀之矣。”梁皇侃、宋邢昺亦略同。他們所謂“逆祀”者，指魯閔公雖先立，但魯文公卻升後立的庶兄僖公於閔公上。不過，内野卻對此説有所懷疑，因爲孔子並未出生在“逆祀”的時代，故他對簡朝亮的説法表示肯定。簡氏在《論語集注補正述疏》中説：“且孔子仕於定九年，豈猶有逆祀乎？春秋定公八年，從祀先公。《左傳》以從祀爲順祀焉。孔注何弗考邪？”

内野開始討論“禘祭”的原義。對鄭玄、王肅以來的説法加以檢討之後，他支持竹添進一郎（1842—1917 年）的説法：“禘本天子祭天之大祭。於是，祭之大者，因謂之禘。於是，諸侯之大祭，因亦名禘矣。”（《左氏會箋・閔公二年》）内野認爲，禘雖有多種，可分爲天祭（禘郊）和人祭；人祭之禘又可細分爲“禘祫”之禘（宗廟殷祭）與“禘嘗”之禘（時祭之一）。换言之，他主張禘原屬天子之禮，始於祭天，但後來衍生出禘祫、禘嘗之祭，諸侯也可舉行，故他贊同日本學者東條一堂（1778—1857 年）《論語知言》“禘也，魯可得而用”之説。

那麽，《論語》中的禘到底是禘祫之禘？還是禘嘗之禘？内野發現《中庸》有載：“春秋修其祖廟，陳其宗器，設其裳衣，薦其時食。……郊社之禮，所以事上帝也；宗廟之禮，所以祀乎其先也。明乎郊社之禮、禘嘗之義，治國，其如示諸掌乎”，正如荻生徂徠（1666—1728 年）《中庸解》、中井履軒（1732—1817 年）《中庸逢原》、大田錦城（1765—1825 年）《中庸原解》等人的解釋，皆認爲禘、嘗各爲春、秋的時祭。内野另外注意到《禮記・仲尼燕居》中有與《中庸》類似的記載：“明乎郊社之禮、嘗禘之義，治國，其如指諸掌而已乎。”因爲《論語》“‘知其説者之於天下也，其如示諸斯乎。’指其掌”的叙述，與《中庸》《仲尼燕居》有所相同，故他最後主張，《論語》的禘亦是禘嘗之禘。

諸橋轍次也有《禘祭考》一文，收入氏著《支那の家族制》中。①他首先簡介清儒方觀旭與惠棟的見解，認爲二儒皆肯定禘既有祭天，亦有祭人之意。接着，他梳理先儒祭天説的根據爲六：（1）《説文》（應爲《爾雅》——筆者）曰：“禘，大祭也”；（2）《爾雅》將“禘”字歸於《釋天》；（3）禘郊祖宗中，“郊祖

① 諸橋轍次：《禘祭考》，氏著《支那の家族制・宗廟編》，（日本）大修館書店 1940 年版，第 304～314 頁。

宗”既皆祭天，禘亦然；(4)《説文》曰：“從示，帝聲。”帝指天帝；(5)《禮記》等文獻，均將禘置於郊之上，而郊既爲祭天，禘亦不可能不是祭天；(6)《禮記·王制》謂：“祭天地之牛，角繭栗。”而《國語·楚語下》則曰：“郊禘不過繭栗。”故禘必爲祭天。不過，諸橋與島田鈞一同樣，逐一否定上述論點，主張禘原非祭天，而是祭人的宗廟大祭。

其後，下斗米晟(1895—1991年)《禘祫研究》有兩章，分别討論禘和祫的問題。① 首先，下斗米在《禘考》一章中梳理古今先儒的見解，認爲禘並非祭天，也非兼祭天地與宗廟之禮，而是宗廟大祭。接着，關於禘祭的行禮者曾有二説：一爲僅是王者可行，另一爲天子、諸侯均可舉行。下斗米則根據《禮記》“不王不禘”(《喪服小記》《大傳》)以及禘字的結構，支持第一種説法。總之，他認爲禘是天子在始祖廟祭祀始祖所自出的帝，並合祭毁廟、未毁廟的木主，審定昭穆之序。那麽，禘祭幾年一行？先儒有四説：五年一行；三年一行；間歲一行；每年一行。下斗米則支持三年一行説，其根據有二：(1)《禮記·祭法》有“古者於禘也，發爵賜服”。而《周禮·司士》曰：“凡邦國，三歲則稽士任，而進退其爵禄。”故下斗米認爲，發賜爵禄既然是每三年一次，禘祭之禮亦當每三年舉行一次。(2)因在周代，大事每三年一次進行，如《周禮·大宰》曰：“三歲則大計群吏之治，而誅賞之。”《小司徒》又曰：“及三年則大比。”下斗米因而主張，禘是三年一行。至於“祫”，下斗米在第二章《祫考》中加以探討。關於祫，從前有“祫實名説”“禘祫一祭二名説”以及“祫虚義説”。下斗米對“祫實名説”的論據一一加以反駁，而贊成清毛奇齡、萬斯大、崔述、竹添進一郎等的“祫虚義説”。下斗米對禘與祫的研究，參考的文獻甚爲豐富，②並指出諸説的要害，除了他的結論之外，亦頗有參考價值。

池田末利《文獻所見の祀天儀禮序説——禘祭の經説史的考察》主張禘當

① 下斗米晟：《禘祫研究》，原收入(日本)《大東文化學院卒業生研究紀要》第4輯，1937年。筆者未得見，故今參氏著《仁の研究》，(日本)大東文化大學東洋研究所1966年版，第209~242頁。他另有：《祭祀四考》[刊載於(日本)《大東文化大學漢學會誌(高田眞治博士古稀紀念論集)》第6號，1963年]，裏面包括魯郊考、社稷所在考、書社考以及五嶽四鎮考。

② 下斗米晟在此文中梳理諸儒的見解，如孔安國、韋玄成、許慎、鄭玄、張純之、王肅、杜預、郭璞、范寧、徐鍇、孔穎達、賈公彦、程顥、張載、朱熹、毛奇齡、崔述、萬斯大、秦蕙田、惠士奇、惠棟、顧棟高、王鳴盛、金榜、段玉裁、孔廣森、孫星衍、錢塘、金鶚、陳壽祺、劉逢禄、劉寶楠、宋于庭、方觀旭、孫詒讓、黄以周、夏炘、竹添進一郎、林泰輔、諸橋轍次等，對於研究“禘”“祫”相當有價值。

初爲廟祭，後來發展爲祭天的儀禮，已上所述。① 由上文可見，他的見解是繼島田鈞一以來的研究成果，加之以宗教史的角度而闡發的。

與上述成果不同，栗原圭介的《禘祭における原始心性論》，從泛靈論(animism)的觀點探討了禘祭中所見的中國原始宗教觀。② 他首先論述禘這一概念如何形成，而認爲禘的根本有古代人針對始祖、上帝的信仰。其次，探討《詩經》的《小雅・天保》《周頌・雝》《商頌・玄鳥》與《商頌・長發》等有關禘的詩篇，尤其指出《小雅・天保》中所見的宗教性格是宇宙人類共通的、上帝始祖合一的。栗原認爲，禘祭原有雙重架構：以人民代表的身份祭拜上帝，同時亦以個人的身份配祀始祖，支撐此雙重架構的紐帶即是宗法上的"親親"和倫理上的"德性"。至上神有五，各代表源自農耕社會特質的五種精靈(木、火、土、金、水)，故栗原主張，禘郊祖宗的宗教形成背後，存在着原始宗教信念。總之，就他的觀點而言，禘發展自本於泛靈的精靈觀念。

接着，藤田忠有兩篇研究禘祭和祫祭的成果，即《禘祭、祫祭の成立について》③與《〈春秋〉に於ける禘祭、祫祭——〈左傳〉の解釋を中心として》。④

前一篇文章，討論秦漢期禘祭與祫祭的形成過程。簡述漢代宗廟制的變遷之後，藤田首先探討禘，他留意到韋玄成與劉歆對禘的看法有所不同。韋玄成認爲，禘是將毀廟之主藏於太祖廟，不認祧廟，主祭天神，以祖先配；劉歆卻承認祧廟的存在，而認爲禘是將從前放入祧廟中的毀廟之主拿出來祭拜，審定昭穆之序、尊卑之義。因祧廟之例不見於西漢時期，故藤田主張禘祭在西漢時期從未施行。與禘不同，祫的概念則早見於《公羊傳・文公二年》："大事者何？大祫也。大祫者何？合祭也。其合祭奈何？毀廟之主，陳於太祖；未毀廟之主皆升，合食於太祖，五年而再殷祭。"但是，在西漢時期，合祭僅含毀廟之主，未包括未毀廟之主。藤田認爲，合祭毀廟、未毀廟之主，始於元始五年(5年)"祫祭明堂"(《漢書・平帝紀》)，"三年一祫，五年一禘"的制度，亦生於西漢元

---

① 池田末利：《文獻所見の祀天儀禮序説——禘祭の經説史的考察》，《中國學誌》第2本，1965年。後以《文獻所見の祀天儀禮序説(上)——禘祭の經説史的考察》，收入氏著《中國古代宗教史研究——制度と思想》，(日本)東海大學出版社1981年版，第475~510頁。

② 栗原圭介：《禘祭における原始心性論》，(日本)《大東文化大學紀要(人文科學)》第17號，1979年。

③ 藤田忠：《禘祭、祫祭の成立について》，(日本)《中國史研究(佐藤武敏先生退任記念特輯號)》第8號，1984年。

④ 藤田忠：《〈春秋〉に於ける禘祭、祫祭——《左傳》の解釋を中心として》，(日本)《國士舘大學文學部人文學會紀要》第19號，1987年。

帝、成帝時期的緯書，經過新莽時期，定於東漢建武二十六年(50年)以後。

後一篇文章，則首先以《左傳》的解釋爲線索，針對《春秋》中所見與禘、祫相關的記載如"禘"(《閔公二年》《僖公八年》)、"大事"(《文公二年》)、"有事"(《宣公八年》《昭公十五年》)、"從祀"(《定公八年》)等進行考察。同時也討論了《左傳》中的禘(《襄公十六年》《昭公二十五年》)，指出以下六點：(1)禘祭原是進行於大廟的祭祀，但另有作爲常禮的、進行於群廟的禘祭；(2)大祭三年一次進行；(3)禘祭，不僅天子(周、魯)，諸侯也舉行；(4)祭祀對象不必是男性，女性亦有可能成爲祭拜的對象；(5)春秋中期以後，禘祭開始由大夫來進行；(6)經文所記載未必皆是常禮，臨時的大祭有時亦被稱爲"禘祭"。至於祫祭之禮，藤田對今文學者的觀點一一加以反駁。因爲與祫祭相關的記載見於《禮記》《春秋繁露》等，他由此推測祫祭始於董仲舒等。藤田還論述了禘與祫的時間和規模，認爲到了漢代今文學派與古文學派對立的背景下，禘祭與祫祭逐漸被整合起來。

此外，濱久雄(1925年—)也有《禘祫考》一文。①此文以清代禮學者陸隴其、毛奇齡、萬斯大、李塨、程廷祚、惠棟、孔廣林、胡培翬等人爲中心，整理先儒對禘祫的見解，指出前人見解的差異源自古文學派與今文學派的不同。户崎哲彦(1953年—)《唐代における禘祫論争とその意義》則注重制度演變的原因，探討唐代禘祫論争的過程與其在思想史上的意義。② 文章指出，中唐時期圍繞着太廟、禘祫的祭神發生論争，在其論争中，高祖與太祖、獻祖與太祖的對立，代表着皇權官僚體制從血緣主義向現實主義的轉變；與此同時，此現象反映出作爲父家長制的、家族主義的傳統儒教國家論已發生崩壞。他推測，唐代禘祫争論的歷史背景，是安史之亂及其後的時代昏亂，而推動這一制度變化的就是古文家人士。

五、祖先

1. 祖先祭祀

關於祖先祭祀，松本信広有《古代支那民族の祖先祭祀》一文，③關注祖先

---

① 濱久雄：《禘祫考》，(日本)《東洋研究》第193號，2014年。

② 户崎哲彦：《唐代における禘祫論争とその意義》，(日本)《東方學》第80卷，1990年。他另有：《唐代における太廟制度の變遷》，(日本)《彦根論叢》第262、263號，1989年。

③ 松本信広：《古代支那民族の祖先祭祀》，(日本)《史學》第1卷第4號，1922年。

祭祀在古代中國民族生活中的角色。松本先討論魂、魄、鬼、神四種概念，然後探討祖先祭祀，認爲古代中國祭天地與祭祖宗未有明確的區分，祖先祭祀是伴隨着天地祭祀而舉行的。他將宗廟視爲古代中國民族信仰、社會生活的中心，論述宗廟祭祀的概要，指出“尸必以孫”與昭穆之制的來源有二：祖父與孫子因隔代遺傳在外貌上極爲相似，並且孫子大約在祖父去世時誕生。松本繼而討論了祖先祭祀的供品，認爲祭禱不僅是爲了奉獻神明，更是以動物血液視爲族人的血液，從而提升氏族群體結合、團結的手段。因此，他最後説：“祖先祭祀在古代中國爲社會生活的核心。説政治、法律、道德、藝術等一切文化被培育、生長於祖先崇拜的揺籃中，亦不爲過。有意窺見中國民族原始文化者，務必先對祖先崇拜的觀念有所明白瞭解。”①松本一文，可謂是日本近代較早研究古代中國祭祖禮的成果之一。

池田末利《鬼字考——支那に於ける祖神崇拜の原初形態》,②則透過“鬼”字内涵的分析，闡明中國祖神崇拜原始的形態，並且討論殷文化的來源。首先，他指出《説文》中的“鬼”字源自鬼頭。他接着檢討畢、醜、異等包括“甶”的字，認爲鬼頭原來是人頭(頭顱)，但後爲竹籠狀的鬼面所取代。總之，“鬼”原是戴鬼面的人之意，中國古代祖神崇拜(ahnenkult)起源於死者崇拜(tötenkult)。那麼，其鬼面形貌究竟如何呢？池田列舉了鬼面的六大特色：(1)形象巨大；(2)形貌醜惡；(3)眼部有洞，而且頗大；(4)口部也大；(5)男女皆存；(6)獨有一支腳。進而，池田從宗教民族學的角度討論了作爲中國古代祖神崇拜之前一階段的頭顱崇拜(Schädelkultus)之意義。宗教學研究主張，頭顱崇拜的習俗時常伴隨着二次葬(double barial)與假面舞蹈。從文化圈説的立場而言，此屬於所謂“外婚母權制文化圈”或“自由母權制文化圈”的宗教。池田承認，中國頭顱崇拜亦有二次葬和假面舞蹈的宗教現象，故指出以殷

① 松本信広：《古代支那民族の祖先祭祀》，(日本)《史學》第1卷第4號，1922年，第71頁。原文：“祖先祭祀は上代支那に於て社會的生活の中核であつた。政治も法律も道德も藝術も換言すれば一切の文化は祖先崇拜の揺籃の中に育くまれ、生長したといつても過言ではない。支那民族の原始文化を窺はんとする者はまづ祖先崇拜の觀念に明瞭なる理解を有せねばならぬ。”

② 池田末利：《鬼字考——支那に於ける祖神崇拜の原初形態》，(日本)《広島大學文學部紀要》第10號，1956年。後以《中國に於ける祖神崇拜の原初形態——“鬼”の本義》，收入氏著《中國古代宗教史研究——制度と思想》，(日本)東海大學出版社1981年版，第155~198頁。池田後年另有《中國における頭蓋崇拝の系譜試探——祖神崇拝の祖型として》，(日本)《宗教研究》第59卷第1號，1985年。

代表的東方民族來自南方或東南方。①

次之，伊藤道治（1925年—）的《殷代における祖先祭祀と貞人集團：殷王朝の構造（その一）》則討論殷代祖先祭祀的目的，及其時間變化對王室的意義。② 伊藤以第一期和第二期的卜辭爲中心進行考察，獲得以下幾點結論：（1）殷代"王朝卜辭"中的祖先祭祀，將重點放置於男性，是王位繼承的結果；（2）其祖先祭祀有舊派、新派兩種系統；（3）以兄弟相續爲契機，舊派與新派互爲交替；（4）多數集團構成殷王朝的核心，因其在習慣上各有不同，便發生了祖先祭祀的演變。伊藤最後討論殷代各集團的血緣組織究竟係氏族制，還是家族制這一問題。他仍然堅持氏族制度已崩壞，但宗法制未確立的見解。在伊藤看來，殷室中王子或兄弟各自所支配的集團很多，代表殷王室的脆弱性，宗法制、家族制是爲排除其脆弱性而產生的。

關於殷代的祖先祭祀，落合淳思（1974年—）亦有《甲骨祭祀と歷組の斷代》一文，③ 該文爲了厘清卜辭中所謂"歷祖"的年代，討論了甲骨文中祖先祭祀的性質。他所關注的是，殷王與殷王以外的祖先祭祀對象有所不同：前者包括遠祖（上甲）以下的祖先；後者則只是以父親爲中心的近親而已。落合氏認爲，此兩種祭祀分別代表"王權的繼承"與"普通的繼承"。另外，他從"繼承"的觀點，將甲骨文上的先王祭祀分爲以下三種：第一種，是個別祭祀系譜上的每位先王，上甲、大乙尤多，可知其有重視始祖的性質；第二種，爲合祭直系的先王，强調繼承關係；第三種，則是所謂的"五祀"，從上甲依序祭祀系譜上所有的先王和直系配妣。

林巳奈夫（1925—2006年）的《殷周時代における死者の祭祀》，④亦從考古學的角度討論殷周時期的死者祭祀。首先，他關注偃師二里頭南部的二號建築址，其中庭有大型建築，而其北面有一座大墓。林氏認爲，二號建築址原是附屬大墓的施設，也是殷代、漢代所見的墳墓與附屬建築爲一套組合的原形，他還指

---

① 池田另有《魂魄考——その起源と發展》，（日本）《東方宗教》第3號，1973年。後以《魂、魄考——思想の起源と發展》，收入氏著《中國古代宗教史研究——制度と思想》，（日本）東海大學出版社1981年版，第199~215頁。

② 伊藤道治：《殷代における祖先祭祀と貞人集團：殷王朝の構造（その一）》，（日本）《研究（神户大學）》第28號，1962年。後以《祖先祭祀と貞人集團》，收入氏著《中國古代王朝形成》，（日本）創文社1975年版，第86~188頁。

③ 落合淳思：《甲骨祭祀と歷組の斷代》，（日本）《史林》第83卷第4號，2000年。

④ 林巳奈夫：《殷周時代における死者の祭祀》，（日本）《東洋史研究》第55卷第3號，1996年。

出，這個附屬建築很可能就是廟的遺址。其次，林氏探討了使用祖先祭器(彝)的場所。因爲殷周時代的貴族認爲，生前與死後的生活應當相同，故他推測，受祭者生前在附屬墳墓的建築(廟)使用彝，他死後亦在被埋葬的墓中永遠使用之。總之，林氏在此文中同時討論了"針對死者的祭祀"和"死者所進行的祭祀"。

池澤優(1958年—)，是對西周、春秋、戰國時期的祖先祭祀加以全面討論的學者。他從前發表過《西周春秋時代の孝と祖先祭祀について——孝の宗教學(その1)》、①《中國戰國時代末期の孝思想の諸文獻——孝の宗教學(その3)》、②《中國古代の孝思想の思想的意味——孝の宗教學(その5)》、③《〈孝經〉の思想——孝の宗教學(その6)》、④《祭られる神と祭られぬ神——戰國時代の楚の"卜筮祭禱記録"竹簡に見る靈的存在の構造に關する覺書》⑤以及《西周金文の祖先祭祀における祭祀對象——陝西省强家村、莊白村銅器群の例》⑥等文章，後將其彙整爲《"孝"思想の宗教學的研究——古代中國における祖先崇拜の思想的發展》一書⑦。

---

① 池澤優:《西周春秋時代の孝と祖先祭祀について——孝の宗教學(その1)》，(日本)《筑波大學地域研究》第10號，1992年。

② 池澤優:《中國戰國時代末期の孝思想の諸文獻——孝の宗教學(その3)》，(日本)《筑波大學地域研究》第11號，1993年。

③ 池澤優:《中國古代の孝思想の思想的意味——孝の宗教學(その5)》，(日本)《社會文化史學》第31號，1993年。

④ 池澤優:《〈孝經〉の思想——孝の宗教學(その6)》，(日本)《筑波大學地域研究》第12號，1994年。

⑤ 池澤優:《祭られる神と祭られぬ神——戰國時代の楚の"卜筮祭禱記録"竹簡に見る靈的存在の構造に關する覺書》，(日本)《中國出土資料研究》創刊號，1997年。

⑥ 池澤優:《西周金文の祖先祭祀における祭祀對象——陝西省强家村、莊白村銅器群の例》，松丸道雄編:《論集:中國古代の文字と文化》，(日本)汲古書院1999年版，第158~177頁。

⑦ 池澤優:《"孝"思想の宗教學的研究——古代中國における祖先崇拜の思想的發展》，(日本)東京大學出版社2002年版。此書原爲池澤的博士學位論文:Ikezawa，Masaru: *The Philosophy of Filiality in Ancient China: Ideological Development of Ancestor Worship in the Zhanguo Period*. Vancouver: University of British Columbia Library，1994。關於此書，可另參閱中村俊也:《(新刊紹介)"孝"思想の宗教學的研究——古代中國における祖先崇拜の思想的發展》，(日本)《東アジア地域研究》第9號，2002年；森雅子:《池澤優著〈"孝"思想の宗教學的研究——古代中國における祖先崇拜の思想的發展〉》(書評と紹介)，(日本)《宗教研究》第77卷第1號，2003年；松岡洸司:《(書評)池澤優著〈"孝"思想の宗教學的研究——古代中國における祖先崇拜の思想的發展〉》，(日本)《キリスト教文化、東洋宗教研究所紀要》第22號，2004年。

此書由六章而成。第一章爲“祖先崇拜の研究史と問題點”，首先簡述與祖先崇拜相關的宗教學研究成果，指出其問題所在。作者從“爲何有的社會有祖先崇拜，有的社會卻没有?”這一問題出發，透過親子關係的倫理——“孝”概念與思想的分析，厘清祖先崇拜與孝思想的連續性，以及祖先崇拜在多元社會中發揮作用的機制。接着，他在第二章“西周春秋時代の孝と祖先崇拜”中，以青銅器銘文爲主進行考察，指出四點：(1)可能是因爲君臣關係的功能加强了，原在西周金文中很明顯的親族統合功能和婚姻功能，到春秋金文中變得不甚顯著了；(2)與西周相比，祖先祭祀發揮作用的親族集團範圍變小；(3)在祖先祭祀的政治功能方面，原見於西周時期的君主對臣下的介入現象不見於春秋金文中，反之，多出現君主使臣參與他的祖先祭祀之例；(4)西周與春秋時期之間雖有所不同，但祖先祭祀的框架仍然基本上有所連續。因此，池澤主張，春秋時期與西周時期同樣，祖先是象徵父系親族集團的權威及其秩序結構，故順從其權威的倫理(即“孝”)亦有祖先祭祀之意。次之，第三章“戰國時代における祖先崇拜と‘孝’の思想”可分成兩部分：第一部分主要利用包山楚墓“卜筮祭禱記録”與睡虎地秦簡《日書》，討論戰國時期祖先祭祀的實況，指出：(1)因爲祖先崇拜基於一種文化理念——父系親族集團成立的根本，即是“作爲父親的地位”以及從之衍生出來的“父系出自”，所以即便戰國時期出現父系親族集團(“宗族”)結構弱化的傾向，祖先崇拜依舊作爲有效的宗教現象存在。(2)隨着社會結構的變化，祖先崇拜的意義亦有所演變：祖先崇拜的對象原僅限於父系，但到了戰國時期也擴張到旁系和母系。池澤認爲，這反映祖先祭祀的意義從原來的對親族集團之順從，轉移到通過近親的死者與死之世界進行交流。第二部分則主要依《論語》《孟子》《荀子》等文獻，討論儒家思想家如何運用“孝”的概念，以及他們賦予“孝”什麼樣的意義。在池澤看來，《論語》將“孝”當作獨立於祖先祭祀的内在問題加以論述；隨之，《孟子》也認爲“孝”與“仁”同樣是人類善性和一般倫理；《荀子》則將“孝”重新設定爲社會規範，它以親子間的愛和禮爲代表。其第四章“《孝經》の構成とその思想”，論述《孝經》的政治思想。《孝經》的世界觀是祖先崇拜，《孝經》以比喻的方式連結父性與絶對存在。在第五章“《孝經》と關係する諸文獻——いわゆる曾子學派の‘孝’思想”中，他利用“孝”爲主題的《吕氏春秋·孝行覽》《大戴禮記》中《曾子本孝》《曾子立孝》《曾子大孝》《曾子事父母》、郭店楚簡等其他文獻，論述戰國末期還存在與“孝”相關的其他多種思想。最後第六章“‘孝’思想の達成したもの”，先梳理現代研究者的觀點，再提出了該書的結論。池澤主要的觀點可歸於以下兩點：(1)“孝”思想與“人性論”的展開密切相關，最後達到融合自然性和文化性的境界，他又認爲“内”的社會性便産生了文化(社會)；(2)祖先崇拜，以隱喻的方式將家庭内的權威(親)與超越存在的權威連結爲一，對家庭内的權威作爲“祖先”加以神格化，在此機制中最關鍵的是“爲親”(親であること)。此書大部分討論孝的思想，但仍然是日本學者對中國古代祖先祭祀研究的代表性成果之一。①

除上述論著之外，田中久夫(1934年—)有《祖先祭祀と儒學》，②但筆者未曾得見，於此無法介紹。

2. 宗廟

關於祖先祭祀，宗廟是最重要的一環。關於此方面，日本學者研究的成果亦相當豐富。

首先，池田末利曾發表過《屋漏、中霤同源考——詩、禮所見の前宗廟形態》③《釋廟》④《廟制考——制限廟數の問題》⑤以及《廟制續考——祧の本質と文、武二祧説》⑥等，後皆收入氏著《中國古代宗教史研究——制度と思想》中。以下依序簡介池田研究宗廟的成果。

第一篇《屋漏、中霤同源考——詩、禮所見の前宗廟形態》，以《詩經・抑》“屋漏”與《禮記》“中霤”爲例，討論中國古代的屋廟一致、寢廟同源。池

① 池澤另有：《〈儀禮〉少牢饋食の祖先祭祀》，(日本)《東京大學宗教學年報》第35號，2018年。該文討論《儀禮・少牢饋食禮》編纂者的意圖，而推測其編者透過《儀禮・特牲饋食禮》(“士”階層的祭祀)的分析，瞭解到《儀禮》整體的象徵性、主人的地位，以及《儀禮》中所存在的宗教意義和社會意義，並且在構想地位比“士”高的“大夫”之祖先祭祀時，進行社會功能優先於宗教意義的操作。池澤認爲，這反映了古代親族結構形式化的情況。

② 田中久夫：《祖先祭祀と儒學》，(日本)《神户女子大學紀要(文學部篇)》第17卷第1號，1984年。

③ 池田末利：《屋漏、中霤同源考——詩、禮所見の前宗廟形態》，(日本)《日本中國學會報》第6集，1954年。後收入氏著《中國古代宗教史研究——制度と思想》，(日本)東海大學出版社1981年版，第301~327頁。

④ 池田末利：《釋廟》，(日本)《甲骨學》第3號，1954年。後收入氏著《中國古代宗教史研究——制度と思想》，(日本)東海大學出版社1981年版，第328~338頁。

⑤ 池田末利：《廟制考——制限廟數の問題》，(日本)《日本中國學會報》第11集，1959年。後收入氏著《中國古代宗教史研究——制度と思想》，(日本)東海大學出版社1981年版，第339~369頁。

⑥ 池田末利：《廟制續考——祧の本質と文、武二祧説》，(日本)《広島大學文學部紀要》第16號，1959年。後收入氏著《中國古代宗教史研究——制度と思想》，(日本)東海大學出版社1981年版，第370~404頁。

田首先梳理先儒對“屋漏”的解釋，分爲：(1)厞隱説，鄭玄、馬端辰、陳奂、王先謙、林義光、郝懿行等主之；(2)漏入説，此説再可細分爲雨漏説(劉熙等)與日漏説(孫炎、金鶚等)。而後，池田透過字義的檢討，主張“屋”原是“尸”，代表鬼之棲處，“漏”則爲鬼，故“屋漏”意謂“置於室内的鬼神”(室内に置かれた鬼神)。其次，池田從字體的分析認爲“中霤”原是“中廇”，並且“留”是“由”之異體，而“由”即“古”(頭顱)，故“廇”亦是“廟”“庿”“廟”，原是放置死者頭顱的地方，後便成爲鬼神之棲處。總之，“屋漏”和“中霤”同源同義，即祖廟原始形態。

第二篇《釋廟》，是從“廟”字的檢討，針對宗廟制度的原始形態加以討論。關於“廟”字，《説文》曰：“尊先祖皃也。”“苗”與“皃”是雙聲疊字。故池田認爲“廟”原作“庿”字，“庿”代表放置鬼頭的居室。因此，與第一篇同樣，池田還是主張，宗廟祭祀原來皆在居室内進行，後另建宗廟，與寢分離。另外，他在此篇中指出，所謂“明堂”是“廟堂”。

第三篇《廟制考——制限廟數の問題》主要討論的問題有二：一是天子廟數的問題；二是廟與祧、廟與世室的關係問題。關於前者，天子究竟有七廟(《王制》和《禮器》)，還是五廟(《祭法》)？四廟(《喪服小記》)？古來諸説紛紛。池田整理了《禮記》中的相關論述，認爲經典之間雖有所矛盾，但不可簡單地彌縫，也不可拋棄某一方，應視爲“在時間上、空間上互屬不同的系統”(各々時間的・空間的に系統を異にするもの)。所以他首先關注三説所共通的“廟制的基本結構”，即是“四親廟”，主張親屬關係在原則上以五階段爲限，故四廟説既是廟制最小的範圍，也是普遍的原則。自周末到秦漢，隨着國家意識的高揚和支配者權力的擴大，始祖廟增加，四廟制發展爲五廟制。次之，伴隨着封建禮制的規範化，五廟制固定用於諸侯，並有“降殺以兩”的原則，形成了天子七廟説。再者，池田又討論廟與“二祧”的關係，主張“祧”原來代表“區隔的聖所”或“墓地、墓域”，與“廟”截然不同，但後來與四親廟、始祖廟構成七廟。

那麼，此“二祧”指何人？鄭玄認爲是周文王、武王，王肅則認爲是四親以上的二祖，争論不息。池田在第四篇《廟制續考——祧の本質と文、武二祧説》中探討此問題。他先討論“兆”字的原義，此字有兩人背向之形狀，原有“分别”之義，故推測“兆”代表土地的分别區劃，進而轉爲被區隔的場所——“聖所”。並且因爲在古代中國有重祖神祭祀、重死者儀禮之風，所以其“聖所”即墓地、墓域，後來變成代表一般祭祀的場所，再轉爲祭祀中心的神位，此即“祧”。基於這種立場，池田接着檢討與謂文武二祧説相關的鄭、王二派與折中説，認爲鄭、王二説雖均有問題，但王説較有説服力，故他將《祭法》的“二祧”釋爲高祖之父、祖。最後，池田談到“世室”的性格，對許宗彦將“世室”理解爲明堂一室的見解表示同意。總之，池田主張，七廟即五廟二祧，是由最近六親與始祖廟而成，其他遷主皆收藏於始祖廟，而文、武二王則祭祀於明堂世室。

關於宗廟祭祀，栗原圭介也有《“祊”の神秘的特性——古代中國における宗廟儀禮の一形態》和《天子諸侯の宗廟祭祀と四時との概念》二文。①前者從“原始心性”的觀點討論宗廟祭祀中的“祊”的特性。首先，他留意到《説文》將“祊”寫作“鬃”，指“廟門内祭先祖所彷徨”。他認爲廟門是祖先魂氣出入的地方，因此受到重視，孝子在廟門旁進行“索神”的儀式。接着，栗原討論了作爲地名的“祊”，進而探討“祊”信仰的形態。他與清儒金鶚同樣，指出鄭玄説“祊”與“繹”模糊不清。總之，栗原論“祊”的特色，在於重視孝子對父母的心情，認爲“祊”多有神秘的、依賴靈感的部分。

栗原《天子諸侯の宗廟祭祀と四時との概念》一文，首先探討“礿”的意義。關於宗廟祭祀，《王制》曰：“天子諸侯，宗廟之祭，春曰礿，夏曰禘，秋曰嘗，冬曰烝。”又在《祭統》也説：“凡祭有四時：春祭曰礿，夏祭曰禘，秋祭曰嘗，冬祭曰烝。”兩處皆稱春祭爲“礿”。不過，《公羊傳・桓公八年》的記載卻是：“春曰祠，夏曰礿，秋曰嘗，冬曰烝。”《爾雅》亦然。於是，栗原另依《周禮・大宗伯》《詩經・天保》的記載，認爲《公羊傳》和《爾雅》所言的是周代宗廟儀禮，《王制》和《祭統》所述的則爲夏、商宗廟儀禮。他指出“礿”與“禴”同義，並且探討了東鄰、西鄰的禴祭。栗原最後主張，古代中國宗廟儀禮的背後存在着與科學或科學思想相關的現象。

福本鬱子是《詩經》研究者，有《〈詩經〉宗廟考》一文。②首先以甲骨文、金文等文獻資料，確認《詩經》中廟（朝）、寢、宮、室、屋、堂、宗、家、公的

① 栗原圭介：《“祊”の神秘的特性——古代中國における宗廟儀禮の一形態》，（日本）《大東文化大學漢學會誌》第22號，1982年；《天子諸侯の宗廟祭祀と四時との概念》，（日本）《大東文化大學漢學會誌》第33號，1994年。

② 福本鬱子：《〈詩經〉宗廟考》，（日本）《二松學舍大學論集》第43號，2000年。福本論中國古代祭祀，另有《〈詩經〉に於ける“隰”の依代に就いて》，（日本）《二松學舍大學論集》第45號，2002年；《中國古代に於ける境界神祭祀に就いて》，（日本）《二松學舍大學論集》第47號，2004年；《〈詩經〉に於ける境界神祭祀詩に就いて》，（日本）《二松學舍大學人文論叢》第72號，2004年；《〈詩經〉境界神祭祀詩に於ける採草の興詞に就いて》，（日本）《二松學舍大學論集》第48號，2005年。

原義皆指廟。接着，作者統計上述九字在《國風》《雅》與《頌》中所出現的篇數，筆者依福本的統計整理如表 10.1：

表 10.1 （單位：篇）

	廟	寢	宫	室	屋	堂	宗	家	公	總計
國風	1	0	1	5	2	4	1	3	5	22
雅	6	2	3	4	1	0	2	2	1	21
頌	2	2	2	0	0	1	0	1	2	10

如此，160 篇《國風》中共有 22 篇用到與“廟”相關的文字，佔 13.7%；105 篇《雅》中有 21 篇，佔 19.0%；40 篇《頌》中有 10 篇，佔 22.5%。故福本認爲《頌》所收的詩篇保留作爲宗教詩的原初形態最多，《雅》與《國風》各依序次之。①

討論春秋時期宗廟的成果，有久富木成大(1941 年—)《〈春秋〉における家族の思想——宗廟の祖靈祭祀と婚姻をめぐって》。②他關注春秋時期的家族思想，首先探討同姓不婚和通婚圈的實況，指出當時仍嚴守同姓不婚之制。雖有姻戚網絡擴大的傾向，但在春秋時期實際上卻可以見到婚姻關係固定化、限定化之例，例如，魯公(姬姓)自從桓公以來十一代連續娶了齊女(姜姓)。久富木留意到，婚姻與“姓”密切相關，婚姻的背後存在着祖先崇拜、祖靈信仰。接着他討論宗廟的規模、祭器等，認爲宗廟建築代表祖先肉體，神主則爲其精神，兩者一體被視爲活生生的祖先本人，以面對子孫。婚姻獲得其祖先認可始成立，久富木尤其注意到，春秋時期在婚姻關係確立的過程中，比較重視女方

① 《詩經》與祖先祭祀相關的研究，另有家井真：《〈詩經〉に於ける“君子”に就いて——祖靈祭祀詩を中心として》，(日本)《二松學舍大學東洋學研究所集刊》第 26 號，1995 年；家井真：《〈詩經〉に於ける祖靈祭祀歌について》，(日本)《二松學舍大學論集》第 44 號，2001 年；藪敏裕：《〈詩經〉に見える祖靈——周頌・清廟之什の祖靈祭祀を中心に》，(日本)《アジア遊學》第 110 號，2008 年。

② 久富木成大：《〈春秋〉における家族の思想——宗廟の祖靈祭祀と婚姻をめぐって》，(日本)《金澤大學文學部論集(行動科學、哲學篇)》第 20 號，2000 年。久富木論中國古代祭祀，另有《“気”の操作と祭祀——〈國語〉と〈詩經〉をめぐって》，(日本)《金澤大學文學部論集(行動科學、哲學篇)》第 17 號，1997 年；《禮における母系制の痕跡——漢水下流域の隨と楚における民俗の一端をめぐって》，(日本)《金澤大學文學部論集(行動科學、哲學篇)》第 21 號，2001 年等。

家廟的儀式，超過男方家廟的儀式。故其結論認爲，春秋時期的婚姻、家族是“隱含着母系制的父系制”(母系制を引きずった父系制)。

另外，齋藤道子有《春秋時代における統治權と宗廟》和《祖先と時間——宗廟、祭器に込められた春秋時代の時間觀念》二篇文章,① 涉及此問題。

前者探討春秋時期諸侯國統治權的價值秩序及其演變形態。齋藤首先關注國家滅亡時的降服儀禮：第一，一國統治權的關鍵在於國君身體本身；第二，不僅國君，其祖先亦附體於玉器而蒞臨降服儀禮。她因而認爲，在當時人的意識中，一國統治權即凝聚於國君的血統上。其次，齋藤繼小倉芳彦(1927年—)的觀點,②探討亡國之君將宗廟祭器作爲賄賂贈送，而認爲宗廟祭器是象徵祖先神靈的，透過這樣宗廟祭器的贈送行爲，表達服從的意志，以期獲得對方的保護與寬容。如此，祖先也在干預現世的統治權，故齋藤同意高木智見(1955年—)的見解，即春秋時期的國家是“神、人共同體”③。不過，隨着周王朝的衰退，祖先對現世統治權的權威也逐漸失墜，到了春秋末期，血統絶對的時代遂告終了。

其後文《祖先と時間——宗廟、祭器に込められた春秋時代の時間觀念》則繼續討論，對春秋時代的支配者(諸侯)而言，其祖先屬於何種時間上的存在？他們祖先如何與支配權相關連？於是，齋藤在這篇中也從宗廟祭器作爲“賄賂”的面向着手，首先確認以下幾點：(1)作爲賄賂的宗廟祭器未必是自國的器物；(2)受贈的祭器有時也收藏於其國的大廟中；(3)作爲賄賂的宗廟祭器有某些選擇標準；(4)不僅青銅器，玉器亦是贈送的對象。他特別對第三個問題加以重點探討。齋藤認爲，春秋時期的君主强烈地意識到，有類似經驗、類似行動的祖先是一種“象徵型板”(symbolic templates)，遇到類似狀況時，當世君主便可以選擇與自己“型板”祖先相關的祭器以贈送對方。對春秋時人而言，祖先生活的空間與今人生活的空間在同一日曆上並行，宗廟即是其兩種世界在

---

① 齋藤道子:《春秋時代における統治權と宗廟》,《中國の歷史と民俗》,(日本)第一書房1991年版，第239~257頁；《祖先と時間——宗廟、祭器に込められた春秋時代の時間觀念》,(日本)《東海大學紀要(文學部)》第77號，2002年。

② 小倉芳彦:《〈左傳〉における賂について》，氏著《中國古代政治思想研究》,(日本)青木書店1970年版，第80~93頁。

③ 高木智見:《春秋時代の神、人共同體について》,(日本)《中國——社會と文化》第5號，1990年。高木論春秋時代的儀禮，另有《春秋時代の軍禮について》,(日本)《名古屋大學東洋史研究報告》第11號，1986年；《春秋時代の聘禮について》,(日本)《東洋史研究》第47卷第4號，1989年。

空間上的呈現。總之，在春秋時期，祖先與今人是“共時的存在”；作爲“型板”的祖先，可以適當地出現於子孫面前，給子孫的政治行爲賦予適切的意義。

日本學者論西漢時期的宗廟不少，如藤川正數《前漢時代における宗廟禮説の變遷とその思想的根底》。①自西漢宣帝時期以後，七廟制度有了兩個問題，即(1)是否要包括皇考劉進、恭皇劉康、劉興(平帝父)的廟？(2)漢武帝廟是否要作爲世宗加入不毁之廟？藤川此文，探討的是圍繞這些問題所開展的禮學争論。首先，他討論皇考廟，認爲宣帝即位之初，因肅清昌邑王後不久，宗法主義的氣氛仍很濃厚，故來不及將皇考列於宗廟中，並且當時丞相蔡義得幸於昭帝，所以僅給戾太子、史皇孫以諸侯王的待遇；但到了元康元年(前65年)，丞相魏相上奏建設皇考廟。藤川認爲，此是因爲漢宣帝重視法術主義，擺黜擁護禮教的儒家之結果；並指出平帝元始年間廢皇考廟，亦是因爲不要再犯如恭皇廟同樣的問題。在元帝時，圍繞皇考廟的存否，韋玄成與尹更始産生互相對立的争論意見，藤川認爲，這是源自今文、古文的對立。次之，龔勝、師丹、孔光等人反對恭皇廟的建置，藤川指出，這是由於他們多多少少受到王莽古文學派的影響。至於武帝世宗廟的存廢，哀帝時期成爲議題，彭宣、滿昌、左咸等人主張："繼祖宗以下，五廟而迭毁。……孝武皇帝，雖有功烈，親盡宜毁。"對之，王舜、劉歆等主張依舊存置，結果被採用。王、劉等的論點有二：(1)宗無數，有功德則宗之，武帝廟宜爲世宗，不毁；(2)以七廟言之，因不認皇考廟，武帝廟猶在五親廟中。這都屬於古文學派的見解，與今文學派前者不同。此外，承不承認二祧，在當時也是個有争議的禮學問題，這在《祭法》與《王制》之間已有所不同。藤川認爲，這是重義的尊尊主義與重情的親親主義的對立，也是保守與革新的對立，並認爲保守派代表大地主、豪强階級的利益；反之，革新派代表中小地主、新興商人階級的利益。

北村良和(1942年—)《前漢末の改禮について》認爲，西漢末年的歷史在元帝以後發生變調，“政治的 ethos 爲經學的 pathos 所替代”②。不過北村發現，以往漢代思想史研究皆未討論其轉换的邏輯架構。在北村看來，此種轉换是由導入七廟制和郊祀制而産生的。與此同時，政治上的現實也開始與經學上的理

① 藤川正數：《前漢時代における宗廟禮説の變遷とその思想的根底》，(日本)《東方學》第28卷，1964年。後以《宗廟制について》，收入氏著《漢代における禮學の研究》，(日本)風間書房1968年版，第91~138頁。

② 北村良和：《前漢末の改禮について》，(日本)《日本中國學會報》第33集，1981年，第43頁。原文："政治のエトスが經學のパトスに道を譲る。"

念互相關連，然而，經學由此也失去了批判現實的力量，讖緯之學便開始發展。他自西漢初期談起，厘清“合法則性”(Gesetzmäßigkeit)在“正義國家”(Gerechtigkeitsstaat)之間，即理念與“現實國家”(Realstaat)之間的交互關係，並逐漸獲得“合法性”(Legitimität)的過程，這一過程呈現出由現實往理念的轉換。與此同時，眭孟、夏侯勝等齊學以富有理念性的陰陽説抬頭，雖遭到漢宣帝懷疑，但在元帝時期獲得肯定，而推動了郡國廟的廢除與七廟制的導入，此過程即是漢家向儒家經學屈服的一刻。如此，經學看似獲勝，但其實是對倫理的破壞。北村主張，經學完全排除現實(“權”)，然而因此也喪失了對現實的批判性，最終導致漢朝的滅亡和王莽“經學帝國”的成立。

伊藤德男(1914—2006年)以《史記》研究著名，他也有《前漢の宗廟制——七廟制の成立を中心にして》一文，①基本上肯定了藤川正數的見解，更關注七廟制形成的背景，尤其是漢家傳統。西漢七廟制，始於漢元帝時期貢禹的建言：“古者天子七廟。今孝惠、孝景皆親盡，宜毀。及郡國廟不應古禮，宜正定。”貢禹將太上皇與考皇包括在七廟中，伊藤推測，因爲他既承認太上皇指導高祖統一天下而造福萬民的功德，同時亦有重視親親之情的思考。經討論後，最終廢除郡國制而制定七廟制。藤川在西漢宗廟制的演變中，看到私情主義與公義主義、今文學與古文學之間的對立。但是，伊藤卻認爲，支撐公義主義的社會基礎早在漢代以前形成，未必爲古文學所支持，郡國制自從高祖時期作漢家傳統一直留存到元帝時期；至於私情主義，雖亦有容易與皇權體制結合的傾向，但並非排除公義主義，而是兩者並行。換言之，公義主義與私情主義，如儒法雜糅，表裏一體，作爲“漢家的傳統”，長久維持到元帝時期。那麼，元帝以後如何？伊藤主張，在哀帝時期的宗廟論議中，今文學派與古文學派明顯對立，即是《王制》説與《祭法》説、私情主義與公義主義的對立，哀帝最後選擇了《祭法》説、公義主義。但另一方面，哀帝亦建置恭皇廟，在尊號問題上仍然堅持私情主義。因此，伊藤最後認爲，西漢宗廟制的確立，是漢家傳統中的公義主義與古文學派結合爲一的結果。

南部英彦《前漢後期の宗廟制論議等を通して見たる儒教國教化——その親親、尊尊主義の分析を軸として》也討論了西漢後期的宗廟論議。② 首先，

---

① 伊藤德男：《前漢の宗廟制——七廟制の成立を中心にして》，(日本)《東北學院大學論集(歷史學、地理學)》第13號，1983年。

② 南部英彦：《前漢後期の宗廟制論議等を通して見たる儒教國教化——その親親、尊尊主義の分析を軸として》，(日本)《日本中國學會報》第51集，1999年。

他探討了宗廟論議中“親親”與“尊尊”概念的禮學背景，借以推定其争議的原因。南部指出，元帝時期宗廟論議是宣帝時期石渠閣議論的衍生，永光年間的論議受到國家財政窮迫的影響。他説，在宗廟存廢的議論中，無論支持五廟制還是七廟制，當事者皆有意將親親之恩與尊尊之義並存，只不過是親親的範圍有所不同。親親與尊尊兼重的態度，亦見於哀帝時期圍繞恭皇廟可否設置的議論，二者的分歧，也源自親親或尊尊重視程度的問題。透過《禮記》中《喪服小記》《大傳》的比較，南部認爲，元帝時期的宗廟論議，乃是對喪服制度理解的差異，喪服制度和喪服精神是以親疏差等爲前提的禮學問題。南部指出，一方面，依照《儀禮·喪服傳》，從旁系小宗入繼直系大宗，就不可尊重原來的家族；另一方面，對宗族旁系的承認，是與漢朝重孝道的社會實踐相關聯的。西漢後期關於廢除郡國廟、建立郊祀制的論議，顯示出親親與尊尊的並立，是提高漢室權威、確立君主秩序的運動之一。因此，西漢平帝時期告一段落的各種禮制論争，在確立儒教國教的過程中，扮演了重要角色。

如此，西漢宗廟研究大部分集中於漢元帝時期以後，但是，鷲尾祐子《前漢祖宗廟制度の研究》則着眼於作爲宗廟制度轉换期的西漢前半期“不經”（萬斯大《廟制圖考》）的祖宗廟。① 她將漢景帝元年十月的制詔分爲四個部分：（1）“高皇廟宜爲帝者太祖之廟”；（2）“孝文皇帝廟宜爲帝者太宗之廟”；（3）“天子宜世世獻祖宗之廟”；（4）“郡國諸侯宜各爲孝文皇帝立太宗之廟”，並加以詳細分析。津田左右吉曾略論郡國廟的意義，認爲是使民崇拜帝王，以宗教儀禮確立漢朝的權威，與儒家思想截然不合。②然而鷲尾卻主張，透過宗廟祭祀，不僅天子，諸侯王、郡太守、百官列侯亦自忠順於高祖、太宗，故宗廟祭祀儀禮成爲國家統合的象徵。她還指出，郡國廟的廢除源於漢武帝所言“禮‘支子不祭’”（《史記·三王世家》）；自西漢初期，儒學就通過制定宗廟祭祀禮儀以鞏固王朝統治，並漸漸滲透進政權内部。

末永高康有《前漢廟制論議と〈禮記〉祭法篇》一文，③確認《禮記·祭法》在西漢廟制論議中所扮演的本質性角色，並對《祭法》進行初步檢討。末永首先分析《祭法》所述廟制的基本架構，指出：（1）始祖廟也爲遷廟之一，祖先若不

---

① 鷲尾祐子：《前漢祖宗廟制度の研究》，（日本）《立命館文學》第577號，2002年。

② 津田左右吉：《漢代政治思想の一面》，《津田左右吉全集》第17卷，（日本）岩波書店1965年版，第1~108頁。尤其在第94~96頁論郡國廟的意義，認爲是使民崇拜帝王、以宗教禮儀確立漢朝的權威，與儒家思想截然不合。

③ 末永高康：《前漢廟制論議と〈禮記〉祭法篇》，（日本）《東洋史研究》第76卷第3號，2018年。

在一定的親等範圍内即被毁廟，遷廟數保持“五”；(2)若有特殊功績者，不爲遷廟，而爲不毁的“祖”“宗”等廟。接着，末永檢討西漢廟制論議的言論，主張西漢時期廟制論議的基本架構是以《祭法》所述的廟制爲基礎，故甚至認爲，若僅由鄭玄説還是王肅説、或七廟制還是五廟制這種論點，而不考量《祭法》，就無法分析西漢廟制論議。次之，末永特别關注“五祀”，討論《祭法》的成書問題，因爲《祭法》以“門、行、厲、中霤、司命”這五者爲主，早於睡虎地秦簡《日書》、《吕氏春秋》、《淮南子》等，所以其最晚也不會晚於戰國最末年。最後，末永回顧《祭法》和廟制研究史，發現經學性思考的影響過大，故提醒研究者將其成果運用於歷史研究時，必需持有慎重態度，不可忽略。

以上簡述日本學者針對古代到西漢時期與祖先祭祀、宗廟制度相關的研究成果。①關於東漢到隋唐的祖先祭祀與宗廟制度，還有上條駿《光武帝期の宗廟制と政治》與《蔡邕の廟制改革と董卓》、②古橋紀宏《曹魏明帝期の皇帝宗廟制》，③魏晉隋唐則有金子修一《魏晉より隋唐に至る郊祀、宗廟の制度について》、④遠藤祐介《梁代における〈神滅論〉批判と宗廟祭祀改革》與《梁代初期における梁武帝の仏教思想——宗廟祭祀改革の思想的背景》，⑤以及江川式部《唐代の上墓儀禮——墓祭習俗の禮典編入とその意義について》⑥等。論宋

---

① 除上述之外，還有佐中壯：《“宗廟の祭祀思想”管見》，(日本)《歷史研究》第9號，1965年。但筆者未得見。

② 上條駿：《光武帝期の宗廟制と政治》，(日本)《大正大學大學院研究論集》第41集，2017年；《蔡邕の廟制改革と董卓》，(日本)《鴨臺史學》第15號，2019年。

③ 古橋紀宏：《曹魏明帝期の皇帝宗廟制》，(日本)《香川大學國文研究》第43號，2018年。

④ 金子修一：《魏晉より隋唐に至る郊祀、宗廟の制度について》，(日本)《史學雜誌》第88編第10號，1979年。

⑤ 遠藤祐介：《梁代における〈神滅論〉批判と宗廟祭祀改革》，(日本)《武藏野大學仏教文化研究所紀要》第33號，2017年；《梁代初期における梁武帝の仏教思想——宗廟祭祀改革の思想的背景》，《東アジア仏教研究》第17號，2019年。

⑥ 江川式部：《唐代の上墓儀禮——墓祭習俗の禮典編入とその意義について》，(日本)《東方學》第120卷，2010年。江川另有：《南北朝隋唐期禮制關連研究文獻目録》，(日本)《法史學研究會會報》第12號，2007年；《南北朝隋唐期禮制關連研究文獻目録(中文編1/1980—2000年)》，(日本)《法史學研究會會報》第13號，2008年；《南北朝隋唐期禮制關連研究文獻目録(中文編2/2001—2009年)》，(日本)《法史學研究會會報》第14號，2009年；《南北朝隋唐期禮制關連研究文獻目録(中文編3/2010—2014年)》，(日本)《法史學研究會會報》第19號，2015年。

明元清的，則有吾妻重二《宋代の家廟と祖先祭祀》、①前村佳幸《北宋の廟議——宗廟における神主配置》、②新田元規《程頤、朱熹の祖先祭祀案における身分的含意——元、明人の評價を手がかりに》、③ 梅村尚樹《先賢祭祀と祖先祭祀——南宋後期における學校と先賢祠》、④遠藤隆俊《墳寺から祠堂へ——宋元士大夫の墳墓と祖先祭祀》、⑤井上徹《祖先祭祀と家廟——明朝の對應》和《夏言の提案——明代嘉靖年間における家廟制度改革》、⑥松崎哲之《明代の一帝一后制と太廟》⑦以及水越知《元代の祠廟祭祀と地域社會——三皇廟と賜額賜號》⑧等。因筆者能力不足，無法一一介紹其內容，僅能列舉上

① 吾妻重二：《宋代の家廟と祖先祭祀》，小南一郎等編：《中國の禮制と禮學》，(日本)朋友書店2001年版，第505~575頁。

② 前村佳幸：《北宋の廟議——宗廟における神主配置》，(日本)《琉球大學教育學部紀要》第94號，2019年。

③ 新田元規：《程頤、朱熹の祖先祭祀案における身分的含意——元、明人の評價を手がかりに》，《中國哲學研究》第27號，2014年。

④ 梅村尚樹：《先賢祭祀と祖先祭祀——南宋後期における學校と先賢祠》，(日本)《歷史學研究》第948號，2016年。

⑤ 遠藤隆俊：《墳寺から祠堂へ——宋元士大夫の墳墓と祖先祭祀》，(日本)《東北大學東洋史論集》第11集，2007年。

⑥ 井上徹：《祖先祭祀と家廟——明朝の對應》，(日本)《文經論叢》第30卷第3號，1995年；《夏言の提案——明代嘉靖年間における家廟制度改革》，(日本)《文經論叢》第32卷第3號，1997年。井上另有：《中國の宗族と國家の禮制——宗法主義の視點からの分析》，(日本)研文出版2000年版。關於此書，有寺田浩明：《井上徹著〈中國の宗族と國家の禮制——宗法主義の視點からの分析〉》(書評)，(日本)《集刊東洋學》第85號，2001年；小島毅：《井上徹〈中國の宗族と國家の禮制——宗法主義の視點からの分析〉》(書評)，(日本)《歷史學研究》第749號，2001年；山田賢：《(批評と紹介)井上徹著〈中國の宗族と國家の禮制——宗法主義の視點からの分析〉》，(日本)《名古屋大學東洋史研究報告》第26卷，2002年。井上對這些書評的回應，分别見於《(雜纂)寺田浩明氏の疑問と提案に答える——拙著〈中國の宗族と國家の禮制〉の書評を讀んで》，(日本)《集刊東洋學》第87號，2002年；《(批判と反省)小島毅氏の批判に答える——拙著〈中國の宗教と國家の禮制〉の書評を讀んで》，(日本)《歷史學研究》第758號，2002年；《(批評と紹介)山田賢氏の疑問に答える——拙著〈中國の宗族と國家の禮制〉の書評を讀んで》，(日本)《名古屋大學東洋史研究報告》第28卷，2004年。請參考。

⑦ 松崎哲之：《明代の一帝一后制と太廟》，(日本)《筑波中國文化論叢》第20號，2000年。

⑧ 水越知：《元代の祠廟祭祀と地域社會——三皇廟と賜額賜號》，(日本)《東方宗教》第106號，2005年。

述搜尋結果，以期讀者親自參閲。

第二節　凶　禮

關於凶禮，《周禮・春官・大宗伯》曰：

> 以凶禮哀邦國之憂：以喪禮哀死亡，以荒禮哀凶札，以吊禮哀禍烖，以禬禮哀圍敗，以恤禮哀寇亂。①

日本學者針對喪葬禮的研究尤其多，不勝枚舉。喪葬禮介於生與死之間，在人生中佔有最重要的位置，這自不待言。在科學未發達的時代，與死者的訣别包含着特别的意義。進行與喪葬禮相關的研究，不但可以厘清古代風俗的原貌，還可明瞭古代中國人的生死觀。因此，不少日本學者關注喪葬禮，從各種各樣的角度進行討論。

一、喪葬

日本近代早年有所謂"在清國福建省泉州"的鯉城生《支那の喪葬及び祭祀》,②分别論述"喪""葬"與"祭"，一方面簡述古禮中的做法，另一方面談論古禮與當時福建習俗的不同。另外，以"中國通"著名的後藤朝太郎(1881—1945年)亦有《支那の葬式に見る風俗》一文,③但其内容非論古代儀禮，而是談當時中國的葬禮風俗。

與古代葬禮相關的專門研究，首先介紹大久保莊太郎《支那古代の喪禮に就きて》。④此文由四個部分組成，大久保在第一節中討論"事死(者)如事生"(《禮記・中庸》《禮記・祭義》)——對死者的親愛，如何反映於喪禮中。於

---

① 《周禮注疏》卷18《大宗伯》，阮元校刻：《十三經注疏》，臺灣藝文印書館1955年版，第270~274頁。

② 鯉城生：《支那の喪葬及び祭祀》，分别載於(日本)《東洋哲學》第17卷第3號，1910年；《東洋哲學》第17卷第4號，1910年；《東洋哲學》第17卷第6號，1910年。

③ 後藤朝太郎：《支那の葬式に見る風俗》，(日本)《東洋》第30年第12號，1927年。後收入氏著《支那綺談》，(日本)萬里閣書房1928年版，第227~239頁。

④ 大久保莊太郎：《支那古代の喪禮に就きて》，(日本)《支那學》第9卷第3號，1939年。

是，他首先關注“廢床”“復魂”與“殯”等，從中看出在世者讓死者蘇生的心願。其次，大久保討論“重”“馮”“拘”“執撫”“枕”等，爲對死者的好意或愛情之表現，指出“踴”“哭”“袒”與喪服原也是哀愁的身體表現。因此，他將古代中國人對死者的態度歸納爲“親愛”二字，並認爲在原始社會，近親者的死亡不會代表死者與生者世界的斷絕。不過，對死者的態度不僅有“親愛”，第二節乃探討“裼”“厲”“鬼”與死後形相，指出生者對死者另有異常感與恐懼感，尤其對被“强死”的死者，因爲他們無所歸，便變成惡靈、惡鬼。於是，大久保在第三節中乃論述古代中國人對死者的嫌惡與喪禮的慣習要素。禮書中屢見嫌惡屍體不净或忌避遺物的觀念，甚至死者的妻子、近親亦成爲被嫌惡的對象。因此，他在第四節的結論中説，古代中國人對嫌惡的對象有積極的驅逐與消極的招迎二種態度。這二種態度並非絶對的對立，而是原始民族共有的先邏輯的、感情與邏輯的對立。總之，大久保在中國古代的喪禮中看出潛在於儒教道德“親愛”之内的抑壓或排斥的心意。最後，他還討論了喪禮在經濟上的問題。

西岡弘(1916—2004年)也有與中國古代喪禮相關的研究成果。他曾師事以《巫系文學論》①《中國の文學と禮俗》②等論著聞名的藤野岩友(1898—1984年)，繼承民俗學者折口信夫(1887—1953年)的學術傳統，發表《“重”から“主”へ——中國古代葬制の一考察》③《殯について》④《中國古代の葬禮における哭踴》⑤等論文，後彙編出版了《中國古代の葬禮と文學》一書⑥。此書改訂版由序論、本論、文學篇與附録二篇組成，西岡針對喪禮的詳細討論見於本論部分。西岡指出，《儀禮》中有關喪葬的内容有《士喪禮》《既夕禮》與《士虞禮》，是因爲其作者以“殯”“葬”與“虞”爲中國葬禮的核心，但西岡卻與此不同，認爲“虞”係在葬後立刻進行的附帶儀禮，而中國葬禮是以“殯”“葬”與“祔”爲核心的。另外，他指出自“始死”“哭踴”至“大殮”的階段，一言以蔽之，即是“招魂”。但是，“復”“沐浴”“殮”等過程，逐漸開始從“招魂”向“鎮

---

① 藤野岩友：《巫系文學論》，(日本)大學書房1951年版。

② 藤野岩友：《中國の文學と禮俗》，(日本)角川書店1976年版。

③ 西岡弘：《“重”から“主”へ——中國古代葬制の一考察》，(日本)《國學院雜誌》第55卷第4號，1955年。

④ 西岡弘：《殯について》，(日本)《國學院雜誌》第63卷第5號，1962年。

⑤ 西岡弘：《中國古代の葬禮における哭踴》，(日本)《國學院女子短期大學紀要》第8卷，1990年。筆者未得見。

⑥ 西岡弘：《中國古代の葬禮と文學》，(日本)三光社1970年版；(日本)汲古書院2002年版。

魂避邪”、自“追慕”到“恐怖”變化。不過，屍在此階段依然保持“主人”的地位，直到“殯”便成爲已死亡的“賓客”；下葬之後始爲鬼神，經過祔祭、禫祭，凶祭轉爲吉祭，屍亦遂成爲鬼神。另外，西岡也留意到在喪禮的過程中始終有“呼籲”(よびかけ，即指哭、聲、辭)、“裝飾”(かざり，即指襲、斂、明器等)與“供物”(そなへもの，即指奠)三者，它們隨着喪禮的進行，也各有所演變。最後，他討論到嗣子在服喪期間的奉養，指出也有三個階段：自復活的禱祠，經敬神的祭祀，再到除喪的禫祭。如此，西岡在中國古代喪禮中發現三段形式的變化，並認爲其與文學表現密切相關。

桑田幸三(1922—2011 年)則從經濟史的視角撰寫了《中國の葬儀についての經濟史的考察》一文。①他首先以老舍(舒慶春，1899—1966 年)的《四世同堂》爲主要資料，論述近代戰時中國(即自傳統中國到新中國轉換期)的葬禮之樣態及其相關思維，指出中國送行包含節儉與浪費、利欲與面子的內在矛盾，這種風習是由悠久的歷史傳統培養出來的。於是，桑田接着探討葬禮傳統的淵源及其演變的過程，認爲雖然有《墨子》、《吕氏春秋》、王安石、黄宗羲等人强力提倡的“節葬”，但隨着社會經濟的進化，大致有了“厚葬”的傾向。那麼，厚葬對中國社會經濟發展的影響如何？最後，桑田進而對葬禮在中國經濟發展中所扮演的角色與意義進行討論，指出：第一，厚葬對家計、家業有所壓迫，成爲抑制中國社會經濟發展的重要因素之一；第二，因爲厚葬有“將所得進行再分配的作用”，故爲傳統中國所接納，落實於傳統中國社會之中。

探討人死後所進行的“復”的論考也有不少，例如有内野台嶺(1884—1953 年)《“復”禮について》、②栗原圭介《復の習俗について》、③木島史雄《招魂をめぐる禮俗と禮學》，④以及大形徹(1954 年—)《〈儀禮〉士喪禮の“復”をめぐって——“復”は蘇生を願う儀式なのか》⑤等。前兩者筆者未得見，此處僅能

① 桑田幸三：《中國の葬儀についての經濟史的考察》，(日本)《彦根論叢》第 138 號，1969 年。

② 内野台嶺：《“復”禮について》，(日本)《東洋學研究(駒澤大學東洋學會)》第 7 號，1938 年。

③ 栗原圭介：《復の習俗について》，(日本)《東洋文化研究所紀要(無窮會)》第 8 號，1972 年。

④ 木島史雄：《招魂をめぐる禮俗と禮學》，(日本)《中國思想史研究》第 13 號，1990 年。

⑤ 大形徹：《〈儀禮〉士喪禮の“復”をめぐって——“復”は蘇生を願う儀式なのか》，(日本)《アジア文化交流研究》第 2 號，2007 年。

介紹大形徹與木島史雄的研究。

以往研究者多半認爲，被稱爲“復”的儀式是希望死者回生，大形徹亦曾依鄭注，認爲是一種回生術。①然雖舉行回生的儀式，大半卻不回生，儀式就是爲了作爲“亡骸”的屍體而進行，此毫無意義。所以大形在其後發表的《中國醫學は“死”をどのようにとらえてきたか——（續）魂魄觀念と鍼灸》一文中將前説改爲非回生説。②《〈儀禮〉士喪禮の“復”をめぐって》一文亦在非回生説的脈絡上撰寫，論述後世爲何出現將“復”作爲回生儀式的看法。大形首先確認《儀禮》《禮記》及《墨子》中完全没有與回生相關的記述，到了東漢，才發現班固《白虎通德論・崩薨》有“尚冀其生，二日之時，魂氣不還，終不可奈何”這樣的言論，鄭玄亦在《禮記・喪大記》注云“復者庶其生”“復而不蘇，可以爲死事”，影響及於後世。那麼，爲何“復”會與回生結合起來呢？大形從《禮記・檀弓下》“復，盡愛之道也”中看出一條線索，將其作爲連結“復”的儀式與仁愛的鈕結，認爲人的心情引起回生的意願，從而造成以“復”爲回生術的説法。除了中國，這篇文章還蒐集韓國、日本的回生、招魂相關之例，資料性也相當高。③

木島論文關注魏晉南北朝時代的禮學與禮俗。衆所周知，在魏晉南北朝時代，玄學盛行或三教混淆，而儒教的地位漸見式微，但是，當時人對禮學的相關議論反而活躍。木島認爲，當時思想界的這種情況無法以“儒學＝經學＝經典解釋學”的框架論之，並發現利用《通典》的記載來研究六朝學術史的成果不多。於是，他一方面從“禮社會學”的視角，另一方面廣泛地吸收風俗史、社會史、精神史等領域的成果，探討儀禮對社會、習俗所發揮的功能，《招魂をめぐる禮俗と禮學》一文即其成果之一，該文通過對招魂或招魂葬相關記録的解讀，以圖重新檢討魏晉南北朝學術史。首先，他整理《楚辭》、禮經、《韓詩》或《韓詩外傳》、《後漢書》、《陳留風俗傳》等中所見的“招魂”的系譜，指出：（1）“招魂”行爲有“復活祈願型”“除厄型”與“追葬型”三種；（2）透過如

---

① 大形徹：《魂のありか——中國古代の靈魂觀》，（日本）角川書店 2000 年版，第 107～108 頁。

② 大形徹：《中國醫學は“死”をどのようにとらえてきたか——（續）魂魄觀念と鍼灸》，（日本）《鍼灸史學會論文集》第 1 輯，2005 年。

③ 大形另有：《〈儀禮〉凶禮と魂、魄、鬼、神》，吾妻重二、二階堂善弘編：《東アジアの儀禮と宗教》，（日本）雄松堂 2008 年版，第 263～282 頁。他根據《儀禮》文本中完全没有“魂”“魄”“鬼”“神”四個字，討論《儀禮》與其他文獻的關係、後世注釋的展開等，指出原初儒教中没有“魂”“魄”，但是這些概念到了東漢時代已經一般化，因此鄭玄用“魂”“魄”注之。

上三種行爲，“招魂”這種思考方式廣爲人知；(3)招魂葬已行於漢代，並且其可行與否，在當時不成問題。接着，木島檢討東晉時期與招魂葬相關的議論及其思想、政治背景，以厘清當時禮學所擔負的社會功能。其結論指出：(1)禮學論議大受習俗與政治權力的影響；(2)禮對世俗的支配力、强制力增大；(3)學術失去求心性，轉爲傾向於擴散，禮學亦然，不求復歸於聖人所制的禮，而是深入關涉現實的與社會、政治相關的問題。

其次，關於“哭”，除了西岡弘《中國古代の葬禮における哭踴》之外，栗原圭介亦有《漢民族の喪禮における哭踴の原始的心性》與《喪禮に見る“反哭”の心的原理》二文。① 前者首先分析“哭泣”：哭基於仁恕，是“哀痛心理所觸發的至情”；泣則爲“無聲出涕”(《説文》)。故栗原認爲，《墨子·節葬下》所言“哭泣不秩聲”就是保留哭泣的原始形態。就對至親的“哭”而言，哀心與愛心是本於人類本能——血緣的共生觀念(Symbiotik)，後與“孝”的觀念連結爲一。因此，他接着指出“哭踴”雖在合理化後的儀禮社會中被規定爲始於小殮，但是，“復”中的“皋”亦原是“哭”之一種。此外，栗原也留意到古代中國人爲避邪，通過哭踴告知已故爲鬼神的邪靈，他即是孝子、至親，以防以死傷生。在栗原看來，儀禮主義下的“哭踴”已與原始形態不同，包含着濃厚的倫理指導體制的色彩或傾向。後者則聚焦於“反哭”的心理背景。古代中國人埋葬遺體返回殯宫之後進行“反哭”。栗原認爲“反哭”雖是位於“殯”之後的純哀之極致，但亦是“復”之心情的延續，其背後存在着一種宇宙論原理，即以農業爲基礎的月令思維，以求生命的復原(restoration)、復現(bi-présence)、更新與再生。栗原跨越儀禮主義(ritualism)或儀式主義(ceremonialism)，試圖復原之前的儀禮原始形態與心理，頗有參考價值。②

此外，以“尸”爲主題的研究，早年已有狩野直喜(1868—1947年)《支那古代祭尸の風俗に就きて》。③狩野云：“尸者，上代中國民族之間一般所進行

① 栗原圭介：《漢民族の喪禮における哭踴の原始的心性》，(日本)《大東文化大學漢學會誌》第20號，1981年；《喪禮に見る“反哭”の心的原理》，(日本)《大東文化大學漢學會誌(原田教授退休記念號)》第24號，1985年。

② 栗原圭介另有：《“喪”の期間における儀禮諸相》，(日本)《大東文化大學漢學會誌》第19號，1980年。此文從宗教民族學、文化人類學的視角，探討漢族喪禮各階段所帶有的使命觀與特色，可參閱。

③ 狩野直喜：《支那古代祭尸の風俗に就きて(上)》，(日本)《支那學》第2卷第5號，1920—1922年；《支那古代祭尸の風俗に就きて(下)》，(日本)《支那學》第2卷第9號，1920—1922年。後收入氏著《支那學文藪》，(日本)みすず書房1973年版，第63~87頁。

的風俗，人死而葬已結束之後，將他作爲神而祭祀時，立模仿神的形象者，邀請他來祭奠之席，讓他飲食；既然象神，即使他的地位實際上比祭者低賤，也將其作爲尊嚴的神聖者加以招待。”而後討論“此珍奇的風俗”的起源和意義。① 狩野首先探究中國人的“死”的觀念，指出“奠”與“祭”之間的差異。在喪禮過程中，從人死到埋葬之間，並不視死者爲死者。然從埋葬後起，即以死者爲神而事之。狩野於此處看出“奠”與“祭”的區别，發現“祭”以後才出現“尸”。然後舉出奠時的“重”“尸(屍)”與祭時的“主”“尸”，注重“屍”和“尸”的關連，一方面論述尸有死者鬼魂所依靠的意義，另一方面論述祭“尸”的風俗比用“重”“主”的風俗古舊。他又在下篇討論天地、社稷、山川祭祀中的“尸”。

池田末利《立尸考——その宗教的意義と原初形態》也討論了“尸”的問題。② 中江丑吉(1889—1942 年)《中國古代政治思想史》曾討論過尸的起源：第一，靈魂離開肉體不能存在的思想；第二，視生者與死者類似的思想；第三，人崇拜時需要具體對象的思想。③池田一方面高度評價中江的看法，因爲能説明古代人需要“尸”的心理根據，另一方面從宗教的角度，進而探究“尸”的原初形態。池田首先注意到一般將被葬者的孫子作爲“尸”。大部分學者已指出此與昭穆制度的關係，然而池田另外認爲，因孫子與被祭者最相似，所以由孫子擔任“尸”的角色。那麼，其原貌如何？池田通過對契文、金文“尸”字的分析，指出“尸”起源於戴着骷髏的形象，到了殷代已有將與死者相似的孫子當作“尸”的習慣。也就是説，祖先崇拜原是基於骷髏崇拜(skull cult)的死者崇拜(toten cult)，“尸”就是後來代替骷髏、象徵祖先的孫子。

栗原圭介《虞祭の儀禮的意義》亦與池田同時注意到，從“屍”“重”到“尸”

---

① 狩野直喜：《支那古代祭尸の風俗について(上)》，(日本)《支那學》第 2 卷第 5 號，1920—1922 年，第 325 頁。原文：“尸は上代の支那民族間に一般に行はれたる風俗にして、人が死して葬已に了り、神として之を祭る場合に、象神者を立て、此人を祭の席に招き之に飲食せしむることにて、已に神に象りたる上は、縱令それが實際に於ては祭者より地位卑しきものなれども、非常に尊嚴神聖なるものとして、之を取扱ひたり。”

② 池田末利：《立尸考——その宗教的意義と原初形態》，(日本)《広島大學文學部紀要》第 5 號，1954 年。後收於氏著《中國古代宗教史研究——制度と思想》，(日本)東海大學出版社 1981 年版，第 623～644 頁。

③ 中江丑吉：《中國古代政治思想》，(日本)岩波書店 1950 年版，第 100～102 頁。丑吉就是明治時期的思想家中江兆民(1847—1901 年)的長子。

"主"的轉移，從而討論虞祭的性格。① 虞祭一般被認爲是凶禮，栗原則以虞祭位於純吉與純凶之間，由此看出虞祭的特殊性。

間瀨收芳(1930年—)則有《琀について》之文。②"琀"是死者口中所含的玉，間瀨首先依據《儀禮·士喪禮》等文獻資料説："春秋、戰國時代對死者所進行的啥，到了漢代，作爲禮制而被整理，人人都開始考慮其意義。"③他據此提出問題，當時人常食黍、稷之類，《儀禮》何故提倡琀用稻米？他於是分析考古資料，指出琀在新石器時代盛行於山東地區，而後傳到殷、西周，但到了春秋、戰國時代，迅速衰退。又根據陝西長安灃西、陝西長安普渡村、甘肅慶陽韓家灘、河南洛陽北瑤及山西洪洞永凝出土的資料，認爲西周時的琀並未用稻米，最後指出文獻與現實風俗的乖離，反對常金倉(1948—2011年)"原始風俗轉化成禮"的看法。④

最後，小南一郎有《漢代の喪葬儀禮——その宇宙論的構造》一文，⑤從考古學的立場，指出中國喪葬制度從西漢武帝到東漢時期大有變化："木椁墓葬"急速衰退，出現空心磚墓、磚室墓、石室墓、厓墓等多種多樣的墓室構造。他認爲，這是因爲喪葬儀禮的意義、靈魂觀有所變化。據漢初以前的觀念，埋葬遺體之後，死者靈魂被載魂車帶回家裏，是在宗廟受祭拜的對象，古不祭墓；漢代人則與此不同，認爲死者靈魂在被埋葬之後也會留在墓室内部一段時間，故開始在墓地祭拜死者，如上陵儀禮。小南還指出，漢代墓室空間不僅使死者靈魂留駐，也是救濟死者靈魂的宇宙論的空間。他發現，漢代墓室内設有代表"宇宙軸"的中心柱，其壁畫也描繪出地上的多樣存在，隨着逐漸接近天上，可歸納爲陰與陽二要素，此陰陽結合成天上世界。小南

---

① 栗原圭介：《虞祭の儀禮的意義》，(日本)《日本中國學會報》第13集，1961年。與此文相關，另有：《他字論辨考》，(日本)《大東文化大學漢學會誌(高田眞治博士古稀紀念論集)》第6號，1963年，是討論前人對《儀禮·士虞禮·記》"他用剛日"的"他"之解釋，並探討虞祭在喪禮中的地位，可與《虞祭の儀禮的意義》一併參考。

② 間瀨收芳：《琀について》，小南一郎編：《中國古代禮制研究》，(日本)京都大學人文科學研究所1995年版，第11~46頁。

③ 間瀨收芳：《琀について》，小南一郎編：《中國古代禮制研究》，(日本)京都大學人文科學研究所1995年版，第19頁。原文："春秋、戰國時代におこなわれていた死者に對する啥の行爲が漢代には禮制として整序せられ、その意義についてもいろいろと考えられるようになったものと思われる。"

④ 常金倉：《周代禮俗研究》，文津出版社1993年版。

⑤ 小南一郎：《漢代の喪葬儀禮——その宇宙論的構造》，(日本)《アジア文化交流研究》第2號，2007年。

認爲，死者靈魂在這種空間内漸漸上升，最終獲得救濟；祭祀祖先的儀禮在祠堂正面的土壇上進行，以順時針方向回旋的儀禮，祈求死者靈魂升天而被救贖。

二、喪服

日本學者對中國儀禮的研究，最富成果的是與“喪服”相關的研究。據《隋書·經籍志》所載，馬融、鄭玄等皆注釋過《喪服經傳》，並多見魏晉以後與《儀禮·喪服》相關的著作，可知喪服早就被許多儒生所關心。在日本亦然，不少學者關注喪服禮，是因爲研究中國家族制度時，“喪服”這種習俗可提供相當豐富的相關資料。①

広池千九郎(1866—1938年)是日本近代最早期的《喪服》研究者。他開拓出“東洋法制史”的分野，提倡“moralogy”(道德科學)，創立了道德科學研究所。他在1915年出版的《東洋法制史本論》中有關於喪服制度的研究，這就是《中國喪服制度の研究》。②由凡例可知，広池爲了辨析中國親族法、相續法的原理，開始進行喪服制度的研究。他首先討論喪服制度的起源與發展過程，認爲殷以前以血緣的親疏爲標準而決定服喪，到了周代進而推廣到君臣、師友等關係，喪服制度終於完成，周代的封建制度正是根據喪服制度而建立的。《儀禮·喪服》所記述的就是周代的喪服制度，他從中看出從“質”到“文”的轉换。其次，広池指出喪服有兩種形式：其一是服喪期間所穿的衣服、冠帶以及其他附屬品，表示自然血屬上的親疏；其二是服喪期限的長短，意味着人爲的尊卑分别，這兩者各爲“仁”與“義”的表徵。他如此從法制史的視角來研究“喪服”，既獨特又有趣。広池另有《中國古代親族法の研究》，③亦可參考。

關於喪服，服喪期限歷來是經學史上的大問題之一。《儀禮·士虞禮·記》等曰“中月而禫”，鄭玄的注釋將“中月”解釋爲“間月”，曰：“禫，祭名

---

① 關於“喪服”，部分内容引用拙著《近百年來日本學者〈三禮〉之研究》，臺灣萬卷樓圖書股份有限公司2016年版。

② 広池千九郎：《中國喪服制度の研究》，收入《東洋法制史本論》，(日本)早稻田大學出版部1915年版。後收入《広池博士全集》第2册，(日本)道德科學研究所1937年版；(日本)《広池博士全集》第3册，(日本)広池學園出版部1968年版；内田智雄校訂：《東洋法制史研究》，(日本)創文社1983年版等。

③ 広池千九郎：《中國古代親族法の研究》，收入《東洋法制史本論》，(日本)早稻田大學出版部1915年版。

也，與大祥間一月，自喪至此，凡二十七月。”①與此不同，王肅的注釋則據《禮記・檀弓上》“祥而縞，是月禫，徙月樂”而曰“中月爲月中”，②提出二十五月説。

島田鈞一有《三年喪に就きて》一文，③先簡述鄭説與王説之差異，指出其異同主要起源於兩者解釋“中月”與“踰月”(《禮記・檀弓上》)的不同。④ 於是，他探討《左傳・隱公元年》“士踰月”爲“間一月”之意，因爲《荀子・禮論》曰：“三月之殯何也？曰：大之也，重之也。所致隆也，所致親也。……故天子七月，諸侯五月，大夫、士三月，皆使其須足以容事，事足以容成，成足以容文，文足以容備，曲容備物之謂道也。”《禮記・雜記》亦曰：“士三月而葬。”因此，島田結論爲：雖然二十五月(再期)進行大祥，第二喪期便告終，但其餘哀未盡，故再延長兩個月，直到禫後完全除喪，並提出《禮記・檀弓上》“是月禫”原爲“中月禫”，後訛。

其次，竹倉二郎《三年喪の服喪期間に就いて》亦論服喪期限的問題。⑤他首先討論“禫”月，因爲《禮記・學記》“中年”和《禮記・喪服小記》“中一”應各釋爲“間年”“間一”，再加上《禮記・雜記》有“期之喪，十一月而練，十三月而祥，十五月而禫”，也在祥祭後隔一月進行禫祭，再加上漢代戴德《喪服變除》曰“二十五月大祥，二十七月禫”，《白虎通・喪服》《公羊傳・閔公二年》何休注亦同，故支持鄭玄二十七月禫祭説，上言島田鈞一採用此説。那麼，竹倉針對《禮記・檀弓上》“祥而縞，是月禫”如何解釋？關於此點，竹倉與島田不同，他引鄭玄《鄭志》所言：“祥謂大祥二十五月，是月禫，二十七月，非謂上祥之月。”對此表示同意。不過，關於喪期，衆多古代文獻與諸説明確表示喪期爲二十五月，如《荀子・禮論》和《禮記・三年問》曰：“三年之喪，二十五月而畢。”《公羊傳・閔公二年》亦曰：“三年之喪，實以二十五月。”因此竹

---

① 《儀禮注疏》卷43《士虞禮》，阮元校刻：《十三經注疏》，臺灣藝文印書館1955年版，第513頁。

② 杜佑：《通典》卷87《禮四十九》，中華書局1988年版，第2386頁。

③ 島田鈞一：《三年喪に就きて》，(日本)《斯文》第6號，1924年。

④ 《禮記・檀弓上》曰：“魯人有朝祥而莫歌者，子路笑之。夫子曰：‘由，爾責於人，終無已夫？三年之喪，亦已久矣夫。’子路出，夫子曰：‘又多乎哉！踰月則其善也。’”《禮記正義》卷6《檀弓上》，阮元校刻：《十三經注疏》，臺灣藝文印書館1955年版，第116頁。

⑤ 竹倉二郎：《三年喪の服喪期間に就いて》，(日本)《漢文學會學報》第3號，1935年。

倉還是支持王肅説。總之，竹倉主張喪期爲二十五月，以大祥告終，禫在除服之後，即喪期之外，另指出禫祭是在至親喪的喪期結束後，爲追憶死者所進行的祭祀。

“二戰”後，影山誠一、谷田孝之、栗原圭介三位日本學者的“喪服”研究較具代表性。

其一，影山誠一，主要著作有《喪服總説》。①此書由“序説”②“各説”“雜説”共三章組成，“雜説”收録《喪服篇の特異性について》③《宗族と喪服》《喪服殺法考》《喪服義例考(上、下)》④與《喪服立文考》⑤等，尤其在古代中國喪服研究上，除《喪服篇の特異性について》之外，《宗族と喪服》與《喪服義例考》二篇，較有參考價值。《宗族と喪服》一文，首先據毛奇齡《大小宗通釋》、萬斯大《宗法論》、程瑶田《宗法小記敘》、王國維《殷周制度論》以及広池千九郎《東洋法制史本論》等論宗法與宗族的見解，認爲：“大宗是離開諸侯、國君的系統而統括公子一群者……此百世不遷。……小宗，五世而遷。”⑥接着，他討論親族與家族，喪服所言的“親族”指互相稱爲同宗者的集團，同宗者群有同父者、同祖父者與同曾祖父者；“家族”則指親族中近親者共同生活的集合體，其範圍大概限於父子三世，並指出其特色有四：(1)各家族皆擁有姓氏；(2)由男系親屬繼承；(3)同姓不婚；(4)宗族由男系親屬結合，且嫡庶嚴分。最後分别論述服喪的原理、親等以及範圍。《喪服義例考》，影山首先在上篇

---

① 影山誠一：《喪服總説》，(日本)大東文化大學東洋研究所 1969 年版。

② “序説”原是影山誠一的論文《喪服概説(一)》，(日本)《大東文化大學紀要(文學部)》第 6 號，1968 年。後收入此書，第 1~26 頁。

③ 影山誠一：《喪服篇の特異性について》，(日本)《大東文化大學紀要(第 1 分册)》第 1 輯，1963 年。後收入氏著《喪服總説》，(日本)大東文化大學東洋研究所 1969 年版，第 152~175 頁。此文内容，請參閲拙著：《近百年來日本學者〈三禮〉之研究》，臺灣萬卷樓圖書股份有限公司 2016 年版，第 190~191 頁。

④ 影山誠一：《喪服義例考(上)》，(日本)《大東文化大學紀要(文學編)》第 2 輯，1964 年，後收入氏著《喪服總説》，(日本)大東文化大學東洋研究所 1969 年版，第 209~234 頁；《喪服義例考(下)》，(日本)《大東文化大學紀要(文學編)》第 3 輯，1965 年，後收入氏著《喪服總説》，(日本)大東文化大學東洋研究所 1969 年版，第 234~259 頁。

⑤ 影山誠一：《喪服立文考》，(日本)《大東文化大學紀要(文學編)》第 4 輯，1966 年。後收入氏著《喪服總説》，(日本)大東文化大學東洋研究所 1969 年版，第 259~275 頁。

⑥ 影山誠一：《喪服總説》，(日本)大東文化大學東洋研究所 1969 年版，第 186 頁。原文：“大宗は諸侯、國君の系統から離れ公子の一群を統括する者で……此は百世遷らないものである。……小宗は五世にして遷るのである。”此“遷”謂斷絶本家與分家之關係。

中針對《儀禮注疏》中的義例與服的名義(親服、名服、尊服、降服、加服、義服、報服、從服、不降服)一一加以詳細説明，並進而在下篇中製作“義例表”，以示唐代賈公彦疏、杜佑《通典》、《舊唐書・禮儀志》，宋代黃榦《服例》、楊復《儀禮圖》，清代盛世佐《更定圖》、江筠《讀儀禮私記》、張惠言《儀禮圖》、胡培翬《降正義服圖説》、李惇《群經識小》、吳嘉賓《喪服會通説》、夏炘《學禮管識》以及自説之異同。

其二，谷田孝之(1915年—)。谷田是広島文理大學漢文科出身，戰後受到當時広島大學池田末利教授的指導，發表了《絰の絞、散についての一考察——中國古代葬制論考の一》①《古代服喪者の頭髪處理について》②《古代喪服の辟領について》③《中國古代の服喪における深衣について》④《中國古代の喪における兼服について》⑤等。1961年谷田將上述成果總括成一書，出版了《中國古代喪服の基礎的研究》。⑥ 此後也陸續發表了與《喪服》有關的研究：《儀禮喪服篇に見える婦人不杖について》⑦《儀禮喪服を中心として觀た相續の次序について》⑧《儀禮喪服篇大功章大夫の妾の條について》⑨《儀禮

---

① 谷田孝之：《絰の絞、散についての一考察——中國古代葬制論考の一》，(日本)《哲學》(広島哲學會)第7集，1957年。

② 谷田孝之：《古代服喪者の頭髪處理について》，(日本)《日本中國學會報》第9集，1957年。

③ 谷田孝之：《古代喪服の辟領について》，(日本)《支那學研究》(広島支那學會)第22號，1959年。

④ 谷田孝之：《中國古代の服喪における深衣について》，(日本)《東方學》第19卷，1959年。

⑤ 谷田孝之：《中國古代の喪における兼服について》，(日本)《支那學研究》(広島支那學會)第24、25號，1960年。

⑥ 谷田孝之：《中國古代喪服の基礎的研究》，(日本)広島大學文學部中國哲學研究室1961年版；(日本)風間書房1970年版。再版時亦附録谷田孝之《禮經の儀禮主義——宗教學的考察》[(日本)広島大學文學部中國哲學研究室1965年版]，非常便利。

⑦ 谷田孝之：《儀禮喪服篇に見える婦人不杖について》，(日本)《哲學》(広島哲學會)第13集，1961年。後改爲《婦人不杖》，收入氏著《中國古代家族制度論考》，(日本)東海大學出版會1989年版，第351~364頁。

⑧ 谷田孝之：《儀禮喪服を中心として觀た相續の次序について》，(日本)《日本中國學會報》第15集，1963年。後改爲《儀禮喪服篇より觀た相續の次序》，收入氏著《中國古代家族制度論考》，(日本)東海大學出版會1989年版，第9~39頁。

⑨ 谷田孝之：《儀禮喪服篇大功章大夫の妾の條について》，(日本)《支那學研究》(広島支那學會)第30號，1965年。後收入氏著《中國古代家族制度論考》，(日本)東海大學出版會1989年版，第365~385頁。

喪服篇大功章に見える壓降服に關する一考察》①《中國古代喪服運用上における報について》②，等等。其中，谷田最有代表性的研究是《中國古代喪服の基礎的研究》，從宗教學、社會學的角度，透過研究禮文獻上所顯示的中國古代喪服制度，追究喪服的原初形態與意義，指出喪服原本只到殯便脱除，後來加以衰服、受服。他因此認爲，喪服變除的順序，不但與一個時代的喪葬過程相應，還與其變遷過程密切相關。至於喪服原初的意義，谷田指出喪服規定與日常生活具有相反性，如左右、内外與日常、非日常等，並認爲，這些喪服形制原本以回避(遠離)死者爲目的，後來衍生出社會標志的意義。

其三，栗原圭介有《古代中國の服喪制度と親屬稱謂》一文。③此文從文化人類學的角度探究喪服制度，他在喪服制度背後看出中國民族擁有尊崇宗廟的信念(原始心性)，又指出喪服結構以“己”爲中心。换言之，喪服以“己”爲基準來决定血緣的親疏。栗原進而討論親屬稱謂、“正名”等問題。他根據美國心理學者詹姆斯·黑爾曼(James Hillman，1926—2011年)的“樹木象徵”説④和法國漢學者汪德邁(Léon Vandermeersch，1928年—)的“系統樹”説，論述道：“恰似樹木的樹幹和樹枝、大枝和小枝，每一枝都作爲被個别化的一個單位，發揮各自的作用，而總括爲有機的統一體，構成親屬的小宇宙。”⑤栗原利用心理學、文化人類學的成果，筆者認爲這也是研究喪服的重要

---

① 谷田孝之：《儀禮喪服篇大功章に見える壓降服に關する一考察》，(日本)《広島文化女子短期大學紀要》第17卷，1984年。

② 谷田孝之：《中國古代喪服運用上における報について》，(日本)《広島文化女子短期大學紀要》第19卷，1986年。

③ 栗原圭介：《古代中國の服喪制度と親屬稱謂》，(日本)《漢學研究(日本大學中國文學會)》復刊第22、23合併號，1985年。

④ 栗原《古代中國の服喪制度と親屬稱謂》介紹詹姆斯·黑爾曼的看法(第27頁)。黑爾曼曾説：“樹木は人間的個我の、つまり、整合的、有機的統一體としての人間の自己感覺を現わす主要な象徵形體です。ユングをはじめ、多くの心理學者が、個々の人間的生命に對等するものとして、樹木象徵を使っています[樹木表示人的自我，即身爲整合、有機統一體的人之自我感覺的主要象徵形體。以榮格(Carl Gustav Jung)爲代表，許多心理學者作爲與各人生命對等之物而利用樹木象徵]。”井筒俊彦、James Hillman、河合隼雄：《ユング心理學と東洋思想》，(日本)《思想》第708號，1983年。

⑤ 栗原圭介：《古代中國の服喪制度と親屬稱謂》，(日本)《漢學研究(日本大學中國文學會)》復刊第22、23合併號，1985年，第29頁。原文：“恰も樹木の幹と枝との、また大枝と小枝との一枝ごとに個別化された單位として、機能し、それが有機的統一體となって、親屬の小宇宙を構成している。”

角度。

林巳奈夫《西周時代玉人像の衣服と頭飾》透過對西周玉人像的分析，討論其衣裳、市(韠)與頭部裝飾。① 此文論衣裳，首先指出西周玉人像所穿的衣領部分是見於《禮記・深衣》與《儀禮・喪服・記》的“方領”，故推測其衣服是喪服之一的“衰衣”。於是，他進而以西周玉人像爲線索重新檢討《儀禮・喪服・記》有關“衰衣”的部分和鄭注的内容，以厘清“衰衣”的原貌，並指出西周玉人像與《禮記・深衣》的記載幾乎一致。故推測《儀禮・喪服》與《禮記・深衣》成書於距離西周不遠的年代。

近年另有利用出土文獻進行的研究，如下倉涉《馬王堆漢墓出土の“喪服圖”をめぐって——秦漢時代の親族關係に關する若干の考察》。②他認爲“五服制度”一方面反映儒家理念，另一方面也基於當時社會的家族觀、親族觀。此文通過分析出土於馬王堆三號漢墓的《喪服圖》，厘清西漢初期的五服制度。姑且不論學界對《喪服圖》題言部分的兩種讀法，下倉關注《喪服圖》中的親族，與後代喪服圖相比有明確不同。他首先注意到高祖父與玄孫。在後代喪服圖中，對高祖父與曾祖父、曾孫與玄孫的服喪規定皆相同，是因爲《儀禮・喪服》從未規定。清水盛光(1904—1999 年)曾於此看出喪服制度的本質，即依《左傳・桓公六年》正義所引鄭玄説曰：“昏必三十而娶，則人年九十始有曾孫，其高祖玄孫無相及之理。”指出《儀禮》不涉及高祖父與玄孫之喪服，是因爲兩者皆不在“同時生存的最大可能範圍”内。③馬王堆《喪服圖》無高祖父與玄孫的規定，可印證清水的説法。故下倉認爲，在漢唐之間，五服制度從原初的吊唁死者的喪葬制度，演變爲父系倫理所貫通的親族集團秩序原理。其次，他發現後代《本族之圖》與馬王堆《喪服圖》雖在形式上相似，但兩者之間有所不同，尤其是本族與外姻的關係。賈公彦認爲，“舅—甥”關係“本非骨肉”(《儀禮・喪服》疏)，與此不同，東漢霍諝謂其舅宋光爲“骨肉”(《後漢書・霍諝傳》)。下倉指出馬王堆《喪服圖》載外甥爲“姊妹之子”，與霍諝的立場有相通之處，故認爲在漢代，本族含有“舅—甥”關係，並被當作“骨肉”之親來看待。最後，下倉在結論中點出，馬王堆《喪服圖》雖以父系爲中

① 林巳奈夫：《西周時代玉人像の衣服と頭飾》，(日本)《史林》第 55 卷第 2 號，1972 年。

② 下倉涉：《馬王堆漢墓出土の“喪服圖”をめぐって——秦漢時代の親族關係に關する若干の考察》，(日本)《歴史と地理》第 708 號，2017 年，圖在卷頭第 1 頁。

③ 詳請參清水盛光：《支那家族の構造》，(日本)岩波書店 1942 年版，第 86~88 頁。

心，但也保持了先天性血緣關係，即當時“本族”的範圍，故馬王堆《喪服圖》可稱爲“本族喪服圖”。

以上談到早期日本學者關於喪服的研究成果，都非常細膩，從現代的角度來看也毫不遜色，研究喪服者不得不參考。另外，專論後代喪服制度的研究，有藤川正數的一系列成果，例如，《魏晉時代における喪服禮説に關する一考察》《隸釋を資料とする喪服禮の研究》《魏晉時代における喪服禮の研究》與《漢魏時代，屬吏が長官のためにする喪服制について》。①神矢法子也有《漢晉間における喪服禮の規範的展開——婚姻習俗“拜時”をめぐって》《禮議にみる夫權—父權、妻—母の地位、子の義務——漢の夫婦再會譚から晉の“母”をめぐる喪服禮議へ》《“母”のための喪服——中國古代社會に見る夫權—父權、妻—母の地位、子の義務》等系列成果。②永田知之的《唐代喪服儀禮の一斑——書儀に見える“禫”をめぐって》,③ 以及其他學者論著，均值得參考。

小 結

以上，本章對近代以來日本學者關於吉禮和凶禮的研究成果作了梳理和簡述。本章論述當然不可能完整，會有不少遺漏，但是，筆者希望中文學界的讀者通過以上所論，能夠瞭解日本學界關於中國儀禮研究的一端。

日本學界當然還有不少與儀禮及禮制相關的研究，尤其在探討王權與禮制、儀禮的關係方面，多有系統性的成果，如渡邉信一郎(1949 年—)《天空の

---

① 藤川正數：《魏晉時代における喪服禮説に關する一考察》，(日本)《日本中國學會報》第 8 集，1956 年；《隸釋を資料とする喪服禮の研究》，(日本)《香川大學學藝學部研究報告(第 1 部)》第 11 號，1958 年；《魏晉時代における喪服禮の研究》，(日本)敬文社 1960 年版；《漢魏時代，屬吏が長官のためにする喪服制について》，(日本)《香川大學學藝學部研究報告(第 1 部)》第 15 號，1962 年。

② 神矢法子：《漢晉間における喪服禮の規範的展開——婚姻習俗“拜時”をめぐって》，(日本)《東洋學報》第 63 卷第 1、2 號，1981 年；《禮議にみる夫權—父權、妻—母の地位、子の義務——漢の夫婦再會譚から晉の“母”をめぐる喪服禮議へ》，(日本)《歷史學研究》第 644 號，1993 年；《“母”のための喪服——中國古代社會に見る夫權—父權、妻—母の地位、子の義務》，日本圖書刊行會 1994 年版。

③ 永田知之：《唐代喪服儀禮の一斑——書儀に見える“禫”をめぐって》，(日本)《敦煌寫本研究年報》創刊號，2007 年。

玉座——中國古代帝國の朝政と儀禮》、①岡村秀典(1957 年—)《中國古代王権と祭祀》、②金子修一《古代中國と皇帝祭祀》和《中國古代皇帝祭祀の研究》③等，均值得注目。然而，因爲筆者能力不足和篇幅所限，很遺憾無法在本章中詳細介紹這些研究内容，請讀者自行參閲。

日本學者不僅延續經學的脈絡，也引進了近代西方學術的新方法——文字學、民俗學、民族心理學、宗教學、考古學、經濟學等，從各個角度進行踏實的研究。姑且不論他們研究之是非，然而必須肯定，不少成果至今尚未失去參考價值，尤其是池田末利、赤塚忠、谷田孝之、影山誠一、藤川正數、林巳奈夫以及小南一郎等人的研究。另外，新一代的研究者在近年也陸續出現，如末

---

① 渡邉信一郎：《天空の玉座——中國古代帝國の朝政と儀禮》，《叢書：歷史學と現在》，(日本)柏書房 1996 年版。關於此書的評介，可參看小嶋茂稔：《渡邉信一郎著〈天空の玉座——中國古代帝國の朝政と儀禮〉》，(日本)《史學雜誌》第 106 編第 1 號，1997 年；金子修一：《渡邉信一郎〈天空の玉座〉》，(日本)《歷史學研究》第 700 號，1997 年；小林聰：《渡邉信一郎著〈天空の玉座——中國古代帝國の朝政と儀禮〉》，(日本)《歷史評論》第 583 號，1998 年；坂上康俊：《渡邉信一郎〈天空の玉座——中國古代帝國の朝政と儀禮〉》，(日本)《日本史研究》第 437 號，1999 年。

② 岡村秀典：《中國古代王権と祭祀》，(日本)《考古學研究》第 46 卷第 2 號，1999 年。關於此篇的評述，有中村慎一：《岡村秀典著〈中國古代王権と祭祀〉》(書評)，《考古學研究》第 53 卷第 3 號，2006 年；山元宣宏：《岡村秀典著〈中國古代王権と祭祀〉》(書評)，《古代文化》第 60 卷第 1 號，2008 年。岡村另有：《中國文明——農業と禮制の考古學》[《學術選書》36——シリーズ：諸文明の起源 6，(日本)京都大學學術出版會 2008 年版]一書。關於此書，有許宏著、向井佑介譯：《岡村秀典著〈中國文明——農業と禮制の考古學〉》(書評)，《史林》第 92 卷第 3 號，2009 年；杉本憲司：《岡村秀典著〈中國文明——農業と禮制の考古學〉》(書評)，《日本考古學》第 28 號，2009 年；下田誠：《岡村秀典著〈中國文明——農業と禮制の考古學〉》(書評)，(日本)《歷史評論》第 716 號，2009 年。

③ 金子修一：《古代中國と皇帝祭祀》，(日本)汲古書院 2001 年版。此書有中文版，肖聖中、吳思思、王曹傑譯：《古代中國與皇帝祭祀》，復旦大學出版社 2017 年版。關於此書，有新城理惠：《金子修一著〈古代中國と皇帝祭祀〉》(書評)，(日本)《唐代史研究》第 5 號，2002 年。金子修一：《中國古代皇帝祭祀の研究》，(日本)岩波書店 2006 年版。此書有中文版，徐璐、張子如譯：《中國古代皇帝祭祀研究》，西北大學出版社 2018 年版。關於此書的書評，有一些書評和新書介紹，例如，小島毅：《金子修一著〈中國古代皇帝祭祀の研究〉》，(日本)《國學院雜誌》第 108 卷第 7 號，2007 年；金子由紀：《金子修一著〈中國古代皇帝祭祀の研究〉》，(日本)《唐代史研究》第 10 號，2007 年；藤森健太郎：《金子修一〈中國古代皇帝祭祀の研究〉》，(日本)《歷史學研究》第 851 號，2009 年；笠松哲：《金子修一著〈中國古代皇帝祭祀の研究〉》，(日本)《洛北史學》第 9 號，2007 年。

永高康、江川式部、佐藤信彌、[1] 古橋紀宏、新田元規等，而且他們已經有了相關研究成果，將來值得留意和交流。

---

① 佐藤信彌：《西周期における祭祀儀禮の研究》，（日本）朋友書店 2014 年版。作者未詳：《佐藤信彌著〈西周期における祭祀儀禮の研究〉》（古文字學研究文獻提要），（日本）《漢字學研究》第 4 號，2016 年；松井嘉德：《佐藤信彌著〈西周期における祭祀儀禮の研究〉》（書評），（日本）《東洋史研究》第 75 卷第 4 號，2017 年。

第十一章　英文學界的禮學研究

在中文學術傳統中，禮學研究是學界長期關注的重要課題。因爲禮學不僅與中國經典和中國文化的核心内涵密切相關，還貫穿了傳統中國學術史與思想史的發展脈絡。從先秦秦漢的儒家經典到清代的乾嘉禮學研究，廣義的禮學研究的範圍大致包括禮經、禮制、禮儀、禮俗、禮法等多個分支領域。對禮學的各學術分支進行細部研究和探討，有助於我們深入思考禮制、禮儀與政治文化、學術思想和社會民俗之間的關係，而海外的英文學術界有關禮學尤其是中國禮學研究的内容，也逐漸成爲禮學研究者關注的對象，有助於我們從不同的角度思考中國禮學的本質特徵，探索未來的研究方向。

近年來，隨着中西方學術交流的增加，海外的中國學研究也開始展現出對禮學領域的興趣與關注。本章將從西方自身學術傳統中有關儀式的研究切入，重點介紹英文世界中禮學理論和中國禮學的代表性研究者及其著作，以期對西方禮學研究的概貌作一初步的嘗試性探索。

第一節　西方學術傳統中的儀式研究

在西方的宗教學、社會學和人類學研究中，與中文學術話語傳統中的禮學相對應的概念大概有 ritual，rite，etiquette 和 ceremony。中文中的"禮"既可以指西方宗教學研究範式中的儀式（ritual），又包含社會學意義上的禮節、禮俗等概念。在現當代的西方學術傳統中，通常用"ritual"來表述儀軌層面上的禮，用"rite"表述禮俗或具體實踐的儀式活動。

儀式作爲一個分析性的詞語，對宗教學和人類學的學科發展産生了深遠的影響，而學者們對儀式的解讀，亦十分多元。例如，法國人類學家涂爾干（Emilie Durkheim）曾提出，儀式是宗教信仰中最爲核心的體系，而宗教"就是一整套與神聖事物相關的信仰和儀式活動”①。阿薩德(Talal Asad)則認爲，儀式“被看做規範化行爲的一個類型，它象徵或表現了某種東西，而且由此個人意識和社會組織形成了不同的聯繫”②。儀式，既是宗教起源研究中的核心概念，也是心理學的精神分析領域常見的主題之一。同時，儀式的社會功能性也是西方文化學研究中的一個討論重點，並在近年來結合了殖民主義、跨文化研究等學科，被廣泛地應用在各個層面的社會文化研究中。

西方對儀式研究的早期階段中，强調的是儀式在原始宗教的形成和傳播中所扮演的重要角色。而“原始宗教”本身，就是一個在19世紀較爲流行的學術概念，其基本假設是“蒙昧、野蠻與文明”的二元論對立。流行自然崇拜，應用巫術儀式的是原始氏族，而隨着人類的進化發展，進入文明階段的社會則不再流行巫術和泛靈信仰。由於其濃重的歐洲文明中心論色彩，“蒙昧、野蠻與文明”這一二元系統在後來的西方學術體系中被嚴厲批判並逐漸被摒棄。然而，19世紀學術傳統中對儀式的研究取向仍然爲現代的儀式研究奠定了理論基礎。

自20世紀60年代以來，許多西方宗教學家和人類學家開始對儀式在學術史中的構建作出反思，並將儀式研究從原有的研究範疇中進行擴展。20世紀的儀式研究不再拘泥於二元的結構主義視角。以法國社會學家布林迪厄(Pierre Bourdieu)爲代表的後結構主義學派提出，結構是不能夠充分地解釋歷史變化的。而對儀式的研究，也應當跳出刻板的社會功能主義框架，將儀式作爲一種文化實踐進行研究。與19世紀的人類學家相比，後結構主義學者們往往更重視儀式是怎樣去展示文化模式的，並更加關注社會關係的政治屬性。在馬克思主義的影響下，學者們不再將儀式看做對固有社會結構的複製，而是一種對原有社會權力秩序積極進行挑戰和應變的中心活動。儀式作爲一種普遍的文化實踐，在複雜的社會權力關係網下推動了歷史事件的發展，並不斷地對已有文化價值進行新的界定。

在20世紀後結構主義思潮下對儀式研究的反思和發展中，以美國歷史學家喬納森·史密斯(Jonathan Smith)、人類學家大衛·科澤（David Kertzer)，和宗教學家凱薩琳·貝爾(Catherine Bell)爲代表的學者對儀式這一學術概念進

① 涂爾干:《宗教生活的基本形式》，渠東、汲喆譯，上海人民出版社2006年版，第39頁。

② Talal Asad: *Genealogies of Religion: Discipline and Reasons of Power in Christianity and Islam*. Baltimore and London: Johns Hopkins University Press, 1993.

行了重新的定義，並進一步擴展了儀式研究的内涵，對不同文化傳統中的儀式特點作了分析和詮釋，爲當代的儀式研究奠定了基礎。同時，這三位學者的著作也分别體現出了歐美學界人類學、歷史學和宗教學三門學科的理論研究方法和趨勢。通過對三位學者代表性研究著作的回顧分析，我們可以對西方儀式研究的體系和脈絡略知一二。

在上述三位學者中，史密斯構建並還原了宗教學和儀式研究的歷史，並對兩者的學術關聯作出了梳理。史密斯既是西方當代宗教學界的泰斗之一，也是古希臘史研究領域的專家。他早年在耶魯大學取得了宗教史的博士學位，隨後在芝加哥大學執教多年。史密斯的學術研究範圍極爲廣泛，包含了早期基督教發展史、希臘宗教和比較宗教學研究等多個研究方向。在對宗教學學術史的梳理中，史密斯指出，英文中的宗教一詞"religion"的詞義並非是一成不變的，而宗教一詞内涵的變遷與歷史上儀式在宗教中所扮演的角色的演變息息相關。在其著作《宗教、宗教們和宗教的》(*Religion*, *Religions*, *Religious*)一書中，史密斯提出，宗教的現代含義是在十七十八世紀形成的。① 此前，宗教一詞更加强調人對於外在於自己的神，或某種外在力量的主觀態度和感知。而在十七十八世紀之後，由於理性主義和啓蒙時代的到來，歐洲知識界對宗教的定義更加注重其作爲信仰和實踐體系的屬性。當宗教被具體化和系統化成爲一個信仰與實踐體系後，宗教中的教義和儀式就成爲至關重要的兩個分析和研究的對象。在其1980年發表的論文《論儀式的基本事實》(The Bare Facts of Ritual)中，史密斯對儀式研究中的關鍵問題作了反思。② 首先，史密斯提出了宗教研究中的聚焦點理論：在神學中，奇跡事件的發生地點(教堂、廟宇等)往往被認爲是具有特殊意義的，並成爲神聖體驗中的聚焦點。通過聚焦點(廟堂這類空間)，其他的干擾和無關事件被減少了，只剩下人與神之間常規化、重複性的溝通交流。而人與神之間常規化、重複性的交流進一步爲廟堂這一空間賦予了神聖的含義。换而言之，神聖性本身並不是一個獨立而自發存在的天然屬性，而是通過人爲的儀式參與逐漸形成的。

史密斯進一步提出，與以人類學家弗雷澤的代表作《金枝》爲代表的人類學理論不同，儀式本身並非由原始社會中人們對交感巫術(sympathetic magic)

---

① Jonathan Smith: *Religion*, *Religions*, *Religious*. in Mark Taylor ed. *Critical Terms for Religious Studies*. Chicago: University of Chicago Press, 1998, pp. 269-284.

② Jonathan Smith: The Bare Facts of Ritual. *History of Religions*, 1980 (20), pp. 112-127.

的相信而衍生出來的，而是一種策略性選擇的結果。史密斯通過對西伯利亞獵熊儀式的表述的分析發現，儀式的叙述者往往在描述儀式時採取了理想化的表達，並非是完全真實地還原出儀式過程本身。儀式的本質是創造出一種變數(各種意外)可以被完全控制的環境，而非出於人們對交感巫術效力的相信。史密斯認爲，儀式在宗教學研究中扮演了聚焦點的角色，爲我們揭示出了宗教傳統中人們戰略性構建的空間。换而言之，儀式並非人們内心信仰的真實外在體現，而是一種展現人們對“應當發生的過程”的認知的管道。

史密斯從宗教史的角度對儀式的本質作出了闡述，挑戰了此前結構主義思潮中將儀式作爲原始宗教核心象徵的觀點。在史密斯 1987 年出版的著作《發生：走向儀式的理論化》(*To Take Place：Toward Theory in Ritual*)中，史密斯强調了環境、場所和空間在儀式的形成與實踐中所扮演的重要角色。史密斯將神聖性(sacrality)、空間和儀式聯繫起來，對儀式作出了重新定義：“儀式，首要的是，一種專注的模式。”而場所之所以是我們理解儀式的本質的關鍵是因爲“儀式的基本構成要素就是場所，場所引導了我們的注意力”①。史密斯的著作既重新定義了人類學意義上的儀式，也建立了儀式在宗教史研究中的核心地位。

史密斯對儀式的反思和重新定義也帶動了其他學者們對儀式的思考。布朗大學歷史學和人類學大衛·科澤(David Kertzer)教授於 1989 年出版了《儀式、政治與權力》(*Ritual*, *Politics*, *and Power*)一書，對政治儀式進行了詳細探討。《儀式、政治與權力》一書是第一本真正意義上研究政治儀式的理論性專著，主要解釋了儀式爲何從古至今都是政治生活中關鍵的一部分。② 科澤旁徵博引，帶領讀者翱翔於全球不同國家和地區的歷史時空中，比如，解析了墨西哥的阿兹特克、蘇聯、法國大革命在内的里程碑式政治事件中儀式的含義及其影響。科澤認爲，當代政治學過於强調理性人的政治模型，以經濟學的實證研究方法爲主，忽視了類似權力、國家等抽象概念是如何被普通人理解這一核心問題。在這一問題的基礎上，作者提出，政治家是通過儀式和象徵體系將政治學上的抽象概念具體化的。在其論述中，科澤揭示了儀式在政治生活中的普遍性，並將儀式定義爲一種體現社會規範的，重複性的象徵行爲。作者同時指出，儀式通過對標準化的程式在特定時間和空間佈置下的重複操演，維持了已

---

① Jonathan Smith：*To Take Place：Toward Theory in Ritual*. Chicago Studies in the History of Judaism. Chicago：University of Chicago Press，1992.

② 大衛·科澤：《儀式、政治與權力》，王海洲譯，江蘇人民出版社 2015 年版。

有秩序，並暗示了世界經驗的穩定性。然而，儀式並非只是起到了維護現有政治秩序的作用，儀式本身也可以被用來顛覆權力。儀式並非一成不變的，儀式在心理層面上具有煽動性和刺激性，可以促使人們接受新的政治觀念，達到高度致幻的群體心理作用。而儀式在權力的爭奪顛覆過程中所起的主導作用也從側面證明了儀式並非是一成不變的，要想顛覆已有的社會權力動態，儀式必須在不完全拋棄傳統的基礎上實現一定程度上的創新。而這種創新並非憑空而來，通常來説，在政治爭奪中，政治力量會對原有的儀式模式進行借鑒和移植，並爲已有的象徵體系賦予新的含義，從而達到顛覆原有政治體系的目的。

科澤的《儀式、政治與權力》一書將儀式這一脱胎於人類學的概念巧妙地應用到了政治學的分析框架中，並用全球各地不同政治模式的實例進行佐證，精確地解讀了政治權力的延續與顛覆的模式。作者不僅從宏觀的理論角度對政治儀式進行了功能性的分析，還綜合應用了民族志分析、文化研究和群體心理學等跨學科的方法對政治儀式作出全面的辨析，真正意義上實現了對儀式研究的跨學科拓展。

除了史密斯，科澤等學者從人類學視角對儀式的解讀之外，歐美學術界在近二十年間還湧現出了一批從地域研究的角度進一步拓展儀式研究的學術意義的學者。其中，美國宗教學家貝爾對禮學理論和中國禮學的研究最爲突出。貝爾於芝加哥大學取得宗教史的博士學位，之後在加州的聖克萊拉大學宗教學系任教。貝爾於 1992 年出版了其第一部研究儀式理論的專著《儀式理論與儀式實踐》(*Ritual Theory*, *Ritual Practice*)。隨後，貝爾在 1997 年出版了第二部著作《儀式：研究視角與維度》(*Ritual*: *Perspectives and Dimensions*)。貝爾的兩部專著不僅對儀式研究的學術流派進行了前所未有的系統性梳理，還指出了西方學術傳統中儀式研究所存在的弊端，以中國的禮學傳統和本土宗教儀式研究爲切入點，對現存的西方儀式研究領域進行了拓展。

在《儀式理論與儀式實踐》一書中，貝爾指出，以涂爾干、列維斯特勞斯等人類學家爲代表的學術傳統將儀式視爲一種將信仰與行爲進行結構性整合的框架，而儀式的目的是創造出集體性的信仰或典範，並進一步幫助社會形成想象的共同體。然而，貝爾認爲，涂爾干等人的儀式理論缺乏具體的文化語境下的分析，也没有將人性的雙重性納入考慮範圍。與其堅持儀式本身建立在信仰和行爲的二元結構之上，不如説儀式不僅僅是行爲，也是信仰與行爲的融合，這就體現出了儀式參與者同時作爲演員和思考者的雙重身份。貝爾進一步提出，儀式本質上可以被視作“文化表演”的一種，是一種被“戲劇化”了的行爲。

基於對不同文化語境中儀式的文化學分析，貝爾提出，儀式不僅建立了人與神明之間的溝通，還進一步打開了人與人之間溝通的管道。在人類學的儀式解讀中，行爲從屬於信仰，身體從屬於思想。貝爾基於對中國宗教及思想的研究，提出了身體並不僅僅是一個物質性的軀體，還是儀式參與的主體。①

難能可貴的是，通過對中國民間信仰宗教儀式的細緻觀察，貝爾在《儀式：研究視角與維度》中對儀式提出了六分法的學術框架，分別爲：過渡儀式、曆法儀式、交换和共用儀式、磨難儀式、宴會/進食與節日儀式、政治儀式。六分法框架的建立在西方宗教學界産生了極大的反響，它從宏觀的角度對儀式的本質作出了闡述。②

史密斯、科澤和貝爾是近年來西方儀式研究中最具影響力的三位學者。他們不僅梳理了西方人類學傳統中的儀式研究歷史，還從文化研究的角度以詳實的案例分析對儀式的本質進行了探討，挑戰了 20 世紀結構主義人類學對信仰與儀式的二分法研究範式。除了對儀式理論層面上的辨析之外，西方學術界還湧現出了一批將儀式置於具體的地域文化語境中進行研究的學者。這其中，東亞語言文化學科對中國禮學的探討吸引了很多學者的參與。接下來，將從中國禮學的理論探討、中國禮學的主要領域和禮學研究的多元視角三個方面展開，爲讀者呈現西方（主要是英文學界）有關中國禮學研究的代表性的著作和思想。

第二節　對中國禮學的理論探討

如上節所論，儀式研究在現當代人類學和歷史學等人文學科的發展中起到了重要作用。然而由於學術交流的局限性，在相當長的時間内，傳統西方學術話語中都没有給予中國本土的禮文化足夠的關注。西方傳統禮儀研究的專家對中國的瞭解不夠，而專門研究中國的漢學家又未必對禮學這一分支領域有集中的關注，或是其自身對西方禮學的研究不夠熟悉。這種互相不瞭解的狀態直至最近二十年才逐漸有所打破。哈佛大學的普鳴（Michael Puett）教授是西方學者中試圖將中國的禮學思想理論化，並努力將中國禮學和西方人類學、哲學理論

---

① Catherine Bell：*Ritual Theory*，*Ritual Practice*. Oxford：Oxford University Press，1992.

② Catherine Bell：*Ritual*：*Perspectives and Dimensions*. Oxford：Oxford University Press，1997.

形成對話所作嘗試最多的學者。普鳴的研究思路的獨特之處在於他不僅僅是把人類學的理論單向地應用到中國的禮學研究中，而是嘗試發掘和呈現出中國禮儀傳統中的自身的理論思考模式，並使它與現代西方文化學領域中的許多問題對接起來。就其總體思維特徵來看，他的研究理路大概屬於形式主義與結果論的功能派二者的結合。

首先總結一下普鳴對中國禮學中最重視的一些文本及據此闡發的有關概念，它們分別是：《禮記·禮運》所反映的古代自然與世界觀；《論語·八佾》中提到的"祭如在"的儀式場景感；《荀子》"聖人化性而起僞，僞起而生禮義"中的"僞"的觀念與現代理論中"禮"的表演功能的比較；另外還有《禮記》中的《祭義》《檀弓》等有關喪葬和祖先祭祀的篇章。他的許多理論創發大多基於上述文本。

最能集中反映普鳴觀點的兩本書，分别是他和另外三位人類學家及宗教學者合編的《儀式及其結果：兼論"誠"的有限性》，還有他更早期的專著《"作"的矛盾：中國古代關於創造與技藝的争論》(*The Ambivalence of Creation*: *Debates concerning Innovation and Artifice in Early China*)①。本章後附英文漢學界禮學研究文獻中所列出的普鳴教授的其他論文，大多是以這兩本書中的觀點作爲基礎而展開的。下文從兩個主要方面總結普鳴教授關於中國禮學的思考。

一、"斷裂"的宇宙觀與"禮"的功能

所謂"斷裂"的宇宙觀是普鳴對於中國古代世界觀和宇宙觀的獨特認識，這裏的"斷裂"意指自然與社會的不連續、無序的狀態，以及人與自然之間不和諧的關係。乍看起來，這種提法有些莫名其妙，其實普鳴是針對西方世界自耶穌會士以來即普遍流行的關於"東方社會"(oriental) 的固有看法，即認爲中國長期維持一種"前現代"的停滯和迴圈的發展模式，傳統中國的社會與宇宙自然是同構的、連續的，並且保持和諧一致的運行狀態。這一認知模式在禮學領域所帶來的結果則是，我們一般所熟悉的大部分現代禮學研究的理論都是從"和諧"的角度來看待禮儀，認爲禮儀的功能就是爲了達到現實世界的和諧。這一理論模式從更深層來看，正是把禮儀作爲一種前現代社會的産物來看待的結果。把禮儀視作傳統社會下集體主義世界觀的産物，這一世界觀與强調個人主義和自主性的現代社會形成對比。這種對比帶來的差異也讓現代社會的人們

---

① Michael Puett: *The Ambivalence of Creation*: *Debates concerning Innovation and Artifice in Early China*. Stanford: Stanford University Press, 2001.

意識到傳統的禮儀可以在現代社會發揮價值，以彌補過度强調個人主義所帶來的現代性的缺失。①

普鳴反對這一常見的理論模式。他認爲，所謂的作爲傳統社會産物、代表“和諧”的禮儀是一種錯覺，“和諧”只存在於儀式的表演者在特定場景所創造的短暫瞬間。並且正是因爲世界從根本上來説是無序且不和諧的，才有必要不斷地進行儀式表演。他認爲中國古代對於人和自然以及人類社會的關係的認識，不是近代的理論家和文化學者所想象的天然的和諧狀態，被人類改造之前的自然總體上來講遍佈各種危害人類自身的存在，而人與人之間的關係也被個人私欲和天然情感所充斥而滿是負能量。舉個簡單的例子，中國古人認爲“鬼”的主要來源就是人死去之後的陰氣未能得到妥善的安置，而成爲無序的存在進而危害到活人的世界，這是一種普遍的狀態。通過對《禮記・檀弓》所記載的從人剛死後的處置方式，從安葬再到最終完成一系列祭祀活動的分析，他指出喪葬和祭祀禮儀就是讓這種本來有可能出現的人鬼雜處的混亂狀態重新變爲有序的方式，他特别重視這一篇中所提到的多次儀式轉换所帶來的參與者之間身份的變化，比如從最開始的死者的親人（這時應當表達自己悲痛的情感）到成爲死者的孝子孝孫（要適當節制悲痛情感的表達，轉而作爲祭祀的提供者），最終的結果是使死去的人和尚在世的人之間通過一系列的儀式確認爲祖先和後嗣的關係。② 這一確認的過程非常重要，如果不能有效地完成，死去的親人不僅不會變成庇佑子孫的祖先，反而會成爲危害活人的“惡鬼”。對於那些不能歸入祖先序列的鬼則要以其他的方式確認他們爲“神”。

但是從根本上而言，人類的這些努力只是有限的，理想中的和諧狀態永遠只存在於儀式場景的短暫瞬間。祖先是一種人爲的建構，這種建構是爲了活着的人的生存保障，以免遭受鬼的攻擊和無度索取。並且正是因爲禮儀效果的短暫性和有限性，所以才需要不斷地舉行各種儀式活動，以對抗本質上充滿矛盾和無序力量的世界，這是一個永遠没有止境的工作。③ 他認爲以往的理論框架

---

① Michael Puett：Ritual and the Subjuncitve，in Adam B. Seligman，Robert P. Weller，Michael J. Puett，and Bennett Simon ed.：*Ritual and Its Consequences*：*An Essay on the Limits of Sincerity*. Oxford：Oxford University Press，2008，p. 30.

② Michael Puett：Ritual and Ritual Obligations：Perspectives on Normativity from Classical China. *The Journal of Value Inquiry*，2015，49（4），pp. 543-550.

③ Michael Puett：Ritual and Ritual Obligations：Perspectives on Normativity from Classical China. *The Journal of Value Inquiry*，2015，49（4），p. 548.

的誤解在於，首先把中國古代視爲重視“孝”和祖先的社會，祖先理所當然地庇護子孫而子孫也發自内心地敬重祖先，這種認識其實是把人們通過複雜的禮制行爲努力想要達成的理想結果當成了預設的前提。所謂的“斷裂性”還體現在，禮儀活動的參與者實際上清楚自己在這一短暫場域中所扮演的角色與現實世界中是有差别的，正如“尸”的角色常常由幼童充當祭祀人的父祖的角色。這與他們在現實世界的實際身份是相反的，因爲這是一種訓練自己以適當的方式與他人和外界相處的方式。儀式的參與者(包括圍觀者)不是通過體會和熟悉一種本來就和諧的相處模式而掌握禮，與之相反，人們通過體驗一種充滿緊張關係和張力(比如，父子角色顛倒)的禮儀環境，而學會如何在日常生活中以恰當的方式應對同等程度甚至更强的矛盾。① 古代的禮儀制作者和實行者其實内心都很清楚，世界根本上並不以和諧的方式運行。儀式參與者的這種“意識”也和普鳴教授的另一個理論預設，即禮儀活動中有關“誠”的問題緊密相關，我們將在接下來展開。

二、“如在”(as if)的場景和“誠”(sincerity)的有限性

普鳴的研究特點還在於他擅長將單個學術問題和宏大的思想背景聯繫起來，就“誠”的問題來看，他指出西方的禮學理論對“誠” 的重視其實是根源於西方歷史上基督教、尤其是新教的傳統。而這一特定歷史傳統下産生的禮學理論，並不一定適用於其他文明和社會。

在《儀式及其結果：兼論“誠”的有限性》一書中，普鳴教授的主要觀點是，在禮儀活動中，儀式參與者内心的“誠”不僅不是必要的，甚至可能是矛盾的。他認爲，禮儀活動本質上應該是表演性質的、可重複操作的、虚擬性(subjunctive)的，並且是社會性的，而所謂的“誠”是對個人内在性的要求，這二者根本上是存在矛盾的。儀式活動不是要達成客觀意義上的“真實”(true)，但這也並不意味着它的目的是要欺騙，而是要把所有參與者帶入一種虚擬的場景中，禮儀的功能不是在於讓人們相信，而是讓人們體會。最重要的是過程，禮儀活動的主要意義和功能都在儀式的過程中得以實現，而在這一過程中，個人内心的活動是無關緊要的，重要的不是參與者怎麼想，而是他們怎麼做。禮儀活動也不是要通過外在活動的形式來達到内心的確信，而是通過不斷重複的儀

---

① Michael Puett：Ritual Disjunctions：Ghosts，Anthropology，and Philosophy，in Veena Das，Michael Jackson，Arthur Kleinman，and Bhrigupati Singh ed.：*The Ground Between*：*Anthropologists Engage Philosophy*. Durham：Duke University Press，2014，pp. 219.

式環節，達成對世界的建構。①

因此，禮儀並不需要像一些宗教禮學家所要求的"誠"，它的意義在於整個禮儀儀式各環節的完成和不斷的重複，"虛擬的"才是重要的。以日常生活中的場景爲例，即使是關係親密的家庭成員之間，也有必要維持一定程度的禮節，比如，要適當使用一些禮貌用語和表達愛的語言，當這樣表達的時候，内心的想法是不重要的。無心的日常禮貌用語雖然不會增加家庭成員之間的愛和信任，正如不這樣做也不會帶來家庭成員間的不信任。但這些禮節卻能有效地消除各成員之間日常的小的衝突和矛盾。禮儀讓人們能夠帶着界限感生活並維持一定的模糊地帶，但是對誠的要求卻有可能導致剥奪人的自主性（正如許多前現代的宗教那樣），這樣的結果反而違背了一開始創設禮的初衷。所以普鳴提出，最重要的是禮儀活動中虛擬性的儀式場景，並借由這一場景創造出的秩序空間。而理想的結果是讓人最終能夠以符合禮儀精神的方式自然地應對從未出現過的新情境，而不是像過去的禮儀詮釋者所認爲的，必須基於一種發自内心的真誠，或者是通過儀節的規訓達到内心的真誠。就這一意義來講，禮儀不是對個人自主性的限制，而是在一個更高的層面上實現人的自主性。普鳴的著作視野宏闊，常常跨越歷史學、人類學和宗教學的界限，書中所舉的例子也各式各樣，從嚴肅的民族志材料到玩笑和遊戲理論，包羅萬象且俯拾成趣。②

如前所述，普鳴的著作，在内地已出版中文版。其《成神——早期中國的宇宙論、祭祀與自我神化》一書，③ 全書共分八章。即第一章"神靈的人格化"（中國青銅時代晚期的祭祀與占卜）、第二章"獲取神力"（公元前4世紀自我神化説的興起）、第三章"接受上天的秩序"（莊子與孟子的人與神）、第四章"'一'的後裔"（戰國晚期的關聯性宇宙論）、第五章"神之登天"（解脱、神遊與天遊）、第六章"神權統治"（秦與漢初帝國的有神論、擬神論及巫術）、第七章"經營宇宙"（《淮南子》中的人格之神與擬神之人）、第八章"治世之祭"（西漢的神聖王權與人間王權）。從這些内容即知，其禮制研究是哲學、人類學、宗教學等多種元素的綜合。

---

① Michael Puett: Ritual and the Subjuncitve, in Adam B. Seligman, Robert P. Weller, Michael J. Puett, and Bennett Simon ed.: *Ritual and Its Consequences: An Essay on the Limits of Sincerity*. Oxford: Oxford University Press, 2008, p. 24.

② 除了正文中提到的著作外，Michael Puett 的其他著述見本章後附録。

③ 普鳴：《成神——早期中國的宇宙論、祭祀與自我神化》，張常煊、李健芸譯，李震校訂，生活·讀書·新知三聯書店 2020 年版。

與普鳴的思路類似的是，宗教學家 Michael Ing（吳榮桂）也對禮的社會功能作出了探討。吳榮桂畢業於哈佛大學東亞研究系，現任印第安那大學宗教學系副教授，主要研究方向爲禮學、宗教理論、倫理學與儒家文化。Michael Ing 於 2012 年和 2017 年分別出版了兩本專著，即《早期儒家中禮的功能性缺失》（*The Dysfunction of Ritual in Early Confucianism*）和《早期儒家思想中操守的脆弱性》（*The Vulnerability of Integrity in Early Confucian Thought*）。這兩本專著通過對禮記等關鍵文本的閱讀，從倫理學及哲學的角度對早期儒家思想作出了新穎的解讀。

其中，《早期儒家中禮的功能性缺失》一書對禮學的研究最爲集中。作者在書中提出並探討了一個關鍵性的問題：儘管禮在早期儒家思想中被認爲是維護社會秩序的關鍵，禮的社會功能存在着潛在的不確定性（作者將這一現象稱爲“禮的功能性缺失”）。換言之，禮並不一定能夠創造並維護完美的社會秩序。那麼，《禮記》的作者們是怎樣面對和回應這種不確定性的？吳榮桂認爲，禮制中潛在的功能性缺失並没有削弱早期儒家學者們對禮的信心。禮的功能性缺失實則作爲一種有成效的焦慮（productive anxiety），爲儒家學者們創造了一個對禮制不斷進行試驗、改革與創新的空間。①

《早期儒家思想中操守的脆弱性》一書共七章，主要圍繞“脆弱性”（vulnerability）和“氣節”（integrity）兩個主題對早期儒家思想中的禮制進行分析。② 在該書的引言部分，作者對“脆弱性”和“氣節”兩個概念進行了定義。英文中“vulnerability”一詞來源於拉丁語的“vulnerare”，通常被解讀爲一個主體面對傷害時的易感性（susceptibility to harm），帶有一定的負面含義。近年來，西方倫理學對“脆弱性”這一概念作出了新的解讀：以哲學家 Alasdair MacIntyre（麥金泰爾）爲主的學者提出，“脆弱性”在人類發展史中，實則作出了許多不可磨滅的貢獻。該書作者對儒家思想中的“脆弱性”的探討無疑受到了許多當代西方倫理學的啓發：基於倫理學家 Erinn Gilson（吉爾森）對“脆弱性”的解讀，作者將“脆弱性”定義爲一種“開放性的體驗”（the experience of openness）。所謂的“開放性”指的是我們在不確定的環境中所表現出的對任何潛在變化的接納性。儘管“脆弱性”本身通常與“被傷害”息息相關，我們面對潛在的變化時所

---

① Michael Ing：*The Dysfunction of Ritual in Early Confucianism*. Oxford：Oxford University Press，2012.

② Michael Ing：*The Vulnerability of Integrity in Early Confucian Thought*. New York：Oxford University Press，2017.

體現出的“開放性”卻可能帶來出其不意的益處。在儒家研究中，從“脆弱性”這一視角展開的研究目前還比較少見，而該書作者圍繞“脆弱性”主要探討以下幾個問題：人類社會中有哪些固有的“脆弱性”？對於儒家的聖賢來説，他們是怎樣面對或回避道德困境中的“脆弱性”的？“脆弱性”究竟爲人類社會的發展起到了哪些積極的作用？

作者在該書中還對儒家思想中“操守”的含義作了探討。與英文中以”integrity”一詞來形容氣節的高尚與德行的臻美不同的是，儒家思想中的“integrity”是多層次的，既包含了德、行，又包括了義、節、清、廉等品質。對於作者而言，一一列舉出“integrity”所對應的儒家思想中的概念顯然是不切實的；因此，作者選擇突出“integrity”一詞中“德”的含義。作者進一步提出，可以用“德”作爲一個詮釋視角來解讀早期儒家文本。對於“早期儒家”這一概念，作者將該書的討論限定在公元前5世紀到公元後3世紀的範圍内(戰國秦漢時期)，重點放在漢代文獻的解讀中。

在《早期儒家中禮的功能性缺失》第一章中，作者開門見山地指出了早期文本中普遍存在的一個道德衝突問題：如果説對社會的改變往往會涉及與不道德的政治人物的合作，或者不道德行爲的發生，人們是如何平衡個人道德操守與改變社會的實踐中所涉及的道德矛盾的？作者提出，儒家文本中聖賢通過對權(moral deliberation)的構想和實踐調和了個人道德與社會的矛盾。在第一章的基礎上，作者在第二章對“脆弱性”與“無懈可擊性”(invulnerability)進行了辨析。通過對現當代儒家思想研究的分析，作者提出，認爲早期儒家思想的道德體系具有無懈可擊的完滿性這一觀點是不夠嚴謹的：在早期文本中，道德矛盾頗爲常見，而“以和爲貴”這一理念也並非解决道德矛盾的唯一策略。在第三章和第四章中，作者集中詮釋了儒家道德思想中“悔”(regret)的含義。作者通過對孔子生平形象的刻畫與孔子晚年時獲“麟”一事的解讀，提出了一個較有原創性的觀點：與此前學者們對“悔”的解讀略有不同，作者認爲早期儒家思想的“悔”通常與未竟的社會改革理想有關，而早期儒家學者是通過文本的寫作去進一步傳播儒家的“道”與社會理想的，正如孔子作《春秋》一樣。换言之，在早期儒家思想中，社會改革理想中充滿了潛在的道德矛盾，而處理這種道德矛盾的方法並非無懈可擊。早期儒家學者是通過對禮制的不斷探索與創新回應道德困境中所涉及的不確定性與矛盾性的。

《早期儒家中禮的功能性缺失》一書主要圍繞《禮記》這一文本進行展開。通過對《禮運》等關鍵篇章的檢視，作者總結出了儒家禮制失敗的主要原因：一方面，由於年代久遠，先賢們所流傳下來的禮制在後世無法得到恰當的執行，使得禮制本身的效應大打折扣。另一方面，隨着社會的發展，人們面臨着許多道德層面的新的挑戰，而現存禮制的失敗也有着非常複雜的成因。與此同時，人們對於"自我"的定位也發生了改變。在社會的變化中，是否對先前流傳下來的禮制進行與時俱進的改變就成了早期儒家學者的一種焦慮，而這種焦慮進一步激發了儒家學者對禮制的不斷思考與改革。

而作者在第二本著作《早期儒家思想中操守的脆弱性》中，同樣對早期儒家思想中的禮進行了探討。在這本書中，作者進一步對早期儒家思想中所體現出的各種道德困境進行了闡述。作者通過對《論語》《孟子》《荀子》等儒家文本的解讀，駁斥了早期儒家思想中操守與德行是無堅不摧的這一理念。作者提出，早期儒家對於人性的觀察中，就已經反思性地注意到了道德操守的潛在脆弱性。而這種脆弱性不僅體現在平民百姓日常生活所面臨的道德困境中，還體現爲當儒家學者們面對社會問題時，不得不在保全個人操守與改變社會中作出抉擇。與作者的第一部著作相比較，《早期儒家思想中操守的脆弱性》更加側重對倫理學中"脆弱性"的比較研究，同時也大量運用了禮制相關的文本，可以視爲對《早期儒家中禮的功能性缺失》的一個延伸討論。

作者在對禮制進行分析時，借鑒了西方倫理學與宗教儀式理論中的概念，也對《禮記》這一與儒家禮制最爲直接相關的文本進行了細緻的分析，在 Roger Ames(安樂哲)與 Philip Ivanhoe(艾文賀)等人的思想史研究成果之上填補了儒家禮制研究領域的一些空白。

第三節　關於中國禮學的主要領域

普鳴、吳榮桂等學者巧妙借鑒了西方宗教學、倫理學的相關理論，從禮的社會功能和形式主義禮學的角度對儒家思想中禮的内涵作出了解讀，並在理論的層面上對禮作出了概念性的探討。除了對禮學研究中的理論框架的關注之外，英文世界有關中國禮學的研究還集中在禮制、禮儀文本和禮俗文化等具體課題。本節從以上三個方面逐一介紹相關代表性成果。

一、禮制

英文學術界較早而又最爲系統地對家禮作出全面性研究的是西雅圖華盛頓大學歷史系的伊沛霞(Patricia Buckley Ebrey)教授，伊氏專長爲中古時期的家族史和婦女史，家禮是其長期關注的學術領域之一。伊沛霞在家禮方面的代表作是1991年由普林斯頓大學出版社同時出版的《中華帝國的儒家與家禮》(*Confucianism and Family Rituals in Imperial China*: *A Social History of Writing about Rites*),以及《朱子家禮》的英譯本(*Chu His's Family Rituals*: *A Twelfth-Century Manual for the Performance of Cappings*, *Weddings*, *Funerals*, *and Ancestral Rite*)。這兩本書是姊妹篇,英文翻譯精審、注解翔實,中文底本採用的是臺灣"故宫博物院"收藏的元代至正元年(1341年)《朱子成書》中收録的《家禮》。譯者在附録中按時代先後逐一列舉出了《家禮》在不同時期的刻本,以及宋至清末的六十六種改編本。譯者在文獻基礎研究方面的研究隨處可見,比如她在英譯本中插入從其他禮書中徵引的圖片,以便於解釋複雜的儀節,也在注脚中廣泛徵引《儀禮》《書儀》等相關文本中的文句和論述,以互相發明。

伊沛霞的學術貢獻和着力點主要集中在文獻爬梳和《家禮》在宋至清代流傳的社會史考察兩個方面,她的一些具體觀點在今天可能已經成爲學術界普遍接受的知識,但是在90年代初的英文學術界無疑是具有開闢性和前瞻性的。她對《家禮》的研究是置於禮儀對於維繫中華文明的連續性所發揮的核心作用這一大背景之下的,但是這種連續性絶對不是一成不變的,在不同的時代,文本、作者、注釋者以及他們所生存的社會環境之間的相互作用關係是她整個研究的重點關注對象。她的研究刻意超脱思想史研究範式下對儒家禮學思想核心概念的闡釋,展示出了宋代以後的士大夫在推動《家禮》的正統化進程中的多重身份和角色,他們如何回應不同時代的社會需求,以及如何在禮(國家禮典)與俗(民間信仰)之間達成平衡的妥協,印刷術的普及所帶來的刻本時代的挑戰如何改變這種動態等一系列至今仍具有持續生命力的學術課題。

正如她在翻譯本的導論一開頭所提到的,當法國傳教士傅聖澤(1665—1741年)初到中國的時候,他發現《家禮》是當時民間社會中流行度僅次於《論語》的一本書。從唐代的《大唐開元禮》僅規定九品以上官員的官修禮制,到宋元明清漸次普及的各種《家禮》版本,中間經歷了怎樣的社會過程,這是作者要嘗試探究的課題。圍繞這一問題,作者提出了不少見解,比如她在結論中把《家禮》的社會實踐歸納爲儒學的"下行思想"(lower-order ideas)和"儒學實踐"(Confucianism in action)。宋元明清的官方學者的立場並不是像想象中的堅守"三禮"文本的傳統而與民間士民形成對立,他們的立場其實相當靈活且現實,而傳統的道學士大夫們在推廣家禮的過程中對於實際操作層面的用心絶不比他們在形而上的理論思辨方面的探究要少。相對於整個儒學和禮儀經典的傳統,學者們受到自己時代的影響可能更大，以朱熹爲例，他在修撰《家禮》的過程中其實在不少地方對民間流行的陰陽風水思想等小傳統作出了妥協，只是在面對佛教禮儀時採取了相對堅定的態度。程頤、張載、朱熹、王陽明都在不同程度上對民間習俗保持了開放性，這也是諸如葬禮中的燒冥紙、婚禮中的奏樂等傳統儀典未涉及的習俗逐漸進入家禮實踐傳統的原因。而社會習俗的影響在印刷本普及之後變得更加明顯而直接，各種改編本的《家禮》直接面臨市場上讀者需求和選擇的競爭，他們也努力迎合這種市場需求，推出更多簡單化、實用化，與日常生活更接軌的《家禮》版本。作者甚至在全書結論中指出，儒家的禮制傳統和西方基督教和聖經的傳統不同，即禮制文本並不過度强調禮儀的神聖性或發揮人的倫理、宗教情感，而是集中在指導人們一步步地具體操作某個儀式。①

在《中華帝國的儒家與家禮》一書的第七、八兩章中，作者在考察《家禮》的諸種改編本和明清學者的學術態度時指出，清代政府雖然仍尊奉朱子的《家禮》爲官方版本，但並未嘗試將《家禮》的版本統一化或權威化，學者們批評現有版本的錯誤或是不能滿足社會實際需求的情況是常見的，只不過他們提出自己反對意見的方式是通過對經典進行再解釋，作出新的注釋本或改編本。至於家禮的推廣對於社會階層的影響，作者認爲要分兩個方面來看。雖然禮制從根本上有構建和維護階層差異的一面，但是禮制不只表達和加强社會分層，有時也會通過强調共通性(commonalities)而在實際結果上(未必是有目的的)消弭社會等級差異。另外，隨着家禮的普及，普通民衆也開始模仿經典中記載的過去只有貴族才能使用的禮儀形式，社會小傳統的習俗也不斷地向上浸染，最終成爲官方認可或默許的傳統。在社會分化方面，作者認爲《家禮》唯一明顯加劇的社會分化是性別差異，多種不同形式的禮制都規定了男女在儀式環節中明顯不平等的角色地位，這種地位不僅反映了，更加强了他們在日常社會生活中的性別不平等的實際。②

總之，伊沛霞對《朱子家禮》的研究，無論從宏觀視野，還是在具體論證上，都作出了里程碑式的典範，是研究中國近世社會的歷史、哲學史和社會史

---

① Patricia Buckley Ebrey: *Chu Hsi's Family Rituals: A Twelfth-Century Manual for the Performance of Cappings, Weddings, Funerals, and Ancestral Rite*. Princeton: Princeton University Press, 1991.

② Patricia Buckley Ebrey: *Confucianism and Family Rituals in Imperial China: A Social History of Writing about Rites*. Princeton: Princeton University Press, 1991.

的學者應當參考的書目。延續這一研究思路，對晚期帝國的實用性《家禮》類文本進行探討的還有 Kai-Wing Chow（周啓榮）教授的論著《清代儒家禮教主義的興起——以倫理道德、儒學經典和宗族爲切入點的考察》（*The Rise of Confucian Ritualism in Late Imperial China*：*Ethics*，*Classics*，*and Lineage Discourse*）。① 周啓榮教授認爲清代考證學興起的一個大背景是儒學的一個重要轉化，即禮教思潮（ritualism）的興起。具體反映在三個方面：儒家道德論從本體論的心性問題轉而强調通過禮的道德功夫對心性的塑造；儒家的經世論從透過政府管治轉移到重視士紳階層對社會基層秩序的控制；儒家"净化"主義强調對古禮的研究與恢復，同時重視古禮的研究對於建立宗族秩序的指導意義。這三個領域的轉向都促進了學者對禮學的重視，比如，《朱子家禮》的宗法理念爲清代的收族運動提供了理論建構，促進了宗族的發達。清代的禮學研究從一興起就具有現實政治社會的關懷，研究的方式則是"考禮"（重視制度和禮之例）而非單純的"注經"，而且多受到《朱子家禮》和《儀禮經傳通解》的啓發。乾嘉時期的經學家和禮學專家還大多參與了族譜的修撰和《家禮》的修訂等具體實踐。關於周啓榮研究的述評，及其與張壽安同類研究的對比，可參書評《是"禮教主義"，還是"以禮代理"》。②

二、禮儀文本

禮儀文本的研究是英文世界禮學研究的另一個主要領域。這裏所說的禮儀文本不僅包括《禮記》《周禮》等系統性的禮學經典文獻，還包括廣義的文學、宗教及歷史叙述中涉及禮儀與政治表達及文學修辭等範疇的文本。禮儀文本研究中，最具代表性的包括美國普林斯頓大學東亞系柯馬丁（Martin Kern）教授的《秦始皇石刻：早期中國的文本與儀式》（*The Stele Inscriptions of Ch'in Shih-huang*：*Text and Ritual in Early Chinese Imperial Representation*），以及柯馬丁與本雅明艾爾曼教授共同主編的《經世治國與古典學問：東亞歷史上的周禮》（*Statecraft and Classical Learning*：*The Rituals of Zhou in East Asian History*）這兩部著作。

---

① Kai-wing Chow：*The Rise of Confucian Ritualism in Late Imperial China*：*Ethics*，*Classics*，*and Lineage Discourse*. Stanford：Stanford University Press，2013. 該書有中譯本：《清代儒家禮教主義的興起——以倫理道德、儒學經典和宗族爲切入點的考察》，毛立坤譯，天津人民出版社 2017 年版。

② 楊華、張爽：《是"禮教主義"，還是"以禮代理"》，《中國史研究動態》2019 年第 2 期。

柯馬丁的《秦始皇石刻：早期中國的文本與儀式》則是一部着眼於秦代，以秦始皇刻石爲切入點，用物質文化進行秦代禮文化研究的論著。該書的中文譯本被納入上海古籍出版社的“早期中國研究”叢書，於2015年出版，已在中文學術界引起關注。全書分五章，第一章爲導論，第二章是對第一手資料秦代泰山、琅琊、會稽等七個石刻文本的翻譯與文本分析，第三章把刻石現象放在秦代整體性的禮儀體系中，第四章和第五章尤爲重要，分别是對銘文的結構分析和歷史性闡釋。

全書的結論和落脚點體現在終章，用作者自己的話説，“本書的研究也屬於這一類型的‘疑古’研究，認爲兩千多年來居於主流的常規秦史觀如今再也經不起檢驗。比起其他證據來，石刻銘文更能説明秦王朝對政治合法性的訴求與表達，都是具有高度傳統主義的”①。爲達致這一結論，作者首先把石刻銘文作爲整體視爲“禮儀化政治表徵語境中的一種傳統手段”（第107頁），並用文本細讀的方式分析其中的“儀式語言”（ritual language，第134頁）。作者指出，儀式語言的目的不是要讓讀者知道具體發生了什麽，重要的是“我們想要記住什麽”。儀式語言還具有“固定化”和“規範化”的特徵，這些特徵强化了儀式語言的權威性，也必然地限制了語言的多樣性，使儀式語言具有模式化的組合方式和形式主義（傳統性）、套話（刻板僵化）、凝練（融合）、冗贅（重複）的特徵。作者還通過細膩的文本分析（字詞、句式和語法結構和韻脚字等），指出秦始皇石刻銘文與周代銅器銘文在形式與内涵上的延續性與一致性，以及其中所隱含的禮儀活動中各不同角色參與者的聲音。作者還特别强調了這類文本的口頭流傳性質，認爲它們“利用了一個共同的、一般較易辨認的、現成的禮儀語言庫，這些禮儀語言不僅（或許更少地）保存在書面文本中，而且還通過不斷教習的口頭實踐而保存下來”（第84~85頁）。作者認爲，口頭表演與書面文本一樣都是制度化記憶的一種方式。

除了文本分析，作者還從史籍中勾勒出蛛絲馬跡，嘗試證明秦代曾經存在一個複雜的禮樂文化傳統，緊承兩周與春秋戰國的秦國文明，所謂的秦代暴政下的“禮崩樂壞”“書缺簡脱”是漢代人爲了自己的王朝合法性而建構出來的對秦的認識，經不起石刻銘文與宗廟頌歌這些第一手證據的檢驗（第166頁）。

---

① Martin Kern: *The Stele Inscriptions of Ch'in Shih-huang: Text and Ritual in Early Chinese Imperial Representation*. New Haven: American Oriental Society, 2000. 該書有中譯本：《秦始皇石刻：早期中國的文本與儀式》，劉倩譯，楊治宜、梅麗校，上海古籍出版社2015年版，第172頁。文中夾注均爲中譯本的頁數，下不再注。

作者首先指出傳世與出土秦公禮器與西周以來的禮器傳統之間的一致性，進而指出秦代文化的復古傾向。在傳世文獻方面，由於《史記》原本可能保存秦代禮樂資料的《禮書》《樂書》很早就佚失，而《史記·封禪書》只提供了秦祭祀宇宙神靈的簡要輪廓(第 161 頁)。但秦代禮文化在漢初的强勢存在還是可以看到蛛絲馬跡，比如直到公元前 38 年，漢朝廷還繼續使用秦代延續數百年的禮儀中心雍邑。再比如成於高祖時期的《安世房中歌》等宗廟樂歌中顯見的對周代經典文化的繼承，應當被視爲建立在秦代的文化中繼基礎上。作者認爲，秦石刻與漢初宗廟頌歌之間的相似性不值得驚訝，畢竟叔孫通等爲漢代建立禮樂傳統的大儒也曾效力於秦廷。

作者還從學術史的角度上批判了秦始皇“焚書坑儒”的刻板認識，這一認識始於賈誼《過秦論》和《史記》對秦始皇和秦代政治的刻畫，但其中一個重要原因就是司馬遷未能在其史書中給予這些在當時即已著名的石刻銘文以恰當的位置。作者認爲，“至少就後世史學體例而言，它們應置於作爲帝國統治象徵性核心的禮樂志。相反，我們看到這些銘文被置於《秦始皇本紀》。這種錯置，以及其周邊總體從修辭學上看堪稱‘人身攻擊’的故事，顯示了在涉及皇帝作爲個人的帝王與作爲制度的帝王時，史學上的衝突”(第 146 頁)。最後，作者嘗試對石刻銘文記載的秦代與傳統史書書寫的秦代之間的矛盾作出解釋，所謂“焚書坑儒”的歷史記憶本質上是一種摧毀競争性的歷史檔案，借此統一官方歷史記憶的手段，對非官方學術的强令禁止則確保了帝國權威淩駕於書面傳統之上。禁制是整個統一方案的組成部分，如同石刻銘文對傳統的頻繁指涉顯示了傳統處於帝國的控制之下。從這個角度看，創制高度傳統的銘文與焚書之間，不再自相矛盾，而是面向政治文化統一與帝國權威的同一驅動力的互爲補充的兩個方面(第 178 頁)。

《經世治國與古典學問：東亞歷史上的周禮》是一部對《周禮》進行綜合性研究的論著。該書共有十三章，每個章節由一位作者負責。作者群體陣容强大，許多都是當今歐美學界一線的東亞文化研究專家。全書的内容和主題跨度也很大，從《周禮》自身的文本性質解讀，到《周禮》在中古時期文化史上的地位，直至晚清《周禮》學對清代政局的影響，甚至還包括古代日本和韓國學者對《周禮》的研究和闡發等，主題跨度在時間和空間上都達到新的高度。①

全書大致按照時段順序分爲四編。第一編共四篇文章，首篇作者是加州大

① Martin Kern and Benjamin A. Elman: *Statecraft and Classical Learning: The Rituals of Zhou in East Asian History*. Leiden: Brill, 2010.

學洛杉磯分校的史嘉柏(David Schaberg)教授，主要觀點受到中國學者金春峰影響，認同《周禮》的成書時間是在秦代，標題中的“周”是周備之意而非周代，漢代學者才開始把它與周公聯繫在一起。作者認爲，作爲秦代的政治藍圖，全書反映了秦代力圖建立一個强有力的中央政府，並在全國範圍内實現信息和貿易交换體系的政治理想(a comprehensive system for knowing and governing)。作者還借用亞里士多德對古希臘“政體”(politeia)概念的定義，認爲《周禮》在某種意義上是一種“君主政體對於内部權力和政治義務的合理分配方式”。柯馬丁的文章梳理了《周禮》中各層級的“史”這一群體，並從這一角度指出，儘管《周禮》中充滿戰國甚至西漢早期的文本痕跡，但是其中所包含的西周時期的内容是真實準確的。戴梅可(Michael Nylan)的文章主要分析了戰國時代的文本對周公形象的塑造，這些文本所描繪的周公並不是一個傳統“儒家”的形象，而是一個充滿權謀的法家官員的形象。① 普鳴提出王莽之所以重視和支持《周禮》，主要原因在於《周禮》賦予了王莽想要建立一個强力的中央集權政府的理念以正當性。

第二編所述内容主要集中在唐宋時期。劍橋大學的麥大維教授詳細勾勒了《周禮》對唐代的影響，尤其是與《周禮》緊密相關的《大唐六典》對於唐代政治發揮的重要作用。包弼德討論了王安石對《周禮》所作的注解，對於王安石來説，《周禮》對於政府組織作出了最優化的設計，只有深刻理解了《周禮》的内在理念，才有可能在現實政治中發揮這部經典的功能。宋在倫(Jaeyoon Song)則分析了南宋時期的《周禮》注本，不同於王安石的解讀，南宋時期的注釋家認爲《周禮》實際上傾向於支持地方政府的自治和自主權，以及少量的政府官員通過各種臨時性職務的差遣完成多樣性的政治職能和社會教化的工作。

第三編的内容超出中國的範圍，探討《周禮》在東亞其他地區的歷史影響。Kate Wildman Nakai 回顧了德川幕府時期的日本水户學派思想家對《周禮》的愛好，因爲他們認爲這部經典認可一種去中央集權化的政策，尤其是其中提到的文武職能兼備的官員符合這一時期的日本武士群體的形象。金滋炫(JaHyun Kim Haboush)考察了 17 世紀的韓國新儒家尹鑴(1617—1680 年)對《周禮》的研究，他提出政治的權威應該集於宰相一職，這樣才能有足夠的力量對抗當時剛剛興起的清王朝。

---

① 關於 Michael Nylan，還可參考：Michael Nylan：*The Five “Confucian” Classics*. New Haven：Yale University Press，2001.

在第四編中，艾爾曼注意到明太祖曾經根據《周禮》的政治理念設計了明代政府的組織，尤其是鄉村地區的控制體系。到了明末清初時期，儘管《周禮》已經失去了它在政治上的意義，但是學者們開始普遍認爲《考工記》一篇反映了中國早期的技術工藝的發展情況。在最後一章中，德國學者瓦格納考察了18世紀的清代革新家對《周禮》的闡釋和運用，《周禮》爲他們提供了一種田園牧歌式的前王朝時期中國的理想範本。清代的改革者們還嘗試將《周禮》與西方現代政治理念與政府構造結合起來，以達成自己的政治理想。

全書的主要貢獻在於其宏觀的視野和多學科的交融，可以看做一部《周禮》的接受史以及它在整個東亞政治史和文化史上的影響。《經世治國與古典學問：東亞歷史上的周禮》和《秦始皇石刻：早期中國的文本與儀式》兩部著作向我們展現出了海外中國禮學研究中對文本的精細解讀和對物質文化等跨學科研究方法的巧妙運用。通過對文本的詮釋和對歷史語境的分析，展示了文本、思想和歷史三者之間的關係，並以獨特的視角來解讀禮文化與歷史社會的互動。①

三、禮俗

如果説禮制和禮儀文本更多地反映了中國思想史和政治文化傳統中禮的重要地位的話，禮儀習俗的研究則爲我們提供了觀察中國社會史和地方社會的獨特視角。英文學術界對於中國禮俗的研究主要集中於喪禮研究和祭祀儀式研究兩大方向。這其中，從事喪禮研究的學者更多地關注喪禮和早期中國政治文化的關係，而對於祭祀儀式的研究，則側重於祭祀儀式與地方信仰的互動，祭祀在歷史上發揮的社會學意義等。

喪禮研究中最具代表性的是密西根大學教授 Miranda Brown（董慕達）的《服喪與早期中國的政治文化》(*The Politics of Mourning in Early China*)一書。董慕達從喪禮與政治文化的角度指出了一個有趣的現象：東漢時期的史書和墓志記載顯示，相較於父子關係，這一時期的士大夫更多地强調兒子對故去的母親的孝(稱之爲“私恩”)，並且不遺餘力地展示這種孝心。她通過統計資料指出，東漢時期的士人爲母親服喪、安葬的記載數量是父親的2.5倍，不少東漢人通過這樣做來建立自己的社會聲譽。如何解釋這種與經典記述、禮制(比如喪服有斬衰、齊衰之别)規定和對當時社會的一般認識似乎相違背的情況？作者通過梳理戰國秦漢的文獻，指出子女與父親的關係和與母親的關係之間

① Martin Kern 相關著述參見本章後附録。

在思想史和政治文化上的差異，前者被視爲公領域範疇，屬於君臣關係的延續(至尊)，而後者則是私人情感的極致(至親)。東漢人對母親居喪的極致描寫實際上是在表達他們對政治義務的疏離態度，與之相關的另一歷史背景是東漢時期開始興起的士大夫家族勢力的地方意識。以“母子關係”爲突破口，作者還探討了當時更多樣化的人物關係(同僚、朋友、賓客等)和居喪文化，並反思了以韋伯爲代表的對中國傳統社會“君父一體”和父家長制的刻板認識。①

在《服喪與早期中國的政治文化》之外，德國學者 Joachim Gentz(耿幽静)的論文《同處一室：早期中國喪服中所體現出的儀式準則》(Living in the Same House: Ritual Principles in Early Chinese Reflections on Mourning Garments)亦着眼於喪禮，探討了爲什麼《喪服》類文本(包括《禮記》的《喪服小記》《喪大記》《喪服四制》等)在所有的禮學相關文本中受到最多關注，他提出一個假設：因爲《禮記》其他篇章的主要閱讀和使用對像是禮儀專家，而《喪服》類文本的讀者受眾群體更大，任何人遇到喪服的問題都可以查閱諮詢。也就是説它要能夠向普通人解釋清楚具體的儀節，因而具備讀者群體上的多樣性。Gentz 的論文還對《喪服》類文獻逐一作了説解與文本層次上的分析，應該是西方學者閱讀這類文獻的入門指導。②

相比喪禮的研究，祭祀研究領域獲得了更多的關注，研究的視角也更爲多元。其中，劍橋大學的胡司德(Roel Sterckx)教授在《早期中國的食物、祭祀和聖賢》(*Food, Sacrifice, and Sagehood in Early China*)一書中對早期中國的食物與祭祀儀式作出了多方面的探討。劉永華用區域研究的方法在《禮儀下鄉：明代以降閩西四保的禮儀變革與社會轉型》一書中應用人類學、歷史學、文學等多學科的理論框架解讀了禮儀是如何在中國傳統社會的近代變遷中發揮其獨特作用的。這兩本代表性的著作都很好地融合了多學科的研究方法，研究角度新穎，值得借鑒。

在《早期中國的食物、祭祀和聖賢》(該書的中譯本於 2018 年由浙江大學出版社出版，譯者爲劉豐。譯文精準，以下多採用中譯本的詞彙)中，胡司德

---

① Miranda Brown: *The Politics of Mourning in Early China*. Albany: State University of New York Press, 2007.

② Joachim Gentz: Living in the Same House: Ritual Principles in Early Chinese Reflections on Mourning Garments, in Axel Michaels ed.: *Ritual Dynamics and the Science of Ritual* (Book 1). Weisbaden: Harrassowitz, 2010, pp. 373-398. 該作者相關著述參見本章後附録。

向我們展現了古代中國食物與祭祀儀式的密不可分的關係(集中在第三、五兩章),與其早年的另一代表作《古代中國的動物與靈異》在研究思路上的一貫之處就是在於,二者都是通過祭祀禮儀將動物或食物與鬼神世界聯繫起來,因此可以説,祭祀禮儀是貫穿作者整個研究的核心。①

該書最大的特點在於,與其他許多對中國古代祭祀儀式的研究相比,胡司德强調了祭祀儀式中全方位的嗅覺、味道、聲音和視覺等多種感官功能的綜合性(第107~108頁)。人與神靈世界的溝通存在多種管道,通過儀式進行溝通的微妙性和複雜性就體現在這多種感知方式的綜合性之上。而普通人對於這多種感官的把握和運用是不全面和不夠精細的,只有聖人和專職的巫祝卜史才具備最全面的感知能力。從這一意義上講,聖人所具有的超强的耳目鼻口的感官機能,正是其爲聖(sagehood)的品質的重要部分,並且這一品質特徵與其政治和道德上的品質是相通的。作者從食物作爲人類與鬼神世界溝通交流的方式開始,層層推進,提出了一系列新見解。比如,作者認爲之所以在祭祀的時候崇尚"玄酒"(水)和無味的"大羹",除了因爲它們更質樸,還因爲它們從味道上更不容易爲常人所把握,而感知能力非凡的巫祝和鬼神則能夠掌控它們,而儀式和"禮的權威有時候就來源於對超感知形式的掌控"(第159頁)。一方面,感覺上的模糊性决定了祭祀的影響力與神秘性,另一方面,正是要通過製造模糊性才能把祭祀和日常生活區别開來。用作者自己的話説,"祭祀儀式就像是一個臨時的舞臺一樣,它連接了經驗的世界與非經驗的世界"(第158頁)。

作者在第五章還討論了有關味道與聖人的道德品質之間的譬喻,指出人和食物在色香味的物質層面的特徵與其道德直覺之間的聯繫性。聖人之所以具有超凡的感知能力(視、聽、道德敏感性等),因爲他就是神靈的超級感官能力的延伸,同時在整個社會結構中,君主也可以視爲整個社會的感覺器官。而禮的功能就在於荀子所提出的"養",禮以符合天地規則的方式讓物質財富成爲君主合適的供養,也提升了君主的各種感知能力,感官欲望的養護與道德修行在本質上是一致的。但是作者的詮釋也存在偏差之處,比如在第192頁引用《白虎通》"故水清無魚,人察無徒,明不尚極知下"一節,這裏是在討論天子以纊塞耳和垂旒遮目的原因,是爲了主動限制自己的眼目,"不視邪,不聽

---

① Roel Sterckx: *Food, Sacrifice, and Sagehood in Early China*. Cambridge: Cambridge University Press, 2011. 該書中譯本爲:《早期中國的食物、祭祀和聖賢》,劉豐譯,浙江大學出版社2018年版。

譏”，也是給臣下一定的犯錯空間。但是胡司德教授在闡述此段時認爲這是使君主不要沉溺於聲色等感官享受。

除了食物與感官，祭祀與道德方面的綜合討論，作者在導論中回應了普鳴(Michael Puett)對中國古代思想中人神世界之間存在連續性的解構，胡司德認爲這種質疑富有啓發性，但不能過於絶對，作者有關食物的研究就是溝通人神世界的一個例證(見導論，第 8 頁)，正如鬼神祭祀可以被視爲人類生活中的烹飪與飲食的延續(第 83 頁)。作爲對比，作者討論了基督教傳統中的“聖餐”的概念，通過味道可以消除禮儀世界與自然社會之間的界限，也消除人與神之間的界限。在討論祭祀本質時還借用人類學的“禮物”的理論，把祭祀的過程當作禮物交換儀式，並稱之爲“沉默的交易”(silent trade，第 109 頁)。另外，該書第四章的“祭祀與經濟”(economics of sacrifice)視角也較爲新穎，討論了圍繞祭祀而展開的徵用祭品、分配使用、職官系統等一系列社會經濟的消費活動。作者把遣策、買地券、明器等陪葬品也歸入這一範疇，還回顧了早期文獻中關於履行禮的義務與經濟消費之間複雜關係的討論。①

劉永華《禮儀下鄉：明代以降閩西四保的禮儀變革與社會轉型》的中文版本是在英文著作的基礎上改寫而成的，我們以最新版的中文本爲主，對該書進行總結與介紹。該書是一部多學科融合的典範性著作，既有文本解讀、理論分析，也包含人類學田野調查。該書的研究課題雖然本質上屬於區域研究，集中在明清時期福建西南部的四保地區，但是作者把它放置在整個明清乃至近世社會變遷這一宏大的歷史背景之下，向上接續到中古以前所謂“禮不下庶人”的歷史傳統，從社會文化深層結合唐宋變革以及宋元明過渡，體現了作者同時作爲歷史學家和人類學家的訓練。

該書的主要史料除了較爲常見的方志和作者搜集的族譜之外，還有當地禮生實際使用過的禮儀文本，記載各項儀式活動所用的賬簿，以及家族分家析財的分關，現場調查所得的口述史料和儀式表演更是補充和豐富了文字資料。②相較於以往研究多以《家禮》爲中心的做法(比如伊佩霞的研究)，該書把更實用性的禮儀手册納入史料範圍，從而能得以窺見鄉村儀式在實踐層面的操作性

① Roel Sterckx 相關著述參見本章後附録。

② Yonghua Liu：*Confucian Rituals and Chinese Villagers：Ritual Change and Social Transformation in a Southeastern Chinese Community*, 1368-1949. Leiden：Brill, 2013, pp. 129-130. 該書有中文修訂本，劉永華：《禮儀下鄉：明代以降閩西四保的禮儀變革與社會轉型》，生活·讀書·新知三聯書店 2019 年版。

和真實性。該書末尾的眾多可供參考的附録，是作者對各種史料吸收和處理的結果，可以直觀地反映作者的材料依據。

該書提出了一系列的新見，值得學界思考與借鑒。在具體内容方面，有關明清時期“禮生”的社會文化史研究，作者有首創之功，甚至開啓了一種研究範式(比如，筆者注意到學界近來有關於明清時期的“陰陽生”的研究，從問題意識和研究思路上或許就受到“禮生”的啓發)。就大的思想理論框架方面，作者多次指出，以往學界將地方文化與儒家思想二元對立的觀點，已經成爲理解近世社會的障礙。而作者努力呈現的，是禮儀如何通過發揮中介(mediation)的作用，從而溝通地方文化與精英文化的。雖然該書的中文標題“禮儀下鄉”似乎暗示了一種方向性，但是作者借鑒年鑒學派的概念，認爲禮儀進入鄉村和普通民眾世界的過程是一個文化合成(cultural hybridity)的過程。也就是説，作者否定了那種認爲儒家禮儀通過自上而下的單向度的强力推行從而基層征服地方文化的認識，展示了這一過程的複雜性和多向性，即儒家禮儀與佛、道以及地方信仰之間互相借用，彼此影響和融會，共同塑造了明清鄉村社會的思想與儀式生活。作者研究的深刻之處在於，通過禮儀下鄉的過程呈現，把它的影響從思想和儀式層面擴展到社會、經濟領域的變化。地方宗族的出現是明清社會最重要的變遷之一，作者指出了宗祠的修建、族譜的編纂和祭祖儀式對於宗族組織實體化的重要影響。

第四節 禮學研究的多元視角

以上所述的禮制、禮文和禮俗三個領域大致代表了英文世界有關中國禮學研究的主要方向。除此之外，近代以來的中西交通這一文化背景下所帶來的中西禮文化的碰撞也受到海外學者的關注，其中最著名的或許當屬比利時漢學家 Nicolas Standaert(鍾鳴旦)的著作《禮儀的交織：明末清初中歐文化交流中的喪葬禮》(*The Interweaving of Rituals*: *Funerals in the Cultural Exchange between China and Europe*)便是一個極好的例子。①

《禮儀的交織：明末清初中歐文化交流中的喪葬禮》一書從 17 世紀中國喪

① Nicolas Standaert: *The Interweaving of Rituals*: *Funerals in the Cultural Exchange between China and Europe*. Seattle: University of Washington Press, 2008. 此書有中譯本:《禮儀的交織：明末清初中歐文化交流中的喪葬禮》，張佳譯，上海古籍出版社 2009 年版。

禮的變化入手探討中西禮制的碰撞和中西文化的近代互動。他同時參考中西兩方面的資料記述(如《臨喪出殯儀式》等文本)，嘗試超越歐洲中心或者中國中心的立場，從“文化互動”的模式解釋這一變化，探討中西禮儀傳統的碰撞對中國葬禮的影響。在 16 世紀之前，中國和西方各自有本土的傳統葬禮儀式，傳教士進入中國之後，天主教徒在葬禮的態度上經過了一個變化的過程。從一開始堅持嚴格的天主教葬儀，到對禮儀規範進行修訂，最終實現本土化，並創制了中國式的天主教葬禮。這一禮儀變化一方面確認了他們作爲天主教徒的身份，同時也使他們能夠很好地融入中國社會而展開傳教工作。傳教士們在這一禮儀變化的過程中同時展現了包容性(喪禮作爲傳統“家禮”的基本儀節得到保留)和排他性(如佛、道的儀式，祖先牌位上的神靈以及供奉食物等)。

作者認爲，至少截至這一時期，中國人在中西文化交流中佔據主動甚至支配地位，一個明顯的指標是在中國的傳教士都需要學習中文和中國典籍而不是反過來，就該書所研究的喪葬禮儀的變化來看，中國人也是主要的推動者。根據作者對 17 世紀末在廣州草擬的葬禮決議所作的文本分析，作者指出一個與通常認識不大相符的現象，即一向被認爲更關注思想正統性的天主教士其實對具體的宗教實踐非常重視，與之相對，中國當時的統治者(康熙皇帝)則更關注思想的純正而非實踐的正統性。

作者對方法論的反思進行了很深入的思考和系統的總結，適用於所有研究中西文化交流的案例。作者所歸納的四種框架分别是：從文化擴散角度出發的傳播式，從文化接受者的角度出發的接受式，關注雙方立場和話語建構與詮釋的建構式，以及互動與交流的模式。該書的標題“交織”(interweaving)正是對互動交流模式的形象譬喻，它的基本預設是：禮儀正是由不同人群接觸的多樣性構成的。該書的研究還延伸到中國傳統禮儀與宗教的總體性特徵的問題。由於中國的傳統禮儀通常被視爲“儒家傳統”的内涵，而儒家可以被視爲一種”彌散型”宗教①。這導致的一個結果是，那些由世俗信徒舉行的非教會禮儀(作揖、叩頭、上供等中國世俗禮儀)在中國天主教徒的生活中成了最重要的部分，繼續沿用《家禮》的規範，而天主教制度型宗教的禮儀(如祈禱、灑聖水)部分由傳教士主持，真正被剔除的只有一些被視爲“邪禮”(如燒紙錢)和中國本土的制度型宗教的禮儀(如佛教的誦經文)的部分。

---

① 相對於天主教等“制度型”宗教而言，譯名參考中譯本(上海古籍出版社 2009 年版，第 248 頁)。

禮學研究的學科，也不局限於人類學、社會學和歷史學。哥倫比亞大學的商偉教授從文學的角度探討了《儒林外史》中泰伯禮相關叙述所反映出的 18 世紀文化轉折。商偉在《〈儒林外史〉與十八世紀的文化轉折》中用精湛的細讀方法，考察了《儒林外史》反映出的嘉乾禮學的知識生産、實踐及功用，探討了考據學背後知識的分化、衍生和重構。不但是一部文人章回體小説研究的著作，更是一部從思想史、文化史視角探討明清時期禮學學術史的巨著。① 除上述論著之外，佛教學者 Robert Sharf 和歐洲歷史學家 Geoffrey Koziol 也分别對禮學研究在歷史學中的具體應用進行了理論性思考，Sharf 在 Catherine Bell 的基礎上對禮學的幾種流行模式進行歸納和分析，從心理學和宗教學的角度解讀了宗教儀式中神聖性的來源，並進一步在禪宗的歷史發展中解讀了儀式、宗教和傳統的關係。② Koizol 主要結合中世紀天主教的傳統，對禮儀的社會功能作了辨析，用詳細的歷史事例説明了西方禮儀的虚構性質和功利主義的特點，由此凸顯出中國禮儀與西方禮儀的神聖性的區别，爲讀者們提供了比較宗教學的獨特視角。③

小　結

本章選取了一批比較有代表性的中國禮學研究的英文著作，着力呈現其主體内容、研究思路和方法，並嘗試勾勒英文世界有關這一課題的研究脈絡。總體來看，英文學術界對中國禮學的研究在範圍和廣度上還存在很大發展空間，中文學界長期處於主流地位的問題，例如有關禮經的文獻考證以及各具體禮儀的復原研究，在英文學界中很少看到。但英文學界的中國禮學研究也有其顯著特點，比如特别注重理論性思考，這當然得益於西方人類學和宗教學領域固有的對儀式的長期理論探索。另外，英文學術界對禮學研究的外延與傳統中文學界不盡一致，例如，“禮儀文本”和“禮儀空間”等概念的提出，實際上擴展了禮學研究的範圍，把一些原本看起來不屬於傳統禮學研究領域的對象納入禮學

---

① Wei Shang: *Rulin Waishi and Cultural Transformation in Late Imperial China*. Cambridge: Harvard University Asian Center, 2003.

② Robert Sharf: Ritual, in Donald S. Lopez Jr. ed.: *Critical Terms for the Study of Buddhism*. Chicago: University of Chicago Press, 2005, pp. 245-269.

③ Geoffrey Koziol: Review Article: The dangers of polemic: Is ritual still an interesting topic of historical study? *Early Medieval Europe*, 2002, II (4), pp. 367-388.

研究。再有就是並不令人意外的比較文明視野下的禮學研究時而可見，這些都爲我們提供了不同的研究視角和跨學科的理論框架。特别要指出的是，海外華人學者群體的研究和近年來突飛猛進的海外漢學著作的翻譯，對於中外學術交流和互相借鏡起到了很大的促進作用。

需要説明的是，本章的概述還只是非常初步的嘗試，作者深知在很多方面都存在不足。首先是文獻的搜集就難免存在掛一漏萬的現象，短時間内不容易把散落在各研究領域的禮學論著都納入進來。當然更主要還是由於作者自身能力所限，對於禮學理論的把握可能存在偏差，尤其是對於搜集到的文獻的閲讀和消化不足，很難對整個學術面貌有全面和精準的呈現，管窺錐指、郢書燕説之處恐比比皆是。作者衷心希望，至少文末所附的參考文獻能夠成爲學界對此一領域存有興趣的讀者按圖索驥的工具，相信未來隨着對英文世界禮學研究的逐步瞭解而最終使這些文本也成爲中文讀者耳熟能詳的常識，作者也會持續關注這一領域的進展，隨時準備修正和增補現有的認識。

附：英文漢學界禮學研究主要文獻

1. Allison R. Miller：Emperor Wen's "Baling" Mountain Tomb：Innovation in Political Rhetoric and Necropolis Design in Early China. *Asia Major*, 2015, 28(2).

2. Armin Selbitschka：Sacrifice vs. Sustenance：Food as a Burial Good in Late Pre-Imperial and Early Imperial Chinese Tombs and Its Relation to Funerary Rites. *Early China*, 2018(41).

3. Catherine Bell：*Ritual Theory*, *Ritual Practice*. Oxford：Oxford University Press, 1992.

4. Catherine Bell：*Ritual*：*Perspectives and Dimensions*. Oxford：Oxford University Press, 1997.

5. Charles Sanft：Paleographic Evidence of Qin Religious Practice from Liye and Zhoujiatai. *Early China*, 2014(37).

6. Chenyang Li：Li as Cultural Grammar：On the Relation between Li and Ren in Confucius' Analects. *Philosophy East and West*, 2007, 57(3).

7. Christian De Pee：*The Writing of Weddings in Middle Period China*：*Text and Ritual Practice in the Eighth through the Fourteenth Centuries*. Albany：State University of New York Press, 2007.

8. Derk Bodde：*Festivals in Classical China*. Princeton：Princeton University Press, 1975.

9. Geoffrey Koziol：Review Article：The Dangers of Polemic：Is Ritual still an Interesting Topic of Historical Study? *Early Medieval Europe* , 2002, II(4).

10. Gilles Boileau：Some Ritual Elaborations on Cooking and Sacrifice in Late Zhou and Western Han Texts. *Early China*, 1998-1999(23/24).

11. Guolong Lai：The Diagram of the Mourning System from Mawangdui. *Early China*, 2003(28).

12. Guolong Lai：Death and the Otherworldly Journey in Early China as Seen through Tomb Texts, Travel Paraphernalia, and Road Rituals. *Asia Major* , 2005, 18(1).

13. Guolong Lai：*Excavating the Afterlife：The Archaeology of Early Chinese Religion*. Seattle：University of Washington Press, 2015.

14. Herbert Fingarette：*Confucius：The Secular as Sacred*. Long Grove：Waveland Press, 1998.（中譯本，彭國翔、張華譯：《孔子：即凡而聖》，江蘇人民出版社 2002 年版。）

15. Howard J. Wechsler：*Offerings of Jade and Silk：Ritual and Symbol in the Legitimation of T'ang Dynasty*. New Haven：Yale University Press, 1985.

16. Ian Chapman：*Carnival Canons：Calendars, Genealogy, and the Search for Ritual Cohesion in Medieval China* . Princeton dissertation, 2007.

17. Joachim Gentz：Living in the Same House：Ritual Principles in Early Chinese Reflections on Mourning Garments, in Axel Michaels ed.：*Ritual Dynamics and the Science of Ritual*(Book 1). Weisbaden：Harrassowitz, 2010, pp. 373-398.

18. Joachim Gentz：Long Live the King! The Ideology of Power Between Ritual and Morality in the Gongyang zhuan, in Yuri Pines, Paul R. Goldin, Martin Kern eds.：*Ideology of Power and Power of Ideology in Early China*. Leiden：Brill, 2015, pp. 69-117.

19. Jonathan Smith：The Bare Facts of Ritual. *History of Religions*, 1980(20).

20. Joseph McDermott ed.：*State and Court Ritual in China*. Cambridge：Cambridge University Press, 1999.

21. K. E. Brashier：*Ancestral Memory in Early China*. Cambridge：Harvard University Asia Center, 2011.

22. Kai-wing Chow：*The Rise of Confucian Ritualism in Late Imperial China：Ethics, Classics, and Lineage Discourse*. Stanford：Stanford University Press, 2013.（中譯本，毛立坤譯：《中華帝國晚期儒學禮教思潮的興起》，天津人民出版社

2017 年版。)

23. Lothar von Falkenhausen: *Suspended Music: Chime-Bells in the Culture of Bronze Age China*. Berkeley: University of California Press, 1994.

24. Martin Kern: Bronze Inscriptions, the Shangshu, and the Shijing: The Evolution of the Ancestral Sacrifice during the Western Zhou, in John Lagerwey and Marc Kalinowski ed.: *Early Chinese Religion, Part One: Shang Through Han* (1250 *BC to* 220 *AD*). Leiden: Brill, 2009.

25. Martin Kern: *The Stele Inscriptions of Ch'in Shih-huang: Text and Ritual in Early Chinese Imperial Representation*. New Haven: American Oriental Society, 2000. (中譯本，劉倩譯，楊治宜、梅麗校:《秦始皇石刻: 早期中國的文本與儀式》，上海古籍出版社 2015 年版。)

26. Martin Kern and Benjamin A. Elman: *Statecraft and Classical Learning: The Rituals of Zhou in East Asian History*. Leiden: Brill, 2010.

27. Michael David Kaulana Ing: *The Dysfunction of Ritual in Early Confucianism*. Oxford: Oxford University Press, 2012.

28. Michael David Kaulana Ing: *The Vulnerability of Integrity in Early Confucian Thought*. New York: Oxford University Press, 2017.

29. Michael Nylan: *The Five "Confucian" Classics*. New Haven: Yale University Press, 2001.

30. Michael Puett: Innovation as Ritualization: The Fractured Cosmology of Early China. *Cardozo Law Review*, 2006, 28(1).

31. Michael Puett: Ritual and the Subjunctive, in Adam B. Seligman, Robert P. Weller, Michael J. Puett, and Bennett Simon ed.: *Ritual and Its Consequences: An Essay on the Limits of Sincerity*. Oxford: Oxford University Press, 2008.

32. Michael Puett: Combining the Ghosts and Spirits, Centering the Realm: Mortuary Ritual and Political Organization in the Ritual Compendia of Early China, in John Lagerwey and Marc Kalinowski ed.: *Early Chinese Religion, Part One: Shang Through Han* (1250 *BC*-220 *AD*). Leiden: Brill, 2009.

33. Michael Puett: Ritualization as Domestication: Ritual Theory from Classical China, in Axel Michaels ed.: *Ritual Dynamics and the Science of Ritual*. Vol. 1. Wiesbaden: Harrassowitz Verlag, 2010.

34. Michael Puett: The Haunted World of Humanity: Ritual Theory from Early China, in Michelle Molina, Donald K. Swearer ed.: *Rethinking the Human*.

Cambridge: Center for the Study of World Religions, 2010.

35. Michael Puett: Economies of Ghosts, Gods, and Goods: The History and Anthropology of Chinese Temple Networks, in Felicity Aulino, Miriam Goheen, and Stanley J. Tambiah ed.: *Radical Egalitarianism Local Realities, Global Relations*. New York: Fordham University Press, 2013.

36. Michael Puett: Ritual Disjunctions: Ghosts, Anthropology, and Philosophy, in Veena Das, Michael Jackson, Arthur Kleinman, and Bhrigupati Singh ed.: *The Ground Between: Anthropologists Engage Philosophy*. Durham: Duke University Press, 2014.

37. Michael Puett: Constructions of Reality: Metaphysics in the Ritual Traditions of Classical China, in Chenyang Li, Franklin Perkins ed.: *Chinese Metaphysics and Its Problems*. Cambridge: Cambridge University Press, 2015.

38. Michael Puett: Ritual and Ritual Obligations: Perspectives on Normativity from Classical China. *The Journal of Value Inquiry*, 2015, 49(4).

39. Miranda Brown: *The Politics of Mourning in Early China*. Albany: State University of New York Press, 2007.

40. Nicolas Standaert: *The Interweaving of Rituals: Funerals in the Cultural Exchange between China and Europe*. Seattle: University of Washington Press, 2008.（中譯本，張佳譯：《禮儀的交織：明末清初中歐文化交流中的喪葬禮》，上海古籍出版社 2009 年版）

41. Patricia Buckley Ebrey: *Chu Hsi's Family Rituals: A Twelfth- Century Manual for the Performance of Cappings, Weddings, Funerals, and Ancestral Rite*. Princeton: Princeton University Press, 1991.

42. Patricia Buckley Ebrey: *Confucianism and Family Rituals in Imperial China: A Social History of Writing about Rites*. Princeton: Princeton University Press, 1991.

43. Robert Sharf: Ritual, in Donald S. Lopez Jr. ed.: *Critical Terms for the Study of Buddhism*. Chicago: University of Chicago Press, 2005.

44. Roel Sterckx: An Ancient Chinese Horse Ritual. *Early China*, 1996(21).

45. Roel Sterckx: *Of Tripod and Palate: Food, Politics, and Religion in Traditional China*. New York: Palgrave MacMillan, 2005.

46. Roel Sterckx: *Food, Sacrifice, and Sagehood in Early China*. Cambridge: Cambridge University Press, 2011.（中譯本，劉豐譯：《早期中國的食物、祭祀

和聖賢》，浙江大學出版社 2018 年版。)

47. Wei Shang: *Rulin Waishi and Cultural Transformation in Late Imperial China*. Cambridge: Harvard University Asian Center, 2003.

48. Yiqun Zhou: *Festivals, Feasts, and Gender Relations in Ancient China and Greece*. Cambridge: Cambridge University Press, 2010.

49. Yiqun Zhou: The Status of Mothers in the Early Chinese Mourning System. *Toung Pao*, 2013(99).

50. Yonghua Liu: *Confucian Rituals and Chinese Villagers: Ritual Change and Social Transformation in a Southeastern Chinese Community*, 1368-1949. Leiden: Brill, 2013.（中文修訂本，劉永華:《禮儀下鄉：明代以降閩西四保的禮儀變革與社會轉型》，生活・讀書・新知三聯書店 2019 年版。)

51. Yuri Pines: Disputers of the "Li": Breakthroughs in the Concept of Ritual in Pre-imperial China. *Asia Major*, 2000, 13(1).

圖書在版編目(CIP)數據

中國禮學研究概覽/楊華等著.—武漢：武漢大學出版社，2021.4(2022.4 重印)
“禮學新論”叢書/楊華主編
國家出版基金項目
ISBN 978-7-307-22243-4

Ⅰ.中…　Ⅱ.楊…　Ⅲ.禮儀—研究—中國　Ⅳ.K892.26

中國版本圖書館 CIP 數據核字(2021)第 069108 號

責任編輯:李　程　　責任校對:李孟瀟　　版式設計:馬　佳

出版發行：**武漢大學出版社**　(430072　武昌　珞珈山)
(電子郵箱：cbs22@whu.edu.cn　網址：www.wdp.com.cn)
印刷:武漢精一佳印刷有限公司
開本:720×1000　1/16　印張:35　字數:647 千字　插頁:1
版次:2021 年 4 月第 1 版　2022 年 4 月第 2 次印刷
ISBN 978-7-307-22243-4　定價:137.00 元
